[3판]

# 유아건강교육

조경자 · 이현숙

Health Education for Young Children

학지사

# 3판 머리말

인간의 존립과 향상된 삶을 영위하고 추구하기 위하여 건강은 가장 기초적인 요인이다. 자신의 건강을 적절히 관리하고 증진시키는 것은 유아기부터 건강에 관한 지식과 태도를 형성하며 바람직한 건강 습관을 형성하고 실천해 나갈 때 가능해진다. 유아들이 유아교육기관에 다니기 시작하는 연령이 점점 하향화되고 유아교육기관에서 지내는 시간이 증가함에 따라 유아의 건강과 관련하여 유아교육기관에서 담당해야 할 책임도 증가하고 있다. 즉, 유아의 발달 정도와 특성을 고려하여 적절한 환경과 영양을 제공하고 건강에 대한 개념, 태도, 기술의 형성을 도울 수 있는 교육과정을 전개하여야 한다.

이에 이 책은 유치원과 어린이집을 비롯한 유아교육기관에서 유아의 건강을 유지 · 향상하고 건강교육을 실행하는 데 필요한 내용을 다루어 유아교사가 되고자 하는 학생들 및 유아교육기관의 교육과 운영에 도움이 되고자 하였다.

어느덧 『유아건강교육』 3판을 발행하게 되었다. 1998년 초판이 발간되었고 한 해 한 해 세월을 더할수록 삶의 환경과 여건이 어린이들의 건강을 도모하고 성장하기에 그리 좋은 것은 아니다. 환경이 변화하고 그것이 인간의 건강을 위협할지라도 변하지 않는 것은 동심이고 어린이들의 내일을 향한 꿈이다. 그리고 그 꿈을 지켜 주고 키워 주고 싶어 하는 어른들의 마음이다. 여건이 건강한 삶을 위협할수록 역으로 건강과 삶의 질에 대한 관심은 높아지고 있다. 그러한 관심은 곧 건강한 삶, 삶의 질 향상에 기여하는 행동의 실천으로도 이어지고 있다. 건강과 안전에 대한 관심과 실천은 곧 개인의 건강 유지, 향상만이 아니라 우리가 존재하는 사회와 자연환경을 건강하게 만드는 데도 기여하게 될 것이다.

우리 사회와 구성원들의 안녕에 대한 관심은 우리의 건강과 안전을 도모하기 위한 여러 법령의 제정 및 개정을 통해 강화되고 있으며 특히 어린이의 건강에 대한 관심은 교육과정에서 건강교육에 대한 관심의 증대 및 학교 교육에서 건강교육의 강화, 어린이 안전과 건강 관련 조직이나 단체들이 설립되고, 활발하게 활동하는 것을 통해 구체적으로 나타나고 있다.

처음 초판을 낼 때만 해도 '유아건강교육', '아동건강교육'이라는 교과목은 각 대학의 유아교육 관련 학과에 모두 개설, 운영되는 과목이 아니었다. 그러나 지금은 거의 모든 유아교육 관련 학과에서 운영하는 교과목의 하나다. 이 또한 어린이 건강에 대한 우리 사회와 유아교육자들의 관심을 반영하는 것이다.

3판을 맞은 『유아건강교육』은 구성의 관점이나 주된 내용의 흐름이 일관성 있게 이어지고 있다. 다만, 이번 판에서는 초판 및 개정판의 체제를 다소 변경하였으며 각 주제별로 개정판 발행 이후에 연구된 내용이나 규정, 현황들, 그리고 사회적으로 변화된 관심, 새롭게 강조되어야 할 내용을 담고자하였다. 총 5개의 부로 구성하였는데 1부는 유아건강교육의 기초로서 건강과 건강교육의 개념 및 방향을 다루었으며, 2부는 영양, 3부는 안전, 4부는 건강으로 구성하여 보다 일목요연하게 건강교육의 주제가 드러나도록 편성하였다. 4부 건강은 '개인위생과 건강 습관', '질병', '응급처치' 등 신체건강과 관련된 내용을 담았다. 끝으로 건강교육에 대해 유아교육기관에서 실제로 시행할 활동과 그 진행과정의 예를 5부의 건강교육의 활동의 실제에서 다루었다.

이 책을 구성하는 과정에서 따뜻한 마음으로 많은 도움과 지원을 주신 여러분들께 감사를 드린다. 질병과 응급처치에 대한 내용은 저자들의 노력만으로는 정확성을 확인하기 어려운 경우가 많으므로 초판에서는 당시 충무병원의 정형외과 안덕호 선생님께 자문을 구하였었으며, 개정판에서는 가톨릭대학교 성모자애병원 내과 이보인 선생님께 내용의 감수를 받았었다. 이번 3판의 질병과 응급처치 부분의 내용은 초판과 개정판의 내용을 기초로 하였다. 또한 시작 단계부터 마무리까지 오랜 우정으로 함께해 준 이경선 선생님, 삽화를 그려 준 이제옥 선생님, 교육과정 운영의 실제 편에 귀한 경험과 자료를 나누어 주신 호서대학교 부속유치원 선생님들과 어린이들, 그리고 자녀들의 활동을 담은 사진의 게재를 흔쾌히 허락하여 주신 학부모님들께 감사드린다. 그리고 이 책의 출판과정에 정성을 다하여 주신 학지사의 김진환 대표님과 이지혜 차장님을 비롯한 여러분들께 깊은 감사를 드린다.

이 책이 부족하나마 어린이들의 건강한 삶과 성장을 위해 공부하고 노력하는 학생들과 현장의 교사들에게 도움이 되기를 희망한다.

2010년 2월 저자

# 차 례

## 제1부 유아건강교육의 기초



## 제2부 영 양

## 제5부 건강교육의 실제



## 부 록

# 제1부

# 유아건강교육의 기초

제1장 유아건강교육의 기초

# 1장 유아건강교육의 기초

건강은 활기 있고 행복한 삶을 살고, 잠재력을 실현하기 위한 주요한 조건이다. 과거에 유아의 건강은 주로 가정에서 책임을 졌다. 그러나 유아교육기관의 취원율 증가와 유아교육기관에 다니기 시작하는 유아의 연령 또한 점점 하향화됨으로써 유아교육기관은 가정과 더불어 유아의 건강을 책임지는 주요한 역할을 담당하게 되었다. 유아교육기관은 안전하고 건강한 환경을 제공해야 할 법적, 도덕적 책임이 있을 뿐 아니라 유아의 건강을 보호하고 향상시키기 위한 서비스와 교육을 실천해야 한다. 유아기의 건강은 평생 영향을 미친다. 아울러 유아기는 기본적인 생활습관, 성격, 행동 양식이 형성되는 시기다. 유아기에 형성된 건강에 대한 태도와 습관은 성인기까지 지속된다. 따라서 유아기는 현재와 미래의 건강을 위한 지식, 기술, 태도를 습득하도록 도울 수 있는 이상적 시기다.

## 1절 건강의 개념

### 1. 건강의 개념

많은 사람들은 일반적으로 건강에 대해 좋은 체격, 적절한 영양상태, 질병이 없는 신체적 요소만을 생각하는 경향이 있다. 그러나 건강은 복합적인 현상을 포함하는 개념이다. 가장 많이 언급되는 정의는 세계보건기구(World Health Organization: WHO)의 헌장 전문에 제시된 것으로 건강은 "신체적, 정신적, 사회적으로 완전히 양호한 상태"로 정의된다. 전문가들도 건강을 복합적 차원의 개념으로 보고 있다. 예를 들어, Cornacchia, Nickerson과 Olsen(1988)은 건강의 개념을 생리적, 심리적, 사회적, 정신적 요소들이 상호 연관된 복합적인 상태로 제시하고 있다. 생리적 측면은 건강의 기본을 형성하며 모든 학습의 토대가 된다. 그러나 Cornacchia 등은 건강을 위한 행동에 영향을 미치는 가장 중요한 것으로 정신적인 측면을 제시한다. 개인이 자신의 건강에 가치를 둔다면 부정적인 행동보다는 긍정적인 행동을 통해 정서적이고 신체적인 요구를 만족시키도록 시도할 것이다. 자신의 건강에 유해할 수 있는 환경과 타인의 부정적 영향을 극복하려 할 것이며, 또한 자신의 행동이 다른 사람에게 영향을 미칠 수 있음을 인식하게 된다.

또한 Miller, Telljohann과 Symons(1996)는 건강을 신체적, 정서적, 사회적, 정신적, 직업적 차원의 5가지 차원으로 이해하여 개념화하였다.

신체적 차원의 건강은 신체적 질병이 없고 정상적 신체기능과 양호한 영양상태와 체력을 지닌 상태를 의미한다. 이 차원의 건강은 가장 쉽게 판별할 수 있다. 즉, 안색, 외양, 체격 그리고 건강과 관련된 행동을 보고 사람의 건강상태를 파악하는 것이다. 예를 들어, 체중이 많이 나가거나 담배를 피우는 사람에 대해서는 건강하지 않다고 판단하게 된다. 그러나 행동을 바꾼다면 그 사람의 신체적 차원의 건강은 개선될 수 있으며 또한 행동을 바꾸지 않은 상태라도 다른 차원에서는 매우 건강할 수도 있다.

정서적 차원은 자신을 어떻게 생각하고 자신의 감정을 어떻게 표현하는가와 관련된다. 정서적 차원에서 건강한 사람은 자아존중감이 높으며 자신의 정서를 사회적으로 받아들일 수 있는 방식으로 표현할 수 있다. 이는 그 사람이 슬픔이나 분노, 좌절을 겪지 않는다는 의미가 아니라 그러한 감정들을 긍정적이고 사회적으로 받아들일 수 있는 방식으로 표현한다는 것을 의미한다. 정서적 차원에서 건강하지 않은 사람은 낮은 자아존중감을 지니고 있으며 이 차원에서의 부적응은 여러 가지 정신건강 문제를 야기한다.

사회적 차원은 사회적 기술과 관계된다. 인간은 다양한 사회 환경—가족, 학교, 이웃, 직장—에서 살면서 상호작용을 한다. 사회적 차원에서 건강한 사람은 다른 사람과 함께 있는 것에 편안함을 느끼고 타인의 입장을 배려하며 자신을 사회에 공헌하는 구성원으로 여긴다. 이러한 사람은 적절한 대인관계 기술을 지니고 있다. 반면에 사람들에 대해 편안함을 느끼지 못하는 사람들, 자신에게만 관심이 있는 사람들, 그리고 다양한 사회적 활동과 조직에 맞지 않는 사람들이 있다. 이들의 행위와 행동 양식은 자신은 물론 주변 사람들에게도 부정적인 영향을 미친다.

정신적 차원은 도덕, 가치관, 종교 등과 관계가 있다. 즉, 한 인간이 자신의 삶에서 가치 있게 여기는 것과 관련된다. 정신적으로 건강한 사람은 보편적으로 인정되는 긍정적인 도덕과 가치관을 지니고 있다. 이러한 사람은 타인을 성, 인종, 국적, 연령, 사회·경제적 지위와 상관없이 존중하고 보다 높은 수준의 삶을 위해 헌신하는 삶을 지향한다.

직업적 차원의 건강은 직업, 지역사회, 그 밖의 사회관계에서 어떻게 타인과 협력하는가와 관련되며 또한 그 사람의 역할과 일이 다른 사람들에게 긍정적인 영향을 미치는지의 여부와 관련된다. 이 차원에서 건강한 사람들은 최선을 다하여 책임을 수행한다.

각 차원의 최적 수준에 도달하는 것도 중요하나 차원들 간의 균형을 이루는 것도 중요하다. 신체적 차원에서는 아주 건강한 사람이라도 타인과 잘 지내지 못하거나, 자신을 비하하고, 도덕적·정서적·정신적인 측면에서 건강하지 못한 사람일 수 있다. 한편, 신체상 어떤 장애나 한계를 지니고 있다 하더라도 사회적·정신적인 차원에서는 매우 건강할 수도 있다. 결국 '건강'한 사람이 된다는 것은 교육에서 이상적 목표로 추구해 온 '전인적' 성장을 이루는 것과 다르지 않다.

모든 차원의 건강이 균형을 이루는 것과 더불어 성장기에 있는 유아의 경우에는 현재의 건강은 물론이고 미래의 건강한 성장 가능성도 예견되어야 한다. Pollack(1994)은 유아기 건강의 복합적인 개념적 특성을 유아의 전체적 상태, 건강에 대한 장기적인 고려, 건강의 연속성, 생활의 선택 측면에서 제시하였다. 즉, 건강에 관한 개념에서 첫 번째로 고려할 것은 건강이 단편적인 '신체적 상태' 이상의 전체적인 개념을 포함한다는 것이다. 신체적 상태 외에도 유아의 사회, 인지, 정서적 능력에 따라서도 건강 및 안전 문제에 직면할 가능성이 달라질 수 있다는 점을 고려하여야 한다. 예를 들어, 두 유아가 비슷한 인지적 기술을 가졌지만 사회적 기술이 다른 경우에도 직면하는 상황이 달라질 수 있다. 둘째, 건강은 장기적인 고려 대상이라는 것이다. 현재의 건강상태도 중요하지만 현재 건강을 어떻게 관리하고 있는지에 따라서 미래의 건강상태가 달라질 수 있기 때문이다. 건강에 대한 개념에서 세 번째로 고려할 것은 건강이 연속선상에 있다는 것이다. 즉, 일상적 스트레스, 일시적 질병과 상해, 운동, 식습관 등은 시간이 지나면서 변화될 수 있으므로 전반적인 건강도 변화된다. 때문에 건강상태를 정기적으로 점검해 보는 것은 중요하다. 끝으로 건강은 개인의 선택에 결국 영향을 받는다는 것이다. 행동, 섭취하는 음식의 종류와 양, 위생 습관, 스트레스의 대처 방식, 운동 습관 등에 대한 개인적 선택에 따라 건강의 질이 달라질 수 있다. 건강한 사람은 건강에 관련된 선택을 하기 위해 여러 정보를 찾아보고 그것에 따라 행동하는 경향이 있다. 이것이 바로 유아기에 건강교육이 중요한 이유다. 건강하고 안전한 행동 유형을 형성하는 것은 다른 것들과 마찬가지로 유아기에 연습하고 배우는 것이 보다 용이하다.

건강에 대한 개념 이해와 더불어 건강을 구성하는 특징을 이해하는 것은 건강교육의 중요성을 이해하는 데 도움이 된다. 건강은 다음과 같은 특징을 지닌다 (Cornacchia et al., 1988).

첫째, 건강은 개인적인 것이다. 각 개인은 부모로부터 물려받은 유전적인 요인에 의하여 각각 독특한 신체적 특성과 체질을 지니고 있다. 개인에 따라 특정 부분에 손상을 지닌 채 태어난 경우도 있으며 알레르기가 있거나 특정한 질병과 환경, 상황에 민감할 수 있다.

둘째, 건강은 변화한다. 이는 개인의 유전적 형질이 환경 내에서 많은 요인 및 경험과 상호작용하기 때문이다. 건강함과 건강하지 않음, 질병이 있는 상태와 질병이 없는 상태는 연속선상에 있다. 특히 어린이의 건강은 유동적이고 가변적이다.

셋째, 건강은 이를 유지, 증진하고자 하는 각 개인의 의지에 좌우된다.

넷째, 건강은 그 자체로도 중요하지만 활력 있는 생활과 학습을 위하여 필요하다. 건강이 좋지 않으면 어린이는 학습에 지장을 받고 이것은 이후의 삶에 불리하게 작용할 수 있다. 건강한 어린이는 더 행복하고, 즐거우며, 더 많은 시간을 피곤하지 않게 놀 수 있고, 더 나은 학습을 할 수 있으며, 더 생산적이 되고, 더 나은 시민이 될 수 있다.

건강에 대한 이와 같은 개념 접근과 특징을 고려할 때, 건강교육은 신체적 건강을 도모하는 것뿐만 아니라 유아에게 자신의 건강을 증진시키는 요소들을 이해하게 하고, 가치를 발달시키며, 건강에 대한 자신의 역할과 영향력을 이해하도록 도울 수 있어야 한다.

**표 1-1 건강한 유아의 특징**

| 신체적 특징 | 사회적 특징 | 활동 특징 |
|---|---|---|
| 1. 민첩하고 열정적임<br>2. 활동적인 놀이를 즐김<br>3. 안정되어 보임<br>4. 근육이 탄탄함<br>5. 키와 체중이 꾸준히 증가<br>6. 피로를 쉽게 느끼지 않음<br>7. 고른 호흡<br>8. 다리와 등이 곧음<br>9. 치아가 고르고 깨끗하며 충치가 없음<br>10. 입술과 잇몸이 분홍색이며 탄력이 있음<br>11. 피부가 맑고 눈이 빛남<br>12. 자세가 바름<br>13. 대근육 조절이 잘됨<br>14. 소근육 조절이 이루어지기 시작<br>15. 눈과 손의 협응이 잘 됨 | 1. 열정적임<br>2. 주변 환경에 대한 호기심과 관심<br>3. 다양한 활동에 참여함<br>4. 쾌활하고 친절함<br>5. 자신감<br>6. 책임을 서로 나눔<br>7. 또래와 협력하여 활동하고 놀이함<br>8. 타인의 물건을 소중히 함<br>9. 타인의 감정을 인식, 이해함<br>10. 새로운 상황에 적응을 잘함<br>11. 친구를 좋아함<br>12. 협동놀이에 참여함<br>13. 생각과 감정을 자연스럽게 표현할 수 있음<br>14. 어려움에 직면해서 용기를 보이고 빨리 회복됨<br>15. 자기조절을 함 | 1. 주의 깊음<br>2. 과제를 끝까지 함<br>3. 주의 집중 시간이 증가함<br>4. 쉽게 좌절하지 않고 활동을 지속함<br>5. 때로 독립적으로 활동을 수행<br>6. 학습에 흥미와 호기심을 보임<br>7. 독창적, 창의적, 상상력이 풍부함<br>8. 책임을 받아들임<br>9. 지시와 교수에 신속하고 적절하게 반응<br>10. 타인과 책임을 나눔<br>11. 새로운 도전을 받아들임<br>12. 잘 적응함 |

• 출처: Marotz, L., Cross, M. Z., & Rush, J. M. (2005). *Health, safety, and nutrition for the young child* (6th ed.). Thomson Delmar Learning, p. 31.

## 2. 유아의 건강에 영향을 미치는 요인

### 1) 유아의 건강에 영향을 미치는 기본 요인

건강은 유전, 환경, 행동의 세 가지 기본 요인에 의하여 결정된다.

#### (1) 유전

부모로부터 자녀에게 유전되는 특성은 유아의 성장, 발달, 건강의 잠재력을 정해 준다. 좋은 유전적 요인은 건강한 체질과 잘 발달된 신체와 정신적 능력에 기초가 된다. 유전은 어떤 유아의 경우 키가 작은 반면, 다른 유아는 키가 큰 이유를 설명해 주며, 왜 어떤 유아가 알레르기가 있고 시력이 나쁜데 다른 유아는 그렇지 않은가에 대한 설명을 할 수 있도록 한다. 유전적 요인들에 대한 이해는 심장병, 암, 당뇨병, 혈우병, 겸상 적혈구 빈혈, 정신건강 등의 유전적 특성과 연관된 건강상의 문제를 예측하고 그 영향을 최소화하도록 도울 수 있다.

#### (2) 환경

유전이 건강을 결정하는 기본적인 요인을 제공하지만 환경 역시 건강에 중요한 역할을 담당한다. 환경적 요인들은 유전적 잠재력이 나타나게 될 방법과 정도에 영향을 미친다. 유아는 물리적, 생물학적, 사회 문화적인 환경과 상호작용하고 적응해야 한다. 이러한 환경적 특성들은 개인의 신체적 · 정신적 행동 양식에 영향을 미치며, 나아가 유전적으로 타고난 가능성이 실현될 수 있도록 돕는다 (Charlesworth, 2004).

기후와 날씨, 주거 및 생활 환경, 물과 영양, 공기 등의 물리적인 요인들은 건강 상태에 영향을 미칠 수 있다.* 세균, 동식물 그리고 다른 사람과 같은 생물학적

* 날씨가 건강에 미치는 영향과 관련하여 편두통이 온도, 습도, 기압, 날씨 변화 등과 연관되어 있다는 연구 보고가 있다(동아일보, 2004. 7. 20.). 오염된 공기가 건강에 미치는 영향과 관련하여 우리나라에서 행해진 연구에서 서울을 대상으로 1997년부터 2001년까지 미세 먼지의 하루 중 변동량이 사망률에 미치는 영향을 조사한 결과, 미세 먼지의 농도가 높은 날일수록 사망자 수는 증가하였다. 특히 노약자가 더 많은 영향을 받는 것으로 조사되었다. 연구자는

요인들 역시 건강에 영향을 미친다. 사회 문화적 환경 또한 건강에 영향을 미친다. 유아들은 자신들이 살고 있는 가족, 이웃, 학교, 지역사회, 국가의 신념, 태도, 사상, 가치, 관습에 노출된다. 이러한 문화적인 영향력은 직접적 · 간접적으로 유아의 건강에 영향을 준다.

#### (3) 행동

의사결정을 포함하는 행동 또는 생활양식 역시 건강에 커다란 영향을 미치는 요인이다. 적절한 식습관, 위생습관, 휴식습관, 운동습관 등은 일생에 걸쳐 건강에 영향을 미친다. 유아기는 감수성이 예민한 시기이며 교육기관과 교사는 부모와 더불어 그들의 생활양식에 막대한 영향을 미칠 수 있다. 적절한 지도와 동기화로 유아는 바람직한 행동을 선택하고 유전적인 제한점과 환경적인 요인들에 적응하는 방법을 배울 수 있다. 효과적인 건강교육은 어린이가 건강한 삶을 영위할 수 있는 생활양식을 형성하도록 도울 수 있다.

### 2) 유아교육기관에서 유아의 건강에 영향을 미치는 요인

#### (1) 인적 환경

교사진은 유아교육 프로그램에 인간적인 환경을 창조할 수 있다. 애정 있고, 따스하며, 긍정적인 인성의 어린이로 기르는 것은 교사의 몫이다. 최상의 환경이라 하더라도 교사가 그것을 잘 활용하고 학습의 기회로 삼으려고 주의를 기울이지 않으면 유아가 그 가치를 경험하지 못하고 유아의 건강이나 발달에 기여할 수 없게 된다. 예를 들어, 햇빛이 좋은 날인데도 실외 활동을 계획하지 않았다면 유아

---

"서울의 미세 먼지를 포함한 대기오염이 제주도 수준으로 좋아지면 서울 시민의 평균 수명이 3년 넘게 늘어날 것으로 추정할 수 있다."고 주장하였다(김호(2004)를 인용한 한겨레신문, 2004. 6. 30.).

또한 이른바 '새집 증후군' 이라 불리는 증상들이 새로 건축된 주택의 거주자들로부터 빈번히 보고되어 급기야 2004년 중앙환경분쟁조정위원회에서는 새집 입주자가 피부염에 걸렸을 때만이 아니라 공기의 질만 나빠도 배상을 하여야 한다는 결정을 하기에 이르렀다(경향신문, 2004. 6. 24.). 환경부는 '다중이용시설등의실내공기질관리법 시행규칙' 일부 개정령(환경부령 제189호)을 통해 신축 공동 주택의 실내공기질 권고 기준을 공포하였다(2005. 5. 31.).

에게 건강증진을 위한 기회를 제공하지 않는 것이 된다. 또 실외 놀이 시설이 있다고 해도 그것을 적절하게 활용할 수 있는 실외 활동이 계획되지 않는다면 유아에게 꼭 필요한 운동능력과 유아의 신체 발달에 기여하지 못한다. 화장실과 세면기도 청결하게 관리하지 않으면 유아의 건강에 해로울 뿐만 아니라 건강 관리의 습관과 태도 발달에도 부정적 영향을 미친다.

교사는 유아의 건강과 안전을 위하여 유아를 주의 깊게 관찰하고 민첩하게 반응해야 한다. 또한 따뜻하고 수용적이며 안정적인 환경을 유지하여 유아의 정신건강을 도모하여야 한다.

유아건강과 관련한 교사의 책임과 역할은 다음과 같다(Leeper, Witherspoon, & Day, 1984; Reinish & Meinear, 1979/1984).

- 다양한 활동과 경험을 통해 유아에게 건강교육을 시행한다.
- 환경을 안전하고 건강하게 관리한다.
- 유아의 건강을 평가하고 건강에 대한 정보를 기록, 보관한다.
- 유아의 건강에 대한 정보를 교환하고 도움을 주기 위해 부모와 의사소통을 한다.
- 유아에게 나타나는 질병의 징후를 주의 깊게 관찰하여 어떤 유아에게 건강상의 문제가 있는지를 확인한다.
- 건강에 문제가 있다고 판단되는 유아가 있으면 부모와 상담하거나 경험 많은 교사에게 도움을 요청하며 필요 시 건강 전문가와 연결시켜 준다.
- 교사 자신의 건강을 유지하고 개선하기 위해 노력한다.

이러한 역할을 수행하기 위해서 예비교사 교육에 건강과 관련된 지식과 기술을 습득할 수 있는 내용을 포함하여야 한다.

가족 또한 유아에게 가장 영향력을 미치는 인적 환경으로 유아들은 이미 건강·안전습관과 신념의 많은 부분을 가정에서 학습했거나 유아교육기관과 동시에 가정에서도 학습이 진행되는 상태다. 가정에서 학습하는 많은 것들은 우연한 학습을 통해 이루어진다. 즉, 학습이 자연스럽게 일어나고 일상생활과 관련하여 일어난다. 교사들은 유아들이 자신의 행동 이면에 있는 원리를 이해하는 것이 중

**교사가 지녀야 할 건강 관련 지식**

- 건강 증진 방법, 건강 증진을 위한 교사 행동의 중요성
- 관찰 기술
- 면역과 면역의 시기
- 건강 평가 및 평가도구의 사용
- 전염성 질환의 특성과 전염성 질환의 감염과정
- 위생
- 유아기 질병, 유아기 질병의 관리
- 환경의 위험요인
- 안전기준, 실내외 안전수칙
- 재난 대비
- 긴급상황 시 대처방법
- 응급처치와 심폐소생술
- 아동학대의 감지와 보고
- 아동학대 예방
- 유아의 영양적 요구
- 유아에게 적절한 식생활
- 의사소통기술
- 다양성, 다양성이 건강 · 영양 · 안전에 미치는 영향
- 어린이 권리의 보호
- 지역사회의 자원
- 유아의 건강을 증진시키기 위해 가정과 지역사회와 협력하는 방법

▷출처: Robertson, C. (2002). *Safety, nutrition and health in child care*. Delmar Thomson Learing, p. 17.

요하다고 생각하는 반면, 가정에서는 행동에 대한 합리적 이유가 언제나 중시되는 것은 아니다. 따라서 유아가 원리를 이해할 수 있도록 돕기 위한 교수 학습 경험이 계획된다.

이러한 부모와 교사의 접근 방법의 차이를 줄이기 위하여 교사는 부모와 협력해야 한다. 유아의 건강에 관련된 정보, 유아교육기관에서 이루어지는 건강교육에 대해 가정과 의사소통함으로써 유아기 건강관리에 대한 부모의 인식을 증진시키고, 궁극적으로 유아의 건강은 물론 가족의 건강에도 긍정적인 영향을 미칠 수 있다.

### (2) 물리적 환경

안전한 시설과 설비, 놀잇감과 자료 외에도 적절한 공간 밀도와 같은 쾌적한 환경이 유아의 건강에 중요한 영향을 미친다. 또한 소음, 온도와 습도, 실내외 공기, 냄새, 청결과 같은 환경적 요소가 건강에 중대한 영향을 미친다.

#### ① 공간

충분한 공간은 유아와 성인의 안락함, 건강, 안전의 중요한 요인이다. 공간이 좁으면 질병은 더 쉽게 전염된다. 공간이 사람과 물건으로 혼잡할 때 유아는 정서적으로 안정되지 못하고 행동의 질서가 무너지기 쉽다. 유아와 성인은 그들의 일과 공간을 기능에 따라 구분함으로써 안락함을 갖게 되고 행동을 체계화한다. 가구의 배치를 이용하여 각 영역을 의미 있고 안전하게 사용할 수 있다. 조용한 공간과 활동적인 공간, 사회적인 공간과 개인적인 공간 모두 유아교육기관에 필요하다. 흥미영역들이 어떻게 배치되고 다른 영역과 관계되는지가 계획의 핵심 요소다. 또한 유아들은 발달을 위해, 그리고 건강을 위해 산책을 할 수 있는 많은 공간이 필요하다.

#### ② 소음 통제

유아교육기관은 소음이 없는 곳에 위치하는 것이 바람직하다. 그러나 유아교육기관이 조용한 곳에 있다 하더라도 소음은 유아교육기관에서 흔한 문제다. 놀이나 활동은 종종 유아들의 떠들썩함을 유발한다. 소음이 심하면 의사소통뿐 아니라 정서적 안정 및 활동에 몰입하는 것에도 부정적 영향을 미칠 수 있다. 벽과 바닥을 소리가 잘 흡수되는 재질로 변경하는 것이 도움이 된다. 예를 들어, 바닥에 양탄자를 깔거나 천장과 벽에 방음재를 부착한다.

#### ③ 습도

너무 건조하거나 반대로 너무 습기가 많은 공기는 신체의 방어력을 낮출 수 있다. 건조한 공기로 인해 피부가 수분을 상실하면 병에 걸리기 쉬우며, 과도한 습기로 인하여 곰팡이나 다른 진균류가 자라게 되면 이에 감염되어 병에 걸리거나 알레르기가 생기기 쉽다. 습기는 필요에 따라 물기를 더하거나 빼 주는 가습기,

제습기와 같은 장비들로 조절할 수 있다.

④ 신선한 공기

환기를 통해 신선한 공기가 교실로 들어오도록 하는 일은 교사가 출근 후 처음 해야 하는 일들 중 하나다. 화학세제, 살충제, 방향제, 난방기의 사용 등은 호흡기 질환이나 알레르기와 같은 질병을 유발할 수 있다. 또 유아들의 움직임과 신체 활동으로 인해 생기는 먼지도 건강에 좋지 않은 영향을 미친다.

실외 공기가 오염되지 않았다면 밖에서 신선한 공기를 쐬는 것은 오염물질과 병균으로부터 벗어날 수 있는 기회가 된다. 수시로 환기를 하고, 반일반은 적어도 하루에 한 번, 종일반은 오전과 오후 각각 한 번씩 유아들이 실외 놀이를 할 수 있도록 계획한다.

⑤ 청결

불결한 환경은 신체의 방어기제에 영향을 주어 쉽게 상해를 입거나 병에 걸릴 수 있다. 모든 시설, 설비들을 깨끗하게 유지하기 위해서는 정기적으로 청소와 소독, 세척을 하여야 하고, 대상에 따라서 매일, 주마다, 매달 또는 다른 형태로 일정한 기간마다 청소와 소독을 실시한다.

### (3) 교육과정

발달 수준에 적절한 교육과정은 유아의 성장 발달과 긍정적인 정신건강에 기여한다. 그러므로 교육과정은 유아들의 신체적, 사회적, 심리적 요구에 기초하여야 한다.

또한 교육과정 속에는 건강을 유지, 증진시킬 수 있는 지식과 기술, 태도의 교육도 포함되어야 한다. 전반적인 건강교육과 더불어 개인위생과 건강습관에 대한 교육, 안전교육, 질병 및 응급상황에서의 대처 교육, 운동 등의 활동은 유아교육기관에서 건강을 증진시키기 위한 교육과정 전개의 방향이 될 수 있다. 뿐만 아니라 건강한 어린이로 성장할 수 있도록 유아의 가정과 의사소통을 하고 도움을 주는 것 역시 유아교육기관의 교육과정에 포함될 부분이다.

### (4) 신체활동 및 운동

신체활동 및 운동은 긴장을 완화시키고 스트레스를 견딜 수 있는 힘을 길러 주며 심장병, 고혈압, 비만과 같은 질병을 예방한다. 천식, 당뇨병과 같은 만성질환에도 도움이 된다. 또한 운동은 신체가 균형 있게 성장하도록 돕는다. 근육의 크기와 발달, 뼈의 강도, 체세포의 양은 성장기 동안 운동에 많은 영향을 받는다. 운동능력은 다른 영역의 발달에도 영향을 미쳐 인지발달, 자아인식, 그리고 의사소통능력에 크게 영향을 미친다(Gabbard, 2000; Gordon & Browne, 2004). 게다가 유아들은 신체 활동에 대한 요구와 흥미도 크다. 질 높은 유아교육프로그램은 이점을 인식하고 다양하고 충분한 신체활동 및 운동 경험을 제공하여야 한다. 어린이들은 신체 및 운동발달에 대한 요구와 흥미도 크다. 교육과정은 이러한 활동들이 계획적인 활동과 자연스러운 놀이를 통해 이루어지도록 계획되고 운영되어야 한다.

신체활동 및 운동습관은 초기부터 형성된다. 영아와 걸음마기에는 구조화된 운동이 필요하지 않으며 환경의 자극에 따른 자연스러운 신체 움직임으로 운동이 이루어진다. 안전한 놀이 환경에서 자유롭게 움직일 기회를 줄 때 자신들에게 필요한 운동을 할 수 있다. 구르기, 기기, 서기, 가구를 잡고 걷기와 같은 활동은 영아에게 적절한 운동 형태다. 걸음마기에는 계단 오르기, 달리기, 공 던지기 등이 적당한 활동이다.

유아기에는 하루에 적어도 2회 각각 30~45분간의 대근육 및 실외 활동을 하도록 하면 적당한 운동이 이루어질 수 있다. 유아기에는 자신의 운동기술에 대해 잘

판단하지 못하므로 대근육영역과 활동은 안전을 염두에 두고 주의 깊게 계획되어야 하고 상해를 예방할 수 있도록 감독해야 한다. 달리기, 차기, 공 주고받기, 율동, 자전거 타기, 호핑, 스키핑, 점핑, 기어오르기 등은 유아기 어린이에게 적합한 운동이다.

학령기에는 대근육 강화를 위하여 유산소 운동을 위주로 다양한 종류의 운동을 경험하게 하며 매일 최소한 30~40분의 운동을 하도록 하여야 한다.

## 2절 유아의 건강을 위한 유아교육기관의 역할

유아교육기관에서는 건강교육, 건강 서비스, 건강한 환경 구성의 세 가지 측면을 통하여 유아의 건강을 향상시킬 수 있다.

건강교육은 건강에 관한 지식, 태도와 실제를 증진시키기 위하여 이루어지는데 계획된 일련의 활동을 통한 형식적 교수와 일상생활과 놀이 속에서의 통합적인 교수와 상담, 안내 등의 비형식적인 교수를 포함한다. 건강교육을 위해 교사는 어린이를 바로 이해하고 그들에게 적절히 반응하며 발달을 도울 수 있는 능력을 갖추어야 한다. 유아에게 안전하고 건강한 환경을 제공하는 데 필요한 지식과 기술을 갖추어야 하며 교육과정에 건강과 안전을 계속적으로 통합하는 데 관심을 기울여야 한다.

건강 서비스는 유아의 건강을 보호, 유지하고 향상시키기 위한 것으로 영양이 풍부하고 균형 잡힌 급식 및 간식의 제공, 정기적인 건강검진을 포함하여 유아들이 안정을 취할 수 있는 장소를 마련하고 응급처치 도구를 비치하며 상황에 따른 적절한 대처 기술을 갖추는 것 등을 포함한다. 이를 위해 교사는 각 유아들의 건강상의 문제를 인식하고 도움을 줄 수 있는 범위를 인지하고 있어야 한다. 유아의 건강 문제에 대한 신호나 증세를 인식하고 다룰 수 있도록 준비하여야 한다. 또한 유아의 건강 문제를 발견하면 전문가에게 의뢰하고 건강 검진을 받도록 도와야 한다.

건강한 교육기관 환경은 물리적인 측면과 정서적인 분위기를 모두 포함한다. 교육기관의 시설과 설비는 안전해야 하며, 유아가 가장 효과적으로 학습할 수 있도록 안전하고 안락하고 온정적인 분위기를 제공해야 한다. 교사는 수시로 안전을 점검하고, 조명 · 난방 · 환기를 적절하게 유지할 책임이 있으며, 안전한 환경과 활동을 제공하는 것을 통하여 유아가 위험한 상황에 노출되지 않도록 해야 한다. 정서적 분위기는 교육 환경의 중요한 부분으로 교사의 신체적 · 정신적 건강, 공정하게 유아를 대하는 것, 개인차의 고려, 편견과 선입견을 피하는 것, 편안하고 따뜻한 학급 분위기의 조성 등을 모두 포함한다.

**유아의 건강과 관련한 유아교육기관의 역할 평가 지침**

- 교육과정이 유아의 발달적 요구와 개별적 특성, 그리고 다양성을 존중하는가?
- 다양한 활동과 경험을 통해 유아에게 건강교육을 시행하는가?
- 실내외 시설, 설비, 놀잇감은 안전하게 마련되고 관리되는가?
- 정기적으로 안전점검을 실시하는가?
- 입학 전 유아의 예방접종 여부 및 건강상태를 확인하는가?
- 성인 대 유아 비율이 적절한가?
- 위생과 안전을 위한 지침을 마련하고 실천하는가?
- 교사가 아프면 대치할 성인이 있는가?
- 아픈 유아를 활동에 참여시킬지 여부를 결정하는 기준이 있는가?
- 실내외 활동과 관련한 구체적인 안전지침과 절차가 있는가?
- 화재나 기타 긴급사태에 대비한 대피절차가 마련되어 있는가?
- 긴급사태에 따른 대처 방법 및 절차가 눈에 띄는 곳에 게시되어 있는가?
- 교직원에게 휴식시간이 있는가?
- 교직원 중에 응급처치방법을 실행할 수 있는 사람이 있는가?
- 간식과 급식 계획을 서면으로 작성하는가?
- 영양이 풍부한 급식과 간식을 제공하는가?
- 유아의 건강을 평가하고 건강에 대한 정보를 기록, 보관하는가?
- 유아의 건강에 대해 가정과 의사소통하고 도움을 주는가?

# 3절 유아건강교육의 기본 방향

## 1. 건강교육의 의의와 목적

건강은 유아의 생활에 활력을 얻게 하며 잠재력을 키워 나가고 실현할 수 있게 한다. 유아기 건강은 성인기 건강의 토대가 된다. 또한 개인의 건강은 가족, 사회, 국가, 인류의 안녕과 상호관계가 있으며, 건강한 삶은 인간적인 삶에 높은 가치를 두는 자유민주주의 이념과도 연결된다. 뿐만 아니라 건강교육은 국민의 건강을 유지, 지속, 향상시키기 위한 예방적인 역할을 함으로써 궁극적으로 의료적인 비용을 최소화하여 개인은 물론 국가 경제의 절감 효과를 가져올 수 있다. 이러한 점에서 건강교육은 보다 나은 다음 세대와 미래를 만들어 가는 데 가장 중요한 요소의 하나라고 볼 수 있다.

유아기는 기본적인 생활습관, 성격, 행동양식이 형성되어 가는 시기다. 유아들은 정보를 모으고 타인의 건강습관을 모방하는 데 많은 시간을 보낸다. 또한 새로운 사고와 변화 그리고 제안에 보다 많이 반응적인 시기이기도 하다. 유아기에 형성된 건강에 대한 태도와 습관은 성인기까지 지속된다. 결과적으로 유아기는 현재와 미래의 건강을 위한 지식, 기술, 태도를 습득하도록 도울 수 있는 이상적 시기다.

건강 증진의 핵심은 교육에 있다(Kolbe, 2005). 현대 사회에서는 예전처럼 건강이나 삶의 질이 의료 과학의 질이나 전염병과 같이 생명을 위협하는 질병에 의하여 좌우되는 것이 아니라 건강을 해치는 식습관, 운동부족, 오염, 스트레스의 증가, 빈곤, 알코올과 담배를 비롯한 약물 남용 등과 같은 행동양식과 환경적 요인에 영향을 받는다. 그러므로 유아기부터 건강한 삶, 질적으로 활기차고 풍부한 삶을 위한 교육을 시작할 필요가 있다.

과거에는 유아의 건강에 대한 책임이 거의 부모에게 있었으나 이제 유아의 건강은 부모뿐 아니라 교육기관, 사회, 국가의 중요한 관심사와 책임의 하나가 되었다. 유아교육기관은 안전하고 건강한 물리적 환경을 제공해야 할 법적, 도덕적 책임이 있을 뿐만 아니라 유아들의 건강을 보호하고, 지속시키고, 향상시킬 책임이 있으며, 이를 위한 교육 활동을 제공해야 한다.

건강교육의 궁극적 목적은 건강을 발달시키는 데 필요한 지식, 태도, 행동(기술)의 발달을 통하여 어린이들의 삶의 질을 유지, 향상시키는 것이다(Seefeldt & Barbour, 1986). 이는 유아들에게 자신의 건강에 영향을 미치는 것들을 인식하고, 긍정적인 의사결정을 내리며, 자신의 건강을 책임질 수 있도록 하는 것을 의미한다. 건강에 관한 학습은 지식과 정보의 제공만으로는 부족하며 건강한 행동을 유발하기 위한 태도가 중요하다. 태도는 실행하고 행동하기 위한 내부적 준비다. 학습자가 믿고 느끼고 가치 있게 생각하는 것이 행동에 영향을 미친다.

우리나라 유아교육에서 건강은 계속해서 주요한 교육목적으로 제시되어 왔다. 건강교육 또한 국가 수준 유치원교육과정의 건강생활 영역과 표준보육과정의 기본생활 및 신체운동 영역을 통해 지속적으로 이루어져 왔다. 2013년 3월부터 시행되는 '제3차 어린이집 표준보육과정'과 유치원과 어린이집에서 공통적으로 시행되는 '3~5세 연령별 누리과정'에서도 건강은 주요한 교육목적이자 교육내용으로 포함되어 있다.

제3차 어린이집 표준보육과정은 '영·유아의 심신의 건강과 전인적 발달을 도와 행복을 도모하며 민주시민의 기초를 형성하는 것'에 목적을 둠으로써 영유아의 심신 건강을 강조하고 있다. 어린이집 표준보육과정은 0~1세, 2세, 3~5세 보육과정(누리과정)으로 구성되어 있다. 0~1세 보육과정과 2세 보육과정은 기본생활, 신체운동, 사회관계, 의사소통, 예술경험, 자연탐구 등 6개 영역을 중심으로 구성되어 있다. 그중 건강교육과 직접 관련되는 영역은 기본생활 영역과 신체운동 영역이다. 두 영역의 연령별 목표는 〈표 1-2〉와 같다(보건복지부 고시 제2013-8호). 0~1세 보육과정과 2세 보육과정의 기본생활 영역과 신체운동 영역의 전체 목표는 각각 해당 연령의 보육과정 목표 중 첫 번째와 두 번째 목표와 동일하다.*

* 0~1세 보육과정의 목표: (1) 건강하고 안전한 일상생활을 경험한다. (2) 감각 및 기본 신체운동 능력을 기른다. (3) 말소리를 구분하고 의사소통의 기초를 마련한다. (4) 친숙한 사람과 관계를 형성한다. (5) 아름다움에 관심을 가진다. (6) 보고, 듣고, 만지면서 주변 환경에 관심을 가진다.
1세 보육과정의 목표: (1) 건강하고 안전한 생활습관의 기초를 마련한다. (2) 감각, 신체조절 및 기본 운동 능력을 기른다. (3) 의사소통 능력의 기초를 기른다. (4) 나를 인식하고 다른 사람과 더불어 생활하는 경험을 한다. (5) 아름다움에 관심을 가지고 예술경험을 즐긴다. (6) 주변 환경에 호기심을 갖고 탐색하기를 즐긴다.

**표 1-2 보육과정의 기본생활 영역과 신체운동 영역의 목표**

| 영역 | 0~1세 | 2세 |
|---|---|---|
| 기본생활 | • 건강하고 안전한 일상생활을 경험한다.<br>1. 건강하고 편안한 일상생활을 경험한다.<br>2. 안전한 생활을 경험한다. | • 건강하고 안전한 생활습관의 기초를 마련한다.<br>1. 건강한 생활습관의 기초를 경험한다.<br>2. 안전한 생활습관의 기초를 경험한다. |
| 신체운동 | • 감각 및 기본 신체운동 능력을 기른다.<br>1. 감각기능을 발달시키고 자신의 신체를 탐색한다.<br>2. 대소근육을 조절하고 걷기 등의 능력을 기른다.<br>3. 규칙적으로 신체활동에 참여한다. | • 감각, 신체조절 및 기본 운동 능력을 기른다.<br>1. 감각능력을 기르고, 자신의 신체 움직임을 탐색한다.<br>2. 안정된 자세로 대소근육을 조절하고 기본운동 능력을 기른다.<br>3. 규칙적으로 신체활동에 참여한다. |

누리과정은 2012년에는 유치원과 어린이집의 만 5세 유아에게 공통적으로 적용되었으나 2013년부터는 만 3~5세 유아에게 확대 시행된다. 3~5세 연령별 누리과정은 '유아의 심신의 건강과 조화로운 발달을 도와 민주시민의 기초를 형성하는 것'에 목적을 둠으로써 표준보육과정과 마찬가지로 유아의 심신 건강을 중시하고 있다. 구체적인 목표로 제시된 5개 목표 중 첫 번째는 건강교육과 직접 관련된 것으로서 '기본 운동 능력과 건강하고 안전한 생활습관을 기른다'이다(교육과학기술부 고시 제2012-16호). 신체운동 · 건강, 의사소통, 사회관계, 예술경험, 자연탐구 등 누리과정의 다섯 개 내용 영역 중 건강교육과 직접 관련이 있는 영역은 신체운동 · 건강 영역이다. 신체운동 · 건강 영역의 전체 목표는 누리과정의 첫 번째 목표와 동일하며* 구체적 목표는 〈표 1-3〉과 같다.

* 3~5세 누리과정의 목표: (1) 기본 운동 능력과 건강하고 안전한 생활습관을 기른다. (2) 일상생활에 필요한 의사소통 능력과 바른 언어 사용 습관을 기른다. (3) 자신을 존중하고 다른 사람과 더불어 생활하는 능력과 태도를 기른다. (4) 아름다움에 관심을 가지고 예술경험을 즐기며, 창의적으로 표현하는 능력을 기른다. (5) 호기심을 가지고 주변 세계를 탐구하며, 일상생활에서 수학적 · 과학적으로 생각하는 능력과 태도를 기른다.

**표 1-3** 누리과정의 신체운동 · 건강 영역의 목표

- 기본 운동 능력과 건강하고 안전한 생활 습관을 기른다.

1. 감각 능력을 기르고, 자신의 신체를 긍정적으로 인식한다.
2. 신체를 조절하고 기본 운동 능력을 기른다.
3. 신체 활동에 즐겁게 참여한다.
4. 건강한 생활습관을 기른다.
5. 안전한 생활습관을 기른다.

## 2. 교육내용

교육 계획을 세울 때 내용 선정의 기준을 목록화한 뒤 장기적인 계획을 세우면 빠뜨린 개념들을 쉽게 확인할 수 있고 이것을 수정된 계획안에 포함시킬 수 있다. 적절한 교육내용을 선정하는 데 고려해야 할 몇 가지 기준은 다음과 같다.

- 유아의 요구와 관심에 부응하는 것이어야 한다.
- 유아의 연령과 발달 단계에 맞아야 한다. 예를 들어, 3, 4세 유아들에게 이 닦기와 손 씻기에 대하여 가르치는 것은 건강한 생활습관의 형성과 독립심의 발달에 중요하다. 그러나 약품의 남용과 같은 건강 문제를 다루는 것은 적절치 않다.
- 삶의 질을 향상시킬 수 있는 능력을 기르게 하는 것으로 선정되어야 한다. 유아들은 건강과 관련된 의사결정이 중요하며, 바람직한 건강습관을 따르는 것이 가치가 있음을 이해해야 한다.

일반적으로 건강교육의 내용은 신체와 치아 건강, 사고와 질병 예방, 성장과 발달에 대한 지식, 개인위생, 정신건강 등을 포함한다.

각 시기별로 다룰 수 있는 내용 목록은 〈표 1-4〉와 같다.

**표 1-4 발달 단계별 건강교육의 내용**

| 걸음마기 | 유아기 | 학령기 |
|---|---|---|
| • 신체 부위<br>• 영양가 있는 음식<br>• 사회적 기술/긍정적 상호작용<br>• 오감각<br>• 자조기술(예: 이 닦기, 손 씻기, 화장실 가기, 옷 입기)<br>• 긍정적 자아개념의 발달<br>• 협동<br>• 운동/신체 활동<br>• 안전한 행동 | • 성장과 발달<br>• 치아 건강<br>• 안전과 사고 예방<br>• 우리의 건강을 돕는 지역사회인들<br>• 정신건강(예: 긍정적 자아개념, 긍정적 감정, 긍정적 또래관계, 책임감, 스트레스에 대처하기)<br>• 청결과 용의 단정<br>• 좋은 자세<br>• 영양<br>• 휴식<br>• 운동/율동<br>• 질병 관리와 예방<br>• 건강한 환경과 안전<br>• 자신을 보호하는 기술 | • 용모<br>• 치아 건강<br>• 영양<br>• 소비자 건강(예: 약의 남용과 오용, 광고의 이해)<br>• 성장에 영향을 미치는 요인들<br>• 정신건강(예: 감정처리방법, 친구 사귀기, 가족 간의상호작용, 타인과 잘 지내기 등)<br>• 건강 전문가의 역할<br>• 질병의 예방과 대처<br>• 안전과 사고 예방<br>• 응급처치 |

만 2세까지의 유아를 위한 건강교육의 내용은 어린이집 표준보육과정 중 0~1세 보육과정과 2세 보육과정의 기본생활 영역과 신체운동 영역에서 찾아볼 수 있다. 〈표 1-5〉와 〈표 1-6〉과 같이 기본생활 영역은 '건강하게 생활하기'와 '안전하게 생활하기'의 두 개의 내용 범주로 구성되어 있으며, 신체운동 영역은 '감각과 신체 인식하기', '신체조절과 기본운동하기', '신체활동에 참여하기'의 세 개의 내용 범주로 구성되어 있다. 연령별 보육내용은 다시 수준별 내용으로 나뉘는데 0~1세는 4수준, 2세는 2수준으로 구성되어 있다(연령에 따른 수준별 내용은 '부록 I-1' 참조).

**표 1-5** 기본생활 영역의 내용 범주와 연령별 내용

| 내용 범주 | 내 용 | |
|---|---|---|
| | 0~1세 | 2세 |
| 건강하게 생활하기 | • 몸을 깨끗이 하기<br>• 즐겁게 먹기<br>• 건강한 일상생활하기 | • 몸을 깨끗이 하기<br>• 바르게 먹기<br>• 건강한 일상생활하기<br>• 질병에 대해 알기 |
| 안전하게 생활하기 | • 안전하게 지내기<br>• 위험한 상황에 반응하기 | • 안전하게 놀이하기<br>• 교통안전 알기<br>• 위험한 상황 알기 |

**표 1-6** 신체운동 영역의 내용 범주와 연령별 내용

| 내용 범주 | 내 용 | |
|---|---|---|
| | 0~1세 | 2세 |
| 감각과 신체 인식하기 | • 감각적 자극에 반응하기<br>• 감각기관으로 탐색하기<br>• 신체 탐색하기 | • 감각능력 기르기<br>• 감각기관 활용하기<br>• 신체를 인식하고 움직이기 |
| 신체조절과 기본운동하기 | • 신체 균형 잡기<br>• 대근육 조절하기<br>• 소근육 조절하기<br>• 기본운동하기 | • 신체 균형 잡기<br>• 대근육 조절하기<br>• 소근육 조절하기<br>• 기본운동하기 |
| 신체활동에 참여하기 | • 몸 움직임 즐기기<br>• 바깥에서 신체 움직이기<br>• 기구를 이용하여 신체활동 시도하기 | • 신체활동에 참여하기<br>• 바깥에서 신체활동하기<br>• 기구를 이용하여 신체활동하기 |

3~5세 누리과정의 신체운동 · 건강 영역의 내용 체계는 〈표 1-7〉과 같이 '신체 인식하기', '신체조절과 기본운동하기', '신체활동 참여하기', '건강하게 생활하기', '안전하게 생활하기'의 다섯 개의 내용 범주와 내용으로 되어 있다. 각 범주별 내용은 모든 연령이 동일하며 세부 내용은 연령별로 제시되어 있다(연령별 세부 내용은 '부록 I-2' 참조).

**표 1-7 신체운동 영역의 내용 범주와 연령별 내용**

| 내용 범주 | 내 용 |
|---|---|
| 신체 인식하기 | • 감각능력 기르고 활용하기<br>• 신체를 인식하고 움직이기 |
| 신체조절과 기본운동하기 | • 신체조절하기<br>• 기본운동하기 |
| 신체활동에 참여하기 | • 자발적으로 신체활동에 참여하기<br>• 바깥에서 신체활동하기<br>• 기구를 이용하여 신체활동하기 |
| 건강하게 생활하기 | • 몸과 주변을 깨끗이 하기<br>• 바른 식생활하기<br>• 건강한 일상생활하기<br>• 질병 예방하기 |
| 안전하게 생활하기 | • 안전하게 놀이하기<br>• 교통안전 규칙 지키기<br>• 비상 시 적절히 대처하기 |

## 3. 교수 · 학습 방법

교수 · 학습 방법을 결정할 때 교사가 고려해야 할 것은 다음과 같다.

- 학급 크기, 대상 유아의 연령, 이용 가능한 자원을 고려한다.
- 유아를 참여자로 포함시킬 수 있는 방법을 모색한다. 직접적인 학습 경험에 유아를 적극적으로 참여시키는 방법이 가장 바람직하다. 유아의 관심을 끌고, 유지시키기가 보다 쉽기 때문이다. 예를 들어, 인형극, 극화놀이, 견학과 같은 방법은 유아들에게 보다 매력적이어서 학습을 증진시키고 오래 기억시킨다.
- 학습을 강화하기 위해 반복의 기회를 제공한다.
- 성취를 강화하기 위해 격려와 긍정적 강화를 사용한다.

건강교육에서 사용될 수 있는 교수 · 학습방법 유형은 다음과 같다.

① 실제 경험

건강에 대한 경험은 유아들의 일상생활 속에서 자연스럽게 계속적으로 이루어진다. 그러므로 건강교육은 특정한 시간대에 형식적인 교수과정을 통하여 이루어지는 것만으로는 충분하지 않으며 매일의 일과에서 유아들과 자연스럽게 계속적으로 경험하게 하는 것이 효과적이다. 손 씻기, 이 닦기, 배변 후의 뒷처리, 옷 입고 벗기, 휴식, 요리, 식물 재배, 동물 돌보기 등은 통합된 하루 일과 속에서 자연스럽게 경험할 수 있는 교육내용의 예들이다.

② 토론 및 이야기 나누기

건강을 돕는 생활습관과 관련한 주제, 안전한 생활을 위한 규칙을 논의하고 정하기 등에서 이야기 나누기와 토론 활동을 사용할 수 있다. 이야기 나누기와 토론 활동은 유아들에게 건강에 적절한 행동을 할 필요성과 이유를 논리적이고 체계적으로 생각해 보는 기회를 제공해 줌으로써 개념의 획득과 태도 형성을 돕는다.

③ 극화놀이

소꿉놀이, 병원놀이, 치과놀이, 식당놀이, 교통안전놀이, 슈퍼마켓놀이 등의 극화놀이는 유아들로 하여금 참여자나 관찰자로서의 역할을 하게 하므로 건강에 관한 지식과 태도, 실제 수행능력을 향상시킨다. 놀이영역에 극화놀이를 촉진시킬 수 있는 관련 놀잇감과 실물 또는 모형이 있는 경우에 놀이가 더욱 활성화될 수 있다. 예를 들어, 의료용 도구와 자료가 비치되어 있다면 병원놀이가 촉진될 것이다.

④ 인형극

인형극은 유아들의 상상적이고 마술적인 사고를 사로잡는다. 인형극에서는 정보 제공과 더불어 긴장되는 상황에서 활용될 대처 기술도 제공하게 된다. 아플 때의 경험, 간호, 낯선 사람으로부터의 보호, 건강검진, 기타 유아들에게 의미 있는 상황이 인형극을 통하여 간접 경험될 수 있다.

⑤ 시범과 실험

교사는 일상생활에서 건강과 안전을 위한 모범적인 태도를 보임으로써 모델이 될 수 있다. 또한 관련 활동의 진행과정에서도 필요에 따라 시범을 보임으로써 이해를 도울 수 있다. 건강을 지원하는 상황과 건강에 해로운 상황을 비교할 수 있는 실험이 가능한 경우, 이는 효과적인 학습으로 연결될 수 있을 것이다. 적절한 습도가 청결한 환경 및 음식의 보존에 얼마나 중요한지에 대한 부패 실험이 한 예가 될 수 있다. 실험은 건강에 대한 지식을 확실하게 개념화하는 데 도움이 된다.

⑥ 지역사회 인사의 참여

건강과 관련된 전문가를 유아교육기관으로 초빙하여 건강과 관련된 직업에 대하여 설명을 듣거나 건강관리방법에 대한 시범을 보면서 토의할 기회를 제공하도록 한다. 전문가의 방문은 해당 기관에 대한 견학으로 연결될 수 있다. 소방대원, 구급대원, 치과의사, 간호사, 체육인, 영양사 등이 초대될 수 있는 인사들의 예다.

⑦ 견학

보건소, 병원, 약국, 소방서, 경찰서, 사회복지관 등의 지역사회 관련 기관의 견학은 응급상황 시 도움을 받는 방법과 해야 할 일을 배우는 기회가 된다. 또한 견학과정에서 유아들은 통행 및 교통안전의 문제를 직접 경험할 수 있다.

관련 기관의 견학 전 · 후에 해당 기관의 인사를 초대하여 정보를 얻고 토론하기, 해당 기관이 하는 일에 대한 이야기 나누기, 역할놀이, 미술 활동 등을 통해 개념을 확장 · 강화할 수 있다.

⑧ 음악과 동작 활동

노래는 유아들이 즐거워하는 활동으로 정서의 함양과 표현을 하게 하는 기능 외에도 말로 설명하기 어려운 개념이나 말로는 지루하게 전달될 수 있는 내용을 멜로디와 함께 즐겁게 공감하고, 쉽게 이해하게 하며, 또한 오래도록 기억하게 한다. 그러므로 노래를 통하여 건강에 관한 개념과 기술, 행동 형성을 학습하도록 하는 것은 매우 효과적이고 즐거운 경험이 될 수 있다. 예를 들어, '신호등', '건너가는 길', '손을 씻어요.', '싹싹 닦아라.' 등은 건강과 관련한 습관을 조장하도록 돕는 노래들이다. 동작 활동은 활동 자체로도 건강교육의 내용이 될 뿐아니라 적절한 교수 · 학습 방법이다. 동작 활동에 즐겁게 참여하는 것은 신체적 건강은 물론이고 정신건강에도 도움이 된다. 또 활동의 내용에 따라서는 건강과 관련된 개념 발달을 도울 수 있다.

⑨ 게임

자유선택활동, 이야기 나누기나 토론, 실험, 노래 등의 활동을 통하여 학습된 내용에 대하여 다양한 방법으로 게임을 하는 것은 개념을 강화하고 확장하는 효과를 가져 온다. 예를 들어, 이에 좋은 음식과 나쁜 음식을 분류하기, 계절에 따른 사람들의 생활 변화를 그림으로 짝짓기, 말 전하기 등을 들 수 있다.

⑩ 미술 활동

미술 활동은 건강과 관련된 교육 경험을 더욱 풍요롭게 한다. 간호사 모자, 환자용 명찰, 약봉지, 거즈 등의 의료용품을 만들어 병원놀이에 사용하거나 초대할 지역사회 인사에게 초대장 만들기, 견학 후 인상 깊었던 내용을 그리기, 포스터 만들기 등이 포함된다.

⑪ 문학 활동

건강과 관련된 문학작품은 안전과 영양, 병원, 질병 등에 관한 정보를 제공하고 경험을 나누도록 도울 수 있다. 또한 동화 · 동시를 감상한 후 그 작품의 주제와 관련한 자신의 경험과 느낌을 토론해 보는 기회도 가질 수 있다.

이상과 같은 다양한 교수방법의 적용과정에서 도서, 팸플릿, 포스터 등의 인쇄물, 교사가 제작한 그림자료, 비디오 테이프, 슬라이드 필름, 녹음기, 모형, 표본, 인형, 실물 등의 교수 자료를 연령에 따라 적절하게 사용하면 효과적이다.

### 4. 평 가

평가는 교육과정의 중요한 부분으로서 교육의 모든 단계마다 중요하다. 평가를 통해 교육과정의 장단점을 확인하고 개선이 필요한 분야를 점검함으로써 교육의 효과를 높일 수 있다.

다음의 평가기준들은 교육과정의 계획과 실행과정에서 사용될 수 있다.

- 목표는 학습이 일어나야 할 영역을 밝히고 있는가?
- 목표는 명료한가?
- 목표는 유아에게 적합하며, 유아가 성취할 수 있는 것인가?
- 교육내용은 유아의 발달과 요구에 적절한가?
- 교수방법은 효율적인가? 유아들이 학습 경험에 포함되었는가?
- 다음 학습을 위해 어떤 개선점이 제시되는가?

유아에 대한 평가는 유아의 태도와 행동의 변화를 측정함으로써 이루어진다. 예를 들어, 화장실 사용 후 상기시켜 주지 않아도 손을 씻는가, 길을 건너기 전에 교통 신호등을 보는가 등을 관찰함으로써 평가할 수 있다.

## 4절 교직원의 건강

교직원, 특히 교사의 건강은 자신의 행복한 삶뿐 아니라 유아의 성장과 학습에도 매우 중요하다. 교사는 교육과정의 핵심요소다. 유아교사는 유아의 건강을 보호하고 증진시키는 책임을 지니는 것과 더불어 교사 스스로도 건강한 삶을 사는 모델이 되어야 한다. 심신이 건강한 교사를 채용하고 정기적으로 건강검진을 받도록 하는 것만으로는 불충분하다. 계속해서 건강을 유지, 증진시킬 수 있는 여건을 만들어 주고 본인 스스로도 노력해야 한다.

업무 조건으로 인해 유아교사들은 자신의 건강을 유지, 증진시키는 과정에 도전을 받게 된다. 유아교사들은 주로 전염성 질환, 허리 건강, 심한 스트레스의 위험에 노출되어 있다(Aronson, 2002; Robertson, 2002). 이외에도 위험성을 지닌 유아교육기관의 환경적 요인들로 인하여 잠재적으로 건강에 위협을 받고 있기도 하다. 즉, 미술재료의 독성 화학물질에의 노출, 세척제, 살충제, 직무 스트레스 등이 포함된다. 성인의 건강 문제를 해결할 수 있는 몇 가지 해결책은 다음과 같다(Aronson, 2002).

- 지속적인 건강 평가: 전염성 질환, 허리부상, 발진, 스트레스
- 건강을 위한 복지정책의 제공: 휴가, 병가, 건강보험, 기타
- 사적인 공간을 마련하여 휴식하도록 함.
- 교사의 휴식과 대치에 대한 배려
- 다리와 허리에 무리가 가지 않도록 물건이나 유아를 드는 방법을 교육하는 것
- 질병에의 노출을 줄이고 성인과 유아의 건강을 유지하는 데 도움이 되는 예방법을 실천할 수 있는 건강 정책의 수립

## 1. 신체 건강

### 1) 전염성 질병에의 노출

유아교사는 여러 유아들을 돌보기 때문에 다른 유아, 다른 교사 그리고 자신의 가족에게 질병을 옮길 가능성이 크다. 또한 반대로 유아들로부터 감염성 질병이 옮을 수도 있다. 유아교사는 예방접종을 통해 홍역, 간염을 비롯한 각종 전염성 질병에 대한 면역력을 지니고 있거나 자연적 면역력을 지니고 있어야 한다. 유아교육기관은 교사 채용 전에 이 같은 사실들을 확인하여야 한다.

전염성 질병이 퍼지거나 감염되는 것을 피하기 위해서는 무엇보다 손을 청결히 하는 것이 중요하다. 유아의 상처를 다룰 때, 유아의 배변 처리를 도와줄 때, 기타 오염물을 다룰 때, 그리고 음식을 다루기 전에 장갑을 끼는 것이 바람직하다. 합

성고무장갑은 알레르기를 유발할 수 있으므로 적당하지 않다. 장갑을 벗은 후에는 즉시 손을 씻도록 한다.

교사가 아플 때는 본인의 건강을 위해서뿐 아니라 유아와 다른 교직원을 보호하기 위해 쉬어야 하며, 이때 대치할 교사가 있어야 한다.

### 2) 요 통

등과 허리의 건강 문제는 유아교사들에게 매우 흔하다. 유아교사, 특히 영아기 유아의 교사는 하루에도 몇 번씩 유아를 안거나 들어 올리게 된다. 또한 물건을 들어서 옮기는 일도 잦으며 유아와 상호작용 중에 허리를 숙이는 경우도 많다. 교사가 유아용 의자에 자주 앉게 되는 것도 허리에 부담을 주는 요인이다. 이러한 동작들이 바르게 이루어진다면 문제는 줄어들 수 있다.

바닥이나 낮은 위치에 있는 물건을 들기 위해 몸을 낮출 경우 허리를 굽히기보다는 무릎을 구부리도록 한다. 무릎을 구부리면 허리를 구부릴 때 등이 받는 압력을 줄일 수 있다. 무엇을 들건 물건을 몸 가까이로 당겨서 든다. 가능하면 무거운 물건은 들어 옮기거나 끌어 옮기지 말고, 밀면서 옮기면 등이 받는 압력을 줄일 수 있다. 무거운 물건은 나누어 옮기는 것이 바람직하다.

유아와 이야기를 나눌 때 눈높이를 맞추기 위해 몸을 기울이기보다는 무릎을 굽혀 몸을 낮추거나 의자에 앉는 것이 바람직하다.

앉아야 할 때는 등을 받치고 바른 자세로 앉아야 한다. 앉기 위해 몸을 구부리거나 앉은 자세에서 일어서야 할 경우 무엇이건 고정된 사물에 의지해서 동작을 하는 것이 등이 받는 압력을 줄이는 데 도움이 된다.

운동은 스트레스뿐 아니라 허리를 보호하는 데도 유용하다. 규칙적인 운동은 등의 근육을 강화시켜 척추를 잘 지지하게 한다.

## 2. 정신건강: 스트레스

교직이 보람이 있는 일이라 해도 많은 어려움이 따르는 일이다. 유아교사는 스트레스가 많은 직업이다. 즉, 유아교사들은 장시간의 고된 업무, 저임금, 낮은 사회적 지위, 학부모와의 관계, 다루기 힘든 유아, 일과 운영에 대한 부담, 다른 성인들로부터의 고립, 할 일은 너무 많고 시간은 부족한 것 등 여러 요인들로 인해 스트레스를 받기 쉽다. 스트레스는 이직의 주요 동기가 되기도 한다.

우리나라 유아교사들에 대한 직무만족도 연구들의 결과는 대체로 낮게 나와(신지음, 1990; 신현주, 1993) 유아교사들의 정신건강 상태를 반영하고 있다. 우리나라의 유치원 교사를 대상으로 한 교사의 생애 연구(이경민, 2002)에서 교사들은 학부모와의 관계에서 문제가 생겼을 때 가장 교사직을 그만두고 싶었다고 반응하였다. 다음으로는 스스로 교수능력이 부족하다고 느꼈을 때, 원장과의 관계가 악화되었을 때, 낮은 급여, 과다한 업무가 주된 이유로 언급되어 이러한 요인들이 직장을 그만둘 것을 고려할 정도의 스트레스로 작용하고 있음을 나타내고 있었다. 어린이집 교사를 대상으로 한 연구에서도 시간과 관련한 여러 문제, 교사 대 아동비율 및 집단 크기, 부모와의 갈등, 어린이집에 대한 사회적 인식이 주된 스트레스로 작용한다는 보고가 있었다(김보들맘, 신혜영, 2000). 유치원 교사의 이직 의도를 조사한 연구(서지영, 서영숙, 2002)에서는 수입이 적을수록, 근무시간이 길수록, 교사의 연령이 낮을수록 이직 의도가 높은 것으로 조사되었다. 이러한 연구결과들은 유아교사들이 교수능력과 같은 자신의 내부적 문제로 인하여 스트레스를 받기도 하지만 원장이나 부모 등과 같은 다른 성인과의 문제, 유아교육기관 각각이 지니는 다양성에 따른 교육관의 일치도 및 질의 문제, 유아교사직에 대한 처우문제와 같은 유아교사직이 지니는 총체적이고 사회적인 차원의 문제로 인하여 많은 갈등을 느끼고 있음을 드러내는 것이다.

따라서 근무 여건과 환경의 개선을 통해 교사의 건강을 증진시키려는 노력이 이루어져야 할 것이다. 이를 통해 교사의 건강뿐 아니라 유아의 건강과 유아교육의 수준도 향상될 수 있을 것이다.

이와 더불어 자신의 건강을 증진시키려는 교사 자신의 노력도 함께 이루어져야 한다. 교사의 정신건강은 유아의 정신건강과도 직결되므로 교사가 자신의 스트레스를 조절하는 것이 필요하다. 먼저 스트레스의 징후를 아는 것이 중요한데 스트레스를 인식하는 것이 스트레스를 예방하고 방어하는 첫 단계가 된다. 스트레스에 대처하는 방법을 알 수 있다면 스트레스를 줄이거나 없앨 수 있다. 스트레스

**스트레스의 징후들**

- 걱정, 의기소침, 신경과민이 지속됨
- 피로
- 좌절, 우울증, 과민해짐
- 집중하기 어렵거나 잘 잊어버림(건망증)
- 외로움
- 완벽주의
- 안절부절
- 지나치게 많이 먹거나 적게 먹음
- 지나치게 많이 자거나 쉽게 잠들지 못함
- 직무불만족
- 결근
- 일을 미룸
- 다른 성인 또는 유아와 갈등이 있음
- 두통이 빈번함
- 목과 등의 통증
- 천식
- 근육 경련이나 강직
- 소화불량, 설사나 변비
- 피부 발진
- 면역력 약화
- 성문제
- 음주, 흡연의 증가

▷출처: Robertson (2002), p. 35.

요인에 대한 인식이나 반응을 바꾸는 것도 스트레스에 대처하는 하나의 방법이 될 수 있다. 또 다른 방법은 스트레스의 원인을 제거하거나 감소시키는 것이다. 시간 관리 또한 스트레스 대처에 도움이 된다.

스트레스 요인에 대한 인식이나 반응을 바꾸기 위한 방법이 몇 가지 있다. 다른 사람과 이야기를 나눔으로써 스트레스를 공유하게 되면 문제를 다른 사람의 관점에서 볼 수 있게 된다. 친구나 가족과 이야기를 나누는 것만으로도 도움이 된다. 어떤 상황들이 자신의 통제권 안에 있지 않음을 인식하게 되면 그 상황이 변할 수 없음을 받아들여야 한다. 대신에 변화될 수 있는 상황이 무엇인지 찾아내도록 한다.

시간을 적절히 관리하는 것도 스트레스를 줄이는 데 도움이 된다. 많은 사람들은 너무 많은 일을 하려고 한다. 일정 시간 안에 성취해야 한다는 압력은 스트레스를 유발할 수 있다.

기타 여러 가지 전략들이 스트레스 대처에 도움이 된다. 여기에는 신체적 대처 기술과 정신적 대처 기술이 모두 포함된다. 운동, 균형 잡힌 식사, 충분한 수면이 도움이 된다. 특히 운동은 스트레스에 대처하는 것을 돕는다. 설탕과 카페인 섭취를 줄이거나 없애는 것 또한 도움이 되는데, 두 물질 모두 스트레스를 보다 쉽게 발생시키는 부작용이 있기 때문이다. 신선한 과일과 야채 등 건강에 도움이 되는 음식을 섭취하는 것은 보다 활기 있게 스트레스에 대처하는 데 도움이 된다. 여가와 취미생활, 하루에 일정 시간 휴식시간을 갖는 것 등도 도움이 된다.

# 제 2 부

# 영 양

# 2장 영양과 건강

영양은 유아의 성장과 발달에 중요한 영향을 미친다. 영양상태가 양호한 유아는 적정한 체중과 신장을 지니고 있을 뿐만 아니라 활발하고 민첩하며 왕성한 탐색 활동을 한다. 또한 질병에 대한 저항력이 높아 질병에 잘 걸리지 않으며 병에 걸렸더라도 회복속도가 빠르다. 반면에 영양이 결핍된 유아는 성장이 지체되어 있으며, 질병에 대한 저항력이 떨어져 자주 병에 걸리며 이로 인해 놀이와 활동을 하는 데 지장이 있다. 특히 단백질과 열량의 결핍은 신경 체계의 발달에도 손상을 준다. 따라서 영양 결핍은 신체적 성장뿐 아니라 지적 발달에도 지장을 줄 수 있다.

따라서 유아교육기관은 유아의 영양 및 건강상태를 점검하고 영양이 풍부한 음식을 균형 있게 제공하며 건강한 식습관을 형성할 책임을 지닌다. 교사는 영양교육을 실행하며 즐거운 식사, 간식 분위기를 조성할 책임을 진다. 영양사는 영양이 풍부하고 맛있는 식단을 계획하고 제공할 책임이 있다. 원장은 영양이 풍부한 식사와 간식의 중요성을 인식하고, 위생적이고 안전한 조리시설 및 설비의 제공 및 유지, 영양교육의 계획 및 실천을 위한 지원을 모색해야 한다. 음식을 만드는 사람은 위생적이고 청결하게 맛있는 음식을 만들고 부엌의 시설과 설비의 청결을 유지하고 관리할 책임을 진다.

가정은 영양교육에 중요한 역할을 하는데, 이는 가정이 유아의 식습관을 형성하는 가장 기본적인 장이기 때문이다. 따라서 유아교육기관은 유아의 식생활 및 영양교육과 관련하여 가정과 긴밀한 연계를 도모하여야 한다.

# 1절 유아기 영양의 의의

## 1. 성장과 영양

신체의 성장은 유아의 건강을 나타내는 중요한 지표다. 영양과 관련된 유아의 신체 성장의 장기적 지표는 신장이며 체중은 단기적 지표로서 기능을 한다(MacLean & Graham, 1982를 Lawton, 1988에서 재인용).

영아기는 신체 성장이 급격히 이루어지는 시기다. 영아는 생후 1년이 되면 체중은 출생 시의 3배, 신장은 1.5배에 이른다. 그 후 걸음마기와 유아기에는 성장률이 영아기보다 느려진다. 또한 골격, 근육, 신체조직의 성장에서도 변화를 겪는데 이로 인해 영양적 요구량과 식습관의 변화가 요구된다.

유아가 정상적으로 성장하고 있는지를 판단하는 데 2007년에 마련된 한국소아청소년신체발육표준치가 유용한 기준이 될 수 있다(표 2-1 참조). 이전에 발표된 표준치들이 조사 시점에서의 계측치의 평균 및 표준편차를 사용한 것이어서 건강한 어린이의 성장에 관한 기준이라기보다는 단순히 현재의 성장 상태를 반영한 것이었음에 비해, 새로운 표준치는 어린이와 청소년들의 비만이 급증하는 상황에서 실제 측정치를 국가의 표준치로 삼는 것은 문제가 있다는 인식하에 정상적인 성장의 기대치를 반영한 새로운 개념의 표준치이기 때문이다(질병관리본부, 대한소아과학회, 소아청소년신체발육표준치 제정위원회, 2007b).

발육표준치 중 신장과 체중의 측정은 유아교육기관에서 실시할 수 있는 가장 기본적이고 용이한 방법이다. 영아는 1~3개월, 유아는 3~6개월마다 측정하는 것이 바람직하다. 신장 측정 시 2세 이하의 영아는 누운 상태에서 측정한다. 2세 이상의 유아는 맨발로 머리 뒤쪽, 등, 발뒤꿈치를 신장기에 대고 바르게 서게 하여 측정한다.

유아의 성장 패턴이 동일 연령 유아의 평균 성장곡선에서 벗어나 있는지, 즉 심하게 뒤처지거나 키에 비해 체중이 지나치게 나가지는 않는지 유념해서 살핀다. 이러한 경우 부모에게 알리고 필요한 조치를 받을 수 있도록 한다.

유아교육기관에서 이러한 측정 및 평가와 더불어 식생활 관리 및 영양교육을

**표 2-1 한국소아청소년신체발육표준치(2007년 제정)**

| 남아 | | | | 연령 | 여아 | | | |
|---|---|---|---|---|---|---|---|---|
| 체중 (kg) | 신장 (cm) | 체질량지수 (kg/m²) | 머리둘레 (cm) | | 체중 (kg) | 신장 (cm) | 체질량지수 (kg/m²) | 머리둘레 (cm) |
| 3.41 | 50.12 | | 34.70 | 출생시 | 3.29 | 49.35 | | 34.05 |
| 5.68 | 57.70 | | 38.30 | 1~2개월* | 5.37 | 56.65 | | 37.52 |
| 6.45 | 60.90 | | 39.85 | 2~3개월 | 6.08 | 59.76 | | 39.02 |
| 7.04 | 63.47 | | 41.05 | 3~4개월 | 6.64 | 62.28 | | 40.18 |
| 7.54 | 65.65 | | 42.02 | 4~5개월 | 7.10 | 64.42 | | 41.12 |
| 7.97 | 67.56 | | 42.83 | 5~6개월 | 7.51 | 66.31 | | 41.90 |
| 8.36 | 69.27 | | 43.51 | 6~7개월 | 7.88 | 68.01 | | 42.57 |
| 8.71 | 70.83 | | 44.11 | 7~8개월 | 8.21 | 69.56 | | 43.15 |
| 9.04 | 72.26 | | 44.63 | 8~9개월 | 8.52 | 70.99 | | 43.66 |
| 9.34 | 73.60 | | 45.09 | 9~10개월 | 8.81 | 72.33 | | 44.12 |
| 9.63 | 74.85 | | 45.51 | 10~11개월 | 9.09 | 73.58 | | 44.53 |
| 9.90 | 76.03 | | 45.88 | 11~12개월 | 9.35 | 74.76 | | 44.89 |
| 10.41 | 78.22 | | 46.53 | 12~15개월 | 9.84 | 76.96 | | 45.54 |
| 11.10 | 81.15 | | 47.32 | 15~18개월 | 10.51 | 79.91 | | 46.32 |
| 11.74 | 83.77 | | 47.94 | 18~21개월 | 11.13 | 82.55 | | 46.95 |
| 12.33 | 86.15 | | 48.45 | 21~24개월 | 11.70 | 84.97 | | 47.46 |
| 13.14 | 89.38 | 16.71 | 49.06 | 2~2.5세 | 12.50 | 88.21 | 16.34 | 48.08 |
| 14.04 | 93.13 | 16.29 | 49.66 | 2.5~3세 | 13.42 | 91.93 | 16.01 | 48.71 |
| 14.92 | 96.70 | 15.97 | 50.10 | 3~3.5세 | 14.32 | 95.56 | 15.76 | 49.18 |
| 15.91 | 100.30 | 15.75 | 50.43 | 3.5~4세 | 15.28 | 99.20 | 15.59 | 49.54 |
| 16.97 | 103.80 | 15.63 | 50.68 | 4~4.5세 | 16.30 | 102.73 | 15.48 | 49.82 |
| 18.07 | 107.20 | 15.59 | 50.86 | 4.5~5세 | 17.35 | 106.14 | 15.43 | 50.04 |
| 19.22 | 110.47 | 15.63 | 51.00 | 5~5.5세 | 18.44 | 109.40 | 15.44 | 50.21 |
| 20.39 | 113.62 | 15.72 | 51.10 | 5.5~6세 | 19.57 | 112.51 | 15.50 | 50.34 |
| 21.60 | 116.64 | 15.87 | 51.17 | 6~6.5세 | 20.73 | 115.47 | 15.61 | 50.44 |
| 22.85 | 119.54 | 16.06 | 51.21 | 6.5~7세 | 21.95 | 118.31 | 15.75 | 50.51 |
| 24.84 | 123.71 | 16.41 | | 7~8세 | 23.92 | 122.39 | 16.04 | |
| 27.81 | 129.05 | 16.97 | | 8~9세 | 26.93 | 127.76 | 16.51 | |
| 31.32 | 134.21 | 17.58 | | 9~10세 | 30.52 | 133.49 | 17.06 | |
| 35.50 | 139.43 | 18.22 | | 10~11세 | 34.69 | 139.90 | 17.65 | |
| 40.30 | 145.26 | 18.86 | | 11~12세 | 39.24 | 146.71 | 18.27 | |

*주: 1~2개월은 1개월부터 2개월 미만에 해당하며, 다른 연령에도 동일하게 적용됨.

• 출처: 질병관리본부, 대한소아과학회, 소아청소년 신체발육표준치 제정위원회(2007a). 소아청소년 표준성장도표. 질병관리본부, p. 2.

하면, 유아들은 바람직한 식생활습관과 성장이 연관되어 있음을 알게 되고 자신의 신체에 대해 긍정적인 인식을 하게 된다.

## 2. 식생활습관과 영양

식생활습관은 유아의 영양에 대해 많은 정보를 알게 해 준다. 유아교육기관에서는 유아의 신체발달지표 외에도 부모와의 면담이나 조사서를 통해 유아의 영양섭취에 대한 정보를 얻을 수 있다(표 2-2 참조). 이러한 정보는 다음과 같은 중요한 기능을 한다.

- 유아가 섭식 문제를 지니고 있는지의 여부를 알 수 있다.
- 유아의 음식 기호를 알 수 있다.
- 영양과 연령에 적절한 음식에 대해 부모들이 어느 정도 알고 있는지 파악할 수 있다.
- 가정에서 섭취하는 음식으로 유아가 어느 정도 영양을 섭취하고 있는지 파악할 수 있다.
- 유아의 섭식 기술을 파악하는 데 참고가 된다.
- 부모들에게 자녀의 식생활습관과 관련된 문제점을 인식하고 변화시키도록 도움을 줄 수 있다.

**표 2-2** **유아의 영양을 평가하기 위한 부모용 질문지**

유아 영양 평가를 위한 조사서

• 유아의 이름 : ________________(남/여)  • 생년월일 : ________________

1. 유아가 우유를 먹습니까? ① 예 ______ ② 아니요 ______
   먹는다면 :
   1) 종류 _____ ① 전유(일반 우유)
   _____ ② 저지방유
   _____ ③ 기타(구체적으로 :  )
   2) 양 _____ ① 250ml 이하
   _____ ② 250~500ml
   _____ ③ 500~1,000ml
   _____ ④ 1,000ml 이상
2. (3세 이하 유아의 경우)
   1) 유아가 젖병을 사용합니까? ① 예 ______ ② 아니요 ______
   2) 사용한다면 무엇을 먹는 데 사용합니까?
   ① 우유 ______ ② 기타 ______ (구체적으로 적어 주십시오 :  )
3. 젖병을 물고 잠자리에 듭니까? ① 예 ______ ② 아니요 ______
   '예.' 라면 젖병으로 대개 무엇을 먹습니까?
   ________________________________________
4. 유아의 하루 식사 횟수는 몇 번입니까?(간식 포함)
   ______________ 회
5. 다음 음식을 유아가 먹는지의 여부와 섭취 횟수를 표시해 주십시오.

| 식품 | 전혀 먹지 않음 또는 주 1회 이하 | 가끔 먹음 적어도 주 1회 | 거의 매일 |
|---|---|---|---|
| 계란 | | | |
| 육류 | | | |
| 생선 | | | |
| 콩류(두부, 된장국…) | | | |
| 치즈 | | | |
| 과일 또는 과일 주스 | | | |
| 채소 | | | |

6. 유아가 자주 먹는 과일이나 과일 주스는 무엇입니까?
   ________________________________________

(계속)

7. 유아가 자주 먹는 야채는 무엇입니까?

______________________________________________

8. 유아가 먹지 않으려 하는 음식은 무엇입니까?
   1) 채　소 : ______________________________
   2) 과　일 : ______________________________
   3) 육　류 : ______________________________
   4) 생선류 : ______________________________
   5) 기　타 : ______________________________

9. 유아가 가정에서 자주 먹는 간식의 종류를 세 가지 적어 주십시오.

______________________________________________

10. 유아가 영양제를 복용하고 있습니까?
   ① 예 ______ ② 아니요 ______
   1) 종류 : ________________________ (제품명 :　　　　　　)
   2) 복용 횟수 : 1일 ________ 회(총 ________ 정)

11. 유아에게 특별히 식이요법을 시키고 있습니까?
   ① 예 ______ ② 아니요 ______
   1) 하고 있다면 그 이유는 무엇입니까?
      _____ ① 알레르기(특별히 금하는 음식 : ________________________ )
      _____ ② 체중 조절(특별히 금하는 음식 : ________________________ )
      _____ ③ 기타 이유(구체적으로 : ____________________________ )

12. 유아의 식욕은 어떠합니까?
   ① 아주 좋다 ___ ② 보통이다 ___ ③ 별로 좋지 않다 ___ ④ 아주 없다 ___

## 2절 영양교육

### 1. 영양교육의 의의

유아기는 신체 성장이 활발하고 식습관이 형성되는 시기이며 새로운 사고와 변화를 민감하게 받아들이는 반응적인 시기이기도 한다. 이 시기에 형성된 음식과 식사에 대한 태도, 식습관은 성인기까지 지속된다. 유아도 영양의 개념, 영양소의 기능, 영양이 건강에 미치는 영향을 이해할 수 있다(Swadener, 1995). 따라서 유아기는 영양교육이 가장 성공적으로 이루어질 수 있는 시기다.

영양교육은 영양과 식생활에 대한 지식, 태도 및 행동의 변화를 가져오기 위한 교육을 의미한다. 현명하고 적절하게 음식을 섭취하도록 유아를 가르치는 것은 장래의 건강에 대한 의미 있는 투자다. 유아들이 먹는 음식은 성장과 발달, 학습능력, 그리고 전반적인 행동에 영향을 미친다. 모든 유아는 영양에 대한 학습기회, 다양한 음식의 탐색기회를 가져야 한다. 영양교육은 또한 유아교육과정의 제반 영역과 관련하여 다음과 같은 학습 효과를 지닌다.

① 언어

영양과 음식, 식습관과 관련된 이야기 나누기, 다양한 문학 경험, 동시 짓기 등을 통하여 언어발달이 이루어진다. 유아는 음식의 이름, 음식 준비와 관련된 용어, 식기류의 명칭을 학습하고 사용한다. 또한 영양관련 활동을 하면서 또래와 교사들과 다양한 언어적 상호작용을 한다.

② 인지

유아는 요리 활동 시에 일정한 절차에 따라 활동을 진행하는 것을 학습한다. 요리 재료 준비와 만드는 과정을 통해 부분과 전체, 무게와 부피, 크기의 측정, 분류, 수 세기, 시간 등의 수학적 개념을 학습한다. 식품의 특성을 조사하고 발견하며 식품의 물리적 속성과 변화, 음식의 처리과정과 같은 과학적 개념이 영양 관련 활동을 통해 강화된다.

③ 감각 및 신체

다양한 식품의 맛과 냄새, 크기, 모양, 소리 등의 경험을 통해 감각발달이 이루어진다. 기관에서의 간식 및 식사 시간을 통해 식기류를 다루어 봄으로써 소근육 발달과 눈과 손의 협응능력 발달을 도모할 수 있다. 요리 활동에서 유아들은 식품을 다듬기, 썰기, 휘젓기, 짜내기, 반죽하기, 섞어 보기 등의 경험을 한다. 이를 통해 유아의 감각과 소근육 능력이 발달된다.

④ 사회

유아들은 음식이 어디서 오며, 음식을 어떻게 선택하는지, 음식을 어떻게 만드는지, 무엇을 얼마나 먹을지 결정하는 방법에 대해 학습한다. 좋은 식사습관은 일상생활에서 이루어지는 경험을 통해 강화될 수 있다.

음식 및 식생활은 문화를 반영한다. 영양교육을 통해 삶의 양식과 문화가 식생활에 미치는 영향을 이해하고 자신이 속한 사회를 비롯한 여러 사회를 이해할 수 있다.

함께하는 요리 활동을 통해 유아들은 집단의 성원으로서 협동하여 활동하는 것을 학습한다. 또한 자신의 건강을 유지 · 증진할 수 있는 지식과 능력을 습득함으로써 음식을 다루는 경험과 관련된 기술 숙달을 통해 독립심과 긍정적인 자아개념이 강화된다.

⑤ 심미감

다양한 식품을 경험함으로써 색채감, 형태감, 질감, 균형감 등의 미의식이 발달한다.

## 2. 영양교육의 목적과 내용

유아기 영양교육의 목적은 영양에 대한 개념과 지식을 습득하고 올바른 식사습관을 형성하는 것이며 이를 통해 궁극적으로는 유아의 현재와 미래의 건강을 증진시키는 데 있다.

영양교육의 내용을 개념과 지식의 습득(Marotz, Cross, & Rush, 2005: 488–489), 식생활습관으로 나누어 살펴보면 다음과 같다

### 1) 영양에 대한 개념과 지식

#### (1) 성장과 영양

성장하고 건강한 신체를 형성하기 위해 음식을 먹어야 한다.

- 모든 동물과 식물은 음식을 필요로 한다.

- 음식은 성장하고 놀이하고 학습하고 행복해지도록 돕는다.
- 많은 음식들이 유익하다.
- 몸에 좋지 않은 음식들도 있다.

#### (2) 음식과 영양

음식을 통해 영양소들을 섭취한다. 이러한 영양소들은 우리를 건강하게 자라게 한다.

- 영양소는 우리 몸에서 여러 가지 일을 한다.
- 우리 몸은 매일 여러 가지 영양소를 필요로 한다.
- 음식물들은 우리에게 필요한 영양소들을 제공한다.
- 음식마다 다른 영양소를 제공해 주므로 여러 가지 음식을 먹어야 한다.

#### (3) 음식과 문화

음식은 문화마다 다양하며 특별한 의미를 지닐 수 있다.

- 각 나라마다 사람들이 먹는 음식이 다르다.
- 문화에 따라 유사한 재료를 가지고 조리법을 달리해서 다른 모양과 다른 맛의 음식을 만든다.
- 특별한 날에는 특별한 음식을 먹는다.

#### (4) 음식의 안전

음식은 건강과 안전을 고려하여 조심스럽게 다루어져야 한다.

- 음식 재료와 음식을 다루는 사람의 청결이 무엇보다 중요하다.
- 어떤 음식은 익혀서 따뜻하게 먹어야 한다.
- 어떤 음식은 냉장되었다가 차갑게 먹어야 한다.
- 적절하게 다루어지지 않은 음식을 먹으면 질병에 걸릴 수 있다.

### 2) 식생활습관

식생활습관에는 음식에 대한 태도, 식사예절, 위생이 포함된다.

#### (1) 음식에 대한 태도

- 음식을 골고루 즐겨 먹는다.
- 단 과자, 사탕, 탄산 음료수를 절제한다.

#### (2) 식사예절

- 음식의 소중함을 알고 낭비하지 않는다.
- 감사하며 밝고 명랑한 태도로 먹는다.
- 맛있는 것을 독점하지 않는다.
- 식사시간을 잘 지킨다.
- 자세를 바르게 하고 먹는다.
- 스스로 먹는다.
- 식기를 바르게 사용한다.
- 상 차리기를 돕는다.
- 식후 식기와 자리를 정돈한다.

#### (3) 위생

- 식사 전에 손을 깨끗이 씻는다.
- 식후 양치질을 한다.
- 음식을 흘리지 않도록 하되, 흘린 음식을 주워 먹지 않는다.
- 음식을 잘 씹어 먹는다.

## 3. 영양교육의 접근

영양교육의 학습과정 역시 유아교육과정의 다른 영역의 학습과 동일하다. 즉,

학습자의 연령과 발달 수준, 흥미에 맞추어 다양한 자료와 교수법을 활용하며, 유아의 능동적 참여를 조장하여야 한다.

유아들이 가정에서 생활 경험을 통해 자연스럽게 영양에 대해 학습하는 것과 마찬가지로 유아교육기관에서의 영양교육도 일과 경험을 통해 자연스럽게 이루어질 수 있다. 특히 유아의 식습관 형성은 생활을 통해 이루어진다. 올바른 식습관 형성은 일방적 가르침보다는 주변의 의미 있는 사람들의 행동에 의해 더 많은 영향을 받는다. 다른 사람들이 식사 전에 손을 닦고 바르게 앉아 골고루 먹는다면 유아도 그렇게 할 것이다. 따라서 교사는 바람직한 식생활습관의 모범을 보여 주도록 한다.

영양교육은 자연스러운 생활 경험 외에도 계획된 학습 경험에 의해 의미 있게 이루어진다. 즉, 영양과 관련된 주제를 중심으로 보다 의도적이고 체계적인 교육 활동이 이루어질 수 있다. 이 경우에도 학습은 분리된 교과로서가 아니라 하루 일과 또는 다른 내용영역과 통합되어 이루어져야 한다.

주제는 다루어질 내용의 범위와 활동의 수에 따라, 그리고 학습될 개념이 더 세분화될 수 있느냐에 따라 소주제들로 나뉘어질 수 있다. 예를 들어, '음식' 이라는 큰 주제하에 '음식을 먹는 이유(음식과 건강)' '음식을 바르게 먹기(식생활습관)' '음식이 어디서 오는가(음식의 원천과 유통과정)' '어떤 음식을 먹어야 하는가(몸에 좋은 음식과 나쁜 음식)' '우리나라와 다른 나라의 음식' '음식을 어떻게 다루어야 하는가(음식과 안전)' 등의 소주제들이 파생될 수 있다. 주제에서 다룰 내용의 범위와 소주제의 수는 유아의 주제에 대한 홍미와 발달 수준에 따라 달라진다. 예를 들어, 어린 유아들에게는 건강과 식품의 관계와 관련하여 몸에 좋은 음식을 소개하는 정도로 다룰 수 있다.

주제의 전개는 하루 일과를 통해 다양한 방법으로 이루어질 수 있다. 즉, 이야기 나누기, 자유선택활동, 견학, 요리, 간식, 식사시간 등 전 일과를 통해 이루어진다.

## 4. 영양교육에의 부모 참여

효율적인 영양교육을 위해서는 부모 참여가 필수적이다. 자녀에게 적절한 영양을 제공하고 건강한 식습관을 발달시키는 데 부모가 중요한 역할을 한다는 것을 부모들에게 인식시키고 실천하도록 돕는 것이 영양교육의 일부가 되어야 한다. 목표는 유아의 최적 성장과 발달에 있다. 이러한 목표는 부모와 교육기관 간의 개방적이고 상호 협조적인 의사소통에 달려 있다.

유아교육기관에서 가정과 협력할 수 있는 사항은 다음과 같다.

- 점심과 간식 식단을 부모들에게 알린다. 그러면 가정에서는 유아교육기관에서 유아들이 섭취하는 간식이나 식사를 고려하여 영양적으로 균형 잡힌 식사를 제공할 수 있다.
- 영양이 풍부하고 유아가 먹기에 좋은 음식을 마련하는 데 도움이 되는 정보를 부모들에게 제공한다.
- 유아의 식생활과 영양 문제, 이와 관련된 유아의 변화와 발달에 대해 부모와 정보를 교환한다.
- 가정에서 긍정적인 식습관을 조장할 수 있는 방법에 대한 정보를 제공한다.
- 가정에서 자녀를 식사 준비에 참여시키도록 권한다. 즉, 음식 준비, 상 차리기, 설거지 등에 자녀를 참여시킬 것과 음식에 관해 이야기를 나누도록 권한다.
- 유아가 유아교육기관에서 섭취한 새로운 음식과 조리법을 알려 준다. 아울러 가정으로부터도 새로운 조리법이나 식품에 대한 정보를 얻는다.

## 5. 요리 활동

요리 활동은 앞서 언급한 영양교육의 의의를 효과적으로 구현할 수 있는 중요한 활동이다. 요리 활동을 통해 유아는 또래와 협력하여 식품을 다루고 관찰하고 먹는 경험을 직접 할 수 있다. 무엇보다 유아들에게 즐거움을 주는 활동이자 새로운 음식에 대한 친숙성을 증대시킬 수 있는 이상적 방법이 된다.

요리 활동을 할 때 고려할 점은 다음과 같다(Cosgrove, 1991; Marotz et al., 2005: 495-496)

- 요리 활동은 유아의 발달 수준에 적절해야 한다. 요리 활동의 재료, 요리에 사용되는 기술, 불의 사용 여부, 요리법의 복잡성 정도 등은 유아의 흥미와 발달 수준에 적합해야 한다. 유아의 요리와 관련된 유아의 능력은 연령에 따라 발달한다. 유아들의 변화된 능력을 반영하고, 또 이러한 능력을 발달시킬 수 있도록 다양한 요리 활동을 계획할 필요가 있다.

자신들이 먹을 음식 준비에 참여하는 것은 유아들에게 의미가 깊다.

- 요리 활동에 사용되는 음식은 영양이 풍부한 것이어야 한다.
- 요리 활동 후 유아들이 만든 것을 먹을 수 있어야 한다.
- 유아들은 실제로 음식을 준비하는 데에 참여하여야 한다. 채소를 씻고, 반죽을 하는 등 실제 요리경험은 음식에 대한 긍정적 감정을 발달시킨다. 이러한 활동들은 음식에 대한 경험을 조장할 뿐 아니라 소근육의 발달, 세기, 지시 따르기 등의 기술을 발달시키는 데 도움이 된다. 유아들은 준비과정에서 자신들이 도움을 주었다면, 때로 새롭고 익숙하지 않은 음식을 보다 잘 받아들인다.
- 만져 보고, 냄새를 맡고, 맛보고, 관찰 · 비교하고, 이야기할 수 있도록 충분한 시간을 제공한다.
- 요리 활동의 모든 단계를 학습 경험을 확장하기 위한 기회로 삼는다.
- 위생적으로 이루어져야 한다.
  - 교사와 유아 모두 요리 전과 후에 손을 씻는다.
  - 앞치마를 착용하고 머리를 단정히 한다.
  - 손에 상처가 있거나 감기에 걸린 유아와 교사는 요리 활동에 참여하지 않는다.
  - 식기류와 기구를 깨끗이 한다.
  - 음식을 맛볼 때는 직접 입으로 가져가지 않고 작은 접시와 숟가락을 사용하는 것임을 알려 준다.

- 조리를 필요로 하지 않는 간단한 활동부터 시작하여 요리 활동에 유아가 익숙해지면 보다 복잡한 활동으로 나아간다.
- 유아의 안전을 고려한다.
  - 유아들이 지닌 식품 알레르기에 대해 완전히 파악하고 있어야 한다.
  - 견과류, 생야채, 팝콘과 같이 질식의 위험이 있는 식품은 피한다.
  - 유아의 신체에 적합한 낮은 테이블과 의자를 사용한다.
  - 깨지지 않는 용기를 사용한다.
  - 칼을 사용해야 할 경우 날이 무딘 칼 또는 빵칼 같은 것을 사용하도록 한다.
  - 필요한 기구와 용기, 재료만 테이블에서 사용하도록 한다. 더 이상 사용하지 않는 도구들은 즉시 치운다. 위험을 야기할 수 있는 기구나 음식이 있을 때는 교사는 그 활동영역을 이탈하지 않아야 한다.
  - 요리 단계를 계획한다. 활동 시작 전에 요리 단계들에 대해 유아들과 이야기를 나눈다.
  - 불을 사용하는 요리는 반드시 성인의 감독하에 하도록 한다. 휴대용 가스버너는 위험하므로 사용치 않도록 하고 인덕션을 사용하도록 한다. 조리 기구의 손잡이는 잘못 건드려 뒤집어지거나 넘어지지 않도록 돌려놓아야 한다.
  - 불에 올려놓는 기구의 손잡이는 나무로 된 것이 안전하다.
- 요리 후 정리하는 것도 요리 활동의 중요한 과정이 되어야 한다. 요리에 사용된 식기나 기구를 씻어 정리하고 테이블을 정돈하는 것은 유아에게 성인이 하는 일과 동일한 일을 자신도 한다는 성취감을 줄 수 있는 즐거운 경험이다.

**표 2-3** 연령에 따른 요리 관련 기술 및 활동

| 연령 | 요리 관련 기술 및 활동 | |
|---|---|---|
| 2세 | • 상이나 식탁을 행주로 닦기<br>• 과일과 채소를 문질러 씻기<br>• 적시기와 담그기<br>• 빵이나 브로콜리와 같은 채소를 손으로 자르기 | • 강낭콩깍지를 까기<br>• 양상치 등의 채소를 씻고 찢기<br>• 깨지지 않는 물건을 테이블에 놓기 |
| 3세 | • 감자 등을 호일로 싸기<br>• 반죽해서 모양 만들기<br>• 물이나 쥬스 등의 음료를 따르기<br>• 재료를 섞기<br>• 채소와 과일을 씻기 | • 뚜껑이 덮힌 용기에 든 음료를 흔들기<br>• 버터나 잼, 소스 등을 펴 바르기<br>• 음식 쓰레기를 휴지통에 넣기<br>• 음식을 나르기(serving foods)<br>• 한두 가지 기술을 요하는 요리활동 가능 |
| 4세 | • 오렌지 껍질 벗기기<br>• 바나나와 같은 무른 과일 으깨기<br>• 상차리기<br>• 날이 무딘 가위로 파슬리 등의 채소를 자르기<br>• 2~3개의 기술을 요하는 요리활동 가능 | • 삶은 계란의 껍질 까기<br>• 모양틀 다루기<br>• 부드러운 음식을 플라스틱 칼로 썰기 |
| 5~6세 | • 식재료를 계량하기<br>• 계란 깨기<br>• 요리 후 정리하기 | • 달걀 거품기를 이용하여 거품 내기<br>• 플라스틱 칼 등 날이 무딘 칼로 썰기<br>• 식사 후 식탁 정리하기 |

• 출처: 교육인적자원부(2004). 유치원 급식 · 간식 식단 및 요리활동 자료. 교육인적자원부; USDA(United States Department of Agriculture) Center for nutrition and promotion (1999). *Tips for using the food guide pyramd for young children*, p. 10.

# 3장 영양소의 기능 및 섭취기준

유아교사는 영양소에 관한 기본 지식을 지니고 있어야 한다. 이는 유아에게 제공할 급식 및 간식 식단을 평가하고, 유아가 건강과 영양 사이의 관련성을 이해하고 올바른 식습관을 형성할 수 있도록 교육하는 데 기초가 되기 때문이다. 영양소는 탄수화물, 지방, 단백질, 무기질, 비타민, 물 등 6가지로 분류된다. 이 중 탄수화물, 지방, 단백질은 체내에서 연소된 후 에너지를 공급하는 열량원으로서 영양 공급의 큰 부분을 차지하고 있어 3대 영양소라 불린다. 무기질, 비타민, 물은 조절 영양소로서 신체 기능을 조절하거나 신체 구성 성분이 된다.

## 1절 영양소의 종류 및 기능

### 1. 다량 영양소

#### 1) 탄수화물(전분과 당류: carbohydrate)

##### (1) 분류

탄수화물은 단당류, 이당류, 다당류로 나뉜다(표 3-1 참조). 이 중 단당류는 구조가 단순하므로 다른 영양소보다 신속하게 체내에서 에너지원으로 이용될 수 있다.

**표 3-1 탄수화물의 종류와 특징 및 급원 식품**

| 종류 | | 특징 | 급원 식품 |
|---|---|---|---|
| 단당류 | 포도당 | • 인체 혈액 중에 약 0.1% 함유<br>• 이당류의 구성 성분 | • 과일, 특히 포도 |
| | 과 당 | • 천연 당류 중 감미도가 가장 높음 | • 꿀, 과일 |
| | 갈락토스 | • 자연에 거의 존재하지 않음<br>• 포도당과 결합하여 유당을 이룸 | • 동물의 유즙 |
| 이당류 | 서당(자당) | • 포도당과 과당으로 이루어짐 | • 사탕무, 사탕수수 |
| | 맥아당 | • 포도당 2분자로 이루어짐<br>• 전분의 분해과정에서 생김 | • 엿기름, 식혜 |
| | 유 당 | • 포도당과 갈락토스가 결합한 것 | • 동물의 유즙(동물성 식품에 있는 유일한 탄수화물) |
| 다당류 | 전 분 | • 소화가 잘되므로 체내에서 쉽게 에너지로 이용됨 | • 곡류(쌀, 보리, 옥수수, 밀, 콩류)<br>• 감자, 고구마 |
| | 덱스트린 | • 전분이 가수분해되는 과정에서 발생, 전분보다 소화 용이 | |
| | 글리코겐 | • 동물성 전분, 간과 근육에 존재<br>• 에너지가 부족할 경우 포도당으로 분해되어 에너지원으로 이용됨 | |
| | 식이섬유<br>셀룰로오스<br>헤미셀룰로오스<br>펙 틴<br><br>검 | <br>• 인체 내에서 소화되지 않음<br>• 셀룰로오스보다 분자의 크기가 작음<br>• 산, 설탕, 수분과 혼합하여 가열하면 젤 상태가 됨<br>• 식물이 상처를 받았을 때 보호하기 위해 분비하는 물질 | <br>• 현미, 보리, 밀<br>• 채소<br>• 사과, 감귤, 포도, 딸기<br><br>• 콩, 귀리, 보리 |

### (2) 기능

탄수화물은 소화율이 높아 정상적인 상태에서는 98%가 체내에서 흡수 · 이용된다. 그러나 섬유소는 소화가 되지 못하며 단지 대장에서 장내 세균에 의해 일부만 흡수된다.

① 에너지원

탄수화물은 생명 현상의 유지나 활동을 위해 필요한 에너지원이다. 1g당 발생 열량은 4kcal다. 신체가 에너지를 필요로 할 때 가장 먼저 사용되는 것이 탄수화물이다.

체내에서 주 에너지원으로 작용하는 것은 단당류다. 단당류는 대부분 간에서 글리코겐(glycogen)으로 전환되어 저장된다. 그러나 일부 포도당은 간을 통하여 곧 혈류로 들어가 각 조직에 운반되어 에너지원으로 사용된다. 혈액 내의 단당류는 모두 포도당의 형태이므로 혈당이란 혈액 내의 포도당을 의미한다. 간에 저장되어 있는 글리코겐은 혈당량이 부족할 때 포도당으로 분해되어 에너지원으로 사용된다. 분해과정에서 생성된 에너지는 체온을 유지하고, 각종 장기의 기능을 가능케 하여 생명 현상을 유지하도록 한다.

② 체구성 성분

단당류의 하나인 리보스(ribose)는 소량이기는 하나 세포의 핵산이나 보조 효소를 형성하는 데 필수적 성분이며 갈락토스(galactose)는 뇌의 구성 성분이 된다.

③ 식이섬유의 공급

식이섬유는 체내에서 분해되지 않으므로 열량원으로는 사용되지 못하지만 장벽을 자극하여 연동 작용을 활발하게 함으로써 통변을 촉진하며 장내에서 유해물질을 흡착하여 배설하는 효과가 있어 발암을 억제할 수 있다. 또한 펙틴과 검은 혈중 콜레스테롤을 낮추는 효과가 있다(문수재, 안홍석, 이영미, 1997).

④ 감미의 제공

탄수화물은 감미료로 사용되어 음식의 맛을 돋우며 식욕을 증진시킨다. 그러나 적절한 사용과 자연식품 형태의 섭취가 중요하다.

### (3) 결핍과 과잉

탄수화물이 부족하면, 신체는 에너지를 얻기 위해 지방이나 단백질을 사용하게 된다. 따라서 단백질과 지방의 기능이 지장을 받게 되어 성장에 저해되고

(Robertson, 2002), 허약, 피로, 탈수 현상이 나타난다. 식사에서 식이섬유의 부족은 분변량 감소 및 이에 따른 장기능 저하, 심혈관계 질환과 당뇨병, 특정 암의 유병률을 증가시킨다.

필요량보다 많이 흡수된 포도당은 글리코겐으로 전환되어 간에 저장된다. 그러나 저장될 수 있는 양은 제한되어 있으므로 남아도는 에너지는 지방으로 전환되어 신체 각 부위에 저장되어 고지혈증이나 비만을 초래할 수 있다. 식이섬유의 과잉섭취로 인한 부정적 영향은 확실한 증거는 없으나 과민성 대장 증후군이 있는 사람에게는 위통을 유발할 수 있다고 한다(Cummings, 2000을 한국영양학회, 2005에서 재인용).

최근에는 혈당지수가 높은 탄수화물의 섭취가 당뇨병이나 심혈관질환 등 만성질환의 위험률을 높인다는 것이 밝혀지고 있어(한국영양학회, 2005) 탄수화물의 섭취량뿐 아니라 질도 고려해야 할 필요가 있다.

## 2) 지방(지질: lipid)

### (1) 분류

지방은 주로 지방산과 글리세롤 화합물의 형태로 존재하는데, 함유된 지방산의 종류에 따라 특성이 달라진다. 지방산은 탄소의 결합 형태에 따라 포화지방산(saturated fatty acid: SFA)과 불포화지방산(unsaturated fatty acid: UFA)으로 나뉜다. 불포화지방산은 다시 결합이 하나인 단일 불포화지방산과 결합이 두 개 이상인 다중 불포화지방산으로 나뉜다(표 3-2 참조). 포화지방산과 고르게 들어 있는 단일 불포화지방산은 체내에서 쉽게 합성된다. 그러나 불포화도가 2 이상이 되는 n-6계, n-3계 다중불포화지방산은 체내에서 전혀 합성되지 않거나 충분히 합성되지 않는 필수지방산이므로 반드시 음식을 통해 섭취하여야 한다.

### (2) 기능

① 에너지원

지방은 열량원으로서 다른 영양소에 비해 연소가 완만하게 이루어지며, 탄수화물이 소비된 후 사용된다. 1g당 발생 열량이 9kcal로서 탄수화물과 단백질에 비

**표 3-2** 지방산의 종류와 특징 및 급원 식품

<table>
<tr><th colspan="4">종류</th><th>특징</th><th>급원식품</th></tr>
<tr><td colspan="4">포화지방산</td><td>• 상온에서 고체<br>• 동물성 지방에 함유<br>• 체내 합성</td><td>• 버터<br>• 유지(돼지기름, 쇠기름, 팜유)</td></tr>
<tr><td rowspan="6">불포화 지방산</td><td>단일 불포화 지방산</td><td colspan="2">올레산 (oleic acid)</td><td>• 체내 합성</td><td>• 유지(올리브유, 돼지기름, 쇠기름)</td></tr>
<tr><td rowspan="5">다중 불포화 지방산</td><td rowspan="2">n-6계</td><td>리놀레산</td><td rowspan="5">• 상온에서 액체<br>• 체내에서 합성되지 않음. 합성되더라도 충분치 않음.</td><td>• 식물성 기름(옥수수유, 대두유, 면실유, 참기름, 홍화유)</td></tr>
<tr><td>아라키돈산</td><td>• 계란노른자, 간</td></tr>
<tr><td rowspan="3">n-3계</td><td>식물성 리놀렌산</td><td>• 들기름, 잣기름, 대두유</td></tr>
<tr><td>EPA</td><td>• 등 푸른 생선(고등어, 꽁치, 정어리, 연어)의 기름</td></tr>
<tr><td>DHA</td><td>• 생선기름</td></tr>
</table>

해 두 배 이상이기 때문에 저장 에너지로서 우수하다.

② 필수지방산의 공급

리놀레산(linoleic acid), 리놀렌산(α-linolenic acid), 아라키돈산(arachidonic acid) 등은 생명 현상 유지와 성장, 정상적 신체 기능에 필수적이다. 또한 EPA(eicosapentaenoic acid)와 DHA(docosahexaenoic acid)는 두뇌 조직의 구성 성분이 된다.

③ 지용성 비타민의 용매

지용성 비타민은 지방에 의해 체내에서의 흡수와 이용이 증진된다.

④ 신체 구성 성분 및 신체 기능 조절

지방은 체내에서 지방으로 저장되는 것 외에도 세포의 구성 성분으로 특히 뇌,

신경 조직, 간에 함유되어 중요한 생리적 기능을 한다.

⑤ 체온 유지 및 장기의 보호

축적된 피하지방은 저장 에너지원으로 이용되며 열의 부도체로서 체온의 상실을 막아 준다. 또한 장기 주변에 축적된 지방은 외부 충격으로부터 장기를 보호하는 역할을 한다.

#### (3) 결핍과 과잉

n-6계 지방산의 결핍은 피부염, 피부조직의 수분부족, 성장부진, 지방간 등을 초래하며, n-3계 지방산의 결핍은 시력저하, 근육허약, 떨림증, 감각 이상 등을 초래한다. 그러나 필수지방산의 결핍은 일반인에게는 매우 드물다(한국영양학회, 2005).

장기적으로 지방을 과잉섭취하면 고지혈증, 관상동맥경화, 심장병을 유발할 가능성이 커지며 당뇨를 유발할 수도 있다. 유방암, 대장암 등의 발병도 고지방 식사와 관련이 높다는 연구결과가 많이 제시되고 있다. 특히 동물성 포화지방산의 섭취가 많을 경우 동맥경화증이나 심장질환의 발생률이 높다(문수재 등, 1997).

### 3) 단백질(protein)

#### (1) 분류

단백질은 아미노산으로 구성되어 있는데, 아미노산의 종류와 결합 상태에 따라 종류가 달라진다. 자연계에 존재하는 아미노산의 종류는 약 20여 가지다. 체내에서 합성되지 않아 반드시 식품을 통해 섭취해야 하는 아미노산을 필수아미노산, 체내에서 합성되는 아미노산은 불필수아미노산이다. 필수아미노산을 고르게 적정량 함유한 단백질은 완전 단백질, 필수아미노산의 함량이 충분치 못한 단백질은 부분적 불완전 단백질, 하나 또는 그 이상의 필수아미노산이 결여되어 있는 단백질은 불완전 단백질이다.

### (2) 기능

① 신체 구성

단백질은 근육, 피부, 뼈, 머리카락 등의 신체조직을 구성한다.

② 체액의 중성 유지

단백질은 체내에서 체액을 약한 알칼리 상태로 유지하는 데 중요한 기능을 한다.

③ 효소, 호르몬, 항체의 생성

건강과 생명 유지에 필요한 각종 효소나 호르몬 및 면역체의 생성에 중요한 역할을 담당하고 있다.

④ 에너지원

단백질은 1g당 4kcal의 열량을 낸다. 탄수화물이나 지방이 음식을 통해 충분히 섭취되지 못할 때 단백질이나 체단백질이 연소되어 에너지원으로 사용되기도 한다.

### (3) 결핍과 과잉

단백질이 부족하면 정상적인 발육이 저해되며, 쉽게 피로하고 예민해진다. 또한 피부의 탄력이 없어지고 근육의 강도가 저하된다. 질병에 대한 저항력이 감소되며 상처도 잘 낫지 않게 된다. 이유 이후 영유아기에 결핍이 장기간 지속되면 심한 성장지연과 부종을 보이는 콰시오커(kwashiokor)라는 단백질 결핍증세가 나타난다.

단백질의 과잉섭취가 몸에 해로운지의 여부는 아직 불분명하나 과도한 섭취는 칼슘을 배출시키고, 신장에 과도한 부담을 줄 수 있다. 또한 동물성 단백질의 과잉섭취는 과다한 동물성 지방 섭취로 이어져 순환기 질환의 위험을 증가시킬 수 있다(한국영양학회, 2005).

표 3-3 단백질의 종류와 특징 및 급원 식품

| 종류 | 특징 | 급원 식품 |
|---|---|---|
| 완전 단백질 | • 필수아미노산을 고르게 적정량 함유 | • 육류, 생선, 우유, 치즈, 난류, 두류 |
| 부분적 불완전 단백질 | • 필수아미노산의 함량이 충분치 못함<br>• 생명현상은 유지되나 성장이 원활치 못함<br>• 2종 이상의 식물성 단백질 섭취 또는 동물성 단백질의 보충 필요 | • 밀, 호밀 |
| 불완전 단백질 | • 한 가지 이상의 필수아미노산이 결여되어 체단백질의 합성을 위한 모든 아미노산을 제공할 수 없음 | • 두류와 견과류를 제외한 식물성 단백질 |

### 4) 수 분

수분은 인체의 주요한 구성 성분이다. 1세까지의 영아는 체중의 75%, 유아는 70%, 성인은 50~60%, 노인은 45~50% 정도가 수분이다. 연령이 높을수록 근육량이 줄어 수분량이 감소하게 된다. 어릴수록 체중에 대한 수분 함유율이 높기 때문에 수분은 더욱 중요하다.

수분은 삼투압의 평형과 세포의 형태를 유지하며 영양소를 조직으로 운반하고 노폐물을 배설하도록 하며 체온을 조절한다.

수분은 물과 과일과 채소 등의 자연 식품 그리고 음료를 통해 섭취되는데, 물과 과일, 채소를 통해 섭취되는 것이 바람직하다.

수분의 결핍은 탈수 · 발열 · 경련 · 체중 감소를 초래한다. 체수분의 2%가 손실되면 갈증을 느끼고 4%가 손실되면 근육이 피로해지며, 20% 이상 손실되면 생명을 잃을 수 있다. 특히 영아와 유아의 경우 탈수의 위험이 높으므로 수분섭취에 유의하여야 한다.

과잉섭취할 경우, 신체 기능이 정상일 때는 별 지장이 없으나 신장 기능에 문제가 있다면 부종, 구토, 경련을 일으킬 수 있다. 장기적으로 과잉섭취하게 되면 저나트륨혈증을 초래하여 중추신경계 부종, 폐 웅혈, 근육약화 등이 나타나고 생명이 위험할 수 있다(한국영양학회, 2005).

## 2. 비타민(vitamin)

비타민은 생명 현상을 유지하기 위한 대사 작용에 극히 소량이지만 꼭 필요한 물질이다. 체내에서는 합성되지 않으므로 체외에서 공급받아야 신체 성장과 건강을 도모할 수 있다. 정상적 성장을 위해 필요한 비타민으로 현재까지 알려져 있는 것은 약 20여 종이다(문수재 등, 1997).

비타민은 지용성 비타민과 수용성 비타민으로 나뉜다. 지용성 비타민에는 비타민 A, 비타민 D, 비타민 E, 비타민 K가 있으며, 수용성 비타민에는 비타민 C, 티아민, 리보플라빈, 니아신, 비타민 $B_6$, 엽산, 비타민 $B_{12}$, 판토텐산, 비오틴이 있다.

수용성 비타민은 과잉섭취 시 소변을 통해 배설되나 지용성 비타민은 과잉섭취하면 축척되어 과잉증을 나타낸다. 과잉증은 성인보다 어린이에게 일어나기 쉽다.

비타민이 결핍되면 질병이 유발되기 쉽고, 발병되었을 때 많은 양의 비타민이 체내에서 소모되므로 더욱 많이 섭취하여야 속히 회복되며 성장에 저해를 받지 않는다.

각 비타민의 기능, 결핍증과 과잉증, 급원 식품은 〈표 3-4〉, 〈표 3-5〉와 같다

**표 3-4** 지용성 비타민의 기능, 결핍증, 과잉증 및 급원 식품

| 구분 | 기능 | 결핍증 | 과잉증 | 급원 식품 |
|---|---|---|---|---|
| 비타민 A | • 상피세포 보호<br>• 성장 발육 촉진<br>• 명암 조절 | • 안질, 야맹증, 안구건조증, 각막연화증<br>• 저항력 약화 | • 식욕 부진<br>• 두통, 발열, 발진 | • 유지방<br>• 난황<br>• 생선간유<br>• 버터<br>• 간<br>• 녹황색 채소<br>• 정어리, 연어 |
| 비타민 D | • Ca, P의 흡수 촉진<br>• 치아, 골격 침착 작용 도움 | • 골연화, 구루병, 골격 성장 부진 | • 식욕 감퇴, 체중 감소<br>• 두통, 구토 | • 생선간유<br>• 난황<br>• 버터<br>• 효모<br>• 말린 버섯<br>• 정어리, 청어 |

(계속)

| 구분 | 기능 | 결핍증 | 과잉증 | 급원 식품 |
|---|---|---|---|---|
| 비타민 E | • 항산화 작용<br>• 면역 증진<br>• 생식 기능 활성<br>• 세포의 호흡작용 | • 불임증, 유산<br>• 근육 및 신경계 손상<br>• 위장 질환<br>• 피부 반점<br>• 빈혈 | | • 식물성 기름<br>• 녹색 채소<br>• 밀의 배아 |
| 비타민 K | • 혈액의 응고작용 | • 지혈 지연 | | • 녹색 채소<br>• 과일<br>• 곡류<br>• 우유 |

표 3-5 수용성 비타민의 기능, 결핍증 및 급원 식품

| 구분 | 기능 | 결핍증 | 급원 식품 |
|---|---|---|---|
| 비타민 C | • 세포 간 접합 작용<br>• 항산화 작용<br>• 색소 침착 방지<br>• 철 흡수 촉진<br>• 저항력 증가 | • 괴혈병<br>• 주근깨, 기미 형성<br>• 빈혈<br>• 발육 부진, 골격 · 치아 발육 저해<br>• 만성 피로 | • 신선한 채소, 과일 (과잉섭취 시 설사, 복통, 위산과다, 수면장애, 빈혈, 철과다증) |
| 티아민 (thiamin) | • 당질 대사에 관여 | • 피로감, 식욕 감퇴, 무기력<br>• 근육무력증<br>• 신경 장애, 경련, 불안<br>• 각기병, 다발성 신경염 | • 두류<br>• 곡류의 배아<br>• 돼지고기<br>• 내장 |
| 리보플라빈 (riboflavin) | • 당질, 단백질, 지방대사 관여<br>• 생식<br>• 유즙 분비<br>• 발육과 성장 촉진 | • 구각염, 구순염, 설염<br>• 안질환(안구 충혈, 광선 공포증, 백내장)<br>• 피부염<br>• 빈혈 | • 우유 및 유제품<br>• 달걀, 육류, 닭고기<br>• 생선<br>• 녹황색 채소, 두류 |
| 니아신 (niacin) | • 탄수화물, 지방, 단백질 대사에 관여<br>• DNA 복구(유전자 안정성)<br>• 면역기능 | • 피부염<br>• 펠라그라<br>• 식욕부진, 구토, 변비, 설사 등의 소화장애<br>• 피로, 불면, 우울, 기억상실 등의 신경계장애 | • 간, 육류, 생선, 달걀, 우유<br>• 땅콩<br>• 곡류 |

(계속)

| 구분 | 기능 | 결핍증 | 급원 식품 |
|---|---|---|---|
| 비타민 $B_6$ | • 아미노산 대사 관여<br>• 지질 및 핵산대사 | • 피부염, 구내염, 구순염, 설염<br>• 경련, 말초 신경염 | • 생선<br>• 돼지고기, 닭고기<br>• 곡류의 배아<br>• 간, 계란, 우유 |
| 엽 산 | • 핵산 대사에 관여<br>• 세포의 증식과 재생<br>• 아미노산 대사에 관여<br>• 조혈 작용 | • 조산, 사산, 저체중아 출산<br>• 빈혈 | • 달걀<br>• 두류, 채소<br>• 해조류 |
| 비타민 $B_{12}$ | • 단백질 합성에 관여<br>• 핵산과 적혈구 형성 | • 악성 빈혈<br>• 설염, 말초 신경 퇴화<br>• 정신기능장애 | • 간<br>• 어패류<br>• 우유 및 유제품<br>• 육류 |
| 판토텐산 (pantothenic acid) | • 당질과 지질 대사<br>• 성호르몬, 부신피질 호르몬 생성에 관여 | • 정상 식사를 하면 거의 발생하지 않음.<br>• 과민증, 불안, 무감각, 불면증, 위장장애, 권태감, 마비나 근육경련 | • 육류, 간, 난황<br>• 콩류, 버섯류<br>• 전곡류, 감자류, 브로콜리 |
| 비오틴 (biotin) | • 포도당, 아미노산, 지방산 대사에 관여 | • 거의 발생하지 않음.<br>• 원형탈모, 탈색, 지루성 피부염, 결막염<br>• 신경계 이상(근력저하, 운동실조, 청력손실, 시신경 위축) | • 육류, 생선<br>• 가금류, 난류<br>• 우유 및 유제품 |

## 3. 무기질(mineral)

무기질의 체내 함량은 체중의 약 4%다. 칼슘과 인이 체내 무기질 총 함량의 75%를 차지하고 나머지는 칼륨, 나트륨, 염소, 마그네슘이 차지하고 있다. 이들을 다량 무기질이라고 한다. 그 외에 미량으로 존재하는 미량 무기질이 있는데 이들 역시 체내에서 중요한 기능을 한다.

무기질은 골격과 치아 및 체액 등의 구성 요소일 뿐 아니라 체내에서 특수한 생리작용을 하는 여러 가지 효소나 호르몬 및 기타 물질의 구성 성분으로서 중요한 기능을 한다. 무기질 중 한국인 영양섭취기준(한국영양학회, 2005)에 제시된 무기질을 중심으로 종류별 기능, 결핍증, 과잉증 및 급원 식품은 〈표 3-6〉, 〈표 3-7〉과 같다.

**표 3-6 다량무기질의 기능, 결핍증, 과잉증 및 급원 식품**

| 종류 | 기능 | 결핍증 | 과잉증 | 급원 식품 |
|---|---|---|---|---|
| 칼슘 (Ca) | • 골격과 치아 형성<br>• 혈액의 응고<br>• 근육 수축과 이완<br>• 심장의 규칙적인 박동<br>• 효소의 활성화<br>• 신경의 자극 전달<br>• 세포막의 투과성 조절 | • 뼈조직의 구성과 성장 위축<br>• 골다공증<br>• 골절<br>• 골연화증<br>• 순환기계 질환<br>• 동맥경화 | • 고칼슘혈증<br>• 한국사람은 섭취량 부족 | • 우유와 유제품<br>• 뼈째 먹는 생선류<br>• 녹색 채소, 콩, 견과류, 해조류 |
| 인 (P) | • 골격과 치아의 형성<br>• 신체 필수 물질의 성분<br>• 영양소의 흡수와 운송<br>• 에너지 대사<br>• 산 · 염기의 균형 조절 | • 식욕감소<br>• 근육약화<br>• 무력증<br>• 정상적 식사로 충분 | • 철, 구리, 아연, 칼슘 흡수 저해 | • 우유와 유제품<br>• 육류, 난황<br>• 곡류와 콩류<br>• 견과류, 가공식품, 탄산음료 |
| 나트륨 (Na) | • 세포 외액의 구성<br>• 산 · 염기의 균형 조절<br>• 삼투압 유지<br>• 세포막에서의 물질 수송 | • 구토, 설사<br>• 현기증<br>• 근육 경련<br>• 식욕부진<br>• 결핍증 드묾 | • 부종<br>• 고혈압<br>• 위암<br>• 신결석 | • 소금을 함유한 식품과 음료(육류, 가공식품)<br>• 국, 찌개, 김치, 젓갈류 |
| 칼륨 (K) | • 세포 내액의 구성<br>• 산 · 염기의 균형 조절<br>• 혈압 유지<br>• 심장보호<br>• 에너지대사 | • 구토, 식욕감퇴<br>• 근육 경련<br>• 불규칙한 심장박동<br>• 불면증<br>• 무력감 | • 위장장애<br>• 부정맥 | • 모든 식품에 편재, 특히 과일, 녹색 채소, 육류 |
| 염소 (Cl) | • 세포 외액의 구성<br>• 삼투압 조절<br>• 산 · 염기 균형 조절<br>• 근육의 수축과 이완 조절(심장박동 유지) | • 구토<br>• 설사<br>• 결핍증 드묾 | • 고혈압 | • 식염<br>• 식염 함유 식품 |

(계속)

| 종류 | 기능 | 결핍증 | 과잉증 | 급원 식품 |
|---|---|---|---|---|
| 마그네슘 (Mg) | • 골격과 치아의 형성<br>• 효소 반응의 촉매<br>• 신경의 자극 전달 | • 근육 수축<br>• 신경의 불안정<br>• 떨림증<br>• 고혈압, 당뇨 | | • 견과류<br>• 도정하지 않은 곡류와 콩류<br>• 녹색 채소 |

**표 3-7** 미량무기질의 기능, 결핍증, 과잉증 및 급원 식품

| 종류 | 기능 | 결핍증 | 과잉증 | 급원 식품 |
|---|---|---|---|---|
| 철 (Fe) | • 혈색소의 구성 요소로서 산소 운반 및 탄산가스 제거<br>• 산소 이용에 관계되는 효소의 구성체 | • 저항력 감소<br>• 빈혈, 무력감<br>• 집중력 감소<br>• 학습능력 감소 | • 혈액성 설사<br>• 구토<br>• 간 손상<br>• 심장질환 | • 육류, 생선, 가금류<br>• 계란<br>• 견과 |
| 아 연 (Zn) | • 단백질 대사에 필요<br>• 면역기능 수행 | • 성장 지연<br>• 피부 변화, 탈모<br>• 식욕 감퇴<br>• 성적 성숙의 지연<br>• 우울증<br>• 면역 기능 저하<br>• 기형아 출산 | • 위염<br>• 구토<br>• 면역기능 저하 | • 패류(특히 굴)<br>• 우유<br>• 간<br>• 달걀<br>• 가금류 |
| 구 리 (Cu) | • 헤모글로빈 합성<br>• 뼈의 석회화<br>• 효소 기능 | • 빈혈<br>• 골격 형성의 이상<br>• 성장 지연 | • 복통, 오심, 구토, 설사 | • 패류<br>• 견과류<br>• 두류<br>• 곡류배아<br>• 종실류<br>• 채소류 |
| 불 소 (F) | • 충치 예방<br>• 조직의 강화 | • 충치 | • 치아 불소 침착증<br>• 신장 기능 이상<br>• 근육과 신경 기능손상 | • 뼈째 먹는 생선<br>• 육류의 뼈<br>• 녹차 |

(계속)

| 종류 | 기능 | 결핍증 | 과잉증 | 급원 식품 |
|---|---|---|---|---|
| 망간 (Mn) | • 단백질 대사 효소의 활성화 | • 정상적 식사로 충분<br>• 성장 지연<br>• 생식 부진<br>• 골격 이상 | • 신경계 장애<br>• 생식기능과 면역기능 손상 | • 통밀류<br>• 견과류<br>• 채소와 과일 |
| 요오드 (I) | • 갑상선 호르몬의 합성<br>• 기초 대사율 조절<br>• 성장, 생식, 세포 대사에 관련 | • 유산, 사산, 기형아 출산<br>• 갑상선종<br>• 면역기능 저하 | • 갑상선기능 저하 또는 항진 | • 해조류, 해산물 |
| 셀레늄 (Se) | • 황산화제, 세포막 유지 | • 성장 지연<br>• 근육의 통증 | • 탈모증<br>• 손톱의 약화 및 손실<br>• 복통, 설사, 구토 | • 고기의 내장, 살코기<br>• 곡류<br>• 우유 및 유제품 |
| 몰리브덴 (Mo) | • 요소 대사에 관련되는 효소 구성 | • 결핍증이 드묾 | • 설사, 빈혈 | • 우유<br>• 곡류, 두류 |

# 2절 영양섭취기준*

## 1. 한국인 영양섭취기준

한국인 영양섭취기준(Ditary Reference Intakes for Koreans: KDRIs)은 "한국인의 건강을 최적으로 유지할 수 있는 영양소 섭취수준"(한국영양학회, 2005: v)이다. 기존의 영양권장량은 각 영양소별로 하나의 수치를 제시한 것이었으나 한국인 영양섭취기준은 만성질환이나 영양소 과잉섭취 예방까지 고려하여 평균필요량, 권장섭취량, 충분섭취량, 상한섭취량 등 여러 수준의 섭취기준을 포함하고

* 이 절의 내용은 주로 한국영양학회(2005)에서 펴낸 '한국인 영양섭취기준'에서 발췌하여 정리한 것임. 기타 자료를 참고한 경우에만 인용 출처를 별도로 제시하였음.

있다.* 체위기준은 산업자원부 기술표준원 자료를 활용하여 구한 것이다.

한국인 영양섭취기준에서는 에너지 영양섭취기준으로 모든 연령층에 평균필요량에 해당하는 필요추정량을 제시하였고, 권장섭취량과 상한 섭취량은 제시하지 않았다. 이는 필요량을 넘어선 에너지가 각종 질병의 원인이 되는 비만을 초래하기 때문이다.

탄수화물과 단백질, 지질의 에너지적정비율은 〈표 3-8〉과 같다(한국영양학회, 2005: 31).

**표 3-8 에너지적정비율**

| 영양소 | 1~2세 | 3~9세 | 20세 이상 |
|---|---|---|---|
| 탄수화물 | 50~70% | 55~70% | 55~70% |
| 단백질 | 7~20% | 7~20% | 7~20% |
| 지질 | 20~35% | 15~30% | 15~25% |
| n-3계 불포화지방산 | 4~8% | 4~8% | 4~8% |
| n-6계 불포화지방산 | 0.5~1.0% | 0.5~1.0% | 0.5~1.0% |

탄수화물 섭취의 경우, 1~2세아는 총 에너지의 50~70%, 3세 이상부터는 55~75%를 섭취하되, 대부분을 복합당질(다당류)에서 취하도록 권장하고 있다. 또한 도정도가 낮은 쌀, 잡곡, 과일, 채소, 두류, 해조류 등을 통해 식이섬유질을 1일 20~25g 섭취할 것을 권하고 있다. 단백질은 모든 연령에서 총 에너지의 7~20%를 섭취할 것이 제시되고 있으며, 지방은 연령이 낮을수록 섭취 비율이 높아 1~2세아는 총열량의 20~35%, 3~9세아는 15~30%를 섭취할 것이 제시되고 있다.

* 평균필요량: 건강한 사람들의 일일 영양필요량의 중앙값
권장섭취량: 평균필요량에 표준편차의 2배를 더하여 정한 값
충분섭취량: 평균필요량에 대한 정보가 부족한 경우, 건강인의 영양섭취량을 토대로 설정한 값
상한섭취량: 인체 건강에 유해한 영향이 나타나지 않는 최대 영양소 섭취수준, 과량 섭취 시 건강에 위험이 있다는 자료가 있는 경우에 설정

## 2. 임신 · 수유부의 영양섭취기준

임신부의 영양상태는 자신의 건강뿐 아니라 태아의 정상 발달, 출생 후 영아의 건강에 지대한 영향을 미친다. 수유부의 영양 섭취 또한 중요하다. 출생 후 모유를 먹는 영아들에게 그들이 성장하는 데 필요한 모든 영양적 요구를 수유를 통해 충족시켜야 하기 때문이다. 임신부와 수유부의 영양섭취기준이 일반 여성보다 증가한 것을 살펴보면 다음과 같다.

### 1) 에너지 필요량

임신과 수유를 위해서는 에너지의 추가 섭취가 필요하다. 태아는 자궁내막에서 형성된 태반을 통하여 모체로부터 영양을 공급받는다. 임신부는 자신의 건강 유지뿐 아니라 태반과 태아, 자궁의 성장과 출산 후 수유를 위해 임신 전보다 영양 섭취를 늘려야 한다.

임신 중 모체와 태아의 체중 증가량에는 개인차가 있다. 건강한 임신부의 체중 증가량은 10~12.5kg 정도가 바람직하다. 임신 중 첫 10주 동안은 체중 증가가 적으며 체중 증가의 대부분은 자궁의 성장과 모체 혈액의 확장으로 인한 것이다. 임신 말기가 되면 태아의 성장이 체중 증가의 가장 큰 부분을 차지하게 된다.

임신 2/3분기와 3/3분기에는 〈표 3-9〉와 같이 일일 에너지 추가 필요량이 각각 340kcal, 450kcal다. 수유기는 일일 모유 분비 추정량 750ml을 고려하여 일일 320kcal가 추가로 필요하다.

### 2) 영양소별 섭취기준

#### (1) 다량 영양소

① 단백질

임신기간에는 질소평형유지와 체단백질의 축적을 위해, 수유기에는 모유분비를 위해 단백질의 추가 섭취가 필요하다. 그러나 과잉섭취는 오히려 미숙아의 발생 빈도와 태아 사망률을 높이는 것으로 알려져 있으므로 총 열량의 20%를 넘지 않아야 한다(정연강, 조정순, 2003).

② 식이섬유

임신부와 수유부의 식이섬유의 증가분은 추가에너지 필요추정량에 따른 것이다.

③ 필수지방산

태아에 필요한 필수지방산 및 모유로 분비되는 필수지방산은 모체의 지방조직 또는 식사를 통해 공급되어야 하므로 추가 섭취가 필요하다.

④ 수분

임신기에는 생리적 변화로 인하여 혈장 삼투압이 차이가 있으며 수유부의 경우는 모유를 통해 수분이 손실되고, 에너지 섭취가 증가됨에 따라 수분섭취량의 추가가 필요하다.

표 3-9 임신 · 수유부의 영양섭취기준: 에너지 필요량 및 다량 영양소

| 시기 | 신장(cm) | 체중(kg) | 에너지(kcal) | 단백질(g) | | 식이섬유(g) | 수분(ml) |
|---|---|---|---|---|---|---|---|
| | | | 필요 | 평균 | 권장 | 충분 | 충분 |
| 20~29세 | 160 | 56.3 | 2,100 | 35 | 45 | 25 | 2,100(1,100) |
| 30~49세 | 157 | 54.2 | 1,900 | 35 | 45 | 23 | 2,000(1,100) |
| 임신부 | | | +0/340/450* | +19 | +25 | +5 | +200(+0) |
| 수유부 | | | +320 | +20 | +25 | +4 | +700(+500) |

*임신 3분기별 영양섭취기준

### (2) 비타민

① 지용성 비타민

- 임신과 수유 중에는 비타민 K를 제외한 지용성 비타민의 추가 섭취가 필요하다.
- 비타민 A는 모체의 대사 항진, 태아의 성장, 세포 분화 및 정상 발달, 생후의 시력 형성, 세균 감염에 대한 저항력 등에 필요하다.

- 비타민 D는 임신기 칼슘 균형을 유지해 주며 신생아의 칼슘 균형에도 관계하는 것으로 알려져 있다.
- 비타민 E는 임신기에는 일반 여성과 차이가 없으나 수유기에는 유즙으로 비타민 E가 분비되므로 추가 섭취가 필요하다.

**표 3-10 임신 · 수유부의 영양섭취기준: 지용성 비타민**

| 시기 | 비타민 A(㎍ RE) | | | 비타민 D(㎍) | | 비타민 E(mg a-TE) | | 비타민 K(㎍) |
|---|---|---|---|---|---|---|---|---|
| | 평균 | 권장 | 상한 | 충분 | 상한 | 충분 | 상한 | 충분 |
| 20~29세 | 460 | 650 | 3,000 | 5 | 60 | 10 | 540 | 65 |
| 30~49세 | 450 | 650 | 3,000 | 5 | 60 | 10 | 540 | 65 |
| 임신부 | +50 | +70 | 3,000 | +5 | +60 | +0 | 540 | +0 |
| 수유부 | +350 | +500 | 3,000 | +5 | +60 | +3 | 540 | +0 |

② 수용성비타민

- 비타민 C: 항산화제로서 태아를 산화에 의한 손상으로부터 보호하며(Cederbgerg, Siman, & Eriksson, 2002를 한국영양학회, 2005에서 재인용), 영아의 체중과 신장에 영향을 미칠 수 있어 추가 섭취가 필요하며, 수유기에는 유즙 분비로 인해 추가 섭취가 필요하다. 그러나 임신 중의 비타민 C 과잉섭취는 태아의 대사에 바람직하지 못하며 태아가 높은 양의 비타민 C에 적응될 수 있어 신생아기에 비타민 C를 공급해 주지 않으면 괴혈병을 유발할 수 있다(문수재 등, 1997).
- 티아민: 임신부와 태아의 체구성 성분의 증가와 열량 사용이 증가되어 티아민의 필요량이 늘어나게 된다. 수유부에게도 에너지 대사 항진과 모유를 통한 티아민 분비로 인해 필요량이 증가한다.
- 리보플라빈: 근육의 구성 성분으로서 태아의 조직 발달에 영향을 주며 신생아에게도 간접적인 항산화제 역할을 한다(Bohles et al., 1997을 한국영양학회, 2005에서 재인용). 아울러 모유를 통해 리보플라빈이 분비되므로 수유기에는 추가 섭취가 필요하다.

- 니아신: 임신기에는 모체 조직과 태아성장 및 에너지 증가분을 반영하여 니아신 섭취를 증가시켜야 한다. 임신 중 니아신 섭취가 부족하면 이분척추, 구강안면열의 위험이 높아진다. 수유기에는 모유 분비로 인해 추가 섭취가 필요하다.
- 비타민 $B_6$: 임신, 수유로 인한 단백질 추가 필요량, 태아의 비타민 $B_6$ 요구량, 모체의 대사요구량 때문에 추가 섭취가 필요하다. 임신부의 $B_6$ 섭취는 출생 후 영아의 아프가(Apgar) 점수에 영향을 미칠 수 있다.
- 엽산: 임신기는 태아의 성장, 자궁의 확대, 혈액증가, 태반 발달 등으로 엽산의 필요량이 증가한다. 임신 중 엽산 섭취량이 부족하면 모체 혈장과 적혈구 협산 농도가 저하되며, 빈혈, 유산, 태반박리, 저체중아, 태아기형 등이 나타날 수 있다(Ramakrishman, Manjrekar, Rivera, Gonzales-Cossio, & Martrell, 1999를 한국영양학회, 2005에서 재인용). 수유부는 모유로 엽산을 분비하므로 추가 섭취가 필요하다.

**표 3-11** 임신 · 수유부의 영양섭취기준: 수용성 비타민

| 시기 | 비타민 C(mg) | | | 티아민(mg) | | 리보플라빈(mg) | | 니아신*(mg NE) | | | |
|---|---|---|---|---|---|---|---|---|---|---|---|
| | 평균 | 권장 | 상한 | 평균 | 권장 | 평균 | 권장 | 평균 | 권장 | 상한[1] | 상한[2] |
| 20~29세 | 75 | 100 | 2,000 | 0.9 | 1.1 | 1.0 | 1.2 | 11 | 14 | 35 | 1,000 |
| 30~49세 | 75 | 100 | 2,000 | 0.9 | 1.1 | 1.0 | 1.2 | 11 | 14 | 35 | 1,000 |
| 임신부 | +10 | +10 | 2,000 | +0.4 | +0.5 | +0.3 | +0.5 | +3 | +4 | 35 | 1,000 |
| 수유부 | +35 | +35 | 2,000 | +0.3 | +0.4 | +0.4 | +0.4 | +3 | +4 | 35 | 1,000 |

| 연령 | 비타민 $B_6$(mg) | | | 엽산(㎍ DEF) | | | 비타민 $B_{12}$(㎍) | | 판토텐산(mg) | 비오틴(㎍) |
|---|---|---|---|---|---|---|---|---|---|---|
| | 평균 | 권장 | 상한 | 평균 | 권장 | 상한 | 평균 | 권장 | 충분 | 충분 |
| 20~29세 | 1.2 | 1.4 | 100 | 320 | 400 | 1,000 | 2.0 | 2.4 | 5 | 30 |
| 30~49세 | 1.2 | 1.4 | 100 | 320 | 400 | 1,000 | 2.0 | 2.4 | 5 | 30 |
| 임신부 | +0.7 | +0.8 | 100 | +200 | +200 | 1,000 | +0.2 | +0.2 | +1 | +0 |
| 수유부 | +0.6 | +0.7 | 100 | +130 | +150 | 1,000 | +0.2 | +0.2 | +2 | +5 |

*니아신은 니코틴아미드, 니코틴산 그 유도체들 중 생리활성을 나타내는 화합물을 의미하는데 유해한 영향과 독성이 매우 다르므로 분리하여 설정됨([1]니코틴산, [2]니코틴아미드).

- 비타민 $B_{12}$: 임신부의 비타민 $B_{12}$ 결핍은 태아의 중추신경계에 손상을 주고, 조산을 초래할 수 있다. 수유부는 모유분비로 추가 섭취가 필요하다.
- 판토텐산: 우리나라는 임신부와 수유부의 섭취에 대한 자료가 없어 미국의 자료에 근거하여 추가 섭취량을 제시하고 있다.
- 비오틴: 수유부는 모유분비량과 모유 중 비오틴 농도를 고려하여 추가 섭취가 필요하다. 특히 임신 초기 3개월에 비오틴 결핍의 우려가 있으므로 보충제 사용도 권장된다.

### (3) 무기질

#### ① 다량무기질

임신기에는 다량무기질 중 칼슘과 마그네슘의 추가 섭취가 필요하며 수유기에는 칼슘과 칼륨의 추가 섭취가 필요하다. 칼슘은 우리나라 사람의 식생활에서 가장 결핍되기 쉬운 영양소다. 국민영양조사보고(보건복지가족부, 질병관리본부, 2009)에 의하면 평균 칼슘 섭취비율은 권장량의 63.4%였으며, 모든 연령대에서 부족하게 섭취하고 있다.

태아는 골격 성장이 활발하고 임신 후반기에는 치아가 형성되므로 많은 칼슘이 필요하다. 특히 칼슘은 임신 전 기간에 걸쳐 태아에게 축적되는데 대개 임신 7개월 이후에 축적이 많이 일어난다. 이러한 칼슘의 축적을 위하여 임신부는 음식을 통하여 칼슘을 섭취하여야 한다. 수유기에는 모체 골격 건강과 유즙분비로 칼슘 요구량이 크게 증가한다.

수유부는 모유를 통해 칼륨이 분비되므로 추가 섭취가 필요하다. 임신기에는 모체의 혈청 마그네슘 농도가 감소하므로 추가 섭취가 필요하다.

임신부의 마그네슘 결핍은 조기 진통, 임신성 고혈압, 자간전증, 태아 성장부진, 신생아 뇌성마비 등과 관련된다. 수유부의 마그네슘 섭취량은 모유의 마그네슘 함량에 영향을 주지 않으므로 성인여성과 동일한 섭취량이 권장된다.

표 3-12 임신 · 수유부의 영양섭취기준: 다량무기질

| 시기 | 칼슘(mg) | | | 인(mg) | | | 나트륨(g) | | 염소(g) | 칼륨(g) | 마그네슘(mg) | | |
|---|---|---|---|---|---|---|---|---|---|---|---|---|---|
| | 평균 | 권장 | 상한 | 평균 | 권장 | 상한 | 충분 | 목표[1] | 충분 | 충분 | 평균 | 권장 | 상한[2] |
| 20~29세 | 580 | 700 | 2,500 | 580 | 700 | 3,500 | 1.5 | 2.0 | 2.3 | 4.7 | 235 | 280 | (350) |
| 30~49세 | 580 | 700 | 2,500 | 580 | 700 | 3,500 | 1.5 | 2.0 | 2.3 | 4.7 | 235 | 280 | (350) |
| 임신부 | +220 | +300 | 2,500 | +0 | +0 | 3,000 | +0 | 2.0 | +0 | +0 | +33 | +40 | (350) |
| 수유부 | +300 | +400 | 2,500 | +0 | +0 | 3,500 | +0 | 2.0 | +0 | +0.4 | +0 | +0 | (350) |

[1] 자료 불충분으로 상한섭취량을 유보하되, 과잉섭취에 대한 대책으로 WHO/FAO에서 설정한 나트륨 섭취목표량인 2g 이하(식염 5g 이하)를 목표량으로 제시함.
[2] 식품 외 급원의 마그네슘에만 해당함.

② 미량무기질

- 철: 태아는 필요한 철분을 임신 후반기에 대부분 체내에 축적한다. 출생 후 수개월 동안은 소화 기관의 미숙으로 철분 흡수 능력이 부족하기 때문에 체내에 충분히 보유하여 출생 후 몇 개월 동안 이용하는 것이다. 철분 결핍으로 인해 모체의 헤모글로빈의 농도가 감소하면 태반이나 태아 세포에 적절한 산소를 공급하기 위해 모체의 심장 운동은 증가해야 한다. 이로 인해 모체는 피곤해지고 다른 생리적 스트레스에 민감한 반응을 나타내게 된다. 헤모글로빈 수준이 더욱 낮아지면 심장 기능이 정지될 위험도 있으며 분만 시 출혈로 인한 사망의 위험도 있다. 식품만으로 공급이 안 될 경우 철분 영양제로 보충하여야 한다.
- 아연: 임신기에는 모체와 태아의 평균 아연 축적 속도를 반영하여 추가 섭취가 필요하며, 수유기에는 모유로 분비되는 양을 반영한 추가 섭취가 필요하다.
- 구리: 임신기에는 태아 성장과 양수, 모체 조직에 구리가 필요하므로 추가 섭취가 필요하다. 수유기에는 모유로 분비되는 구리의 양을 추가 섭취한다.
- 요오드: 임신기에는 태아의 성장, 모체의 신장에서 요오드 제거율 증가로 인해 추가 섭취가 필요하다. 수유기에는 모유로 분비되는 요오드 양만큼 추가

섭취가 필요하다.

- 셀레늄: 체내에서 셀레늄을 함유하고 있는 단백질로서 기능을 한다. 임신기에는 태아가 필요한 셀레늄 함유 단백질을 축적할 수 있도록 충분한 양을 섭취하여야 한다. 수유기에는 모유로 분비되는 셀레늄의 양을 반영한 추가 섭취가 필요하다.

**표 3-13** 임신 · 수유부의 영양섭취기준: 미량무기질

| 시기 | 철 (mg) | | | 아연 (mg) | | | 구리 (μg) | | | 불소 (mg) | | 망간 (mg) | | 요오드 (μg) | | | 셀레늄 (μg) | | |
|---|---|---|---|---|---|---|---|---|---|---|---|---|---|---|---|---|---|---|---|
| | 평균 | 권장 | 상한 | 평균 | 권장 | 상한 | 평균 | 권장 | 상한 | 충분 | 상한 | 충분 | 상한 | 평균 | 권장 | 상한 | 평균 | 권장 | 상한 |
| 20~29세 | 11 | 14 | 45 | 7.0 | 8 | 35 | 600 | 800 | 10,000 | 3.0 | 10 | 3.0 | 11 | 95 | 150 | 3,000 | 42 | 50 | 400 |
| 30~49세 | 11 | 14 | 45 | 6.8 | 8 | 35 | 600 | 800 | 10,000 | 2.5 | 10 | 3.0 | 11 | 95 | 150 | 3,000 | 42 | 50 | 400 |
| 임신부 | +7.5 | +10 | 45 | +2.0 | +2.5 | 35 | +100 | +130 | 10,000 | +0 | +10 | +0 | 11 | +65 | +90 | | +3 | +4 | 400 |
| 수유부 | +0 | +0 | 45 | +4.3 | +5.0 | 35 | +350 | +450 | 10,000 | +0 | +10 | +0 | 11 | +130 | +180 | | +9 | +11 | 400 |

*몰리브덴에 대해서는 성인여성과 임신, 수유부 모두 상한섭취량(600μg)만 제시되고 있음.

## 3. 아동의 영양섭취기준

아동기는 성장이 활발하고 활동량이 많으므로 성인에 비해 단위 체중당 영양소 필요량이 많다. 섭취기준을 참고하되 각 발달 단계마다 성장 속도, 활동 정도, 신체 크기에 따른 개인차의 범위도 크므로 어린이의 특성에 따라 적용하도록 한다. 아동의 영양섭취기준을 유아기 아동을 중심으로 살펴보면 다음과 같다.

### 1) 에너지 필요량

1세까지의 영아의 에너지량은 정상적으로 성장하는 영아들의 실제 에너지 섭취량에 근거한 것이다. 1세 이상의 유아 및 아동의 에너지 필요량은 에너지 소비

량에 성장에 필요한 추가 에너지량을 더한 것이다.

단위 체중당 1일 에너지 필요량은 생후 5개월까지 가장 높으며 6개월~1세 사이에 감소한다. 출생 3~4개월 정도에 체중이 출생 시의 2배로 빠른 성장을 보이다 이후 다소 둔화되고, 활발한 신체 활동이 아직 시작되기 전이므로 필요량이 감소하는 것이다. 영아의 활동이 증가하기 시작하는 1세부터 5세 사이에 단위체중당 에너지 필요량은 증가한다.

## 2) 영양소별 섭취기준

### (1) 다량 영양소

① 탄수화물과 지방

한국인 영양섭취기준(2005)에 의하면 〈표 3-14〉와 같이 탄수화물, 지방 및 지방산은 1세 미만의 영아에 대해서만 섭취기준이 제시되고 있다.

영아의 에너지 사용 약 60%는 두뇌가 사용하므로(Gibbsons, 1998을 한국영양학회, 2005에서 재인용) 포도당의 요구량도 성인의 4배 정도다(Kalhan & Kilic, 1999를 한국영양학회, 2005에서 재인용). 1세까지는 모유로부터 섭취되는 탄수화물의 양이 가장 바람직한 수준으로 간주되고 있다.

두뇌 성장과 망막 형성에 DHA를 제공하는 n-3계 지방산 섭취는 중요하다. 지방 섭취는 포화지방산과 콜레스테롤이 많이 함유된 동물성 식품보다는 식물성 식품을 통해 이루어지도록 한다. 특히 신경조직의 발달이 활발한 아동기에는 등 푸른 생선, 콩류, 들기름의 섭취를 통해 DHA를 충분히 섭취하도록 한다.

② 단백질

단백질은 화학 조성과 생리 작용이 탄수화물이나 지방과 현저하게 다르므로 이들 영양소로 대체될 수 없다. 따라서 매일 일정량의 단백질이 필요하다. 한국인 영양섭취기준에서는 단백질의 평균필요량과 권장섭취량이 제시되고 있다. 5개월 미만의 영아에게는 충분섭취량만 9.5g로 제시되어 있는데 모유 섭취량에 근거하여 설정된 것이다. 단백질의 이용률을 높이기 위하여 체단백질 합성에 필요한 무기질과 비타민이 적절하게 공급되어야 한다.

③ 식이섬유

0~5개월 영아의 영양 섭취량 결정의 기준이 되는 모유에는 식이섬유가 함유되어 있지 않고, 6~11개월 영아는 섭취량에 대한 자료가 없어 1세 미만 영아의 섭취기준은 제시되어 있지 않다. 그러나 1세 이상 어린이는 성인과 마찬가지로 정상적 배변을 위해, 관상동맥심장질환과 비만 예방을 위해, 그리고 건강을 위해 식이섬유를 충분히 섭취할 필요가 있다. 이에 성인에게 적용된 기준(1,000kcal당 12g)을 토대로 1~2세는 12g, 3~5세는 17g이 제시되고 있다.

④ 수분

물의 필요량은 체중, 체표면적, 음식 섭취량, 기온, 습도, 활동량, 고열 여부, 구토나 설사 여부 등에 따라 다르다.

**표 3-14 유아의 영양섭취기준: 에너지 및 다량 영양소**

| 연령 | 체중(kg) | 에너지(kcal) | 탄수화물 | 지방 | n-6 불포화지방산 | n-3 불포화지방산 | 단백질 | | | 식이섬유 | 수분(액체)/(ml) |
|---|---|---|---|---|---|---|---|---|---|---|---|
| | | 필요 | 충분 | 충분 | 충분 | 충분 | 평균 | 권장 | 충분 | 충분 | 충분 |
| 0~5개월 | 6.5 | 600(92) | 55 | 25 | 2.0 | 0.3 | | | 9.5 | | 700(700[1])/108 |
| 6~11개월 | 9.1 | 730(80) | 90 | 25 | 4.5 | 0.8 | 10 | 13.5 | | | 800(800[1])/88 |
| 1~2세 | 12.2 | 1,000(82) | | | | | 12 | 15 | | 12 | 1,100(800)/90 |
| 3~5세 | 16.3 | 1,400(85) | | | | | 15 | 20 | | 17 | 1,400(1,000)/86 |
| 6~8세 | | | | | | | | | | | |
| 남아 | 23.8 | 1,600(67) | | | | | 20 | 25 | | 19 | 1,700(1,000)/71 |
| 여아 | 22.9 | 1,500(65) | | | | | 20 | 25 | | 18 | 1,600(800)/70 |

[1]모유수분 기준

- 에너지 일일필요량 중 ( ) 안의 수치는 단위체중당 에너지 필요량임.
- 액체는 물과 음료를 포함함.
- 수분 중 '/' 뒤의 수치는 단위체중당 수분 섭취량임.
- 수분을 제외한 영양소들의 섭취 단위는 g임.

성장기 어린이는 성인보다 체표 면적비가 크고 대사가 활발하므로 체중당 수분 필요량이 성인보다 높으며 어릴수록 더욱 높아진다. 영아의 경우, 모유나 조제유를 통해 수분 공급이 충분히 이루어지고 대부분의 영아식에도 기본적 수분 필요량이 포함되어 있다.

### (2) 비타민

영양상태가 좋은 수유부로부터 모유를 섭취하는 정상적인 영아는 비타민 D를 제외하고는 모유만으로 비타민 필요량을 섭취할 수 있는 것으로 알려져 있어 모유 조성에 근거하여 필요량이 제시된다. 유아 및 아동은 성인의 충분 섭취량으로부터 체중과 성장률을 고려하여 제시된다.

지용성 비타민 중 비타민 K는 태반을 거의 통과하지 못하므로 신생아는 비타민 K 결핍 상태가 올 수 있어 미국에서는 신생아에게 주사 또는 경구로 투여하기도 한다.

수용성 비타민 중 리보플라빈의 경우, 모체와 영아와의 리보플라빈 영양상태의 연관성이 높으며 열량 영양소 대사에 필수적이므로 에너지 섭취가 많은 성장기에는 결핍되기 쉽다. 또한 성장기에는 단백질 대사를 위해 비타민 $B_6$의 충분한 섭취가 중요하다.

**표 3-15** 유아의 영양섭취기준: 지용성 비타민

| 연령 | 비타민 A (㎍ RE) | | | | 비타민 D (㎍) | | 비타민 E (mg a-TE) | | 비타민 K (㎍) |
|---|---|---|---|---|---|---|---|---|---|
| | 평균 | 권장 | 충분 | 상한 | 충분 | 상한 | 충분 | 상한 | 충분 |
| 0~5개월 | | | 350 | 600 | 5 | 25 | 3 | | 4 |
| 6~11개월 | | | 400 | 600 | 5 | 25 | 4 | | 7 |
| 1~2세 | 200 | 300 | | 600 | 10 | 60 | 5 | 100 | 25 |
| 3~5세 | 210 | 300 | | 700 | 10 | 60 | 6 | 130 | 30 |
| 6~8세 | | | | | | | | | |
| 남아 | 290 | 400 | | 1,000 | 10 | 60 | 7 | 180 | 45 |
| 여아 | 270 | 400 | | 1,000 | 10 | 60 | 7 | 180 | 45 |

**표 3-16 유아의 영양섭취기준: 수용성 비타민**

| 연령 | 비타민 C (mg) | 티아민 (mg) | 리보플라빈 (mg) | 니아신 (mg NE) | 비타민 B6 (mg) | 엽산 (μg DEF) | 비타민 B12 (μg) | 판토텐산 (mg) | 비오틴 (μg) |
|---|---|---|---|---|---|---|---|---|---|
| | 충분 | 충분 | 충분 | 충분 | 충분 | 충분 | 충분 | 충분 | 충분 |
| 0~5개월 | 35 | 0.2 | 0.3 | 2 | 0.1 | 65 | 0.2 | 1.7 | 5 |
| 6~11개월 | 45 | 0.3 | 0.4 | 3 | 0.3 | 80 | 0.5 | 1.8 | 6 |

| 연령 | 비타민 C (mg) | | 티아민 (mg) | | 리보플라빈 (mg) | | 니아신 (mg NE) | | | | 비타민 B6 (mg) | | | 엽산(μg DEF) | | | 비타민 B12(μg) | | 판토텐산 (mg) | 비오틴 (μg) |
|---|---|---|---|---|---|---|---|---|---|---|---|---|---|---|---|---|---|---|---|---|
| | 평균[1] | 상한 | 평균 | 권장 | 평균 | 권장 | 평균 | 권장 | 상한[2] | 상한[3] | 평균 | 권장 | 상한 | 평균 | 권장 | 상한 | 평균 | 권장 | 충분 | 충분 |
| 1~2세 | 30 | 350 | 0.4 | 0.5 | 0.5 | 0.6 | 5 | 6 | 10 | 180 | 0.5 | 0.6 | 25 | 120 | 150 | 300 | 0.75 | 0.9 | 2 | 8 |
| 3~5세 | 30 | 500 | 0.4 | 0.5 | 0.6 | 0.7 | 5 | 7 | 10 | 250 | 0.6 | 0.7 | 35 | 150 | 180 | 300 | 0.9 | 1.1 | 2 | 10 |
| 6~8세 | | | | | | | | | | | | | | | | | | | | |
| 남아 | 40 | 700 | 0.6 | 0.7 | 0.7 | 0.9 | 7 | 9 | 15 | 350 | 0.7 | 0.9 | 45 | 180 | 220 | 400 | 1.1 | 1.3 | 3 | 15 |
| 여아 | 40 | 700 | 0.5 | 0.6 | 0.6 | 0.7 | 6 | 9 | 15 | 350 | 0.7 | 0.8 | 45 | 180 | 220 | 400 | 1.1 | 1.3 | 3 | 15 |

[1] 1세 이상 유아는 비타민 c의 평균필요량과 권장섭취량이 같음.
[2] 니코틴산 mg/일
[3] 니코틴아미드 mg/일

모유에는 비타민 C가 풍부하게 들어 있어 비타민 C의 보충이 필요 없으나, 인공영양아에게는 보충해 주는 것이 좋다.

### (3) 무기질

무기질 중 유아기 성장에 특히 중요한 몇 가지를 살펴보면 다음과 같다.

#### ① 칼슘

칼슘의 충분섭취량은 0~5개월 영아는 모유 영양아의 하루 섭취량을 기준으로, 6~11개월 영아는 모유와 이유보충식을 통한 칼슘 섭취량을 기준으로 정한 것이다. 인공영양아는 칼슘 흡수량이 낮으므로 더 많은 섭취량이 요구된다. 유아기에도 골격 및 치아 발달을 위해 칼슘이 충분히 공급되어야 하며, 학령기에도 성인에 비해 칼슘을 많이 필요로 한다. 그러나 우리나라 어린이의 칼슘 섭취량은 2세까지는 권장량을 넘어서는 데 비해, 3세부터는 70~75% 섭취 수준에 불과하다.

칼슘의 흡수율은 함께 섭취하는 식품의 영향을 받는데, 단백질, 유당, 비타민 D 등은 칼슘의 흡수를 돕는다. 반면에 시금치의 수산, 식이섬유질, 지방 등은 흡수를 저해한다.

인의 섭취도 칼슘 흡수에 영향을 미치는데 칼슘의 이용률을 높이려면 칼슘과 인의 섭취 비율을 최적으로 유지하여야 한다. 영아의 경우 칼슘과 인의 비율을 1.5 : 1로, 1세 이후에는 1 : 1로 유지하는 것이 바람직하다.

② 인

인은 체내에서 약 80%가 인산칼슘의 형태로 존재하며 칼슘의 체내 침착에 비타민 D와 인이 관여하기 때문에 인의 필요량은 칼슘 섭취량과 관계가 있다.

인은 거의 모든 식품에 고루 들어 있어서 정상적 식사를 한다면 결핍의 염려가 없다. 특히 가공 식품과 탄산음료에도 인이 많이 함유되어 있어 오히려 칼슘에 비해 과잉섭취가 우려된다.

③ 철

정상적으로 태어난 건강한 영아의 체내 철분 저장 상태는 양호하다. 그러나 축적된 철분은 영아의 빠른 성장으로 말미암아 줄어든다. 성장과 함께 혈액량이 많아지게 되므로 철분의 필요량은 체격의 크기와 성장속도에 비례하며, 철분 결핍이 발생하기 쉽다. 실제 조사에 나타난 우리나라 3세 이상 어린이의 철 섭취량은 충분치 않다.

영아의 철 권장량은 모유영양아의 평균 철 섭취량을 반영한 것이다. 모유의 철분 함량은 소량이지만 흡수율이 50% 이상이고, 정상분만아는 출생 시 저장철을 가지고 태어나 생후 5개월까지 이 저장철을 주로 사용한다. 이후에는 저장철이 고갈되므로 모유만으로는 성장부진을 초래할 수 있어 철의 섭취가 매우 중요하다. 모유영양아는 철분이 강화된 곡류를 첨가해 주고, 인공영양아는 철분이 강화된 조제분유를 선택해 준다. 동물성 식품에 함유된 철분은 식물성 식품에 함유된 것보다 흡수율이 높다.

**표 3-17** 유아의 영양섭취기준: 다량무기질

| 연령 | 칼슘 (mg) | 인 (mg) | 나트륨 (g) | 염소 (g) | 칼륨 (g) | 마그네슘 (mg) |
|---|---|---|---|---|---|---|
| | 충분 | 충분 | 충분 | 충분 | 충분 | 충분 |
| 0~5개월 | 200 | 100 | 0.12 | 0.18 | 0.4 | 30 |
| 6~11개월 | 300 | 300 | 0.37 | 0.56 | 0.7 | 55 |

| 연령 | 칼슘 (mg) | | | 인 (mg) | | | 나트륨 (g) | 염소 (g) | 칼륨 (g) | 마그네슘 (mg) | | |
|---|---|---|---|---|---|---|---|---|---|---|---|---|
| | 평균 | 권장 | 상한 | 평균 | 권장 | 상한 | 충분 | 충분 | 충분 | 평균 | 권장 | 상한[1] |
| 1~2세 | 300 | 500 | 2,500 | 350 | 500 | 3,000 | 0.8 | 1.2 | 2.5 | 60 | 75 | (65) |
| 3~5세 | 400 | 600 | 2,500 | 390 | 500 | 3,000 | 1.0 | 1.5 | 3.0 | 80 | 100 | (85) |
| 6~8세 | | | | | | | | | | | | |
| 남아 | 550 | 700 | 2,500 | 550 | 700 | 3,000 | 1.2 | 1.9 | 3.8 | 120 | 140 | (120) |
| 여아 | 550 | 700 | 2,500 | 450 | 600 | 3,000 | 1.2 | 1.9 | 3.8 | 115 | 140 | (120) |

[1] 식품 외 급원의 마그네슘에만 해당함.

**표 3-18** 유아의 영양섭취기준: 미량무기질

| 연령 | 철 (mg) | | | | 아연 (mg) | | 구리 (μg) | 불소 (mg) | | 망간 (mg) | 요오드 (μg) | 셀레늄 (μg) | |
|---|---|---|---|---|---|---|---|---|---|---|---|---|---|
| | 평균 | 권장 | 충분 | 상한 | 평균 | 권장 | 충분 | 충분 | 상한 | 충분 | 충분 | 충분 | 상한 |
| 0~5개월 | | | 0.26 | 40 | | (173)* | 225 | 0.01 | 0.6 | 0.008 | 130 | 8.5 | 4.5 |
| 6~11개월 | 5 | 7 | | 40 | 2.2 | 2.5 | 290 | 0.5 | 0.9 | 0.8 | | 11 | 60 |

| 연령 | 철 (mg) | | | 아연 (mg) | | | 구리 (μg) | | | 불소 (mg) | | 망간 (mg) | | 요오드 (μg) | | 셀레늄 (μg) | | | 몰리브덴 |
|---|---|---|---|---|---|---|---|---|---|---|---|---|---|---|---|---|---|---|---|
| | 평균 | 권장 | 상한 | 평균 | 권장 | 상한 | 평균 | 권장 | 상한 | 충분 | 상한 | 충분 | 상한 | 평균 | 권장 | 평균 | 권장 | 상한 | 상한 |
| 1~2세 | 5 | 7 | 40 | 2.4 | 3 | 6 | 230 | 300 | 2,000 | 0.6 | 1.2 | 1.2 | 2 | 55 | 80 | 16 | 20 | 85 | 100 |
| 3~5세 | 5 | 7 | 40 | 3.1 | 4 | 8 | 290 | 380 | 2,000 | 0.8 | 1.6 | 2.0 | 3 | 65 | 90 | 18 | 25 | 100 | 150 |
| 6~8세 | | | | | | | | | | | | | | | | | | | |
| 남아 | 7 | 9 | 40 | 4.3 | 5 | 13 | 340 | 440 | 3,000 | 1.0 | 2.2 | 2.5 | 4 | 75 | 100 | 24 | 30 | 150 | 200 |
| 여아 | 7 | 9 | 40 | 4.1 | 5 | 13 | 340 | 440 | 3,000 | 1.0 | 2.2 | 2.3 | 4 | 75 | 100 | 24 | 30 | 150 | 200 |

* (173)은 충분섭취량임

비타민 C가 함유된 식품을 함께 섭취하면 철분의 흡수율을 증가시킬 수 있다. 따라서 과일이나 야채와 함께 섭취하도록 한다. 철분의 공급을 식품으로 충당할 수 없을 때는 철분 영양제를 제공할 수 있으나 치료 목적으로 의사의 처방에 의한 것이 아니면 철분 영양제는 권장할 만하지 않다.

# 4장 유아발달에 따른 영양관리

어린이의 식생활습관과 영양은 음식의 선정과 섭취와 관련된 성인의 태도와 행동에 영향을 받는다. 유아의 건강한 식습관 형성을 위해 성인은 어린이에게 따뜻하고 온정적인 물리적, 정서적 분위기에서 영양이 있는 음식을 제공할 책임이 있다. 출생 후부터 영아는 먹는 것에 관심을 나타낸다. 성인은 영아의 신호를 인식하고 적절하게 반응해야 한다. 어떤 영아들은 다른 영아들보다 배고픔을 보다 분명하게 지각하고 반응한다. 성인들이 유아의 신호에 민감하지 못하면 유아는 너무 적게 먹거나 많이 먹게 된다.

식사 기술과 식사 예절은 성인의 모범과 관찰에 의해 학습된다. 식사시간은 음식을 먹으면서 음식의 색과 맛, 질감, 모양뿐 아니라 여러 가지 화제에 대해 이야기를 나누는 즐겁고 편안한 시간이어야 한다.

이 장에서는 영아기부터 유아기에 이르는 어린이의 영양과 관련한 특성을 살펴보고, 각 단계별로 영양관리 및 섭식과 관련한 문제들을 살펴보고자 한다.

# 1절 영아기(출생~18개월)

## 1. 영아의 특성

영아기 자녀를 둔 취업모의 증가로 인해 유아교육기관에 다니는 영아의 수가 증가하고 있다. 영아기 건강은 전적으로 영아를 돌보는 성인에게 달려 있다. 성인들은 영양이 영아의 신체적 건강뿐 아니라 사회적 능력, 소근육과 대근육 운동능력, 언어능력과 밀접한 관련이 있음을 인식해야 한다.

생후 첫 1년간은 성장과 발달의 속도가 가장 빠른 시기다. 생후 4개월경이면 체중은 출생 시 체중보다 2배가 증가하며 1세가 되면 3배로 증가한다. 신장은 1년 만에 1.5배로 자란다.

생후 1년간 영아들은 다른 어느 시기보다도 급격한 섭식의 변화를 겪는다(표 4-1 참조). 신생아와 아주 어린 영아는 기본 반사, 즉 찾기 반사, 빨기 반사, 삼키기와 밀어내기 반사를 사용하여 음식을 섭취하여야 한다. 이 시기 영아는 입 앞에 있는 음식을 밀어낼 수 있다. 6개월이 되면 대부분의 영아는 음식과 식기(숟가락, 컵, 젖병)를 어느 정도 정확하게 입에 갖다 댈 수 있으며 입 앞에 놓인 음식을 뒤로 움직여 삼킬 수 있다.

영아는 처음에는 한 가지 유형의 음식만 섭취할 수 있는 능력을 지니고 있으며, 전적으로 성인에게 섭식을 의존한다. 생후 1년이 되면 대부분의 영아들은 성인이 먹는 음식과 아주 유사한 것을 먹을 수 있게 된다.

먹는 기술은 체계적 순서로 발달하기는 하지만 발달의 속도는 각기 다르다. 개인차를 고려하여 영아의 섭식을 위한 일반 지침을 적용해야 한다. 무엇보다 영양의 섭취는 애정 어린 보살핌과 함께 이루어져야 한다. 영양 섭취를 잘하더라도 이러한 보살핌이 없으면 성장과 발달은 지체된다.

영아는 학습을 위해 다양한 자극을 필요로 하는데, 음식은 영아를 자극하는 훌륭한 매체가 될 수 있다. 즉, 음식의 맛, 색, 온도, 질감 등은 영아를 자극하는 학습 매체가 된다.

**표 4-1** 영아의 섭식 행동의 발달

| 연령(개월) | 구강 · 신경근육 발달 | 섭식 행동 |
|---|---|---|
| 출생~1개월 | • 찾기 반사<br>• 빨기 반사<br>• 삼키기 반사<br>• 내밀기 반사 | • 젖꼭지 쪽으로 입을 돌리고 빰을 비빔<br>• 입술에 무엇인가 닿으면 빨기 시작<br>• 처음에는 혀 안쪽에 있는 음식만 삼킬 수 있으나 9~12주가 되면 혀 끝에 있는 음식도 삼킴 |
| 2~4개월 | • 빨기 반사가 수의적이 됨<br>• 머리를 똑바로 세움 | |
| 4~6개월 | • 내밀기 반사가 사라짐<br>• 씹기 동작이 나타남<br>• 손을 입으로 가져가기 시작<br>• 물건을 임의로 잡을 수 있음<br>• 턱과 혀를 측면으로 움직임<br>• 받쳐 주면 앉을 수 있음 | • 모유나 조제유에서 얻을 수 없는 영양소나 칼로리를 필요로 하면 고형식을 주기<br>• 혀를 사용하여 음식을 움직일 수 있음<br>• 미각 증진<br>• 먹고 싶지 않으면 고개를 돌림<br>• 음식이 담긴 숟가락 쪽으로 몸을 기울임 |
| 6~8개월 | • 입술을 컵 가장자리에 댐<br>• 대부분의 물건을 입에 넣음<br>• 숟가락 또는 컵의 가장자리를 잡음<br>• 받쳐 주지 않아도 잠시 앉음 | • 컵으로 음료를 마시기 시작<br>• 손가락으로 음식을 집어먹도록 함<br>• 숟가락에 있는 음식을 잘 먹을 수 있음<br>• 짓이겨서 부드럽게 한 음식으로 맛에 대한 감각을 증진시킴 |
| 8~10개월 | • 받쳐 주지 않아도 앉을 수 있음 | • 손으로 집어먹을 수 있는 음식(finger food)을 혼자 먹음 |
| 10~12개월 | • 컵에 입술을 갖다 댈 수 있음<br>• 손가락을 사용하여 물건을 집을 수 있음<br>• 숟가락 사용 시도 | • 다양한 질감을 점진적으로 증가시킴<br>• 과일과 채소를 그대로 제공<br>• 도와주면 컵으로 마실 수 있음<br>• 작은 '손가락 음식(finger food)'을 제공 |
| 12~18개월 | • 턱을 자유로이 움직일 수 있음<br>• 성장률이 둔화됨<br>• 독립성의 증가 | • 숟가락에 붙는 걸쭉한 음식을 제공<br>• 식욕이 떨어지므로 소량 제공<br>• 컵을 두 손으로 잡고 마심<br>• 젖병을 사용하지 않도록 함 |

• 출처: Kenderick, Kaufmann, & Messenger (1991), pp. 148–149.

## 2. 모유영양과 인공영양

영아기, 특히 6개월까지의 영아는 모유나 조제유를 통해 필요한 영양의 거의 대부분을 공급받는다. 모유와 조제유 모두 생후 6개월까지의 영아가 필요로 하는 모든 영양소를 제공할 수 있다. 특히 모유는 생후 4~6개월까지의 영아에게는 이상적이고 완전한 영양원이다. 이유 후에도 영아기 음식의 일부로서 생후 1년간은 주요한 영양원이다.

### 1) 모유영양

#### (1) 모유의 특성

모유는 영아가 성장, 발달하는 데 가장 이상적인 영양소를 담고 있다. 영아의 영양권장량은 바로 모유 성분 조성을 기준으로 해서 만들어진다. 〈표 4-2〉는 모유와 우유와의 성분 조성을 비교한 것이다.

모유의 조성은 비교적 일정한 수준을 유지하기는 하지만 수유부의 연령, 출산 횟수, 건강상태, 임신 기간, 수유 기간 등에 따라 변화한다. 또 초유와 성숙유의 성분에도 큰 차이가 있다.

초유는 출산 후 처음 며칠간 소량 분비되는 젖으로 묽고 약간 노란색을 띠고 있다. 초유는 성숙유보다 단백질 함량이 높고 지방과 당질 함량이 낮아 열량이 낮다. 100ml당 열량이 성숙유가 75kcal인데 비해 초유는 67kcal이다(정연강, 조정순, 2003). 또한 초유에는 무기질이 성숙유보다 더 많이 함유되어 있고 효소, 면역체의 함량도 높다.

출산 3~6일 후 초유는 이행유로 차츰 변화된다. 이행유의 단백질 함량은 초유에 비해 낮지만 성숙유보다는 높다. 출산 후 10여 일이 지나면 점차 성숙유로 바뀌어 1개월이 되면 완전한 성숙유가 분비된다.

① 단백질

〈표 4-2〉와 같이 모유의 단백질 함량은 우유보다 적다. 그러나 모유의 단백질은 영아의 신진대사에 적합하며 함량은 수유부의 심한 영양 불량을 제외하고는

표 4-2 모유와 우유의 성분 조성 비교

| 성분(1l 당) | 모유 | 우유 | 성분(1l 당) | 모유 | 우유 |
|---|---|---|---|---|---|
| 열량(kcal) | 690 | 660 | 무기질류 | | |
| 단백질(g) | 9 | 35 | 칼슘(mg) | 241~340 | 1,200 |
| 지방(g) | 40 | 38 | 인(mg) | 150 | 920 |
| 유당(g) | 68 | 49 | 나트륨(mg) | 160 | 506 |
| 비타민류(I.U.) | | | 칼륨(mg) | 530 | 1,570 |
| 비타민 A(활성형) | 1,898 | 1,025 | 염소(mg) | 400 | 1,028 |
| 비타민 D(I.U.) | 40 | 14 | 마그네슘(mg) | 38~41 | 120 |
| 비타민 E(mga-TE) | 3.2 | 0.4 | 황(mg) | 140 | 300 |
| 비타민 K(μg) | 34 | 170 | 철분(mg) | 0.56~0.3 | 0.5 |
| 티아민(μg) | 150 | 370 | 요오드(mg) | 200 | 80 |
| 리보플라빈(μg) | 380 | 1,700 | 망간(μg) | 5.9~4.0 | 20~40 |
| 니아신(mg) | 1.7 | 0.9 | 구리(μg) | 60 | 110 |
| 피리독신(μg) | 130 | 460 | 아연(mg) | 4~0.5 | 3~5 |
| 엽산(μg) | 41~84.6 | 2.9~68 | 셀레늄(μg) | 20 | 5~50 |
| 코발라민(μg) | 0.5 | 4 | 불소(mg) | 0.05 | 0.03~0.1 |
| 아스코르브산(μg) | 44 | 17 | 크롬(μg) | 4 | 2 |

• 출처: 정연강, 조정순(2003), p. 63

거의 동일한 수준으로 유지된다.

모유의 아미노산 조성과 함량은 영아의 성장 발달에 가장 이상적인 것으로 알려져 있다. 특히 영아의 체내에서 합성될 수 없는 시스틴(cystine)이나 타우린(taurine)과 같은 아미노산이 모유에는 상당량 들어 있다. 이 중 타우린은 태아의 두뇌 조직에 높은 함량으로 포함되어 있음이 발견되어 두뇌 발달에 중요한 역할을 할 것이라는 가능성이 제시되면서 중시되고 있다.

② 지방

모유의 콜레스테롤 함량이 인공유보다 훨씬 높으며, 수유부의 콜레스테롤 섭취량과 관계없이 그 수준이 일정하다. 모유 내 콜레스테롤은 중추신경계의 성장에 필요할 뿐 아니라 성장 초기에 콜레스테롤의 분해과정에 관여하는 효소의 발달을 자극하는 중요한 역할을 한다.

모유의 지방산 조성도 우유와 많이 다르다. 우유에는 소화가 용이하지 않은 휘발성 지방산이 많이 함유되어 있으나 모유에는 필수지방산인 리놀레산과 리놀렌산의 함량이 높아 소화가 잘 된다. 특히 모유에는 필수지방산의 일종인 EPA와 DHA도 상당량 함유되어 있다. 이 성분은 동물의 유즙에는 포함되지 않은 것이다. 또한 모유에는 여러 가지 지방 분해 효소가 함유되어 있어 지방 소화를 쉽게 할 수 있다.

③ 탄수화물

모유와 우유의 탄수화물은 대부분 유당이며 열량의 주 공급원이다. 유당은 비교적 용해성이 적어 소장에서 서서히 소화, 흡수된다. 또한 장 내를 산성으로 만들어 영아의 위장 내에 해로운 세균의 생장을 억제하고 칼슘, 인, 마그네슘 등의 무기질 소화를 돕는다.

④ 무기질

모유와 우유의 무기질 조성은 커다란 차이가 있다. 무기질 총량에서는 우유가 모유의 3배 정도 많은데, 특히 우유에는 모유보다 칼슘이 4배, 인이 6배 정도로 현저히 많다. 따라서 우유에 들어 있는 높은 함량의 단백질과 더불어 무기질은 인공영양아의 신장에 부담을 더 많이 주게 된다. 같은 무기질이라 하더라도 모유에 들어 있는 것이 쉽게 흡수된다.

⑤ 비타민

모유의 비타민 함량은 수유부의 식사량과 내용에 따라 변화한다. 비타민 D의 경우 모유에는 소량이 들어 있으나 수유부가 햇볕을 쪼이거나 음식을 통해 비타민 D를 섭취하면 모유 내 비타민 D 함량이 높아진다. 비타민 $B_6$는 대체로 영아에게 필요한 양보다 미달되는 것으로 알려져 있으며, 비타민 $B_{12}$의 경우 건강한 수유부의 유즙에는 적당량이 함유되어 있기는 하지만 이용률은 단백질 분해 효소의 존재 여부에 따라 크게 다르다고 한다(문수재 등, 1997).

⑥ 항 감염인자

모유에는 영양소는 아니지만 영아의 성장과 발달에 유익한 항 감염인자 성분이 들어 있다.

- 항생 물질: 모유에는 IgA, IgG, IgD, IgE 등을 포함한 여러 가지 면역 성분(Immunoglobulin, Ig)이 포함되어 있다. 이들은 항생물질로서 영아를 감염으로부터 보호한다. 모유, 특히 초유에는 그중 IgA가 많이 들어 있다.
- 임파구와 식세포: 모유에 있는 임파구는 바이러스 억제 물질인 인터페론(interferon)을 생성한다.
- 비피더스 인자: 비피더스균은 체내에 침입한 병균을 방어하는 역할을 한다.

### (2) 모유영양의 장점

모유는 신생아와 영아의 성장 발달에 가장 적합한 영양원이다. 따라서 모유 수유가 적극적으로 권장되고 있다. WHO와 UNICEF는 전 세계적으로 모유 수유를 권장하는 운동을 전개하여 출생 후 4~6개월까지 모유를 먹일 것을 권장하고 있다(안효섭, 2004). 모유영양의 장점은 다음과 같다.

① 이상적인 영양 공급원이다

모유는 이상적인 단백질과 지질 함량 및 조성을 지니고 있다. 즉, 소화가 용이한 양질의 단백질을 함유하고 있으며 필수 지방산을 이상적으로 함유하고 있다. 또한 중앙 신경 체계의 정상적인 성장과 발달에 중요한 타우린을 함유하고 있다.

② 질병의 예방 효과가 있다

특히 초유에는 면역 성분과 기타 면역 물질이 고도로 농축되어 있어서 감염을 예방해 준다. 이러한 성분들은 초유만큼의 양은 아니지만 성숙유에서도 발견된다. 또한 모유영양은 비위생적으로 조제유를 준비하는 데서 야기될 수 있는 병원성 박테리아 침입의 위험을 줄일 수 있다.

③ 소화가 잘 되고 알레르기를 덜 유발한다

모유는 우유보다 소화가 더 잘 된다. 특히 체중 미달아들은 우유보다 모유의 지방을 훨씬 더 잘 소화, 흡수한다. 식품 알레르기는 항원이 되는 단백질이 체내로 들어오면 발생하는데, 인공영양에 비해 모유영양은 식품 알레르기를 덜 유발한다. 이는 모유가 항체를 포함하고 있어서 이것이 신생아의 체내로 들어오는 면역체 형성이 가능한 단백질의 흡수를 막아 주어 알레르기를 방지하기 때문이다.

④ 어머니와 영아의 정서적 유대를 조장한다

영아가 모유를 먹으면서 어머니의 따뜻한 몸과 접촉함으로써 어머니-자녀 간의 유대가 강화된다.

⑤ 수유부의 건강에 유익하다

모유를 먹이는 어머니들은 심리적으로 만족을 느낀다. 자궁 수축이 자극되며, 배란이 억제되어 수유기 동안 자연스러운 피임을 할 수 있다. 또한 저장된 에너지를 사용함으로써 수유부의 체중 감소가 보다 용이하게 이루어지고, 산후 뼈의 재골화를 촉진시키며 난소암과 갱년기 전 유방암의 위험성을 감소시킨다(안효섭, 2004).

⑥ 편리하고 경제적이다

언제나 적절한 온도와 농도를 유지하고 영아가 원할 때 즉시 줄 수 있으므로 조제유보다 편리하다. 아울러 조제유 구입비용을 고려할 때 매우 경제적이다.

### (3) 유아교육기관에서의 모유영양 장려

영아에게 가장 좋은 음식은 모유이며 이를 대치할 수 있는 것은 아직 없다. 따라서 우선적으로 모유영양이 권장되어야 한다.* 유니세프에서도 출산 후 최대한

---

* 우리나라의 모유 수유율은 점차 증가하고는 있으나 유럽과 미국, 일본에 비하면 여전히 낮은 수준이다. 최근의 조사에 의하면 생후 1개월 시의 모유 수유율은 57.2%이나 6개월, 12개월에는 각기 42.2%, 33.4%로 감소하며, 조제분유 수유경험율은 76.9%에 달한다(보건복지가족부 · 질병관리본부, 2009).

일찍부터, 즉 출산 30분 이내에 모유를 먹이기 시작할 것을 권하고 있다

영아가 있는 보육시설에서도 가능하면 영아들이 모유를 먹을 수 있도록 다음과 같은 방법으로 어머니를 도울 수 있다.

- 조용하고 방해받지 않는 장소를 제공하여 어머니가 떠나기 전, 기타 가능한 시간에 수유할 수 있도록 한다.
- 기관에서 조제유를 주는 시간대를 조절한다. 즉, 적어도 어머니가 아기를 데리러 오기 2시간 반 전에 조제유를 먹이게 되면 어머니가 왔을 때 영아는 모유를 잘 먹을 수 있다.
- 어머니의 젖을 안전하게 보관해서 영아에게 먹인다. 보육시설에 올 수 없는 어머니는 손이나 유축기를 사용하여 모유를 짜서 가져올 수 있다.

#### (4) 수유부의 영양 및 약물 섭취

수유는 어머니의 영양 필요량을 증가시킨다. 따라서 산모는 건강에 좋은 음식을 다양하게 섭취하여야 한다. 저열량식을 삼가야 하는데 이는 모유의 질을 떨어뜨리기 때문이다. 특히 채식을 주로 하는 산모는 우유를 충분히 섭취하고 비타민과 무기질, 특히 칼슘과 철분이 충분히 들어간 음식을 섭취해야 한다. 어머니의 영양 섭취에 문제가 있다면 비타민과 무기질을 보충하여야 한다.

수유를 통해 영양소와 항 감염인자 등의 유익한 성분뿐 아니라 바람직하지 못한 물질이 영아에게 이동될 수 있다. 약물, 환경오염 물질, 바이러스, 카페인, 알코올 및 식품 알레르기원이 모유에 함유될 수 있다. 그러므로 임신 기간뿐 아니라 수유기에도 어머니는 약물, 알코올, 흡연, 카페인 등을 삼가야 한다.

##### ① 약물

유즙으로 전달되는 약물의 양은 수유부가 복용한 양의 1~2% 정도로 알려져 있으나 모유에 있는 약물이 영아의 혈액으로 어느 정도 전달되는지는 확실하지 않다(문수재 등, 1997). 그렇다 하더라도 수유부의 약물 복용은 약물의 안전을 확인한 후 신중히 이루어져야 한다.

경구 피임약은 유즙 분비를 억제할 수 있다. 그러나 프로게스토겐(progestogen)

만 함유된 피임약은 유즙 분비를 억제하지 않으며, 아기에게 영향을 미치지 않는다(Hall, Hill, & Elliman, 1990).

② 환경오염 물질

살충제를 비롯하여 여러 가지 환경오염 물질이 식품이나 음료수에 들어 있을 수 있다. 일반적으로 모유에서 발견되는 오염 물질은 주위에 널리 분포되어 있으며, 지방 용해성이 높고 배설 속도도 매우 느리다.

③ 흡연과 카페인

수유부의 흡연으로 인해 모유에 니코틴이 포함되게 된다. 수유부의 카페인 섭취량의 약 1%가 모유로 분비되며 장기간 마시면 영아의 체내에 축적된다. 카페인 함유 음료를 일일 6~8컵 정도 마시는 수유부의 아기는 잠을 자지 않고 흥분 상태에 있게 되는 커피 신경증을 나타낸다(문수재 등, 1997).

④ 알코올

수유부가 섭취한 알코올 또한 모유를 통해 영아에게 전달된다. 모유에 들어 있는 에탄올의 양은 모체 혈액 내 농도와 비슷하다. 그러나 에탄올의 중간대사 분해산물로서 부작용을 유발하는 아세트알데히드는 모유에서 훨씬 적게 발견된다고 한다. 모체의 유선조직이 아세트알데히드를 어느 정도 제거하는 역할을 하기 때문인 것으로 여겨진다. 그러나 습관적으로 과음을 하는 수유부의 경우, 영아의 성장이 지체되나 알코올 섭취를 중단하였을 때 성장 속도가 다시 증가하는 것으로 나타났다.

### 2) 인공영양

#### (1) 인공영양을 위한 영아용 조제유

모유영양이 바람직하기는 하지만 영아와 산모의 건강상 문제가 있거나 기타 부득이한 이유로 모유영양이 불가능할 경우 인공유로 영양을 할 수 있다.

인공유는 모유와 거의 유사하게 제조되는데 모유가 갖고 있지 않은 비타민과 무기질을 보충해 주고 있는 점이 다르다. 인공영양에 사용되는 대표적인 유즙은 우유 조제분유와 두유 조제분유가 있다. 우유를 원료로 한 조제분유는 탈지 우유를 원료로 하여 단백질과 무기질 함량을 모유와 유사하게 낮추고 균질화과정과 가열처리를 통해 응고를 줄이고 단백질의 소화를 용이하게 한 것이다. 흡수율이 좋은 식물성 지방과 유당, 비타민, 무기질도 첨가된다. 두유 조제분유는 우유 알레르기가 있는 영아를 위해 사용된다.

조제유의 형태는 크게 3가지가 있다. 그중 하나는 농축액으로서 동일 양의 물을 혼합하여 영아에게 준다. 또 바로 영아에게 먹일 수 있는 즉석 조제유도 있다. 세 번째 것은 분유 형태로 만들어져 있는 것으로 적절한 양의 물로 희석하여 먹이도록 되어 있다.

#### (2) 조제유의 준비

안전하고 영양 있는 조제유를 준비하기 위해 다음을 고려하도록 한다.

##### ① 위생

위생적으로 조제유를 준비하기 위해서는 우선 조제유를 타기 전에 손을 철저하게 씻어야 하고 사용되는 모든 기구는 철저하게 소독하며 분유를 탈 물은 반드시 끓여야 한다. 아기가 먹다 남은 것은 버려야 한다. 비록 1시간 전에 아기가 먹고 남긴 것이라도 안전하지 않는데 영아의 타액에 있는 박테리아가 유즙에 들어가 순식간에 위험한 숫자로 증식될 수 있기 때문이다. 아침에 조제분유를 탈 수 있는 온도로 식힌 물을 보온용기에 넣어 두고 분유를 타서 먹일 수 있다.

##### ② 정확한 용량

제품에 표시된 지시대로 정확하게 조제하는 것이 중요하다. 지시보다 묽으면 적절량의 열량과 영양소 공급이 이루어지지 않게 되어 성장 발육을 저해하게 되고 물을 적게 넣어서 농도가 너무 진하게 되면 소화불량이나 비만을 유발하며, 단백질 농도가 높아져 신장 기능에 부담을 주게 되고, 혈액의 나트륨 농도가 올라가고 탈수증을 초래할 수도 있다.

③ 온도

조제유의 온도는 손목 안쪽에 떨어뜨려서 약간 따뜻한 온도가 적절하나 대부분의 영아에게는 실온과 유사한 온도면 괜찮다. 전자레인지를 사용할 경우, 전자레인지에 데운 용액은 전자레인지에서 꺼낸 다음에도 계속해서 가열될 수 있고 용기가 차가워도 내부의 용액은 뜨거울 수 있으므로 데울 수 있게 만들어진 젖병을 사용하도록 한다.

#### (3) 일반 우유(전유, whole milk)

일반 우유는 6~12개월부터 줄 수 있는데 많은 소아과 의사들은 12개월 이후에 제공할 것을 권하고 있다.

우유의 단백질은 소화가 어렵고, 철분을 거의 함유하고 있지 않아 하루 3컵 이상 전유를 마시면 철분 결핍이 될 수 있다. 이는 이 시기 영아들이 철분이 함유된 음식을 충분히 먹지 않기 때문이다. 철분이 강화된 곡물식을 먹는다면 6개월에도 전유를 먹이기 시작할 수 있다. 가장 안전한 것은 생후 1년간은 모유 또는 철분을 강화한 조제유를 먹이는 것이다.

그리고 적어도 2세까지는 저지방 우유나 탈지유를 먹이지 않는다. 이러한 것들은 영아에게는 칼로리가 너무 적고 단백질은 너무 많기 때문이다. 2세 이후에 다른 음식들을 통해 필요한 지방과 칼로리를 섭취할 수 있다면 지방을 절반 정도 뺀 탈지유를 줄 수 있다.

### 3) 수 유

#### (1) 수유의 양과 횟수

수유의 양과 횟수, 수유에 걸리는 시간은 영아에 따라 상당한 개인차가 있다. 모유영양아는 대개 2~3시간마다 먹인다. 대개 몸무게 1kg당 150~200ml가 필요하다. Kendrick 등(1991: 150)은 모유와 조제유를 구분하여 수유 횟수와 양을 〈표 4-3〉과 같이 제시하고 있다.

그러나 영아가 4개월이 될 때까지는 아기가 원할 때마다 수유를 하는 것이 바람직하다. 6주경부터 아기는 자신의 필요량을 조절할 수 있기 때문이다. 영아기

표 4-3 수유 횟수와 양

| 개월 | 0~4개월 | 4~6개월 | 6~8개월 | 8~10개월 | 10~12개월 |
|---|---|---|---|---|---|
| 모유 | 1일 8회 이상 | 5회 이상 | 요구에 따라 5회 이상 | 요구에 따라 | 요구에 따라 |
| 조제유 | 5~10회 | 4~7회 | 3~4회 | 3~4회 | 3~4회 |
| 총 섭취량 | 470~950cc | 710~1,200cc | 710~1,200cc | 470~950cc | 470~710cc (일반 우유 가능) |

에는 주요 발달 과업이 영아의 요구에 대한 성인의 반응에 기초한 신뢰감을 형성하는 것이므로 영아는 원할 때마다 먹을 수 있어야 한다.

### (2) 수유 방법

무엇보다 청결이 가장 중요하다. 수유 전에 반드시 손을 깨끗이 씻어야 한다. 모유를 먹일 때는 매번 양쪽의 젖을 다 먹일 필요는 없다.

무엇을 먹이느냐보다 더 중요한 것은 수유를 하는 동안 어머니와 아기와의 상호작용이다. 인공유를 먹이는 어머니들도 수유를 하는 동안 아기를 껴안고 먹임으로써 모유 수유에서와 마찬가지로 친밀한 접촉을 할 수 있다(Papalia et al., 1989/1991).

바람직한 수유 방법은 앉은 자세에서 영아를 안고, 영아의 머리를 한 팔로 받치고, 영아와 눈을 마주 보고 이야기를 하면서 먹이는 것이다. 젖병으로 먹일 경우, 젖병의 젖꼭지에 빈 공간이 없도록 잘 기울여 먹여야 아기가 공기를 삼키지 않는다. 공기를 마시게 되면 위가 팽창하게 되므로 수유 중 2~3회 멈추고 아기를 트림시키도록 한다. 영아를 성인의 어깨에 기대어 놓거나 무릎에 엎드리게 해서 가볍게 등을 쓰다듬어 준다. 젖병을 성인의 손에서 떼어서 베개 등으로 괴어 놓는 경우가 흔히 있는데, 이는 바람직하지 않다. 입에서 젖병을 치울 수 있는 근육 조절능력이 없는 시기의 영아인 경우 잠든 후에도 젖이 입으로 들어가 치아를 상하게 하거나 귀로 흘러들어가 감염을 일으킬 수 있다(Marotz et al., 2005).

다 먹인 다음에는 영아의 몸 오른쪽이 아래로 위치하게 뉘어 놓는다. 이러한 자세는 위의 팽창을 막고 젖이 다시 게워 올라오는 것을 방지한다.

#### (3) 치아손상의 예방

영아가 젖을 문 채 잠이 들어 버려 입 안에 젖이나 우유가 고여 있게 되면 치아 손상이 올 수 있다. 단 용액에 들어 있는 탄수화물이 발효되어 유기산이 되는데 이것이 치아를 부식시키기 때문이다. 조제유, 우유, 주스, 기타 설탕이 들어 있는 음료들은 이미 나온 치아뿐 아니라 앞으로 나올 치아도 상하게 할 수 있다. 이로 인해 앞니도 일찍 빠질 수 있다. 그 결과, 음식을 적절히 씹을 수 없게 되고 영구치가 촘촘히 나게 된다. 이를 예방하기 위해 젖병을 입에 물고 잠자리에 들지 않도록 주의해야 한다.

## 3. 이 유

### 1) 이유의 필요성

이유란 유즙 영양(모유, 조제유)이 일반 식사를 통한 영양으로 대치되어 가는 점진적 과정이다. 즉, 유즙으로만 영양을 섭취하던 영아에게 반고형식을 주기 시작해서 그 경도와 양, 종류를 증가시키면서 고형식의 섭취로 옮겨 가는 식생활의 변화를 의미한다.

이유의 필요성은 첫째, 성장과 발달에 필요한 영양소를 얻기 위함이다. 모유나 조제유는 일정한 시기까지는 적절한 영양원이지만 생후 4~6개월부터는 아기에게 필요한 영양 요구량을 만족시킬 수 없다. 급속한 신체 발달로 영아의 영양 요구량은 많아지는 데 비해 모유의 영양소는 감소되어 열량, 단백질, 철분, 비타민 등의 함량이 감소되고 수분은 많아진다. 둘째, 음식을 빠는 것으로부터 씹는 것으로 자연스럽게 성인과 같은 형태의 식생활로 발달시키고자 함이다. 셋째, 새로운 맛과 질감의 음식을 경험시키기 위해서다. 넷째, 컵이나 식기 사용 기술과 같은 새로운 기술을 익히도록 하기 위함이다.

## 2) 이유의 시기

이유는 대개 생후 4개월에서 6개월 사이에 시작한다. 모유든 조제유든 적정량을 섭취하면 적어도 4~6개월까지는 영아에게 필요한 대부분의 영양소를 충족시킬 수 있다. 따라서 이때까지는 고형식을 필요로 하지 않는다. 이 시기까지 영아의 소화 기능은 완전하지 않으며 혼자 먹고 삼키는 데 필요한 신경 근육 기술이 아직 잘 발달되어 있지 않다.

세계보건기구(WHO)와 국제아동구호기금(UNICEF)에서는 이유의 시작 시기로 아기의 체중이 출생 시 체중의 2배가 될 때를 제시하고 있다. 고형식을 제공하는 시기를 정하는 기준은 크게 두 가지다.

### (1) 발달적 준비도

4개월 정도 되면 영아는 음식을 입 뒤로 옮겨서 삼킬 수 있는 능력이 생긴다. 이 시기가 되면 씹을 수 있고 받쳐 주면 앉을 수 있으며 숟가락을 집으려고 몸을 기울일 수 있다. 생후 4~5개월 된 영아는 음식이든 다른 물체든 만지고 잡고, 맛보는 데 흥미를 갖는다. 또한 그만 먹고 싶을 때는 고개를 돌려 먹고 싶지 않다는 표현을 할 수 있다.

### (2) 생리적 준비도

생후 4~6개월 된 영아는 복합 탄수화물, 유단백질 외의 단백질을 소화할 수 있는 효소를 생성하기 시작한다. 또한 유치가 나기 시작한다. 이는 곡류로 만든 이유식이나 야채와 과일을 익혀 체에 거른 반유동식을 섭취할 수 있음을 의미하는 것이다. 6개월이 되면 영아의 신장은 육류와 같이 고단백 식품으로부터 생성되는 니트로겐을 함유한 찌꺼기를 처리할 수 있게 된다.

## 3) 이유의 방법

### (1) 이유식 제공 방법

이유식을 제공할 때는 다음의 지침을 따른다(문수재 등, 1997; 정연강, 조정순,

2003; Kendrick et al., 1991).

① 영아의 건강이 양호할 때 시작한다.
② 이유 시작 1개월 전부터 수유 간격을 규칙적으로 만들어 놓는다.
③ 생후 3~4개월에는 준비 단계로 간단히 미음, 야채즙이나 과즙 등의 액체를 한두 가지 시도해 본다(표 4-5 참조).
④ 이유 초기에는 수분이 많고 부드러운 형태의 음식을 제공한다. 곡류는 죽형태로, 과일은 삶아서 으깨거나 갈아서, 야채는 삶아서 으깨거나 즙을 내어 먹인다(표 4-4 참조). 점차 씹어 먹을 수 있는 고형식으로 변화시켜 나간다(표 4-5 참조).
⑤ 좋은 식습관 형성을 위해 다양한 음식을 소개한다. 그러나 한 번에 새로운 음식을 한 가지씩만 추가해 준다. 새로운 음식이 잘 맞는지 알아보기 위해 3~5일간의 간격으로 제공한다. 이는 새로운 음식을 받아들이지 않거나 알레르기 반응이 나타나면 속히 확인할 수 있으며 중지할 수 있기 때문이다.
⑥ 아기들은 음식의 선호 정도가 분명하며 새로운 음식을 거부하는 경향이 있다. 따라서 새로운 음식은 소량으로 천천히 소개해야 한다.
⑦ 새로운 음식은 익숙한 음식과 함께 준다.
⑧ 찻숟가락 한 술 정도로 고형식을 시작하여 점차 양을 늘린다.
⑨ 젖병에 음식을 넣어서 주지 않는다. 젖병에 넣게 되면 영아는 너무 많은 열량을 취할 수 있고, 고형식을 다루는 기술 습득이 지연된다. 음식은 숟가락에 익숙해지도록 숟가락으로 주어야 한다.
⑩ 이유 초기에는 음식의 재료들을 섞지 않고 한 가지 음식만 제공한다. 영아가 서로 다른 맛과 질감을 인식할 수 있어야 하기 때문이다.
⑪ 조미료나 양념류를 사용하지 않도록 한다. 양념은 영아의 연약한 소화 기관을 자극하여 소화 장애를 유발할 수 있으며 신장에 부담이 된다. 또한 식품 자체에 대한 미각 발달에 장애를 주기 때문이다.
⑫ 숟가락으로 음식을 잘 먹을 수 있을 때까지는 젖을 줄이지 않는다.
⑬ 젖을 주기 전에 이유식을 먹이는데, 이것은 영아들이 배가 고플 때 이유식을 먹이기 용이하기 때문이다.

⑭ 이유식을 먹는 시간이 편안하고 즐거워야 한다. 먹이는 동안 영아를 쳐다보고 미소를 지어 주고 말을 건넨다. 영아가 음식을 거절하면 실랑이를 하거나 강요하지 않는다. 억지로 먹이면 심각한 섭식 문제를 초래할 수 있다. 편안한 분위기를 마련하고 아기가 자신의 속도대로 먹도록 해야 한다.

⑮ 스스로 먹도록 격려한다. 이때 삼키기 쉬운 크기로 음식을 조각내 주고 잘 지켜본다. 음식 조각을 집어먹음으로써 손과 눈의 협응능력이 발달하며 음식 섭취를 스스로 조정하는 것을 학습할 수 있다.

⑯ 이유식은 체온과 유사한 온도로 중탕하여 먹인다.

**표 4-4** 이유 초기의 이유식 진행 방법

• 한 숟가락은 5g 정도임. 1일 1회 수유 전에 먹인다.

| 날짜별 | 1일째 | 2일째 | 3일째 | 4일째 | 5일째 | 6일째 | 7일째 | 8일째 | 9일째 | 10일째 | 11일째 | 12일째 | 13일째 | 14일째 | 15일째 | 16~30일째 |
|---|---|---|---|---|---|---|---|---|---|---|---|---|---|---|---|---|
| 곡류 | (처음에는 쌀죽) | | | | | | | | 먹는 데 따라 늘려 간다(5~30cc). | | | | | | | |
| 야채류 | | | | | | | | | | | 먹는 데 따라 늘려 간다(5~20cc). | | | | | |
| 단백질류 | | | | | | | | | | | (완숙한 계란 노른자를 물에 풀어서) | | | | | 1/4~1/2개 |
| 참고 | 한 숟가락의 양(5cc)을 몇 회로 나누어 혀 가운데에 얹어 준다. | | | '아' 하고 입을 벌리고 엄마도 함께 음식을 삼키는 흉내를 낸다. | | 순조로우면 세 숟가락으로 늘려 본다. | | 쌀죽과 같은 곡류에 익숙해지면 야채를 첨가해 먹여본다. | 억지로 주지 말고 아기가 원하는 양을 주고 상태를 본다. | | 곡류, 야채류가 순조롭게 진행되면 단백질도 추가해 먹여 본다. | | | 순조로우면 양을 조금씩 늘려 가며 먹는데 익숙해지도록 한다. | | 때로는 먹는 양이 다른데, 좋아하며 잘 먹는 것 같으면 계속 진행시킨다. |

• 출처: 보건복지부 · 한국보건사회연구원(2000). 우리 가족 행복 지킴이 : 건강소백과, p. 149.

### (2) 이유식의 내용

발달에 따라 이유식의 내용은 다음과 같이 변화한다(표 4-5 참조).

① 처음에는 이유식 철분이 함유된 단일 곡물로 미음을 만들어 먹인다. 특히 쌀이 좋은데, 알레르기를 유발하지 않기 때문이다. 시판되는 이유식을 이용할 경우, 단일 재료로 된 것을 선택하여 숟가락으로 먹인다.

② 곡물식 다음에는 과일, 야채 순으로 제공한다. 생후 5~6개월경의 영아에게

는 복숭아, 배, 사과 등을 부드럽게 조리한 것이나 호박, 당근 등의 황색 야채를 체에 걸러 줄 수 있다. 밀가루 제품은 알레르기를 유발할 수 있으므로 생후 7개월 이후에 제공한다.

③ 달걀은 최소한 10개월 이후까지는 달걀 알레르기의 발생을 촉진시킬 수 있으므로 한 주에 두세 개 이상 주지 않도록 하고, 특히 흰자는 생후 1년까지 주지 않도록 한다. 소시지나 햄은 식품첨가물과 염분이 많이 들어 있어 이유식으로는 적합하지 않다.

④ 생후 8~10개월에는 혼자 먹도록 격려하기 위해 치즈 조각, 과일 조각 등 손가락으로 먹을 수 있는 식품을 준다. 모든 음식들은 아기가 잇몸으로도 씹기 쉬운 것이어야 하고 한번에 삼킬 수 있을 정도로 작아야 한다. 8~9개월 된 영아는 약 6mm 크기의 씹기 쉽거나 삼키기 좋은 음식을 먹을 수 있다.

⑤ 이유식과 우유를 섞어 먹이지 않도록 한다. 미각의 발달을 저해하거나 씹는 습관의 발달에 저해가 되기 때문이다.

⑥ 주스는 물과 1 : 1로 묽게 희석하여 주거나 영아용 주스를 먹이도록 한다. 희석되지 않은 과일 주스를 많이 마시면 설사를 일으킬 수 있다. 6개월 이후에는 컵으로 음료를 제공한다.

⑦ 식사와 식사 사이에 물을 준다. 이는 수분 섭취뿐 아니라 물에 익숙해지도록 하기 위함이다.

⑧ 영아는 1세 정도가 되면 대부분의 일반식을 먹을 수 있어야 한다.

유아교육기관에서 영아에게 이유식을 먹일 때는 가정에서의 방법과 일관된 계획을 세워야 한다. 영아의 발달 수준, 성장, 특별한 보충식에 대한 요구에 근거해서 먹인다.

영아가 받아들이는 음식과 거부하는 음식을 기록하게 되면 다양한 음식을 제공하는 데 도움이 된다. 또한 섭식 기술, 식사시간 동안의 상호작용, 섭식과 관련한 어려움에 대한 기록이 섭식과 관련한 유아의 진전 상황을 밝히는 데 도움이 된다. 기록에는 먹은 음식의 종류와 양, 먹은 시간에 대한 정보, 배변, 투약, 활동, 기타 부모에게 전달할 필요가 있는 정보를 포함할 수 있다. 영아의 섭식 행동에 대한 정보는 영양 문제가 발생하여 진단이 필요할 때 중요한 정보가 된다.

표 4-5 월령별 이유식의 진행 방법

| 이유기 구분 | 이유식 횟수 | 이유식 식단 | | | | |
|---|---|---|---|---|---|---|
| | | 곡류 및 탄수화물 | 야채 | 과일 | 달걀 | 고기 · 생선 · 콩제품 |
| 이유 준비기: 생후 3~4개월 | | | 50ml 야채즙 | 50ml 과즙 | | |
| 이유 전기: 생후 5~6개월 | 1~2 | 30~40g 묽은 죽 | 10~20g 야채즙 | 50~70ml 과즙 | 1/4~1/2개 노른자 | 고기, 생선 5~10g 콩제품 10~20g |
| 이유 중기: 생후 7~8개월 | 2 | 50~100g 죽 찐 감자 부드러운 빵 | 20~30g 삶은 당근 샐러드 미역죽 | 80g 과일 으깬 것, 바나나 죽 | 1/2~2/3개 통달걀 | 고기, 생선 15~25g 콩제품 25~50g 닭죽, 쇠고기죽, 생선죽, 연두부죽 |
| 이유 후기: 생후 9~10개월 | 3 | 100g 된 죽 | 30~40g 야채죽 호박죽 샐러드 | 80~90g 생과일 간 것 | 2/3~1개 통달걀 | 고기, 생선 25~30g 콩제품 50g, 두부찜, 닭죽 |
| 이유 완료기: 생후 1년 전후 | 3 | 100g 진밥 | 40g 그대로 삶은 것 백김치 | 100g 생과일을 먹기 좋게 얇게 저미거나 약간 굵게 긁어서 줌 | 1개 통달걀 | 고기, 생선 30g 콩제품 50~70g 생선죽, 닭죽 |

• 출처: 정연강, 조정순(2003), p. 205.

### (3) 젖병 떼기

고형식을 먹기 시작하면 컵으로 우유와 주스를 마시도록 할 수 있다. 그러나 영아가 컵으로 마시는 데 관심과 능력을 나타내는 연령은 5개월에서 18개월에 이르기까지 개인차가 크다.

어떤 영아는 컵을 쉽게 받아들이는데 어떤 영아는 젖병을 떼기가 아주 어렵다.

특히 잘 때는 더욱 그렇다. 젖병을 떼도록 하기 위해 컵의 사용을 강요하지 않으며, 이유 중에는 차분하고 편안한 태도를 유지한다. 하루에 한 번 정도 컵을 사용하도록 격려하고 점진적으로 젖병을 포기할 때까지 늘리도록 한다.

## 2절 걸음마기(18개월~2.5/3세)

### 1. 걸음마기 유아의 특성

걸음마기는 자신의 독립을 주장하는 시기이자 제한을 필요로 하는 시기다. 이동능력이 증가하고 활동에의 욕구가 증가함에 따라 환경이 주는 위험을 알아야 하고 보호받아야 한다.

어머니가 직업을 가진 경우, 유아는 하루 중 상당한 시간을 가정 밖에서 지내게 된다. 이로 인해 가정에서와 다른 사회적 경험을 하게 된다.

걸음마기가 시작되면 이유는 대개 이루어져 있으며 우유 섭취는 고형식에 비해 줄어드는데, 성장속도가 느려져서 먹는 양이 줄어들기 때문이다.

이 시기의 유아는 요구가 많고 활동적이다. 자신과 주변을 탐색하고 통제할 수 있게 됨에 따라 성취감을 느끼게 되고 보다 독립적이 된다(표 4-6 참조).

걸음마기는 성장률이 영아기에 비해 떨어지지만 여전히 높은 영양을 필요로 한다. 영아는 원할 때마다 주는 것이 가장 좋으나, 걸음마기 유아는 어느 정도 규칙적으로 음식을 섭취하는 것이 필요하다.

걸음마기 유아는 호기심이 많은 한편 새로운 것에 대한 두려움도 크다. 이는 다양한 음식을 섭취하는 데 방해가 될 수 있다. 그러나 이러한 특성을 인식한다면 성인은 걸음마기 유아에게 새로운 음식을 소개할 때 보다 인내심을 갖고 현명하게 대처할 수 있다.

걸음마기 유아들이 텔레비전을 보기 시작하면서 이것이 음식에 대한 반응을 포함한 일상 행동과 영양에 영향을 미치게 된다. 텔레비전 시청시간은 신체 활동시간을 단축시킨다. 이로 인해 비만 문제가 발생할 수 있으며 또한 광고로 인해 음식의 선호에 영향을 받게 되어 광고에 나오는, 설탕과 칼로리의 함량이 높은 식품에 대한 선호도가 생길 수 있다.

성인의 역할은 다양하고 영양이 풍부한 음식을 제공하고, 다양한 식품 섭취의 모범을 보여 주어 유아가 음식 섭취에 대해 긍정적 태도를 형성하도록 돕는 것이다. 걸음마기 유아에게는 영양이 풍부한 음식 중에서 받아들일 수 있는 한계 내에서 선택을 하도록 하는 것이 중요하다. 다양한 음식 중에서 선택하도록 유아를 격려함으로써 유아의 자율성과 독립성을 조장할 수 있다. 또한 음식을 소량, 자주 주는 방법을 사용하는 것은 이 시기 유아의 특성을 존중하는 섭식 방법이 될 수 있다.

**표 4-6** 걸음마기 유아의 섭식 행동

| 연령 | 행동 |
|---|---|
| 18개월 | • 식욕이 감퇴한다.<br>• 숟가락을 들어올릴 때 팔꿈치를 움직일 수 있다.<br>• 음식에 대한 거부와 선호의 변동이 심하다<br>• 스스로 먹을 수 있는 능력이 증진된다. |
| 2세 | • 음식에 대한 선호가 확고하다<br>• 섞이지 않은 음식을 선호한다<br>• 손가락으로 음식을 집을 수 있다.<br>• 손가락으로 컵을 잡을 수 있다.<br>• 혼자 먹는 것이 용이해진다. |

## 2. 걸음마기 유아의 식생활

### 1) 식생활 특성

걸음마기에는 성장률이 영아기보다 훨씬 느려지며 식욕은 불규칙하다. 건강한 유아라도 칼로리 섭취가 매일 매일 아주 다를 수 있으며 개인차도 크다. 유아의 활동량에 따라 조금씩 변동이 있을 수 있으므로 매일 일정한 열량과 영양을 섭취해야 하는 것은 아니다. 그러나 주간 단위로 영양적으로 균형 잡힌 식사를 해야 한다.

유아의 성장 상태를 같은 연령의 정상아의 성장곡선과 자주 비교함으로써 유아가 섭취하는 음식의 적절성을 점검할 수 있다.

너무 많은 양의 음식이 앞에 있으면 유아는 압도되어 먹으려는 시도조차 안 할 수 있다. 우유 및 유제품을 제외한 음식의 양은 성인의 양의 1/4 정도가 적당하다(Marotz et al., 2005). 걸음마기 유아들이 먹을 수 있다고 생각하는 양보다 적게 주는 것이 좋으며 모자라면 더 달라고 하도록 한다. 이런 식으로 하면 걸음마기 유아들은 음식의 양 때문에 압도되지 않으면서, 모자라면 더 달라고 함으로써 독립성을 표현할 수 있다.

걸음마기 유아는 때로 음식을 전혀 먹지 않으려 할 수 있다. 이유는 독립성을 주장하기 위한 것에서부터 단순한 피로로 인한 것에 이르기까지 다양하다. 이를 지나치게 걱정할 필요가 없다. 건강한 유아라면 어쩌다 식사를 거르는 것은 별 지장이 없다. 부모가 지나치게 반응하면 유아는 음식을 거부함으로써 쉽게 부모를 통제할 수 있다는 것을 알게 된다.

음식 섭취 사이의 시간 간격이 적절하고, 유아가 지나치게 피곤해하지 않으며 편안한 분위기라면 대부분의 유아는 잘 먹을 수 있다. 식사 전에 조용히 이야기를 들려 주면 유아와 성인 모두에게 보다 즐거운 식사시간이 될 수 있다.

걸음마기 유아는 영양적 요구는 크지만 위의 크기가 작아 한번에 충분한 양을 먹지 못하므로 식사 외에도 음식을 섭취하여야 한다. 아침, 오전간식, 점심, 오후간식, 저녁 그리고 필요하면 취침 전 소량의 간식이 바람직한 섭식 패턴이다. 간식은 식사와 마찬가지로 다섯 개 기초식품군으로부터 선정하여 일일 총 섭취량의 일부로서 계획되어야 한다. 걸음마기 유아에게 적절한 간식의 예는 과일 주스, 야채와 과일, 정제되지 않은 곡류로 만든 크래커나 빵, 치즈, 단맛이 약간 나는 푸딩 등이다.

### 2) 걸음마기 유아의 식습관 형성을 돕기 위한 방법

전형적인 걸음마기 유아의 식사량은 아침은 많이 먹고, 점심은 중간 정도, 저녁은 소량 먹거나 먹지 않는 것이다. 이는 사람들의 일반적인 식사 패턴과는 대조적인 것이다. 걸음마기 유아에게 필요한 영양소는 아침, 점심 식사를 통해 섭취가 되고 있으므로 이 두 식사 때에 필요한 영양소를 공급하는 계획을 세울 수 있다.

유아에게 음식을 만지고 냄새 맡고 탐색하도록 허용한다면 그 음식을 먹을 가능성이 더 높아진다. 무엇보다 음식에 대한 긍정적 태도를 기르는 것이 중요하다. 식사시간은 질감과 색, 냄새로 다양한 자극을 주도록 해야 맛보기와 실험을 조장할 수 있다.

새로운 음식을 소개하는 시간은 음식의 색, 맛, 질감, 향기, 영양적 가치를 이야기하는 가치 있는 경험이 되어야 한다. 먹는 것은 절대로 강요하지 말아야 한다.

음료의 섭취 또한 중요하다. 물은 훌륭한 기본적 음료다. 과일 주스는 비타민 C가 풍부하게 들어 있긴 하지만 과도하게 마시지 않도록 유의한다. 주스에는 설탕이 많이 들어 있는데 유아가 그 맛에 익숙해지면 물은 안 먹게 되며, 모든 음료는 향과 단맛이 있어야 한다고 생각할 수 있다.

즐겁고 편안한 환경은 음식에 대한 긍정적 태도를 발달시키는 데 도움이 된다. 유아의 팔꿈치 또는 팔꿈치보다 조금 낮은 위치의 식탁이나 상을 마련해 줌으로써 편안하게 먹을 수 있도록 할 수 있다. 적절한 크기의 상 또는 식탁과 의자에 앉아 있으면 스스로 먹는 것을 더 쉽게 학습할 수 있다.

식기도 유아의 크기와 능력에 맞으며 깨지지 않는 것을 사용한다. 2~3개의 칸으로 나뉘어 있고 높이가 있는 그릇을 사용하면 음식이 밖으로 튀어나오지 않아 걸음마기 유아의 좌절을 줄일 수 있다. 컵은 120~180ml 정도를 담을 수 있는, 바닥이 넓은 것이 유아가 집기에 편하며 엎지를 염려도 없다(Marotz et al., 2005).

걸음마기 유아의 건강한 식습관 형성을 위한 제안은 다음과 같다.

① 음식을 먹기 좋게 준비해 준다.
- 한 입 크기의 음식을 준다.
- 한 입 크기로 썬 음식을 스스로 먹게 하는 것은 눈과 손의 협응을 돕고 유아로 하여금 자신의 섭식을 통제할 수 있는 기회를 제공한다.
- 음식의 온도는 상온이 적절하다.

② 간단한 한 가지 음식을 제공한다. 걸음마기 유아는 대부분 음식을 섞어 주면 싫어한다.

③ 다양한 음식을 제공하되 각 음식에 익숙해지도록 자주 준다.
④ 식기의 사용을 권하되 손으로 먹는 것도 허용한다. 손으로 음식을 먹는 것은 혼자 먹는 능력을 향상시키는 데 도움이 된다.
⑤ 적어도 식사하기 1시간 전에는 간식을 주지 말아야 식욕을 떨어뜨리지 않는다.
⑥ 식사와 수면 계획을 세워 유아가 식사시간에 깨어 기민한 상태로 있게 한다.
⑦ 식사시간은 즐거운 시간이 되어야 한다. 식사 중 야단을 치거나 잔소리는 금물이다.
⑧ 상 또는 식탁과 의자, 식기류는 유아의 신체 크기와 능력에 맞는 것을 제공한다.
⑨ 음식을 유아의 행동에 대한 상이나 벌로 이용하지 말아야 한다.

### 3) 식사의 평가

적절한 식사 여부를 평가하는 데 어려운 점은 제공된 음식과 실제 섭취한 음식 사이에 차이가 있다는 것이다. 이는 유아가 음식을 먹기보다는 갖고 노는 데 더 흥미를 가질 수 있는 시기인 걸음마기에는 특히 그러하다. 〈표 4-7〉과 같은 양식은 정확한 기록을 가능하게 하며 3~4일 정도의 기록 자료는 유아의 음식 섭취에 대한 이해를 가능하게 한다.

**표 4-7** 식사 일지

이름 ________ 날짜 ________

| 시간 | 음식 | 양 | 조리 방법 |
|---|---|---|---|
| | | | |
| | | | |
| | | | |
| | | | |
| | | | |

식사 일지를 기록하는 데 필요한 지침은 다음과 같다.

- 음식을 먹은 직후 유아가 먹은 음식과 음료를 모두 기록한다.
- 음식의 양을 계량컵과 계량 숟가락을 사용하여 측정한다.
- 조리 방법을 기록한다(예: 계란 반숙, 삶아서 으깬 감자).
- 첨가물, 양념이 있으면 기록한다.
- 식사 사이에 먹은 모든 음식도 기록한다.

# 3절 유아기(3~5/6세)

## 1. 유아의 특성

이 시기에는 많은 유아들이 유아교육기관에 다니며, 적어도 하루 한 끼 이상의 식사나 간식을 가정 밖에서 먹게 된다. 따라서 유아교육기관은 가정과 더불어 기본 영양소를 섭취할 수 있는 적절한 식사를 제공하고 바람직한 식습관 형성을 도모할 책임을 진다.

부모는 가정 밖에서 자녀가 먹는 음식에 관해 정기적으로 점검하여야 한다. 집단 환경에서 유아는 섭식 기술과 음식에 대한 기호를 교사와 다른 유아로부터 학습할 수 있다.

걸음마기 유아에 비해 이 시기의 유아는 지도하기가 보다 용이하다. 여전히 독립성을 주장하기는 하지만 보다 적절한 방식으로 자율성을 표현한다. 보다 사회적이 되어 부모와 교사는 물론 또래로부터 인정받고 싶어 한다. 유아기에는 걸음마기보다 조직적인 생활을 원한다.

유아는 사회적이 되어 가고는 있지만 동시에 자아가 확립되는 과정에 있다. 이러한 변화들이 음식과 섭식에 대한 반응에 반영된다. 연령이 높아질수록 음식을 기꺼이 먹으려 하지만 음식 기호가 보다 확고해진다.

유아기에는 성장률이 빨라지다가 몸무게만 주로 늘어나고 키는 별로 자라지 않는 시기가 온다. 식욕은 성장률이 빠를 때 증가하다가 성장률이 느려질 때는 다시 감퇴된다. 그러나 성인들은 식욕이 감퇴되는 시기를 지나치게 염려할 필요는 없다. 이러한 염려는 오히려 특정 음식에 부정적인 태도를 갖게 하여 장기적인 섭식 문제를 초래할 수 있다.

유아기에는 음식과 식생활에 대한 태도가 형성되며 이때 형성된 태도는 성인기까지 지속된다. 바람직한 식사 행동에 대한 규칙은 일관성이 있어야 하지만 융통성을 지녀서 성인과 유아가 스트레스를 받을 만한 상황에서도 상호 갈등 없이 해결할 수 있도록 해야 한다.

어린 유아는 아직 식기 사용이 쉽지는 않다. 좀 더 큰 유아는 수저 사용을 능숙하게 할 수 있다. 그러나 아직도 크고 무거운 용기에 든 물이나 우유를 따르는 데에는 도움이 필요하다.

유아는 성인을 도와서 식사를 준비하는 것을 즐기며 간단한 요리를 할 수 있다. 따라서 음식의 준비와 정리에 유아를 참여시키도록 한다.

## 2. 유아의 식생활

### 1) 식품 기호

유아기에는 음식에 대한 선호가 강하게 나타나기 시작한다. 이러한 행동은 음식의 맛과 질감에 대한 신체적 반응능력이 증진되고, 자신의 견해를 표현함으로써 환경의 통제가 가능하다는 인식에서 나온 것이다. 어린 유아들은 채소, 섞은 음식과 육류의 간을 싫어하고 좀 더 큰 유아들은 새로운 음식을 거부하는 경향이 있다. 유아들이 선호하는 음식은 고기, 곡류, 구운 음식, 과일, 사탕 등이다. 좋아하는 음식의 온도는 미지근한 것이다. 뜨겁거나 차가운 음식은 유아들이 먹지 않거나 먹기 좋은 온도가 될 때까지 갖고 놀기도 한다. 음식을 준비하는 데 유아를 참여시키면 먹는 것에 대한 관심을 증진시킬 수 있다.

**새로운 음식의 소개**

- 새로운 음식은 한 번에 한 가지만 주도록 한다.
- 새로운 음식은 익숙한 음식과 함께 주도록 한다.
- 새로운 음식은 소량만 주도록 한다.
- 새로운 음식은 유아가 배고플 때 주도록 한다.
- 새로운 음식의 맛, 색, 질감에 대해 이야기한다.
- 성인이 새로운 음식을 즐겨 먹는 시범을 보여 준다.
- 새로운 음식을 먹도록 격려하되, 유아가 먹기를 거부하면 이를 수용하고 후에 다시 주도록 한다.
- 유아가 왜 거부하는지 확인한다. 대개 다른 방식으로 조리하면 받아들이는 경우가 많다.

▷출처: Robertson (2002), p. 54.

### 2) 식품의 양과 내용

걸음마기 유아와 마찬가지로 고르게 영양소를 섭취하도록 계획한다. 걸음마기 유아와의 차이는 양에 있다.

유아에게 음식을 줄 때에도 걸음마기 유아와 마찬가지로 성인이 생각하는 양보다 약간 적게 주고, 모자라면 더 요구하도록 한다. 유아는 또한 음식의 외양에 신경을 쓰므로 다양한 색과 형태, 질감의 음식을 제공하도록 유의한다.

식사 시 고려할 점도 걸음마기 유아의 경우와 같다. 유아는 여전히 식기를 사용하는 데 어려움을 겪는다. 고의로 어지럽힌 것이 아니라면 성인이 너그럽게 반응해 주는 것이 중요하다.

**어린이를 위한 식생활 실천 지침**

1. 영유아기

1) 생후 6개월까지는 반드시 모유를 먹이자.

- 생후 1년까지는 모유를 먹이는 것이 좋습니다.
- 모유를 먹일 수 없는 경우에만 조제유를 먹입니다.

- 조제유는 정해진 양을 물에 타서 안고 먹입니다.
- 잠잘 때는 젖병을 물리지 않습니다.

2) 이유식은 성장 단계에 맞추어 먹이자.
- 집에서 만든 이유식을 먹입니다.
- 신선한 재료를 위생적으로 조리합니다.
- 이유식은 간을 하지 않고 조리합니다.
- 이유식은 숟가락으로 떠먹입니다.

3) 곡류, 과일, 채소, 생선, 고기 등 다양한 식품을 먹이자.
- 다양한 조리법으로 만들어 먹입니다.
- 싱겁고 담백하게 조리합니다.
- 안전한 식품을 사용합니다.

2. 아동기

1) 채소, 과일, 우유 제품을 매일 먹자.
- 여러 가지 채소를 매끼 먹습니다.
- 우유를 매일 2컵 이상 마십니다.

2) 고기, 생선, 달걀, 콩 제품을 골고루 먹자.
- 고기, 생선이나 달걀을 매일 먹습니다.
- 콩이나 두부를 매일 먹습니다.

3) 매일 밖에서 운동하고, 알맞게 먹자.
- 매일 걷기, 줄넘기, 뛰어놀기 등의 운동을 합니다.
- 나이에 맞는 키와 몸무게를 압니다.

4) 아침을 꼭 먹자.
- 하루에 두 끼 이상을 밥으로 먹습니다.
- 좋아하는 반찬만 골라 먹지 않습니다.

5) 간식은 영양소가 풍부한 식품으로 먹자.
- 간식으로는 과일과 우유가 좋습니다.
- 과자나 음료수, 패스트푸드를 적게 먹습니다.
- 불량식품을 먹지 않습니다.

6) 음식을 낭비하지 말자.
- 음식은 먹을 만큼 덜어서 먹고, 남기지 않습니다.

7) 식사예절을 지키자.
- 음식을 먹기 전에 손을 씻습니다.
- 제자리에 앉아서 바른 자세로 먹습니다.

▷출처: 한국보건산업진흥원(2004). 영유아를 위한 식생활 실천 지침. 보건복지부.
한국보건산업진흥원(2004). 어린이를 위한 식생활 실천 지침. 보건복지부.

# 4절 섭식과 관련된 문제들

## 1. 비 만

표준 체중에서 10%를 초과하면 과체중, 20% 이상을 초과하면 비만으로 간주된다. 30~50%를 초과하면 중증도 비만, 50%를 초과하면 고도비만이다.* 비만은 유전적 요인, 과식, 편식, 부족한 활동량, 사회 · 정서적 요인 등이 복합적으로 작용하는 문제다. 그리고 갑상선 기능 저하증이나 성장 호르몬 결핍증과 같은 내분

**소아 비만의 문제**

1. 성인 비만이 될 가능성이 높다.
   신생아 및 영아기에 발생한 비만의 경우는 주로 지방 세포수가 증가하고 이후 사춘기까지는 주로 세포의 크기가 커지므로 세포수가 증가하는 시기에 발생한 소아 비만이 성인 비만으로 쉽게 이행된다. 소아 비만이 가장 많이 나타나는 연령은 1세 미만의 영아기, 5~6세 그리고 사춘기다. 영아의 비만은 대부분 돌이 되면서 보통의 체형이 되며 2세까지는 약간 비만하더라도 활발하게 움직이고 잘 놀며, 차차 비만의 경향이 없어지면 걱정할 필요는 없다.
2. 고혈압, 고지혈증, 지방간, 동맥경화, 관절염, 당뇨병 등의 성인병이 조기에 발병되며 관절 등에 문제를 일으킬 수 있다.
3. 심리적, 정서적 문제를 유발한다. 체형의 변화와 운동능력 저하에 따른 열등감으로 인해 내향적이고 소극적이며 비활동적인 성격을 형성하게 되어 불안감에 따른 심신증과 등교거부 등의 문제를 일으키기도 한다. 반대로 비만이면서도 더 사교적이고 적극적이며 낙천적인 성격을 가지고 있는 경우도 있는데 이는 심리적 고통을 감추려는 반응의 하나로 분석기도 한다.

▷출처: 대한영양사협회(www.dietitian.or.kr).

---

$$* \text{ 비만도} = \frac{\text{실제 체중} - \text{신장별 표준체중}}{\text{신장별 표준체중}} \times 100\%$$

비 질환도 요인이 된다. 비만으로 인한 문제는 다양하다. 건강한 식생활과 활동 습관을 갖도록 하는 것이 비만 방지의 핵심 목표다.

### 1) 영아기

영아기 비만은 유아기와 성인기의 비만으로 이어질 수 있다. 따라서 비만의 예방은 영아기부터 시작해야 한다. 영아기 비만은 인공영양 시 과식을 하거나, 이유식을 너무 빨리 제공했을 때 초래될 수 있다. 따라서 수유 시에 영아가 나타내는 포만의 신호를 알아채는 것이 중요하다. 인공영양아들이 먹는 양은 부모나 교사가 젖병을 통해 눈으로 볼 수 있으므로 성인이 타 놓은 양을 다 먹이는 경우가 흔하다. 그렇게 되면 성인은 영아가 보내는 포만 신호를 간과할 수 있다. 이러한 신호를 성인이 계속해서 무시하게 되면 영아는 신호를 나타내지 않게 된다고 한다. 그만 먹여야 될 시점을 알기 위해 수유 중간에 잠시 멈추어 영아로 하여금 자신의 포만 여부를 점검해서 다시 젖병을 물렸을 때 적절히 반응할 수 있는 기회를 제공한다. 또는 잠시 아기와 놀아 준다. 이를 통해 영아가 배가 고파 계속 먹는 것인지 아니면 관심을 얻기 위해 먹는 것인지 알 수 있다(Marotz et al., 2005).

### 2) 유아기

걸음마기와 유아기 어린이는 대개 음식으로 관심을 끌려는 경우가 아닌 한 충분히 먹었다고 생각하면 그만 먹는다. 음식을 보상이나 달래기 위한 수단으로 이용하는 것, 먹기를 강요하는 것, 양을 너무 많이 주는 것, 그릇을 깨끗이 비우도록 요구하는 것 등이 비만을 가져올 수 있다. 신체 활동은 정상체중을 유지하는 데 중요하다. 비만을 초래하는 것은 열량 섭취의 과잉보다는 활동 부족인 경우가 흔히 있다. 부모 중 한 명 또는 양쪽 부모가 다 비만인 유아는 유아기에 음식을 현명하게 선택할 수 있는 능력을 길러야 한다.

유아를 위한 체중 관리는 더 이상의 체중 증가를 제한하는 것이다. 실질적인 체중 감소는 바람직하지 않다. 유아들은 성장하기 위해 적절한 영양과 열량이 필요하기 때문이다.

**유아의 비만을 예방, 관리하는 방법**

- 신체 활동을 하도록 격려한다.
- 고열량식을 제한한다.
- 과일 주스, 초코 우유와 같이 단 음료를 지나치게 많이 마시지 않도록 한다. 적절한 양의 우유를 마신 다음 목이 마를 때는 물을 마시도록 한다.
- 2세 이상된 유아에게는 저지방유나 탈지유를 먹일 수 있다.
- 작은 그릇에 음식을 담는다.
- 식이섬유가 많이 함유된 과일과 채소를 먹인다.
- 일정한 식사시간에 적은 양의 음식을 먹도록 한다. 세 끼의 식사와 두 번의 간식의 양과 영양소의 균형을 미리 계획한다.
- 음식을 벌이나 보상, 달래기 위한 수단으로 이용하지 않는다. 음식이 아닌 보상을 제공한다. 생일, 명절, 기타 특별한 날에 특별식보다는 활동에 초점을 두고 기념하는 방법을 계획한다.
- 음식에 의지하지 않고 감정이나 스트레스를 다룰 수 있도록 유아를 돕는다.
- 성인의 식습관과 태도가 유아에게 영향을 미친다는 것을 염두에 두고 성인이 적절한 식생활습관의 모범을 보인다.

▷출처: Aronsan (2002), p. 56.

과식으로 인한 비만아에게는 보다 적은 양의 음식을 미리 잘게 나누어 제공하여 양의 통제력을 기르도록 하고, 신체 활동을 늘리며 지방과 설탕이 든 음식 섭취를 줄인다. 식사 전에 유아의 활동을 증진시킴으로써 식욕을 떨어뜨릴 수도 있다.

## 2. 성장부진

어떤 유아들은 적절하게 성장하지 못해 연령에 비해 작거나 키에 비해 여위어 있다. 이런 유아들은 쉽게 피로해지고 주의가 산만하며 먹는 데 관심이 없고 영양 부족일 수 있다. 이러한 증상을 성장부진증(Failure-to-Thrive: FTT)이라 하는데 이는 의료적 문제, 영양 부족 또는 스트레스로 인한 것일 수 있다. 유아의 성장부진은 때로 학대나 방임으로 인한 것일 수도 있으므로 교사는 이를 확인해 보아야 한다.

성장부진증을 나타낼 때 교사는 다음과 같이 도움을 줄 수 있다.

- 전문적 도움을 받도록 의뢰한다.
- 영양적으로 적절한 식사를 계획할 수 있는 영양 전문가와 의논하고 가족과 유아를 지원한다.
- 필요한 조치를 취할 수 있도록 가족을 돕는다.
- 위기가 지나가도 유아를 잘 지켜본다.

## 3. 식욕의 감퇴 및 음식의 거부

영아기 후기와 걸음마기의 성장률 둔화는 단위 체중당 필요 열량의 감소를 초래하며 식욕을 떨어뜨릴 수 있다. 유아가 피곤하고 지치고 병이 있다면 식욕이 떨어진다. 또는 낯선 환경에서도 식욕은 없게 된다. 어떤 음식도 모든 영양소를 포함할 수 없기 때문에 다양한 음식을 제공해야 한다. 유아들은 대개 성인이 좋아하는 것과 같은 음식을 즐긴다.

흔히 유아들은 식습관이 아직 고정되어 있지 않다. 성장률이 떨어지는 시기이기 때문에 배고픔을 덜 느낄 수 있으며 자신의 독립성을 시험해 보는 것일 수도 있다. 유아가 며칠 이상 식욕 변화를 보인다면 이를 인식해서 부모에게 알리고 이유를 알아본다.

걸음마기와 유아기 어린이는 배가 고프지 않거나 독립성을 주장하기 위해 음식을 거부할 수 있다. 이유가 무엇이건 가장 좋은 반응은 무시하는 것이다. 영양이 풍부한 음식이 식사나 간식으로 제공되고, 대신에 부모와 교사가 영양이 덜한 음식을 유아가 요구하는 대로 주지 않는다면 유아는 결국 음식을 먹게 될 것이다. 무엇보다 지나치게 권하지 않는 것이 중요하다. 이는 식사시간을 전쟁으로 만들게 된다.

일시적으로 특정한 음식을 먹기 거부하는 것은 흔한 일이기는 하나 부모나 교사가 지나치게 걱정하면 일생 지속될 수도 있다.

## 4. 편 식

편식의 원인은 병이나 특이 체질인 경우를 제외하고는 주로 가정의 식사 환경에 기인한다. 가족의 편식, 무관심이나 사회·경제적 특성, 식사 구성, 단 음식이나 음료의 과잉섭취, 과보호 등이 원인이 된다.

유아기는 식품에 대한 기호가 형성되는 시기이므로 다양한 음식을 경험할 기회를 주도록 하여 편식을 예방한다. 가정에서 편식이 형성되었다 하더라도 유아기는 아직 식습관이 형성되는 시기이므로 가족의 협력과 교육기관에서의 집단 급식을 통해 교정할 수 있다. 유아가 안 먹으려 하는 음식을 강제로 먹이는 것은 바람직하지 않다. 대체 식품을 이용하기, 조리법을 다양하게 하기, 식기나 식사 환경을 바꾸어 주기 등을 통해 개선해 나가도록 한다.

## 5. 철분 결핍

철분은 파괴된 적혈구 세포로부터 체내에서 재생되기는 하지만 성장의 결과 증가되는 혈액량을 만들어 내기 위해 철분의 섭취가 필요하다.

영아기 후기와 유아기에 철분 결핍이 될 가능성이 높다. 철분 결핍은 빈혈을 초래하여 성장이 지체되고 집중력 저하, 조급함, 피로를 유발한다. 빈혈을 예방하기 위해서는 무엇보다 철분이 풍부하게 든 음식을 포함한 다양하고 균형 잡힌 식사를 하도록 배려한다. 생후 6개월경부터 철분 강화식을 통해 빈혈을 예방한다. 유아기에는 식사와 간식에 철분이 풍부하게 함유된 음식의 양을 늘려 준다.

간, 콩류, 쇠고기, 돼지고기, 정제되지 않은 곡식과 영양이 강화된 빵, 곡물로 만든 식품이 철분의 주요 공급원이다. 동물성 식품에 함유된 철분은 식물성 식품에 들어 있는 철분보다 흡수가 잘 된다. 또한 철분이 풍부히 들어 있는 음식은 비타민 C가 들어 있는 식품과 함께 주도록 한다. 비타민 C는 신체의 철분 이용능력을 증진한다. 우유를 너무 먹게 되면 다른 음식 섭취에 지장이 있으므로 1일 약 500~700ml로 제한하고 철이 포함된 다른 음식을 섭취하도록 한다.

## 6. 식품 알레르기와 식품에 대한 과민성

중요한 영양소가 함유된 식품을 먹지 못하거나 적절히 대사하지 못한다면 영양 부족의 위험이 있다. 영아와 유아는 소화기관과 면역체계가 아직 미숙하기 때문에 식품에 대한 알레르기와 과민성(intolerance)을 나타낼 수 있다.

식품 알레르기와 과민성은 식품에 대한 이상 반응으로 증상이 유사하다. 중요한 차이는 식품 알레르기는 면역체계에 의해 유발되는 반면에 식품에 대한 과민성은 면역체계를 포함하지 않는 이상 반응이라는 것이다. 일반적으로 알레르기가 과민성보다 심각한 결과를 초래한다(Holland, 2004).

알레르기 반응을 흔히 일으키는 음식은 우유, 호도나 피칸 등의 견과류, 땅콩, 계란, 우유, 쌀 외의 곡류, 밀, 생선, 조개, 감귤류 등이다. 유아는 초콜릿, 콩, 육류와 닭고기에도 알레르기가 있을 수 있다. 가족 중에 음식 알레르기를 가진 사람이 있으면 이유의 시기를 늦추어야 한다.

알레르기 반응은 가려움에서부터 재채기, 콧물, 부종, 저혈압, 불규칙한 심장박동, 설사, 구토, 복통, 발진, 호흡 곤란, 의식불명, 심할 경우 사망에 이르기까지 다양하다. 반응은 즉시 나타날 수도 있고 늦게 나타날 수도 있다. 증상은 유아의 연령과 섭취한 음식의 종류와 양에 따라 미약할 수도 있고 심각할 수도 있다.

식품에의 과민성은 알레르기보다 더 흔하다. 식품, 방부제로 사용되는 아황산염, 식용색소와 같은 음식첨가물에 대해 신체가 이상 반응을 나타내는 것이다. 과민성으로 인한 반응은 메스꺼움, 복통, 구토, 설사, 두통 등으로 알레르기 반응보다는 덜 치명적이다(Halland, 2004).

유당인 락토스(lactose)에의 과민성은 가장 흔한 것으로 대개 2세에서 5세 사이에 발생한다. 유당에 대한 과민 반응은 문화에 따라 달라 아시아인, 아프리카인, 미국의 흑인, 유대인, 아랍인, 북미와 남미의 인디언들에게 보다 흔하다고 한다.

방부제인 아황산염에 대한 과민성도 많이 나타난다. 천식이 있으면 이 물질에 더 취약하다. 아황산염은 과일 주스, 말린 과일, 젤라틴, 냉동감자나 즉석 식품으로 가공된 감자에 들어 있다.

유아가 특정 음식에 과민 반응이나 알레르기를 지녔다면 의사로부터 피해야 할 음식과 대체 식품, 문제가 발생했을 때의 대처 방법에 대한 처방을 받도록 한다.

유아교육기관에서는 유아의 섭식에 유의하여야 한다. 유아교육기관에서 쉽게 만들 수 있는 음식이 아닌 경우 집에서 음식을 가져오도록 한다. 한 가지 식품에 대해서만 문제가 있을 경우 쉽게 이 문제를 다룰 수 있다. 어느 경우에도 유아의 특별한 음식 문제는 반드시 유아와 관련된 모든 성인들이 알고 있어야 무의식적으로 금기 음식을 먹이는 일을 방지할 수 있다. 냉장고나 기타 눈에 잘 띄는 곳에 유아의 이름과 알레르기를 일으키는 음식과 식품 재료를 게시해 놓는다(Robertson, 2002).

알레르기 반응을 유발하는 음식은 피해야 한다. 그러나 과민 반응을 일으키는 식품은 때때로 섭취량을 줄이는 방법으로 관리할 수 있다.

특히 우유 알레르기나 과민 반응이 있는 유아의 식사는 정규적으로 평가하여야 한다. 칼슘의 필요량이 주로 유제품을 통해 충족되므로 다른 식품을 보충해 주지 않으면 적절한 칼슘을 섭취하지 못할 수 있기 때문이다. 우유 알레르기를 지닌 유아가 콩에는 이상 반응을 나타내지 않으면 유제품의 대체품으로서 두유가 대용식으로 이용될 수 있다.

우유에 과민증이 있는 유아에게도 모든 유제품, 예를 들면 아이스크림, 버터, 요구르트, 치즈, 푸딩, 크림 스프, 분유 음료, 밀크 초콜릿 등을 섭취하지 않도록 해야 한다는 주장도 있다. 그러나 우유에 과민증이 있는 유아 중 상당수는 하루에 여러 차례에 걸쳐 나누어서 섭취한다면 200ml 정도 적은 양의 우유는 섭취 가능하다는 주장도 있다. 치즈와 요구르트와 같이 발효된 유제품에는 유당의 함량이 보다 적게 들어 있어 흡수가 잘 되기 때문에 우유의 대용식으로 섭취하도록 할 수 있다는 것이다. 그러나 유아교육기관에서는 부모가 의사의 처방을 얻어 섭취 가능하다고 제시한 유제품 및 대체 음식을 확인한 후 먹이도록 유의하여야 한다.

## 7. 특정 영양소 및 식품의 과잉 섭취

### 1) 소금의 과잉 섭취

적정량 이상의 소금 섭취는 짠맛에 대한 기호를 형성할 수 있다. 고혈압은 높은 소금 섭취량과 상관이 있는 것으로 알려져 있다. 그러므로 고혈압 환자가 있는 가정의 유아들은 위험 가능성이 높다. 과자류, 인스턴트 식품을 비롯한 많은 식품에는 향을 강화하기 위하여 소금이 포함되어 있다.

짠 음식에 대한 기호는 학습되므로 싱겁게 먹는 것을 습관화해야 한다. 조리 시 소금의 양을 줄이고 소금에 절인 음식(오이지, 피클, 짠지, 칩, 짠 크래커, 소금이 가미된 견과류 등)을 제한한다. 보기보다 소금이 많이 들어간 음식, 예를 들어 소시지, 베이컨, 통조림, 냉동 식품들을 특히 제한해야 한다.

### 2) 단 음식의 과잉 섭취

음식이 두뇌 기능에 미치는 영향에 대한 자료에 따르면 탄수화물이 많이 포함된 음식은 각성 수준을 낮추고 집중력을 손상시키고 많이 먹으면 두뇌의 효율성을 떨어뜨린다. 탄수화물이 가장 많이 들어가고 열량이 높은 음식은 낮잠을 자기 전인 점심 식사로 먹여야 하고 인지적 자극을 주는 활동을 하기 전에는(아침, 오전간식, 오후간식) 가벼운 식사를 제공하도록 한다.

단백질 또는 지방을 부족하게 섭취하면 신체는 설탕을 신속히 소화한다. 그러면 곧 배가 고프게 된다. 설탕은 인슐린을 분비하게 하는데, 설탕이 가미된 음식에는 설탕으로 야기된 인슐린 분비를 이용하는 데 필요한 다른 영양소를 충분히 함유하고 있지 않는 경우가 많다. 따라서 단 음식을 먹게 되면 혈압이 급격히 올라간 다음에 혈당의 급격한 감소가 따른다.

꿀, 당밀, 정제되지 않은 설탕, 정제 설탕, 이 모든 것들에 함유된 열량은 같다. 야채, 과일, 과일 주스 등에 설탕을 가미하지 말아야 한다. 설탕이 들어간 음식은 칼로리는 있으나 필수 영양소는 낮은 수준이다.

### 3) 우유의 과잉 섭취

유아기 어린이가 하루에 섭취할 우유의 양은 400~500ml 이하가 적절하다(홍창의, 1997b). 우유를 마시지 않는 유아에게는 치즈, 요구르트와 같이 칼슘이 풍부하게 함유된 다른 음식을 섭취하게 함으로써 칼슘 요구량을 충족시킬 수 있다.

그러나 우유를 지나치게 마시면 다른 식품군에서 섭취해야 하는 음식의 섭취를 방해하게 된다. 2세 이하 유아에게는 탈지유의 섭취를 권장하지 않는데 이는 탈지유에 들어 있는 단백질의 칼로리에 대한 비율이 신체와 뇌의 성장에 바람직한 정도보다 높을 수 있기 때문이다.

다른 음식을 충분히 섭취하지 않고 우유를 많이 마시는 유아는 철분 결핍성 빈혈과 비타민 C 결핍증에 걸릴 위험이 있다. 우유에는 철분과 비타민 C가 거의 들어 있지 않다. 하루에 700ml 이상의 우유를 마시는 유아는 대개 입맛이 없어서 다른 식품군에서 영양적 필요를 충족시킬 수 있는 음식을 충분히 섭취하지 못한다(권지영, 박혜련, 황은미, 2001). 식사에서 철분 강화식을 포함시키는 것 또한 철분 결핍성 빈혈을 예방할 수 있다.

### 4) 지방의 과잉 섭취

심장 질환에 지방이 미치는 영향에 대한 염려와 유아의 식사에서 어떤 종류의 지방을 제공하고 콜레스테롤을 얼마나 제공해야 하는지 논란이 증대되고 있다. 고도불포화지방과 포화지방은 적절한 비율로 포함시켜야 할 중요한 영양소다. 고도불포화지방은 신체에서 만들어지지 않는 중요한 지방산(fatty acids)을 함유한 식물성 기름이다. 포화지방은 쇠고기, 돼지고기, 양, 닭, 낙농 제품에서 발견되는 고형 지방으로서 섭취를 제한해야 한다.

### 5) 패스트푸드의 과잉 섭취

유아들의 패스트푸드 섭취 증가에 따라 이에 따른 염려도 증가하고 있다. 문제는 그런 음식이 열량이 아주 높고 지방과 염분 함량이 높다는 것이다. 이로 인해 후에 심장 질환, 고혈압, 비만 등의 건강 문제가 발생할 수 있다. 패스트푸드에는 또한 비타민 A, C가 적게 들어 있어서 우유를 함께 섭취하지 않는다면 이들 영양소가 결핍될 수 있다(표 4-8 참조). 가끔씩 먹는 것이 불가피할 경우, 부족한 영양소를 같은 날 다른 식사시간에 보충을 해 주도록 한다.

**표 4-8** 패스트푸드의 영양 조성

(100g당 함량)

| 식품명 | 열량 (kcal) | 단백질 (g) | 지방 (g) | 탄수화물 (g) | 칼슘 (mg) | 인 (mg) | 철 (mg) | 나트륨 (mg) | 비타민 A (R.E) | 티아민 (mg) | 리보플라빈 (mg) | 니아신 (μg) | 비타민C (mg) |
|---|---|---|---|---|---|---|---|---|---|---|---|---|---|
| 라면 | 381 | 8.6 | 14.1 | 61.4 | 16 | 91 | 0.7 | 1005 | 69 | 0.38 | 0.9 | 0 | |
| 닭고기 샌드위치 | 284 | 13.3 | 16.2 | 21.1 | 33 | 128 | 2.6 | 526 | 4 | 0.13 | 3.7 | 5 | |
| 햄치즈 샌드위치 | 241 | 14.2 | 10.6 | 22.8 | 89 | 104 | 2.2 | 528 | 52 | 0.21 | 0.33 | 1.8 | 1.9 |
| 피자 | 269 | 12.1 | 11.9 | 29.8 | 94 | 187 | 0.7 | 398 | 47 | 0.17 | 0.10 | 1.1 | 2 |
| 핫도그 | 247 | 10.6 | 14.8 | 18.4 | 24 | 99 | 2.4 | 685 | 0 | 0.24 | 0.28 | 3.8 | 0 |
| 햄버거 | 308 | 13.7 | 13.1 | 33.8 | 70 | 114 | 2.7 | 430 | 0 | 0.37 | 0.30 | 4.1 | 0 |
| 감자(프렌치프라이) | 315 | 4.0 | 16.1 | 37.8 | 16 | 133 | 1.4 | 163 | 2 | 0.14 | 0.04 | 2.3 | 5 |
| 감자(포테이토칩) | 523 | 6.4 | 35.4 | 50.5 | 24 | 153 | 1.2 | 469 | 0 | 0.15 | 0.02 | 4.2 | 42 |
| 양파(어니언링) | 332 | 4.5 | 18.7 | 37.7 | 88 | 104 | 1.0 | 518 | 1.0 | 0.10 | 0.12 | 1.1 | 1 |

• 출처: 한국영양학회(2000). 한국인 영양 권장량: 제7차 개정.

## 8. 꾸물거리기와 어질러 놓기

식사시간에 꾸물거리고 어질러 놓는 것은 유아의 전형적인 행동특성이다. 그러나 조절될 수는 있다. 유아들은 여러 가지 이유로 꾸물거리는데 배가 고프지 않거나 다른 것을 먹고 싶거나 아니면 관심을 끌기 위해서다. 하지만 식사 규칙을 만들고 일관성 있게 실시해도 꾸물거릴 수 있다. 이때 성인은 적절한 식사시간 길이를 정하여 유아에게 정해진 시간 내에 식사를 마치도록 격려한다. 먹는 데 걸리는 시간은 대개 20~25분이다. 그렇지만 식사시간에 유아를 재촉하지 않고 충분한 시간을 주는 것은 중요하다.

유아는 스스로 먹을 수 있어야 하고 식기류를 적절하게 다룰 수 있어야 한다. 그러기 위해서는 유아가 어질러 놓는 것을 이해하고 용인하여야 한다. 관심을 얻기 위해 어지럽히는 것은 무시하는 것이 좋다. 그렇지 않으면 그러한 행동이 강화된다. 그러나 지속적으로 유아가 어지럽히면 식탁에서 아이를 물러나게 하거나 상을 치움으로써 그러한 행동을 다룰 수 있다.

## 9. 충 치

충치는 식품 중의 당분으로 인한 것이다. 그러나 당분의 종류(용해 가능성 여부), 형태(치아에 달라붙는지의 여부), 섭취 시간(식사 또는 간식)이 당분의 섭취량보다 충치 발생에 영향을 더 미친다.

충치 예방을 위해 이를 깨끗이 닦는 것 외에 과일과 야채에서 설탕을 섭취하도록 하고, 식사와 식사 사이에 물을 마시도록 하며 잠자리에서 젖병을 사용하지 않도록 한다. 셀러리, 오이, 사과와 같이 이를 깨끗하게 하는 채소와 과일도 도움이 된다.

관동의대 치과교실의 조사결과, 우리나라 아동의 충치 발병률은 매우 높아 취학 전 어린이의 40%가 충치를 갖고 있으며 이는 OECD 국가 가운데 가장 높은 수치이다(충치예방연구회, 2004). 따라서 어릴 때부터 바른 식습관과 치아 관리 및 이에 대한 교육이 필요하다.

# 5장 유아교육기관에서의 급식

음식의 섭취는 생존과 성장에 필수적일 뿐만 아니라 유아들의 발달을 이끄는 중요한 감각적, 정서적, 사회적, 인지적 경험이기도 하다. 많은 유아들이 가정 이외의 유아교육기관에서 지내는 시간이 증가하고 있다. 이에 유아들에게 풍부한 영양의 식사를 제공하고 음식 및 식사에 대한 올바른 태도를 형성하는 데 유아교육기관의 역할과 책임이 증대되고 있다.

유아교육기관의 급식은 보충식으로서의 간식과 보육시설과 연장제 및 종일학급을 운영하는 유치원에서 실시하는 점심 급식의 형태가 주를 이루고 있다. 급식 운영에는 식단 계획, 식품의 구매와 조리, 음식 제공, 그리고 시설 · 설비의 안전하고 위생적인 관리 등이 포함된다.

## 1절 유아교육기관에서의 급식의 의의

유아교육기관에서 유아들에게 급식*을 하는 의의를 정리해 보면 다음과 같다.

---

* 유치원과 보육시설 중 1회 50명 이상에게 식사를 제공하는 곳은 식품위생법상 '집단급식소'로서, 급식과 관련하여 보육법령 및 유아교육법령의 관련 조항 외에도 식품위생법령의 조항

첫째, 합리적인 영양 섭취를 통하여 유아의 영양상태를 개선할 수 있다.

유아는 유아교육기관에서 점심과 간식의 급식을 통해 성장과 발육 및 건강한 생활에 필요한 1일 필요 열량의 1/3~1/2 정도를 확보할 수 있다.

유아의 가정마다 소득과 가족 구성이 다르며 음식의 기호 및 식생활이 달라 일부 영양소가 과잉 또는 부족해지기 쉽다. 유아교육기관에서 제공하는 영양 면에서 균형 잡힌 식사를 통해 유아는 성장과 발육에 필요한 영양소를 섭취할 수 있으며 가정에서 결핍되기 쉬운 영양소를 보충할 수 있다. 또한 영양상태의 개선뿐만 아니라 어린이에게 음식에 대한 기호의 충족과 함께 만복감을 느끼게 함으로써 심리적 안정감을 줄 수 있다.

둘째, 올바른 식습관의 형성 및 개선을 도모할 수 있다.

유아기는 식품에 대한 이해와 올바른 식습관, 음식에 대한 기호를 몸에 익히게 되는 시기다. 교육적인 환경에서 식생활과 관련된 지도를 함으로써 올바른 식습관을 형성하도록 도와주고 편식 등의 잘못된 식습관의 교정도 효과적으로 이루어질 수 있다.

간식과 식사시간을 통해 유아는 적당량의 음식을 골고루 섭취하기, 수저와 식기의 올바른 사용, 음식을 흘리지 않고 먹기, 자신이 먹을 수 있을 만큼 덜어서 먹기 등 식사 중에 지켜야 할 기본적인 태도나 예절을 학습하게 된다. 유아가 올바른 식사 예절을 갖추게 되면 유아의 가정 내 식생활 개선도 기대할 수 있다.

셋째, 통합적인 교육 활동을 실시할 수 있다.

다양한 음식을 먹는 경험을 통하여 유아는 영양과 관계되는 여러 가지 지식을 습득하게 된다. 또한 또래들과 함께 준비 및 정리에 참여하고 먹는 경험을 통해

---

을 준수해야 한다.

- 식품 위생법 제2조 제12호
  "집단급식소"란 영리를 목적으로 하지 아니하면서 특정 다수인에게 계속하여 음식물을 공급하는 다음 각 항목의 어느 하나에 해당하는 곳의 급식시설로서 대통령령으로 정하는 시설을 말한다.
  가. 기숙사. 나. 학교. 다. 병원. 라. 그 밖의 후생기관 등
- 식품 위생법 시행령 제2조 (집단급식소의 범위)
  「식품위생법」 제2조 제12호에 따른 집단급식소는 1회 50명 이상에게 식사를 제공하는 급식소를 말한다.

사회적, 언어적, 정서적 발달을 이룬다.

넷째, 가정에서 음식을 준비하는 데 따르는 시간, 노력 그리고 경비를 줄일 수 있다.

점식과 간식을 집에서 가져올 경우, 가정에서 영양이 풍부하면서 유아들이 잘 먹을 수 있는 음식을 매일 준비하는 데는 어려움이 있다. 특히 유치원의 종일제 학급과 보육시설에 자녀를 보내는 가정은 어머니가 취업을 하고 있는 경우가 대부분이므로 음식을 준비하는 것은 커다란 부담이 된다. 유아교육기관에서 급식을 제공하면 체계적 식단 계획으로 균형 잡힌 영양을 제공할 수 있고, 대량 구매 및 조리를 통해 급식의 단가를 낮출 수 있어 개별 가정에서 음식을 준비하는 것보다 비용과 수고를 덜 수 있는 장점도 있다.

## 2절 식단 계획

유아교육기관에서 식단의 계획은 영양사가 수립하는 것이 원칙이다. 그러나 일정 규모 이하의 유아교육기관에서는 전문가 및 단체의 도움으로 교직원이 식단을 계획하기도 한다. 식단 계획을 누가 하건 유아의 성장과 발달에 도움이 되는 식단에 대한 교사들의 깊이 있는 이해는 유아의 건강과 교육에 매우 중요하다. 유아를 위한 식단 계획 시 고려해야 할 점은 다음과 같다.

### 1. 식단 계획의 원리

#### 1) 영양적 필요를 충족시켜야 한다

유아들을 위한 식단을 계획할 때 먼저 결정하여야 할 것은 유아의 영양적 요구를 충족시켜야 할 음식의 종류와 양이다. 유아의 영양적 필요를 충족하기 위해 해

## 급식 및 영양사에 대한 유아교육 관련 법령

1. 보육시설

〈영유아보육법〉(2009.3.20. 일부개정)

제33조 (급식관리) 보육시설의 장은 영유아에게 여성가족부령으로 정하는 바에 따라 균형 있고 위생적이며 안전한 급식을 하여야 한다.

〈영유아보육법시행규칙〉(2009.4.1. 일부개정)

제34조 ① 법 제33조의 규정에 의한 급식은 영유아가 필요한 영양을 섭취할 수 있도록 영양사가 작성한 식단에 의하여 공급하여야 한다. 이 경우 영양사(5개 이내의 보육시설이 공동으로 두는 영양사를 포함한다)를 두고 있지 아니한 100인 미만의 영유아를 보육하고 있는 보육시설은 보육정보센터 · 보건소 등에 근무하는 영양사의 지도를 받아 식단을 작성하여야 한다.

② 영유아에 대한 급식은 보육시설에서 직접 조리하여 공급하는 것을 원칙으로 한다.

2. 유치원

〈유아교육법〉[법률 제8852호, 2008.2.29. 타법개정]

제17조 (건강검진 및 급식) ② 원장은 교육하고 있는 원아에게 적합한 급식을 제공할 수 있다.

〈유아교육법 시행규칙〉[교육과학기술부령 제30호, 2009.2.27. 일부개정]

3조 ② 1회 급식유아가 100인 이상인 유치원에는 「식품위생법」 제37조의 규정에 의하여 면허를 받은 영양사 1인을 두어야 한다. 다만, 급식시설과 설비를 갖추고 급식을 실시하는 2개 이상의 유치원이 인접하여 있는 경우에는 「지방교육자치에 관한 법률 시행령」 제21조의 규정에 의한 동일 교육청의 관할구역에 소재하는 5개 이내의 유치원은 공동으로 영양사를 둘 수 있다.

〈학교급식법〉 (법률 제9759호, 2009.6.9. 타법개정, 시행 2009.12.10.)

제11조 ① 학교급식은 학생의 발육과 건강에 필요한 영양을 충족할 수 있으며, 올바른 식생활습관 형성에 도움을 줄 수 있는 식품으로 구성되어야 한다.

② 학교급식의 영양관리기준은 교육과학기술부령으로 정한다. 〈개정 2008.2.29.〉

〈학교급식법 시행규칙〉(교육과학기술부령 제29호, 일부개정, 시행 2009.2.25.)

제5조 ① 법 제11조 제2항에 따른 학교급식의 영양관리기준은 별표 3과 같다.

② 제1항의 기준에 따라 식단 작성 시 고려하여야 할 사항은 다음 각 호와 같다.

1. 전통 식문화(식문화)의 계승 · 발전을 고려할 것
2. 곡류 및 전분류, 채소류 및 과일류, 어육류 및 콩류, 우유 및 유제품 등 다양한 종류의 식품을 사용할 것
3. 염분 · 유지류 · 단순당류 또는 식품첨가물 등을 과다하게 사용하지 않을 것
4. 가급적 자연식품과 계절식품을 사용할 것
5. 다양한 조리방법을 활용할 것

당 연령의 유아에게 필요한 일일 섭취기준을 고려하고 다음의 6가지 식품군*이 고루 포함되도록 한다. 특히 단백질, 철분, 칼슘, 비타민 C는 유아기 어린이들에게 결핍되기 쉬운 영양소이므로 급원 식품이 매일 공급되도록 계획한다.

- 곡류 및 전분류
- 채소류
- 과일류
- 고기, 생선, 계란, 콩류
- 우유 및 유제품
- 유지, 견과 및 당류

### 2) 유아들이 즐겁게 먹을 수 있어야 한다

유아기 어린이들은 성장 속도가 느려지면서 식욕이 저하되고 기호의 변화가 심하다. 즐겁게 음식을 받아들이고 미각을 개발하기 위해 음식의 색, 냄새, 질감, 형태, 온도 등과 같은 감각적 특성을 살리도록 한다. 이러한 감각적 특성은 유아가 음식을 선택하는 데 중요한 역할을 한다.

#### (1) 색

식탁에 올렸을 때 음식의 색이 조화를 이룰 수 있도록 고려한다. 색은 식욕과 음식에 대한 지식 형성에 중요한 역할을 한다. 적색, 녹색, 오렌지색 등의 색은 식욕을 돋우고 음식의 기호도를 높이는 것으로 알려져 있다.

#### (2) 질감

유아기 어린이들은 닭고기나 고기 간 것과 같이 질감이 부드러운 음식을 즐긴

* 한국영양학회(2005)에서는 식품군을 종전의 5개 식품군 중 '채소 및 과일류'를 '채소류'와 '과일류'로 나누어 6개의 식품군으로 제시했다. 예전에는 우리나라 사람들의 과일 섭취가 적기 때문에 열량 차이가 있었음에도 채소와 과일이 한 군으로 묶여 있었으나, 과일 섭취가 증가하여 채소와 과일을 별개의 식품군으로 분리한 것이다.

다. 채소류는 익혀서 부드럽게 한 것보다는 신선한 채소를 손으로 집어먹는 것을 좋아한다. 건조한 식품은 수분이 함유된 식품과 함께 제공한다.

질감에 대한 유아들의 기호를 고려하되 식사를 통해 부드러운 것, 바삭한 것, 쫄깃쫄깃한 것 등 다양한 질감의 음식을 유아들이 경험할 수 있도록 식단을 계획한다.

### (3) 냄새

유아들은 부드러운 향의 음식을 즐긴다. 파, 미나리, 양파, 부추, 셀러리 등과 같이 냄새가 강한 식품을 싫어한다. 채소를 적절히 활용해서 음식의 냄새를 좋게 하되 강하지 않도록 한다.

### (4) 온도

음식에 따라 먹기에 알맞은 온도가 다르다. 기본적으로 찬 음식은 차게, 더운 음식은 따뜻하게 제공되어야 한다. 그러나 유아기 어린이들은 뜨겁거나 찬 음식보다 실온의 음식을 좋아한다. 더운 음식의 경우, 유아들에게는 어른이 적당하다고 느끼는 온도보다 5~10℃ 낮은 것이 적당하다.

### (5) 맛

단맛, 신맛, 쓴맛, 짠맛 등 기본 맛의 조화를 이루도록 하되 강하지 않도록 한다. 유아들은 자극성이 있는 음식을 싫어하므로 양념을 강하게 넣지 않도록 한다. 달고 짜고 매운 음식은 건강에도 바람직하지 않다.

### (6) 조리법

식품 재료의 특성, 영양적 측면을 고려한 조리법을 택하되 다양한 조리법으로 식탁에 변화를 주도록 한다. 아울러 유아는 소화능력이 충분히 발달되어 있지 않고 수저 등의 기구 사용능력이 아직 미숙하므로 소화가 잘 되고, 먹기에 편리한 조리법을 고려한다.

### (7) 제공 형태

유아기 어린이들은 여러 가지 음식이 섞인 것보다는 간단한 음식을 좋아한다.

걸음마기 유아에게는 조각 낸 과일과 같이 손으로 집어먹을 수 있는 음식을 자주 주는 것이 바람직하다. 식기의 사용이 익숙하지 않으므로 이런 음식이 자신감을 줄 수 있다.

### 3) 친숙한 음식과 새로운 음식을 균형 있게 제공한다

친숙한 음식을 제공함으로써 유아를 편안하게 하되 새로운 음식을 적절히 제공함으로써 음식을 골고루 섭취하는 바람직한 식습관을 형성하도록 한다.

친숙함은 유아의 음식 선택에 중요한 역할을 한다. 친숙함은 가족의 식사 패턴에 영향을 받는다. 유아들이 가정 밖에서 먹는 음식을 받아들이는 것은 친숙한 음식이 얼마나 포함되어 있는가에 달려 있다.

### 4) 변화 있는 식단을 계획한다

반복해서 먹게 되는 음식에는 대부분 쉽게 싫증을 느끼므로 새로운 음식이 포함되도록 식단을 구성하는 것이 바람직하다. 그러나 매번 새로운 음식을 제공하기에는 어려움이 있으므로 주기식단(cycle menu)을 계획하도록 한다.

어떤 주기를 택할지는 교육기관의 일과 운영 시간, 식단을 작성하는 사람에 따라 다르다. 식품구매 방법 또한 식단 계획에 영향을 미친다. 식단은 적어도 한 번에 2주분 이상을 계획한다. 그러나 일단 계획을 세웠어도 매주 단위로 다시 검토하여 일부 조정할 수도 있다. 적어도 1개월 전에 작성되어야 다양한 음식이 계획될 수 있으며 주문을 할 수 있고 부모들이 이를 알고 가정에서의 식단을 계획할 수 있다. 일련의 식단을 약 2~3개월간 순환시키는 방식은 계절적 요인을 잘 반영할 수 있다. 그러나 일주일분의 식단이 1개월 이상 순환되지 않도록 변화를 주어야 한다. 계절적 요인, 질감, 색, 맛, 문화적 다양성들이 식단 계획에 포함되어야 한다.

일단 식단을 계획해 놓으면 시간이 절약되고 식품의 이용이 보다 효율적이 될 수 있다. 일정 기간 동안 제공될 모든 종류의 음식의 윤곽을 알게 됨으로써 같은 음식을 빈번히 반복해서 주는 것을 피할 수 있다. 유아들이 그 식단을 잘 받아들이지 않는다거나 실행하기 어렵다면 곧 식단의 내용을 바꾸어야 한다.

## 2. 식단의 계획

유아교육기관에서 식단은 영양사에 의해 계획된다. 식단의 계획은 우선 유아들이 섭취해야 할 열량을 정하고 이를 공급할 수 있는 식품군별 섭취량을 정한 다음 식품의 종류와 양을 계획하는 순서로 이루어진다(문수재 등, 1997; 정연강, 조정순, 2003). 전문가 집단 및 기관에서 만든 표준 식단을* 기초로 하여, 기관의 지역적 특성, 유아의 연령 및 특성을 고려하여 식단을 작성하면 도움이 된다.

### 1) 연령별 1회 공급 영양소량 결정

유아교육기관에서 급식을 통해 어느 정도의 영양을 섭취하도록 할 것인지는 일일 영양 섭취기준을 고려하여 결정한다. 하루 필요 열량의 약 1/3 정도는 점심식사에서, 10~15% 정도는 간식을 통해 공급할 수 있도록 한다(표 5-1 참조). 유아의

**표 5-1 급식 식단의 영양공급량 구성안(간식 2회, 점심 1회)**

| 구분 | 내용 |
|---|---|
| 오전간식 | • 일일 총 열량의 약 10% 수준(약 100칼로리 내외)<br>• 점심식사에 영향이 없는 가벼운 간식으로 준비<br>• 준비하기 쉽도록 식품 구성 |
| 점심 식단 | • 일일 총 열량에서 간식을 제외한 1/3 수준으로 구성<br>• 1~2세: (1000−100×2)/3=약 280칼로리<br>• 3~5세: (1400−100×2)/3=약 400칼로리<br>• 6~7세: (1600−100×2)/3=약 430칼로리 |
| 오후간식 | • 일일 총 열량의 약 10% 수준(약 100~150칼로리)<br>• 오전 간식보다 많은 영양소의 공급이 가능하도록 구성<br>• 수분 공급에 중점 |

• 출처: 교육인적자원부(2007). 유치원급식운영관리지침서, p. 46의 일부.

* 예를 들어, 식품의약품안전청에서 개발, 운영하는 '영유아단체급식의 표준식단' 웹사이트(http://nutrition.kfda.go.kr/kidgroup)는 주간, 월간, 계절별 식단을 제공하고 있다. 식단은

성과 연령 및 개인차에 따른 영양 섭취수준은 제공되는 음식량을 통해 조절한다.

### 2) 식품군별 섭취량 결정

급식을 통해 섭취해야 할 열량을 공급할 수 있는 식품군별 섭취량을 고려한다. 영양적으로 균형 잡힌 식단을 위해서는 일반적으로는 매 식사마다 '곡류 및 전분류'를 주식으로 하고, 반찬으로는 '채소류' 2~3가지, '고기, 생선, 계란, 콩류' 1~2가지가 좋으며, '유지 및 당류'는 조리 시 소량 이용한다. 후식 및 간식으로는

**표 5-2** 유아의 식품군별 1일 권장 섭취 횟수의 예(우유 2컵)

| 식품군 | 칼로리(연령) | | | |
|---|---|---|---|---|
| | 1,000(1~2세) | 1,200(3~5세) | 1,400(3~5세) | 1,600(6~8세) |
| 곡류 및 전분류 I[1] | 1 | 1.5 | 2 | 2.5 |
| 곡류 및 전분류 II[2] | 1 | 1 | | |
| 고기, 생선, 계란, 콩류[3] | 2 | 2 | 3 | 3 |
| 채소류[4] | 2 | 3 | 4 | 4 |
| 과일류[5] | 1 | 1 | 1 | 2 |
| 우유 및 유제품[5] | 2 | 2 | 2 | 2 |
| 유지, 견과 및 당류 | 2 | 2 | 3 | 3 |

[1]곡류, 면류(국수용 건면, 냉면국수, 메밀국수), 떡류(떡국용 흰떡), 빵류.
[2]시리얼류, 감자류, 면류(당면), 묵류, 견과류, 떡류(절편). 부식 및 간식으로 이용할 수 있으며, 주식으로 사용할 경우에는 양을 늘려도 됨.
[3]육류는 살코기 기준임. 지방함량이 높은 식품을 이용하면 유지류를 추가 사용한 것으로 간주함.
[4]가능한 싱겁게 조리하도록 하며, 국과 찌개류의 경우 건더기 위주로 섭취하도록 함.
[5]식이섬유의 섭취를 위해 주스보다는 생과일의 섭취를 권장함.
• 출처: 한국영양학회(2005). 한국인 영양섭취기준, p. 341.

메뉴별 조리법과 1인 적정 제공량 사진, 영양소, 단가 등의 검색 및 변환기능이 있어 각 기관의 상황에 맞추어 제공된 식단을 직접 재구성할 수 있다. 이외에도 유아 식생활지침, 급식관리 운영지침, 이유식 지침 자료도 제공하고 있다. 또한 각 지역 보육정보센터의 웹사이트에서도 식단을 제공하고 있다.

우유와 과일류를 섭취하도록 한다. 식품군별 1일 권장섭취횟수의 예는 〈표 5-2〉와 같다. 유아의 기호도를 고려해 식품군의 배분 횟수는 조절할 수 있다.

한 번에 한 식품군 내의 모든 식품을 포함하기 어려우므로, 또 비용을 고려하여 식품에 함유된 영양소의 성분이 유사한 식품을 모아 놓은 식품교환자료를 이용하면 영양적으로 균형이 있으면서 변화 있는 식단 계획이 가능하다. 한 식품군 내에서 동일 열량을 갖는 경우, 각 식품의 양을 1교환 단위라고 하며 한 식품군 내의 1교환 단위끼리는 동일 식품으로 간주할 수 있다. 따라서 같은 식품군 안에서는 같은 교환 단위끼리 대체가 가능하다. 실제 제공 음식을 기준으로 유사한 양의 영양소를 함유한 식품들을 참고하여 적절하게 활용하도록 한다('부록 II-2. 유사한 영양소 함량을 지닌 식품교환자료' 참조).

### 3) 식단의 기본 형태 결정

기초 식품군을 고루 섭취하도록 고려한다. 한국인의 기본적인 식사 형태에 맞는 식단은 〈표 5-3〉과 같다.

**표 5-3** 식단의 기본 형태

| 기본 형태 | 식품의 종류 | 주요 영양소 |
|---|---|---|
| 주식 | 곡류 | 탄수화물 |
| 국 | 고기, 생선(달걀, 두부), 채소 | 단백질, 비타민, 무기질 |
| 주찬 | 고기, 생선, 달걀, 두부, 콩 | 단백질 |
| 부찬 | 채소, 해조류 | 비타민, 무기질 |
| 김치 | 채소 | 비타민, 무기질 |
| 후식, 간식 | 우유, 과일, 곡류 | 비타민, 무기질, 탄수화물 |
| 양념 | 기름, 장류, 설탕 | 탄수화물, 지방 |

### 4) 식품 구성

식단의 기본 형태에 따라 주식, 국, 주찬, 부찬의 순서로 종류를 정한다.

① 주식은 밥, 빵, 국수, 일품 음식이 포함된다. 주로 밥이 주식이 되지만 계절, 명절, 유아의 생일, 기타 특별한 날에 따라 달라질 수 있다.
② 국의 종류와 조리법을 정한다. 주식의 특성, 유아의 기호를 고려하여 고깃국, 된장국, 맑은 국 등을 고루 섭취하도록 계획한다.
③ 주찬은 유아의 기호, 주식과 국의 조화를 고려해 재료를 육류, 가금류, 생선, 달걀, 콩, 야채 등이 고루 포함되도록 계획한다. 조리 방법도 구이, 조림, 볶음, 튀김 등으로 다양하게 한다. 그런 다음 부찬과 김치를 정하는데, 이때 채소가 빠지지 않도록 한다. 특히 녹황색 채소를 다양하게 조리하여 포함시킨다.

이러한 과정으로 주식 한 가지, 국이나 찌개 중 한 가지, 구이나 볶음, 튀김 또는 조림 한두 가지, 나물 한 가지, 김치 한 가지로 식단의 기본 종류를 구성하고 실제 음식을 결정한다(표 5-4 참조).

표 5-4 식단의 기본 종류

| 기본 형태 | 기본 종류 | 실제 음식 |
|---|---|---|
| 주식 | 밥, 면, 빵 | 보리밥, 완두콩밥, 비빔국수, 샌드위치… |
| 국 | 고깃국, 생선국, 된장국 | 쇠고기국, 된장국, 생선찌개… |
| 주찬 | 쇠고기찬, 돼지고기찬, 생선, 달걀/콩 이용 음식 | 불고기, 장조림, 계란말이… |
| 부찬 | 채소/해조류 이용 찬 | 김, 감자 볶음, 콩나물 무침… |
| 김치 | 김치류 | 배추김치, 깍두기, 열무김치… |
| 후식, 간식 | 탄수화물 보충<br>단백질 보충<br>무기질, 비타민 보충<br>수분 보충 | 떡, 찐 감자, 비스킷…<br>미트볼, 어묵구이…<br>과일, 샐러드, 유제품…<br>우유, 주스, 수정과, 식혜… |

### 5) 실제로 제공할 음식의 결정

일반적으로 아침 식사에는 유제품, 곡류, 과일류, 채소류 등의 식품군으로부터 각각 하나씩을 포함시킨다. 오전 간식에는 우유나 육류 식품군의 음식과 과일이나 채소류 또는 곡류 식품군의 하나를 포함시킨다. 점심과 저녁 식사에는 식품군을 골고루 포함시킨다. 오후 간식에는 그날의 다른 식사 중에 포함되지 않았던 식품군 중 두 가지 정도를 포함할 수 있다.

실제로 어떤 음식을 제공할지는 유아의 기호, 조리시간, 조리의 복잡성을 고려한다. 조리시간, 조리의 복잡성은 유아교육기관의 조리시설의 조리인력 확보 정도와도 관련 있는 요인이다.

우선 식단의 주기를 정한다. 주기는 짧게는 1주에서, 길게는 1개월 단위로 하되 계절과 행사를 고려하여 변형을 주도록 한다. 주기를 기준으로 주식과 부식을 결정한다. 또한 구이나 볶음, 조림, 튀김 등의 조리 방법을 각각 몇 회씩 포함시킬 것인가를 결정한다. 동일 식품으로도 조리 방법을 다양하게 하여 변화를 줄 수 있는 식단을 계획하도록 한다(계절별 식단의 예는 '부록 II-3. 계절별 식단' 참조).

점심 식단이 마련되면 간식으로 제공할 음식의 양과 종류를 결정한다. 간식은 주식과 균형을 맞출 수 있도록 계획한다. 열량 외에도 단백질, 비타민과 무기질, 특히 비타민 A와 C, 철분과 칼슘을 보충할 수 있는 식품으로 식단을 계획한다. 점심 급식의 내용에 따라 간식도 주기 식단으로 결정한다.

집단 급식소의 제공 식품 중 육류는 원산지 표시를 하도록 되어 있으므로 유아교육기관에서는 식단에 반드시 원산지 표기를 하여야 한다.*

---

* 식품위생법 제12조(육류 및 쌀 · 김치류의 원산지 등 표시) ① 제36조 제1항 제3호의 식품접객업 중 대통령령으로 정하는 영업을 영위하는 자 또는 제88조의 집단급식소를 설치 · 운영하는 자는 쇠고기 · 돼지고기 · 닭고기(이하 "육류"라 한다)를 대통령령으로 정하는 조리 방법으로 조리하여 판매 · 제공하는 경우(조리하여 판매하거나 제공할 목적으로 보관 · 진열하는 경우를 포함한다)에는 공정한 거래질서 확립과 생산자 및 소비자 보호 등을 위하여 육류의 원산지 및 종류(이하 "원산지 등"이라 한다)를 표시하여야 한다.

**표 5-5** 주간 식단 구성의 예: 이유식

| 주 | 시기(개월) | 월 | 화 | 수 | 목 | 금 | 토 |
|---|---|---|---|---|---|---|---|
| 1주 | 초기 (4~6) | 쌀미음 | 고구마미음 | 단호박미음 | 당근미음 | 브로콜리 미음 | 사과미음 |
| | 중기 (7~9) | 고구마찹 쌀죽 | 단호박 사과메시 | 달걀노른자 야채찜 | 닭살감자죽 | 두부당근죽 | 쇠고기 브로콜리죽 |
| | 후기 (10~12) | 애호박완 두콩진밥 | 버섯야채 진밥 | 쇠고기덮밥 | 진밥, 연두 부달걀찜 | 단호박스프 | 참치살야채 진밥 |
| 2주 | 초기 (4~6) | 감자미음 | 애호박미음 | 옥수수미음 | 완두콩미음 | 찹쌀미음 | 흑미미음 |
| | 중기 (7~9) | 쇠고기 우유죽 | 시금치 바나나죽 | 야채죽 | 쇠고기 시금치 | 미역현미죽 | 부추 콩나물죽 |
| | 후기 (10~12) | 흰살생선 진밥 | 쇠고기 무진밥 | 감자우엉잣 진밥 | 김가루흰살 생선주먹밥 | 닭고기 대추진밥 | 과일치즈 진밥 |

• 출처: 식품의약품안전청 '영유아단체급식의 표준식단'(http://nutrition.kfda.go.kr/kidgroup)

### 6) 식단 평가

식단의 평가는 음식을 만들어 제공하기 전뿐만 아니라 제공 후에도 이루어져야 한다. 유아들의 반응도 포함시킨다. 유아들이 좋아하는지 음식을 많이 남겼는지 점검한다. 그러나 유아의 음식 기호는 계속 변화하므로 한 번 싫다고 한 음식이라 하더라도 계속 그런 것은 아니다. 평가의 결과는 진행 중인 식단을 수정하거나 다음 식단의 작성에 반영되어야 한다.

평가는 다음의 사항에 대해 이루어진다.

- 기초 식품군이 골고루 포함되었는지의 여부
- 제철 식품의 이용 여부
- 음식의 색, 맛, 질감, 형태, 조리법, 온도 등이 적절하게 조화되었는지의 여부
- 인력, 기구 등의 이용 가능성을 고려했는지의 여부
- 특정 식품이 과도하게 반복되었는지의 여부

**표 5-6 월별 식단 구성의 예(5월)**

| 구 분 | | 월 | 화 | 수 | 목 | 금 | 토 |
|---|---|---|---|---|---|---|---|
| 1주 | 오전간식 | 단호박죽 | 사과 | 크림스프 | 닭죽 | 삶은계란 | 우유(시리얼) |
| | 점심 | 완두콩밥<br>근대국<br>고등어찜<br>도라지나물<br>배추김치 | 보리밥<br>쇠고기국<br>메추리알장조림<br>미역줄기볶음<br>깍두기 | 흑미밥<br>버섯된장국<br>명란달걀찜<br>애호박볶음<br>배추김치 | 밤콩밥<br>쑥국<br>소시지케찹조림<br>오이무침<br>열무김치 | 차조밥<br>미역국<br>동그랑땡<br>주꾸미숙회<br>배추김치 | 카레라이스<br>달걀국<br>오징어튀김<br>야채샐러드<br>깍두기 |
| | 오후간식 | 인절미, 매실차 | 모닝빵,저지방우유 | 미숫가루 | 요구르트(호상) | 칼국수 | |
| 2주 | 오전간식 | 야채스프 | 생선죽 | 오렌지 | 야채죽 | 스크램블드에그 | 바나나 |
| | 점심 | 고구마밥<br>아욱된장국<br>북어찜<br>파래무침<br>배추김치 | 현미밥<br>콩나물국<br>삼치조림<br>비름나물<br>깻잎김치 | 비빔밥<br>어묵국<br>깍두기<br>토마토 | 기장밥<br>대구탕<br>연근조림<br>상추겉절이<br>배추김치 | 검정콩밥<br>김치국<br>갈치구이<br>시금치나물<br>오이소박이 | 수제비<br>버섯탕수<br>깍두기<br>식혜 |
| | 오후간식 | 약과, 보리차 | 머핀, 저지방우유 | 삶은감자, 매실차 | 물만두 | 떡볶이 | |
| 3주 | 오전간식 | 브로콜리스프 | 호박죽 | 사과 | 유자차, 시리얼 | 크림스프 | 토마토 |
| | 점심 | 팥밥<br>오징어국<br>미트볼조림<br>무생채<br>배추김치 | 콩나물밥<br>미소국<br>달걀찜<br>가지나물<br>깍두기 | 백미밥<br>꽃게탕<br>병어포구이<br>우엉조림<br>열무김치 | 잡곡밥<br>냉이된장국<br>돼지불고기<br>달래오이무침<br>배추김치 | 수수밥<br>무국<br>닭찜<br>도토리묵무침<br>깍두기 | 오므라이스<br>달걀국<br>만두튀김<br>과일샐러드<br>배추김치 |
| | 오후간식 | 핫도그, 요구르트 | 토스트, 두유 | 우동 | 주먹밥 | 팬케이크, 검은콩우유 | |
| 4주 | 오전간식 | 삶은계란 | 야채스프 | 쇠고기죽 | 요구르트(호상) | 단호박죽 | 우유, 모닝빵 |
| | 점심 | 잡곡밥<br>감자국<br>고등어구이<br>진미채조림<br>배추김치 | 찹쌀밥<br>된장국<br>쇠고기떡찜<br>취나물무침<br>백김치 | 김치볶음밥<br>콩나물국<br>달걀후라이<br>야채튀김<br>단무지 | 율무밥<br>순두부찌개<br>오징어볶음<br>야채겉절이<br>깍두기 | 완두콩밥<br>북어국<br>닭강정<br>미역줄기볶음<br>배추김치 | 자장밥<br>시금치국<br>만두튀김<br>야채샐러드<br>깍두기 |
| | 오후간식 | 샌드위치, 호두우유 | 백설기, 수정과 | 시리얼, 우유 | 메론 | 찐옥수수 | |
| 5주 | 오전간식 | 사과 | 크림스프 | 닭죽 | 호박죽 | 배추김치 | 쿠키, 오렌지주스 |
| | 점심 | 백미밥<br>냉이된장국<br>쇠불고기<br>청경채버섯무침<br>배추김치 | 밤콩밥<br>만둣국<br>멸치볶음<br>어묵조림<br>배추김치 | 국수<br>생선가스<br>과일샐러드<br>깍두기<br>방울토마토 | 현미밥<br>배추국<br>돼지갈비찜<br>달래오이무침<br>배추김치 | 팥밥<br>미역국<br>삼치구이<br>마늘쫑볶음<br>깻잎김치 | 볶음밥<br>어묵국<br>연두부찜<br>떡볶이<br>수박 |
| | 오후간식 | 롤빵, 쌀음료 | 삶은고구마,매실차 | 주먹밥 | 약식, 수정과 | 꿀호떡, 두유 | |

• 출처: 식품의약품안전청 '영유아단체급식의 표준식단'(http://nutrition.kfda.go.kr/kidgroup)

- 유아기 어린이들의 기호를 고려하였는지의 여부
- 식품의 구입 가능성과 예산을 고려하였는지의 여부

### 7) 식단의 공지

식단을 교사들에게 안내하여 학급에서 영양 교육 및 식습관 지도에 활용한다. 기관의 게시판과 조리실뿐 아니라 교실 및 기타 장소에 유아들이 볼 수 있도록 식단을 게시하여 유아들의 관심을 이끌도록 한다. 또한 식단을 유아의 가정에도 안내하여 유아의 영양관리에 참고하도록 한다.

### 8) 식재료의 마련 및 조리

실제로 제공할 음식이 정해지면 필요한 재료의 종류와 양을 산출하여 구매를 한다. 식품별 필요량은 1인분량×사람수로 총량을 계산한다. 이때 식품의 폐기율과 조리에 의한 중량 및 부피의 변화를 고려한다. 식재료 준비 시 예산을 고려해야 하나, 무엇보다 유아의 안전과 건강에 최우선을 두어 친환경 급식을 제공하려는 노력이 필요하다.*

조리와 관련하여 표준 조리법 카드를 작성해 두면 급식 관리가 보다 용이하다. 그러나 유아교육기관에서 표준 조리법 카드를 일일이 작성하기는 사실상 불가능한 경우가 많다. 따라서 기존에 나와 있는 표준 조리법 카드를 활용하도록 한다.

---

* 친환경 급식을 실현하기 위해서는 정부 및 지방자치단체의 의지와 적극적인 재정적 · 행정적 지원이 절대적으로 필요하다. 전남에서 2003년 친환경급식조례를 제정해 친환경 농산물의 학교급식 지원 사업을 시작한 이래 전국 각 지역에서 조례 제정과 친환경급식시범학교 사업 등의 지원을 확대하고 있다. 지자체별로 지원의 범위와 정도가 차이가 있으나 '학교급식법'과 '학교급식지원에 관한 조례'에 근거해 급식을 지원하고 있으며 '친환경농업육성법'에 따라 친환경 농산물을 우선 구매하고 있다.

## 3. 간식의 계획

### 1) 간식의 의의

#### (1) 영양의 보충

간식은 식사 사이에 영양소와 열량을 제공하기 위한 것이다. 유아기 어린이들은 성인에 비해 단위 체중 당 필요 열량이 2배 이상 높다. 이에 비해 음식물을 씹는 능력이나 소화 기능이 완전하지 않고 위가 작아서 세 번의 식사만으로는 필요한 영양을 섭취할 수 없으며 식욕을 만족시킬 수 없다. 식사 후 3시간 이내에 유아들은 배고픔을 느끼는데 간식은 유아들의 배고픔을 해소시켜 주고 식사만으로 부족할 수 있는 영양소를 보충해 줄 수 있다. 따라서 간식은 유아의 전체 영양소 섭취의 일부분이 되어야 한다.

#### (2) 새로운 음식의 경험

간식시간은 새로운 음식을 먹도록 하게 하는 좋은 기회를 제공한다. 새로운 음식은 식사보다는 간식시간에 제공하는 것이 효과적이다.

#### (3) 정서 · 사회성 발달

간식은 기분을 전환시켜 주고 즐거움을 준다. 유아교육기관에서 간식시간은 긴장을 풀고 친구들과 지식 및 정보와 즐거움을 나누는 시간이다. 또한 당번제 운영을 통해 책임감과 협동심, 공동체 의식도 기를 수 있다.

#### (4) 바람직한 식습관 형성

점심과 마찬가지로 간식을 통해 도구 사용법, 예절 바른 식사 태도를 익힐 수 있는 기회를 제공해 준다.

### 2) 간식의 양

식사 사이의 시간 간격은 1시간 30분 또는 2시간이 가장 좋다. 지나치게 배가

표 5-7 50kcal를 공급하는 간식 식품

| 식품 | 중량(g) | 목측량 |
|---|---|---|
| 토마토 | 250 | 1개 |
| 토마토 주스 | 200 | 약 1컵 |
| 사과 | 100 | 중간 크기 1/2개 |
| 사과 주스 | 100 | 약 1/2컵 |
| 바나나 | 60 | 중간 크기 1/2개 |
| 딸기 | 200 | 중간 크기 12알 |
| 귤 | 100 | 중간 크기 1개 |
| 오렌지 | 100 | 1/2개 |
| 오렌지 주스(무가당) | 100 | 약 1/2컵 |
| 포도 | 100 | 15알 |
| 건포도 | 30 | 1.5 큰술 |
| 단감 | 80 | 중간 크기 1/2개 |
| 참외 | 120 | 중간 크기 1/4개 |
| 복숭아 | 150 | 큰 것 1/2개 |
| 수박 | 250 | 큰 것 1쪽 |
| 배 | 100 | 1/4개 |
| 식빵 | 18 | 1/2쪽 |
| 찐 고구마 | 40 | 중간 크기 1/4개 |
| 찐 감자 | 75 | 큰 것 1/2개 |
| 인절미 | 25 | 1/2개 |
| 치즈 | 15 | 3/4장 |
| 요구르트(호상) | 50 | 1/2통 |
| 요구르트(액상) | 65 | 1병 |
| 식혜 | 50 | 1/4컵 |
| 프랑크 소시지 | 20 | 1/2개 |
| 햄 | 25 | 1/2쪽 |
| 핫도그 | 12 | 1/5개 |
| 소보로 빵 | 15 | 1/4개 |
| 프렌치 토스트 | 15 | 1/2개 |
| 카스텔라 | 12 | 5×5×5cm 크기 1쪽 |
| 웨하스 | 13 | 3개 |
| 크래커 | 13 | 작은 것 3개, 큰 것 1개 |
| 삶은 달걀 | 32 | 1/3개 |

• 참고: 우유 1팩(200ml) 125kcal, 두유 1팩(200ml) 125kcal.

• 출처: 문수재 등(1997), p. 184; 정연강, 조정순(2003), p. 233.

고프거나 간식으로 입맛이 떨어져 다음 식사에 방해가 되지 않는 시간 간격이기 때문이다. 일일 간식의 양은 1~2세 유아의 경우 100~150kcal, 3~5세 유아는 약 140~210kcal 정도가 적당하다. 〈표 5-7〉은 50kcal의 열량을 공급할 수 있는 식품들이다. 이를 참고로 하여 간식의 양을 정하도록 할 수 있다.

### 3) 간식의 내용

간식의 내용은 유아의 식사 내용을 고려하여 영양을 보충해 주는 것이어야 한다. 간식은 크게 열량을 보충해 주는 식품, 단백질과 칼슘을 보충해 주는 식품, 비타민을 보충해 주는 식품으로 대별될 수 있다. 이를 고려하여 간식을 제공하되 수분 공급이 아울러 가능하고 소화가 용이한 것을 제공하도록 한다. 이는 한 가지 식품으로 충족되기 어려우므로 한 번에 2~3종류의 식품을 제공하도록 한다.

자연식품과 계절식품을 되도록 활용하도록 하고 새롭게 변화시켜 제공한다. 간식 중 유아들이 직접 요리할 수 있는 것은 요리해서 먹도록 한다. 잼 샌드위치, 야채 샌드위치, 계란부침, 샐러드, 영양꽂이, 떡볶이, 카나페 등은 유아기 어린이들이 직접 만들어 먹을 수 있는 간식이다. 간식으로 적절한 식품은 다음과 같다.

① 에너지원-곡물식, 감자, 고구마, 떡, 빵
② 단백질과 칼슘원-우유, 두유, 요구르트, 치즈, 달걀
③ 비타민과 무기질원-신선한 채소와 과일
이러한 음식은 비타민의 급원일 뿐 아니라 치아에 달라붙은 음식을 제거하며 잇몸을 자극하므로 어린이의 치아 건강에도 도움이 된다.
④ 음료-무가당 주스, 우유, 두유, 액상 요구르트, 미숫가루, 전통 음료, 보리차

반면, 칼로리가 높고 설탕과 지방이 많이 함유된 식품은 간식으로 적절치 않다. 구체적으로는 콜라와 같은 기호음료나 사탕, 초콜릿, 스낵류는 열량이 높고 다른 영양소를 공급해 줄 수 없으며 다량의 설탕, 소금을 함유하고 있으므로 바람직하지 않다.

# 3절 식사와 간식의 운영

## 1. 유아교육기관에서 간식과 식사의 횟수

간식과 식사의 횟수와 형태는 유아들이 교육기관에서 지내는 시간의 길이에 의해 결정되며 조리시설, 저장시설, 교육기관의 인력 상황도 영향을 미친다.

프로그램의 길이가 4시간 이하인 경우 1회의 간식, 5~7시간인 경우 오전 중간과 오후 중간에 각각 1회의 간식과 1회의 식사, 8시간 이상인 경우 2회의 식사와 2회의 간식이 제공되는 것이 바람직하다.

일반적으로 우리나라의 보육시설과 유치원의 종일제 프로그램에서는 1회의 식사와 2회의 간식이 제공되는데 기관에 따라 아침 식사가 제공되기도 한다. 반일제 프로그램이라도 많은 기관에서 간식과 점심 급식을 하고 있다.

## 2. 식사와 간식 운영에서 고려할 사항

영양이 풍부한 음식이라도 유아가 즐겁게 먹지 않는다면 의미가 없다. 즐거운 식사시간을 조성하기 위해 교사는 다음을 인식하고 있어야 한다.

① 유아들은 편안하고 즐거운 분위기에서 음식을 먹어야 한다. 식사시간은 영양적인 측면뿐만 아니라 심리적인 측면에서도 중요한 역할을 한다. 즉, 여유 있는 분위기에서 즐거운 대화를 나누면서 식사 경험을 하는 것이 중요하다. 이를 위해 유아의 개성과 음식에 대한 반응을 파악하고 있어야 한다. 빨리 먹으라고 재촉하게 되면 먹는 즐거움이 손상될 수 있다. 처음 몇 숟가락을 먹어서 배고픔이 해소되면 유아는 서둘러 먹으려 하지 않을 수 있다. 유아는 성인과 같은 시간 감각이 없다. 따라서 시간을 여유 있게 계획한다.

② 음식을 먹기 전에 먹을 장소를 깨끗이 정돈해 놓아야 한다.

③ 식탁은 식사 전에 깨끗하게 닦아야 한다. 또 식탁의 표면은 유아들이 음식을

소독약으로 식탁을 닦는 교사

흘려도 스며들지 않는 것이어야 한다. 바닥이나 기타 깨끗하지 않은 곳에 음식이 떨어진 경우 반드시 버리도록 한다.

④ 음식을 먹는 데 필요한 가구, 식기류들은 유아들이 스스로 먹을 수 있는 기회를 조장하는 것이어야 한다.
바닥이 깊은 그릇에 음식을 미리 먹기 좋게 잘라 주게 되면 어린 유아는 먹기를 쉽게 시도할 수 있다. 유아 스스로 식기류를 날라 배식할 수 있는 연령의 경우, 개인용 식판에 음식을 담아 제공하는 방법이 주로 사용되고 있는데 이러한 경우도 위생적이고 음식을 담기에 적당한 깊이와 넓이, 유아가 나르거나 다루기 쉬울 뿐 아니라 매력적인 용기를 사용하는 것이 좋다.

⑤ 양을 조절하지 못하는 유아에게는 처음 줄 때 약간 적은 양을 제공하고 유아가 원하면 더 주도록 한다. 작은 그릇을 사용하면 섭취량이 적은 유아가 만족감을 느낄 수 있다.

⑥ 유아는 특정한 음식을 거부할 수도 있다. 그러나 먹기를 강요하지 말아야 한다. 새로운 음식에 천천히 익숙해질 수 있도록 허용한다. 여러 가지 새로운 음식을 한 번의 식사에서 제공하는 것은 바람직하지 않다.

⑦ 식탁은 매력적이어야 한다. 식탁 중앙에 놓을 장식물은 유아들 스스로 만들거나 견학 장소 또는 마당에서 주운 자연물로 장식할 수 있다. 냅킨은 단정하고 적절하게 놓여야 한다.

⑧ 유아의 발달 수준, 학기 시기 등을 고려하여 학급 유아들을 위해 식탁 정리

및 배식 등 급식 활동에 참여할 수 있도록 한다. 이는 유아들에게 즐거운 경험이자 성취감과 자아존중감을 높이고 또래와의 긍정적 관계를 이끌 수 있는 긍정적인 경험이 될 수 있다.

## 3. 식사 시간의 운영

### 1) 활동실에서 먹는 경우

① 활동실의 책상을 배식 탁자로 활용한다.
한 식탁에 5~6명 정도 앉게 배치한다. 가능한 한 식탁마다 교사나 보조자가 한 사람씩 앉아서 함께 식사를 함으로써 역할모델이 되기도 하고 유아의 식습관을 지도하며 대화를 나누도록 한다.

② 도우미 또는 당번이 정해진 경우, 도우미를 맡은 유아가 손을 씻고 앞치마를 입은 후 식탁을 닦거나 배식을 돕는 등 식사 준비과정을 돕는다.

③ 식사를 위해 준비된 용구와 음식을 종류별로 용기에 담아 운반대에 싣고 각 활동실로 가지고 가서 배식 탁자 위에 정돈한다.

④ 유아들은 손을 씻고, 줄을 서서 차례대로 배식 탁자에서 식판에 용구(수저, 컵)와 음식을 받아 준비된 책상으로 간다. 3세 이하 유아에게는 교사가 자리로 음식을 갖다 주도록 한다.

⑤ 식사할 책상으로 간 유아는 가지고 간 식판과 수저를 먹기 좋게 정리하고 물컵에 물을 따른다. 같은 책상에 앉은 유아들이 모두 준비되면 함께 점심을 먹는다.

⑥ 교사는 유아들이 따뜻하고 안정적인 분위기에서 식사를 할 수 있도록 배려하고 필요한 도움을 준다. 식사를 통해 가족적인 분위기와 편안함을 느끼게 하고 대화를 장려한다. 교사는 함께 점심을 먹으면서 음식을 골고루 먹기, 그릇과 수저를 바르게 사용하기, 꼭꼭 씹어 먹기, 먹으면서 돌아다니지 않고 바른 자세로 먹기, 먹는 양 조절하기 등의 올바른 식습관을 지닐 수 있도록 자연스럽게 지도한다.

3세아 학급의 배식 예:
유아들은 자리에 앉아 있고 교사가 배식함

4, 5세아 학급의 배식 예:
배식 테이블로 유아들이 식판을 갖고 와
도우미 유아와 교사에게 배식 받음

⑦ 식사를 마친 후 자신이 사용한 식기를 운반대에 가져다 정리한다. 3세 미만의 어린 유아의 경우도 되도록 교사의 도움을 받아 정리에 참여하도록 한다.

⑧ 식사 후 자신이 사용한 식기를 정리한 유아들은 이를 닦은 다음, 휴식을 취하거나 책 보기, 퍼즐 등의 조용한 활동을 하도록 한다. 유아들이 조용한 활동을 하는 동안 당번이 된 유아는 교사와 점심 먹은 자리를 정돈한다. 이어서 종일반 학급의 경우에는, 오후 자유선택활동 및 낮잠 준비를 한다.

교사의 도움으로 스스로 식사하는 걸음마기 유아

### 2) 식당에서 먹는 경우

① 식당이 활동실과 분리되어 있는 경우, 부엌과 식당 경계에 있는 배식대에서 배식을 한다.
② 배식대 위에 식판, 국 그릇, 수저, 컵 등의 용구를 정돈해 놓는다.
③ 유아들은 손을 씻고 식당으로 가서 배식대 앞에서 각자의 식판에 차례로 배식을 받는다.
④ 3세 미만의 유아들은 식판을 옮기기 어려우므로 식탁에 앉아 있도록 하고 교사나 취사부, 기타 성인이 음식을 유아 앞에 갖다 주도록 한다.
⑤ 식사 중 교사의 역할은 활동실에서 점심을 먹을 때와 동일하다.
⑥ 식사를 마친 후 식판과 용기를 정해진 곳에 가져가 정리한 후 활동실로 돌아간다. 3세 미만의 유아도 가능하면 정리의 일부를 스스로 담당하도록 한다.
⑦ 당번을 맡은 유아는 교사의 도움을 받아 식탁을 정리한다.
⑧ 식사를 마친 유아들은 이를 닦고 휴식을 취하거나 조용한 활동을 한다.

## 4. 간식 시간의 운영

간식은 활동량이 많은 유아들에게 충분한 영양과 수분을 공급해 주어 다음 시간에 지장이 없도록 하며, 유아기에 부족하기 쉬운 영양소인 무기질, 비타민의 공급원이 되는 음식물을 제공한다.

간식은 대개 조용한 활동 시간 후에 먹게 되는데 간식시간의 운영 방법은 유아의 상황, 연령과 시기에 따라 다소 차이가 있다. 유아들에 따라 아침을 못 먹고 오는 경우가 있고, 특히 아침에 일찍 출근하는 양육자와 함께 등원하는 유아들이 가정에서 아침을 제대로 먹지 못하는 경우가 많기 때문에 오전 간식 시간을 융통성 있게 운영하도록 한다. 또한 유아의 연령이 어릴수록, 학기 전반일수록 개별 간식이 바람직하다.

간식의 양은 상한선을 정해 주고 먹을 수 있을 만큼만 덜도록 한다. 그리하여 유아들이 아침식사의 양과 간식 전의 활동량에 따라 조절해서 먹도록 배려한다.

점심을 기관에서 먹게 되면 오전간식은 점심 시간으로부터 적어도 1시간 30분 전에 마치도록 하고, 점심식사에 부담이 없는 가벼운 것을 제공한다.

오후간식은 한 학급의 유아들이 점심을 동일 시간대에 먹었기 때문에 집단 간식도 가능하나 유아의 연령과 생리적 요구의 개인차를 고려하여 개별 간식으로 할 수도 있다. 유아교육기관에서 저녁식사를 하지 않는다면, 오후간식의 양은 각 가정에서의 저녁 식사 시간이 늦을 경우를 위하여 좀 더 든든한 음식으로 준비하거나 양을 많게 할 수 있다.

### 1) 개별 간식 운영의 예

개별 간식이라 함은 유아교육기관 현장에서 자유간식이란 말로 불리기도 하는데 비교적 충분한 시간대 안에서, 주로 자유선택활동과 병행하여 교사가 활동실 한쪽에 간식 운반대(또는 배식대)를 준비해 놓으면 유아가 자신의 개별적 요구에 따라 원하는 시간에 간식을 먹는 방법이다. 대개 책상 중의 한두 곳 또는 유아들이 원하는 책상을 간식을 먹는 장소로 운영하게 된다.

① 교사가 먼저 손을 깨끗이 씻는다.
② 간식 책상을 깨끗이 닦고 청결하게 한다.
③ 간식 운반대 또는 출입문 입구 등의 눈에 띄는 곳에 그날의 간식 내용과 양을 표시한 간식 안내판을 둔다.
④ 간식 책상과 운반대를 가까이 두어 유아들이 그릇을 가져가기 쉽게 한다.
⑤ 그릇에 담긴 간식과 집게, 음료수 등을 간식 책상 위에 올려놓는다.
⑥ 간식을 먹을 유아들은 손을 씻고 운반대에서 그릇을 간식 책상으로 가져간다.
⑦ 간식 안내판에 표시된 양에 따라 유아 스스로 간식을 자신의 그릇에 덜게 하는데 나이가 어린 유아의 경우는 음식을 덜어 담는 것을 교사가 도울 수 있다.
⑧ 유아들의 건강을 위하여 놀이에 열중하여 간식을 먹지 않으려는 유아가 없는지 살피고 가능하면 먹도록 지도한다.

⑨ 자신이 사용한 접시와 컵을 운반대에 가져다 두고 행주나 스펀지로 흘린 것을 닦도록 한다.

⑩ 책 보기나 그림 맞추기 등 조용한 활동을 하거나 휴식을 한 후 다른 활동적인 놀이를 하도록 한다.

### 2) 집단 간식 운영의 예

집단 간식이라 함은 정해진 간식 시간대 안에서 학급의 전체 유아들이 동시에 간식을 먹는 경우를 의미한다. 집단 간식을 운영하는 방법은 학급 유아의 연령, 학기의 진행 시기, 성숙도 등에 따라 몇 단계로 적용될 수 있다(이화여자대학교 사범대학 부속 이화유치원, 만 5세 ① 즐거운 유치원, pp. 75-77; ③ 가족(1992), pp. 55-56). 다음은 집단간식 운영의 한 예다.

① 교사는 먼저 손을 씻고 유아들을 몇 명씩 나누어 화장실에 보내 손을 씻도록 한다.

② 교사는 간식운반대를 가지고 온 후, 행주로 상을 닦고 한 책상에 모이는 약 5~8명의 간식이 담긴 그릇과 음료수 통을 갖다 놓는다. 이 일은 학기의 시기와 유아들의 성숙 수준에 따라 유아 도우미의 역할과 책임으로 전환될 수 있다.

③ 손을 씻고 오는 순서대로 간식 운반대 앞에 줄을 서서 자기가 사용할 접시와 컵을 가져가 앉고 싶은 자리에 앉는다.

④ 책상에 먼저 온 유아부터 자기 접시에 간식을 덜고 음료수를 따른 다음, 오른쪽 옆 유아에게 전해 주게 한다.

⑤ 감사를 표시하고 먹는다.

⑥ 식사 예절을 지키며 먹도록 한다(예: 다 먹을 때까지 자리 뜨지 않기, 입 안에 음식을 넣은 채 이야기하지 않기, 작은 소리로 이야기하기).

⑦ 다 먹은 뒤 책상을 정리하고 의자를 집어넣은 다음, 컵과 접시를 간식차에 가져다 놓는다.

⑧ 먼저 먹은 유아는 조용한 활동을 하도록 한다.

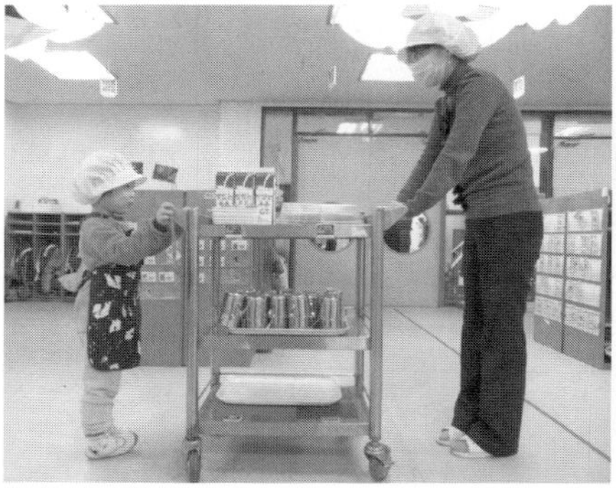

## 4절 식품의 안전

식품으로 인한 질병은 매우 위험하며 치명적일 수도 있다. 음식을 다루는 사람의 위생 및 청결, 음식의 적절한 관리, 조리시설 · 설비의 위생, 조리과정의 위생 등이 식품의 안전에 필수적이다.

### 1. 개인 위생관리

#### 1) 조리원의 건강

집단 급식을 하는 유아교육기관에서는 조리원*을 두어야 한다. 식품을 취급하고 조리하는 조리원은 결핵을 비롯한 전염성 질환이 없어야 하며, 정기적인 신체

* 식품위생법 시행령[대통령령 제21847호, 2009.11.26. 타법개정] 제36조(조리사를 두어야 하는 영업 등)
① 법 제51조 본문에 따라 조리사를 두어야 하는 자는 다음 각 호에 해당하는 식품접객영업자 및 집단급식소 운영자로 한다.
2. 다음 각 목의 집단급식소 운영자
가. 국가 및 지방자치단체 나. 학교, 병원 및 사회복지시설

검사를 통해 질병 여부를 확인하여야 한다.* 또한 전염병이 유행하거나 필요 시 건강 진단을 통해 건강을 확인하여야 한다.

감기, 호흡기 질환, 배탈 또는 목의 감염이 심각할 경우, 손에 상처를 입었을 경우에는 음식을 다루지 말아야 한다. 증세가 가벼워서 일할 수 있을 것 같은 생각이 들더라도 병을 타인에게 옮길 수 있다. 어떤 병이든 전염성이 있는 경우에는 음식을 다루지 말아야 한다.

### 2) 조리원 및 식품을 다루는 사람의 위생

음식을 조리하고 제공하는 데 관련된 사람들은 위생에 각별히 유의하여야 한다. 음식으로 인한 질병은 청결치 못한 데서 올 수 있기 때문이다.

- 복장: 식품을 다루는 사람은 위생복과 모자를 착용해야 한다. 위생복은 깨끗하고 앞치마는 자주 갈아입어야 한다. 또한 시계, 반지, 귀걸이, 팔찌 등의 장신구 착용과 매니큐어 등을 삼가고 조리실 내에서는 전용 위생화를 신는다.
- 하지 말아야 할 행동: 조리 중 껌 씹기, 음식이나 식품 재료 앞에서 기침이나 재채기하기, 조리 중 옷으로 땀을 닦기, 식기의 식품 접촉면을 손으로 만지기, 손가락으로 음식 맛보기, 수저 하나로 여러 음식을 맛보기, 사용한 식기구를 재사용하기, 한 음식의 조리에 사용한 장갑을 다른 음식을 조리하는 데 사용하기, 설거지나 식품 재료를 만진 후 손을 소독하지 않고 조리하는 행위 등은 식품의 안전에 위협이 될 수 있다.
- 손 씻기: 무엇보다 철저한 손 씻기가 가장 중요하다. 일하기 전, 음식을 만지기 전, 음식이 아닌 것을 만진 후에, 다른 음식 종류를 다루는 사이에, 음식이나 차를 마시고 난 후, 화장실을 다녀온 후, 기침이나 재채기 또는 코를 닦은 후, 전화를 받고 난 후, 귀나 입, 코 등 신체부위를 만졌을 때 등 수시로 철저하게 손을 씻어야 한다.

---

* 식품취급 및 조리작업자는 6개월에 1회 건강진단을 실시하고, 그 기록을 2년간 보관하여야 한다. 다만, 폐결핵 검사는 연1회 실시할 수 있다(학교급식법 시행규칙 제6조 관련 별표 4).

## 2. 안전한 식품 관리

### 1) 식품의 구매 및 보관

건강과 안전을 위해 신선하고 안전한 식품이 공급되어야 한다. 특히 단백질 식품인 우유 및 유제품, 달걀, 육류, 가금류, 생선류 등의 식품은 부패되기 쉽고 식중독을 유발할 수 있으므로 신선도가 매우 중요하며 보관에도 특별한 주의를 요한다.

되도록 신선한 상태에서 당일 바로 소비하도록 한다. 부득이 보관해야 할 경우 적절한 온도에서 보관하고 안전한 기간 중에 조리한다(식재료별 보관 온도는 표 5-8 참조).

표 5-8 식재료별 보관 온도

| 구분 | 식재료 | 보관 온도 |
|---|---|---|
| 주식류 | 쌀, 밀가루, 보리쌀 | 15~25℃ |
| 육 류 | 쇠고기, 돼지고기 등 | 냉장 상태: 5℃<br>냉동 상태: −18℃ 이하 |
| 생선류 | 고등어, 꽁치, 삼치 등 | 냉장 상태: 5℃<br>냉동 상태: −18℃ 이하 |
| 엽채류 | 배추, 양배추, 시금치, 상추, 콩나물 등 | 씻거나 전처리된 상태: 5℃<br>자연 상태: 15~25℃ |
| 근채류 | 무, 양파, 감자 등 | 씻거나 전처리된 상태: 5℃<br>자연 상태: 15~25℃ |

• 출처: 교육인적자원부(2007b), p. 22.

식품 보관과 관련하여 보관 온도 외에도 유의할 점은 다음과 같다.

- 상온에서 보관하는 식재료는 식품보관실에 보관한다. 식품보관 선반은 바닥으로부터 30cm 이상 공간을 두어 청소를 용이하게 한다.
- 온도계를 냉장고에서 가장 따뜻한 부분에 놓아두고 적절한 온도가 유지되는

지 점검한다.

- 냉장실의 온도는 5℃ 이하여야 하며 냉동실은 영하 18℃ 이하여야 한다.
- 냉동된 식품을 녹일 때는 냉장 해동(10℃ 이하), 흐르는 물(21℃ 이하), 전자레인지로 녹여야 하며, 해동된 식품은 즉시 사용하여야 한다(학교급식법 시행규칙 6조 1항 관련 별표 4).
- 보관 식품의 양은 냉장 및 냉동고 용량의 70% 이하가 되게 함으로써 적정온도가 유지되도록 한다.
- 개봉한 캔 제품, 소스류는 깨끗한 용기에 옮겨 담고, 개봉날짜, 유통기한, 원산지, 제조업체 등을 표시하고 냉장 보관한다.
- 선입선출의 원칙을 따라 먼저 구입한 식재료를 먼저 사용한다. 선입선출이 용이한 위치에 식재료를 보관한다.
- 해당 식품의 보관방법에 맞게 보관하도록 한다.

### 2) 조리실 위생

조리실의 위생은 안전한 급식을 하기 위한 필수적 요소다. 집단 급식소로 신고된 유아교육기관은, 급식을 위생적으로 관리하여 식중독 등 위생사고 발생을 방지하기 위해 학기당 1회의 정기 점검을 시, 군, 구청으로부터 받도록 되어 있다. 유치원의 경우 집단 급식소로 신고되지 않았더라도 점검을 받는다. 외부기관으로부터의 점검 외에도 기관의 자체 점검표를 통하여 매일 안전한 급식을 위해 노력하도록 한다(부록 II-4. '일일위생안전점검표' 참조).

- 조리실은 계획을 세워 체계적으로 위생을 도모해야 한다. 조리실의 기구들뿐 아니라 바닥, 벽, 창 등 모든 것에 대한 청결 계획이 수립되어야 한다. 음식을 다루는 데 직접 사용되는 설비들은 특히 세심한 주의를 요한다(부록 II-5. '조리실 청소 점검표' 참조).
- 조리 도구를 사용한 다음에는 소독액이나 끓는 물로 소독한다. 식기류는 직접 세척하거나 자동 세척기로 세척한다. 손으로 세척할 경우, 뜨거운 물로 닦고 헹구는 것도 뜨거운 물로 한다. 식기류는 반드시 행주로 닦지 말고 그대로

건조시킨다.
- 모든 재료는 상하지 않았는지 잘 살펴보고 깨끗이 씻어야 한다. 캔 음식을 사용할 때에는 사용 전에 캔의 뚜껑을 잘 닦는다. 깡통따개 또한 매일 닦아야 한다.
- 조리실 및 식품 보관실의 창문과 출입구, 환기 시설 등에는 해충 및 쥐를 막을 수 있는 방충망 등 적절한 설비를 갖추고 정기적으로 소독을 실시한다.*

### 3) 먹는 장소의 위생

먹는 곳 또한 특별한 주의를 요한다. 교실에서 식사를 한다면 식탁의 청결에 더욱 유의하도록 한다. 위생을 유지하기 위해 식사 전, 식사 후, 간식 전, 간식 후에 테이블을 깨끗이 닦아 준다.

유아와 교사는 음식을 먹기 전에 반드시 손을 씻어야 한다는 것을 알고 실천해야 한다. 공동 그릇에서 음식을 덜 때는 개인용 수저를 사용하지 않고, 공동 그릇에 준비해 놓은 수저나 집게를 사용하도록 한다.

* 학교급식법 시행규칙(보건복지가족부령 제132호, 2009)에는 소독을 실시하여야 하는 시설의 종류와 횟수가 제시되어 있다. 시설의 종류는 1회 100인 이상에게 계속적으로 식사를 공급하는 집단급식소와 「영·유아보육법」에 의한 영·유아 보육시설 및 「유아교육법」에 의한 유치원(50인 이상을 수용하는 영·유아 보육시설 및 유치원의 경우에 한한다)이다. 이들 시설들은 위생 해충의 방제를 위해 전염병예방법령에 따라 하절기(4~9월)는 2개월마다 1회 이상, 동절기(10~3월)는 3개월마다 1회 이상 허가받은 방역 업체에 의뢰하여 급식 시설 소독을 실시하여야 한다.

# 제 3 부

# 안 전

# 6장 안전사고의 예방

안전사고는 유아의 사망과 불구를 가져오는 주요 요인으로 유아의 특성인 호기심과 충동적 행동이 유아를 예기치 않은 위험으로 이끈다. 유아는 경험부족과 지적 미성숙으로 인해 자신의 행동이 초래할 수 있는 결과를 예측하기 어렵다. 또한 위험을 인지하더라도 대처능력이 없거나 미숙하다. 따라서 성인은 안전한 환경을 마련해 주고 유아를 보호하는 데에 특별히 주의를 기울여야 한다. 동시에 위험에의 노출을 피하면서 도전적이고 창의적인 경험을 즐길 수 있는 방법을 교육해야 한다.

## 1절 안전사고 개관

### 1. 안전사고 실태 및 요인

일반적으로 '사고'는 예기치 않은 어쩔 수 없는 사건으로 인식되어 왔다. 그러나 안전을 중시하는 생활 태도를 지니고, 사고가 일어날 수 있는 가능성을 인식할 수 있다면 많은 사고들이 예방될 수 있을 것이다.

우리나라는 어린이의 높은 안전사고 사망률로 인해 안전을 국가적 과제로 삼고 2003년을 '어린이 안전 원년'으로 선포한 이래, 범정부차원의 종합적인 안전대책을 추진하여 왔다. 종합 대책 시행 이후 안전사고로 인한 어린이 사망율은 감소하고는 있으나, 아직도 OECD보다 여전히 높은 실정이며, 안전사고 발생수는 급증하고 있다(소비자안전본부 위해정보팀, 2009).

의학의 발달과 생활수준의 향상으로 인해 질병에 의한 사망률은 점차 낮아지고 있으나 사고는 어린이 사망의 가장 큰 원인이 되고 있다. 어린이 안전사고에는 다양한 요인들이 작용한다.*

- 사고는 어린이의 취약성과 관련이 있다.
  어린이는 사고에 취약하다. 특히 유아기 어린이는 위험을 판단하고 대처하는 능력이 미숙하지만, 대담하고 호기심이 많다. 또한 유아가 배고픔, 피로, 질병, 새로운 상황, 애정 결핍, 스트레스를 받는 상황 등에서는 사고 위험이 더욱 높아진다.
- 사고는 어린이의 성과 관련이 있다.
  남아들이 여아보다 사고를 당할 가능성이 높다. 일반적으로 남아들이 여아들보다 활동적이고, 위험을 무릅쓰는 경향이 있고, 남아들의 놀이에 거친 놀이가 많기 때문이다(Chang, Lugg, & Nebedum, 1989; Frost, Wortham, & Reifel, 2001). 우리나라에서 2007~2008년까지 2년간 발생한 어린이 사고에서 남아의 사고(61.0%)가 여아의 사고(39.0%)보다 약 1.5배 높았다.
- 사고는 어린이의 연령과 관련이 있다.
  연령이 어릴수록 사고의 빈도는 높아진다. 상기한 조사에서에서 6세 이하의 취학 전 유아의 사고가 전체 사고의 76.2%로서 어린이 안전사고의 대부분을 차지하고 있으며 그 중에서도 걸음마를 시작해서 움직임이 많아지는 1~3세아의 사고가 차지하는 비율이 가장 높았다.
  사고 내용면에서는 베인 상처/열상 사고, 이물질, 화상 사고의 절반 이상이 1~3세 유아에게서 발생하며 타박상이나 이물질, 찰과상, 뇌진탕 사고도 이 시기에 가장 많이 발생하는데, 걸음마를 시작해 호기심이 왕성해지는 이 시

* 이하 사고 실태는 소비자안전본부 위해정보팀(2009)의 연구결과에 기초함.

기가 어린이 안전에 취약한 것으로 나타났다. 4~6세는 주로 골절, 베인 상처/열상, 이물질, 타박상 등의 사고를 당한다. 1세 미만 영아는 주로 중독과 화상사고, 뇌진탕 등의 사고를 당한다.

- 사고는 장소와 관련이 있다.

  상기한 조사에서 어린이 안전사고의 절반 이상(59.2%)이 가정에서 발생하였으며, 그다음은 공원 및 놀이시설(8.7%), 공공행정 및 서비스지역(7.2%), 교육시설(6.5%), 도로(4.0%) 순이었다. 사고 발생 장소별 연령을 보면, 가정에서 모든 연령에 걸쳐 사고 발생 건수가 많아 부모의 특별한 관심과 주의가 필요한 것으로 나타났다. 공원이나 놀이시설, 교육시설에서는 만 7~14세 연령대의 사고 비율이 높게 나타났다. 가정에서는 주로 넘어짐/미끄러짐, 충돌/충격, 삼킴/흡입 등이 위해 요인이었으며, 교육시설에서는 충돌/충격, 추락/넘어짐 외에 날카로운 물체에 베이거나 찢어짐 등이 주요 위해요인이었다.

발달 특성으로 인해 사고의 위험에 많이 노출되어 있기는 하지만 유아의 사고는 무엇보다도 성인의 책임이 크다. 유아의 특성 외에 사고를 일으키는 원인은 크게 세 가지로 요약될 수 있다. 첫째는 환경이 지닌 문제로, 환경은 물리적 시설뿐 아니라 사회적·법적 제도를 포함하는 광범위한 것이다. 예를 들어, 어린이의 발달 특성과 안전을 충분히 고려하지 않은 관련 법규, 놀이터, 도로시설, 위험한 놀잇감 등은 어린이의 안전을 위협하는 환경이 된다. 둘째는 유아의 능력과 활동 사이의 부조화인데, 유아의 능력과 활동 사이의 부조화는 교육과정 운영과도 관련이 있다. 유아의 능력과 흥미에 적절하지 않은 활동은 사고를 유발하기 쉽다. 예를 들어, 3세 유아에게 불을 사용한 요리 활동을 계획하거나 적절하게 휴식을 할 수 있는 시간이 일과 계획에 포함되어 있지 않을 경우, 유아들의 사고 위험은 높아진다. 셋째, 성인의 관리와 감독 소홀도 빼놓을 수 없는 이유로 성인이 주의 깊게 어린이의 놀이와 활동을 지켜보고 적절하게 지도하는 것이 사고의 예방에 있어서 매우 중요하다. 특히 어린이의 연령이 어릴수록 성인의 세심한 보살핌이 더욱 필요하다.

**어머니, 아버지가 지켜야 할 7가지 안전수칙**

1. 가정 내의 위험요소를 어린이의 시각에서 점검해 봅시다.
2. 질식, 감전, 베임, 화상, 미끄러짐, 걸려 넘어짐, 추락, 익사 등 일어날 수 있는 사고를 항상 염두해 두고 평소에 사고 예방법을 생각해 보는 습관은 큰 도움이 됩니다.
3. 사고를 예방할 수 있는 정확한 방법을 숙지합시다. 위험요인은 미리 제거하고, 안전한 환경 조성에 주의를 기울이세요.
4. 자녀에게 안전교육내용을 지도할 때에는 자세하고 정확하게 지도해 주시고 생활 속의 실제 예를 들어 주는 것이 좋습니다.
5. TV, 동화책, 컴퓨터에 나오는 안전하지 않는 상황을 바르게 지도해 주시고 아이가 무엇이 잘못되었는지 알 수 있도록 해 주면 그 자체로 효과적인 안전교육이 될 수 있습니다.
6. 어린이를 집에 혼자 두지 않도록 하고, 부득이한 경우는 대문을 반드시 잠그고 문을 아무에게나 열어 주지 않도록 지도합시다.
7. 밤에 어린이 혼자서 밖에 나가지 않도록 하며, 낮에 나가는 경우에도 어른에게 알리도록 하고, 반드시 주의사항을 알려 줍시다.

▷출처: 보건복지부 · 한국보건사회연구원(2003). 어린이 안전수칙을 위한 부모님 가이드. 한국보건사회연구원/보건복지부.

## 2. 유아교육기관에서의 안전사고

유아교육기관에서는 놀이 시설물로 인한 사고 가능성이 높으며 가정에서는 실내 사고가 대부분이다. 유아교육기관에서 유아가 입는 상처의 대부분은 사소한 것이다. 의료적 치료를 요하는 사고는 놀이터의 대근육 놀이영역에서 가장 흔히 일어난다.

유아교육기관에서 유아에게 가장 흔히 일어나는 사고는 딱딱한 바닥으로 추락하는 것이며, 그다음은 놀이터 시설물, 놀잇감으로 인한 사고다. 사고로 인한 가장 흔한 형태의 상처는 찰과상과 멍이다.

사고가 가장 많이 일어나는 시간은 늦은 오전이다. 이는 늦은 오전이 대부분의 유아교육기관에서 실외 놀이 및 대근육 놀이를 하는 시간이기 때문이다. 또한 성인과 유아 모두 피로한 시간인 일과 끝 무렵에 사고가 많이 발생한다. 또 새로운 교사가 오고, 유아가 입학하는 시기에 사고가 많이 일어난다. 새로 온 유아와 교직원은 기관의 물리적 환경 및 시설의 안전 규칙에 익숙하지 않기 때문이다.

이 밖에도 여러 가지 상황이 안전사고를 초래한다. 유아교육기관에서 사고의 가능성을 높이는 것으로 확인된 상황들은 다음과 같다(Aronson, 2002; Marotz et al., 2005).

- 신임 교사 또는 방문자가 있을 때
- 결근한 교직원이 있을 때
- 교사가 당황하거나 어려운 일에 직면했을 때 예를 들어 다루기 어려운 유아가 있을 때, 부모와의 편치 않은 대화, 다른 교직원과의 불화, 개인적인 문제가 있을 때 등
- 교직원의 수가 부족할 때
- 날씨로 인해 유아들이 실외에서 놀 수 없을 때
- 재촉받는 상황에 있을 때
- 놀이 규칙이 명확하지 않을 때
- 새로 들어온 유아와 같이 특정한 유아에게 성인의 주의가 집중될 때
- 아픈 유아로 인해 교사의 일과 진행이 순조롭지 않을 때
- 유아가 지치고 배고플 때, 기분이 좋지 않을 때
- 위험을 안고 있는 대상이 유아에게 너무 매력적으로 보일 때
- 교사들이 유아의 능력을 정확히 파악하고 있지 못할 때
- 견학과 같이 유아들이 새로운 장소를 탐색하느라 안전 규칙을 잊을 수 있는 상황일 때

## 2절 안전사고의 예방

유아에게 일어나는 모든 사고를 예방하는 것이 가능하지는 않다. 사고의 원인이 교사와 부모의 통제 범위를 넘어서는 부분이 있기 때문이다. 그러나 유아에게

일어나는 사고 중 많은 부분은 관심과 노력을 통해 예방할 수 있는 것이다.

안전사고를 예방하기 위하여 어린이의 발달 특성에 대한 정확한 이해에 기초하여 다음의 네 가지 기본적인 안전 조치를 하여야 한다.

- 안전한 유아교육 환경의 구성
- 규칙 세우기
- 주의 깊게 지켜보기
- 안전교육

## 1. 어린이의 발달 특성의 이해

어린이의 안전사고는 발달 특성과 밀접한 관련이 있다. 발달에 대한 지식에 기초하여 환경과 활동을 계획하고 조직하며 적절한 놀이 시설을 선정하고 규칙을 세우고 활동과 놀이를 감독하며 안전교육을 실행하는 것은 유아교육기관과 교사의 주요한 책임이다.

어린이의 발달 특성에 따른 안전 문제를 이해하면 연령에 따른 잠재적 위험요인이나 상황을 인식하여 어린이들에게 안전한 환경을 제공할 수 있고, 적절한 관리 감독을 하며, 연령별 발달 특성에 맞는 안전교육을 시행할 수 있다.

### 1) 영아기

영아는 감각을 통해서 세계를 배운다. 영아기의 발달 변화는 놀라운 속도로 이루어진다. 2~4개월이 되면 어떤 영아들은 순식간에 몸을 뒤집어서 요 밖으로 나가거나 기저귀 갈기 테이블에서 떨어진다. 영아용 의자나 유모차에서 몸을 흔들거나 움직일 수도 있다. 추락사고 중 많은 것이 성인이 아기를 그러한 기구에 놓을 때 생긴다. 추락 사고는 영아기 사고의 주요 원인이 되므로 성인은 떨어질 가능성이 있는 곳에 잠시라도 아기를 두지 말아야 한다.

아기가 기어 다니기 시작하면 계단이 있는 가정이나 유아교육기관의 경우, 계단의 밑바닥과 꼭대기 부분에 보호문을 설치하여 추락 사고를 예방해야 한다. 보행기는 바닥 높이가 다른 곳으로 이동할 때 뒤집어질 우려가 있어 매우 위험하므로 되도록 사용하지 않도록 한다.

영아들은 무엇이든 입으로 가져가는 습성이 있다. 입을 통해 세계를 탐색하는 것이다. 따라서 영아의 손에 닿는 모든 물건은 입에 들어가지 않을 정도로 커야 하는데 대개 지름 3.5cm 이상의 것이 안전하다. 영아들은 냄새와 맛이 고약해도 먹는 습성이 있다(Aronson, 1991). 영아의 이동능력이 증가할수록 위험도 그만큼 커진다. 약품이나 독성물질은 어느 연령의 어린이이든 간에 어린이의 손이 닿지 않는 곳에 두어야 한다.

사용하지 않는 전기 콘센트에는 안전캡을 씌우도록 하며, 전깃줄은 영아들이 씹을 우려가 있으므로 벽에 안전하게 고정한다. 늘어져 있는 전선을 영아가 잡아당기면 무거운 물건이 영아에게로 쏟아져 내려올 수 있는데, 이때 코드가 뜨거운 다리미나 커피포트 등과 같은 물건과 연결되어 있으면 심각한 위험을 초래할 수 있다. 단 한 잔의 커피나 뜨거운 음료라도 손으로 건드리거나 테이블에서 영아에게 떨어지면 영아의 신체의 넓은 부위에 심각한 화상을 입힐 수 있다.

젖병을 영아의 입에 걸쳐 놓게 되면 심각한 위험을 초래할 수 있다. 수유 중에 많은 영아들이 젖을 게우거나 기침을 하고 일부 용액을 삼킬 수 있다. 이로 인해 젖이 기도를 막을 수도 있다. 젖병을 물고 자게 하면 용액이 귀로 흘러들어가 귀를 감염시킬 수 있고, 입 안에 고인 용액으로 인해 치아가 손상될 수 있다. 따라서 수유는 반드시 바른 자세에서 아기를 안고 45도 정도로 눕혀서 시행한다. 이는 양육자와의 사회적 상호작용을 위해서도 바람직하다.

영아는 무엇이든 입으로 가져가는 습성으로 인해 질식의 위험이 높다. 또한 어린 영아들에게는 지나치게 푹신한 침구도 질식을 유발할 수 있다.

영아기에는 화상 사고가 빈번하게 발생하는데 뜨거운 용액으로 인한 화상이 가장 빈번하다. 많은 화상 사고가 부엌에서 발생하는데 가열대 위에 놓인 팬을 뒤집어 떨어뜨리거나 찻잔을 쏟거나 기타 뜨거운 용액이 든 용기를 쏟아서 발생한다. 섭씨 55℃의 물이 살에 닿으면 불과 7~10초 만에 2도 화상을 입게 된다(Aronson, 1991).

전자레인지가 보급됨에 따라 새로운 형태의 화상 사고도 일어나고 있는데 젖병이나 이유식을 데우기 위해 전자레인지를 사용할 경우 그릇은 차갑게 느껴지는데도 안의 내용물은 매우 뜨거울 수가 있다. 또한 음식을 꺼낸 뒤에도 몇 분 동안은 가열이 될 수 있다. 그러므로 충분히 식히지 않고 음식을 먹일 경우 입을 델 수 있다.

### 2) 걸음마기

걸음마기 유아는 자신의 몸을 움직여서 여러 가지 실험과 탐색을 한다. 걸음마기 유아들은 계단 오르기, 달리기, 물건 짚고 올라가기 등 다양한 움직임을 실험한다. 그러므로 위험한 물체로부터 유아를 보호하기 위해 높은 곳에 위험한 물건을 두거나 서랍에 숨겨 둔다고 안전이 보장되는 것은 아니다.

걸음마기 유아에게는 특히 주의 깊은 감독이 필요하다. 이들은 이동능력이 향상된 반면, 위험을 판단하고 대처하는 기술이 발달되어 있지 않기 때문이다. 영아기의 위험요인들 모두가 걸음마기에도 문제가 된다. 오히려 걸음마기 유아는 그러한 위험에 보다 빨리 뛰어들 수 있다. 지시에 주의를 기울이지 않을 수 있기 때문에 미리 위험요인을 제거해 주어야 한다. 따라서 걸음마기 유아를 돌보는 일은 육체적으로 매우 고단한 일이다.

걸음마기 유아가 성인이 알아차리지 못하는 사이에 나가는 일이 없도록 낮은 문을 설치하는 등의 장치가 되어 있어야 한다. 계단에 접근하는 것을 방지하는 울타리를 계단 밑과 위에 설치하여 추락을 방지하고 창문은 유아들이 떨어지지 않도록 안전장치를 해야 한다. 방충망을 설치했다고 안심할 수는 없다.

걸음마기 유아에게는 난방설비가 커다란 위험이 된다. 석유나 가스, 연탄난로는 유독성 연기를 방출하므로 사용하지 않도록 한다.

### 3) 유아기

유아기 어린이는 성인의 지시를 보다 잘 받아들이며 합당한 안전 규칙을 받아들이고 걸음마기 유아에 비해 사회적 기술과 충동조절능력이 많이 발달되어 있다. 유아는 균형감각과 협응능력이 발달하며 활동적인 대근육 놀이, 모험을 요하는 놀이를 즐기게 된다. 이러한 과정에서 시설물에 부딪치거나 유아끼리 부딪치거나 시설물에서 떨어지는 사고가 발생하기 쉽다. 너무 많은 유아들이 하나의 시설물을 사용할 때에도 마찬가지다. 유아는 보다 도전적인 상황의 실험을 통해 운동능력을 발달시킨다. 계단 오르기, 낮은 곳에서(30cm) 뛰어내리기를 능숙하게 할 수 있고, 손가락으로 놀이 시설물을 단단히 쥘 수 있는 능력이 나타날 때 보다 도전적인 놀이 시설물을 사용하도록 한다.

유아기 어린이는 보다 사회화된 놀이를 즐기며 자신보다 나이가 많은 어린이와 성인의 행동을 모방하는 특성이 두드러진다. 때로 그러한 놀이나 행동에 필요한 기술과 보호 장치가 없을 때에도 시도한다. 상상놀이를 많이 하므로 위험한 놀이도 이루어진다.

유아기에는 도구 사용 기술을 습득하기 시작하는데, 이로 인한 사고가 발생하기 쉽다. 또한 실외에서의 놀이가 많아지면서 교통사고의 위험도 높아진다.

### 4) 학령기

학령기 어린이들은 도구와 설비로 인한 사고가 많다. 따라서 부엌에서는 감독이 필히 이루어져야 한다. 화상과 날카로운 물건으로 인한 사고가 많이 발생하기 때문이다. 성인의 보살핌이나 동행 없이 등하교를 하고 밖에서 활발한 놀이를 많이 함에 따라 교통사고, 자전거사고의 위험에 더 많이 노출된다.

〈표 6-1〉은 출생 후부터 12세까지 어린이의 발달 특성과 시기별로 일어나기 쉬운 사고의 종류, 장소, 예방 조치 등을 요약한 것이다.

표 6-1 어린이의 연령에 따른 발달 특성, 사고 위험 및 예방

| 연령 | 발달 특성 | 상해의 종류와 장소 | 예방 조치 |
|---|---|---|---|
| 출생~4개월 | • 먹고, 자고, 운다. | • 화상 | • 목욕물의 온도를 확인한다. |
| | | • 추락 | • 보호 울타리가 없는 침대나 탁자 위에 혼자 있게 하지 않는다. |
| | | • 놀잇감/삼키기 | • 놀잇감은 삼킬 수 없는 정도의 크기여야 하며 독성이 없고 모서리가 날카롭지 않은 것이어야 한다. |
| | | • 날카로운 물건 | • 핀이나 날카로운 물건들을 영아가 닿을 수 없는 곳에 치운다. |
| | | • 질식 | • 얇은 비닐, 비닐봉지, 가방, 베개 등으로 인해 질식하거나 목이 감길 수 있으므로 주의한다. 침대 매트리스나 요는 단단한 것이 안전하다. 이불은 넉넉한 것이 좋다. |
| | | | • 상해를 입을 만한 것들로부터 완벽한 보호를 필요로 한다. |
| 4~12개월 | • 물체를 손에 움켜쥐며, 입에 넣는다.<br>• 움직임의 범위가 커진다. | • 놀이공간 | • 영아를 성인이 지켜볼 수 있는 안전한 장소에 있도록 한다. |
| | | • 목욕실 | • 목욕물의 온도를 확인한다. 영아를 수도꼭지 가까이에 있도록 하지 않는다. 잠시라도 목욕탕에 영아를 혼자 있게 해서는 안 된다. |
| | | • 놀잇감 | • 깨지지 않고 가장자리와 모서리가 둥근 놀잇감 또는 부드러운 재질의 목재나 플라스틱 놀잇감이 안전하다. |
| | | • 작은 물건 | • 단추, 구슬, 동전 등과 같이 작은 물건은 항상 영아의 손이 닿지 않도록 주의하여 보관한다. |
| | | • 독성물질 | • 이 시기의 영아들도 완전한 보호를 필요로 한다. |
| | | • 추락 | • 계단이나 현관에 안전 울타리를 설치한다. 영아가 높은 바닥에 있을 때 혼자 두지 않는다. |
| | | • 화상 | • 난로나 라디에이터 주변에 보호막을 설치한다. 뜨거운 음식, 물, 기구 등을 영아 가까이에 놓지 않는다. 또한 뜨거운 증기를 쐬지 않도록 주의한다. |

(계속)

| 연령 | 발달 특성 | 상해의 종류와 장소 | 예방 조치 |
|---|---|---|---|
| 1~2세 | • 기어오르고, 탐색한다.<br>• 문과 서랍 등을 연다.<br>• 물건을 분해한다.<br>• 놀이를 즐긴다. | • 현관문, 문, 창문 | • 도로에 접한 문은 항상 닫아 둔다. 계단, 복도 등에 안전대를 설치한다. 창문은 잠그거나 고정한다. |
| | | • 놀이 공간 | • 실외 놀이장은 울타리를 친다. 실내에 있는 전기포트, 토스터 등의 전기코드를 모두 치운다. |
| | | • 놀잇감 | • 작은 조각으로 분해되지 않고, 깨지지 않는 튼튼한 놀잇감을 준다. |
| | | • 물 | • 욕조, 물가 주변에 영아 혼자 있게 하지 않는다. 물이 멀리 있을 때도 마찬가지다. |
| | | • 독성 물질 | • 약품은 장 안에 넣고 잠근다. 화장품, 세제도 영아들의 손이 닿지 않는 곳에 보관한다. |
| | | • 화상 | • 난방용 기구에는 보호망을 설치한다. 영아를 혼자 두지 않는다. |
| 2~3세 | • 불에 상당한 흥미를 갖는다.<br>• 끊임없이 움직인다.<br>• 무슨 일이든 혼자 하려 한다.<br>• 모방행동과 탐색행동을 한다.<br>• 빠른 속도로 달음박질한다.<br>• 제재받는 것을 못 참아 한다. | • 교통사고 | • 길이나 도로에 혼자서 나가지 않도록 한다. |
| | | • 물 | • 성인의 보호 없이는 얕은 물도 위험 요인이 될 수 있다. |
| | | • 놀잇감 | • 날카로운 모서리가 없는 크고 견고한 놀잇감을 선택한다. |
| | | • 화상 | • 성냥이나 라이터를 유아 가까이에 두지 않는다. 불이 얼마나 위험한 것인지를 유아에게 가르쳐 준다.<br>• 성냥을 보게 되면 성인에게 가져오도록 가르친다. 집에 유아 혼자 두지 않는다. |
| | | • 위험 물질 | • 약품, 세제와 소독제, 식물 재배용 비료 등 위험한 도구나 화기(火器)를 잠금 장치가 된 장에 보관한다. 도구를 안전하게 사용할 수 있는 방법을 가르친다. |
| | | • 놀이 친구 | • 놀이 친구의 연령이 더 많을 때 사고가 더 빈번히 일어난다. 2세아들은 방망이, 단단한 공, 자전거, 거친 놀이(rough play) 등으로 인한 사고를 많이 당한다. |

(계속)

| 연령 | 발달 특성 | 상해의 종류와 장소 | 예방 조치 |
|---|---|---|---|
| 3~6세 | • 동네나 이웃동네까지 행동 범위가 확대된다.<br>• 자전거를 즐겨 타고, 기어오르기를 즐긴다.<br>• 거친 놀이를 즐긴다.<br>• 성인의 시야를 벗어나기 쉽다.<br>• 성인의 행동을 모방하기를 즐긴다. | • 도구 및 설비<br>• 독성 물질 및 화상<br>• 추락 및 기타 안전사고<br>• 물<br>• 교통사고 | • 위험한 도구는 잠금장치가 된 장에 보관한다. 도구와 부엌용품을 안전하게 사용할 수 있는 방법을 가르친다.<br>• 약품, 세제 등은 장에 보관한다.<br>• 무독성의 미술재료를 제공한다.<br>• 버린 냉장고, 쓰레기 더미, 오래된 물건, 건축 장소 등에서 놀지 못하게 한다.<br>• 물의 위험을 알려 주고, 수영 지도를 시작한다.<br>• 항상 지켜본다.<br>• 교통사고의 위험을 가르쳐 주며 교통규칙을 알려 주고 지키도록 한다. |
| 6~12세 | • 모방놀이가 확장된다.<br>• 가정 밖에서 보내는 시간이 점차 많아진다<br>• 활동적인 운동을 즐긴다<br>• 감독보다는 가르침이 주가 되어야 한다. | • 교통사고<br>• 운동<br>• 물 | • 안전 운전의 모범을 보인다.<br>• 보행자 안전교육을 한다.<br>• 자전거 안전교육을 한다.<br>• 소화기 사용법을 가르친다.<br>• 안전한 환경과 설비를 제공하고 활동을 지도, 감독한다.<br>• 수영과 물에 뜨는 법을 가르친다. |

• 출처: Marotz et al. (2005), pp. 219–220; Robertson (2002), pp. 163–164.

## 2. 안전한 유아교육 환경

### 1) 물리적 환경 구성과 관리

유아들은 아직 위험하다는 것이 무엇인지, 어떤 행동이나 활동이 안전 문제를 야기하는지 인식하지 못할 수 있다. 따라서 무엇보다도 안전한 환경을 구성하고 관리하는 성인의 역할과 책임이 크다.

안전한 환경을 구성하기 위해 먼저 고려해야 할 것은 법적인 안전 기준이다. 그러나 법적 규정은 흔히 최소한의 요구 사항만 제시하므로 안전을 위해서는 이러한 규정을 충족하는 것만으로는 불충분하다. 안전하고 교육적인 환경을 구성하기 위해 교육기관의 입지 선정, 건축 자료, 실내 공간의 배치에서부터 놀잇감의 선정에 이르기까지 세심한 주의가 필요하다. 또한 이러한 물리적 환경을 계속 안전하게 관리하여야 한다(7장, 8장 참조).

성인은 항상 실내외의 위험을 살피고 위험요인을 제거한다. 이때 유아의 마음과 눈으로 살펴볼 필요도 있다. 유아의 눈으로 보면 신기하며 탐색하고 실험할 많은 장소와 물건이 있음을 알게 될 것이다. 매일 실내외 환경을 점검하는 한편, 정기적으로도 전반적인 안전을 점검한다. 최소한 한 달에 1회씩 점검해야 한다(부록 III 참조). 체계적인 안전 관리를 위해 연간 계획을 세워야 한다. 연간 계획에는 매일, 매월, 분기별, 연간 점검 및 관리내용이 포함된다. 유치원 안전 점검에 포함되어야 할 내용과 시기는 〈표 6-2〉와 같다.

**표 6-2** 안전점검 계획에 포함되어야 할 내용 및 점검시기(예)

| 관리내용 | 점검시기 | 관련기관 |
|---|---|---|
| 실내외 시설 및 설비 점검 | 매일/매월 4일/6개월 | 자체점검<br>한국산업안전공단 |
| 전기 및 가스 점검 | 6개월/1년 | 전기안전공사<br>가스안전공사 |
| 재해대비시설 | 분기별 | 소방서 |
| 냉 · 난방용품 | 수시 점검 | 해당제조업체 |
| 통학버스 | 수시/정기 점검 | 자체점검<br>정비기관 점검 |
| 정기방역 | 매월 | 구청(보건소) 및 전문방역업체 |
| 응급처치 | 수시 점검 | 응급의료정보센터, 대한적십자사 |
| 안전관리 인적조직 구성 | 수시 점검 | 자체점검 |
| 관련 보험 가입 | 원아 입학 시<br>수시 등록 시 | 학교안전공제회, 교육시설재난공제회, 해당 보험사 |
| 안전교육 실시(아동/학부모/종사자) | 수시 교육 | 자체/안전교육기관 |

• 출처: 교육인적자원부(2006b). 유치원 시설안전관리 매뉴얼, p. 8.

점검에는 모든 교직원이 참여하되 점검 내용별로 매달 다른 사람이 돌아가면서 하게 되면 다른 사람이 간과한 문제가 발견될 수 있다. 또한 이로 인해 관련된 모든 사람의 안전의식이 강화될 수 있다.

기관에서는 안전점검을 실시하기 전에 점검과 관련하여 업무분담과 책임이행에 대한 안전점검 조직을 구성하고 시설관리지침을 마련하여 명문화해 놓아야 한다.

또한 유아교육기관에서 일어난 크고 작은 사고와 사고가 날 뻔했던 사례들을 정기적으로 검토함으로써 위험을 통제할 수 있다. 사고가 활동과 관련된 것이라면 활동 방식을 바꾸어야 할 것이다. 특정한 실외 놀이기구에서 계속 사고가 일어났다면 원인을 즉시 찾아보아야 한다. 규칙을 수정하거나 감독을 강화하거나 시설 자체를 변경해야 할 것이다.

### 2) 프로그램

물리적 환경의 구성과 관리뿐만 아니라 프로그램, 즉 교직원의 수와 자질, 학급 크기, 교육 내용 및 일과 운영, 안전에 대한 정책 등이 유아의 안전에 영향을 미친다.

#### (1) 집단 크기와 구성

교사 대 유아 비율과 집단 크기는 건강과 안전뿐 아니라 교육의 질에 영향을 미치는 가장 중요한 요소들 중의 하나이다(Howes, Phillips, & Whitebook, 1992). 특히 영아와 걸음마기 유아에게는 개별적으로 관심을 갖고 돌보아 주는 것이 더욱 중요하다. 집단의 크기가 작을 때 교사들은 통제적인 관리방식을 덜 사용하고 유아들과 보다 우호적인 관계를 형성하며 다양한 교수전략을 사용한다.

우리나라 유치원의 경우, 각 시도교육감이 유아 연령별로 학급당 최대 인원수만 정하고 있어 학급 규모가 지역별로 차이가 있으며,* 교사의 수에 상관없이 기

---

* 유치원의 경우 시도별로 만 3세아 학급은 15~25명, 만 4세아 학급은 20~30명, 만 5세아 학급은 25~35명까지 학급 규모가 다양하다.

준에 제시된 유아의 수만 초과하지 않으면 되게 되어 있다. 반면에 보육시설의 경우, 연령별 교사 1인당 유아수가 제시되고 있으며, 반별 정원은 교사 대 아동 비율을 준수하도록 되어 있다. 그러나 학급별 최대 집단의 크기는 제시되어 있지 않다.* 유치원의 일과 운영시간이 점차 증가하고 있는 상황과 보육시설이 종일제 운영을 원칙으로 하고 있음을 고려할 때, 유치원과 보육시설 모두 유아 및 성인의 안전을 도모하고 교육의 질을 보장하기 위해서는 유아의 연령별 학급 크기와 더불어 교사 대 유아의 비율이 적절하게 제시되고 준수될 필요가 있다.

### (2) 교사의 특성

교사 대 유아 비율이 낮다고 안전과 교육의 질이 보장되는 것은 아니다. 안전은 교사 개인의 특성과 지식, 기술에도 좌우된다. 유아의 요구에 온정과 인내를 지니고 민감하게 반응해 주며 개인차를 존중해 주는 교사의 특성이 유아의 안전과 성장에 중요하다. 유아의 안전과 건강을 고려한 교육과정을 계획하고 조직하며 의사결정을 내리는 능력 또한 중요하다. 더불어 활동과정을 주의 깊게 관찰하고 적절히 반응하는 민첩함과 세심함이 필요하다.

또한 교사는 신체적, 정신적으로 건강해야 한다. 이는 유아들의 성장과 발달에 긍정적인 영향을 미치기 때문만이 아니라 교사 자신의 건강과 행복한 삶에도 지대한 영향을 미치므로 중요하다.

### (3) 교육과정 및 일과 운영

교육과정 내용과 운영 방식 또한 유아의 안전과 건강에 중요한 영향을 미친다. 활동의 선정에는 세심한 배려와 계획이 이루어져야 한다. 활동은 유아의 능력과 발달 수준에 적절하면서 유아들이 호기심과 탐색의 욕구, 독립심을 안전하게 충족시킬 수 있는 것이어야 한다.

---

* 보육시설의 경우, 만 1세 미만 영아 3명당 보육교사 1인, 만 1세는 영아 5명당 보육교사 1명, 만 2세는 영아 7명당 보육교사 1명, 만 3세는 유아 15명당 보육교사 1명, 만 4세 이상은 유아 20명당 보육교사 1명을 원칙으로 하고 있다(영유아보육법시행규칙 제10조 별표 2). 그러나 유동인원이 많은 경우 총 정원 내에서 초과보육이 가능하여 1~2세반은 학급당 2명, 3세 이상은 학급당 3명 초과가 가능하다(보건복지가족부, 2009: 53).

적절한 교육 경험을 제공하는 것 외에 하루 일과의 배열 또한 신중하게 계획되어야 한다. 다양한 활동을 계획하되 휴식과 활동을 적절하게 안배함으로써 피로와 흥미의 결여를 방지할 수 있다.

교사들은 각 활동에 내재한 위험요소를 인식하여야 한다. 유아들에게 제공하기 전에 자료, 방법과 설비를 점검한다면 많은 문제를 예방할 수 있다. 또한 이러한 과정에는 유아들에게 활동을 하도록 하기 전에 활동의 각 단계를 생각하는 것이 포함된다. 교사가 준비물을 잊거나 진행 방법을 확실하게 인지하지 못한 경우 사고의 위험은 증대된다. 유아의 예기치 않은 행동을 예상하고, 각 활동에 대한 구체적인 안전 규칙을 개발하는 것이 교육계획에 포함되어야 한다.

### (4) 안전과 관련한 정책

유아교육기관이 안전을 얼마나 중시하고 관련 정책을 수립, 실행하고 있는가는 안전사고 예방에 매우 중요하다. 유아교육기관은 응급사태와 재난 준비에 대비한 절차가 마련되어 있어야 한다. 위급상황에 대비해 계획을 세우고 지침을 정해둔다. 이러한 지침에는 화재, 기타 재난 시 유아의 안전을 위해 취해야 할 행동이 기술되어 있어야 한다.

유아교육기관에 근무하는 성인들은 응급사태를 다루고 응급처치를 할 수 있는 훈련이 되어 있어야 한다. 이상적으로는 심폐소생술(Cardiopulmonary Resuscitation: CPR)을 훈련받는 것이 좋다. 적어도 성인 중 한 명은 이러한 기술을 훈련받아서 응급사태에 신속히 대응할 수 있어야 한다.

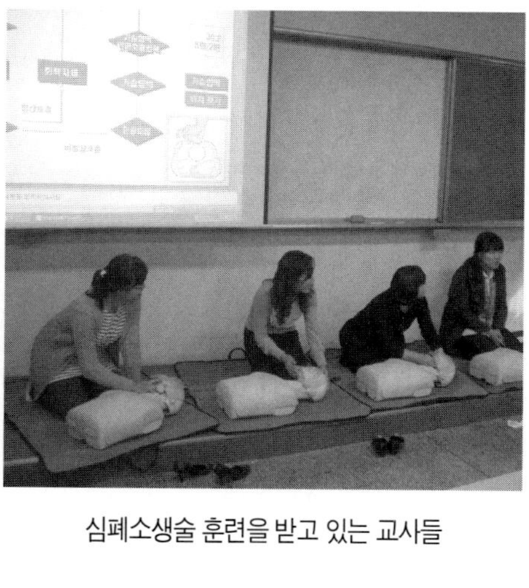
심폐소생술 훈련을 받고 있는 교사들

응급 시 필요한 연락처를 보기 편리한 곳에 둔다. 응급상황 시 차량을 언제나 이용할 수 있도록 준비한다.

안전과 관련하여 유아교육기관에서는 다음 사항에 관한 기록이 구비되어 있어야 한다.

- 응급상황 시 연락처
- 재난 대피 훈련 기록부
- 안전사고 기록부
- 안전점검 기록부

• 어린이의 의료 기록
• 사고보고서*

## 3. 안전 규칙 세우기

유아의 안전을 위해 현실적인 제한을 가하여야 할 필요가 있으며, 안전 규칙을 통해 제한이 이루어진다. 안전 규칙은 유아들로 하여금 활동하고 놀이할 수 있는 충분한 자유를 허용하는 것이어야 하되 일정한 한계 내에서 그러한 활동이 이루어지도록 하는 것이어야 한다. 규칙들이 지나치게 유아의 활동을 제재한다면 환경을 마음껏 탐색하고 실험할 수 없을 것이다.

일반적으로 안전 규칙은 유아에게 무엇을 하지 말아야 할지에 관해서만 알려주는 것인 경우가 많다. 따라서 어떤 행동이 바람직하거나 올바른지 불분명하다. 교사들은 긍정적으로 진술된 안전 규칙을 사용하여 유아들의 적절한 행동을 격려할 수 있다. 안전 규칙은 명료하고 간단하게 진술되어야 어린 유아들도 이해할 수 있다. 안전 규칙이 왜 필요한지 이유를 분명하게 설명해 준다면 유아들은 안전 규칙을 보다 기꺼이 받아들인다. 연령이 어릴수록 보다 명료한 규칙과 제한이 필요하다.

안전 규칙을 세우는 것뿐 아니라 지키도록 하는 것이 중요하다. 규칙 지키기가 강조되지 않으면 유아들은 안전 규칙이 의미가 없다는 것을 즉시 알아차린다. 그러나 규칙을 지키도록 하기 위해 겁을 주지는 말아야 한다. 유아들이 적절한 안전 행동을 나타낼 때마다 칭찬과 격려를 해 주도록 한다. 때때로 유아들은 놀이 시설을 잘못 사용하거나 안전 규칙을 따르지 않을 수 있다. 대개의 경우, 부드럽게 안전 규칙을 상기시켜 주는 것으로 충분하다. 이 방법이 효과가 없어서 유아가 계속해서 적절하지 못하게 행동을 한다면 그 활동영역으로부터 유아를 격리하는 방

---

* 사고발생 24시간 이내에 사고 보고서를 작성하여 부모에게 전달한다. 사고보고서를 토대로 위험물 제거 및 교정활동 계획을 수립한다. 학기 말에는 사고보고서를 분석하여 차후의 안전관리, 교육계획 수립에 반영한다.

법을 사용할 수 있다. 이때 길게 잔소리를 하기보다는 간단하게 규칙을 언급해 주도록 한다. 후에 다시 그 활동을 하도록 허용함으로써 유아에게 적절한 행동 방식을 학습할 능력이 있음을 성인이 신뢰한다는 것을 인식시킨다.

## 4. 주의 깊게 지켜보기

교사의 역할 중 가장 중요한 것의 하나는 유아를 주의 깊게 지켜보는 것이다. 안전 규칙이 있어도 교사의 세심한 감독이 필요하다. 유아들은 안전 규칙을 잊는 수가 있는데 특히 활동에 몰두하거나 흥분되어 있을 때 그러하다.

유아의 연령과 특성, 활동에 따라 감독의 성격이 달라질 수 있다. 어릴수록 이러한 감독은 더욱 보호적인 것이어야 한다. 공격적인 행동을 하는 유아가 있거나 위험스럽게 놀이하는 유아가 있는 경우 교사들은 이런 유아들을 보다 세심하게 지켜보아야 한다. 때로 위험을 예방하기 위해 개입을 하거나 활동을 중지시킬 필요가 있다.

교사의 세심한 감독은 또한 활동의 유형과 직접 관련된다. 예를 들어, 불을 사용하는 요리 활동에서는 극화놀이에서보다 교사의 세심한 감독이 더욱 요구된다. 위험요인이 많은 놀이기구일수록 교사가 가까이서 지켜보아야 한다.

교사가 안전하게 지도할 수 있는 유아의 수 또한 활동의 성격에 의해 영향을 받는다. 외부로 견학을 간다면 학급당 여러 명의 성인이 필요하다.

주의 깊게 어린이의 활동을 지켜보기 위해서는 교사 대 유아의 비율이 낮아야 한다. NAEYC에서는 어떤 집단 크기에서도 성인의 수는 2명 이상이어야 함을 권고하고 있다. 유아들의 활동을 감독하고 다룰 수 있는 교사의 능력에는 개인차가 있다. 따라서 원내 장학, 연수, 동료교사와의 상호작용 등 다양한 방법을 통해 교사의 능력을 계발하도록 한다.

## 5. 안전교육

사고를 예방하고 건강한 어린이로 성장하도록 하기 위해 안전한 환경을 구성하고 관리하며 성인의 주의 깊은 감독이 이루어져야 함은 물론 안전교육을 통해 안전에 대한 지식과 기술, 태도를 형성하여야 한다. 안전교육은 영아기부터 시작하여 안전을 중시하고 실천할 수 있는 태도를 자연스럽게 지닐 수 있도록 한다.

유아 대상의 안전교육과 더불어 유아의 가정에서도 안전 관리와 교육이 적절하게 이루어질 수 있도록 유아교육기관에서는 교육적 역할을 하여야 한다.* 아울러 안전교육은 유아교육기관의 교사를 비롯한 전체 성인들에게도 지속적으로 행해져야 한다.

### 1) 안전교육의 목적과 내용

안전교육의 목적은 유아들에게 사고를 예방하고 위급한 상황에서 자신과 다른 사람들을 보호할 수 있는 지식과 기술 그리고 안전에 대한 태도를 기르는 것이다. 궁극적으로 자신과 타인의 안전과 생명을 존중하고 이를 실천할 수 있는 능력과 태도를 갖춘 민주시민으로서 성장하도록 하는 데 그 목적이 있다.

유아를 위한 안전교육의 구체적 목표는 다음과 같다(이기숙, 장영희, 정미라, 배소연, 박희숙, 1997).

- 생활 주변에서 일어날 수 있는 사고의 종류를 안다.
- 생활 주변에서 사고를 일으킬 수 있는 위험한 물체나 대상이 무엇인지 안다.
- 생활 주변에서 사고가 일어날 수 있는 위험한 장소나 행동을 안다.

* 유아교육기관에서는 부모교육을 위해 만들어진 자료를 활용하면 도움이 된다. 예를 들어, 교육인적자원부에서는 가정에서의 안전사고 발생빈도를 줄이고, 부모가 안전한 가정환경을 조성하고, 자녀에게 안전교육을 실시할 수 있도록 가정통신문, 가정에서의 활동자료, 부모회 강의자료를 포함한 CD-ROM을 개발하여 유치원을 통해 보급한 바 있다(교육인적자원부, 2003). 또한 보건복지부와 한국보건사회연구원에서도 가정 내 안전과 교통안전, 유괴와 성폭력 등 다양한 상황에서 유아의 안전을 도모하기 위한 부모용 자료를 개발 · 보급하였다(보건복지부 · 한국보건사회연구원, 2003).

- 생활 주변에서 일어날 수 있는 사고를 예방하기 위한 안전 규칙이나 방법을 알고 실천한다.
- 사고가 일어났을 때 대처 방안을 알고 실천한다.

안전교육에서 다루어질 수 있는 주요 내용의 범주는 다음과 같다.

- 놀이안전
- 생활용품과 생활 시설물 안전
- 교통안전
- 화재안전
- 환경안전
- 학대로부터의 안전

### 안전교육의 법적 근거

1. 아동복지법령

① 아동복지법(법률 제9122호, 2008.6.13. 일부개정, 시행 2008.12.14.)

9조(아동의 건강 및 안전) 3항: 아동복지시설, 영유아보육시설, 유치원, 초·중·고등학교의 장은 대통령령이 정하는 바에 따라 교통안전, 실종·유괴의 예방과 방지, 약물오남용 예방, 재난대비 안전 및 성폭력 예방교육을 실시하여야 한다.

② 아동복지법시행령(대통령령 제21529호, 2009.6.9. 일부개정, 시행 2009.6.14.)

제4조(아동에 대한 교육) 1항: 법 제9조 제3항에 따라 아동복지시설의 장 및 영유아보육시설의 장은 교육대상 아동의 연령을 고려하여 별표 3의 교육기준에 따라 매년 다음 각 호의 사항에 관한 교육계획을 수립하여 교육을 실시하여야 한다.

1. 교통안전
2. 실종 · 유괴의 예방과 방지
3. 약물의 오남용 예방
4. 재난대비 안전 및 성폭력 예방 교육

2항: 아동복지시설의 장 및 영유아보육시설의 장은 제1항에 따른 교육계획 및 교육실시 결과를 관할 시장·군수·구청장(자치구의 구청장을 말한다. 이하 같다)에게 매년 1회 보고하여야 한다.

3항: 법 제9조 제3항에 따른 유치원과 초·중·고등학교의 장은 특별시·광역시·도의 교육감이 정하는 교육계획에 따라 제1항에 따른 교육을 실시하여야 한다.

> 2. 학교보건법(법률 제9847호, 2009.12.29. 타법개정)
> 제9조(학생의 보건관리) 학교의 장은 학생의 신체발달 및 체력증진, 질병의 치료와 예방, 음주·흡연과 약물 오용·남용의 예방, 성교육 등을 위하여 보건교육을 실시하고 필요한 조치를 하여야 한다.
> 12조(학생의 안전관리) 학교의 장은 학생의 안전사고를 예방하기 위하여 학교의 시설·장비의 점검 및 개선, 학생에 대한 안전교육, 그 밖에 필요한 조치를 하여야 한다.

### 2) 안전교육의 접근

안전교육은 유아의 연령과 발달 특성을 고려하여 이루어져야 한다. 안전교육의 접근은 가정과 교육기관의 일과 속에서 자연스럽게 이루어질 수도 있으며, 계획적 교수에 의해서도 이루어질 수 있다. 안전교육은 부모와 교사에 의해 이루어지기도 하지만 전문가나 전문 단체에 의해서도 이루어진다.

안전교육의 많은 부분은 일상적인 경험과 성인의 행동을 모방함으로써 이루어진다. 안전에 대한 태도는 유아기부터 형성되기 시작하여 안전한 행동습관에 영향을 미친다. 태도 형성에 수많은 요인들이 영향을 미치지만 특히 부모를 비롯하여 유아에게 중요한 성인의 행동과 태도가 영향을 미친다. 부모가 교통 신호와 법규를 잘 지키고, 성냥이나 라이터를 불 가까이 두지 않고 잘 관리하며, 사용하지 않을 때 가스의 중간 밸브를 잠그는 것 등의 행동이 유아에게 안전한 행동습관과 안전을 중시하는 태도를 형성하는 데 영향을 미친다.

안전교육은 자연스러운 학습의 기회를 이용하는 것이 효율적이다. 예를 들어, 유아가 그네를 서서 타거나 물건을 손에 든 채로 달리기를 할 때 교사는 이러한 기회를 이용하여 그러한 행동이 왜 적절하지 않은지 설명할 수 있다. 보다 안전한 대안 행동이 제시될 수 있다. 또한 한 유아가 가벼운 타박상을 입었을 때 이러한 사고를 예방하는 방법에 관하여 유아들과 이야기를 나눌 수 있다. 유아들에게는 이러한 형태의 학습이 보다 의미가 있다.

안전교육은 또한 관련 주제 내에서 계획된 활동에 의해 이루어질 필요가 있다. 예를 들어, 3월의 교육 내용 중 가장 중요한 부분으로 계획되어야 하는 것 중 하나는 실내 · 외의 기본 생활과 놀이에서의 안전에 대한 교육과 교통 안전교육이다.

아동학대, 동식물로부터의 안전, 환경으로부터의 안전 등도 계획된 활동을 통해 체계적으로 다루어질 수 있다.

다음의 지침이 안전교육의 효과를 높일 수 있다.

- 안전을 위한 행동 안전 규칙을 세울 때 유아들을 참여시킨다. 교사의 일방적인 규칙 전달이나 규칙 만들기가 아니라 유아들에게 안전 규칙의 필요성, 안전을 위해 어떤 규칙이 필요할지 생각하고 의견을 말할 수 있도록 한다.
- 안전을 점검하는 데에 유아들을 참여시킨다.
- 어떠한 내용의 안전교육이건 실생활에서 반복해서 강조한다.
- 가능하면 다른 교육과정 영역의 활동 및 진행 중인 활동주제와 통합적으로 이루어지도록 한다.

### 3) 교사의 역할

안전교육을 효율적으로 하기 위한 교사의 역할은 다음과 같다.

- 교사 자신이 안전을 중시하는 태도와 행동을 갖추는 것이 물리적 환경의 안전성만큼 중요하다는 것을 인식한다.
- 긍정적인 역할모델이 된다.
- 여러 가지 방법을 사용한 안전교육을 통해 유아들에게 안전에 대한 지식, 태도와 행동 기술을 증진시킨다.
- 응급상황에서 무엇을 하여야 하는지, 도움을 요청할 곳이 어디인지 안다.
- 유아뿐만 아니라 교사 자신의 안전도 간과하지 말아야 한다. 스트레스를 받거나 과로하면 부주의해지기 쉬우므로 교사는 일상에서 스트레스를 긍정적으로 전환하고 과로를 피하도록 한다.

# 7장 유아교육기관의 안전 관리

유아교육기관에서 유아의 안전을 위협하는 요인은 매우 다양하고 광범위하게 잠재되어 있다. 실내 환경은 건물의 구조로부터 각종 시설, 설비, 채광, 환기 등에 이르기까지 세심한 관리가 필요하다. 실외 놀이터는 대근육과 소근육 활동, 사회적 놀이, 조용한 놀이와 거친 놀이, 그리고 창의적인 경험을 위한 기회들이 다양하게 이루어지며 유아들이 좋아하는 매력적인 곳인 동시에 사고 위험이 가장 높은 장소이기도 하다. 유아교육기관에서는 안전한 실내외 환경을 제공하고, 모든 위험요소와 안전을 위협하는 행동 및 상황을 인식하여 주의 깊은 관리와 감독을 하도록 한다.

## 1절 실내 안전 관리

### 1. 건물과 설비

#### 1) 건 물

##### (1) 건물의 층

유아교육기관 건물은 단층을 원칙으로 한다. 실내와 실외 간의 이동이 안전하고 편리하게 이루어질 수 있고, 유아들의 활동이 모두 한 층에서 이루어짐으로써 시간과 노력이 절약되기 때문이다. 부득이하게 2층 이상의 건물로 되어 있는 경우, 유아들이 사용하는 공간은 1층에 두고 그 외의 공간을 위층에 두는 것이 좋다.*

2층 이상으로 공간이 나뉘어 있는 경우 각 층의 연결은 경사로를 이용하는 것이 안전하나 경사로를 설치하기 위해서는 많은 공간을 필요로 하므로 대개 계단을 설치하게 된다. 그러나 계단에서의 추락사고 위험성은 매우 높다. 따라서 계단의 높이와 단의 너비는 유아들의 신체 크기와 능력에 맞추어야 한다. 교육인적자원부 매뉴얼(2006b)에 의하면 계단 높이는 16cm 이하, 단 너비는 21cm 이상, 계단 너비는 150cm 이상이어야 한다. 계단의 경사도는 30°~50°로 하여 난간을 잡지 않아도 앞으로 넘어지려는 느낌없이 안정된 자세로 내려올 수 있어야 한다.

### (2) 실내의 배치

유아교육기관의 실내는 현관, 활동실 및 대근육실, 교사실 및 사무실, 자료실, 조리실 및 식당, 기타 부속실로 대별된다. 이러한 시설들은 활동의 주체인 유아와 교사가 움직이는 동선과 일과 활동과의 연결을 고려하여 이루어져야 한다. 종일제 유치원과 보육시설의 경우, 식당과 낮잠을 재울 수 있는 공간과 양호실이 별도로 마련되는 것이 이상적이다.

### (3) 건물 현관

현관의 공간은 최소한 10명의 유아들이 한번에 사용할 수 있는 크기여야 한다. 현관의 문과 바닥은 사고를 예방할 수 있는 설비가 되어 있어야 하며, 문은 유아와 성인이 모두 사용할 수 있도록 너무 무겁지 않아야 한다. 앞뒤로 움직이는 것보다는 한쪽 방향으로 여닫는 문이 안전하며, 가급적 실외를 향해 열리는 것이 공간 활용과 위급 상황이 발생했을 때 대피하기에 용이하다. 자동개폐기(도어클

* 보육시설의 경우 건물 1층에 보육실을 두는 것을 원칙으로 하되 건물 전체가 보육시설인 곳과 사업장 내 직장보육시설은 2층 및 3층까지 보육실을 설치할 수 있다.(영유아보육법 시행규칙 별표 1)

로저)를 설치하여 열린 문이 서서히 닫히도록 하여 문에 끼거나 부딪히는 사고를 예방하도록 한다.

## 2) 활동실

### (1) 크기와 배치

활동실의 이상적인 크기로 유아 1인당 4m²×5m²가 제시되고 있으며, 어느 연령이건 적어도 3.2m²(약 한 평)가 필요한 것으로 제시된다(Decker & Decker, 1997). 가정보육시설에서도 마찬가지의 공간이 필요하나 가정 환경의 특성으로 인해 부엌과 통로가 유용한 공간으로 포함될 수 있다. 어느 영역이건 성인이 쉽게 유아를 볼 수 있어야 한다.

우리나라는 유치원의 활동실 크기가 별도로 제시되어 있지 않고 '교사(校舍)'에 포함하여 제시되어 있다. '교사'는 교실, 도서실 등 교수학습 활동에 직·간접적으로 필요한 시설물을 의미한다(고등학교 이하 각급학교 설립·운영규정 제3조 1항). 전체 건물의 크기(교사)도 규정되어 있는데 규정에 의하면 건물의 크기는 학생수에 기초하여 40명 이하는 '(정원×5)' m², 41명 이상은 '80+(정원×3)' m²로 되어 있다(고등학교 이하 각급학교 설립·운영규정, 2009). 따라서 180명 정원인 유치원의 경우, 건물 면적은 '80+(180×3)' m², 즉 600m²가 된다. 이와 같은 규정에 따르면 유아 1인당 면적이 3.3m²가 되지만 이는 활동실만이 아닌 전체 건물면적을 기준으로 한 것이므로 실제 활동실의 면적은 줄어들게 된다.

보육시설의 경우, 보육실은 거실, 포복실 및 유희실을 포함하여 영유아 1명당 2.64m²가 이상으로 하도록 되어 있다(영유아보육법 시행규칙, 2009년 7월 개정 별표 1). 많은 교육기관들이 비용 등을 고려하여 이러한 규정에 저촉되지 않는 범위 내에서 활동실의 크기를 정하고 있다. 따라서 공간의 적절한 배치와 안전 관리에 대한 교사의 책임과 역할은 더욱 중요하다.

영아와 걸음마기 아동을 위한 활동실은 큰 유아들을 위한 공간과 분리되어야 안전사고를 피할 수 있다. 이 시기의 유아들에게는 장애물이 없는 넓고 개방적인 공간이 거침없이 움직이고 탐색하는 데 필요하다.

수면과 놀이가 동일한 공간에서 이루어질 경우, 놀이를 위해서 최소한 1인당 약 2.32m², 수면을 위해서도 약 2m²가 필요하다. 요와 요 사이 또는 침대 사이에는 최소한 90cm의 통로가 환기와 감염 예방을 위해 필요하다(Aronson, 1991).

활동실은 남쪽이나 동쪽이 바람직하다. 안전을 위해 적어도 두 개의 출구가 있어야 하는데 그중 하나는 실외로 직접 통해 있어야 한다. 화재 안전을 위해 연기감지기 또는 스프링쿨러를 설치하도록 한다. 특히 종일제 프로그램을 하는 곳에서 이러한 시설은 필수적이다.

활동실 내외의 모든 가구와 설비는 주변에 통행을 위한 충분한 공간을 확보해 놓아야 하고, 불안정한 가구는 벽에 고정해 놓아야 한다. 유아들이 기어오를 수 있으므로 의자와 다른 가구들은 창문과 선반에서 떨어진 자리에 놓는다. 통로에는 걸려 넘어질 우려가 있는 놀잇감, 가구 그리고 엎질러질 수 있는 물건은 놓지 말아야 한다.

또한 유아들이 아플 때 따로 있을 수 있는 방이 있는 것이 이상적이지만 따로 방을 마련할 수 없을 때는 원장이나 사무원 등 성인이 지켜볼 수 있도록 사무실 한쪽을 양호실의 기능을 할 수 있게 구성한다. 또한 활동실 내에 다른 유아들로부터 떨어진 조용한 영역이 있다면 이 역시 아프거나 다친 유아들에게 개인적인 공간으로 제공되고 다른 유아들이 감염되는 것도 방지할 수 있다.

#### (2) 출입문

문에 손가락이 끼거나 머리를 부딪치는 것은 흔히 일어나는 사고다. 문 때문에 생기는 사고를 예방하기 위해 다음과 같은 조치를 하도록 한다.

① 드나드는 유아들이 서로를 볼 수 있도록 출입문에는 시각 패널을 두도록 한다.
② 모든 문은 열리는 쪽으로 충분한 공간이 확보되어 있어야 한다.
③ 가능하면 문을 바깥쪽으로 열리도록 하는 것이 비상시에 실내에서 밖으로 나올 수 있는 안전한 출구를 마련해 준다.

시각 패널이 있는 출입문(유희실)

[그림 7-1] 문 가장자리 고무 이음새

손끼임 방지를 위한 우레탄 고무 장식

④ 출입문이 닫히는 속도를 조절해 주는 장치(도어클로저)를 설치하면 손가락이 문에 끼이는 사고가 줄어든다. 또 다른 방법은 문 가장자리를 2.5~5cm 정도 잘라 내고 고무로 된 이음새를 대는 것이다(그림 7-1 참조). 출입문에 손끼임 방지를 위한 상품을(우레탄 고무 장식) 부착하는 방법도 있다.

⑤ 모든 문에는 문지방이 없어야 유아들이 턱에 걸려 넘어질 염려가 없다.

⑥ 문 안팎의 바닥 높이의 차이가 크다면 경사로를 설치하도록 한다.

### (3) 창문

창문은 채광과 환기에 필요할 뿐만 아니라 심리적으로 안정감을 주고 실외의 활동과 경관을 볼 수 있게 해 준다. 창문의 면적은 바닥 면적의 15~20%가 적당한데, 적어도 바닥 면적의 10%에 해당하는 면적이 창문이어야 한다. 이 중 일부는 환기를 위해서 열 수 있는 것이어야 한다. 창문의 높이는 바닥으로부터 50~70cm 정도가 적절하다. 유아가 닿거나 올라갈 수 있는 위치에 있는 창문이 열리는 창문이라면, 유아의 머리가 끼지 않을 정도로만 열리게(약 15cm 이하) 장치를 해 놓는다. 또한 벌레나 쥐가 드나들지 못하도록 망을 설치하도록 한다.

화장실과 부엌에는 환기를 위해 열 수 있는 창이 있거나 배기 팬이 있어야 한다. 공기가 안 좋은 지역에 있는 기관에서는 기계적 환기와 공기 정화기도 필요하다.

문과 창문의 유리는 바닥에서 약 80cm까지는 안전유리 또는 깨지지 않는 플라스틱 유리로 되어 있어야 안전하다. 커다란 유리 패널인 경우, 그림이나 스티커를 붙여 놓으면 사람들이 유리가 있다는 것을 알게 되므로 머리를 부딪치거나 유리가 깨지는 것을 방지할 수 있다.

창문의 난간장치

창문의 방충망
(창문을 열면 실내에서 유리창에 부착된 방충망을 여닫을 수 있게 설치된 형태)

### 3) 화장실과 세면대

#### (1) 화장실

화장실은 실내와 실외에서 바로 연결되어야 하며, 다른 어느 곳보다 세균이 집중되어 있을 수 있으므로 음식을 준비하는 곳과 분리되어야 한다.

화장실의 문은 안과 밖에서 다 열 수 있도록 되어 있어야 유아가 안에 갇히는 것을 막을 수 있다.

유아들이 사용하는 화장실은 화장실 입구에 문이 없어야 적시에 도움을 줄 수 있다. 화장실 벽은 밝은 색으로 되어 있어야 더러운 것이 쉽게 눈에 띄어 신속하게 청소를 할 수 있다. 적절한 화장실의 설비 또한 안전에 중요하다. 유아의 크기에 맞는 변기와 세면대, 수건걸이는 유아들이 독립적으로 자신을 돌볼 수 있게 한다.

변기와 세면대는 유아 10~12명당 적어도 한 개씩이 필요하다(Marotz et al., 2005). 양변기의 높이는 바닥에서 30cm 정도가 적당하고 유아용 변기를 설치하도록 한다. 장애 유아를 위해서는 유아의 장애에 맞추어 특별히 마련된 화장실 설비가 필요하다.

이동식 변기나 아기용 변기 의자는 위생적이지 못하므로 유아교육기관에서는 사용하지 않는 것이 좋다. 만약 사용한다면 사용 후 매번 깨끗이 닦고 소독을 한 후 잘 말려야 한다.

화장지는 유아가 변기에 앉아 있는 상태에서 쉽게 사용할 수 있는 위치에 있어야 한다.

가정보육시설에서는 유아용 화장실을 따로 마련하기 어렵다. 이 경우, 유아의 세면대와 변기 사용을 용이하게 하기 위해 발판이 필요하다. 이때 발판은 견고하고 쉽게 소독될 수 있는 것이어야 한다. 그러나 균형을 잃으면 빠지기 쉬우므로 항상 변기의 뚜껑을 덮어 놓아야 하며 유아 혼자서 화장실에 가지 않도록 한다.

화장실로 통하는 문이 없는 화장실

화장실에는 세제나 소독제를 유아의 손이 닿는 곳에 두지 않으며, 두발용품과 헤어드라이어와 같은 전기기구도 두지 않도록 유의한다.

### (2) 세면대

손을 청결히 하는 것이 질병의 감염을 예방하는 데 중요하다. 세면대는 화장실 사용 후, 간식과 식사 전, 기타 필요할 때마다 수시로 이용하는 곳이다. 따라서 화장실 내에 사용하기 편리하며 쉽게 이용할 수 있는 위치에 있어야 한다. 세면대의 높이는 바닥에서 55cm가 적당하다. 기저귀 가는 곳은 씻는 시설과 함께 있어야 한다.

수도꼭지를 돌리지 않고 작동되는 세면대는 수도꼭지에 세균이 쌓이는 것을 방지해 준다. 수도꼭지를 만질 필요가 없기 때문에 손을 씻고 난 후에 깨끗한 손이 감염되는 것을 막아 주며 물의 낭비를 줄여 준다. 레버를 움직여 작동하는 것도 손가락 대신 손목을 사용할 수 있으므로 바람직하다. 온수가 나오는 경우, 온도는 40℃ 정도를 유지하도록 함으로써 화상을 예방한다.

수건걸이와 비누는 유아가 사용하기 편리한 위치와 높이로 설치되어 있어야 한다. 헝겊 수건보다는 종이 수건을 사용하는 것이 위생적이고 전염성 질환의 확산을 예방한다. 그러나 종이 수건을 사용하면 헝겊 수건을 사용할 때보다 경비가 많이 들어 실제로 활용하는 기관은 드물다. 헝겊 수건을 사용할 경우, 개인용 수건을 사용하는 것이 집단생활로 인한 전염성 질환을 예방할 수 있다.

### 4) 난간

계단뿐만 아니라 사용자의 허리를 넘어서는 높이의 시설물이나 단에는 난간을 설치해야 한다.

난간의 손잡이는 유아들이 잡기 쉬운 위치에 설치, 즉 약 80cm 내외의 높이에 지름 3.5cm 내외의 굵기로 되어야 한다(교육인적자원부, 2006b). 난간의 축 사이의 간격은 머리가 끼거나 유아들이 빠져나가지 못하도록 9cm 이내로 한다.

계단에는 추락이나 구르는 것을 방지하기 위해 계단 양쪽에 난간을 설치하는 것이 바람직하다. 부득이 계단의 한쪽에만 설치할 경우, 가장 위험한 것은 계단을 내려갈 때 추락하는 것이므로 내려가는 쪽에 설치하도록 한다. 이때 다른 한쪽은 적어도 벽으로 되어 있어야 한다.

### 5) 조리실

조리실은 서북향에 위치하는 것이 바람직하며 채광과 환기, 통풍, 배수가 원활히 이루어져야 한다. 조리실은 무엇보다 청결과 안전이 우선시되는 곳이다. 음식을 준비, 보관하는 과정에서 여러 가지 위생 문제가 발생할 수 있으며 날카로운 기구와 뜨거운 기구로 인한 위험요인이 많다. 또한 가장 빈번히 화재가 시작되는 곳이다.

조리실의 청결과 안전을 위해 고려할 점은 다음과 같다.

- 조리실에는 안전에 위협이 되는 물건들이 많으므로 영아와 걸음마기 유아들은 어떠한 형태의 음식을 준비할 때에도 접근하지 못하게 한다. 유아는 어른의 감독하에 들어오도록 한다. 가정 및 가정보육시설에서는 이것이 여의치 않을 수 있다. 이 경우, 날카로운 물건이 유아의 손이 닿지 않게 보관해야 하고 유아가 닿을 수 있는 높이에 있는 찬장, 서랍은 줄로 묶거나 상품화되어

있는 잠금장치를 이용한다. 또한 가스레인지의 사용을 막는 안전캡을 이용하여 위험을 예방한다.

- 가스레인지를 설치할 때는 중간 밸브와 가스 누설 자동 차단 장치를 설치하며 소화기를 비치한다.
- 음식을 준비하는 곳의 표면은 하루에도 여러 번 소독해야 한다. 표면이 갈라진 곳이 있으면 음식이 사이에 끼어 세균이 자라게 되므로 반드시 보수하여야 한다. 조리 시설 주변에는 화재 안전을 위한 시설이 마련되어야 한다.
- 자동세척기가 가장 바람직하지만 모든 그릇을 자연 건조한다면 손으로 세척하는 것으로도 충분하다. 행주는 세균 번식의 온상지이므로 사용하지 않도록 한다.
- 영아가 있는 보육시설에서는 조제유와 영아용 음식을 준비하고 보관하기 위하여 특별한 장소가 필요하다. 영아가 먹을 음식은 가능하면 전자레인지에 데우지 않도록 한다.
- 세제, 소독제, 살충제, 기타 독성물질은 부엌에서 흔히 볼 수 있다. 이러한 물질이 음식을 오염시키지 않고 유아들의 손이 닿지 않도록 보관에 유의한다.
- 조리기구와 위험한 부엌용품은 유아의 손이 닿지 않는 곳에 둔다.
- 조리대에 용기를 올려놓을 때 손잡이는 조리대의 뒤쪽을 향하게 돌려놓는다.
- 전기 코드는 유아의 손이 닿지 않는 곳에 있어야 한다. 전기기구를 사용하지 않을 때는 반드시 플러그를 뺀다.
- 쓰레기통은 뚜껑이 있는 것으로 준비하며, 음식을 준비하고 저장하는 장소에서 멀리 떨어진 곳에 둔다. 또한 조리대나 전열기에서 멀리 떨어진 곳에 둔다.

### 6) 세척 공간

유아교육기관에는 놀잇감, 수건, 침구류 등을 세척하고 말릴 수 있는 시설이 필요하다. 이를 위한 공간은 더러워진 물건이 음식을 오염시키지 않을 곳에 마련되어야 한다.

### 7) 바닥과 벽

유아교육기관의 모든 바닥재는 독성이 없는 것이어야 한다. 바닥은 튼튼하고 청소가 용이하며 미끄럽지 않은 재질로 되어 있는 것을 선택하도록 한다. 많은 유아교육기관이 소음이나 활동영역의 분리를 위해 부분 카펫을 사용한다. 카펫은 촘촘하게 짜이고, 더러움이 잘 타지 않고, 세탁이 용이하며, 방염처리가 되어 있어야 한다(소방시설 설치 유지 및 안전관리법 12조).

벽에 페인트를 칠하는 경우에는 유아에게 해롭지 않은 친환경 페인트를 사용하며, 벽지로 할 경우 용이하게 닦을 수 있는 것으로 한다.

화장실 바닥과 벽은 매일 청소하고 규칙적으로 소독을 한다. 따라서 바닥에 사용되는 재질은 잦은 청소와 소독에 적절한 것이어야 한다.

활동실의 바닥재는 방염성을 지닌 것이어야 하고, 창문에 커튼을 할 경우 방염커튼을 설치한다. 또한 각 실마다 다목적 소화기가 적어도 하나는 있어야 하며 교사와 유아들은 화재 대피방법에 익숙해야 한다.

### 8) 전기 배선

전선을 타고 흐르는 전류는 화재 및 인명 사고를 유발한다. 인간의 신체는 전도체로서 전류가 신체를 통과하게 되면, 치명적인 쇼크를 일으키거나 심한 화상, 심지어 사망에까지 이르게 된다. 유아의 안전을 위해서는 무엇보다 성인의 안전 관리가 중요하다. 뿐만 아니라 유아기 어린이에게도 만약의 경우를 대비하여 전기 안전에 대한 주의와 교육이 필요하다.

- 사용하지 않는 콘센트는 안전덮개로 덮도록 한다. 특히 싱크대 근처에 있거나 유아들의 손이 닿는 자리에 있는 콘센트는 반드시 덮개로 덮는다.
- 사용하지 않는 전기기구의 코드는 빼서 유아의 손에 닿지 않게 두도록 한다.
- 연결코드는 필요할 때만 사용하고 사용 후에는 치우도록 한다.
- 전깃줄은 유아들의 손이 닿지 않는 곳에 고정시키도록 한다. 줄을 유아의 손이 닿지 않도록 벽과 가구 뒤를 따라 놓는다. 바닥에 전깃줄이 늘어지게 되어

유아들의 발이 걸려 넘어질 수도 있고, 어린 유아들이 코드를 씹게 되면 전기 쇼크를 입거나 입에 심각한 화상을 입을 수 있기 때문이다. 한편, 전깃줄을 카펫 밑으로 지나가게 하면 선이 닳아도 알아챌 수 없어 화재의 위험이 있다.

### 9) 소 음

소음은 유아교육기관에서 어린이에게 스트레스를 주는 가장 중요한 요인 중 하나다. 건물 내 소음은 55dB 이하여야 한다(학교보건법 시행규칙 제3조 제1항 제3호 관련 별표 4). 소음을 줄이기 위해 방음이 되는 타일, 벽 또는 칸막이, 카펫, 기타 방음벽 등을 활용한다.

천장이 높고 방이 넓으면 소음 문제를 더욱 가중시킨다. 그러나 지나치게 낮은 천장은 환기 문제를 야기한다. 적절한 천장 높이는 약 3m다.

### 10) 온도와 습도 · 채광과 조명

온도와 습도는 건강에 큰 영향을 미친다. 지나치게 더우면 신체가 체온을 유지하기 위해 땀을 발산하게 되어 수분 결핍을 가져올 수 있다. 실내온도가 낮으면 활동에 사용되어야 할 에너지가 몸을 따뜻하게 하는 데 사용된다. 실내온도는 섭씨 18도 이상 28도 이하로 하되, 난방온도는 섭씨 18도 이상 20도 이하, 냉방온도는 섭씨 26도 이상 28도 이하여야 한다. 유아들의 키 높이에서 잰 온도(대개 바닥에서 60~90cm 높이)를 기준으로 한다. 온도계는 유아의 키 높이에 설치하되 유아들이 가지고 놀지 못하도록 덮개로 보호하도록 한다.

냉 · 난방 장치가 잘 가동되어 적절한 실내온도를 유지하여야 하며, 유아들이 사용하는 활동실에는 안전을 위해 전열기 · 난방 파이프 · 난로가 없어야 한다.

습도 또한 감염을 예방하는 데 중요한 역할을 한다. 비교습도는 30% 이상 80% 이하를 유지하도록 한다. 코, 입, 목에 걸쳐 있는 점막은 항상 일정한 습도를 유지하여야 방어기능을 할 수 있다. 점막이 건조한 공기에 닿으면 감염이 보다 쉽게 발생한다. 한편, 습도가 70% 이상으로 올라가면 피부의 땀이 빨리 증발하지 못하여 체온이 올라가게 되고 이와 관련한 질병을 유발할 수 있다.

햇빛이 잘 들고 밝은 활동실은 유아와 교사 모두에게 중요하다. 자연광이 가장 바람직하기는 하지만 인공조명의 적절한 배치 또한 중요하다. 언어영역, 과학영역, 조형영역은 더 밝아야 한다. 규정에 의하면 교실의 조명도는 책상면을 기준으로 300룩스 이상이어야 하며 최대조도와 최소조도의 비율이 3대 1을 넘지 않아야 한다. 비상등은 항상 켜 있어야 한다. 특히 복도와 계단에 조명상태가 부적절하면 위험하다. 전등을 쉽게 켜고 끌 수 있도록 계단의 양끝에 두 개의 스위치가 있어야 한다

**환기 · 채광 · 조명 · 온습도의 조절기준과 환기설비의 구조 및 설치기준: 학교보건법 시행규칙 제3조 제1항 제1호 관련[별표 2] 〈개정 2005.11.14.〉**

1. 환기
   가. 환기의 조절기준
   환기용 차 등을 수시로 개방하거나 기계식 환기설비를 수시로 가동하여 1인당 환기량이 시간당 21.6세제곱미터 이상이 되도록 할 것
   나. 환기설비의 구조 및 설치기준(환기설비의 구조 및 설치기준을 두는 경우에 한한다)
   1) 환기설비는 교사 안에서의 공기의 질의 유지기준을 충족할 수 있도록 충분한 외부공기를 유입하고 내부공기를 배출할 수 있는 용량으로 설치할 것
   2) 교사의 환기설비에 대한 용량의 기준은 환기의 조절기준에 적합한 용량으로 할 것
   3) 교사 안으로 들어오는 공기의 분포를 균등하게 하여 실내공기의 순환이 골고루 이루어지도록 할 것
   4) 중앙관리방식의 환기설비를 계획할 경우 환기닥트는 공기를 오염시키지 아니하는 재료로 만들 것
2. 채광(자연조명)
   가. 직사광선을 포함하지 아니하는 천공광에 의한 옥외 수평조도와 실내조도와의 비가 평균 5퍼센트 이상으로 하되, 최소 2퍼센트 미만이 되지 아니하도록 할 것
   나. 최대조도와 최소조도의 비율이 10대 1을 넘지 아니하도록 할 것
   다. 교실 바깥의 반사물로부터 눈부심이 발생되지 아니하도록 할 것
3. 조도(인공조명)
   가. 교실의 조명도는 책상면을 기준으로 300룩스 이상이 되도록 할 것
   나. 최대조도와 최소조도의 비율이 3대 1을 넘지 아니하도록 할 것
   다. 인공조명에 의한 눈부심이 발생되지 아니하도록 할 것

4. 실내온도 및 습도
가. 실내온도는 섭씨 18도 이상 28도 이하로 하되, 난방온도는 섭씨 18도 이상 20도 이하, 냉방온도는 섭씨 26도 이상 28도 이하로 할 것
나. 비교습도는 30퍼센트 이상 80퍼센트 이하로 할 것

## 11) 실내 공기

유아들은 여러 가지 실내 오염 물질에 항상 노출된다. 카펫과 건물에서 나오는 알데히드, 일산화탄소, 라돈, 페인트, 납, 기타 다양한 실내 화학물질과 살충제 등이 유아의 호흡기 질환의 증가와 밀접한 관련이 있다(Marotz et al., 2005). 이러한 물질은 또한 피로, 피부염, 두통, 눈의 염증, 호흡곤란, 메스꺼움을 유발한다.

실내 공기의 질은 환기를 자주 하는 것만으로도 증진시킬 수 있다. 이는 공기 오염을 줄일 뿐 아니라 공기 중의 병원균을 내보내는 효과도 있다. 적어도 하루에 한 번은 창문을 열어 환기를 하도록 한다.

실내 공기 오염을 줄일 수 있는 기타 조처들은 다음과 같다.

- 난방과 취사 기구 사용 후 공기를 환기시킨다.
- 독성을 띤 살충제, 세제, 표백제, 기타 화학제품의 사용을 줄인다.
- 놀잇감, 가구, 미술재료에 납이 포함되었는지 살핀다.
- 페인트, 섬유, 카펫 등의 장식물을 선정할 때에는 해로운 성분이 있는지 확인한다.
- 건물에 부속된 차고에 자동차의 시동을 건 채로 두지 않는다. 건물의 내부로 통하는 문을 열기 전에 차의 엔진을 끄고 외부로 향한 차고의 문을 잠시 열어 둔다.
- 실외 놀이터와 인접한 곳에 차량을 주차하게 되어 있는 경우 차에 시동을 오래 켜 두지 않는다. 차량은 배기가스가 실외 놀이터 쪽으로 향하지 않도록 주차한다.
- 가습기, 에어컨과 공기 정화기 필터를 규칙적으로 청소하고 점검한다.

- 페인트, 니스, 살충제는 실외 창고에 보관한다.
- 습기를 적절하게 유지한다.
- 먼지를 없앤다.

**표 7-1** 교사 안에서의 공기의 질에 대한 유지 · 관리기준

<table>
<tr><th>구분</th><th>오염물질 항목</th><th>기준</th><th>적용시설</th><th>비고</th></tr>
<tr><td rowspan="13">유지<br>기준</td><td>미세먼지(㎍/㎥)</td><td>100</td><td rowspan="4">모든 교실</td><td>10마이크로미터 이하</td></tr>
<tr><td>이산화탄소(ppm)</td><td>1,000</td><td>기계환기시설은 1,500ppm</td></tr>
<tr><td>폼알데하이드(㎍/㎥)</td><td>100</td><td></td></tr>
<tr><td>총부유세균(CFU/㎥)</td><td>800</td><td></td></tr>
<tr><td>낙하세균(CFU/실당)</td><td>10</td><td>보건실 · 식당</td><td></td></tr>
<tr><td>일산화탄소(ppm)</td><td>10</td><td rowspan="2">개별난방 및<br>도로변 교실</td><td rowspan="2">직접연소에 의한 난방의 경우</td></tr>
<tr><td>이산화질소(ppm)</td><td>0.05</td></tr>
<tr><td>라돈(pCi/L)</td><td>4.0</td><td>지하교실</td><td></td></tr>
<tr><td>총휘발성유기화합물<br>(㎍/㎥)</td><td>400</td><td>건축한 때로부터 3년이<br>경과되지 아니한 학교</td><td>증축 및 개축 포함</td></tr>
<tr><td>석면(개/cc)</td><td>0.01</td><td>석면을 사용하는 학교</td><td>단열재로 석면을 사용한 학교의 경우</td></tr>
<tr><td>오존(ppm)</td><td>0.06</td><td>교무실 및 행정실</td><td>오존을 발생시키는 사무기기(복사기 등)가 있는 경우</td></tr>
<tr><td>진드기(마리/㎡)</td><td>100</td><td>보건실</td><td></td></tr>
<tr><td colspan="2">대상 시설</td><td colspan="2">중점관리기준</td></tr>
<tr><td rowspan="2">관리<br>기준</td><td colspan="2">신축학교</td><td colspan="2">• 「다중이용시설 등의 실내공기질관리법」 제11조의 규정에 의한 오염물질방출건축자재의 사용을 제한할 것<br>• 교사 안에서의 원활한 환기를 위하여 환기시설을 설치할 것<br>• 책상 · 의자 · 컴퓨터 등 학교의 비품은 폼알데하이드 방출량이 작은 것을 사용할 것<br>• 교사 안에서의 폼알데하이드 및 휘발성유기화합물이 유지기준에 적합하도록 필요한 조치를 강구하고 사용할 것</td></tr>
<tr><td colspan="2">개교 후 3년 이내의 학교</td><td colspan="2">• 폼알데하이드 및 휘발성유기화합물 등이 유지기준에 적합하도록 중점적으로 관리할 것</td></tr>
</table>

• 출처: 학교보건법시행규칙 제3조 제1항 제3호의 2 관련 별표 4의 2(신설 2005.11.14.)

## 2. 유아교육기관의 실내 안전 관리

### 1) 실내 안전점검

안전한 환경을 유지하기 위해 안전점검을 철저히 해야 하는데 이때 점검표를 활용하면 체계적 점검에 도움이 된다. 교사는 매일 교실을 점검하고(표 7-2 참조), 기관 차원에서는 교실 외의 실내 전반을 매일 점검하도록 한다(표 7-3 참조). 아울러 정기적으로, 대개는 월 1회보다 체계적이고 상세한 점검을 실시하여야 한다(부록 III. 안전점검목록 참조).

**표 7-2** 교실 일일 안전점검표(예)

(점검상태: 양호/이행○, 적절치 않음 ×)

| 구분 | 점검 사항 | 월 일~ 월 일 | | | | | 비고 |
|---|---|---|---|---|---|---|---|
| | | 월 | 화 | 수 | 목 | 금 | |
| 교실 전반 | 1. 적절히 환기를 하고 있음 | | | | | | |
| | 2. 전기선이 깔개나 카펫 밑으로 지나가지 않음 | | | | | | |
| | 3. 전기선은 문, 통행로에서 떨어져 있으며 유아의 손이 닿지 않음 | | | | | | |
| | 4. 비상구에 장애물이 없으며, 쉽게 열고 닫을 수 있음 | | | | | | |
| | 5. 유아들이 창문이나 위험한 곳에 오르지 못하도록 가구를 안전하게 배치함 | | | | | | |
| | 6. 벽이나 가구에 페인트가 벗겨지거나 시멘트가 노출되지 않음 | | | | | | |
| | 7. 독성을 띤 식물이나 해충이 없음 | | | | | | |
| 설비 및 놀잇감 | 1. 쓰레기통은 덮개가 닫혀 있음 | | | | | | |
| | 2. 안전장치(안전 덮개, 모서리보호대, 손끼임 방지 장치 등)는 잘 부착되어 있음 | | | | | | |
| | 3. 비상등이 잘 작동됨 | | | | | | |
| | 4. 책상과 장, 의자는 틈과 날카로운 모서리가 없음 | | | | | | |
| | 5. 책꽂이, 가리개 등과 같은 가구는 바닥이나 벽에 잘 고정되어 있음 | | | | | | |
| | 6. 교구나 놀잇감에는 날카로운 부분, 가시, 갈라진 곳, 삼킬 우려가 있는 작은 부속품이 없음 | | | | | | |
| | 7. 모든 비품, 교구 및 놀잇감은 청결함 | | | | | | |
| | 8. 크거나 무거운 비품 및 놀잇감은 교구장 아래에 위치해 있음 | | | | | | |
| | 9. 날카로운 물건은 유아의 손이 닿지 않는 곳에 보관함 | | | | | | |
| 참관실 | 1. 적절히 환기를 하고 있음 | | | | | | |
| | 2. 가구들은 안전하게 놓여져 있음 | | | | | | |
| | 3. 사용하지 않는 전기 콘세트에는 안전 덮개가 씌워져 있음 | | | | | | |
| | 4. 성인의 감독 없이 유아들이 참관실에 접근할 수 없음 | | | | | | |

(계속)

| 구분 | 점검 사항 | 월 일~ 월 일 | | | | | 비고 |
|---|---|---|---|---|---|---|---|
| | | 월 | 화 | 수 | 목 | 금 | |
| 화장실 | 1. 환기가 잘 됨 | | | | | | |
| | 2. 세제와 소독제 및 청소도구는 유아의 손이 닿지 않는 곳에 보관함 | | | | | | |
| | 3. 바닥의 미끄럼 방지 깔판은 청결함 | | | | | | |
| | 4. 온수의 온도는 섭씨 40도를 넘지 않음 | | | | | | |
| | 5. 사용하지 않는 전기 콘센트에는 안전 덮개가 씌워져 있음 | | | | | | |
| 위급대처 | 1. 소화기는 바르게 위치함 | | | | | | |
| | 2. 구급상자는 제 위치에 있으며 내용물이 적절함 | | | | | | |
| | 3. 약품은 원래의 용기에 담겨 있음 | | | | | | |
| 귀가전 | 1. 교실 소등(참관실, 교실 내 자료실 포함) | | | | | | |
| | 2. 화장실 소등 확인/세면대 수도 확인 | | | | | | |
| | 3. 창문 잠금 | | | | | | |
| | 4. 외부로 통하는 출입문 잠금 | | | | | | |

• 출처: 호서대학교부속유치원. 결재란을 생략함.

### 2) 교육 활동 계획 시 안전 고려

교실 활동의 안전을 위해 교사는 하고자 하는 활동이 유아의 연령에 적절한지, 위험요인은 무엇인지, 안전한 활동이 되기 위해서 필요한 주의점은 무엇인지 평가해 보아야 한다.

활동에 따라 특별한 주의를 더 요하는 것들이 있는데, 예를 들어 가위나 칼, 바늘같이 날카로운 물건을 사용하는 활동, 망치, 못과 톱 등 목공 도구를 사용하는 활동, 전기 프라이팬, 믹서와 같은 전기 기구를 사용하는 활동은 세심한 준비와 주의를 요한다.

위험한 자료를 사용하는 활동은 다른 활동영역과 분리된 곳에서 하도록 한다. 필요한 경우 한 활동에 동시에 참여하는 유아의 수도 제한하여야 한다.

전기 기구들은 사용 전에 아주 세심하게 점검하여야 한다. 플러그가 빠져 있는지, 코드가 벗겨져 있지 않은지 잘 살펴야 한다. 유아들이 걸려 넘어질 수 있으므로 연장 코드는 사용하지 않도록 한다.

미술재료와 활동의 선정에도 안전이 고려되어야 한다. 작은 곡식, 이쑤시개, 작은 구슬 등은 적절치 않다. 이러한 것들은 귀나 코에 넣거나 삼킬 수 있기 때문이다. 또한 물감과 풀의 적절한 보관도 중요하다. 깨지지 않는 용기에 재료들을 넣도록 한다.

기관을 떠나서 견학이나 소풍을 가는 것은 유아에게 흥분된 경험이다. 그러나 많은 위험이 따르므로 특별한 주의를 요한다. 무엇보다 견학을 위한 절차를 문서화하여야 한다. 부모에게 미리 알리고 서면 동의를 받도록 한다. 견학 장소, 출발시간과 도착시간이 표시되어야 한다. 동행하는 성인 중 적어도 한 명은 응급조치에 대한 훈련을 받은 사람이어야 한다. 구급함과 휴대전화, 전화카드를 가져가야 한다. 위급 시 필요한 정보, 즉 부모의 연락처, 여러 구급기관의 전화번호가 기재된 목록을 가져간다. 유아들에게는 기관명과 기관의 전화번호가 적힌 표를 달아준다. 그러나 유아의 이름은 표기하지 않는다. 낯선 사람이 이름표를 보고 이름을 부르면 유아들이 쉽게 꼬임을 당할 수 있기 때문이다. 출발 전에 견학 절차와 안전 규칙을 유아들에게 다시금 상기시킨다.

차량을 이용할 경우에는 특히 안전에 유의한다. 차량은 보험 가입이 되어 있어야 하며 안전점검을 거친 것이어야 한다.

### 3) 안전한 실내 활동을 위한 규칙

안전한 환경을 제공한다 하더라도 놀이 도중 부주의나 놀잇감의 잘못된 사용으로 인해 사고가 일어날 수 있다. 교사는 놀이나 활동에 따를 수 있는 안전 문제를 인식하고 교육 활동을 통해 안전 규칙을 인식시키고 지키도록 지도한다.

규칙이 너무 많거나 복잡하거나 일관성 없이 강요되면 유아가 지키지 못할 것이다. 규칙은 간단하고 긍정적인 진술로 되어 있어야 한다. 규칙을 만들 때, 유아들이 적극적으로 참여하면 유아들의 자율성과 자발적인 규칙 준수를 조장할 수 있다. 실내영역 및 활동별 규칙의 예는 〈표 7-3〉과 같다.

**표 7-3** 유아들이 지켜야 할 실내 활동을 위한 규칙의 예

| 영역 | 규칙의 예 |
|---|---|
| 역할 | 장난감 음식은 먹는 흉내만 낸다.<br>젓가락이나 포크는 음식을 집는 데만 사용한다. |
| 요리 | 불을 사용하는 요리를 할 때 불 옆에서 떨어져 있는다. |
| 조형 | 색종이, 점토, 연필, 크레용, 붓, 접착제, 풀을 입에 대거나 맛보지 않는다.<br>도구를 안전하게 사용한다.<br>• 가 위: 다른 사람에게 줄 때는 끝을 합쳐서 준다.<br>손잡이 쪽이 상대방을 향하게 준다.<br>가위를 들고 이동할 때는 걸어서 간다.<br>머리카락, 옷을 자르지 않는다.<br>• 스테이플러: 종이를 묶을 때 손이 끼지 않게 조심한다.<br>얼굴에서 멀리 떨어져 사용한다.<br>• 고무밴드: 사람을 향해서 당기지 않는다. |
| 과학 | 확대경은 물체를 향해서 본다.<br>확대경은 해를 향해서 보면 위험하다.<br>실내에서 기르는 곤충이나 식물을 함부로 만지지 않는다.<br>제시된 자료를 함부로 먹지 않는다. |
| 조작 | 조각은 하나씩 꺼내서 사용한다. |
| 쌓기 | 블록은 손으로 가지고 논다.<br>블록으로 다른 사람을 때리지 않는다.<br>블록을 다른 사람과 바닥에 던지지 않는다.<br>블록을 입에 넣지 않는다.<br>블록을 밟지 않는다. |

### 4) 놀이와 활동에 대한 감독

실내에서는 실외 활동을 할 때보다 안전에 대해 느슨한 태도를 지니기 쉽다. 이는 실내에서는 사고가 덜 일어난다고 생각하기 때문이다. 그러나 실내에서도 철저하게 안전에 유의하여야 한다. 사고는 대부분의 활동에서 일어날 수 있다. 단위 적목(unit blocks)조차도 유아들이 잘못 사용하면 위험할 수 있다.

모든 활동영역이 교사의 면밀한 감독을 요하나 대근육 시설물, 삼킬 수 있는 놀잇감, 블록, 조리기구의 사용은 계획적이고 면밀한 감독을 요한다. 특히 영아와

걸음마기 유아의 경우에는 성인의 철저한 감독이 필요하다.

다음과 같은 질문이 어떤 환경을 재구성해야 하는지 결정하는 데 참고가 된다. 이러한 질문과 점검은 실외 환경의 경우에도 해당된다.

① 반복되는 문제가 무엇인가?
② 반복되는 규칙이 무엇인가?
③ 무목적적인 활동이 일어나는 영역은 어디인가?
④ 거의 사용되지 않는 영역은 어디인가?
⑤ 유아들이 몰리는 영역이나 시설물은 무엇인가?
⑥ 감독할 수 없거나 안전하지 않아서 제한되는 영역이 있는가?
⑦ 유아의 놀이에 방해되는 영역이 있는가?
⑧ 유아들이 서로의 놀이를 방해하지 않고 움직일 수 있는 통로가 있는가?
⑨ 자료가 부족하거나 설비가 부족하여 활동이 제한되는가?
⑩ 보다 관리를 요하는 영역이 있는가?
⑪ 이동시설물 자료를 위한 적절한 보관소가 있는가?
⑫ 사고가 가장 흔히 일어나는 영역이 있는가?

**표 7-4** 기관의 실내외 전반에 대한 일일 안전점검표

(점검상태 : 양호○, 보통△, 불량□)

| 구분 | 점검항목 | 점검결과 | | | | | | 조치사항 |
|---|---|---|---|---|---|---|---|---|
| | | / 월 | / 화 | / 수 | / 목 | / 금 | / 토 | |
| 실외환경 | 1. 보육시설 보호벽 및 보육시설 주변의 관리 상태는 양호한가? | | | | | | | |
| | 2. 실외놀이 공간 주변의 돌, 유리조각, 요철, 녹이 슨 부분, 벗겨진 페인트, 돌출된 모서리가 방치되어 있지는 않은가? | | | | | | | |
| | 3. 확인되지 않는 식물이나 잡초는 모두 제거하였는가? | | | | | | | |
| | 4. 놀이터 바닥에 오물, 방치된 물웅덩이가 없는가? | | | | | | | |
| 실내환경 | 1. 문과 창문 등의 추락 위험은 없는가? | | | | | | | |
| | 2. 바닥에는 다칠 수 있거나 미끄러운 곳이 없는가? | | | | | | | |
| | 3. 복도, 계단, 비상계단, 미끄럼대 등에 방치된 물건이 없어 피난계단, 미끄럼대 등을 사용하기에 양호한가? | | | | | | | |
| | 4. 모든 보육용품과 비품이 제자리에 있는가? | | | | | | | |
| | 5. 보육용품이나 비품 유리창 등에 날카로운 모서리 등이 없는가? | | | | | | | |

(계속)

| 구분 | 점검항목 | 점검결과 / 월 | / 화 | / 수 | / 목 | / 금 | / 토 | 조치사항 |
|---|---|---|---|---|---|---|---|---|
| 놀잇감 및 놀이 기구 | 1. 망가져 날카롭고 위험한 것은 없는가? | | | | | | | |
| | 2. 유해 색소가 칠해진 놀잇감은 없는가? | | | | | | | |
| | 3. 영유아가 삼킬 만한 작은 놀잇감이나 부품은 없는가? | | | | | | | |
| | 4. 부품이 빠지거나 작은 볼트 등이 빠진 것은 없는가? | | | | | | | |
| | 5. 놀잇감 및 놀이기구의 수납 상태가 양호한가? | | | | | | | |
| 화장실 · 세면대 | 1. 화장실 내 세제나 락스 등 위험한 물건이 영유아들의 손이 닿는 곳에 방치되어 있지 않는가? | | | | | | | |
| 전기 · 화기 · 위험물 | 1. 콘센트는 안전 덮개로 보호되어 있는가? | | | | | | | |
| | 2. 전선이 늘어져 있지 않는가? | | | | | | | |
| | 3. 화기에 의한 안전사고 위험은 없는가? | | | | | | | |
| | 4. 위험물에 의한 안전사고 위험은 없는가? | | | | | | | |
| | 5. 가스밸브와 가스중간밸브 잠금은 양호한가? | | | | | | | |
| 차량 안전 | 1. 차량 내 소화기 · 비상약품 비치여부 및 비치상태가 양호한가? | | | | | | | |
| | 2. 차량 내 안전벨트 등 안정장비의 상태는 양호하며 영유아와 보호자는 차량 내 안전벨트를 착용하는가? | | | | | | | |
| | 3. 차량에 영유아를 보호할 수 있는 사람(보육교사 등)이 탑승하는가? | | | | | | | |
| 기타 | 1. 응급전화번호 및 비상연락망 등이 잘 관리되고 있는가? | | | | | | | |

• 출처: 보건복지가족부(2010). 2010년도 보육사업안내. 서식〈II-5〉, p. 10.

## 2절 실외 안전 관리

### 1. 실외 놀이터의 크기와 입지

실외 놀이터의 크기는 유아들의 수를 고려하여 충분히 확보하도록 한다. 유아 1인당 6.8~9m²가 이상적으로 제시되고 있다(Aronson, 1991; Decker & Decker, 1997). 영아는 1인당 최소한 3m², 걸음마기 유아는 4.8m²가 필요하다(Aronson, 1991).

우리나라의 경우 법령에 의하면 유치원의 경우 유아 수 40명 이하 규모이면 실외 놀이터의 기준 면적은 160m², 41명 이상이면 (120+정원)m² 다(고등학교 이하 각급학교 설립 · 운영규정 별표 2). 보육시설은 영유아 50인 이상을 보육하는 시설

(12개월 미만의 영아만을 보육하는 시설은 제외)에 한하여 놀이터 설치를 규정하고 있는데, 영유아 1인당 3.5m² 이상이어야 한다(영유아보육법시행규칙 2009년 7월 개정 별표 1).

실외 놀이터는 유아교육기관 건물 앞에 위치하는 것이 좋으며, 배수가 잘 되는 곳이어야 한다. 유아들이 뛰어들 수 있는 여지가 있으므로 도로와 안전하게 분리되어 있어야 한다. 안전한 나무와 꽃을 심어 안전하면서 시각적으로도 아름다운 환경을 꾸미고 놀이터 안과 주변의 독성 식물과 물질들을 제거한다. 실외 놀이터와 외부를 구분 짓기 위한 담장은 높이가 최소한 120cm이어야 한다. 담장이 마당을 둘러싸야 유아들이 안전하게 놀이를 할 수 있고 교사들은 용이하게 감독할 수 있다. 문은 잠글 수 있어야 한다. 이는 외부인의 침입과 풀려 있는 개가 들어오는 것을 막기 위해서도 필요하기 때문이다.

## 2. 실외 고정 시설물의 설치

실외 시설물은 공간의 크기, 유아의 연령과 발달 수준, 제공되는 학습 경험의 다양성, 안전하고 질 높은 재료인지의 여부를 고려하여 선택한다. 시설물의 선택과 설치는 또한 관련 법규(어린이놀이시설안전관리법, 법률 제9156호)에 따라 이루어져야 한다. 2004년 12월 이후부터는 시설물 설치 시 안전검사기관으로부터 설치검사를 받아 합격증을 받아야 한다. 설치 후 2년에 1회 이상 시설 검사를 받도록 되어 있다.* 설치검사 및 정기시설검사에 합격된 어린이놀이시설에 대해서는 사용자가 알 수 있도록 설치검사 및 정기시설검사에 합격되었음을 나타내는 표시를 하여야 한다.

놀이시설을 설치한 후에는 안전관리에 관련된 업무를 담당하는 교원을 지정하

* 제12조 ② 관리주체는 제1항의 규정에 따라 설치검사를 받은 어린이놀이시설이 제11조의 규정에 따른 시설기준 및 기술기준에 적합성을 유지하고 있는지를 확인하기 위하여 대통령령이 정하는 방법 및 절차에 따라 안전검사기관으로부터 2년에 1회 이상 정기시설검사(이하 "정기시설검사"라 한다)를 받아야 한다.

고 안전교육을 받도록 해야 한다.* 안전교육은 2년에 1회 이상, 1회에 4시간 이상 받아야 하며 받게 될 안전교육의 내용은 다음과 같다(어린이놀이시설안전관리법 시행규칙 제 20조)

- 어린이놀이시설 안전 관리에 관한 지식 및 법령
- 어린이놀이시설 안전 관리 실무
- 그 밖에 어린이놀이시설의 안전 관리를 위하여 필요한 사항

① 높이와 간격, 틈

시설물은 굳게 고정되어야 하며 높이가 1.8m를 넘지 말아야 한다. 오르내릴 수 있거나 좌우로 움직이는 등의 기능을 하는 시설물 주변은 유아들이 내려오게 되는 지역을 충분히 넓게 해야 모험심이 강한 어린이들에게도 안전하다. 이를 위해 시설물들 간의 간격은 최소한 2.4m가 적절한 것으로 제시된다. 놀이기구에는 유아의 몸이 빠지거나 낄 틈이 없어야 한다.

② 바닥

정글짐, 그네, 미끄럼틀과 같은 대근육 활동 시설은 다른 시설물들과 떨어져 위치해야 하며 바닥의 안전에 특히 유의해야 한다. 실외에서 일어나는 대부분의 사고가 낙상에 의한 것이기 때문이다. 시설물의 아래나 주변의 표면이 딱딱하면 성인이 감독하고 있다 해도 위험하다.

콘크리트, 풀밭, 땅, 아스팔트는 안전한 표면이 아니다. 따라서 시설물 바닥에는 200g에 해당하는 충격 흡수재를 설치하도록 한다. 놀이기구와 시설 밑의 바닥은 30~40cm 정도의 깊이를 부드럽고 편안하며 탄성 있는 톱밥이나 모래와 같은 소재로 덮는다.

모래 밑의 바닥에 굵은 자갈을 깔면 물이 고이는 것을 방지한다.

충격을 흡수할 수 있는 자료를 깔아 주었더라도 정기적으로 자료를 보충해 주며

* 주택법 제49조에 따른 안전교육과 영유아보육법 제23조에 따른 보수교육을 받은 경우 안전교육을 받은 것으로 본다.

표면을 부드럽고 평평하게 해 주기 위해 갈퀴 등을 이용해 갈아 주어야 한다. 모래는 최소 3년에 한 번은 교체해 주도록 한다(교육인적자원부, 2006b). 나무로 된 것은 1~3년 사이에 썩고 단단해져 충격을 처음만큼 흡수하지 못한다. 고무바닥재는 안전검사를 받은 제품이어야 하며 수시로 바닥과 들뜨지 않았는지 점검한다.

## 3. 안전 관리

### 1) 실외 놀이 공간의 위험요소

미국의 Consumer Product Safety Commission에서 제시한 실외 놀이터에서의 사고 요인들에는 다음이 포함된다(Aronson, 1991).

- 돌출물 또는 장애물
- 날카로운 가장자리
- 그네의 안장이 무겁거나 날카로운 것
- 원형 발판 또는 아동의 무릎 높이보다 넓은 간격의 발판
- 단단히 고정되지 않은 시설물
- 시설물 아래의 바닥이 딱딱한 것
- 시설물이 바닥 면적에 비해 높이가 높은 것
- 유아들의 신체 크기와 능력에 맞지 않은 시설물
- 정글짐 바 사이의 간격이 사용자들이 쉽게 닿을 수 있는 거리를 넘어서는 것 (학령 전기 유아의 경우 35cm 이하)
- 유아가 손으로 굳게 잡을 수 있는 굵기를 넘어서는 것(학령 전기 유아의 경우 2.5cm 이하)
- 성인의 눈이 미치지 않는 숨겨지거나 후미진 영역
- 독성물질과 독성식물
- 햇볕을 정면으로 받아 지나치게 뜨거운 금속 시설물
- 그네를 탈 때 그네가 유아들이 지나가는 통로에까지 미치는 것

- 망가진 시설물
- 쓰레기
- 부적절한 감독
- 부적절한 식수원
- 햇빛으로부터 유아를 보호해 줄 수 있는 그늘의 부족
- 벌레집, 과일나무, 쓰레기통, 기타 곤충을 끌어들이는 것들
- 동물의 침입과 유아들이 성인의 감독을 벗어나는 것을 방지하기 위한 울타리가 없는 것

### 2) 실외 안전점검

놀이시설과 그 주변을 사용하기 전에 매일 점검한다. 날카로운 가장자리, 거친 표면, 느슨해지거나 깨진 부분 등이 있는지 살펴보고 즉각 개선하고 수리한다. 유리, 쓰레기, 돌멩이가 없도록 해야 한다. 실외에 독성이 있는 식물이 자라고 있는지 점검하여 없앤다. 이때 독성이 있는 소독약을 사용하지 않는다.

매일 점검하는 것 외에 정기적으로 적어도 한 달에 한 번 이상 체계적인 점검을 해야 한다. 안전점검표(부록 III 참조)를 이용하면 체계적으로 점검을 하는 데 도움이 된다. 같은 안전점검표를 사용해도 사람에 따라 다른 위험요소를 발견할 수 있으므로 교직원들이 서로 교대하여 또는 부모를 참여시켜 점검하는 것이 바람직하다.

**표 7-5** 놀이시설물별 안전점검 실시대장

| 점검일 | 점검결과 | | | | 특이사항 | 점검자(인) |
|---|---|---|---|---|---|---|
| | 양호 | 요주의 | 요수리 | 이용금지 | | |
| | | | | | | |
| | | | | | | |
| | | | | | | |
| | | | | | | |

• 출처: 어린이놀이시설안전관리법시행규칙 제17조 관련 서식 16.

실외 안전점검 시 놀이시설에 대해서는 어린이놀이시설안전관리법의 점검항목(시행령 제12조 관련 별표 6)과 방법 및 서식(표 7-5 참조)을 이용하고 결과를 기록, 보존한다.

**어린이놀이시설안전관리법**(법률 제9156호, 2008.12.19. 일부개정, 시행 2009.1.20.)

안전점검 의무

제15조 ① 관리주체는 설치된 어린이놀이시설의 기능 및 안전성 유지를 위하여 대통령령이 정하는 주기·방법 및 절차 등에 따라 당해 어린이놀이시설에 대한 안전점검을 실시하여야 한다.

③ 관리주체는 제1항의 규정에 따른 안전점검 결과 해당 어린이놀이시설이 어린이에게 위해를 가할 우려가 있다고 판단되는 경우에는 그 이용을 금지하고 1개월 이내에 안전검사기관에 안전진단을 신청하여야 한다. 다만, 해당 어린이놀이시설을 철거하는 경우에는 안전진단 신청을 생략할 수 있다.

시설 점검 주기, 항목 및 방법

시행령 제11조 ① 관리주체는 법 제15조 제1항에 따라 안전점검을 월 1회 이상 실시하여야 한다. ② 제1항에 따른 안전점검의 항목 및 방법은 별표 6과 같다.

[별표 6] 1. 안전점검의 항목

가. 어린이놀이시설의 연결 상태
나. 어린이놀이시설의 노후(老朽) 정도
다. 어린이놀이시설의 변형 상태
라. 어린이놀이시설의 청결 상태
마. 어린이놀이시설의 안전수칙 등의 표시 상태
바. 부대시설의 파손 상태 및 위험물질의 존재 여부

2. 안전점검의 방법

어린이놀이시설의 관리주체는 제1호의 점검항목에 대하여 다음 각 목의 기준에 따라 구분하여 안전점검을 한 후, 그 결과를 안전점검 실시대장에 기록하여야 한다.

가. 양호: 어린이놀이시설의 이용자에게 위해·위험을 발생시킬 요소가 없는 경우
나. 요주의: 어린이놀이시설의 이용자에게 위해·위험을 발생시킬 요소는 발견할 수 없으나, 어린이놀이기구와 그 부분품의 제조업체가 정한 사용연한이 지난 경우
다. 요수리: 어린이놀이시설의 이용자에게 위해·위험을 발생시킬 요소가 되는 틈, 헐거움, 날카로움 등이 생길 가능성이 있거나, 어린이놀이시설이 더럽거나 안전 관련 표시가 훼손된 경우
라. 이용금지: 어린이놀이시설의 이용자에게 위해·위험을 발생시킬 수 있는 틈, 헐거움, 날카로움 등이 있거나 위해가 발생한 경우

> 점검결과 등의 기록 · 보관 방법
> 시행규칙 제17조
> 법 제17조에 따라 관리주체는 안전점검 또는 안전진단을 한 결과에 대하여 별지 제16호서식의 안전점검실시대장 또는 별지 제17호서식의 안전진단실시대장을 작성하여 최종 기재일부터 3년간 보관하여야 한다.

### 3) 안전한 실외 활동을 위한 규칙

안전을 위해 유아들과 함께 제한적이고 쉽게 실천할 수 있는 규칙을 만든다. 규칙이 너무 많거나 복잡하거나 일관성 없이 부과되면 유아들은 지키기 어렵다.

유아가 안전 규칙을 학습하고 지키기 위해서는 규칙이 간단하고 되도록 긍정적 표현을 사용한 것이어야 하고, 반복되는 연습과 성인의 강화를 필요로 한다.

규칙을 적은 표시판을 시설물 가까이에 게시하는 것도 놀이터 규칙을 계속해서 강화하는 데 도움이 될 수 있다(사진 참조). 놀이터에서 교사의 행동은 모델이 되어야 한다.

놀이 규칙은 유아들과 함께 만든다. 규칙은 일관되고 변치 않아야 한다(표 7-6 참

**표 7-6** 유아들이 지켜야 할 실외놀이 규칙의 예

| 놀이 기구 | 놀이 규칙 |
|---|---|
| 그네 | • 한 번에 한 사람만 탄다.<br>• 앉아서 탄다.<br>• 양손으로 잡고 탄다.<br>• 그네가 완전히 멈춘 다음 내리고 탄다.<br>• 그네에서 내리면 가장자리 쪽으로 나온다<br>• 움직이는 그네에서는 멀리 떨어져 있어야 한다.<br>• 그네 타는 곳 주변을 다닐 때는 안전울타리 밖으로 멀리 돌아서 다닌다.<br>• 빈 그네를 흔들거나 줄을 꼬지 말아야 한다.<br>• 그네에서 떨어지면 고개를 들지 않는다.<br>• 성인만 그네를 밀어 준다.<br>• 젖어 있을 때는 사용하지 않는다. |

(계속)

| 놀이 기구 | 놀이 규칙 |
|---|---|
| 미끄럼틀 | • 계단으로 올라간다.<br>• 앉아서 내려온다.<br>• 거꾸로 올라가지 않는다.<br>• 앞 사람이 다 내려간 뒤 내려간다.<br>• 내려온 다음에는 얼른 일어나 자리를 뜬다.<br>• 젖어 있을 때는 사용하지 않는다. |
| 오름대 | • 두 손으로 잡는다.<br>• 다른 사람을 밀거나 당기지 않는다.<br>• 뛰어내릴 경우 반드시 아래에 다른 사람이나 물건이 있나 살핀다.<br>• 젖어 있을 때는 사용하지 않는다. |
| 시소 | • 서로 마주 보고 앉는다.<br>• 양손으로 손잡이를 쥔다.<br>• 그만 하고 싶을 때는 상대에게 알리고 상대의 발이 땅에 닿을 때까지 기다린 다음 일어난다. |
| 평균대 | • 줄을 서서 사용한다.<br>• 한 방향으로만 간다.<br>• 위에서 장난치지 않는다 |
| 타는 놀잇감 | • 정해진 장소에서만 탄다.<br>• 바른 자세로 탄다.<br>• 헬멧을 쓰고 탄다.<br>• 한 사람씩 탄다.<br>• 굽은 길에서는 천천히 탄다.<br>• 손과 발을 바퀴 살에 놓지 않도록 한다. |
| 모래밭 | • 사람에게 모래를 뿌리지 않는다.<br>• 눈을 비비지 않는다. |
| 흙 | • 흙을 먹거나 입에 대지 않는다.<br>• 흙을 사람에게 뿌리지 않는다.<br>• 흙 묻은 손으로 눈을 비비지 않는다. |
| 식물 | • 함부로 먹지 않는다.<br>• 함부로 만지지 않는다. |

조). 실외 시설물 이용 규칙을 유아들이 숙지하기 전에는 시설물을 이용하지 않도록 한다. 학기 초에는 위험도가 낮은 시설이나 설비부터 사용하기 시작하여 점진적으로 기구의 사용을 늘려 간다.

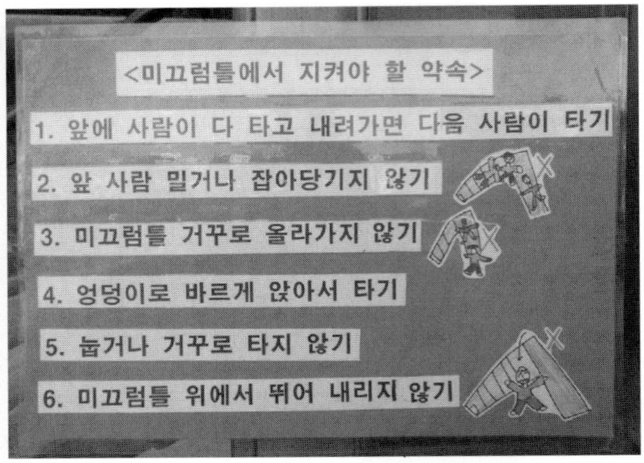


시설물 가까이에 게시된 놀이 규칙

### 4) 주의 깊게 지켜보기

실외 놀이는 유아교육과정의 중요 부분으로서 아주 가치 있는 학습 기회를 제공한다. 그러나 사고의 위험이 가장 많은 시간이기도 하다. 많은 사고들이 시설을 잘못 사용하는 데 기인하는 경우가 많다.

교사는 유아들이 놀이하기 전에 놀이기구의 바닥에 날카로운 돌이나 막대기 등 유아들이 걸려 넘어질 수 있는 물건들이 있는지 점검한다. 감독 또한 소홀해서는 안 되며 시설과 주변 환경이 아무리 안전하다 하더라도 성인의 감독은 꼭 필요하다.

정글짐, 미끄럼틀, 그네와 같이 위험요소가 많은 시설물은 계획적이고 치밀한 감독을 요한다. 세심한 감독을 위해 서면으로 계획표를 작성하도록 한다. 예를 들어, 위험요소가 많은 영역에는 더 많은 성인을 배치해야 하며, 여러 학급의 유아가 동시에 놀이할 경우 성인들이 어떤 영역을 맡아 감독할지 협의하여 정한다.

오래된 건물인 경우, 흙에는 건물에서 떨어진 페인트 조각으로 인한 납이 있을 수 있다. 또 자동차 배기가스의 잔여물로부터도 납이 축적될 수 있다. 흙에서 놀다가 더럽혀진 손을 입에 대게 되면 납에 노출될 수 있다. 납은 건물로부터 반경 약 1m 이내의 땅 또는 혼잡한 도로 주차장에 많이 농축되어 있다.

실외 놀이영역에서 일어나는 모든 사고를 예방할 수 있는 것은 아니지만, 정기적으로 사고기록을 점검하면 개선책에 대한 실마리를 찾아낼 수 있다. 교사는 응급사태에 대비할 수 있는 지식과 기술을 익히고 정기적으로 다시 확인하고 익힌다.

교사는 유아가 놀이시설물을 이용하고 있을 때는 언제나 가까이서 지켜보면서 유아의 잘못된 놀이 행동을 고치도록 해야 하며, 자신의 행동이 사람을 다치게 할 수도 있다는 점을 유아가 이해할 수 있도록 설명해 주어야 한다. 놀이시설에 일시에 유아들이 몰리면 안전에 위험이 될 수 있으므로 인원을 제한한다. 유아가 바닥 재질이 미끄러운 신이나 샌들을 신고 있는 경우, 시설물 이용을 제한한다. 긴 옷이나 치마 또는 두꺼운 옷을 입고 놀이 하는 유아는 특히 주의해서 지켜본다.

보다 창의적이고 즐겁고 안전한 놀이를 위해 주기적으로 놀이터 및 놀이를 평가하고 개선하도록 한다.

# 8장 생활안전

놀잇감에서부터 유아용품, 가정과 유아교육기관에서 사용하는 각종 생활용품, 차량, 햇빛과 공기에 이르기까지 실로 유아를 둘러싼 모든 것에는 유아의 안전과 건강을 위협하는 요인들이 잠재되어 있다. 따라서 유아의 건강과 안전을 위해 적절한 놀잇감 및 용품의 선택과 관리, 주의 깊은 감독, 그리고 교육을 실천해야 한다.

## 1절 놀이 안전

### 1. 물놀이 안전

익사는 유아의 주요 사망 원인 중의 하나다. 구조되더라도 일부 유아에게서는 심각한 두뇌 손상을 초래한다.

유아교육기관에서의 물놀이는 위생과 감독의 문제를 고려하여 스프링클러의 물줄기 사이에서 뛰놀거나 샤워기, 작은 물통 등을 사용하여 더위를 식히며 놀이를 하도록 하는 것이 바람직하다. 작은 물통을 사용할 경우, 사용하는 중에 물을 자주 갈아주도록 한다. 수영장을 갖춘 유아교육기관이 증가하고 있는데, 몇 가지 안전 규칙이 필요하다(Aronson, 1991).

- 유아의 주의를 끄는 물건이 물 위에 떠다니지 않아야 한다.
- 수영장 주변의 바닥은 미끄럽지 않아야 한다.
- 인공호흡과 심폐소생술(CPR)을 할 수 있는 성인이 있어야 한다.
- 튜브 종류를 사용할 때는 성인이 1 : 1로 감독해야 한다.
- 수영장에서의 물놀이는 수영 안전과 구급처치에 대한 자격이 있는 성인에 의한 적절한 감독하에 이루어져야 한다. 물놀이 시 성인 대 어린이의 비율은 영아의 경우 1 : 1, 걸음마기 유아의 경우 1 : 2, 유아의 경우 1 : 4, 학령기 아동의 경우 1 : 6이다.
- 유아들에게 기본적인 수상 안전 규칙을 가르친다.
  - 물놀이는 성인이 가까이서 지켜보고 있을 때만 한다.
  - 물가에서는 달리기, 밀기 등의 장난을 하지 않는다.
  - 물가에 유리를 가져가지 않는다.
  - 입에 음식이나 물건을 넣은 채로 물에 들어가지 않는다.
  - 필요할 때만 도와 달라고 소리친다.

익사 사고는 깊은 물에서만 일어나는 사고가 아니다. 양동이에 담긴 물도 영아에게는 매우 위험할 수 있다. 유아기와 아동기 초기 사이의 어린이들에게는 가정의 욕조에서 사고를 당하는 일이 흔하다. 또 물에 빠지는 것은 급작스럽게 일어나기 때문에 대처하기 어려워 치명적 결과를 가져오기도 한다.

치명적 결과는 아니더라도 물놀이는 안전과 건강에 영향을 미칠 수 있다. 목욕을 하거나 수영장 및 물놀이용 기구에서 수영을 할 때 소변을 보거나 방귀를 뀔 수 있다. 이로 인해 세균이 물에 포함되게 된다. 유아들은 놀면서 그 물을 마시거나 입에 물을 대게 된다. 그 결과 수영장에서의 물놀이 활동은 한 유아에게 있는 세균을 다른 유아에게 옮기는 활동이 될 수 있다. 이런 위험을 줄이기 위해 수영장은 자주 소독 처리를 해야 하고 검사를 해야 한다. 유아교육기관과 가정에서 흔히 사용하는 이동용 풀은 한 번에 한 명만 사용하도록 제한해야 하며, 비우고 물을 다시 채운 다음에 다른 유아가 사용하도록 한다.

## 2. 실외 놀이 안전

모든 연령의 어린이들은 아주 덥거나 추운 날씨를 제외하고는 실외에서 놀이하는 것을 즐기며 또 실외 놀이는 어린이들의 성장발달을 위하여 바람직한 것이다. 그러나 한여름 햇빛이 강한 한낮 시간이나 동상의 위험이 있을 정도로 바람이 차고 추울 때, 황사와 같이 대기 오염이 심각한 날 등에는 실외 놀이를 제한한다.

유아는 뜨거운 햇볕과 모래, 아스팔트, 놀이기구 등으로 인해 쉽게 화상을 입을 수 있다. 또한 일사병과 열사병에 쉽게 걸릴 수 있다.

실외 활동 시 더위와 햇빛과 관련하여 다음을 유의해야 한다.

- 자연적인 그늘이 없다면 햇빛가리개용 텐트를 마련한다.
- 햇볕이 뜨겁거나 기온이 높을 때, 실외 놀이는 오전 10시~오후 2시 사이를 피해서 하며 시간의 길이도 날씨에 따라 제한한다. 날씨가 덥거나 햇빛이 강할 때에는 실외 놀이 시간을 한 번에 길게 갖는 것보다는 짧은 시간 동안 여러 차례로 나누어 놀도록 하는 것이 더 적절하다.
- 철제로 만든 실외 놀이기구를 사용할 때는 햇빛이 비치는 방향을 고려하여야 한다.
- 실외로 나가기 적어도 30분 전에 자외선 차단제를 바르게 하거나 발라 준다.
- 자외선으로부터의 피부를 보호하기 위하여 반드시 모자를 쓰고 놀이를 하도록 한다. 특히 뒷목이 가려지는 모자가 어린이들의 피부를 더 많이 보호하므로 좋다. 모자의 착용을 답답해하는 유아들이 많지만 이는 자신의 신체 보호와 건강을 위

철제 미끄럼틀을 그늘 쪽에 배치한 복합놀이대

햇빛가리개를 설치한 모래놀이장

한 일상의 규칙으로 생활화되어야 한다.

- 격심한 실외 활동 후 수분을 보충해 준다. 낮에는 적어도 2시간마다 음료를 마시도록 한다.
- 더운 날에는 오존 오염도가 높아질 가능성이 있으므로 이에도 대비한다.

겨울철 실외 놀이 시에는 모자와 장갑 착용 등을 통해 보온에 유의한다. 그러나 옷을 지나치게 많이 입고 놀이를 하면 땀을 흘리고 나서 오한을 느낄 수도 있다. 눈은 겨울철 놀이의 훌륭한 자원이다. 그러나 다음과 같이 안전에 유의하여야 한다.

- 눈덩이는 위험할 수 있다. 딱딱하게 뭉쳐진 눈덩이가 얼굴이나 머리에 맞는다면 심각한 상처를 낼 수 있다.
- 모자와 두건으로 머리와 눈을 보호한다.
- 눈덩이를 거리나 지나가는 자동차에 던지지 않도록 한다.
- 눈을 먹지 않도록 한다. 특히 도시에 내리는 눈은 오염이 많이 되어 있으므로 유의한다.
- 젖은 옷과 신발은 속히 갈아입혀서 감기나 동상을 예방한다.

## 2절 놀잇감과 생활용품의 안전

### 1. 놀잇감의 안전

#### 1) 놀잇감의 선정

유아의 연령과 발달 수준에 적절한 것을 신중하게 선택한다면 대부분의 놀잇감들은 위험하지 않다. 유아의 연령, 흥미, 행동 특성, 조작능력 수준이 선정의 주요 기준이 된다.

안전하고 교육적인 놀잇감을 선정하기 위해 다음을 고려한다.

- 유아의 연령, 흥미, 발달수준을 고려한다.
  영아와 걸음마기 유아에게는 조각으로 분리되는 조립식 놀잇감은 주지 않는다. 봉제완구는 너무 크거나 무거우면 질식의 위험이 있고 기어오를 수 있으므로 위험하다. 또 반대로 이 시기 유아에게 제공하는 놀잇감의 크기가 너무 작으면 삼킬 수 있으므로 최소한 3cm 이상은 되어야 한다.
  미국의 경우 CPSC(Consumer Product Safety Commission)에서는 방울 놀잇감으로 인한 질식 예방을 위한 검사용 자료(그림 8-1)를 제작해서 놀잇감 점검에 사용할 것을 제시하고 있다. 그 방법은, 먼저 하드보드지에 그림과 같은 크기와 모양의 타원형을 그리고 난 뒤 타원형만 잘라 낸다. 방울이 이 구멍을 통과한다면 놀잇감으로 제시하지 말도록 하고 있다.

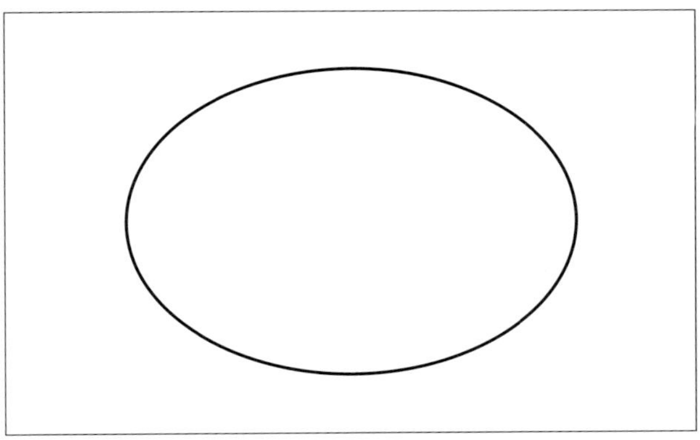

[그림 8-1] CPSC의 방울검사용 자료

- 독성이 없는 재료로 만든 것인지 확인한다.
- 상태가 안전한지 점검한다. 날카로운 놀잇감, 부서진 조각, 들쑥날쑥하거나 모난 가장자리, 쉽게 깨질 수 있는 작은 조각들이 있는지 살펴본다.
- 플라스틱 놀잇감은 깨지기 쉬운 것인지의 여부를 확인하기 위해 구부려 본다. 딱딱한 플라스틱은 깨지기 쉽고 가장자리가 날카롭다.
- 천으로 된 것은 세척 가능하고 불가연성 재질로 된 것을 선택한다.

- 내구성 있는 재료로 만들어지고 디자인이 좋은 것을 선택한다.
- 성인의 감독 없이 안전하게 놀 수 있는지 확인한다.
- 나무로 된 놀잇감은 부드럽고 가시가 없어야 한다.
- 인형은 머리와 사지가 분리되지 않은 것을 준다. 또 안에 철사와 같이 날카로운 물질이 들어 있는 것은 피한다.

대근육 활동을 위한 실내 놀이기구의 선정에도 무엇보다 안전이 고려되어야 한다.

- 타는 놀잇감은 견고하고 균형이 잘 맞아야 한다.
- 세발자전거는 안정성과 균형이 잘 이루어져 있는지를 확인한다. 바퀴 간격이 넓고 페달과 손잡이의 표면이 거친 것이 바람직하다.
- 실내 오름대 밑에는 충격을 흡수할 수 있는 깔개(200G)를 깐다.
- 도약용 운동기구(트램펄린)는 심각한 상처를 야기할 수 있으므로 사용하지 않는다.

**안전상 피해야 할 놀잇감**

- 삼킬 우려가 있는 작은 놀잇감 또는 작은 조각들로 이루어진 것
- 지름이 3cm 이하인 것
- 전기로 움직이는 것
- 공중에 사출되는 것
- 잘 깨지고 잘게 부서지는 것
- 2세 이하 영아의 경우 조립 놀잇감
- 유리나 단추가 박혀 있는 봉제완구
- 장식이 많은 것
- 힘에 부치게 무거운 것
- 풍선

### 2) 놀잇감의 관리

놀잇감은 자주 점검하고 수선한다. 이는 유아의 안전에도 중요할 뿐 아니라 사용 기간도 늘릴 수 있는 경제적 이점도 있다. 문제가 있는 것들은 즉시 수리를 하고 수리할 수 없는 것은 없애야 한다. 헝겊으로 만든 놀잇감은 색이 빠지지 않았는지의 여부, 솔기, 바느질 상태 등을 점검한다. 봉제완구는 부착물—눈과 코, 인형옷의 단추, 플라스틱 인형의 모자나 신발—등이 잘 붙어 있는지 점검한다.

커다란 놀이기구를 실내에 둘 때에는 특별한 주의가 필요하다. 이러한 기구는 다른 가구나 놀잇감과 떨어져서 개방된 영역에 놓여야 한다. 바닥에는 매트를 깔아서 안전사고에 대비한다.

## 2. 영아와 걸음마기 유아를 위한 용품

영아와 걸음마기 유아를 위한 대표적 용품으로는 보행기, 아기 업는 의자, 유모차 등을 들 수 있다. 이러한 것들을 고를 때와 사용할 때 고려할 점은 다음과 같다 (Kendrick et al., 1991).

### 1) 영아용 높은 의자

영아용 높은 의자는 입식 생활이 보편화되면서 점차 널리 사용될 수 있다. 쉽게 기울어지는 불안정한 것, 영아가 식판을 밀면 빗장이 풀어지는 것, 안전벨트가 의자가 아닌 식판에 붙어 있는 것은 안전에 위협이 된다.

| 바람직한 것 | 사용할 때 주의사항 |
|---|---|
| • 다리 밑면이 넓어서 안정적인 것<br>• 가장자리가 날카롭거나 거칠지 않은 것<br>• 의자에 안전벨트가 단단히 고정되어 있는 것<br>• 식판이 안전하게 고정되어 있는 것 | • 의자는 문이 열릴 때 부딪치지 않는 곳에 둔다.<br>• 안전띠를 하게 한다.<br>• 식판을 끈 없는 안전띠로 사용하지 않도록 한다.<br>• 의자에서 일어서지 않도록 한다.<br>• 사용하지 않을 때는 치워 놓는다.<br>• 아기가 의자에 앉아 있을 때 다른 아이가 매달리지 않도록 한다.<br>• 식판을 달거나 뗄 때 아동의 손이 끼지 않도록 유의한다. |

### 2) 보행기

보행기는 아기가 기대거나 빨리 움직일 때 뒤집어질 우려가 있으며 아기가 주변에 있는 물건을 잡아당기다 떨어뜨려 다치거나 계단에서 구를 수 있으므로 매우 위험하다. 또한 X자형 틀로 된 보행기는 보행기가 접히면서 손가락이 끼거나 절단될 수도 있다. 따라서 보행기는 사용하지 않는 것이 바람직하나, 부득이하게 사용할 때에는 다음을 고려한다.

| 바람직한 것 | 사용할 때 주의사항 |
|---|---|
| • 안정성: 바퀴 부분이 윗부분보다 넓은 것<br>• 견고한 재질: 깨지지 않는 플라스틱이나 질긴 천으로 된 좌석<br>• 용수철과 이음새 부분이 안전한 덮개로 씌워져 있는 것<br>• 보행기가 굴러 떨어지는 것을 방지하는 일종의 브레이크가 있는 것 | • 감독과 사용: 아기가 보행기에 있을 때에는 항상 성인이 곁에서 지켜본다.<br>• 뛰거나 지나치게 몸을 기울이지 않도록 한다.<br>• 카펫이나 기타 장애물을 치운다.<br>• 계단에 보호대를 설치하여 추락을 방지하고 계단 쪽으로 향하는 문은 닫아둔다. |

### 3) 아기 업는 띠

아기 업는 띠는 우리의 전통적인 아기 업는 포대로 업었을 때보다 아기와 성인의 활동이 자유롭고 자꾸 느슨해지는 끈을 추스르지 않아도 되므로 편리하기는 하나 몇 가지 위험요인을 안고 있다. 아기의 얼굴과 머리 근처에 있는 골조에 패드가 적절하게 마련되어 있지 않거나 크기가 맞지 않을 경우 아기가 다칠 수 있으며 이음새에 아기의 살이 낄 수도 있다.

| 바람직한 것 | 사용할 때 주의사항 |
|---|---|
| • 아기를 고정시키기 위한 안전끈이 있다.<br>• 다리를 넣는 곳의 크기는 아기의 다리가 빠져나오지 못하되 다리가 조이지 않을 정도의 적절한 크기다.<br>• 아기의 얼굴과 머리 근처의 골조에는 패드를 대었다.<br>• 아기의 신체 크기와 몸무게에 맞는다. | • 아기가 고개를 가눌 수 있는 4, 5개월이 될 때까지는 사용하지 않도록 한다.<br>• 항상 안전띠를 한다.<br>• 아기를 업고 있을 때 몸을 구부려야 할 경우 무릎을 구부리도록 한다.<br>• 아기의 목을 보호하기 위하여 걸을 때 조심스럽게 걷는다. |

### 4) 영유아용 침대

영유아용 침대에는 안전을 위해 영유아들이 기어 넘거나 떨어지지 않도록 난간을 설치한다. 시판되고 있는 영유아용 침대는 난간의 높이가 낮거나 난간 축 사이의 간격이 너무 넓어서 사고의 위험이 높다. 또한 침대 자체는 문제가 없다 하더라도 침대에 비해 매트리스가 너무 작아서 매트리스와 침대 사이에 아기의 머리와 팔다리가 낄 수 있으며 질식할 위험조차 있다.

| 바람직한 것 | 사용할 때 주의사항 |
|---|---|
| • 난간의 세로 축의 간격은 6cm 이하다.<br>• 난간의 높이는 영유아 신장의 3/4보다 높다.<br>• 매트리스와 침대 가장자리와의 간격이 성인의 손가락 두 개가 들어갈 정도보다 작다.<br>• 가장자리는 거칠지 않으며 볼트가 나와 있지 않다.<br>• 납이 없는 안전한 재질로 칠해져 있다.<br>• 걸쇠는 쉽게 풀리지 않는다. | • 걸쇠가 단단한지 점검한다.<br>• 자주 난간을 점검한다.<br>• 난간의 세로 축이 하나라도 부러지거나 망가진 것이 있으면 사용하지 않는다.<br>• 커다란 놀잇감이나 물건을 침대에 두지 않는다. 좀 큰 영아라면 짚고 올라갈 수 있기 때문이다.<br>• 영아의 목이 감길 수 있으므로 침대 주변과 침대 안에는 끈이 달린(특히 30cm 이상) 놀잇감이나 물건을 두지 않는다.<br>• 영아용 침대를 설치할 때 침대 높이까지 늘어진 커튼이나 블라인드 줄에서 떼어 놓도록 한다.<br>• 매트리스의 비닐은 제거하도록 한다. |

### 5) 유모차

유모차는 대표적인 유아용품이다. 우리나라에서 시중에 판매되고 있는 유모차에는 생후 2개월에서 만 2세까지 사용할 수 있는 A형 유모차와 생후 7개월부터 만 2세까지 사용할 수 있는 B형 유모차가 있다. A형은 등받이 각도를 조절할 수 있어 허리를 못 가누는 갓난아기나 잠자는 아기를 편안하게 누일 수 있다. B형은 보통 휴대용으로 많이 사용되는 것으로 영아를 등받이에 기대어 앉혀 사용한다.

조사에 의하면 일부 제품에서 안전성에 문제가 드러나 영아의 손가락이 끼거나 갑자기 유모차가 접힐 우려가 있는 것으로 나타났다(한국소비자보호원, 2003b).

유모차의 사고는 튼튼하지 못한 걸쇠, 브레이크의 문제, 날카로운 가장자리 또는 위험한 부속물의 노출, 덮개가 제자리에 고정되어 있지 않은 것, 그리고 성인의 부주의에서 올 수 있다. 그러나 이것보다도 먼저 확인해야 할 것이 유모차 구입 시 잠금장치의 유무 확인이다. 잠금장치가 없는 것일 경우, 완전히 펼쳐졌는지를 반드시 확인한 후 사용하며, 도로상의 턱 등에 유모차의 바퀴가 걸렸을 경우 무리하게 힘을 가하지 않도록 한다. 유모차가 갑작스럽게 접혀 유아와 미는 사람이 다칠 위험이 있기 때문이다. 접힘을 방지하기 위한 잠금장치가 있는 유모차라도 안전을 위해 반드시 장치를 잠근 후에 사용도록 한다(정순일, 이해각, 1999).

| 바람직한 것 | 사용할 때 주의사항 |
|---|---|
| • 아기가 몸을 아무리 기울여도 뒤집어지지 않는다.<br>• 등받이는 아기를 잘 지지할 수 있도록 튼튼하다.<br>• 안전띠는 단단하게 부착되어 있으며 허리를 고정하는 끈이 있다.<br>• 브레이크 작동이 잘 되며 특히 양 바퀴에 브레이크가 있다.<br>• 바퀴가 넓고 크다.<br>• 노출된 이음새에는 플라스틱 덮개가 씌워져 있다.<br>• 기울어지는 것을 방지하기 위해 밑부분이 윗부분보다 넓다.<br>• 안전띠가 골조에 단단하게 고정되어 있다.<br>• 안전띠를 쉽게 풀고 잠글 수 있다. | • 아기를 태우고 나가기 전에 브레이크를 점검한다.<br>• 안전하게 아기가 고정되었는지 확인한다.<br>• 아기를 혼자 두지 않는다.<br>• 다른 아동들이 조작하지 않도록 한다. 유모차에 달린 바구니에 유아를 태우지 않는다. |

# 3절 환경안전

## 1. 독성물질

가정과 유아교육기관에서 사용하는 각종 생활용품과 가구, 건축자재들은 유아들이 먹거나 흡입하였을 때 위험할 수 있다. 어떤 물질들은 직접 흡입하거나 먹지 않더라도 유아에게 치명적 손상을 입힌다. 다른 사고 원인보다 독성물질로 인한 것은 확인하기도 어렵다.

성인과 비교하여 유아는 신체 크기와 몸무게에 비해 체표 면적이 크기 때문에 소량의 물질만 흡수해도 성인보다 위험하다. 어릴수록 해독능력이 덜 발달되고 미성숙한 면역체계로 인해 독성물질에 더욱 치명적 영향을 받기 쉽다. 특히 영아는 행동 특성으로 인해 독성물질에의 접촉 가능성이 더 크다. 이들은 무엇이든 입으로 가져가며 흙 가까이서 노는데, 땅에는 독성물질이 집중되어 있을 수 있다.

독성물질로 인한 직접적인 영향으로 울렁거림, 구토, 설사, 현기증, 물집, 피부 벗겨짐, 피부 붉어짐, 눈물, 호흡 곤란을 들 수 있다. 간, 신장, 폐, 골수, 소화기관, 생식기관, 신경체계와 같은 기관의 손상이 올 수 있다. 학습장애, 행동장애, 폐기종, 감염과 암 발병률의 증가가 이러한 손상과 관련이 있다고 한다. 독성물질들은 신체적 건강뿐만 아니라 기억력 저하와 우울증을 유발하며 뇌의 신경세포를 손상시켜 정신건강과 지적능력에도 해를 미친다(Aronson, 1991).

독성물질을 담고 있는 상품은 '삼키면 위험', '적절한 환기와 더불어 사용', '삼키지 마시오', '피부에 닿게 하지 말 것'이라는 표현을 통해 확인할 수 있다. 이러한 상품들은 어느 것도 유아들에게는 사용하지 말아야 하며 손도 닿으면 안 된다.

가정과 유아교육기관에서 유아들이 흔하게 접할 수 있는 독성물질은 미술재료, 살충제와 세제, 가스, 기름으로부터 나오는 일산화탄소와 같은 연료 부산물, 먼지, 진드기, 곰팡이, 카펫과 건축 자재로 인한 폼알데하이드, 라돈, 석면, 납, 기타 다양한 화학물질이 포함된다.

### 1) 미술재료

미국의 경우 ASTM(The American Society for Testing Materials)은 여러 물질에 대한 기준을 제시하고 있는데 여기에는 미술재료 사용에 대한 기준도 포함되어 있다. 그러나 '무독성' 이라고 쓰여 있는 상품이라도 유아에게 안전한 것으로 여길 수는 없다고 밝히고 있다.

미술재료는 '무독성', 'AP', 'CP' 와 같은 표시가 되어 있는 것으로 사용한다. AP(Approved Product)는 많은 양을 삼키거나 먹어도 해가 없는 물질로 만든 제품이라는 의미이며, CP(Certified Product)는 AP와 동일한 기준을 만족시키면서 또한 질, 색채 등에 있어 특별한 기준을 만족시키기도 하는 제품임을 나타내는 것이다. 가장 안전한 제품은 AP 또는 CP 표시가 있는 것이다(Kendrick et al., 1991).

분말로 된 점토에는 무수규산이 들어 있는데 이것은 폐에 해롭다. 따라서 점토 가루보다는 젖은 형태의 점토를 사용하도록 한다. 그리고 유성 펜 대신 수성 펜을, 분말로 된 템페라 물감 대신 액체로 된 것을 사용하도록 한다.

안전한 미술재료를 제공하는 것 외에도 성인은 유아들이 물감 붓, 손가락, 크레용, 기타 물건이나 물질을 입으로 빠는지 주의해서 본다. 어떤 유아는 과일향이 나는 필기도구를 먹기도 하기 때문이다.

### 2) 세척제 및 방습 · 탈취 · 방향제

용도와 종류 면에서 매우 다양한 세척제들이 나오고 있다. 살균 세척제에는 암모니아, 폼알데하이드, 퍼클로로에틸렌, 톨루엔, 크실렌 등이 포함되어 있다. 방습 · 탈취 · 방향제에는 톨루엔, 폼알데하이드, 트리클로로에틸렌 등이 포함되어 있다. 아파트에 공급되는 더운 물에는 클로로포름, 트리클로로에틸렌 등이 포함되어 있다.

### 3) 살충제

해충, 잡초, 곰팡이를 없애는 데 화학약품이 흔히 사용된다. 그러나 때로 해충

자체보다는 해충을 없애기 위한 약품이 더 위험할 수 있다. 살충제에는 트리클로로에틸렌이 포함되어 있다. 강력한 약을 쓴다 하더라도 해충은 여간해서는 없어지지 않고 다만 살충제 성분에 내성이 생기게 된다. 모든 벌레가 다 해를 끼치는 것은 아니며 실제로는 몇몇 종류만이 해로움을 끼치며 나머지는 성가신 것일 뿐이다.

해충을 예방하기 위해 약품을 사용하는 것은 별 효과가 없다. 중독의 위험만 증가시키고 해충의 내성만 기른다. 바람직한 것은 천적을 이용하거나 건물의 위생을 개선하고, 부득이하게 사용해야 할 경우에는 최소한의 양만을 사용한다.

어떤 경우에도 해충의 구제는 독성이 가장 적고 효과적이며 영구적일 수 있는 방법을 사용하여야 한다. 우선적으로 위생을 개선하고, 해충이 건물 안으로 들어오지 못하도록 막는 것이 필요하다. 이를 위해 음식물 보관 용기, 쓰레기통은 해충이 들지 않는 용기로 하도록 한다. 또한 음식물 찌꺼기를 깨끗이 처리하도록 한다. 어떤 벌레들은 주스, 과일과 같이 단 것과 꽃이 피는 식물에 꼬이므로 잘 치워야 한다. 벽의 틈새도 막는다.

잡초를 제거하기 위한 제초제는 발진과 알레르기 반응을 유발하므로 사용하지 않도록 한다. 유아교육기관에 잔디밭이 있다면 유아들이 안전하게 뒹굴고 뛰어놀며 활발히 활동할 수 있도록 손으로 직접 잡초를 제거해 주도록 한다.

### 4) 전지

카메라, 놀잇감, 시계, 전자계산기 안에 들어 있는 작은 단추 모양의 수은이나 리튬 전지를 삼켰을 때는 질식, 화상, 위 천공을 초래할 수 있으므로 매우 위험하다. 이러한 물질을 삼켰을 경우 빨리 병원으로 데려가 제거해 주어야 한다. 또한 전지를 갈아 넣을 때는 즉시 이전 것을 아이의 손이 닿지 않는 곳으로 치워야 한다.

### 5) 납

납은 페인트, 자동차 가솔린, 수도배관, 도자기, 캔 등 다양한 생활용품에 함유되어 있다. 납은 두통, 식욕감퇴, 피곤, 주의산만, 심지어 뇌손상까지 초래한다.

납은 입과 호흡기를 통해 체내로 들어온다. 납에의 노출을 피하기 위해 유의할 사항은 다음과 같다.

- 유아가 사용하는 물건과 장소에는 납이 들어 있지 않은 친환경 페인트를 사용해야 한다. 또한 칠을 한 놀잇감을 선정할 때도 유의해야 한다.
- 상수도 배관에는 납 성분이 포함되어 물에도 납이 들어 있을 수 있다. 배관의 마모 정도를 점검하고 되도록 동관으로 교체한다.
- 구운 그릇의 유약에도 납이 포함되어 있을 수 있다. 따라서 이러한 용기를 사용할 때는 믿을 수 있는 회사의 제품을 선택하도록 한다.
- 자동차 배기가스를 많이 마시기 쉬운 곳에서 놀이 하는 것을 피한다. 예를 들어, 교통이 혼잡한 도로와 인접한 곳, 또는 주차장 근처에서 놀이 하는 것을 삼가도록 한다.
- 깡통에 들은 식품은 개봉 후 즉시 다른 용기에 옮겨 담는다.

### 6) 라 돈

라돈(radon)은 무색, 무취의 가스로서 땅에서 건물로 스며든다. 라돈 입자들은 암, 특히 폐암을 유발하는 것으로 알려져 있다. 환기가 잘 안 되는 건물이 특히 라돈으로 인한 위험이 높다. 동일한 건물 내에서도 지하와 1층이 가장 위험하다.

### 7) 건축 재료와 카펫

건축 자재에 폼알데하이드가 포함되어 있을 수 있다. 폼알데하이드는 흔히 파티클 보드, 합판, 기타 건축 재료에 이용된다. 가구 및 인테리어 내장재에는 붕산염, 폼알데하이드, 석면, 라돈, 벤젠, 플라스틱 등 많은 유해 화학물질이 방부제, 접착제, 기타 성능 보강제로 쓰인다(이진아, 2004).

보일러, 난로, 난방 파이프에 사용되는 절연재에는 석면이 사용되는데, 금이 가거나 찢어지게 되면 해로운 석면이 밖으로 노출된다. 이럴 때 수리가 안 되면 제

표 8-1 대표적인 독성물질과 소재, 이로 인한 영향

| 물질 | 소재 | 작용 및 증상 |
|---|---|---|
| 석면 | 건축의 단열재, 일부 바닥재, 교통량이 많은 지역의 대기 | • 오래된 건물의 자재나 설비가 낡으면서 대기 중에 석면 분자가 떠다닌다.<br>• 폐에서 분해되지 않으며 서서히 폐암이나 중피종, 흉곽암을 유발한다. |
| 암모니아 | 담배 연기, 세제, 살균제, 드라이클리닝 유액, 섬유 유연제, 가구 및 바닥 광택제, 유리 세척제, 인쇄용 잉크 펜과 사인펜, 욕실 및 주방 세척제 | • 호흡기와 눈을 자극하며 접촉성 피부염을 일으키거나 강한 알레르기를 일으킨다.<br>• 미량을 지속적으로 흡수하면 우울증, 무기력증, 식욕감퇴 등의 증상이 나타날 수 있다. |
| 크실렌 | 드라이클리닝 유액, 욕실 및 주방 세척제, 인쇄용 잉크, 액체 구두약 | • 약한 독성물질로서 오래 노출되면 기침, 멀미, 구토, 혼수상태, 환각, 두통, 귀울림, 현기증 등을 유발한다.<br>• 피로감과 무력감을 일으키며 많은 양을 흡입하면 치명적일 수도 있다. |
| 클로로포름 | 아파트 온수, 페인트 제거제 | • 마취 효과가 있어 급성 중독을 일으키면 나른하고 의욕이 없어진다.<br>• 간과 신장 기능이 나빠진다. |
| 트리클로로에틸렌 | 기름때 제거제, 일부 DIY 상품, 일부 드라이클리닝 유액, 방향제, 향, 욕실 및 주방 세척제, 살충제, 구두약 | • 세포의 화학작용을 방해하여 피로와 무력감에 빠지게 되며 마취 효과도 있다. 심하면 심장마비를 일으킨다.<br>• 가열하면 독성이 강한 증기가 증발하여 폐를 손상시킨다.<br>• 발암성이 있는 것으로 추정되며 면역기능 약화, 간 손상, 정신 손상, 기억력 저하와 우울증의 원인이 될 수 있다.<br>• 소화불량, 멀미, 피로감, 현기증, 심장과 간의 이상을 일으킨다. |
| 폼알데하이드 | 접착제, 합판과 MDF 판지, 방취제, 살균제, 섬유 구김 방지 처리제, 가스 주방 기구, 헤어 스프레이, 헤어 젤, 방충제, 세탁용 풀, 인쇄 잉크, 대기오염, 물 휴지와 종이 타월, 담배 연기, 벽지, 쇼핑백을 비롯한 종이 상품 | • 아무리 적은 양이라도 공기 중으로 발산하면 유독 가스가 된다. 우리 주변에는 이 화학물질이 든 물건이 너무 많아서 환기 상태가 아무리 좋다 하더라도 난방을 하고 있는 방 안에 축적된다.<br>• 점막을 자극하며 만성적으로 노출되면 의욕 저하, 두통, 현기증과 불면증이 생긴다.<br>• 천식을 유발하며 다른 자극에 과민 반응을 보일 수 있다. 유전인자를 변화시키며 발암성이 강한 것으로 추정된다.<br>• 계속 노출되면 신경조직이 파괴되고 기억력이 크게 감퇴된다. |

(계속)

| 물질 | 소재 | 작용 및 증상 |
|---|---|---|
| 플라스틱 | 플라스틱이 쓰이는 모든 곳<br>합성섬유 제품 | • 모든 플라스틱은 알게 모르게 증기를 내뿜는다. 가열할 경우, 연질 플라스틱일 경우 더 심해진다.<br>• 발산된 증기는 플라스틱 종류에 따라 다양한 증상을 일으킨다.<br>• 헤어 스프레이에 들어 있는 폴리비닐피롤리돈은 임파선염, 혈액 세포 변질, 폐 질환을 유발한다.<br>• 기저귀 커버, 그릇 뚜껑, 랩, 비닐 코팅 종이상자, 자동차 시트 등에 쓰이는 PVC는 발암물질로 기형아 출산, 유전자 변형을 일으킨다.<br>• 피부 알레르기, 호흡곤란, 소화불량, 코와 입 점막의 건조, 무감각, 경련 등이 나타나며 간염 및 만성 기관지염을 일으킨다.<br>• 연소 시에는 염화수소, 다이옥신, 포스겐 등 맹독성 기체를 발생시킨다. |

• 출처: 이진아(2004). 환경오염의 영향이 크다. 어린이 · 청소년 포럼 편, 어린이 · 청소년의 전인적 성장과 발달을 위한 연구와 실천: 어린이 · 청소년 어떻게 사랑할 것인가. 서울: 청림출판, pp. 127-128.

거해야 한다.

카펫은 면으로 만든 것이 바람직하다. 나일론, 모, 실크로 만든 것은 탈 때 독성을 띤 연기를 배출한다. 새로 카펫을 깔거나 접착제를 이용해서 장판을 깐 경우 적어도 1주일간 또는 냄새가 사라질 때까지 건물을 사용하지 말고 환기를 잘 시켜야 한다.

## 2. 대기오염으로부터의 안전

대기에는 각종 오염물질이 포함되어 있다. 여기서는 대기환경보전법(제8조 제4항)에 따른 대기오염경보의 대상인 오존과 미세먼지를 살펴보고자 한다. 유아교육기관에서는 이와 관련한 적절한 조치와 교육을 실시할 필요가 있다.

### 1) 오 존*

오존은 원래 자연적으로 생성되는데 자연적으로 생성된 오존은 반응성이 높아 불안정하여 생성 후 즉시 분해된다. 오존이 해로운 것만은 아니다. 전체 오존의 약 90%는 지상 10~50km 사이에 있는 성층권에 밀집되어 있으며, 이 때문에 성층권을 오존층이라고도 부른다. 오존층에 존재하는 오존은 태양광선 중 생명체에 해로운 자외선을 95~99% 정도 흡수하여 인간과 동식물의 생명을 보호하는 방호막 역할을 한다. 오존층이 없다면 강력한 자외선이 직접 지표에 도달하여 피부암, 백내장 등을 일으키고, 면역기능을 떨어뜨려 건강에 해로운 영향을 미치며, 자연생태계에 중대한 영향을 미친다.

1970년대 이후부터 오존층의 오존함량이 계속 감소하고 있는데, 그 원인은 냉장고나 에어콘의 냉매제, 헤어 스프레이용 분무제 등으로 쓰이는 프레온 가스류(CFCs)에 의해 오존층이 파괴되고 있기 때문이다. 이에 따라 1989년 국제사회는 오존층 파괴물질에 관한 몬트리올 의정서를 채택하여 프레온 가스 등 오존층 파괴물질 저감을 위한 공동 대응을 추진하고 있다.

오존층이 아닌, 지표면으로부터 10km 이내의 대류권에 존재하는 나머지 10%의 오존은 강력한 산화력이 있기 때문에 적당량이 존재할 때는 살균, 탈취 등의 이로운 작용을 한다. 그러나 오존농도가 일정 기준 이상 높아질 경우 호흡기나 눈이 자극을 받아 기침이 나고 눈이 따끔거리거나 심할 경우 폐기능 저하를 가져오는 등 인체에 피해를 주며, 농작물의 수확량 감소를 가져오기도 한다(표 8-2 참조).

오존은 자동차 배기가스 및 공장 배출가스 등에 함유된 질소산화물, 탄화수소류 등이 바람이 거의 없는 상태에서 강한 태양광선으로 인해 광화학 반응을 일으켜 생성된다. 햇빛이 강하고 맑은 여름철 오후 2~5시경에 많이 발생하며 특히 바람이 불지 않을 때 더욱 높게 나타난다.

노약자나 호흡기질환자 등은 폐기능이 노화되었거나 손상된 상태이므로 고농도 오존에 영향을 쉽게 받을 수 있다. 어린이는 성인보다 더 많은 공기를 필요로

* 이 부분의 주 내용은 환경부(2003). 오존오염(예보)경보제(www.me.go.kr, 2003. 8. 1.)와 환경부 대기보전국(2001). 오존 오염의 현황과 대응방안(www.me.go.kr, 2003. 8. 1.)을 요약한 것임.

하고 호흡기가 성장 단계에 있기 때문에 성인에 비해 공기 중의 고농도 오존의 위험에 더 취약하다. 따라서 오존에 대한 각별한 주의와 보호가 필요하다.

우리나라는 고농도 오존에 노출될 경우 피해를 입을 수 있는 호흡기 질환을 가지고 있는 환자나 노약자, 어린이들의 피해를 방지하고 오존농도를 줄이는 데 있어 시민들의 자발적인 협조를 구하기 위하여 오존경보제도를 1995년에 서울지역에 처음 도입하였었다.

오염경보는 시 · 도지사가 〈표 8-2〉와 같이 오존농도에 따라 3단계로 발령한다.*

**표 8-2 오존이 인체에 미치는 영향**

| 오존농도(ppm) | 노출시간 | 영향 |
|---|---|---|
| 0.1~0.3 | 1시간 | 호흡기 자극증상 증가, 기침, 눈 자극 |
| 0.3~0.5 | 2시간 | 운동 중 폐기능 감소 |
| 0.5 이상 | 6시간 | 마른 기침, 흉부 불안 |

* 대기환경보전법 시행령(대통령령 21626호) 제2조 (대기오염경보의 대상 지역 등)

① 대상 지역은 시(특별시와 광역시를 포함한다) 지역 중 특별시장 · 광역시장 · 도지사 또는 특별자치도지사(이하 "시 · 도지사"라 한다)가 필요하다고 인정하여 지정하는 지역으로 한다.

② 대상 오염물질은 「환경정책기본법」 제10조에 따라 환경기준이 설정된 오염물질 중 오존을 말한다.

③ 대기오염경보 단계는 대기오염경보 대상 오염물질의 농도에 따라 주의보, 경보 또는 중대경보로 구분하되, 대기오염경보 단계별 오염물질의 농도기준은 환경부령으로 정한다.

④ 경보 단계별 조치에는 다음 각 호의 구분에 따른 사항이 포함되도록 하여야 한다. 다만, 지역의 특성에 따라 특별시 · 광역시 · 도 · 특별자치도의 조례로 경보 단계별 조치사항을 일부 조정할 수 있다.

1. 주의보 발령: 주민의 실외 활동 및 자동차 사용의 자제 요청 등
2. 경보 발령: 주민의 실외 활동 제한 요청, 자동차 사용의 제한명령 및 사업장의 연료사용량 감축 권고 등
3. 중대경보 발령: 주민의 실외 활동 금지 요청, 자동차의 통행금지 및 사업장의 조업시간 단축명령 등

표 8-3 오존경보 발령기준

| 구분 | 주의보 | 경보 | 중대경보 |
|---|---|---|---|
| 오존농도 | 0.12ppm/시 이상 | 0.3ppm/시 이상 | 0.5ppm/시 이상 |

대기오염경보 단계별 오염물질의 농도기준은 〈표 8-3〉과 같다.

시·도지사는 오존농도가 단계별 해당농도에 도달하면 지역별로 구축된 동시 전달 체계(팩스, ARS 등)로 각 동사무소, 언론기관, 학교, 병원 등에 발령사실을 동시 통보한다. 해제 시에도 같은 방식으로 통보한다.

오존경보제와 함께 오존예보제가 1997년부터 실시되고 있는데, 이는 그다음 날의 기상 상태에 따라 오존경보가 내릴 것인지를 예보함으로써 노약자들이 다음 날의 외출일정을 조정하거나 시민들이 대중교통을 이용하도록 유도하기 위함이다.

자동차의 급격한 증가 및 산업 활동의 증가에 따라 대도시의 오존 오염도는 매년 악화되고 있다. 이에 따라 오존주의보 발령일수 및 횟수도 계속 증가하여 왔다.* 주의보가 발령되면 주민들은 실외 활동을 자제해야 하고, 경보가 발령되면 자동차 사용자제와 사업장의 연료사용량을 감축해야 한다. 중대경보가 발령되면 자동차 통행금지와 사업장의 조업시간을 단축해야 한다. 특히 호흡기 환자와 노약자, 어린이는 외출을 자제해야 한다. 발령지역 내에서는 해제 시까지 자동차 운행, 스프레이 사용, 드라이클리닝, 페인트칠, 시너 사용을 억제하고, 승용차 사용을 자제하고 대중교통을 이용해야 한다(표 8-4 참조).

* '95년에는 1일(2회)에 불과하였으나 '97년 12일(24회), '99년 16일(41회), 2000년에는 17일(52회)로 계속 증가하는 추세이며, 2002년에는 9일(45회)로 감소하였다가 2003년에 다시 17일(48회), 2006년에는 22일(52회), 2007년에는 30일(82회), 2008년에는 32(101회)로 계속 증가하였다(환경부·국립환경과학원, 2009).

표 8-4 오존경보 발령 단계에 따른 대처

| 구분 | 시민 | 차량운전자(소유자) | 관계기관 | 사업장 |
|---|---|---|---|---|
| 주의보<br>(0.12ppm 이상) | • 노천소각금지 요청<br>• 대중교통이용 권고<br>• 주민 실외 활동 및 과격운동자제 요청<br>• 노약자, 어린이, 호흡기 환자, 심장 질환자 실외 활동 자제 권고 | • 경보지역 내 차량 운행자제 권고 (Carpool제 시행)<br>• 대중교통이용 권고<br>• 불필요한 자동차 사용하지 않도록 자제 권고 | • 주의보상황 통보<br>• 대중홍보매체에 의한 대국민 홍보 요청<br>• 대기오염도 변화 분석 및 기상관측 자료 검토요청 | |
| 경보<br>(0.3ppm 이상) | • 소각시설 사용제한 요청<br>• 주민 실외 활동 및 과격운동제한 요청<br>• 유치원, 학교 등 실외학습 제한 권고<br>• 노약자, 어린이, 호흡기 환자, 심장 질환자 실외 활동 제한 권고 | • 경보지역 내 자동차의 사용자제 요청 | • 경보상황 통보<br>• 대기오염 측정 및 기상관측 활동 강화 요청<br>• 경보상황에 대한 대국민 홍보강화 요청 | • 연료사용량 감축 권고 |
| 중대경보<br>(0.5ppm 이상) | • 소각시설 사용중지 요청<br>• 주민 실외 활동 및 과격운동금지 요청<br>• 유치원, 학교 등 실외 학습 중지 및 휴교 권고<br>• 노약자, 어린이, 호흡기 환자, 심장 질환자 실외 활동 중지 권고 | • 경보지역 내 자동차 통행금지 | • 중대경보상황 통보<br>• 대기오염측정 및 기상관측 활동 강화 요청<br>• 위험사항에 대한 국민홍보 강화 요청<br>• 경찰에 교통규제 협조 요청 | • 조업단축 |

## 2) 미세먼지*

먼지는 대기 중에 떠다니거나 흩날려 내려오는 입자상 물질(대기환경보전법)을 말한다. 미세먼지란** 눈에 보이지 않을 정도로 작은 직경 10㎛ 이하의 먼지 입자를 의미한다. 미세먼지의 발생 요인은 다양하나 대도시의 미세먼지는 70% 이상이 자동차에서 발생한다(표 8-5 참조).

**표 8-5** 미세먼지의 발생 요인

| 요인 | 발생원 | |
|---|---|---|
| 인위적 요인 | 고정발생원 | 난방, 산업, 발전 등 |
| | 이동발생원 | 자동차 매연 및 타이어 마모 |
| | 기타 | 공사장 비산먼지, 노천 소각 등 |
| 자연적 요인 | 안개, 화재, 황사, 화산폭발, 모래 먼지, 토양풍식 등 | |
| 기타 요인 | 2차 반응에 의한 황산염, 질산염 생성 | |

발생된 먼지는 공기 중에 부유 상태로 존재하면서 식물의 잎에 부착되어 잎의 기공을 막고 햇빛을 차단하여 동화작용, 호흡작용, 증산작용 등을 저해하며, 또 호흡을 통해 인체에 침입하여 기관지 및 폐에 부착된다. 이들 입자 중 1㎛ 이상의 큰 먼지는 기침, 재채기, 섬모운동 등에 의하여 제거되나 기관지를 통과할 수 있는 0.1~1㎛ 크기의 먼지는 호흡기관을 통해 폐 깊숙이 침투할 수 있다.

입자상 물질들은 가스상의 물질에 비해 인체의 폐에 침착되기 쉽기 때문에 다

* 별도의 출처를 제시한 부분을 제외한 주 내용은 국가환경정보센터의 환경자료실의 '미세먼지' 내용(www.konetic.or.kr, 2009.5.20.)을 요약한 것임.

** 대기에 존재하는 입자상 오염물질의 크기는 ㎛ 단위로 표시하며, 농도는 1m³ 공기 중의 분진량을 ㎍으로 표시(㎍/m³)한다. 먼지는 입자상 물질로서 크기는 0.005~500㎛다. 입자의 크기가 10㎛ 이하인 먼지는 'PM-10', 2.5㎛ 이하인 먼지는 'PM-2.5'로 부른다. 입자의 크기가 작을수록 건강에 미치는 영향이 크다는 결과에 따라 각국에서는 90년대 후반부터 미세입자에 대한 환경기준을 도입하기 시작하였다.

른 대기오염물질*보다 인체 건강에 더 큰 악영향을 초래할 수 있다. 더구나 미세먼지는 비교적 장시간 대기 중에 체류하기 때문에 지속적인 노출로 인한 영향이 우려된다. 미세먼지는 기도를 통해 체내에 들어와 폐 깊숙이 안착하여 각종 호흡기 질환을 일으킨다. 미세입자가 유발하는 질환으로는 천식이 대표적이며, 천식은 기침, 호흡곤란, 흉부 압박감 등의 증상을 초래한다.

입자의 크기가 작아짐에 따라 표면적이 급속히 증가하기 때문에 입자가 유해 중금속 성분을 함유하고 있을 때, 그 중금속의 농축 정도는 급격히 증가하게 된다.

**표 8-6** 미세먼지와 오존을 비롯한 오염물질 및 대기환경기준

| 항목 | 기준 | |
|---|---|---|
| 미세먼지(PM-10) | 연간평균치 | 50㎍/㎥ 이하 |
| | 24시간평균치 | 100㎍/㎥ 이하 |
| 오존 ($O_3$) | 8시간평균치 | 0.06ppm 이하 |
| | 1시간평균치 | 0.1ppm 이하 |
| 아황산가스($SO_2$) | 연간평균치 | 0.02ppm 이하 |
| | 24시간평균치 | 0.05ppm 이하 |
| | 1시간평균치 | 0.15ppm 이하 |
| 일산화탄소(CO) | 8시간평균치 | 9ppm 이하 |
| | 1시간평균치 | 25ppm 이하 |
| 이산화질소($NO_2$) | 연간평균치 | 0.03ppm 이하 |
| | 24시간평균치 | 0.06ppm 이하 |
| | 1시간평균치 | 0.10ppm 이하 |
| 납(Pb) | 연간평균치 | 0.5㎍/㎥ 이하 |
| 벤젠 | 연간평균치 | 5㎍/㎥ 이하 |

• 출처: 환경정책기본법(법률 제9037호, 2008.3.28. 타법개정) 제10조 제2항에 따른 환경정책법 시행령(대통령령 제21904호, 2009.12.24. 타법개정) 제2조 관련 [별표]

* 대기오염물질이란 대기오염의 원인이 되는 가스 · 입자상 물질로서(대기환경보전법 제2조) 입자상 물질, 일산화탄소, 암모니아, 질소산화물, 황산화물, 벤젠, 납 및 그 화합물, 석면, 다이옥신, 페놀 및 그 화합물, 폼알데하이드, 아세트알데히드 등을 포함한 61개 물질이 법령으로 제시되고 있다(대기환경보전법 시행규칙 별표 2).

특히, 폐나 심장에 질환을 갖고 있는 성인이나 어린이들의 경우 미세먼지에 의해 쉽게 영향을 받는 것으로 보고되고 있다. 미세한 입자상 물질이 대기 중에 부유할 때에는 빛을 흡수, 산란시키기 때문에 시정을 악화시키기도 한다.

미세먼지 농도를 사전에 예측하여 방송, 인터넷 등으로 알려 줌으로써 피해에 대비하게 하거나 고농도 먼지가 발생되지 않도록 예방하기 위해 미세먼지 예보제를 시행하고 있으며, 고농도 미세먼지 발생 시 국민들에게 경계하도록 알려 주고 오염수준별 국민행동요령 및 조치사항을 이행케 함으로써 피해를 줄이기 위해 경보제를 시행하고 있다. 미세먼지 예보제는 2005년 서울시에서부터 시작되었다. 미세먼지 예보제는 연간 상시 운영되며 해당 시 보건환경연구원장이 발령한다. 미세먼지 경보제는 서울시, 경기도, 인천시에서 시행하고 있으며 해당 시장 · 도지사가 경보를 발령 및 해제한다.

**표 8-7** 미세먼지 예보 등급별 행동요령

| 등급 | 행동요령 |
|---|---|
| 좋음 | – |
| 보통 | |
| 민감군 영향 | • 호흡기(예: 천식) 혹은 심질환자: 장시간의 실외 활동 자제 |
| 나쁨 | • 심장, 폐질환자, 노인, 어린이: 장시간 또는 무리한 활동 자제 권고<br>• 유치원과 초등학교 실외 수업 자제<br>• 일반집단: 장시간 또는 무리한 활동 자제 |
| 매우 나쁨 | • 호흡기(예: 천식) 질환자, 노약자: 실외 활동 제한<br>• 유치원 · 초등학교 실외 수업 금지<br>• 중 · 고등학교 실외 수업 자제<br>• 일반인 심한 옥외활동 자제 |
| 위험 | • 모든 사람 실외 활동 금지, 호흡기(예: 천식) 질환자는 실내 생활<br>• 유치원 · 초등학교 수업단축 또는 휴교<br>• 중 · 고등학교 실외 수업 금지 |

• 출처: 환경부 · 국립환경과학원(2009). 대기환경연보 2008, p. 218.
서울시 미세먼지예경보센터(dust.seoul.go.kr/dust/dust_02.html)

**표 8-8** 미세먼지 경보 발령기준

| 구분 | 발령기준 | 해제기준 |
|---|---|---|
| 주의보 | 미세먼지 농도가 시간평균 100㎍/㎥ 이상이 2시간 지속되는 때 | 미세먼지 농도가 시간평균 100㎍/㎥ 이하인 때 |
| 경보 | 미세먼지 농도가 시간평균 300㎍/㎥ 이상이 2시간 지속되는 때 | 미세먼지 농도가 시간평균 200㎍/㎥ 이하인 때 |

• 황사 발생에 의한 고농도 미세먼지는 2002년부터 황사특보제(기상청)로 운영되고 있음.
• 출처: 환경부 · 국립환경과학원(2009). 대기환경연보 2008, p. 217.

**표 8-9** 미세먼지 경보 등급별 행동요령

| 구분 | 행동요령 | 대기오염 저감조치 |
|---|---|---|
| 주의보 | • 노약자, 어린이, 호흡기 질환자의 실외 활동 금지<br>• 유치원과 초등학교의 실외 활동(운동, 실외 학습 등) 자제<br>• 일반인(중고생 포함)의 과격한 실외 운동 금지 및 실외 활동 자제 | • 불요불급한 경우 차량운행 자제<br>• 미세먼지를 배출하는 업소 · 공사장의 조업시간 단축<br>• 도로 물청소 시행, 차량운행 자제<br>• 기타 필요한 사항 |
| 경보 | • 노약자, 어린이, 호흡기 질환자의 외출 제한<br>• 유치원과 초등학교의 실외 활동(운동, 실외 학습 등) 금지 및 수업단축<br>• 휴교 및 학생 보호조치 강구<br>• 일반인(중고생 포함)의 실외 활동 금지 및 외출 자제<br>• 실외 운동경기 자제 권고 | • 불요불급한 경우 차량운행 금지<br>• 미세먼지를 배출하는 업소 · 공사장의 조업 중지<br>• 도로 물청소 시행, 차량운행 금지 홍보<br>• 기타 필요한 사항 |

• 출처: 환경부 · 국립환경과학원(2009). 대기환경연보 2008, p. 217.

## 3. 동식물로부터의 안전

### 1) 식물로부터의 안전

다양한 식물은 유아들에게 자연의 섭리에 대한 관심과 이해를 높이고 정서를 함양하는 데 도움을 준다. 그러나 식물에 따라서는 먹으면 피부 발진이나 배탈을 유발하며, 심지어 생명에 치명적이기까지 하다. 또한 가정에서 기르는 식물들 중 많은 식물이 독을 함유할 수 있다. 특별한 활동에 이용하지 않는 한, 식물을 유아들의 손이 닿지 않는 곳에 두는 것이 좋다.

### 2) 곤충으로부터의 안전

대부분의 곤충들은 자극하지 않으면 물지 않는다. 그러나 늦여름과 초가을에는 사람을 잘 물며 독성도 더 강하다(Kendrick et al., 1991).

유아들에게 곤충에게 쏘이지 않으려면 쏘는 곤충을 만났을 때 자극하지 않고, 천천히 피해야 한다는 것을 알려 준다. 실외에서는 단 음식을 먹거나 가지고 있지 않는 것이 좋다. 쓰레기통은 실외 놀이영역에서 떨어진 곳에 있어야 한다. 실외에서 음식을 먹은 다음 입이나 손이 끈적거릴 경우, 씻어 낼 만한 물이 없다면 과일이나 과일 주스 같은 단 음식은 피한다.

### 3) 애완동물로부터의 안전

애완동물을 유아교육기관에서 키울 수 있다. 그러나 유아와 동물 모두에게 안전해야 한다. 애완동물을 들이기 전에 유아들이 알레르기가 있는지 고려하여야 한다. 또 동물에게 질병이 있는지, 예방주사를 맞았는지 확인한다. 거북이와 새는 인간에게 전염될 수 있는 질병의 보균자로 알려져 있으므로 유아교육기관에서 기르기에 적절치 않다. 애완동물을 기를 경우, 동물을 기르는 데 필요한 정보와 지침을 게시하거나 관련된 책을 제공하여 유아들이 참고하도록 한다. 호기심이 많거나 짓궂은 유아로부터 동물을 보호하기 위한 조치 또한 필요하다.

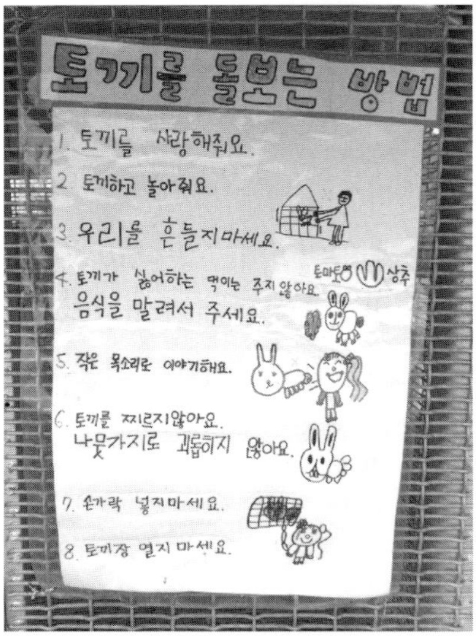


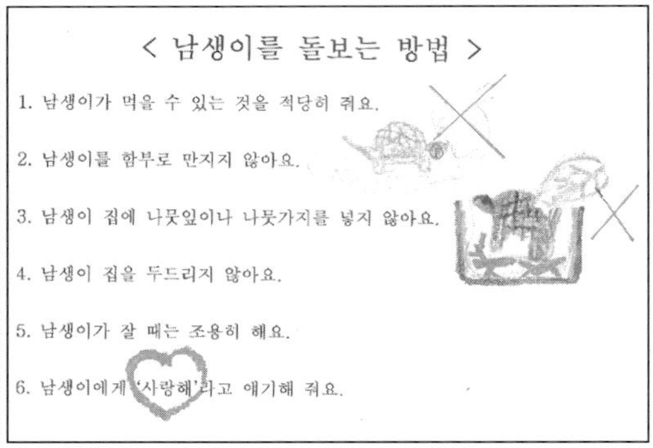


## 4절 화상 및 화재 안전

### 1. 어린이 화상 사고의 이해

유아기 어린이는 발달 특성상 호기심이 강하지만 위험한 상황에 대한 판단능력과 대처능력이 떨어지므로 항상 위험에 노출되어 있다. 특히 어린이의 화상사고는 다음과 같은 특성을 지닌다(한국소비자보호원 생활안전팀, 2005: 7-11)

- 1세 전후의 영아는 방어 반사인 굴곡반사(flexion reflex)가 충분히 성숙되지 않아 뜨거운 물체에 접촉하여도 손을 바로 빼지 못하고 울면서 남이 도와줄 때까지 그냥 있게 됨으로 화상 정도가 심화된다.
- 어린이는 신체 크기와 몸무게에 비해 체표면적이 넓다. 따라서 성인과 동일한 화상의 넓이라도 성인보다 체액 손실이 많고 이를 견디어 내는 능력이 떨어지므로 성인보다 위험하다.
- 화상으로 인한 신체적 후유증 때문에 움직이기가 어려운 것 외에도 외모의

변화에서 오는 정신적 스트레스와 위축감으로 사회성 저하 및 지적 능력의 저하를 가져올 수 있다.

2003~2005년까지 3년간 발생한 우리나라 14세 이하 어린이 화상사고의 실태는 다음과 같다(한국소비자보호원 생활안전팀, 2005).

- 화상사고는 영아기에 집중적으로 발생한다(0~2세가 61.1%, 3~6세가 21.9%, 7세 이상 17.0%). 특히 1세 이하 영아가 전체 어린이 화상사고의 절반을 차지한다.
- 화상사고는 주로 가정(69.2%)에서 발생한다. 따라서 가정에서의 안전 관리가 매우 필요하다. 한편, 교육 및 공공시설에서도 적지 않게 발생(24.8%)한다.
- 화상 종류별로는 열탕화상이 가장 많으며(65.3%), 다음이 접촉화상(22.3%), 화염화상(4.4%), 증기화상(4.1%), 전기화상(1.5%)이다. 접촉화상은 4~8세 유아기에, 증기화상은 3세 이하 영아기에 주로 발생한다.

표 8-10 어린이에게 많이 나타나는 화상의 종류

| 종류 | 내용 |
|---|---|
| 열탕화상 | • 어린이 화상사고 중 가장 많음.<br>• 뜨거운 물체를 집거나 정수기나 온수 수도꼭지, 식탁 위의 뜨거운 국이나 음식 등에 의함. |
| 증기화상 | • 가연성 기체, 전기밥솥이나 커피포트 등에서 나오는 뜨거운 김에 의한 경우가 많음.<br>• 기어다니기 시작하는 1세 미만 유아에게 가장 빈번함.<br>• 반사작용 미숙으로 뜨거운 증기에 손을 댄 후 즉시 떼어내지 못해 2, 3도의 화상을 입게 됨. |
| 전기화상 · 접촉화상 | • 전기 감전, 전기 불꽃이 튀는 경우임.<br>• 어린이가 직접 손으로 만져 발생, 화상부위가 작음. |
| 화학물질에 의한 화상 | • 시간이 지남에 따라 상처가 넓고 깊어짐.<br>• 피부에서 제거될 때까지 계속적으로 조직을 파괴함. |
| 고온 노출에 의한 화상 | • 햇빛에 장시간 노출되거나 고온에 장시간 노출되면 일사병이나 열사병과 함께 화상 위험. 특히 여름에 차 안에 유아를 혼자 두는 것은 매우 위험함. |

- 화상사고 어린이 대부분(94.0%)이 2도 화상을 입으며 화상 범위는 대부분 10% 미만의 경미한 화상이지만(88.8%) 10% 이상의 중등도 화상도 적지 않다(11.2%).
- 화상 원인은 주로 뜨거운 물(35.9%), 뜨거운 음식(21.5%), 전기용품(12.7%), 주방용품(10.7%)이다.
- 화상부위는 주로 손과 얼굴(31.2%, 17.4%), 다리(15.5%), 팔(14.7%)이다.
- 상처는 대개 1일이나 1주 미만의 치료를 요하는 것(31.1%, 29.4%)이지만 1개월 이상의 장기 치료를 요하는 경우도 있다(4.1%).

## 2. 화재 안전

화재는 교통사고와 함께 어린이 사망의 주요 원인이 되고 있다.* 사망에 이르지 않더라도 화상으로 인한 신체적 손상을 초래하며 이로 인해 심리적으로도 큰 영향을 받는다. 따라서 소방시설 및 설비의 설치와 점검뿐만 아니라 화상사고 및 화재를 예방하는 생활습관, 화재 시 대피하는 방법을 어려서부터 교육함으로써 화재로부터 자신은 물론 타인을 보호할 수 있도록 하여야 한다.

### 1) 화재의 종류와 진화

불은 세 가지 요소, 즉 산소, 열, 연료에 의해 발생한다(Miller et al., 1996). 불길과 열은 산소 없이도 발생할 수 있는데 염소와 나트륨의 화합물의 경우에 그러하다. 그러나 산소가 산화제로 작용하는 경우에만 화재라고 부른다. 불을 끄기 위해서는 세 요소 중 하나를 제거해야 한다.

#### (1) 화재의 종류

화재의 종류는 타는 종류에 따라 네 가지로 분류되는데, 각 종류에 따라 끄는

* 화재에 의한 사망은 2005~2007년 통계에 의하면 1~14세 어린이 중 5~9세에 가장 많이 발생(50.7%)하며, 다음이 1~4세(23.9%)다(통계청, 2008년 5월 6일자 보도자료).

방법이 달라진다.

- A형: 가장 잘 알려진 형태의 화재로서 나무, 종이, 헝겊과 같은 인화 물질이 타는 것이다. 이 유형의 화재는 물로 끄는 것이 가장 좋다.
- B형: B형 화재는 석유, 가솔린, 페인트, 윤활유, 등유 등과 같은 인화성 액체가 타는 것이다. 이런 유형의 화재는 산소를 차단하여 끈다. 물은 사용하지 말아야 한다. 이런 유형의 화재에 물을 부으면, 불이 붙은 인화성 액체가 튀게 되어 불이 더 번지기 때문이다.
- C형: C형 화재는 전기로 인한 화재다. 물은 전기를 전달하므로 물을 사용해서 불을 끄면 안 되며 반드시 소화기를 사용한다.
- D형: D형 화재는 가연성이 있는 금속이 타는 것으로서 주로 공장에서 일어난다. 그러므로 이 유형의 화재는 유아와 관련이 적다.

### (2) 화재의 진화

불을 끄는 데에는 물, 담요, 모래 등이 비상시에 쓰일 수 있으나 이것들로는 모든 종류의 불을 끌 수는 없으며 또 큰불에는 효과적이지 못하다. 기름이나 전기로 인한 화재나 불길이 큰 경우 반드시 소화기를 사용하도록 한다.

따라서 가정이나 교육기관에서는 소화기를 마련하여 눈에 잘 띄면서 습기가 없고 그늘진 곳에 비치하여야 한다. 소화기는 교실과 부속실, 조리실 외에도 접근이 용이한 주요 장소, 곧 복도와 계단, 그리고 각 층마다 최소한 2개 이상을 설치해야 한다. 또한 유아교육기관에서는 투척용 소화기를 마련하여 유아가 쉽게 꺼내고 사용할 수 있는 위치에 두어야 한다.

소화기는 화재 유형에 따라 A형, B형, C형, ABC형으로 그 종류가 구분되어 있다. 각각은 화재 유형에 따라 사용되는데 ABC형 소화기는 A, B, C형 화재 모두를 소화할 수 있는 다목적 소화기다.

유아교육기관의 모든 성인은 소화기의 정확한 사용법을 알고 있어야 한다. 즉, 소화기의 안전핀을 뽑고, 바람을 등지고, 호스를 불이 있는 곳으로 향하게 한 다음, 손잡이를 힘껏 움켜 쥐고 뿌려야 한다. 정기적으로 소화기 사용법을 연습하도록 한다. 소화기는 정기적으로 점검하여 필요한 경우 재충전을 한다.

투척용 소화기 사용법을 익히는 유아들

### 2) 화재의 예방

가정에서는 건축 자재를 비롯해 가구, 의류, 침구류 등의 방염성 물질로 만들어져 있는 것을 사용하는 것이 중요하다. 또한 가정에서도 계단의 꼭대기, 침실 문밖, 지하실 등에 연기 감지기를 설치하고 매달 1회 정도 정기적으로 점검하여 제대로 작동하고 있는지 확인하도록 한다. 또한 다목적 소화기가 적어도 하나는 있어야 한다. 가스레인지의 중간 밸브 역시 유아의 손이 닿지 않는 곳에 있어야 하며 사용하지 않을 때는 반드시 잠근다.

유아교육기관은 화재 발생 시 확산 방지를 위한 성분 및 시설 설치가 의무화되어 있다. 예를 들어, 커튼, 카펫, 벽지 등 실내 장식물에 대해서는 소방방재청장이 실시하는 방염성능검사를 거친 방염처리제품의 사용이 의무화되어 있다(소방시설 설치유지 및 안전관리에 관한 법률 제12조).

유아교육기관에서는 화재 예방을 위해 전기시설, 난방시설, 가스 차단기, 소화기, 연기 감지기 등을 정기적으로 점검하고 작동 여부를 확인하도록 한다. 또한 화재나 재난과 같은 응급사태에 대비한 정보들을 보존한다. 이 정보들은 돌발 사태나 견학 시에 교직원 중 한 사람이 책임지고 지니고 있어야 한다. 부모들에게 적어도 한 학기에 한 번씩 정기적으로 긴급 연락망과 같은 전화번호 등의 변경 여부를 확인한다.

매일 유아의 출결 상황을 파악하고 있어야 한다. 대피가 빠짐없이 이루어졌는지 확인할 수 있도록 하기 위해 전화기 옆에 응급 시 연락할 전화번호 목록을 붙여 놓는다.

건물 내의 모든 곳으로부터 두 곳의 탈출 통로를 계획한다. 비상구 표시를 쉽게 볼 수 있도록 모든 방에 붙인다. 화재 장소에 따라 바꿀 수 있는 철수 통로를 표시해 붙여 둔다. 대피로와 비상구 주변은 언제라도 대피가 신속하고 원활하게 이루어지도록 물건을 쌓아 두거나 막아 두지 않는다.

화재는 전기나 불의 잘못된 사용, 유아들의 불장난으로 인한 경우가 많으므로 가정과 유아교육기관에서 유아들에게 화재를 예방할 수 있는 방법을 교육하도록 한다.

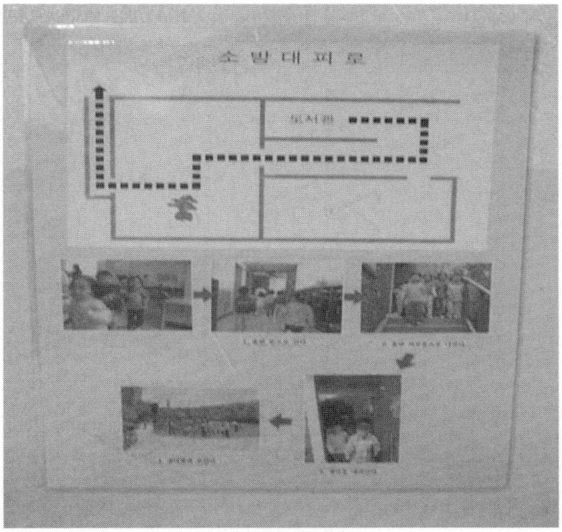

소방대피로

### 3) 화재 시 대피

유아들에게는 화재가 발생했을 때 대피하는 방법을 가르쳐야 한다. 먼저 유아들의 가정에 초점을 맞추고 시작하는 것이 바람직하다.

화재신고를 할 수 있는 번호를 알려 주고 신고할 때 말할 내용—주소, 건물 상태, 자신이 안에 갇혀 있는 경우 자기가 있는 곳—을 알려 준다.

모든 가정에서는 화재 시 대피 방법을 미리 계획해 두어야 한다. 적어도 두 개의 대피로를 계획해 두어야 첫 번째 대피로를 통해 대피하는 것이 불가능할 때 도움이 된다. 단층집인 경우 가장 가까이 있는 문이나 창문으로 빠져나가는 것이 좋다. 2층에서는 대피용 사다리를 사용할 필요가 있다. 상품화된 대피용 줄사다리를 사용할 수도 있고 줄이나 침대 시트를 묶어 사다리를 만들어 사용할 수도 있다. 유아들에게는 가구 밑이나 안으로 숨거나 위층에서 뛰어내리는 것이 위험하다는 것을 알려 주도록 한다. 화재는 반드시 불길이 없는 곳으로 빨리 나와야 한다는 것을 알려 준다. 대피 후 어디서 모일지 장소를 미리 정해 놓는다.

미국의 경우, 일부 소방서에는 스티커를 제공하여 어린이의 침실 창문에 스티커를 부착하도록 하고 있다. 화재 시에 구조원들이 어린이가 있는 곳이 어디인지

금방 확인할 수 있도록 하기 위함이다.

화재 시 연기가 있으면 바닥에 엎드려 고개를 들고 있어야 한다. 연기는 위로 올라가기 때문에 바닥 근처에 산소가 더 많다. 바닥에서 30~60cm 정도 높이에 맑은 공기가 있으므로 배로 기지 말고, 팔과 무릎으로 기어서 문으로 가서 문을 만져 보아 불이 가까이 있는지 확인한다. 뜨겁다면 다른 출구를 이용해야 한다. 뜨겁지 않다면 천천히 문을 열고 연기가 있는지 살펴본다. 연기가 없다면 건물 밖으로 빨리 빠져나오도록 한다. 대피하지 못하고 방 안에 갇힌 경우 불길이나 연기가 들어오지 못하게 문을 닫고 틈새를 이불이나 젖은 옷으로 막은 후, 창문을 통해 자기가 있음을 알린다.

유아들은 옷에 불이 붙었을 때 사망이나 상해를 입기 쉽다. 미국의 경우 1970년대 중반부터 어린이의 옷을 방염성 천으로 만들도록 규정하여 이러한 사고를 줄이도록 하고 있다. 옷에 불이 붙은 경우를 대비하여 대처 기술을 가르쳐야 한다. 옷에 불이 붙었을 때는 당황하여 껑충껑충 뛰거나 달리면 안 된다는 것이 강조되어야 한다. 움직이면 더 많은 산소가 공급되어 불길이 더 빠른 속도로 번지게 된다. 옷에 불이 붙으면 바닥에 누워서 불이 꺼질 때까지 굴러야 한다. 이때 주변에 사람이 있다면 담요나 코트, 기타 무거운 물질로 유아의 몸을 덮어 불길을 잡아주도록 한다. 유아들에게 옷에 불이 붙으면 '멈춰 선다', '바닥에 눕는다', '몸을

**재난 대피 절차에 따른 역할 분담**

1. 경보가 울리면 유아들은 활동을 즉시 멈추고, 교실 문으로 간다.
2. (　　　)는 유아를 인도하여 건물을 빠져나가 지정된 장소로 간다.
3. (　　　)는 화장실, 옷장, 복도 등을 살펴 모든 유아가 대피했는지 확인한다.
4. (　　　)는 비상시 연락처 등을 갖고 나온다.
5. 화재 (　　　)는 소방서에 연락한다.
6. 전기가 나갔을 경우 (　　　)가 비상 조명 시스템을 작동시킨다.
   손전등이 각 교실에 비치되어 있다.
7. 건물 안으로 다시 들어갈 수 없는 경우, 유아들을 (　　　)로 데려간다.
   소방당국의 허락이 없는 한 건물 안으로 다시 들어가지 말아야 한다.
8. 부모에게 연락한다.
9. (　　　)는 훈련을 마치면 대피 일지를 정리한다.

굴린다' 라는 세 원칙을 알려 주고 연습시킨다. 멈춰 설 때 가슴 앞에서 양팔을 교차시켜 손으로 반대쪽 어깨를 잡으면 불길을 잡는 데 효과적이다.

유아교육기관에서는 화재나 기타 재난에 대비하여 철저한 시설관리와 대피훈련 및 교육을 실시하도록 한다. 아울러 재난을 대비하여 다음의 지침을 따르도록 한다.

- 긴급연락처, 전화번호 등은 정기적으로 확인한다.
- 매일 유아의 출결 상황을 점검하여 대피여부를 확인할 수 있도록 한다.
- 전화기 옆에 비상시에 필요한 전화번호를 붙여 놓는다.
- 건물 내의 모든 곳으로부터 두 곳의 탈출 통로를 계획해 놓는다. 비상구 표시를 모든 방에, 쉽게 볼 수 있는 자리에 붙인다. 화재의 장소에 따라 바꿀 수 있는 철수 통로를 표시해 붙여 놓는다.
- 관련 기관에 적절한 비상 대피 계획을 세울 수 있도록 도움을 요청한다.
- 비상시를 대비하여 교직원의 역할을 분담해 둔다.
- 비상시 교사는 침착함을 잃지 말고 유아들을 안심시키고 침착하게 대처한다. 이를 위해 교직원들은 먼저 화재에 대한 대처 지식의 습득 및 대피 훈련을 충분히 하여야 한다.

### 4) 유아교육기관에서의 대피 훈련

유아교육기관에서의 대피 훈련은 다음의 목적으로 이루어진다.

- 화재나 재난 발생 시 해야 할 일을 알려 준다.
- 실제로 화재가 났을 때 효율적으로 대피하도록 함으로써 유아와 성인을 보호한다.
- 안전에 대한 의식을 높인다.

화재 대피와 관련하여 유아교육기관이 고려할 사항은 다음과 같다.

- 대피 훈련은 적어도 한 달에 한 번은 실시하도록 한다.
- 관련 기관에 적절한 비상 대피 계획을 세우는 데 도움을 요청한다.
- 역할을 분담해 둔다. 유아를 대피시키는 역할, 실내에 남은 유아가 있는지 확인하는 역할, 다친 유아를 돌보는 역할 등 필요한 역할을 분담해 놓는다.
- 건물을 나와서 다시 어느 장소에서 모일지 미리 계획하고 모든 교직원과 유아에게 알려져야 한다.
- 화재 발생 시 한쪽 통로가 차단되었을 때 다른 통로를 통해 탈출할 수 있는 방법을 알고 있어야 하며, 이 방법의 탈출이 훈련에 포함되어야 한다.
- 처음 유아들과 함께 대피 훈련을 실시하기 전에 성인들이 충분히 대피 방법과 절차에 대해 숙의하고 모의 화재 발생 장소에 따라 여러 차례 연습을 실시한다.
- 처음 대피 훈련을 실시하기 전에 유아들에게 대피 훈련의 이유와 방법을 설명해 준다. 처음 2~3회는 유아들에게 예고하고 대피 훈련을 실시하고 다음부터는 예고 없이 훈련이 실시될 것임을 알려 준다. 이후는 예고 없이 실시하도록 한다.
- 처음부터 전체 유아를 대상으로 훈련을 하기보다 학급별, 연령별로 훈련을 실시하고 단계적으로 전체 유아를 포함시킨다. 훈련이 이루어지는 시간도 변화를 주도록 한다.
- 훈련을 놀이처럼 생각하지 않도록 진지하게 하되 공포감을 갖도록 하지 않는다.
- 가능한 한 2분 이내에 모든 사람이 대피할 수 있도록 훈련한다.
- 훈련 후 훈련 일지를 기록한다. 일지에는 훈련시간, 가상 화재 장소 및 대피로, 대피에 걸린 시간(학급별, 전체), 기타 다음 훈련에 참고가 될 사항과 개선점을 기록해 놓는다.
- 대피 외의 대처 방법을 유아들에게 교육한다.
  - 몸에 불이 붙었을 때: 멈춘다–엎드린다–구른다.
  - 화염이나 연기가 다가오면 반대쪽의 다른 출구로 빠져나간다.
  - 방 안에 연기가 많으면 연기보다 낮은 자세로 긴다.
- 유아의 가정에서도 대피 계획을 세워 보도록 권유하고 필요한 정보를 제공한다.

**대피의 단계**

① 비상 신호: 건물 내에 있는 모든 사람에게 알린다.
② 대피: 비상구 또는 대체 통로를 통하여 대피한다.
③ 문과 창문 등의 통풍구를 막는다.
④ 인원수 확인: 건물 밖으로 모든 사람이 안전하게 나왔는지 확인한다.
⑤ 소방서 연락: 건물을 빠져나온 후에 연락한다.

## 5절 교통안전

### 1. 교통사고 현황 및 제도적 대처

우리나라는 경제협력개발기구(OECD) 회원국 중 어린이 교통사고 사망비율이 가장 높다. 교통사고로 인한 사망자 중 취학 전 유아는 37.7%, 초등학생은 41.3%, 중학생은 20.9%로 유아 교통사고 사망자가 많다. 유아 교통사고 사망자의 65%가 보행 중에 사고를 당한 것으로 나타났다(도로교통공단, 2007 통계를 근거로 산출).

취원율의 증가와 자동차의 보급으로 승차 중 교통사고를 당하는 유아의 수도 점차 증가하고 있다. 이는 승용차 탑승 시 유아용 시트 등 보호 장구를 제대로 착용하지 않은 것이 중요한 요인으로 분석되고 있다(한국소비자보호원 생활안전팀, 2003).

교통사고의 원인은 여러 가지다. 그중 인적 요인이 가장 크다. 판단의 실수, 피곤, 졸음과 같은 신체 상태에서의 운전, 부주의, 과속과 신호 위반이 주요 요인이다. 불안전한 도로 상태, 사람의 안전을 최우선으로 삼지 않는 교통 정책 등도 사고와 관련이 있다. 어린이의 발달 특성 또한 교통사고의 위험을 높이는 주요 요인이다. 상황 판단의 미숙함, 호기심과 같은 특성으로 인해 위험을 인식하지 못하며, 위험을 인식하였다 하더라도 위험에 대처하는 능력이 부족하므로 차량으로부터 자신을 보호하기 어렵다.

따라서 교통사고로부터 어린이를 보호하려면 무엇보다 어린이의 안전을 최우선으로 하는 교통 정책과 운전자의 의식 제고가 선행되어야 한다. 법적, 제도적 노력과 더불어 자신을 안전하게 지키고 궁극적으로는 안전을 최우선으로 삼는 운전자 및 보행자가 되도록 하기 위한 교통안전교육을 유아기부터 할 필요가 있다.

우리나라는 1990년 '도로교통법' 개정 시 유아용 안전의자의 착용 의무 조항을 신설하고, 6세 미만의 아동이 자동차에 탑승할 때에는 반드시 안전의자를 장치, 사용하도록 의무화하고 있다. 또한 1997년 12월부터 시행된 도로교통법 시행령과 시행규칙 개정안에는 통학버스 보호 규정이 포함되었다. 어린이(13세 미만) 통학버스에는 유치원, 초등학교 및 특수학교, 보육시설, 학원, 체육시설이 포함된다. 다른 차량들은 어린이 통학버스를 추월하지 못하도록 하고 어린이 통학버스가 정차해 있을 때는 차로와 그 옆 차로를 통행하는 차는 일시 정지하여 안전을 확인한 후 서행하도록 하는 등 보호 조치를 해야 한다. 또한 통학버스는 차체를 노란색으로 칠하고 좌석 안전띠를 어린이에게 맞게 하는 등의 요건을 갖추고 보험이나 공제조합에 가입해야 한다.

어린이 통학버스 운전자는 어린이가 통학버스를 타고 내릴 때에 좌석에 앉는 것과 보도, 길 가장자리구역 등 자동차로부터 안전한 장소에 도착한 것을 확인한 후에 통학버스를 출발시켜야 할 의무가 있다. 또한 통학버스 운전자는 어린이를 태운 통학버스에 유치원 · 초등학교의 교직원 · 보육시설의 종사자 및 학원 강사, 체육시설 종사자 등 어린이를 보호할 수 있는 사람을 탑승시켜야 한다.

## 2. 승차 안전

### 1) 보호 장구 이용의 중요성

승차 중 사고가 났을 때 보호 장구의 장착 및 사용 여부와 정확히 사용되는지의 여부가 어린이의 안전에 매우 중요하다. 우리나라 어린이의 보호 장구 착용 및 장착 실태 조사에 의하면, 현행법상(도로교통법 11조) 보호 장구 착용이 의무화되어 있는 만 5세 이하 유아의 경우, 유아용 안전의자나 부스터 등을 착용한 경우는 소수(22.4%)에 불과하고, 2세 이하 영아의 경우도 불과 32.7%에 불과하며, 보호자가 안고 타거나(52.8%) 방치되어 있어 사고 시 치명적 상해를 입을 가능성이 있는 것으로 나타났다(한국소비자보호원 생활안전팀, 2003).

차량이 급정거하거나 충돌 및 추돌 시 사람이 받는 힘의 강도는 엄청나다. 시속 50km로 달리던 차량이 갑자기 서거나 충돌하면 사람은 400kg의 힘으로 좌석에서 튕겨 나가게 된다. 어린이든 성인이든 간에 이러한 힘을 버텨 낼 수 없다. 사고에 대비하고 있었다 할지라도 손이나 발을 사용해서 그렇게 거대한 힘에 저항할 수가 없다. 차가 충돌하자마자 0.5초 후에 사람이 충돌하게 된다고 한다. 차 안에 있는 사람은 고정된 물체에 몸이 닿기까지 계속해서 앞으로 진행하는 동작을 하게 된다. 그리하여 차량의 유리나 다른 구조물에 부딪치게 된다. 이때 힘을 안전하게 분산시키는 안전장치가 없으면 치명상을 입게 된다. 안전장치를 하게 되면 사망과 상해를 40~55%까지 줄일 수 있으며(Aronson, 1991), 유아의 사망률은 80%까지 줄일 수 있다고 한다(Miller et al., 1996).

안전띠와 안전의자는 차가 충돌했을 때 유아의 신체에 미치는 충격을 완화하며, 차내 구조물에 부딪쳐 부상을 입는 것을 방지한다. 안전띠나 안전의자를 사용하지 않으면 자신도 위험할 뿐만 아니라 안전띠를 착용한 다른 사람에게도 부상을 입힐 수 있다. 따라서 차내의 모든 사람이 안전띠나 안전의자를 착용해야 한다.

유아를 완전하게 보호하기 위해서는 사용하기에도 편리하고 편안함을 주는 안전의자를 설치하도록 해야 한다. 안전의자를 구입할 때에는 유아를 의자에 앉혀 보아야 하므로 유아를 함께 데려가도록 한다. 일단 차량 사고가 났었다면 사용하던 안전의자는 다시 사용하지 말고 새로운 것으로 바꾸어야 한다.

부모들은 유아들이 안전의자를 불편하고 거추장스러워서 싫어할 것이라고 염려해서 어린 유아나 영아를 무릎에 앉히는 경우가 있는데 무릎은 보호 장구의 대용이 될 수 없으며 매우 위험하다. 어릴 때부터 차량 탑승 시 보호 장구를 사용하면 유아는 당연한 일로 받아들일 것이다.

유아들은 안전의자에 앉아서 오랫동안 차를 타게 되면 쉽게 잠이 든다. 이때 베개를 사용하여 보다 편하게 해 줄 수 있다. 머리가 한쪽으로 쏠리는 것을 방지하기 위해 머리와 어깨 주변에 담요를 말아 지지해 줄 수도 있다. 차를 오래 타는 경우 자주 정차하여 몸을 움직이도록 해 준다.

보호 장구를 마련하는 것도 중요하지만 정확히 사용하는 것 또한 중요하다. 정확하게 사용하지 않으면 안전이 크게 위협받는다. 안전의자의 경우 안전띠가 의자 주위에 적절하게 장치되었는가, 안전의자가 기울거나 너무 많이 움직이지 않는가를 세심하게 살핀다. 또 멜빵을 너무 느슨하게 매어 놓으면 의자에서 유아의 몸이 빠져나올 수 있다. 안전의자는 끈이나 보호대로 유아의 어깨와 엉덩이를 단단하게 고정시켜 준다.

### 2) 보호 장구의 유형

차량 안전에 대한 관심이 높아지면서 안전의자와 유아용 특수 안전대가 국내에서 제작되거나 수입되고 있다. 영아를 안전의자에 앉혔을 때 목을 가누게 하는 목받침도 나와 있다. 안전의자는 안전띠로 의자를 고정시키고 유아는 안전의자에 달린 띠를 매게 되어 있다. 안전의자를 고를 때 높낮이의 조절 장치, 의자를 앞뒤로 돌릴 수 있는지의 여부, 보호대를 앞뒤로 이동할 수 있는지의 여부, 머리 보호를 위한 장치, 허리 충격 완화 장치가 되어 있는지를 살펴보도록 한다. 압축 스티로폼 제품은 철제 봉이나 강화 플라스틱 제품보다 가벼워 운반이 쉽고 파손되었을 때 상처를 입을 염려가 없다.

국내에서 시판되는 유아보호용 장구는 1991년 8월부터 공산품품질관리법에 의해서 사전 안전검사품목으로 지정됨에 따라 1991년 12월 1일 이후에 수입 · 수출품은 기술표준원 산하 한국생활환경시험연구원에서 자동차용 연소자 보호 장치 품질검사 기준(KS R 4053)에 의해 검사를 받아 '검' 자 마크를 획득해야만 시판토록 되어 있다.

#### (1) 9kg까지의 영아

차량의 뒷면을 향하여 영아를 앉히도록 설치된 영아용 안전의자를 사용하도록 한다(그림 8-2). 이때 앞좌석에 영아를 차 후면을 향해 앉히도록 한다. 영아를 차 후면을 바라보게 앉히면 차가 정지했을 때 영아가 받는 힘을 분산시킬 수 있다. 또한 주행 중에 영아를 살필 수 있다(Aronson, 1991).

끈은 영아의 어깨를 걸쳐 다리 사이에 잘 맞게 고정되어야 한다. 의자와 영아의 신체는 밀착되어야 한다. 두꺼운 옷과 담요는 영아의 신체를 고정하는 데 방해가 된다. 필요하면 벨트를 채운 후에 담요와 옷으로 영아를 두르도록 한다.

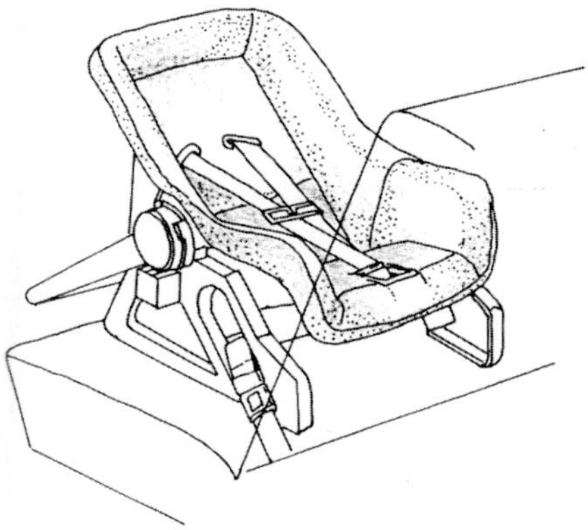

[그림 8-2] 영아용 안전의자
(Aronson, 1991: 87)

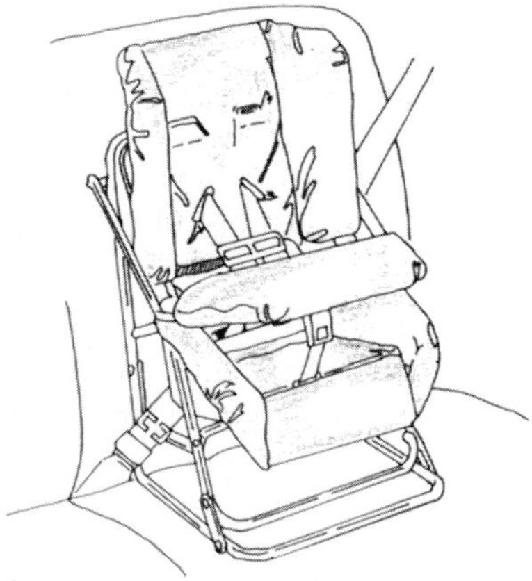

[그림 8-3] 영아 · 걸음마기 유아용 안전의자
(Aronson, 1991: 88)

### (2) 9~18kg까지의 유아

9~18kg까지의 유아와 혼자서 앉아 있을 수 있는 유아에게는 차량의 앞을 보게 되어 있는 걸음마기 유아용 안전의자를 사용하도록 한다.

### (3) 18kg 이상의 유아

유아용 안전의자(부스터: booster seat)는 영아용 안전의자에 앉기에는 몸집이 크고 안전띠를 매기에는 작은 유아, 즉 키가 135cm 이하인 유아에게 안전띠와 결합하여 사용한다. 이 의자는 공간을 적게 차지하고 비교적 다양한 크기의 유아에게 사용할 수 있다. 안전띠는 적어도 약 135cm 이상의 유아들에게 사용한다(그림 8-4).

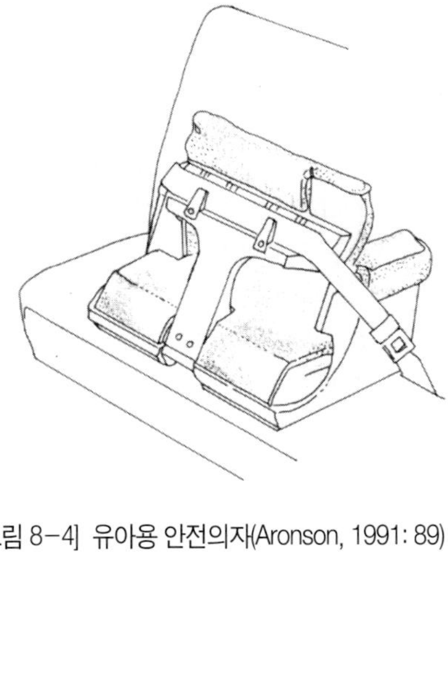

[그림 8-4] 유아용 안전의자(Aronson, 1991: 89)

### (4) 학령기 아동과 성인

학령기 아동은 일반적인 안전띠를 사용할 수 있는데 끈이 아동의 얼굴이나 목을 거치지 않고 착용될 수 있어야 사용할 수 있다. 차량 사고로 사망한 사람 가운데 95%는 안전띠를 매지 않고 있던 것으로 나타났다. 안전띠를 매지 않으면 맨 사람보다 사고 시 사망할 가능성이 5배가 되며 다칠 확률은 3배가 된다(Aronson, 1991). 에어백이 있는 경우에도 안전띠는 매야 한다.

**어린이 안전의자 선택 방법 및 올바른 사용법**

(1) 선택 요령

① 안전 테스트 합격 여부
- 공인된 안전 테스트(기술표준원 산하 한국생활환경시험연구원의 품질검사 기준(KS R 4053)에 합격하여 '검' 자 마크를 획득해야 함)를 한 것인지 반드시 확인해야 한다.

② 어린이의 체격조건에 맞는지 여부
- 탑승하는 유아나 어린이가 편안한 카시트를 선택한다.
- 카시트 커버를 뒤집었을 때 안에 폴리우레탄이 많을수록 안전하고 편안하며 아직 목을 가누지 못하는 아이라면 어깨와 목 보호 쿠션이 있는 것이 머리가 비스듬히 기울어질 때 차가 멈추더라도 충격을 완화시켜 준다.

③ 시트 커버의 재질과 분리세탁이 가능한지 여부
- 유아나 어린이는 땀을 많이 흘리기 때문에 시트는 통기성이 좋은 쾌적한 것을 선택하며 위생을 위해 시트 커버를 떼어 내어 세탁할 수 있는 것을 선택한다.

④ 장착 방법이 간단한지 여부
- 장착 방법이 복잡한 것은 잘못된 사용의 원인이 되므로 피하고, 차시트에 장착했을 때 흔들리거나 불안정한지 꼼꼼히 살펴본다.

⑤ 등받이 각도 조절이 가능한지 여부
- 등받이 각도가 조절되어야 제일 편안한 자세를 선택할 수 있고, 잠이 들었을 때에도 편리하므로 각도조절이 가능한 제품을 선택한다.

⑥ 사용 연령에 따른 적절한 제품 선택
- 사용할 어린이의 연령, 키, 체중 등을 고려하여 선택하고, 가급적 오래 사용할 수 있는 것을 선택한다.

⑦ 중고품 구입 시 유의사항
- 충돌사고를 당한 카시트는 이미 약해져 있으므로 안전하지 않다는 미국 소아과학회(AAP)의 연구결과가 있으므로 구입 시에 사고 내력을 확인한다.

(2) 어린이용 안전의자의 올바른 사용방법

① 등받이가 어린이의 머리 부분보다 높아야 한다.

② 안전의자의 어깨띠가 어린이 어깨와 같거나 높은 지점에서 나와야 하며, 어깨 아래로 내려가서는 안 된다.

③ 어린이의 등과 엉덩이가 안전의자에 밀착되도록 바른 자세로 앉힌다.

④ 어린이를 조인 카시트의 어깨끈이 헐렁하면 안전하지 않으므로 어린이의 몸과 끈 사이에 손바닥 하나가 들어갈 만큼의 여유만 두고 끈을 몸에 맞게 조인다.

⑤ 두꺼운 외투를 입힌 채 어린이를 안전의자에 앉히면, 안전띠가 아이를 제대로 조여주지 못해 충돌 시 아이가 빠져나갈 위험이 있으므로 외투를 벗긴 후 착용시킨다.

⑥ 어린이들이 보호 장구 안전띠의 버클을 풀어 놓는 경우가 있으므로 출발 전 항상 확인한다.

⑦ 차가 움직이는 동안은 절대로 안전의자를 풀어 주지 않는다. 특히, 어깨띠를 겨드랑이 아래로 내리면 골반띠가 복부로 지나가게 되므로 사고 시 장파열의 우려가 높아 위험하다.

⑧ 움직이는 차 속에서 안전의자 위의 어린이에게 막대에 달린 사탕이나 빙과류는 주지 않는다.

⑨ 어린이 안전의자는 되도록 뒷자리에 장착하여야 한다.

- 안전의자는 안전한 뒷좌석 장착이 기본이며 운전석 바로 뒤나 중앙이 좀 더 안전하며, 에어백의 충격은 위험하므로 조수석에는 되도록 설치하지 않아야 한다.
- 뒷자리 설치 시에도 근육이 무른, 체중 10kg 미만의 유아인 경우 충격을 넓은 면적으로 분산해서 받을 수 있게 후방으로 장착하고, 체중이 10kg 이상인 유아는 전방으로 장착한다.

⑩ 어린이 안전의자 착용을 습관화한다.

- 어린이가 안전의자 착용을 싫어하더라도 안전의자를 집안으로 가지고 들어와 앉히고 책도 읽어 주고, 밥도 먹이면서 안전의자에 대한 거부감을 없애 주고 익숙하게 느낄 만큼 습관을 들이도록 해야 한다.

▷출처: 한국소비자보호원 생활안전팀(2003).

### 3) 유아교육기관의 차량 운행

대부분의 유치원과 보육시설에서는 차량을 이용하여 유아를 등하원시키고 견학 활동을 한다. 차량 운행과 관련하여 유아교육기관에서는 다음 사항에 대해 정책을 수립하고 있어야 한다.

- 유아를 차에 태우고 내리게 하는 방법
- 차량 관리와 점검: 타이어, 브레이크, 엔진의 정기점검
- 안전운행: 차량 운행 시 후진을 최소화하고 위험한 회전이나 과속, 끼어들기 하지 않기
- 유아들의 승차 시간을 최소화하도록 운행 코스를 편성
- 비상사태 대비: 차량 고장, 유아의 문제, 악천후, 운전자 부재 등의 문제

통학버스에 안전띠를 부착해야 하는가에 대해서 논란이 있다. 통학버스에도 안전띠나 안전의자가 반드시 구비되어야 한다고 보는 입장에서 그 필요성으로서 제시하는 것은 첫째, 차가 구르거나 충돌 시 어린이를 잡아 주어 튕겨 나가는 것을 방지하기 위함이다. 둘째, 가정에서 차를 이용할 때에도 안전띠를 매도록 하기 위함이다. 안전띠를 매는 습관이 통학버스에서 안전띠를 맴으로써 길러질 수 있다는 것이다. 셋째, 안전띠를 매면 어린이들이 운전자를 방해하거나 위험을 초래할 수 있는 행동이 줄어든다는 것이다. 반면에 의무화하는 것에 대한 반론도 있다. 통학버스 사고가 주로 어린이들이 차를 기다리거나 차에서 내린 다음에 일어나기 때문이다. 1989년에 National Research Council의 운송안전위원회(National Transportation Safety Board)는 장기간의 연구를 통해 통학버스에 안전띠를 부착하도록 요구하는 것은 별로 가치가 없으며 오히려 좌석 등받이 높이를 높이는 것이 바람직하다고 보고하였다. 이 위원회는 또한 많은 사고들이 버스를 탑승하는 곳에서 일어나므로 버스를 타는 곳을 보다 안전하게 만드는 데 더욱 노력을 기울일 것과 통학버스의 기사 선정과 교육 그리고 버스를 타는 어린이의 교육에 보다 많은 노력을 기울일 것을 제시하였다(Miller et al., 1996).

유아의 안전을 위해 유아교육기관에서 차량을 운행할 때는 다음을 고려한다.

- 운전자는 반드시 책임감이 있는 사람이어야 한다.
- 차량은 냉난방 장치와 적절한 안전장치를 구비하고 있어야 한다.
- 유아의 건강상태와 위급 시 연락처가 차내에 비치되어 있어야 한다.
- 차량의 청결과 안전 상태를 매일 점검한다.
- 구급약품과 응급장비, 소화기 등이 마련되어 있어 위급 시에 쉽게 사용할 수

있어야 한다.

- 차량과 운전자, 유아, 차량에 탑승하는 교직원은 보험에 가입되어 있어야 한다.

**유아교육기관의 통학차량 운행 관련 법령: 도로교통법**
**(시행 2009.10.2. 법률 제9580호, 2009.4.1. 일부개정)**

제2조 (정의)

이 법에서 사용하는 용어의 정의는 다음과 같다. 〈개정 2007.12.21. 2008.2.29.〉

21. "어린이통학버스"라 함은 다음 각 목의 시설 가운데 어린이(13세 미만의 사람을 말한다. 이하 같다)를 교육대상으로 하는 시설에서 어린이의 통학 등에 이용되는 자동차로서 제52조의 규정에 의하여 신고된 자동차를 말한다.

가. 「유아교육법」에 의한 유치원, 「초 · 중등교육법」에 의한 초등학교 및 특수 학교

나. 「영유아보육법」에 의한 보육시설

다. 「학원의 설립 · 운영 및 과외교습에 관한 법률」에 의하여 설립된 학원

라. 「체육시설의 설치 · 이용에 관한 법률」에 의하여 설립된 체육시설

제51조 (어린이통학버스의 특별보호)

① 어린이통학버스가 도로에 정차하여 점멸등 등 어린이 또는 유아가 타고 내리는 중임을 표시하는 장치를 작동 중인 때에는 어린이통학버스가 정차한 차로와 그 차로의 바로 옆차로를 통행하는 차의 운전자는 어린이통학버스에 이르기 전에 일시정지하여 안전을 확인한 후 서행하여야 한다.

② 제1항의 경우 중앙선이 설치되지 아니한 도로와 편도 1차로인 도로에서는 반대방향에서 진행하는 차의 운전자도 어린이통학버스에 이르기 전에 일시정지하여 안전을 확인한 후 서행하여야 한다.

③ 모든 차의 운전자는 어린이 또는 유아를 태우고 있다는 표시를 하고 도로를 통행하는 어린이통학버스를 앞지르지 못한다.

제53조 (어린이통학버스 운전자 및 운행자의 의무)

① 어린이통학버스를 운전하는 자는 어린이 또는 유아가 타고 내리는 경우에 한하여 제51조 제1항의 규정에 의한 점멸등 등의 장치를 작동하여야 하며, 어린이 또는 유아를 태우고 운행 중인 경우에 한하여 제51조 제3항의 규정에 의한 표시를 하여야 한다.

② 어린이통학버스를 운전하는 자는 어린이 또는 유아가 어린이통학버스를 타고 내리는 때에 어린이 또는 유아가 좌석에 앉은 것과 보도 또는 길가장자리구역 등 자동차로부터 안전한 장소에 도착한 것을 확인한 후에 어린이통학버스를 출발시켜야 한다.

③ 어린이통학버스를 운행하는 자는 어린이 또는 유아를 태운 어린이통학버스에 다음 각 호의 어느 하나에 해당하는 사람으로서 어린이 또는 유아를 보호할 수 있는 사람을 타도록 하여야 한다.

1. 「유아교육법」의 규정에 의한 유치원, 「초 · 중등교육법」의 규정에 의한 초등학교 또는 특수학교의 교직원
2. 「영유아보육법」 제2조 제5호의 규정에 의한 보육시설종사자
3. 「학원의 설립 · 운영 및 과외교습에 관한 법률」 제13조 제1항의 규정에 의한 강사
4. 「체육시설의 설치 · 이용에 관한 법률」의 규정에 의한 체육시설의 종사자
5. 그 밖에 어린이통학버스를 운행하는 자가 지명한 사람

### 4) 안전 운행을 위한 규칙

부모가 데리고 다니건 또는 유아교육기관에서 등하원을 책임지건 유아의 안전을 위해서는 각별한 주의가 필요하다. 차량 운행 시 안전 운행 규칙은 다음과 같다.

- 보도나 기타 안전한 장소에서만 어린이를 타고 내리게 한다. 귀가 시에는 반드시 기관에 통보된 성인이 있는 경우에만 유아를 내려 준다.
- 성인과 아동 모두 반드시 안전 장치를 착용한다. 하나의 안전띠를 두 사람이 공유하지 않도록 한다.
- 날카로운 물건, 단단한 물건 그리고 무거운 물건들은 트렁크에 넣는다.
- 매일 차량을 점검한다. 운행 전에 다시 한 번 짧은 시간 동안 안전을 점검한다. 이때에는 주요 기관의 작동과 위험한 물질이나 물건이 차 안에 있는지의 여부를 확인한다.
- 유아의 손이나 발, 옷자락이 문에 걸렸는지 확인한 다음, 모든 차문을 닫고 잠근다. 안전 잠금 장치는 유아들이 문을 여는 것을 막으면서 성인에게는 전혀 지장을 주지 않으므로 바람직하다.
- 밴이나 웨건을 탈 경우 유아와 성인 모두 짐을 두는 영역에 앉지 않는다.
- 창문을 열어야 하는 경우 약간만 연다. 운전석만 제외하고는 창문 작동 장치

를 잠근다.

- 운행 전에 유아에게 팔이나 머리를 차창 밖으로 내밀지 않기, 안전벨트를 풀지 않기, 차 안에서 이동하지 않기 등 안전을 위한 행동 규칙을 상기시킨다.
- 차량 탑승이 즐거운 경험이 되도록 한다. 운행 중 유아들이 볼 만한 흥미 있는 것들을 지적해 준다. 간간히 적절한 행동에 관해 칭찬해 주고 즐거운 대화에 참여시킨다.
- 어떤 경우에도 차 안에 유아를 혼자 두지 않도록 한다. 문제가 생겨서 운전자가 도움을 청해야 할 필요가 있으면 지나가는 사람이나 경찰이 도움을 줄 수 있을 때까지 머물러야 한다. 교육기관에서 운행하는 차량에는 비상시 기관과 연락할 수 있는 휴대용 전화기가 있으면 바람직하다.

예기치 않은 사태에 다음과 같이 대비하도록 한다.

① 부모, 유아, 운전기사, 기타 교직원 모두 응급 사태 시 무엇을 해야 할지 알아야 한다.
   - 차에서 대피하는 방법
   - 유아가 아프거나 상처를 입은 경우 상처를 살피고 응급조치를 하는 방법
   - 유아에게 상황을 설명하고 안심시키는 방법
   - 경찰 등 외부 지원을 요청할 상황
   - 악천후에 해야 할 일

② 기관에 남아 있는 교직원들은 길에서 사고가 났을 때의 대처 방식을 숙지하고 실천하여야 한다. 예를 들어, 부모에게 연락하거나 다른 수송 대안을 제공하여야 한다.

③ 매년 부모들에게 기관의 응급 시 대처 방식에 대해 알려 주고 필요한 정보(부록 V 참조)를 받도록 한다.

④ 버스를 운행할 경우 유아들과 비상시를 대비한 대피 훈련을 하도록 한다.

⑤ 성인은 응급사태에 침착하고 능률적으로 대처해야 한다.

**통학 차량에 비치해야 할 것들**

- 정보: 운전기사와 교직원이 쉽게 볼 수 있는 곳에 비치
- 정보의 내용: 운행노선과 노선별 시간, 각 노선에서 타고 내릴 유아의 이름과 주소 유아의 의료기록, 비상시 연락처, 부모가 응급처치를 위임한 병원 주소
- 필기도구: 부모와 교육기관 간의 긴급연락사항을 메모하거나 기타 필요한 경우 대비
- 장비: 구급처치함, 줄(줄을 잡고 차에서 쉽게 대피하도록 하고 차에서 나와서 안전한 장소로 이동할 때 잡기 위함), 소화기, 간단한 수리용구, 물

## 3. 보행자 안전

어린이 교통사고의 약 80%가 보행 중에 발생한다(도로교통안전관리공단, 2002). 보행 중 사고의 원인은 주로 횡단보도가 아닌 곳으로의 횡단, 횡단보도 횡단, 노상에서의 놀이, 차도 보행이다. 특히 횡단 시 도로에 뛰어들기, 신호 무시, 대각선 횡단, 차의 바로 앞뒤 횡단 등이 사고를 유발한다. 보행자 사고는 유아의 다음과 같은 발달 특성과 관련이 깊다.

① 유아는 보거나 듣는 능력이 떨어진다

유아, 특히 키가 작은 유아는 주・정차되어 있는 차의 주변 상황을 정확히 파악하지 못한다. 시야에 한계가 있어 옆에서 오는 자동차를 어른보다 훨씬 늦게 보고, 판단도 신속히 하지 못한다. 또한 자동차를 보았다 할지라도 운전자가 유아를 발견하지 못하는 수도 있다. 이 경우에도 유아는 자기중심적 사고로 인해 자기가 자동차 운전자를 쳐다보았으므로 그도 자기를 보았다고 믿을 수 있다. 또 소리가 들려오는 상황을 정확히 파악하지 못한다.

② 유아는 동시에 여러 가지 일에 집중하기 어렵다

유아는 놀이 중에 놀잇감을 놓치면 그것을 잡으려고 도로에 뛰어들거나 골목길에서 갑자기 뛰어나오는 경우가 있다. 유아는 당장 자기가 관심이나 홍미를 갖고 있는 일에 관심을 두므로 안전을 동시에 고려하기 어렵다.

③ 유아는 상황판단 능력이 미숙하다

거리와 속도를 추정하는 것은 어린이, 특히 유아기 어린이에게 매우 어렵다. 신호등이 있는 혼잡한 도로에서 유아들이 사고를 당하는 경우는 많지 않다. 유아들이 이러한 도로를 혼자 건널 기회는 별로 없다. 오히려 신호등이 없는 도로, 이면도로 또는 골목길 교통사고가 많다. 이때 유아들은 혼자 건너기를 해야 하는데 달려오는 차의 속도를 정확하게 감지하기 어렵다.

④ 유아는 감정에 좌우되기 쉽다

기분이 들뜨거나 나쁠 때 유아는 부주의하게 행동할 수 있다.

⑤ 유아는 개념을 오해하거나 단순하게 이해한다

유아는 손을 들기만 하면 차가 언제, 어디서나 정지할 것으로 믿는 경우가 많다. 또 보행자 신호등에 녹색불이 들어오면 자동차의 상황을 살펴보지도 않고 급히 건너가다 사고를 당하기도 한다.

⑥ 유아는 구석진 곳을 좋아한다

유아는 후미진 곳, 감추어진 곳에서 놀기를 좋아한다. 그리하여 세워진 차의 옆이나 뒤에서 놀다가 교통사고를 당하기도 한다.

성인들은 유아의 특성을 이해하고 차량 운행 시 항상 유아의 안전을 유념해야 한다. 교통안전교육 또한 유아의 이러한 특성에 대한 이해를 바탕으로 이루어져야 한다.

## 4. 교통안전교육

교통안전교육에는 안전한 보행(인도 · 차도의 구분, 안전한 통학 방법, 안전하고 바르게 걷는 방법, 집단 보행 시의 바로 걷기 등), 도로 횡단 방법, 교통수단의 이해와 바르고 안전한 이용 방법, 교통규칙의 이해, 날씨와 계절에 따른 유의사항 등을 포함한다.

교육인적자원부의 교통안전교육 추진 계획에 의하면 유치원에서는 일상생활 훈련을 통한 반복적 지도를 강조하고 사고의 대다수를 점하는 보행 중 사고 예방법에 대한 집중적인 교육과 교통공원, 교통안전교육 시범학교 등에서의 현장학습과 학부모 교육을 강조하고 있다. 또한 매일 등하교 지도 10분 이상씩 연간 30시간 이상(초 · 중 · 고등학교는 연간 21~23시간)을 교육시간으로 확보하도록 권하고 있다. 아울러 기관당 교사 한 명씩을 교통안전 담당자로 지정하여 이들에 대한 연수를 확대하고 있다.

### 1) 목 표

어린이 교통사고를 줄이기 위해 교통 규칙 준수, 안전한 도로 및 놀이 환경을 제공하는 사회의 역할 및 책임이 중요하다. 유아는 미래의 운전자이기도 하다. 어려서부터 교통안전교육을 통해 자신과 타인을 보호할 수 있는 방법을 익히고 생활화하는 것이 중요하다. 교통안전교육의 목표는 다음과 같다.

- 교통사고의 위험성과 예방하는 방법을 안다.
- 교통수단을 안전하게 이용하는 방법을 알고 실천한다.
- 길을 안전하게 다니는 방법을 알고 실천한다.

### 2) 내 용

교통안전교육은 크게 안전한 승차를 위한 교육과 보행자 안전을 위한 교육으로 나눌 수 있다. 주요 내용은 다음과 같다.

#### (1) 안전한 승차

유아들의 통학용으로 가장 많이 이용되는 교통수단은 버스다. 또한 견학이나 소풍 시 그리고 가정생활에서 버스를 이용하게 된다. 버스를 안전하게 이용하기 위해 유아들이 알고 지켜야 할 사항은 다음과 같으며 이러한 사항은 지하철이나 기차와 같은 대중교통 수단을 이용할 때도 마찬가지로 적용될 수 있다.

① 차례로 줄을 서서 차를 기다린다.
② 차가 완전히 멈춘 뒤 성인의 지시에 따라 내린다.
③ 차를 타고 내릴 때 앞사람을 밀지 않는다.
④ 차례대로 차를 타고 내린다.
⑤ 창 밖으로 머리나 손을 내밀지 않는다.
⑥ 물건을 창 밖으로 던지지 않는다.
⑦ 차 안에서는 조용히 한다.
⑧ 의자 등받이에 등을 밀착시켜 앉는다.
⑨ 차 안에서는 일어서거나 돌아다니지 않는다.

승용차 안전을 위해 유아들이 알고 지켜야 할 규칙은 다음과 같다.

① 차에 타는 사람은 안전을 위해 모두 안전띠를 매야 한다.
② 안전띠는 정확하게 매어야 안전하다.

### 가정에서의 승차 안전

승용차가 대중화되면서 각 가정에서는 대부분 승용차를 이용하고 있다. 유아를 승용차에 태울 때 안전을 위해 다음 사항을 유의하도록 부모들에게 안내한다.

① 유아를 먼저 태우고 나중에 내리게 한다.
② 유아 혼자 문을 열고 먼저 내리지 않도록 한다.
③ 유아를 안고 좌석, 특히 앞좌석에 앉지 않도록 한다.
④ 어떤 경우에도 차 안에 유아를 절대로 혼자 두지 않는다.
⑤ 주행 중 유아가 차문을 여는 것을 방지하기 위해 뒷문의 어린이 잠금장치를 이용한다. 또한 창문을 조작하는 것을 방지하기 위해 창문 잠금장치를 사용한다.
⑥ 안전띠 또는 안전의자를 사용하도록 한다. 성인 또한 안전띠를 반드시 착용한다.
⑦ 자동차가 움직이는 동안에 유아가 볼펜이나 연필 또는 금속 놀잇감 등을 가지고 놀지 못하도록 한다.

③ 차 안에서는 조용해야 운전에 방해가 되지 않는다.
④ 차창 밖으로 손이나 얼굴을 내밀지 않는다.
⑤ 어른이 없을 때는 차에 타지 않는다.
⑥ 운전석의 기계에 손을 대지 않는다.

### (2) 안전한 보행

교통수단을 안전하게 이용하는 것뿐 아니라 보행 시의 안전 또한 중요하다. 보행 중 안전을 위해 유아들이 알고 지켜야 할 사항은 다음과 같다.

① 보도는 사람을 위한 것이며 차도는 차들을 위한 것이다.
② 차들은 우리를 다치게 할 수 있다.
③ 혼자서 거리에 나가지 않는다.
④ 좁은 골목길에서 넓은 길로 나갈 때에는 반드시 멈추어 서서 차가 오는지 확인한다.
⑤ 보도를 걸을 때 차도에서 떨어져서 건물 쪽으로 걷는다.
⑥ 세워 둔 차 근처에서는 놀지 않는다.
⑦ 신호등이 없는 경우 육교와 지하도를 이용한다.
⑧ 신호등이 있는 횡단보도를 건너갈 때
- 신호를 기다릴 때 보도 끝에서 세 걸음 물러서서 기다린다.
- 정면에 있는 보행자 신호등을 본다.
- 녹색 불일 때 건너간다.
- 녹색 불이 들어와도 좌우를 살펴 차가 멈춘 것을 확인한 뒤 건너간다.
- 손을 들고 오른쪽으로 건너간다.
- 걸어서 건넌다.

⑨ 신호등이 없는 횡단보도를 건너갈 때
- 어른을 따라 건넌다.

⑩ 어른도 없고 신호등도 없는 길을 건너갈 때
- 찻길에서 떨어져서 있는다.
- 손을 들어 차를 멈춘다.

- 차가 없거나 멈춘 것을 확인한다. 확인을 위해 왼쪽을 먼저 살피고 오른쪽도 살핀다.
- 걸어서 건넌다.

한편, 승차 안전과 보행자 안전 외에 미래의 운전자로서 어렸을 때부터 바른 운전습관을 보고 익히도록 하는 교육도 필요하다(Klein, 1998/1999). 어릴 때부터 안전띠를 매는 것은 승차 안전을 위한 것일 뿐 아니라 운전자로서의 기본적인 습관인 것이다. 차를 타는 데에는 특별한 규칙이 있다는 것, 운전자는 집중해야 하므로 방해되는 행동을 하면 안 된다는 것을 알아야 한다. 안전 운전은 자신은 물론 타인의 안전과 행복을 위해서도 필요한 책임 있는 행동이다.

이러한 책임감을 심어 주는 것이 안전 운전자가 되는 데 중요하다. 책임감은 자신의 행동이 자신과 타인에게 영향을 미친다는 것을 알게 됨으로써 생겨난다. 유아에게 적절하고 유용한 과제를 수행하도록 함으로써 책임감을 조장할 수 있다.

### 유아를 위한 운전자 교육

- 차에 타면 성인과 유아 모두 안전띠를 매도록 한다. 가능하면 유아 스스로 안전띠를 맬 수 있도록 도와준다.
- 유아가 자전거를 탈 수 있게 되면 규칙을 지켜 안전하게 자전거를 타도록 한다. 이는 안전한 운전의 모델이 된다.
- 유아에게 자신의 행동에 대해 연령에 적합하고 합리적인 책임을 지도록 한다.
- 유아에게 자신의 행동이 초래한 결과를 경험하게 한다.
- 성인이 신중하고 안전한 운전을 중요시한다는 것을 유아에게 표현해 준다.
- 적절한 행동의 모델을 보여 준다. 운전할 때 언제나 유아가 지켜보고 있음을 기억하도록 한다. 바빠도 제한 속도를 지키고 신호에 맞추어 멈추는 것은 유아의 장래의 안전 운전에 영향을 미친다.

▷ 출처: Klein (1998/1999). Teaching your toddler to drive: It' s never too early. *Childhood Education, 75*(2), 110–111.

### 3) 교통안전교육의 접근 방법

교통안전교육은 성인의 모범, 실생활에서의 연습 그리고 교육기관에서 이루어지는 교육과정에 의해 실행된다.

교통안전교육은 무엇보다 성인의 모범이 중요하다. 보행 중 안전 규칙의 준수, 안전띠의 착용, 교통 규칙의 준수를 통해 유아가 생활 속에서 교통안전을 위한 지식과 기술, 태도를 형성하도록 한다. 급하다고 무단횡단을 하거나 운전 중 신호위반, 끼어들기, 과속, 불법주차하기, 다른 운전자에게 욕하기 등이 유아가 보는 데서 흔히 행해지곤 하는데, 이러한 행동을 지양하고 성인이 교통안전의 모범을 보임으로써 유아가 생활 속에서 안전한 태도와 습관을 형성하도록 한다. 교통 상황과 관련하여 유아들과 자주 교통안전에 관하여 이야기를 나눈다. 유아들에게 그렇게 행동해야 하는 이유에 관하여 생각해 보고 이야기하도록 격려한다.

유아들과 안전하고 올바르게 행동하는 연습을 하는 것 또한 중요하다. 예를 들어, 실생활에서 교통신호에 따라 길을 건너는 것을 반복 연습을 함으로써 바른 행동이 습관화될 수 있도록 한다.

또한 계획된 교육과정을 통해 교통안전교육을 실시한다. 유치원의 경우 '유치원과 친구', '건강과 안전', '교통기관' 과 같은 생활 주제에서 교통안전이 다루어지고 있다. 그러나 교육기관이 위치하고 있는 지역과 상황에 따라 보다 강화된 교통안전교육이 필요할 수 있다. 교수학습과정은 이야기 나누기, 역할 놀이, 동화, 노래 등의 다양한 활동을 통해 이루어지도록 한다.

이와 더불어 가정에서도 교통안전교육이 이루어질 수 있도록 부모들에게 필요한 정보나 도움을 주도록 한다. 교육인적자원부에서 보급한 '부모 안전 교육 자료' 가 유용하게 이용될 수 있다(교육인적자원부, 2003).

# 9장 아동학대로부터의 안전

어린이들은 취약성과 의존성으로 인해 학대의 목표가 되기 쉽다. 고대로부터 지금까지 모든 사회에서 어린이들은 학대를 받아 왔다. 가장 취약한 희생자는 언제나 어린 영유아들과 장애아였다.

아동학대가 실제로 얼마나 일어나고 있는지 아는 것은 매우 어렵다. 학대에 대한 개념이 연구나 사회에 따라 다르고, 학대를 판별하는 기준도 분명치 않기 때문이다.

어떤 어린이들은 기질 또는 기타 특별한 이유로 인해 다른 어린이보다 더 학대받을 위험이 있다. 성인들 또한 성장 배경과 상황으로 인해 다른 사람보다 학대 성향을 더 나타낼 수 있다. 취약한 아동과 학대 성향을 지닌 성인이 고립되고 스트레스를 유발하는 상황에 놓이면 아동학대가 일어나기 쉽다.

아동학대에 관한 관심이 증대되면서 학대의 예방과 대처를 위한 법적·사회적 노력이 이루어지고 있다. 아동학대를 예방하고 대처하는 데에는 유아교육기관의 역할도 아주 중요하다. 이를 위해 교사는 학대의 징후를 인식하고 필요한 도움을 줄 수 있는 지식을 지니고 있어야 한다. 무엇보다 유아와의 친밀한 관계가 이러한 어려운 상황을 대처하는 데에 관건이 된다.

## 1절 아동학대의 개념과 유형

아동학대를 정의하는 것은 매우 어려운 문제다. 개념 정의를 어떻게 내리느냐에 따라 사회복지 서비스, 법적 조처, 발생 현황의 파악, 학대의 원인과 결과에 대한 연구들이 달라지기 때문이다. 또 문화에 따라 아동학대에 대한 개념이 다를 수 있으며 한 사회 안에서도 집단들 간에 다양한 가치관과 신념 체계로 인해 아동학대에 대한 개념이 다를 수 있다.

아동학대는 협의로는 '주 양육자가 아동에게 가하는 적극적이며 의도성이 강한 행위로서 그 위해의 결과가 비교적 명백한 상태이며, 관찰 가능한 상처를 초래한 행위'를 의미하고(이종복, 이배근, 1997), 광의로 이해하면 '부적절한 보호로 인해 그리고 아동에게 해를 끼치는 성인으로 인해 아동이 안전하지 못하다고 간주되는 상황이나 환경' 을 의미하며 적극적인 학대뿐 아니라 어린이의 보호와 양육을 소홀히 하는 방임을 포함한다. 아동복지법에서도 학대를 유기와 방임을 포함하는 넓은 의미로 규정하고 있다. 즉, 학대를 '보호자를 포함한 성인에 의하여 아동의 건강, 복지를 해치거나 정상적 발달을 저해할 수 있는 신체적 · 정신적 · 성적 폭력 또는 가혹 행위 및 아동의 보호자에 의하여 이루어지는 유기와 방임' 으로 규정하고 있다(아동복지법 제2조 제4항).

학대의 유형은 다양하게 분류될 수 있다. 본서에서는 학대의 유형을 신체적 학대, 신체적 방임, 정서적 학대 및 방임, 성적 학대 네 가지로 나누어 살펴보고자 한다.

〈표 9-1〉~〈표 9-4〉는 어린이의 신체적 상태, 행동, 보호자의 행동과 태도의 특성에 비추어 학대받는 아동을 인식하는 데 단서가 되는 지침을 학대 유형별로 제시한 것이다(Aronson, 2002; Kadushin & Martin, 1988; Robertson, 2002).

**표 9-1** 신체적 학대를 확인하기 위한 지침

| 어린이의 신체적 상태 | 어린이의 행동 | 보호자의 행동 및 태도 |
|---|---|---|
| • 설명되지 않은 멍, 매, 채찍 자국이 있고 입술, 뺨이 부어 올라 있다.<br>• 사람이 문 자국이 있다.<br>• 해명되지 않은 화상이 있다(예: 담뱃불로 지진 상처, 뜨거운 용액으로 인한 것, 뜨거운 표면에 강제로 앉혀져 생긴 화상 또는 뜨거운 기구를 피부에 갖다대었을 때 생기는 화상, 밧줄로 묶거나 마찰에 의한 화상)<br>• 신체의 여러 부분이 골절되어 있고 각 부분의 치유 정도가 서로 다르게 나타나고 있다.<br>• 수족이 부어 있거나 만지면 아파한다.<br>• 입, 입술, 잇몸, 눈, 성기, 등, 팔 또는 다리의 뒷면에 해명되지 않은 찢긴 상처나 찰과상이 있다.<br>• 복부가 불룩하거나 특정 부분을 만지면 아파하거나 해명되지 않은 상처가 있다. 계속적으로 구토한다.<br>• 머리카락이 뽑혀져 있거나 머리카락이 뽑혀 생긴 상처가 있다.<br>• 치아가 빠지거나 흔들린다. | • 고통을 자주 호소한다.<br>• 상처를 가리기 위해 날씨에 맞지 않은 옷을 입고 있다.<br>• 자주 지각이나 결석을 한다.<br>• 성인들과의 신체적 접촉을 경계한다.<br>• 성인들이 가까이 가면 두려워한다.<br>• 다른 아이가 울면 불안해한다.<br>• 영양상태가 좋지 않다.<br>• 상처에 대해 설명하기를 피한다.<br>• 극단적인 행동을 한다(예: 극도로 공격적인 행동을 하거나 움츠러듦).<br>• 일상적 활동(예: 낮잠)에 대해 불안해한다.<br>• 위축되어 있고 근심스러워 보인다.<br>• 애정을 구하지 않으며/않거나 애정을 주지 않는다.<br>• 아무에게나 애정을 구한다.<br>• 부모나 보호자를 두려워한다.<br>• 집에 돌아가는 것이 무섭다고 이야기한다.<br>• 집에 돌아갈 시간이 되면 운다. 또는 교육기관 주변을 맴돈다.<br>• 큰 아동과 청소년의 경우 가출, 마약이나 알코올 사용의 경험이 있다.<br>• 신체적 학대를 당했다고 호소한다. | • 아동의 상처에 대해 관심이 없다.<br>• 아동이 입은 상처에 대해 거짓된 설명을 하거나 아무런 설명을 하지 않는다.<br>• 아동의 상처를 감추려 하거나 가해자의 신분을 보호하려 한다.<br>• 아동의 상처에 대한 정보 제공을 꺼려 한다.<br>• 아동의 연령과 행동에 비해 지나치게 엄격하게 훈육한다.<br>• 아동에 대해 왜곡된 생각('나쁜 아이' '이상한 아이') 또는 부적절한 기대를 갖고 있다.<br>• 정신 이상 또는 정신 병리적인 증상을 보인다.<br>• 정서적으로 미성숙하다.<br>• 술을 많이 마신다.<br>• 자신이 어렸을 때 학대받았었다는 이야기를 한다. |

## 1. 신체적 학대

신체적 학대는 부모 또는 보호자가 고의로 아동에게 신체적 상해를 입히는 것을 의미한다. 신체적 학대는 그 결과가 겉으로 확연히 나타나므로 발견하기가 가장 쉽다. 각종 상처가 이에 대한 납득할 만한 설명이 따르지 않고 나타날 때 신체적 학대를 의심해 볼 수 있다(표 9-1 참조). 상처는 흔히 반복적으로 나타나 새로운 상처와 오래되고 치료받지 않은 상처가 결합되어 있는 경우가 많다.

일반적으로 영아기와 학령기 어린이에게 신체적 학대가 더 많이 발생한다(Miller et al., 1996). '흔들려진 아기 증후군(shaken baby syndrome)'은 신체적 학대로 인한 것으로서 영아에게 가장 흔하게 나타나는 것이다. 이 증후군은 영아를 심하게 흔들 때 나타나는 것으로 학대의 증거를 겉으로 남기지 않고 심한 손상을 야기한다. 영아는 머리가 몸에 비해 무겁고 목 근육이 약하기 때문에 흔들리게 되면 뇌에 출혈이 생기거나 타박상, 실명, 정신지체, 골절, 발작과 심지어 사망에까지 이른다(Marotz et al., 2005).

문화에 따라 훈육과 학대를 구분하기가 힘든 경우가 있다. 신체적 학대는 흔히 벌을 주기 위한 수단으로 시작된다. 훈육 과정에서 분노를 통제할 수 없게 되어 가혹하고 폭력적인 체벌에 이르거나 상해 또는 사망을 초래하기도 한다. 따라서 상처가 경미하더라도 신체 학대 행위를 간과하지 말고 처음 시작될 때 방지할 수 있는 방안을 모색하도록 한다.

## 2. 신체적 방임

신체적 학대가 고의적으로 어떠한 행동을 가하는 것이라면 신체적 방임은 무엇인가를 '해 주지 않는 것' 이다(표 9-2 참조). 신체적 방임은 법적으로 어린이를 보호할 책임이 있는 부모나 보호자가 어린이의 기본적인 신체적 요구, 곧 적절한 음식, 주거 환경, 옷, 적절한 위생 그리고 의료적 보호를 제공하지 않는 것이다. 이는 빈곤, 부모의 스트레스 등과 관련이 있을 수 있고, 아동에 대한 무관심이나 인식 부족으로 인한 경우도 많다. 방임의 가장 극단적 형태는 유기다.

표 9-2 신체적 방임를 확인하기 위한 지침

| 어린이의 신체적 상태 | 어린이의 행동 | 보호자의 행동 및 태도 |
|---|---|---|
| • 영양 결핍: 아동이 자주 배고파하고 영양 실조 증세(예: 핼쑥한 얼굴, 키에 비해 저체중, 피로감, 정상적인 체력의 결핍)를 보인다.<br>• 감독 소홀: 아동이 늘 어른의 보살핌 없이 지낸다.<br>• 의료적 보호 소홀: 신체적인 문제나 건강상의 문제들이 치료를 받지 않은 상태로 내버려져 있다(예: 치료되지 않은 상처, 치과 치료의 결핍).<br>• 위생 소홀: 아동의 위생 상태가 좋지 않다. 몸이나 머리가 냄새가 날 정도로 더럽다. 찢어지거나 더러운 옷 또는 계절과 날씨에 맞지 않는 옷을 입고 있다. 지나치게 작은 옷이나 한 가지 옷을 계속 입고 있다.<br>• 적절한 교육적 배려 소홀: 지각과 결석이 잦다.<br>• 적절한 주거 환경 결핍: 안전하지 못하고 비위생적인 가정 환경에 놓여 있다. | • 음식을 훔치거나 구걸한다.<br>• 교육기관에서 잠이 들어 버린다.<br>• 결석이 잦고 지각과 조퇴도 잦다.<br>• 너무 늦게 집에 간다.<br>• 다른 아동들과 놀 기력이 없어 보인다.<br>• 다른 아동과 어울리는 데 어려움을 겪는다.<br>• 혼자 많은 시간을 보낸다.<br>• 비행의 경험이 있다(시설물 또는 물건 파괴, 도벽).<br>• 자살을 시도한 적이 있다.<br>• 자신을 돌보는 사람이 아무도 없다고 이야기한다. | • 냉담, 무관심 또는 모든 것이 무익하다는 감정을 표현한다.<br>• 혼란스러운 가정생활에 대해 이야기한다.<br>• 장기간 만성 질환을 갖고 있다.<br>• 생활의 변화를 갖고자 하는 동기가 낮다.<br>• 정신질환 또는 평균 이하의 지능을 갖고 있다.<br>• 알코올 또는 마약을 남용한다.<br>• 아동에게 관심이 없다.<br>• 사회적으로 고립되어 있다.<br>• 자신이 어렸을 때 방임되었었다는 이야기를 한다. |

## 3. 정서적 학대와 방임

정서적 학대는 감지하고 증명하기가 매우 어려운 형태의 학대다. 성인과 아동의 상호작용을 신중하게 관찰하는 것이 정서적 학대를 규명하는 데 도움이 될 수 있다. 정서적 학대는 아동의 정서에 폭력을 가하는 것이다(표 9-3 참조). 여기

표 9-3 정서적 학대와 방임을 확인하기 위한 지침

| 어린이의 신체적 상태 | 어린이의 행동 | 보호자의 행동 및 태도 |
|---|---|---|
| • 신체적 발달, 지적 발달, 정서 발달이 지체되어 있다.<br>• 발육 부진 증후군(failure-to-thrive syndrome)이 나타난다. | • 극단적인 행동을 한다(예: 극도로 공격적인 행동을 하거나 부끄러워하고 움츠러듦).<br>• 습관장애가 있다(예: 손가락을 빠는 습관, 손톱을 물어 뜯는 습관, 몸을 흔드는 습관, 야뇨증).<br>• 행동장애가 있다(예: 반항적 행동, 자기파괴적 행동, 반사회적 행동 등).<br>• 수면장애가 있다.<br>• 놀이를 하지 않는다.<br>• 지나치게 어른스럽거나 어린아이 같은 행동을 한다.<br>• 자신을 비하한다(예: "우리 엄마가 그러는데 전 제대로 하는 것이 아무것도 없대요.").<br>• 지나치게 순종적이고 수동적이다.<br>• 큰 아동의 경우 자살을 시도한 경험이 있다.<br>• 타인의 불쾌한 말과 행동에 대해 정서적 반응이 거의 없다.<br>• 어른을 두려워한다.<br>• 미소나 웃음이 거의 없다. | • 아동을 비난하거나 비웃는다.<br>• 쌀쌀하고 거부적이다. 아동에게 사랑을 주지 않는다.<br>• 아동에게 긍정적으로 행동하지 않는다.<br>• 자녀들을 불공평하게 대한다.<br>• 아동의 문제에 관심이 없다.<br>• 술을 많이 마신다.<br>• 마약을 남용한다.<br>• 자신이 어렸을 때 학대 또는 방임되었었다는 이야기를 한다. |

에는 언어적으로 학대하거나 아동의 연령과 발달 수준에 비해 부적절하거나 지나친 요구를 하는 경우가 포함된다. 부모는 자녀를 거부, 무시, 위협, 고립시킴으로써 정서적 학대를 한다. 아동의 인지적 욕구에 극히 무관심하며 아동 발달에

심한 결함을 초래한 경우도 정서적 학대에 속한다(Besharov, 1990을 노혜련, 1997에서 재인용). 정서적 학대의 가장 심각한 형태는 감금이다. 주의해야 할 것은 정서적 학대의 어떤 징후들은 발달장애나 행동장애로 인한 것일 수도 있다는 것이다.

정서적 방임은 가장 감지하기 어렵다. 정서적 방임은 부모가 아동의 심리적 요구와 성장에 기본적으로 관심이 없거나 반응적이지 못한 것이다. 이는 고의적일 수도 있고 부모들이 아동의 요구를 알아채지 못하거나 알더라도 어떻게 해야 할지 모르기 때문일 수도 있다. 안아 주기, 입 맞추기, 쓰다듬어 주기, 대화, 감정의 표현과 같은 정서적 자극의 결핍은 발달 지체를 초래할 수 있다. 흔히 신장과 체중이 적절하게 증가하지 않는 것이 정서적 방임의 첫 번째 징후가 된다.

## 4. 성적 학대

아동에 대한 성적 학대는 성적 만족을 위해 어린이를 이용하는 것이다. 구체적으로는 강간, 성적 언동, 포르노그라피나 매춘에 어린이를 이용하는 것, 성기 노출, 관음증과 같은 다양한 행동이 포함된다. 이러한 행동들은 어린이가 동의를 하건 하지 않건 학대에 포함된다(Plummer, 1986).

신체적 학대가 우발적으로 급작스러운 분노의 표출에 의해 일어나는 데 반해, 성적 학대는 흔히 계획적으로 이루어진다. 성적 학대는 오랫동안 감지되지 않을 수도 있다. 성적 학대가 은밀하게 이루어지고 어린이, 특히 어린 유아들은 가해자의 행동이 어떤 의미를 지니는지 모를 수 있기 때문이다(표 9-4 참조).

표 9-4 성적 학대를 확인하기 위한 지침

| 어린이의 신체적 상태 | 어린이의 행동 | 보호자의 행동 및 태도 |
|---|---|---|
| • 걷거나 앉을 때 고통스러워한다.<br>• 속옷이 찢어져 있거나 더렵혀져 있고 피가 묻어 있다.<br>• 소변을 볼 때 아파한다.<br>• 아동의 성기, 항문 주위, 입, 목 등에 멍 또는 출혈이 있다.<br>• 성병에 감염되어 있다.<br>• 수면장애가 있다.<br>• 분변실금이나 야뇨증을 나타낸다.<br>• 복부에 통증이 있다.<br>• 언어장애를 보인다.<br>• 갑작스럽게 식욕이 감퇴된다.<br>• 임신(사춘기 초반의 아동) | • 특정한 장소에 혼자 남겨지는 것 또는 특정한 사람과 함께 남겨지는 것에 대해 강한 거부반응을 나타낸다.<br>• 혼자 있는 것을 두려워하고 문을 꼭 잠그려 한다.<br>• 생식기 부분의 고통이나 가려움을 호소한다.<br>• 용변을 볼 때 도움을 받으려 하지 않는다.<br>• 속옷을 갈아입지 않으려 한다.<br>• 신체 활동에 참여하지 않으려 한다.<br>• 악몽을 꾸거나 밤에 잠을 잘 때도 불을 켜 놓으려 한다.<br>• 잠자는 것을 두려워한다.<br>• 성폭행을 당했다고 말한다.<br>• 과도하게 의존적인 행동을 보인다.<br>• 극도로 공격적이거나 방해적 행동을 한다.<br>• 퇴행 행동을 나타낸다(오줌 싸기, 손가락 빨기).<br>• 불안, 우울증, 공포증 등을 나타낸다.<br>• 비행, 무단결석, 가출, 알코올·마약 남용 등의 반사회적 행동을 한다.<br>• 연령에 비해 성에 대해 과도하게 정교한 지식을 갖고 있거나 관심을 갖고 있다. 연령에 맞지 않는 방식으로 애정을 표현한다.<br>• 신체의 특정 부위에 지나치게 관심을 갖고 성적 행동에 대해 이야기한다.<br>• 또래관계가 좋지 않다.<br>• 성적이 급격히 떨어진다. | • 아동에 대해 극도로 질투하거나 보호적이다.<br>• 한 아동을 편애한다.<br>• 부부 문제 때문에 부모 중 한 사람이 아동으로부터 신체적인 애정 표현을 요구하게 된다는 이야기를 한다.<br>• 부모 중 한 사람이 집을 자주 비운다.<br>• 가족 외부와의 사회적 접촉 또는 정서적 접촉이 적다.<br>• 알코올 또는 마약을 남용한다.<br>• 자신이 어렸을 때 성적으로 학대받았다는 이야기를 한다. |

## 2절 아동학대에 영향을 미치는 요인 및 아동학대의 영향

학대를 하는 성인이 특별히 따로 있는 것이 아니다. 실로 다양한 학력, 인종, 종교, 사회 · 경제적 수준, 직업적 배경의 성인들이 아동학대를 한다. 교육 수준이 낮고, 알코올 중독자이거나 가난한 사람들이 아동학대와 방임을 저지를 것이라는 생각은 사람들이 흔히 지니고 있는 오해다. 비록 이러한 집단에서 학대와 방임의 사례가 높다 하더라도 일반화하는 것은 무리가 있다. 사회 · 경제적으로 불우한 가정에서 학대와 방임의 비율이 높은 것은 일상의 삶이 이들에게는 더 스트레스를 야기하기 때문일 수 있다. 의식주를 해결하는 것조차도 엄청난 과제일 때 부과되는 스트레스는 높을 수밖에 없다.

아동학대는 복합적인 요인들 간의 상호작용을 통해 야기되므로 발생 요인들을 명료하고 구체적으로 규명하기는 어렵다. 일반적으로 성인의 성격 특성, 아동의 특성, 그리고 사회 · 문화적 특성이 복합적으로 작용한다(Downs, Costin, & Mcfadden, 1996; Jensen & Chevalier, 1990; Papalia et al., 1989/1991; Robertson, 2002).

### 1. 아동학대에 영향을 미치는 요인

#### 1) 성인의 특성

어떤 의미에서 모든 성인은 학대의 잠재성을 지니고 있다. 그러나 대부분은 분노, 두려움, 좌절로 인한 폭력적 충동을 자제할 수 있는 능력을 지니고 있다. 도움을 받거나 의지할 수 있는 가족, 친지, 지역사회 등의 지원체계가 있으면 학대 유발을 억제할 수 있다.

학대를 하는 성인들 중에는 아동기에 학대를 받았거나 학대가 빈번하게 일어났던 가정에서 성장한 경우가 많다. 학대받은 경험이 있는 사람들은 사랑받고 싶은 요구를 충족시키기 위해 일찍 결혼하고 아이를 갖는 경향이 있다(Papalia et al.,

1989/1991). 또한 자신이 좋은 양육을 받지 못했기 때문에 자기 자녀들에게 어떻게 해야 좋은 부모가 되는지 그 방법을 모른다. 그리하여 자녀와 자주 부딪치며 효율적으로 문제를 해결하기보다는 체벌을 사용하여 훈육한다.

배우자와의 관계를 포함한 인간관계의 불안정이 학대를 유발하기도 하는데, 신뢰감의 부족이 타인과 잘 지내는 것을 어렵게 하며 지속적이고 긍정적인 인간관계를 형성할 수 없기 때문에 점차 사회적 고립과 무기력감을 초래한다.

부모 역할에 필요한 지식과 기술의 부족도 학대를 초래한다. 아동의 특성 그리고 부모 역할에 대한 지식과 기술의 부족으로 그들의 자녀에 대한 기대는 자녀의 연령과 능력에 비추어 종종 비현실적이고 발달적으로 부적절하게 된다. 예를 들어, 영아가 용변을 가리지 못하거나 유아가 물을 엎지르거나 할 때 어떤 부모는 격렬하게 화를 내고 심한 벌을 줄 수 있다.

이외에도 성인이 다음과 같은 특성을 지닐 때 학대가 발생하기 쉽다.

- 스트레스에 견디는 능력의 부족 또는 과도한 스트레스
- 부적절감과 낮은 자아개념
- 약물이나 알코올 남용
- 심각한 만성 질환, 정신질환 또는 정신지체
- 충동 자제능력 부족
- 어린 나이에 부모가 된 경우

### 2) 아동의 특성

흔히 가정에서의 학대는 특정한 아이에게 집중되는 경우가 많다. 정신 장애나 신체 장애로 인해 특별한 관심과 보살핌을 받아야 하는 어린이들이 정상아보다 더 학대를 받기 쉽다. 이외에도 다음과 같은 특성을 지닌 아동의 경우 학대에 취약한 것으로 여겨지고 있다.

- 다른 아동들보다 더 울고, 더 부정적인 행동을 하는 아동
- 순종하지 않거나 비협조적인 아동

- 신체적으로 매력적이지 못한 아동
- 똑똑하지 못한 아동
- 극성스러운 아동
- 까다로운 아동
- 자주 아픈 아동
- 겁이 많거나 약한 아동
- 성인이 싫어하는 누군가를 닮은 아동
- 심하게 우는 아동
- 원치 않는 임신으로 인해 출생한 아동
- 비정상적 관계에서 출생한 아동
- 미숙아, 기형아
- 질환을 앓고 있는 아동

### 3) 가정적 · 사회적 요인

아동학대의 원인 중 많은 부분은 가정적 · 사회적 문제로 인한 것이다. 모든 가정은 때때로 갈등과 위기에 직면한다. 다음에 제시하는 상황들은 성인이 자기조절력을 잃고 학대를 초래할 수 있는 위기 상황들이다.

- 질병, 사고 또는 사망
- 경제적 어려움
- 부부 갈등
- 실직
- 한부모 가정, 이혼 가족, 재혼 가족 등 가족 구조의 특성
- 사회적 고립

이러한 요인을 지니고 있는 경우 생활에서 일어나는 사소한 일들, 예를 들어 아이가 울거나 눈에 거슬리는 행동을 하거나 가벼운 부부싸움 등이 학대를 유발할 수 있다. 성인들은 사소한 일에도 과잉 반응하여 자제력을 잃는 경우가 흔하다.

그 결과 분노와 좌절이 자녀에게 향하게 되는 것이다.

성인과 어린이의 특성, 가정적·사회적 위기 상황뿐 아니라 문화적 요인을 고려하는 것이 학대를 이해하는 데 필요하다. 즉, 체벌이 훈육이나 교육 방식의 하나로 허용되는 사회에서 학대는 빈번히 발생할 수밖에 없다. 또한 자녀를 인격체라기보다는 소유물로 보는 문화에서도 학대가 일어날 가능성이 높다.

## 2. 아동학대의 영향

학대의 종류와 정도에 따라 영향은 달라질 수 있다. 신체적 영향으로는 발달지체, 신체 장애, 운동능력 손상, 청력과 시력의 상실이 올 수 있다. 정서적 학대는 신체적 학대처럼 영향이 눈에 두드러지거나 당장 결과가 나타나지 않을 수도 있어 오히려 지나쳐 버릴 수 있다는 점에서 더욱 위험할 수 있다.

학대받은 아동은 손상된 자아개념을 지니게 되며 불안해하고, 대인관계에 어려움을 겪으며 자학적이거나 공격적 행동을 나타낸다. 또한 그들이 지닌 잠재력을 충분히 발휘할 수 없다. 일생 동안 정서적 상처를 안고 살아갈 수도 있다. 정서적 방임의 결과로 성장 부진이 나타난다.

특히 성적 학대를 당한 아동은 회복 불가능한 정신적·육체적 후유증을 지니게 될 수도 있다. 어릴 때 성적 학대를 당한 경우, 성적 학대의 의미를 깨닫게 되면서 문제는 더욱 깊어질 수 있다. 더욱이 가해자가 가족이나 친인척일 경우 감당할 수 없는 후유증과 혼란에 시달리게 된다.

따라서 아동과 가족에게 필요한 도움을 받을 수 있도록 지원함으로써 학대와 방임을 중지시켜야 한다. 지원자와 어린이와의 관계가 아동과 가족이 이러한 어려운 상황을 대처하는 데에 중요한 요인이 된다. 비록 학대나 방임이 심각하고 장기적인 영향을 미치기는 하지만, 많은 어린이들은 지지적인 다른 가족 구성원과의 안정된 애착을 형성하며 놀라운 회복을 이루기도 한다.

# 3절 아동학대의 실태 및 이에 대한 사회적 대처

## 1. 아동학대의 실태

우리나라에서는 1980년대 후반에 들어서면서 아동학대에 대한 관심과 연구가 이루어지기 시작하였다(김광일, 고복자, 1987; 안동현, 홍강의, 1987; 홍강의, 1992). 학대 현황의 조사는 대부분 일부 지역이나 대상을 조사하여 이루어지거나 병원 기록에 근거하여 이루어진 것이어서 실상을 제대로 파악하기 어려웠다. 아동복지법에 기초하여 2000년부터 아동학대 전담 기관인 아동학대예방센터가 전국적으로 설치되면서 학대 신고건수는 크게 증가하고는 있으나 아직 신고가 충분히 이루어지지 않고 있는 것으로 여겨진다.

우리나라의 아동학대 실태를, 2008년도에 아동보호전문기관에 신고 접수된 사례에 기초한 분석 자료를 통해 살펴보면 다음과 같다(보건복지가족부 · 중앙아동보호전문기관, 2009).

① 학대 사례 유형

우리나라에서는 방임과 중복 학대가 가장 많이 발생하고 있다. 피해 어린이 중 상당수가 학대를 중복해서 받고 있는데, 신체적 학대와 정서적 학대가 동시에 일어나는 사례가 가장 많다.*

② 발생 장소 및 발생 빈도

대부분의 학대가 가정에서 발생하여 가장 안락해야 할 가정이 어린이들에게 공포의 장소가 되고 있다. 피해아동의 절반 이상이 거의 매일 또는 2~3일에 한 번 이상 학대를 당하고 있다. 이는 학대가 고의성을 지니고 반복적으로 자행됨을 나타내는 것이다.

* 중복 학대를 구분하지 않고 각각의 학대 유형에 포함했을 때는 방임이 39.8%, 정서적 학대가 29.7%, 신체적 학대는 23.8%, 성적 학대는 5.5%, 유기는 1.2%에 이른다.

③ 학대발생률 및 피해아동의 인구사회학적 요인

- 발생률: 인구 천 명당 0~17세까지 학대 발생률은 0.53%다.
- 성: 피해아동의 성별 차이는 없으나 성학대의 경우, 여아가 남아의 10배에 이른다.
- 연령: 모든 학대 유형에 걸쳐 학령기 아동이 전체의 거의 절반을 차지한다. 학령기 아동보다 비율은 낮으나 6세 이하 유아들이 자기 방어 능력이 없는 점을 고려한다면 전체 피해아동의 23.3%이고, 의사표현을 전혀 할 수 없고 학대 노출 가능성도 매우 제한적이며, 학대의 후유증이 매우 치명적인 1세 미만 영아도 2.3%인 것은 매우 우려할 만한 상황이다. 유기는 6세 이하 유아에게서 가장 많이 나타났으며, 학대로 인한 사망 아동은 모두 6세 미만이었다.
- 피해자 특성: 유기를 제외한 학대 유형에서 적응 · 행동적 특성(거짓말, 도벽, 가출, 약물, 흡연, 음주)이 가장 많으며 다음은 정서 · 정신건강 문제(정서 문제, 주의산만, 과잉행동, 오락 및 인터넷 중독 등)다. 유기된 아동에게서는 언어 문제, 신체 발달 지연 등의 특성이 많았다. 이러한 특성들은 학대로 인한 결과일수도 있으므로 문제를 해결하기 위한 지원 프로그램이 필요하다.

④ 가정 배경

아동학대의 거의 절반은 한부모 가정에서 발생하고 있다. 이는 한부모 가정의 특성에 맞는 학대예방프로그램 개발과 지원이 필요함을 시사한다.

⑤ 학대행위자의 인구사회학적 요인

- 성과 연령: 남성이 여성의 약 1.7배이며 연령은 주로 30~40대다.
- 관계: 학대행위자는 성적 학대를 제외한 모든 학대 유형에서 대부분 아동의 부모다. 특히 피해아동 2명당 1명은 친아버지에게 학대를 당하고 있다. 그러나 성적 학대는 부모 외의 타인에 의해 더 많이 이루어진다.
- 특성: 전체 학대행위자의 상당수가 무직, 단순노무직, 비정규직 등 낮은 소득수준과 불안정한 직업 상태에 있다. 학대행위의 주 요인은 양육태도 및 방법 부족이며, 다음은 사회 · 경제적 스트레스 및 고립 요인, 중독 및 질환 문제 등이다. 이는 학대행위가 개인보다는 환경적 요인으로부터 비롯되는 것으로

자녀 양육을 위한 부모교육 및 지원이 필요함을 나타내는 것이다. 그러나 신체적, 정서적 학대의 경우 다른 학대 유형에 비해 어릴 적 피학대 경험과 행위자의 폭력성 요인이 높다.

⑥ 신고자

신고의무자의 신고율은 30%대인데, 이 중 사회복지전담공무원에 의한 신고율이 가장 높으며, 다음이 교사, 시설종사자, 의료인 순이다. 비신고의무자 중에서는 부모에 의한 신고가 가장 높고, 다음은 사회복지 관련종사자, 이웃 및 친구 순이다.

⑦ 조치결과

피해아동의 초기 조치는 원가정보호조치가 가장 많다. 유기 아동에게는 일시보호조치가 많으며 장기보호조치는 유기와 성학대 피해아동에게서 보다 높게 나타난다. 최종 조치도 초기 조치와 같이 원가정보호가 가장 많으며, 초기 격리 조치에서 일시 보호되었던 아동들이 장기보호시설로 옮겨지는 경우가 많다.

학대행위자에게 취해진 최종 조치는 지속관찰이 가장 많으며 고소와 고발도 일부 이루어졌다. 그러나 성학대행위자에게는 고소·고발이 38%에 이른다.

**표 9-5 우리나라의 아동 학대 발생 실태** ( ): %

| 구분 | | 내용 |
|---|---|---|
| 학대 유형 | | ① 방임(34.0) ② 정서 학대(12.2) ③ 신체 학대(7.6) ④ 성 학대(5.1) ⑤ 유기(1.0) |
| 발생 장소 | | ① 가정 내(83.1) ② 집 근처 또는 길가(3.1) ③ 복지시설(1.7) ④ 이웃집(1.2) ⑤ 어린이집(1.1) ⑥ 친척집(0.8) |
| 발생 빈도 | | ① 거의 매일(50.2) ② 2~3일에 한 번(11.3) |
| 피해아동의 특성 | 성 | 남아(50.2), 여아(49.8) *·성폭력의 피해아동(남아: 9.0, 여아: 91.0) |
| | 연령 | 1세 미만(2.3), 1~3세(8.5), 4~6세(12.5), 7~9세(23.7), 10~12세(26.0), 13~15세(19.7), 16세~(7.3) |
| | 특성 | ① 적응·행동적(41.9) ② 정서·정신건강(25.4). ③ 특성 없음(12.1) ④ 발달·신체건강상 문제(9.8) ⑤ 장애아(1.7) ⑥ 기타(6.1) ⑦ 파악 안 됨(3.0) |

(계속)

| 구분 | | | 내용 |
|---|---|---|---|
| 가정 배경 | | | ① 부자가정(30.2) ② 일반가정(27.2) ③ 모자가정(17.9) ④ 재혼가정(7.1)<br>⑤ 친 · 인척 보호(6.4) ⑥ 동거(3.6) ⑦ 기타(5.2: 시설보호, 미혼부모 등) |
| 학대자의 특성 | 성 | | 남자(61.9) 여성(37.5) |
| | 연령 | | ① 30~40대(67.9) ② 20세 이하(14.1) ③ 50대(7.9)<br>④ 20대(6.6) ⑤ 60대 이상(3.5) |
| | 관계 | | ① 부모(84.5) 친부(51.2) 친모(29.5)/계부(0.9) 계모(2.3)/<br>양부(0.2) 양모(0.4)<br>② 타인(7.2) ③ 친 · 인척(6.5) ④ 기타(1.2) ⑤ 파악 안 됨(0.6) |
| | 직업 | | ① 무직(23.3) ② 단순노무직(12.4) ③ 전업주부(9.1)<br>④ 서비스판매직(6.6) ⑤ 비정규직(5.9) ⑥ 기타 |
| | 문제 | | ① 양육 태도 및 방법 부족(30.2)<br>② 사회 · 경제적 스트레스 및 고립(24.6)<br>③ 중독 및 질환(12.7) ④ 성격 및 기질(9.3) ⑤ 가족, 종교 문제(9.3)<br>⑥ 어릴적 학대경험 및 폭력성(6.0) ⑦ 파악 안됨(3.1) ⑧ 기타(4.8) |
| 신고자 | | | ① 비신고의무자(66.9: 부모 18.2, 사회복지 관련종사자 16.3, 이웃 · 친구 11.7, 아동 본인 1.0)<br>② 신고의무자(33.1: 사회복지전담공무원 13.0, 교사 12.3, 시설종사자 5.9, 의료인 1.5) |
| 조치결과 | 피해아동 | 초기 | ① 원가정보호(70.6) ② 격리보호(28.4) ③ 타기관 의뢰(0.9)<br>– 격리보호: 일시보호(58.3), 친인척(17.9), 입원조치 등 기타(12.2), 장기보호(10.6), 가정위탁(1.0) |
| | | 최종 | ① 원가정보호(63.5) ② 격리보호(31.8)<br>– 격리보호: 장기보호(48.2), 친 · 인척(24.1), 일시보호(14.9), 입원조치 등 기타(10.0), 가정위탁(2.8) |
| | 학대자 | | 최종 조치: ① 지속관찰(78.3) ② 고소 · 고발(4.3: *성학대는 38.0)<br>③ 타 기관 의뢰(3.0) |

• 출처: 보건복지가족부 · 중앙아동보호전문기관(2009). 2008년 전국아동학대현황보고서, pp. 40-86.

## 2. 아동학대에 대한 대처 및 지원체계

서구의 여러 나라들이 이미 20세기 초에 아동학대방지법을 제정하였다. 우리나라에는 아동학대에 관한 독립된 법은 없으나 2000년 개정된 아동복지법에 처음 신고 의무자 규정이 마련됨으로써 학대 신고를 의무화하였다.

우리나라가 1990년 9월 서명하고 1991년 11월에 비준한 아동의 권리에 관한 국제 협약(Convention on the Rights of the Child)은 '협약에 규정된 아동의 권리를 실현시키기 위하여 필요한 입법적, 행정적 기타 관련 조치를 취할 것'을 협약 당사국의 의무로서 규정하고 있는 국제법의 효력을 지니고 있다. 제19조에 의하면 비준 당사국은 '아동이 부모, 후견인 기타 양육자의 양육을 받고 있는 동안 모든 형태의 신체적 · 정신적 폭력, 상해나 학대, 방임 또는 유기, 성적 학대를 포함한 혹사나 착취로부터 아동을 보호하기 위하여 모든 적절한 입법적, 행정적, 사회적 및 교육적 조치를 취하여야 한다'고 명시되어 있다. 또한 동 협약 제39조는 학대받은 아동이 신체적, 심리적 회복과 사회 복귀를 위해 적절한 치료를 받을 권리가 있음을 명시하고 있다.

아동학대에 대한 관심이 높아지면서 피학대 아동의 발견, 치료 및 예방을 위한 노력들이 활발히 전개되어 왔다. 과거 1979년 '대한사회복지협회'에서 '아동학대고발센터'를 설치하고 운영하다 신고가 없어 곧 폐지되었었다. 1985년 '서울시립아동상담소'에서 아동학대를 예방하고 치료하기 위해 공립 기관으로서는 처음으로 '아동권익보호신고소'를 개설하고 아동학대 예방을 시도하였었다. 1989년 한국어린이재단은 국제연합아동기금 및 현 보건복지부의 후원으로 민간단체인 '한국아동학대예방협회'를 설립하고, '아동학대지역신고센터'를 개설하여 아동학대 및 방임의 발견, 상담 및 치료, 예방을 위한 각종 사업과 연구를 하고 있다.

현재 민간 지원체계로는 어린이보호재단, 한국이웃사랑회의 아동학대문제연구소와 한국복지재단의 아동학대신고상담센터 등을 들 수 있다. 이들 기관은 아동학대에 관한 전문적인 조사 · 연구, 아동학대 예방 및 치료 프로그램 개발 및 관련 교재교구 개발, 아동학대 예방교육, 보호체계 구축 및 후원 사업을 실시하고 있다.

학대와 관련한 국가와 지방자치단체의 역할 및 지원체계는 아동복지법에 근거한다. 2000년 개정된 아동복지법에서(법률 06151호) 국가와 지방자치단체는 아동학대를 예방하고 수시로 신고를 받을 수 있도록 긴급전화를 설치하도록 하였으며(제23조), 국가와 지방자치단체가 학대아동의 발견, 보호, 치료에 대한 신속한 처리 및 아동학대 예방을 전담하는 아동보호전문기관을 설치할 것을 규정하였다(제24조). 다만, 대통령령이 정하는 범위 안에서 아동상담소, 아동복지시설, 아동학대예방협회 등의 비영리법인을 아동보호전문기관으로 지정할 수 있다.

2000년 10월부터 전국 16개 광역시 및 도에 17개(서울시 2개소) 아동학대예방센터가 설치되었고, 2001년 10월에 중앙아동학대예방센터가 설치되었다. 2004년 아동학대예방센터는 아동보호전문기관으로 명칭을 변경하였다. 중앙아동보호전문기관은 아동학대예방사업을 활성화하고 지역 간 연계체계를 구축하기 위한 기관으로 국가가 설치하며, 지역아동보호전문기관은 학대받은 아동의 발견, 보호, 치료에 대한 신속처리 및 아동학대예방을 담당하기 위한 기관으로 지방자치단체가 시 · 도 및 시 · 군 · 구에 설치한다. 중앙아동보호전문기관은 사회복지법인 '굿네이버스'가 위탁운영을 맡고 있다. 2009년 현재 중앙아동전문보호기관을 포함하여 전국에 총 45개의 아동보호전문기관이 있다.

아동보호전문기관에서는 다음과 같은 절차를 따라 학대에 대처한다.

① 신고 접수: 위급한 사례라고 판단되는 경우 12시간 이내에 현장 조사를 실시해야 하며 매우 급한 경우에는 가까운 경찰서나 파출소에 협조를 요청하기도 한다.

② 현장조사: 피해아동에 대한 신변보장과 안전조치를 취하고, 학대 여부를 확인하기 위해 현장조사를 실시한다. 경찰과 동행하기도 한다.

③ 배치: 아동의 학대 상황에 따라 원가정보호, 일시 격리 보호, 장기 보호, 입원치료 등의 조치를 취한다.

④ 수사의뢰: 성적 학대, 심각한 신체적 학대나 방임이 의심될 때는 수사의뢰를 할 수 있다. 그러나 보호자가 구속될 때 가정 해체로 이어지므로 신중한 검토를 요한다.

⑤ 서비스 계획 및 제공: 가족 보존 서비스, 개별상담, 부부상담, 가족상담, 부모교육 등의 서비스를 제공한다. 또한 지역정신보건센터 등과 연계하여 알코올 중독이나 정신질환 등의 치료서비스를 제공하며 아동을 위한 상담 치료서비스를 제공한다.

⑥ 사후관리: 가족의 안정 유지 및 학대의 재발을 예방하기 위해 종결된 사례를 6개월간 전화 상담이나 직접 방문 등을 통해 점검한다.

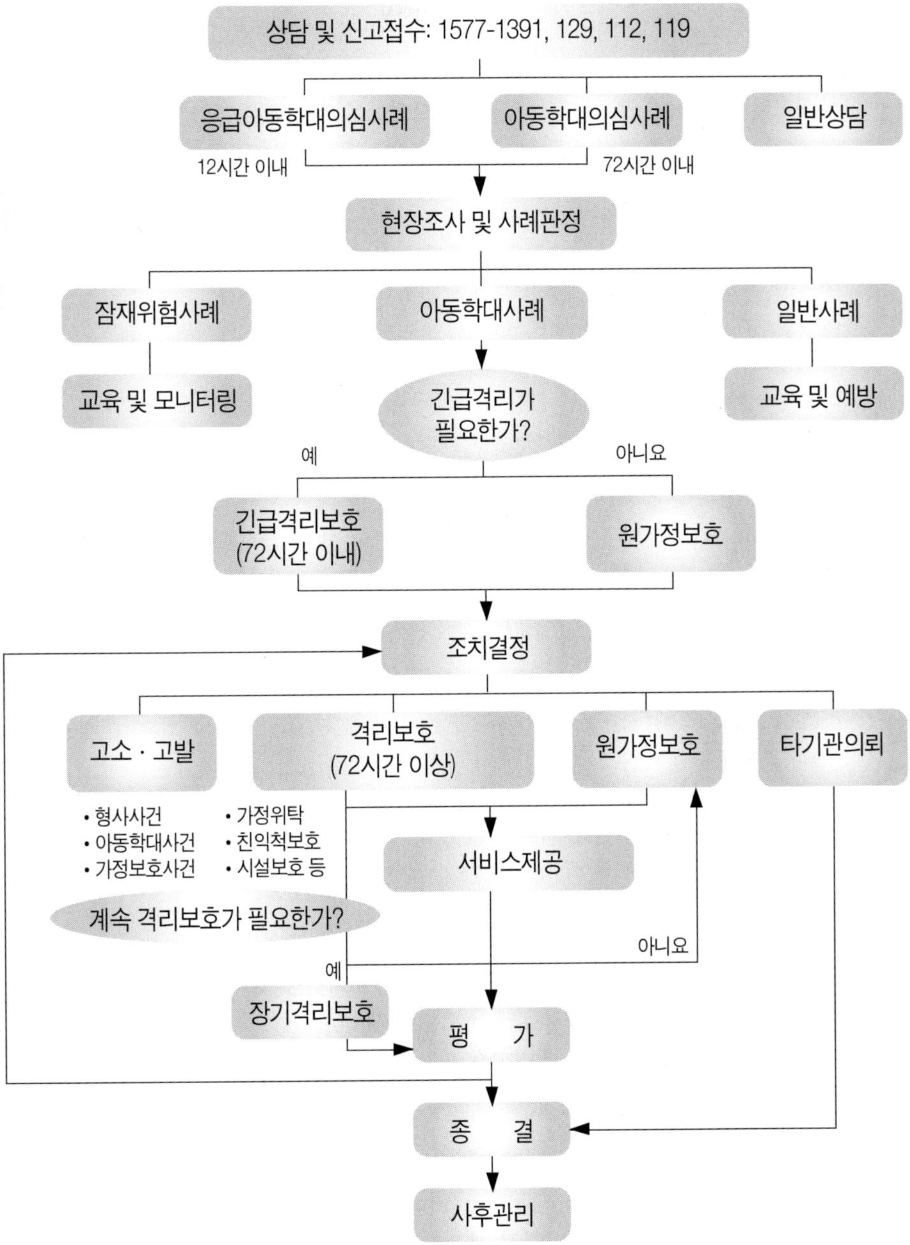


[그림 9-1] 아동학대 사례 업무 진행도

• 출처: 보건복지가족부 · 중앙아동보호전문기관(2009), p. 194.

**아동학대에 대한 법령: 아동복지법(법률 제91222호, 2008.6.13. 일부개정)***

① 아동의 범위(제2조 제1항): 18세 미만자
② 아동학대의 정의(제2조 제4항): 보호자를 포함한 성인에 의하여 아동의 건강 · 복지를 해치거나 정상적 발달을 저해할 수 있는 신체적 · 정신적 · 성적 폭력 또는 가혹행위 및 아동의 보호자에 의하여 이루어지는 유기와 방임
③ 보호자의 정의(제2조 제3항): 친권자, 후견인, 아동을 보호 · 양육 · 교육하거나 그 의무가 있는 자 또는 업무 · 고용 등의 관계로 사실상 아동을 보호 · 감독하는 자. 친권자, 후견인 또는 기타 아동을 보호 · 양육 · 교육하는 자
④ 아동학대의 예방과 방지의무(제23조 제1항): 국가와 지방자치단체의 의무:
1. 아동학대의 예방과 방지를 위한 각종 정책의 수립 및 시행
2. 아동학대의 예방과 방지를 위한 연구 · 교육 · 홍보 및 아동학대 실태조사
3. 아동학대에 관한 신고체제의 구축 · 운영
⑤ 긴급 전화(제23조 제2항): 국가와 지방자치단체는 아동학대를 예방하고 수시로 신고를 받을 수 있도록 긴급 전화를 설치하여야 한다.
(아동복지법 시행령 제14조): 보건복지가족부장관 및 시 · 도지사 및 시장 · 군수 · 구청장은 법 제23조 제2항에 따라 중앙아동보호전문기관 또는 지역아동보호전문기관에 긴급 전화를 설치하여야 한다. 이 경우 긴급 전화는 전용회선으로 설치 · 운영하여야 한다(개정 2008.12.24.)
⑥ 아동보호전문기관의 업무 명시(제25조)
⑦ 학대의 신고 의무자(제26조 제2항):
1. 초 · 중등교육법 제19조의 규정에 의한 교원
2. 의료법 제3조의 규정에 의한 의료기관에서 의료업을 행하는 의료인
3. 아동복지시설의 종사자 및 그 장
4. 장애인복지법 제37조의 규정에 의한 장애인 복지시설에서 장애아동에 대한 상담 · 치료 · 훈련 또는 요양을 행하는 자
5. 영유아보육법 제7조의 규정에 의한 보육시설의 종사자
6. 유아교육법 제7조의 규정에 따른 유치원의 장, 교직원 및 종사자
7. 학원이 설립 · 운영 및 과외교습에 관한 법률 제6조의 규정에 따른 학원의 운영자, 강사, 직원, 동사자 및 동법 제14조의 규정에 따른 교습소의 운영자, 교습자, 직원, 종사자

* 아동학대를 적극적으로 예방하고, 발견하고, 대처하기 위해서는 법적 장치가 필요하다. 세계적으로 아동학대를 예방하기 위한 법적, 제도적 장치가 마련되어 있고, 우리 사회에서도 아동학대가 심각함을 비추어 볼 때, 아동학대 방지법의 제정은 시급한 사회적 과제다. 1997년 아동학대 방지법안(가칭)이 마련되었었으나 아직 법제화는 이루어지지 않았다. 현재 아동학대와 관련된 우리나라의 대표적인 법으로는 아동복지법을 들 수 있다.

8. 소방기본법 제35조의 규정에 따른 구급대의 대원
9. 성매매방지 및 피해자 보호 등에 관한 법률 제5조 및 제10조의 규정에 따른 지원시설 및 성매매피해상담소의 장이자 그 종사자
10. 한부모가족지원법 제8조 및 제19조의 규정에 따른 한부모가족복지상담소의 상담원 및 한부모가족복지시설의 종사자
11. 가정폭력방지 및 피해자보호 등에 관한 법률 제5조 및 제7조의 규정에 따른 가정폭력 관련 상담소의 상담원 및 가정폭력 피해자 보호시설의 종사자
12. 아동복지지도원 및 사회복지사업법 제14조의 규정에 의한 사회복지전담 공무원

## 4절 유아교육기관의 역할

유아교육기관은 아동학대와 방임의 초기 징후를 인식할 도덕적 책임과 법적 책임을 지닌다. 이를 위해 교사는 학대와 방임과 관련된 사실을 잘 알고 있어야 한다. 또한 교사 자신이 교육기관에서 학대행위자가 되지 않도록 자신을 경계하고 점검하도록 한다. 아동학대와 관련하여 교사가 갖추어야 할 지식과 기술은 다음과 같다.

- 관련 법규
- 교사의 책임
- 아동학대의 징후
- 학대가 의심되는 유아에 대한 유아교육기관의 정책과 실행 절차
- 관련 단체와 기관
- 학대받는 유아와 그 가족을 도울 수 있는 방법

## 1. 학대의 확인과 대처

교사는 매일 유아의 건강상태를 점검하고 유아들을 가깝게 지켜보고 상호작용을 하므로 행동과 신체적 변화를 알아챌 수 있다. 일단 학대와 방임이 의심되면 의심을 입증할 만한 자료를 더 수집해야 한다.

### 1) 학대의 징후 확인

〈표 9-1〉~〈표 9-4〉에 제시된 유형별로 나타나는 아동의 신체적 · 정서적 상태, 아동의 행동 및 부모의 행동 특성들은 교사들이 학대받거나 방임되는 아동을 확인하는 데 도움이 된다. 그러나 이러한 특성들 중 어떤 것들은 학대나 방임으로 인한 것일 수도 있고, 신체적 · 정서적 문제로 인한 것일 수도 있다는 점을 유의하여야 한다.

### 2) 기 록

기록은 정확해야 하며 다음과 같은 정보를 포함해야 한다(Tower, 1993).

- 상처의 유형, 위치, 크기와 정도
- 상처에 대한 유아의 설명
- 유아의 상처에 대한 부모나 보호자의 설명
- 방임의 분명한 징후: 영양 불량, 지저분함, 부적절한 옷, 유아가 아주 피곤해함, 필요한 치료의 결여
- 유아 행동의 급격한 변화
- 부모와 자녀의 상호작용 특성

이러한 정보는 유아와 가족을 위한 지원 프로그램과 적절한 서비스 또는 법적 조치 여부를 결정하는 데 유용하다. 교사의 관찰 기록은 또한 중요한 증거가 될 수 있다.

### 3) 알리기

유아교육기관의 교사는 신고 의무자이지만 부모와의 관계나 이후 상황에 대한 염려로 인해 신고를 망설일 수 있다. 신고 의무자 규정은 무력하고 미성숙한 어린이의 특성상 스스로 신고하지 못하므로 사회 구성원이 책임을 져야 한다는 데 근거를 두고 있다. 이런 의미에서 교사는 법적 의무뿐 아니라 윤리적 책임도 지닌다고 볼 수 있다. 따라서 학대의 징후가 의심되면 교사는 관련 기관의 전문가와 상담하여 필요한 조치에 대한 조언을 구한다. 학대 신고는 유아를 보호할 뿐만 아니라 궁극적으로 학대 가정에게 전문기관의 도움을 받도록 하기 위한 것이기도 하다.

법적으로 유아를 보호할 필요가 있다고 판단될 경우, 129, 1577-1931,* 또는 경찰에 신고하도록 한다. 신고자 이름, 전화번호와 같은 신고자 인적 사항에 관한 비밀은 보장된다. 추후 학대의 재발 여부를 파악하는 데 도움을 주기 위해 신고자의 신분을 밝혀 주는 것이 좋다. 신고할 때에는 신고자의 성명과 연락처, 아동의 보호자의 성명과 주소, 아동의 연령, 상해의 상태, 기타 아동학대의 원인을 밝히거나 가해자를 확인하는 데 도움이 될 수 있는 내용을 포함시킨다.

- 피해 유아의 이름, 성별, 나이, 주소, 전화번호, 유아교육기관명
- 가해자로 의심되는 사람의 이름, 성별, 나이, 주소, 전화번호, 직업
- 신고자와 피해 유아와의 관계
- 신고자 이외에 학대 사실을 확인해 줄 다른 사람의 이름, 전화번호
- 유아가 입은 상처나 피해
- 유아가 위험에 처해 있거나 학대를 받고 있다고 믿는 이유
- 상황이 급박한 것인지 아닌지에 대한 신고자의 견해

* 정부는 2007년부터 아동학대 긴급전화였던 '1391'을 폐지하고 보건복지콜센터 '129'로 통합하였다. 따라서 '129'와 아동상담용 전화 '1577-1391'의 이원화된 신고체계가 되었다.

### 4) 학대받은 유아를 돕기

교사들은 학대의 부정적 영향을 줄이는 데에 도움을 줄 수 있다. 긍정적인 역할 모델로서 교사는 유아를 있는 그대로 받아들이도록 한다. 무엇보다 신뢰할 수 있는 관계의 형성이 유아가 자신의 감정을 드러내도록 하는 데 중요하다. 이를 위해 교사는 애정을 가지고 긍정적으로 반응해 주도록 한다. 자신의 생각과 감정, 염려들에 대해 이야기하도록 유아를 격려하며 필요할 때 교사가 언제나 도움이 되어 줄 수 있다는 것을 유아에게 인식시킨다. 또한 학대받은 것이 유아의 잘못이 아님을 확신시켜 주도록 한다.

놀이는 특히 유아들에게 유용하다. 놀이를 통해 학대나 방임과 관련된 분노, 좌절, 염려들이 표현된다. 소꿉놀이와 인형놀이는 이를 위한 이상적 활동이다. 인형이 거칠게 다루어졌을 때 인형이 어떻게 느낄지 이야기해 봄으로써 아동이 자신의 상황에 대해 실제로 어떤 느낌을 갖고 있는지 나타내도록 도울 수 있다.

미술 활동 또한 아동들로 하여금 자신의 감정과 염려를 표현하도록 도울 수 있는 효과적인 수단이 된다. 예를 들어, 자신을 그린 그림에 특정한 신체 부분이 강조되어 있거나 자신에 대한 아동의 감정이 드러나 있을 수 있다. 또한 아동이 겪는 비정상적 상황, 예를 들어 묶여 있거나 어두운 방 또는 장 안에 갇혀 있는 상황이 묘사되어 있을 수도 있다. 자신이 그린 그림에 대한 이야기를 설명하는 과정에서도 유아가 처한 상황이 발견될 수 있다. 그러나 유아의 미술 작품을 해석하는 데에는 극도의 주의가 필요하다. 유아의 경우 그리는 기술이 미숙하기 때문에 성인의 오해를 불러일으킬 수 있다. 따라서 아동의 그림에서 비정상적인 부분을 파악하는 것은 학대나 방임의 절대적 증거로서가 아니라 부가적 단서로 참고하도록 한다(Marotz et al., 2005).

때로 유아들이 관심을 얻기 위해 방해되는 행동을 하는 경우가 있는데 이는 성인의 학대 행동을 유발할 수 있다. 교사는 자신의 감정을 적절하고 타인이 받아들일 수 있는 방식으로 표현하는 방법을 알려 줌으로써 그러한 유아를 도울 수 있다. 예를 들어, "○○야, 간식을 더 먹고 싶으면 말을 해라. 그렇게 울거나 칭얼거리면 아무도 네가 더 먹고 싶어서 그렇다는 것을 알 수가 없단다."

교사는 유아들의 상호의사소통능력을 증진시키도록 노력하여야 한다. 학대 가정은 대개 가족 간에 대화가 부족하다. 학대 가정에서는 가장 힘이 센 사람의 방식으로 의사소통이 이루어지므로 의사소통능력을 발달시킬 기회가 부족하기 때문이다(중앙아동학대예방센터, 2002). 의사소통능력의 부족은 또래관계를 어렵게 하며 유아를 위축시킬 수 있다.

아울러 일과와 시간을 설정해 주는 등 생활습관 지도를 통해 혼란스러운 유아의 생활에 질서를 부여해 주도록 한다.

## 2. 학대 예방을 위해 부모와 협력하기

학대와 방임을 예방하기 위해서는 양육의 요구와 긴장에 의해 스트레스를 받는 부모, 특히 특수한 보살핌과 교육을 요하는 아동의 부모를 도와야 한다.

부모 노릇은 힘든 일이다. 오늘날 많은 부모들은 과거의 세대들만큼 부모 역할에 대해 배울 기회를 갖지 못하였다. 자녀 양육에 대한 지식과 적절한 지원체계가 없는 상태에서 매일의 스트레스는 자녀를 학대 또는 방임하게 만드는 요인이 될 수 있다.

교사가 부모를 도울 수 있는 방법은 여러 가지다. 부모와의 접촉은 가족의 위기를 인식하고 문제 해결책을 발견하도록 도울 기회를 제공해 준다. 교사는 자녀 양육 기술을 증진시키고 가족의 통합성을 강화하는 데 필요한 지식과 기술을 부모에게 제공할 수 있다. 또한 교사와 부모의 상호작용을 통해 지원적인 관계가 형성될 수 있다. 이는 초기 개입과 예방 방법으로서 중요하다.

보다 조직적으로는 교육기관에서 부모를 위해 강좌와 워크숍을 제공할 수 있다. 이는 지역사회기관과의 협동으로 이루어질 수 있다. 부모들이 관심 있어 할 만한 주제들은 다음과 같다.

- 아동의 성장 발달에 대한 이해
- 문제 행동의 발견과 대응
- 발달 단계에 따른 아동의 사회적 · 정서적 요구에 부응하는 법
- 도움이 되는 지역사회기관 및 자원의 소개 및 이용

유아와 부모에게 도움이 되는 지역사회 자원과 서비스에 대한 정보를 지니고 교사들은 유아 가족들에게 적절한 도움을 받도록 안내할 수 있다. 부모와의 협력이 학대와 방임을 예방하는 가장 중요한 단계의 하나가 될 수 있다.

## 3. 성적 학대를 예방하기 위한 교육

성적 학대의 예방과 교육은 대부분의 교사들에게는 가르치기에 편안하지 않을 뿐 아니라 어떻게 접근해야 할지 모르는 어려운 주제일 수 있다. 성적 학대를 예방하기 위해 만들어져 배포된 시청각 자료(경찰청, 2009; 교육부, 2000; 교육인적자원부, 2006a)나 유아문학작품을 이용하는 것이 도움이 된다.

성적 학대를 예방하기 위해서는 어린 유아에게도 자신의 신체는 자신의 것이며 누구든지 이상한 방법으로 유아의 신체에 접촉하려 하려는 사람에게는 비록 그들이 믿는 가까운 사람일지라도 '안 돼요.' 라고 말할 수 있다는 것을 알려 주어야 한다. 그들에게 성인이 한 행동은 자신의 잘못이 아니라는 것과 대부분의 어른들은 아이들을 해치지 않는다는 것도 알려 준다. 특히 성적 학대와 관련하여 유아들이 학대를 중지시키는 방법과 신뢰할 만한 성인에게 자신들의 경험을 털어놓도록 가르쳐야 한다.

교육을 할 때 유의할 사항은 교육내용과 방법이 유아의 연령과 발달 수준에 적절한 것이어야 하며, 그림자료, 사진, 음악 등이 유아를 겁주는 것이 아니어야 한다는 것이다. 구체적으로 다루어질 내용은 다음과 같다

### 1) 교육내용

#### (1) 자신과 타인의 신체의 소중함을 알게 한다

신체의 특정한 부분은 아주 소중하고 개인적인 것이므로 다른 사람이 함부로 보거나 만지지 않게 해야 한다. 이러한 일을 당했을 경우 즉시 부모나 믿을 만한 성인에게 이야기하도록 한다.

#### (2) 자기주장을 할 수 있도록 한다

성인에게 순종해야 '착한' 어린이라고 여겨진다. 그러나 성인이 하는 일이나 요구가 잘못될 수도 있으며 이런 경우 거부할 수 있어야 한다.

#### (3) 용납되는 행동과 그렇지 못한 행동을 알려 준다

성적 안전에 대해 학습하지 않으면 성폭력적인 행동도 일종의 애정 표현으로 받아들일 수 있다.

#### (4) 긍정적 자아개념을 기른다

긍정적 자아개념을 지니고 있는 유아는 자신이 부당하게 취급되는 것에 대해 저항할 수 있다.

#### (5) 유아에게 낯선 사람에 대한 불필요한 두려움이나 불신을 주지 않도록 배려한다

대부분의 성인이 신뢰할 수 있는 사람이라는 것을 알려 준다.

### 2) 성적 학대를 주제로 한 수업 전개의 예

#### (1) 집단 상황에서 문제 상황을 다룬다

유아들에게 그들이 지닐 수 있는 문제의 예들을 말하도록 함으로써 시작할 수 있다. 그 예는 싸움, 놀리기, 친구가 놀아 주지 않는 것 등이 포함된다. 어떤 유아들은 가정에서 이루어지는 학대와 기타 문제를 언급할 수 있다. 이럴 경우, 교사는 아동에게 그러한 정보를 학급에서 다른 사람들과 나누어 준 데 대해 감사를 표시하고 학대가 문제라는 것에 동의한다. 교사는 후에 일대일로 학대에 대해 이야기해야 한다. 그런 다음 교사는 문제들이 유아들에게 어떤 느낌을 주는지 질문한다. 전형적인 반응은 '슬프다' '화난다' 등이다. 다음에는 문제를 지닌 경우 무엇을 해야 할지 토의하도록 한다. 교사들은 문제가 있을 경우 누군가에게 이야기해야 하며 그렇지 않을 경우 문제가 더 커진다는 것을 강조한다.

#### (2) 문제가 있을 때 그들이 문제를 털어놓고 도움을 받을 수 있음을 알려 준다

가족과 교사, 기타 지역사회기관의 사람들이 문제가 있을 때 도움을 줄 수 있음을 강조해 주어야 한다. 유아들은 문제가 있을 때에는 믿을 만한 성인에게 이야기하는 것이 최선이라는 것을 이해해야 한다. 이때 교사들은 가족과 지역사회의 지원체계를 분리하는 것이 중요하다. 가해자가 가족 구성원일 수 있는 가능성이 크기 때문이다.

#### (3) 여러 가지 유형의 접촉에 대해 알게 한다

교사들은 안전한 접촉, 불안전한 접촉, 비밀스러운 접촉 등 세 가지 접촉에 대해 알려 주도록 한다. 안전한 접촉은 기분을 좋게 하는 접촉이다. 유아들에게 안전한 접촉의 예를 들어 보도록 한다. 안전한 접촉에는 껴안기, 손을 잡기, 등을 두드려 주기, 입맞춤 등이 있다. 불안전한 접촉은 사람을 불쾌하게 만드는 접촉이다. 여기에는 때리기, 차기, 꼬집기 등이 포함된다. 성적 학대는 비밀스러운 접촉이라고 불리는 다른 형태의 접촉이다. 비밀스러운 접촉이란 자기보다 나이 든 사람 또는 성인이 은밀한 부분을 만지는 것 또는 유아로 하여금 그들의 성기를 접촉하게 만드는 것이다. 비밀스러운 접촉이 가능한 신체 부위는 속옷을 입은 부위라는 것을 유아에게 알려 주는 것이 중요하다. 유아들에게는 의사가 신체검사나 진단을 하는 경우 외에 다른 사람들에게 신체의 은밀한 부분(속옷으로 가려지는 부분)을 보여 주지 말아야 한다는 것을 가르쳐야 한다.

각 형태의 접촉에 대해 알려 준 다음 각 접촉이 사람들에게 어떤 느낌을 들게 할지 이야기 나눈다.

#### (4) 문제가 발생할 할 경우, 취해야 할 행동에 대해 알려 준다

유아들에게는 다음과 같은 규칙을 알려 준다.

- '안 돼요.' 라고 말하기
- 자리를 피하기
- 누군가에게 이야기하기

누군가에게 이야기해야 함을 강조해 주는 것이 중요하다. 대부분의 유아들은 너무 두려워서, 그리고 어린 유아의 경우 자기가 당하는 일의 의미를 이해하지 못해서 '안 돼요.' 라고 말하거나 피할 수 없을 수 있다. 그러나 누군가에게 이야기를 할 수는 있다. 성적 학대가 발생할 경우 누구에게 이야기해야 할지 토의할 때 지원체계의 개념이 강조될 수 있다.

#### (5) 성적 학대가 누구의 잘못인지에 대해 이야기 나눈다

유아들은 접촉의 문제가 언제나 가해자의 잘못이므로 그들이 죄책감을 느끼지 말아야 함을 이해할 필요가 있다. 교사는 접촉의 문제가 유아의 문제가 아니라는 것, 심지어 유아가 '안 돼요, 피하기, 누군가에게 말하기' 의 행동 규칙을 따르지 않았다 하더라도 그것이 유아의 잘못이 아님을 강조해 주어야 한다.

## 4. 유아교육기관에서 일어나는 학대의 예방

아동학대는 교육기관에서도 일어날 수 있다. 교사의 인성, 과중한 업무로 인한 피곤과 스트레스, 과밀 학급, 유아의 능력에 대한 교사의 인식 부족 등으로 인해 교사는 아동을 학대하거나 방임할 수 있다.

특히 훈육에 대한 교육 방침이 학대를 초래할 수 있다. 교육기관에서는 아동을 훈육하기 위한 지침을 제공할 수 있는 교육 철학과 정책을 수립하여야 한다. 어떤 경우에도 체벌을 훈육의 수단으로 사용하지 않도록 한다. 벌을 주어야 할 경우, 벌을 주어야 하는 상황, 벌 주는 사람, 벌의 방법에 대해 지침이 미리 마련되어야 한다. 유아에게 요구하는 기대 수준은 발달적으로 적절해야 하며 제한은 현실적이어야 한다. 교직원 모두 이러한 지침을 따르고 있는지 기관장은 항상 살피도록 한다. 새로운 교직원을 채용할 때 이러한 교육 방침을 주지시키고 따르도록 한다.

# 제4부

# 건 강

# 10 장 개인위생과 건강습관

개인위생 및 건강과 관련된 긍정적인 생활습관을 갖는 것은 유아가 삶의 양식으로 건강한 행동을 일상화하는 것을 의미한다. 유아기는 자신의 신체에 대한 인식이 형성되는 시기이며 자신의 신체를 돌보는 능력이 발달하는 시기다. 따라서 교사는 옷 입기, 청결, 먹기, 휴식, 배변 등의 개인위생과 건강에 기본이 되는 생활습관의 형성을 도와야 한다. 이와 같은 좋은 습관을 형성하는 것은 유아의 건강을 유지 · 향상시킬 뿐 아니라 자신을 돌보는 능력으로 인해 자율성과 자신감을 갖도록 한다.

또한 신체의 각 부분과 신체기능에 대한 개념을 습득하는 기초가 되며 사회적 기대를 학습할 기회가 된다. 즉, 사회와 문화에 따라 어떻게 청결을 유지하며, 어떻게 먹고, 화장실을 어떻게 사용하고, 옷차림을 어떻게 하는 것이 공공의 질서에 맞는가 하는 합의된 기대가 있어서, 유아들은 그들이 살고 있는 문화의 영향을 받아 어떤 습관을 형성하게 된다. 사회적 기대에 부응하는 습관을 형성하지 못한다면 성장하면서 사회적으로 수용되지 못하게 된다.

교사는 유아들이 규칙적인 실행을 통하여 자기관리 습관을 갖도록 도와야 한다. 학습 방법으로는 교사에 의해 구조화된 활동과 발견학습, 모델링이 포함된다. 규정된 지식의 전달이나 방법의 안내와 같은 부분에서는 구조화된 활동이 적용될 수 있다. 이때 내용과 목적에 따라 개별 유아와 교사와의 상호작용, 소집단, 대집단 활동을 적절히 선택한다. 또한 발견학습의 기회는 자발적 동기에 의한 탐구와 자기주도적인 활동을 통하여 개인적인 흥미와 기술을 발달시킬 수 있도록 하며 교사의 계획에 의한 활동으로부터 습득한 지식과 기술을 다양한 상황에서 적용하고 일반화할 수 있도록 돕는다. 모델링은 구조화된 활동의 진행과정 및 발견학습이 이루어지는 과정 중에도 적절한 상황에서 효과적으로 사용될 수 있는 학습방법이다. 개인 위생을 위한 건강 습관들은 일정한 행동방식이나 패턴이 있는 경우가 많고 이러한 경우, 그 행동을 직접 볼 수 있도록 기회를 주는 것은 학습을 촉진하도록 돕는다.

활동을 전개할 때에는 유아들에게 필요한 경험을 사전에 계획하는 것, 각 유아가 지닌 기술을 독자적으로 실행해 보도록 하는 개별화, 점진적으로 더 복잡한 수준의 기술을 숙달하도록 경험을 제공하는 계열화, 그리고 유아와 학습상황에 따라 제공되는 경험을 조절하는 융통성을 고려하여 전개한다.

이 장에서는 배변, 신체의 청결, 치아 건강, 휴식과 낮잠, 의생활을 중심으로 개인위생과 건강한 생활습관 형성을 위한 교육기관의 역할을 살펴보고자 한다.

## 1절 배 변

### 1. 기저귀 갈기

영아를 포함하는 유아교육기관에서는 아기의 기저귀가 젖거나 더럽혀졌을 때 기저귀를 갈아주는 것이 일과에 포함된다. 기저귀 갈기가 이루어지는 동안은 아기와 교사가 개별적으로 상호작용할 수 있는 좋은 시간이다. 따라서 기저귀를 가는 동안 부드럽게 이야기를 해 주고, 노래나 시를 들려 주는 등 기저귀 가는 것이 마치 게임을 하는 것처럼 즐거운 시간이 되도록 한다. 또한 기저귀를 가는 것은 철저히 위생적으로 실행되어야 한다.

기저귀 갈기영역의 기준과 기저귀 가는 방법은 다음과 같다(Kendrick et al., 1991).

### 1) 기저귀 갈기영역

- 기저귀 갈기만 이루어져야 한다.
- 음식을 다루는 곳과 되도록 멀리 떨어져 있어야 한다.
- 영아를 즉시 씻길 수 있도록 손이 닿는 곳에 물이 있어야 한다.
- 기저귀 갈기대는 평평하고 안전하며 바닥에서 약 90cm 높이가 적당하다.
- 기저귀 갈기대의 표면은 깨끗하고 방수가 되어야 하며 흠이나 틈이 없어야 한다.
- 로션과 크림, 세척도구들은 영아의 손이 닿지 않는 곳에 두어야 한다.
- 안전을 위해 방호책을 설치하며 잠시라도 영아를 혼자 두지 말아야 한다.

### 2) 기저귀 가는 법

① 필요한 물품이 마련되어 있는지, 손이 닿는 곳에 있는지 점검한다. 기저귀 갈기대에서 기저귀를 갈아준다면 한 손은 언제나 영아를 잡고 있어야 한다.
② 깔개를 깐다. 깔개는 방수가 잘 되는 것을 사용해야 하며, 종이타월은 흡수력이 있어 좋지 않다.
③ 영아를 눕힌다.
④ 일회용 장갑을 낀다.
⑤ 옷과 기저귀를 벗긴다. 벗긴 기저귀를 안쪽으로 접고 부착된 테이프로 감싼다.
⑥ 기저귀에 묻은 대변은 변기에 버린다. 기저귀는 발로 발판을 눌러 여는 쓰레기통에 버린다.
⑦ 더러워진 옷은 봉투에 이중으로 넣어 집으로 보낸다.
⑧ 영아의 엉덩이를 씻긴다. 물휴지를 사용하는 경우, 한 번만 앞에서 뒤로 닦는다. 더 닦을 때는 새로운 것으로 반복하여 닦는다. 특히 피부가 접히는 곳을 유의해서 닦는다. 종이타월로 두드려 말린다. 파우더는 영아가 흡입하면 위험할 수 있으므로 사용하지 않는다. 이러한 종류의 피부 관리 제품은 부모들이 요구하는 경우에만 사용한다.

⑨ 세척하는 데 사용한 물품(일회용 장갑 포함)을 쓰레기통에 버린다.
⑩ 손을 씻는다.
⑪ 새 기저귀를 채우고 옷을 입힌다.
⑫ 영아의 손을 씻긴다.
⑬ 기저귀 갈기대에 깔았던 깔개를 치우고 표면을 닦는다. 기저귀 갈기대는 매일 소독한다.
⑭ 손을 다시 한 번 깨끗이 닦는다.

## 2. 배변학습

### 1) 배변학습

#### (1) 의의 및 시기

배변학습의 목적은 대소변을 조절하는 기술, 즉 자신의 신체기능에 대한 통제력을 습득하도록 유아를 돕기 위한 것이다. 배변학습과정이 긍정적이 되려면 유아들이 신체적 · 심리적으로 준비되어야 하며 스스로 숙달할 수 있도록 하는 과정이 되어야 한다. 영아가 준비되었을 때 이루어진다면 배변학습은 어린이에게 자기 신체와 세계에 대한 이해를 증진시키고, 성장감과 성취감 · 독립심을 길러주는 기회가 된다.

배변학습을 언제 시작할 것인가는 부모와 교사가 결정해야 할 중요한 사항 중 하나다. 배변학습은 준비가 되었을 때 하여야 한다(Mack, 이경우 역, 1984; Kendrick et al., 1991). 배변학습의 준비는 근육통제, 신경조직, 그리고 심리적인 발달 수준과 의사소통능력의 성숙을 의미한다. 이러한 능력이 성숙하여 준비가 되었을 때 시작하는 것이 영아가 정서적인 문제없이 단시간에 조절할 수 있어 갈등과 수고를 더는 길이다. 보통 2~2세 반경에 대 · 소변의 통제가 시작되어 배변학습을 위한 준비도가 절정에 이르러 배설과 관련하여 사회적으로 받아들여질 수 있는 행동을 배울 수 있다. 남아는 여아보다 더 늦다. 또 낮 동안의 소변 조절에 대한 신체적 준비도는 대변 조절보다 다소 늦게 이루어진다.

이 연령에 배변학습을 시작할 경우, 대소변 조절을 거의 동시에 학습할 수 있다는 장점이 있다. 만약 더 어릴 때 대변 조절을 먼저 가르친다면 두 번 배변 훈련을 하게 되는 결과를 초래하게 된다.

배변 통제의 학습에는 평균 6주 정도가 소요된다(이상원, 1998). 그러나 배변학습을 시작하여 일주일 정도 지나도 진전이 없다면 준비되지 않은 것으로 판단하고 몇 주 혹은 한 달 정도 후 다시 시작한다.

① 근육통제력 및 신경조직의 성숙

영아는 자기 의지대로 괄약근을 수축할 수 있어야 하며 괄약근과 동시에 복부근육을 수축할 수 있어야 배변 통제가 가능하다. 이러한 근육 협응은 일정한 시기가 되면 신체적으로 정상아에게서 자동적으로 이루어진다.

영아의 배설기능은 처음에는 자동적 · 반사적인 기제에 의하여 일어난다. 즉, 항문과 요도의 괄약근은 의식적인 조절에 의해서가 아니라 교감신경계에 의하여 자동적으로 수축된다. 배설물이 어느 정도 차게 되면 근육은 이를 밀어내기 위하여 수축되는 것이다. 그러나 중추신경계가 성숙되면서 이러한 자동적인 기제는 점차 수의적인 것으로 대치된다. 유아가 학습해야 할 것은 대소변을 자발적으로 내보낼 수 있도록 근육을 통제하는 능력이다. 일반적으로 대부분의 유아들은 18개월~2세 정도는 되어야 통제력이 생기며, 3세라도 준비되지 않는 유아도 있다.

괄약근 조절은 '의지력' 에 달려 있는 것이 아니라 신경의 성숙에 의하므로 배변학습은 중추신경계가 성숙할 때까지 기다려야 한다. 방광조절을 이루는 신경의 성숙은 12~20개월 사이에 일어난다(Mack, 이경우 역, 1984). 또한 영아들은 성인의 도움 없이, 그리고 실패에 대한 두려움 없이 옷을 벗고 변기에 앉는 것이 가능해야 한다.

② 심리적 성숙

영아는 신체적으로 준비가 되면 심리적으로도 준비가 된다. 영아들은 자신이 사랑하고 신뢰하는 사람들을 기쁘게 하고자 하는 욕구를 가지고 있다. 또한 모방하기를 좋아한다. 따라서 심리적으로 준비가 된 유아들은 부모의 배변 활동에 관심을 갖고 모방하려 한다. 영아 자신도 기저귀를 불편하게 여기게 되며 기저귀 대신에 속옷을 입고자 할 것이다. 또한 자신의 일상적인 일이나 신체 조절을 스스로 하고자 하는 욕구를 나타내고 부모에게 덜 의존하려 한다. 즉, 화장실 사용법을 배우는 것을 즐길 뿐만 아니라 도움 없이 옷을 입거나 벗으려 하고, 씻으려 하고, 앉아 있는 것은 잠깐이고 기를 쓰고 걸으려 하며, 간단한 지시를 알아듣는다. 부모나 교사가 신경이 충분히 성숙되었는지를 정확히 측정하기는 불가능하다. 그러나 민감한 부모나 교사는 심리적 준비도를 판단할 수 있다. 영아가 자신이 해야 할 행동이 무엇인지, 왜 그렇게 해야 하는지, 어떻게 그것을 해야 하는지를 이해할 수 있는 때가 바로 심리적으로 준비가 된 시기이다(Mack, 이경우 역, 1984).

③ 의사소통능력

배변학습을 위하여 영아는 배변에 관한 감각을 인식하고 말로 표현할 수 있는 의사소통능력이 있어야 한다. 즉, 언어나 일관된 몸짓을 사용하여 배변의사를 표시하거나 옷을 벗는 것을 도와 달라거나 화장실에 데려다 달라는 것을 표현할 수 있어야 한다. 화장실 및 배변과 관계하여 영아들이 선호하는 단어, 즉 의사소통 방법을 결정하고 기억해 둔다. 예를 들어, '쉬' '응가'와 같은 단어들이다. 이렇게 약속된 단어나 몸짓을 일관성 있게 사용하는 것은 유아와 부모, 양육자 사이에서 배변에 대한 신호가 된다. 대변과 소변 또한 유아가 학습해야 할 어휘다. 이 단어들은 성장함에 따라 유아들이 사용하게 될 어휘이기 때문이다.

의사소통과정은 다음의 발달 단계를 거친다.

① ○○, 쉬했다
- 소변이나 대변을 보았음을 알리는 단계
- 부모가 기저귀를 갈면서부터 '쉬했구나.'와 같이 이야기해 주고 아이의 배설과정에 관심을 보이면 점차 유아도 '엄마, 나 쉬했다.'라고 말할 수 있게 됨.

⬇

② 쉬한다
- 배설작용을 하고 있다는 감각을 인식하는 단계
- 부모가 평상시 '와! ○○, 쉬하네.' '엄마가 쉬하고 있다.'라고 언급해 주면 유아도 '엄마, 나 쉬해.'라고 말할 수 있게 됨.

⬇

③ 쉬하고 싶다
- 부모에게 배설 전에 미리 알릴 수 있는 단계
- 배변학습의 준비가 됨.

이 단계들은 만 1~3세 사이에 나타나며, 며칠, 몇 주, 혹은 몇 달 동안 지속되는데 부모는 유아가 어느 단계에 있는지 파악하여 다음 단계로 올라갈 수 있도록 돕는다(Mack, 이경우 역, 1984).

### (2) 배변학습의 원리

배변학습을 위한 가장 기본적인 원칙은 어린이가 준비될 때까지 기다리는 것이다. 배변학습 프로그램을 제시한 Azrin과 Foxx(1981, Papalia, 1989/1991에서 재인용) 역시 어린이가 20개월이 될 때까지는 기다려야 하며, 그다음 한 번에 2~3시간 동안 오줌을 싸지 않을 정도로 소변 조절능력이 있는지, 혼자 옷을 벗고 입을 수 있는 신체적 준비가 되어 있는지, 지시를 따를 수 있는지 등을 점검하여 실시 시기를 결정하라고 제시한다. 다음은 배변학습을 돕기 위한 방법들이다(Azrin & Foxx, 1981을 박성연 역, 1991에서 재인용; Kendrick et al., 1991).

① 빨리, 쉽게 벗을 수 있는 옷을 입힌다. 이는 유아가 배변을 해야 할 때, 즉시 배변을 할 수 있도록 하기 위해서다. 단추 등의 잠금장치가 있는 것은 적당하지 않으며 고무줄이나 찍찍이로 된 옷이 적당하다. 배변학습 전에 혼자 옷을 입고 벗는 일을 일상생활에서 연습하도록 격려하는 것이 도움이 될 수 있다. 또한 낮 동안에는 기저귀 대신 훈련용으로 두꺼운 형태의 속옷을 입게 한다.

② 의도적으로 가족들이 화장실 사용하는 것을 관찰하도록 기회를 제공하고 '화장실' 이라는 단어와 지시에 따르는 것을 가르친다.

③ 유아에게 화장실에 가고 싶을 때 부모와 교사에게 이야기하도록 가르친다. 유아가 가고 싶다는 뜻을 밝히면 지체하지 말아야 한다. 보통 유아들은 변이 나오기 직전에야 의사표현을 하는 경향이 있다.

④ 쉽게 배변이 이루어질 수 있도록 근육이완을 할 수 있게 돕는다. 배변이 시작되자마자 배변작용을 깨닫도록 도와주고 즉시 칭찬한다. 유아들은 배변을 '시작하는' 것을 어려워하므로 화장실에 갔을 때 시작하는 방법을 알려 주어야 한다. 소변을 보기 위해서는 근육을 밀 수 있어야 하고 마지막 남은 것을 내보내기 위해서는 근육을 수축해야 한다. 유아가 소변을 볼 때 흔히 소변에 대한 의사소통 기제로 쓰이는 '쉬'라는 용어를 어른들이 길게 발음하곤 하는데 이는 근육을 밀어내는 작용을 돕는다.
대변을 보기 위하여는 배의 근육을 들이밀거나 가슴에 힘을 주는 것이 도움이 된다. 헛기침을 하거나 끙끙거릴 때도 이 같은 가슴근육의 수축이 일어난다. 일상적으로 대변에 대한 의사소통 기제로 쓰이는 '응가' 등의 단어를 대변을 볼 때 사용하거나 옆에서 도와주기 위해 어른이 힘을 주는 표정과 몸짓을 하면서 '끙끙' 하는 단어를 병행하여 사용하는 것은 대변을 쉽게 보도록 하는 데 도움이 된다.

⑤ 유아의 시도와 노력에 대해 항상 긍정적인 반응과 격려를 하여 강화한다. 실패했을지라도 벌을 주는 것은 금물이다. 다만, 다음 번에는 변기를 잘 사용하도록 격려하고 옷이 젖었다면 스스로 벗어 세탁 바구니에 넣도록 도와준다.

⑥ 유아가 안정감을 느끼는 장비를 사용한다. 유아용 변기, 유아용 깔개, 다리받침대 등을 마련해 주고 사용 방법에 대해 설명해 준다. 어떤 유아는 물을 내리는 소리, 변이 사라지는 것에 대해 두려움을 느끼는 경우가 있다. 이러한 경우, 유아가 화장실을 떠난 다음에 변기의 물을 내리는 것이 바람직한 방법이 될 수 있다. 또는 유아에게 변기 속의 자신의 배설물을 보도록 할 수 있다. 유아에 따라서는 이러한 것을 즐길 수도 있다. 유아는 변기의 물에 자신의 배설물이 흘러 들어가는 것을 보고 소리를 들으면서 배변을 즐거운 활동으로 여길 수 있다.

⑦ 규칙적으로 변기를 사용하도록 한다. 일반적으로 식사 후, 잠을 자기 전후, 외출 전은 화장실에 가기에 적절한 시간이다. 어른의 일정에 따라서 유아가 화장실에 가기를 기대해서는 안 된다. 유아들이 필요로 할 때, 그리고 그들이 원할 때 화장실에 가는 것이 기본이 되어야 한다.

⑧ 유아가 싫어하거나 불안해하지 않는다면 5분 이내 정도만 변기에 앉아 있도록 한다. 그러나 너무 오래 앉아 있게 해서는 안 되며 볼일을 볼 때까지 앉아 있도록 강요해서도 안 된다. 변기에 앉아 있는 동안 긴장을 풀도록 격려해 주어 자신감을 갖게 한다. 편안한 마음은 학습을 강화하지만 긴장, 걱정은 실패를 초래하기 쉽다.

⑨ 관련 도서의 활용과 인형자료를 이용하여 유아로 하여금 인형에게 변기 사용법을 가르쳐 보게 함으로써 배변학습을 도울 수 있다(5부 건강교육 활동의 실제 참조).

### 2) 유아교육기관에서의 배변학습

배변학습이 이루어지는 시기에 영아가 유아교육기관에 다니는 경우, 가정과 교육기관에서 배변학습을 병행하게 된다. 유아교육기관에서의 배변학습은 또래의 모델링을 통해 효과적으로 배울 수 있다는 장점이 있다.

배변학습에 있어 부모와 교사는 서로 협력하고 상호작용해야 한다. 부모와 교사는 영아가 배변학습을 시작할 준비가 되었는지를 함께 판단해야 한다. 그리고 가정과 기관 양쪽 환경에서 함께 할 수 있는 일관성 있고 합리적인 계획을 세워야 한다. 서로 다른 접근을 사용하는 것은 영아를 혼란스럽게 하고 배변학습의 실패를 가져올 수 있다. 가능하면 가정과 교육기관에서 비슷한 스케줄과 장비 그리고 일관된 용어를 사용하는 것이 효과적이다. 교사는 각 영아가 화장실에 가고 싶다는 뜻으로 주로 사용하는 단어가 무엇인지를 부모에게 확인하여 알고 있어야 한다.

배변학습의 진행을 위해서는 다음의 지침이 도움이 된다(Hildebrand, 1985; Maxim, 1985; Seefeldt & Barbour, 1986).

① 화장실 시설을 깨끗하고 매력적이며 발달에 적절하게 준비한다

환하고 깨끗한 화장실, 미끄럽지 않은 바닥, 유아가 독자적으로 사용할 수 있도록 신체 크기에 알맞게 만들어진 변기, 벽에 게시된 아름다운 그림이나 사진 자료 등은 유아들에게 여유와 자신감을 줄 수 있는 안정된 분위기를 제공하게 된다. 화

장실이 활동실 내에 위치하면 유아들은 안정감을 가질 수 있으며 또한 신속하게 생리적 욕구를 처리할 수 있다. 따라서 화장실은 유아가 계단을 오르내리거나 복도를 지나야 갈 수 있는 정도의 불편한 위치에 설계되지 않도록 해야 한다.

② 화장실에 문을 달지 않는다

이는 유아들이 화장실을 정상적인 교실 환경의 한 부분으로 여길 수 있도록 교실과 화장실 사이에 문을 달지 않는 것과 더불어 유아들의 발달 상황에 따라서는 변기 사이에 벽을 설치하지 않는 것, 변기 앞에 문을 달지 않는 것까지를 포함한다.

활동실과 화장실 사이가 개방되어 있으면 유아들은 화장실에 있는 동안에도 교실의 활동들을 보고 들을 수 있어 자기도 곧 그 활동 속으로 들어갈 수 있다는 안도감이 들기 때문에 배변에 대한 동기 부여도 잘 되고, 더 빨리 효율적으로 성취할 수 있다. 또한 교사는 한눈에 화장실까지 관찰할 수 있으므로 필요할 때 자연스럽게 유아들을 도울 수 있다.

만 5, 6세 이하의 유아들은 남녀가 같은 화장실 시설을 사용하는 것에서 안정감을 느낀다. 화장실에서는 배변 외에도 손을 씻고, 물로 놀고, 이를 닦고, 이야기가 오가고, 또한 함께 노래도 흥얼거리는 등 많은 사회적 상호작용이 이루어질 수 있으며 이러한 상황은 남녀의 신체와 성차를 자연스럽게 발견하는 기회가 된다.

③ 배변을 위한 시간을 충분하게 제공해야 한다

배변을 서두르게 되면 유아가 배변에 대하여 긍정적인 태도를 갖기 어렵게 된다.

④ 도움이 특히 필요한 유아가 누구인지 파악해야 한다

즉, 배변을 할 때, 특별히 대변 후 뒷처리에 도움이 필요한 유아가 누구인지를 알고 있어야 한다.

걸음마기 유아가 교사의 도움을 받으며 배변을 하고 있다.

#### ⑤ 옷을 벗고 입는 것을 어려워하는 유아를 돕도록 한다

복잡한 단추, 잠금장치, 허리띠, 꽉 끼는 옷을 입은 유아를 돕도록 한다. 유아는 종종 마지막 순간까지 참기 때문에 복잡한 허리띠 장식이나 잠금장치들을 다루지 못해 실수할 가능성이 있다.

#### ⑥ 부모들에게 여벌의 옷을 보내도록 제안하여 이를 준비해 놓는다

준비된 여벌의 옷은 유아가 옷에 실수했을 때 갈아입히도록 한다.

#### ⑦ 교사는 유아들을 항상 관찰하여 배변과 관련된 문제가 일어났는지의 여부를 빨리 알아챌 수 있어야 하며, 수용적인 분위기 속에서 신속하게 유아를 도와야 한다

옷을 적시는 일은 성숙한 만 5세경의 유아에게서도 일어날 수 있는 일이다. 놀이나 활동에 몰두하다 보면 화장실에 가는 것을 잊어버리기 쉽기 때문이다.

또래가 먼저 알아차리는 경우, 이들의 반응은 의도적인 것은 아니지만 일을 어렵게 만들기도 한다. '어! ○○가 옷에 ~를 쌌어요.' 와 같은 또래의 반응은 자신의 실수가 받아들여지지 않는다는 느낌과 더불어 수치심을 일으키게 된다. 이러한 경우, 교사는 이 일에 흥미를 보이는 유아들에게 "사람들이 때때로 실수하는 것처럼 ○○도 실수를 했어. 선생님이 옷을 갈아입을 수 있도록 도와줄 거야."라고 평상적인 일로 받아들이는 표현을 한다. 문제가 발생했을 때 교사는,

- 먼저 유아를 안심시킨다.
- 실수한 유아는 당황해서 아직 충분히 배변을 다 끝내지 못했을 수도 있으므로 화장실에서 미진한 일을 보도록 기회를 준다. 또한 바닥이 더럽혀졌다면 치운다.
- 빨리 씻기고 옷을 갈아입게 돕는다.

실수한 것이 '잘못' 이거나 '나쁜' 일이 아님을 인식시켜야 한다. "걱정하지 마. 선생님이 깨끗한 옷으로 갈아입을 수 있게 도와줄게. 그럼 기분이 좋아질 거야."와 같은 표현을 사용한다면 유아는 교사가 자신을 이해하고 있다는 것을 알게 되고 자기 신뢰감과 평정을 되찾을 수 있으며 통제력을 더 잘 학습할 수 있다.

**유아들이 배변 실수를 하는 이유**

1. 새로운 생활, 흥분된 사건
예: 입학 후, 전학 후, 기타 긴장되거나 흥분되는 일이 있는 경우
2. 자신의 신체적 요구를 알아차리지 못함
유아들은 놀이에 열중하면, 생리적 요구를 인식하지 못하고 활동 중에 실수하는 경우가 많다. 교사는 어느 정도의 간격으로 화장실에 가는지 유아의 일과를 잘 관찰하고, 배변이 임박했을 때의 유아의 모습 등을 관찰하여 환기시켜 주어야 한다. 그러나 평상시에 배변을 스스로 해결할 수 있다 해도 놀이에 열중하면 자신의 생리적 욕구를 현실적으로 받아들이지 못하는 경우가 있다. 이때 교사는 '화장실에 갈 때가 된 것 같구나!' 와 같은 언급을 하여 교사가 자신에게 관심을 갖고 있다는 신뢰감을 줄 수 있다. 이러한 언급을 점차 간단하게 줄여 감으로써 서서히 책임을 유아에게로 이행해 주도록 한다.
3. 퇴행
단순한 퇴행이 원인일 수도 있다. 즉, 날씨가 춥거나, 가벼운 질병이 있을 때 나타나는 일시적 퇴행은 특별한 관심을 보이지 않으면 멈춘다. 이러한 경우 교사는 옷을 갈아입게 해 주고 안심시킨다.
4. 정서적 요인
정서적인 불안으로 실수할 수 있다. 동생을 보거나 성인의 비합리적인 배변기준 등이 그 원인이 된다. 이러한 경우에는 문제가 장기화될 수 있으므로 부모와 상담해야 한다.
5. 신체 이상
신장이나 방광의 감염이 원인일 수 있다. 정서적인 영향에 의한 것이 아니면서 실수하는 일이 지속되면 부모와 상담하고 의사의 진단과 치료를 받게 한다.

"어머, 아직도 아기처럼 옷에다 싸는구나" 와 같은 표현은 상황을 악화시킬 뿐이다.

⑧ 화장실에 가는 시간을 융통성 있게 운영한다

언제 화장실에 가게 할 것인가는 교사들의 중요한 관심사다. 일정한 시간을 정해 놓고 화장실을 가게 하는 방법도 있고, 각 유아의 개별화된 요구에 따라 가게 하는 방법도 있다. 전자는 유아들로 하여금 배변을 일과의 한 부분으로 받아들이고 통제력을 기를 수 있도록 하는 장점이 있으며 후자는 개인적 요구에 부응할 수

있다는 장점이 있다.

유아의 연령이 어릴수록 개별화된 접근이 중심이 되어야 한다. 또한 배변은 다른 일상생활의 일과들과 마찬가지로 개인적인 문제이며 개인차가 크다는 점을 고려할 때, 유아교육기관에서는 일반적으로 절충적인 방법을 취하는 것이 바람직하다. 즉, 놀이 시간 후, 식사 전후, 실외 활동 전후, 잠자기 전후와 같이 활동과 활동의 전이과정에서 화장실에 가도록 전체 유아들에게 안내하며 또한 개인의 요구에 따라 언제든 자유롭게 화장실에 갈 수 있는 허용적이고 안정된 분위기를 제공한다. 또한 가능하면 집단 활동 이전에 생리적 요구를 해결하도록 권하지만 불가피한 경우, 참다가 실수하는 것보다는 집단 활동 중에라도 다른 사람들에게 방해가 되지 않는 방법으로 의사를 표시하고 화장실에 다녀올 수 있도록 지도하는 것이 적절하다. 연령이 높아질수록, 즉 약 5세 중반 이후부터는 정해진 일과 시간에 배변을 하도록 더욱 강조할 수 있으며, 집단 활동 시간 중에 개인적인 요구로 집단을 벗어나는 것이 다른 사람에게 방해가 될 수 있다는 점을 인지하여 스스로 조절하고 미리 준비하도록 돕는다.

화장실 이용순서 그림이 부착되고
유아의 미술작품으로 장식된 화장실(만 5세)

### 3) 부모와의 의사소통

유아의 배변습관이 변화하는 것은 질병의 신호일 수 있다. 만약 이러한 점이 관찰된다면 교사는 부모에게 알려야 한다. 이사, 동생의 출생, 부모가 부재중일 때와 같은 일련의 정서적 위기를 초래할 수 있는 상황들은 배변학습과 습관을 방해할 수 있다.

부모는 교육기관에서의 유아의 행동에 변화를 초래할 만한 사건, 특히 배변, 먹기, 잠자기와 관련한 사건이 있을 경우에는 교사에게 알려야 한다.

유아는 평균 3세까지 밤에 이부자리를 적신다. 잠자기 전에 화장실에 다녀오게 하고 깨는 즉시 화장실에 가게 하는 것은 이러한 실수를 줄일 수 있는 방법이다.

# 2절 신체의 청결

청결과 건강은 불가분의 관계를 지니고 있다. 교사는 유아들이 신체의 청결을 유지할 수 있도록 도와주고, 유아들에게 자신의 신체를 청결히 하는 방법과 위생에 관한 기본규칙을 따르게 함으로써 자신의 건강을 돌보는 방법을 배우게 해야 한다. 예를 들어, 위생상의 부주의가 감기를 퍼뜨리게 할 수 있으므로 손 씻기, 손을 코와 입에 대지 않게 가르치는 것은 유아교육기관에서 감기의 발생을 상당히 감소시킬 수 있다.

## 1. 영아의 목욕

유아의 연령이 어릴수록 씻기는 데 세심한 주의와 기술을 요한다. 특히 영아에게는 걸음마기 유아나 유아와는 다른 기술이 요구된다. 영아를 씻길 때 고려할 점은 다음과 같다(이상원, 1998; Maxim, 1985).

- 영아를 목욕시키는 것은 몸을 깨끗하게 해 주는 것 이상의 의미를 지닌다. 즉, 이는 아기에게 애정을 전해 주는 시간이 된다. 따라서 성인은 아기에게 이야기를 하고 노래를 하는 등의 방법으로 목욕하는 시간이 즐거운 시간이 되게 해야 한다. 씻기면서 각 신체부위에 관해 이야기하는 것은 언어발달을 돕는다.
- 성인은 영아를 목욕시키기에 앞서 손을 깨끗이 씻으며, 손톱은 짧게 하고 반지나 시계, 귀걸이, 목걸이 등은 풀어 둔다.
- 아기를 목욕시킬 때, 실내온도는 23~27℃ 정도가 적당하며, 목욕물의 온도는 약 38~39℃가 적당하다. 어른의 팔꿈치나 팔목을 목욕물에 넣었을 때 기분 좋을 정도로 따뜻하면 된다. 또한 목욕하는 동안 물이 식을 수 있으므로 뜨거운 물을 보충하여 물의 온도를 중간 중간 조절한다.

- 감기 등의 질병을 앓고 있을 때, 몸에 열이 있을 때, 수유 직후 등에는 목욕을 시키지 않는 것이 좋다.

보통 출산 후 1~3시간 내에 첫 목욕을 시킨다. 탯줄이 떨어질 때까지는 물수건이나 약솜으로 목욕을 시키는 것이 좋으며, 몸통은 부분 목욕을 시키고, 소독용 알코올로 배꼽을 소독한다. 생후 약 2주가 지나면 탯줄이 떨어지게 되는데 이때부터는 아기를 목욕통 속에서 씻긴다(보건복지부 · 한국보건사회연구원, 2000; 이상원, 1998).

출생 후 몇 달이 지나면 아기는 물속에 있는 것에 더 많은 흥미를 느끼게 되며 이때쯤에는 욕조에서 목욕을 시작해도 된다. 어떤 영아는 욕조의 물이 빠져나가는 것을 보고 두려움을 느끼므로 욕조에 대한 영아의 두려움을 예방하기 위하여, 욕조의 물마개를 빼내기 전에 먼저 아기를 욕조에서 다른 장소로 옮겨 놓는 것이 좋다. 또 어떤 영아는 머리를 감는 것에 두려움을 느낀다. 아마도 자신들에게 일어나는 일이 무엇인지 볼 수 없기 때문일 것이다. 그러므로 유아의 머리 앞쪽에 거울을 놓고 비누거품이 이는 모습을 보여 주는 것은 머리 감는 일을 즐거운 경험으로 만들 수 있다.

목욕통에서 영아를 목욕시키는 방법은 다음과 같다.

① 목욕통 바닥에는 깨끗한 목욕수건이나 미끄럼 방지 깔판을 깔아 아기가 목욕 도중 미끄러지지 않도록 한다

아기를 목욕통에 넣기 전에 기저귀만 제외하고 옷을 전부 벗긴다. 계절이나 실내온도에 따라서는 체온유지를 위하여 아기의 몸에 수건을 둘러 주고, 한 손으로는 목을 다른 한 손으로는 엉덩이를 받쳐 안는다.

② 얼굴을 씻기고 머리를 감긴다

- 눈: 아기의 머리를 한 손으로 받치고 소독된 솜을 물에 적셔 짠 다음, 눈 주위를 코 쪽에서 귀 쪽으로 닦는다. 양쪽 눈은 각각 다른 솜으로 닦으며, 이때 눈 속을 닦아서는 안 된다.

- 코: 물에 적신 약솜으로 코 바깥쪽을 살짝 닦는다. 코를 닦을 때는 물이 코 속에 들어가지 않도록 주의해야 하며 약솜을 코 속에 넣어 닦거나 후벼서는 안 된다.
- 귀: 물에 적신 부드러운 목욕수건으로 귀 바깥쪽과 뒤쪽을 닦는다. 물이 귀에 들어갔다고 염려가 될 때라도 자연히 마르므로 귓구멍을 후비거나 닦아 주어서는 안 된다.
- 얼굴: 부드러운 목욕수건을 물에 적셔 얼굴을 닦아 준 다음 다시 부드러운 마른 수건으로 물기를 닦아 준다.
- 머리: 아기를 안고 한쪽 팔로 아기의 등과 머리를 받친 후, 아기의 머리를 조금씩 뒤로 젖혀 물이나 비눗물이 아기의 얼굴로 흘러내리지 않게 한다. 귀로 물이 들어가는 것을 막기 위해 엄지와 약지로 아기의 양쪽 귓밥을 지그시 올려 눌러 귀를 막는다. 그런 후 머리를 적신 다음, 손바닥에 베이비 샴푸나 비누를 이용해 거품을 내어 아기의 머리에 바르고 손을 원형으로 돌리면서 부드럽게 머리를 닦아 준다. 맑은 물이 나올 때까지 머리의 비눗물을 닦아 내고 마른 수건으로 머리를 말려 준다.

③ 기저귀와 몸을 두른 수건을 벗기고 아기를 조심스럽게 목욕통에 넣는다

성인의 한 손을 아기의 어깨 아래에 넣으며 손가락으로는 어깨와 겨드랑이를 잡는다. 다른 손으로는 아기의 엉덩이를 받쳐 들고 손가락으로는 오른쪽 허벅지를 잡는다. 발부터 천천히 목욕통 속에 넣는다.

④ 몸을 닦는다

한 손으로 아기의 머리와 상체를 잡고, 다른 손으로 목, 가슴, 배 겨드랑이 등을 비누칠한 다음 깨끗한 물로 씻어 낸다. 이때 턱밑, 겨드랑이, 가랑이 등 피부가 겹치는 곳을 잘 닦아 준다. 아기를 반대로 붙들고 등을 닦아 준다. 다음으로는 외음부를 닦아 준다. 외음부를 닦을 때는 약솜을 사용하여 앞쪽에서 뒤쪽으로 닦아 주며 한 번 사용한 약솜은 버린다. 마지막으로 다리를 닦고 깨끗한 물로 헹구어 낸다.

⑤ 아기를 목욕통 밖으로 들어낸다

따뜻하고 부드러운 수건에 눕히고 몸에 묻은 물기를 닦아 준 다음 깨끗한 옷을 입힌다. 머리를 빗겨 주고, 귀 바깥 부분의 물기를 잘 닦아 준다. 젖을 먹이고 재운다.

⑥ 필요한 경우 아기용 로션이나 파우더, 오일을 바른다

아기의 피부는 부드러워 아무것도 바를 필요가 없으나 의사의 지시에 따라 아기용 로션이나 파우더, 오일을 바를 수 있다.

## 2. 손 씻기

### 1) 유아

유아들이 손을 씻어야 할 때는 화장실 사용 후, 음식을 먹거나 다루기 전, 점토 · 목공 · 미술 · 실외 놀이 등 더러운 것을 만지는 활동적 놀이 후, 낮잠에서 깨어난 후 등이다.

손 씻기 방법의 지도에서는 무엇보다도 일상생활에서 성인이 친절하게 손 씻기를 상기시켜 주는 것이 기초가 된다. 이는 청결습관을 발달시키고 건강하게 생활

하는 데 도움을 준다. 즉, "손을 씻고 와서 간식을 먹자." "조금 전까지 같이 만들기를 했는데 언제 이렇게 손이 깨끗해졌지?" "손이 참 보송보송하구나."와 같은 언어적 표현은 유아들의 손 씻기를 격려할 수 있다. 또한 유아교육기관에서의 생활을 안내하는 학년 초기의 교육내용 중에 손 씻기 방법과 시기에 대한 형식적 교육을 포함한다. 즉, 이야기 나누기, 시범, 노래(예: 손을 씻어요) 등의 활동을 통하여 가르치며, 이때의 기본 교육내용을 기준으로 하여 연중 유아들의 씻기 행동을 관찰, 강화하고 평가를 통하여 재교육한다.

손을 씻는 기본적인 방법은 다음과 같다.

① 담겨진 물은 병원균을 퍼뜨리므로 흐르는 물에 손을 적시고 비누를 사용하여 씻는다. 비누는 가능하면 액체비누를 사용한다.
② 약 15초간 손을 문지른다. 이 마찰로 인해 병원균이 제거된다.
③ 손목부터 손등, 손바닥, 손가락 사이, 손톱 밑까지 구석구석 문지르며 깨끗이 씻는다.
④ 흐르는 물에 손목에서부터 손가락 끝의 방향으로 손을 완전히 헹군다.
⑤ 수건으로 물기를 닦는다. 가능하면 유아교육기관에서는 종이수건을 사용하는 것이 위생적이다.
⑥ 사용한 종이수건으로 수도꼭지를 잠근다. 더러운 손으로 돌렸던 수도꼭지 역시 더럽혀진 상태로 있기 때문에 깨끗이 닦은 손으로 만지지 않는다. 종이수건은 뚜껑이 있으면서 발로 밟는 페달이 있는 휴지통에 손을 사용하지 않고 버린다.
⑦ 필요하면 손에 로션을 발라 손이 건조해지거나 갈라지는 것을 막는다.

화장실, 부엌, 기저귀 가는 곳 등에 교직원과 유아들에게 손을 씻도록 상기시키는 자료를 붙인다. 예를 들어, 손 씻기 방법을 안내하는 이야기 나누기에서 사용하였던 그림 자료를 화장실 입구에 게시한다. 또 손을 씻는 모습을 나타낸 그림 자료를 세면기 위에 연중 부착할 수 있다.

영아와 걸음마기 아이에게는 성인이 이상과 같은 절차에 따라 손을 씻어 주거나 손 씻는 것을 도와주도록 한다.

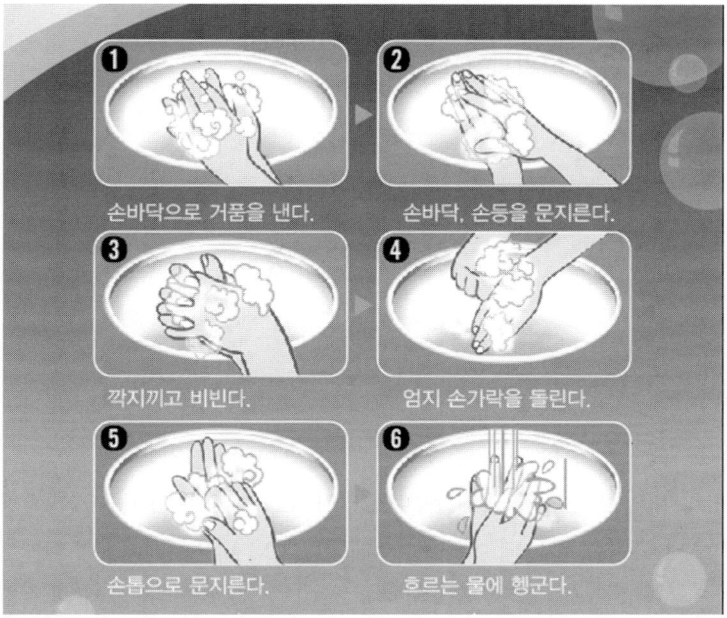


세면대 근처에 부착해 놓은 손 씻기 지도 그림 자료

• 출처: 식품의약품안전청. 식중독예방대국민홍보사이트(http://fm.kfda.go.kr)

### 2) 교 사

교사도 자신과 유아들의 건강을 위하여 청결에 유의하여야 한다. 교사가 손을 씻어야 할 때는 다음과 같다.

- 기관에 도착한 다음
- 음식을 준비하거나 먹기 전
- 유아에게 음식을 먹이기 전
- 화장실을 다녀온 후, 또는 유아의 화장실 사용이나 배변을 도와준 후
- 기저귀를 갈아준 후
- 신체에서 나온 분비물을 다룬 후, 즉 피, 고름, 토사물을 만지거나 치운 후, 어린이의 코를 닦아 준 후, 더럽혀진 옷을 다룬 후 등
- 상처를 만지거나 처치한 후

- 동물을 다룬 후
- 기타 이유로 손이 더러워졌을 때

## 3절 치아건강

치아건강은 건강을 유지하는 데에 핵심적인 부분이다. 건강한 치아는 좋은 영양, 올바른 발음, 긍정적 자아형성을 위해 필요하다. 치아는 생후 6~7개월부터 나기 시작하여 약 2~3세가 되면 유치 20개가 모두 나오게 된다. 32개의 영구치는 6세에서 13세 사이에 나는데 아래 제일 대구치부터 나며 유치는 빠지는 순서대로 대치된다. 유치의 경우 '빠질 치아이므로 썩어도 된다.' 고 생각하는 경우가 있는데 이는 잘못된 인식이다. 왜냐하면 유치의 건강은 씹기 능력 및 이를 통한 소화능력의 형성, 영구치의 공간 확보, 턱뼈의 정상발육, 언어발달에 중요한 영향을 미치기 때문이다(장영일, 1989).

충치는 식습관, 생활환경, 문화 정도, 영양, 체질 등이 그 원인이 된다. 충치의 예방을 위해서는 당분 섭취의 제한, 유아의 영양 향상, 임신부의 영양 향상, 구강청결, 치석 제거, 불소 도포 등의 방법이 사용되어야 한다.

치아 관리는 태어나면서부터 특별한 관심과 함께 실행되어야 한다. 치아 관리를 위한 유아교육기관에서의 교육은 치아의 중요성을 인식시키고 치아 관리를 위한 바람직한 위생습관을 증진시키며, 치아를 위한 바람직한 영양, 치아 손상을 예방하기 위한 적절한 치아 관리를 포함한다. 치아건강에 도움이 되는 식생활, 이닦기와 같은 위생의 실천, 규칙적인 치과 검진, 치아건강교육을 중심으로 치아 관리의 내용을 살펴보면 다음과 같다.

## 1. 건강한 치아를 위한 식생활

단백질, 칼슘과 불소의 적당한 섭취는 치아의 건강을 도모한다. 치아건강은 태내기부터 영향을 받는다. 출생 전과 후의 치아건강을 위한 바람직한 식생활은 다음과 같다(한정석, 황옥남, 1988; Aronson, 1991; Kendrick et al., 1991).

### 1) 임신부

- 영양이 부족한 임신부가 출산한 태아에게는 충치가 많이 발생한다. 그러므로 임신부는 치아건강에 도움이 되는 칼슘, 인, 비타민, 불소를 충분히 섭취해야 한다.
- 임신 중 약이나 항생제 복용을 삼간다. 이는 태아의 치아색이나 법랑질을 악화시킬 수 있다.

### 2) 유 아

- 영양가 높은 식사와 무기질의 섭취로 건강한 체력을 유지시켜 구강내 질환을 예방할 수 있다. 특히, 칼슘, 비타민 A, 비타민 D의 섭취가 중요하다. 또한 출생시부터 불소가 함유된 물을 먹었을 때 충치는 50% 감소하는 효과를 보인다. 수도에 불소가 함유되지 않은 경우, 치아에 직접 불소를 도포하는 방법도 있다.
- 너무 부드러운 음식만 먹지 않도록 한다. 음식을 씹을 때 나오는 타액은 음식을 씹을 때 잇몸을 마사지하여 청결하게 한다.
- 당분이 많이 함유된 식사와 간식은 가능한 한 제한하며 먹은 다음에는 곧바로 이를 닦는다.
  - 꿀과 같은 자연적인 당분도 치아에는 해롭다.
  - 캐러멜같이 끈적끈적한 당분은 이에 오래 붙어 남아 있으므로 특히 더 해롭다.
  - 건포도나 대추와 같이 달고 끈적끈적한 과일은 식사와 함께 먹는 것이 충

치예방에 도움이 된다.

- 단것을 제한하는 것이 좋지만 먹어야 한다면 짧은 시간에 모두 먹는 것이 오랫동안 하나를 먹는 것(예: 딱딱한 사탕을 20여 분 먹는 것)보다 낫다. 당분은 유동성 당분이 더 나으며 오후보다는 오전에 먹는 것이 더 낫다.
- 유아의 행동에 대하여 사탕이나 기타 단것으로 보상하지 않는다.

• 간식을 자주 먹지 않는다. 빈번하게 간식을 먹는 것은 치아에 음식이 붙어 있는 시간이 그만큼 많아지게 되므로 충치를 유발할 수 있다.
• 아기들이 잠자리에서 우유병이나 과일 주스 및 기타 단 음료가 든 젖병을 물고 자지 않도록 한다. 이러한 음료를 오랜 시간 동안 치아에 닿게 할 경우, 치아건강에 해롭다.

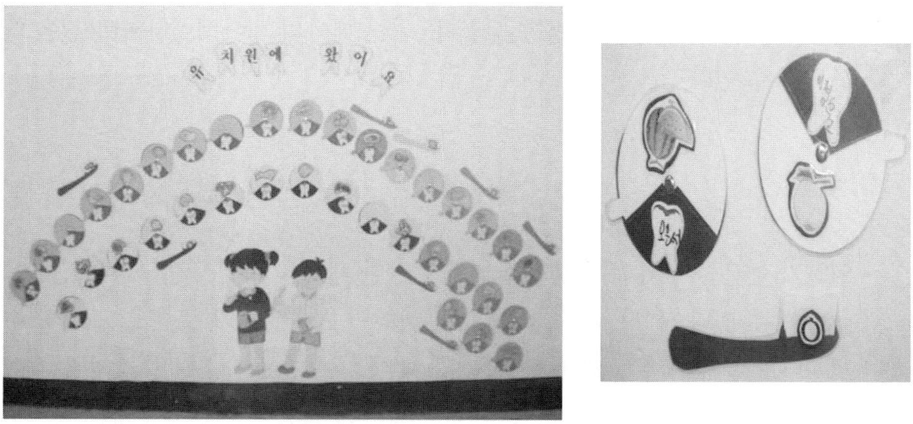

유아교육기관에 부착해 놓은 이 닦기 표시판 및 개인별 표시를 확대한 사진

## 2. 이 닦기

### 1) 영 아

영아의 이에 붙은 음식 조각을 떼어 내기 위해 손가락 사이에 젖은 거즈를 끼우고 닦아 낸다. 거즈에 온수 또는 1~2%의 붕산수를 묻혀 잇몸, 이, 구강점막을 깨끗이 닦아 준다. 2세 미만의 영아들을 위한 실리콘 칫솔도 시판되고 있다.

### 2) 걸음마기 유아

만 2~2.5세 정도가 되면 이를 닦는 방법을 배우기 시작할 수 있다. 2세 정도면 칫솔 사용이 가능한데 이때는 부모가 무릎에 뉘여서 닦아 주는 것이 좋다(대한소아치과학회, http://www.kapd.org). 교사와 부모는 유아가 이 닦기를 학습하는 데 흥미를 가질 수 있도록 다음의 절차를 따른다(Marotz et al., 2005).

- 유아가 좋아하는 색의 작고 부드러운 칫솔을 준비한다.
- 유아가 손쉽게 잡을 수 있는 위치에 칫솔을 보관한다.
- 유아가 세면대에 닿을 수 있도록 발판을 준비한다. 이때 유아가 미끄러지거나 넘어지는 것을 방지하기 위하여 성인이 근처에서 감독을 해야 한다.
- 유아에게 이 닦는 시범을 보인다.
- 유아가 적어도 하루에 2회, 즉 아침과 잠자리에 들기 전에 이를 닦도록 격려한다.
- 유아가 자신이 이를 닦을 때마다 표시할 수 있는 간단한 차트를 걸어 둔다. 이는 규칙적인 이 닦기 습관을 강화하는 방법이 될 수 있다.

유아가 처음으로 스스로 이 닦기를 시작할 때 성인은 모든 곳이 깨끗하게 닦여졌는지를 살펴보아야 한다. 너무 일찍부터 혼자 이를 닦아 온 어린이의 충치발생률이 높은 편이므로 부모는 매일 한 번 정도 유아가 양치를 한 후 덜 닦여진 곳을 닦아 주도록 한다.

### 3) 유 아

유아들은 성인이 약간만 도와주어도 이를 닦을 수 있다. 비록 이들의 이 닦는 기술이 완전하지 못할지라도 유아기는 이 닦기 습관을 형성하는 시기이므로 꾸준히 지도해야 한다. 앞서 걸음마기 유아들이 처음 이를 닦을 때 강화 도구로 사용하도록 권한 이 닦기 표시판은 유아교육기관에서 유용하게 사용될 수 있다. 예를 들어, “아침에 이를 닦고 왔나요?”를 주제로 하여 그림 표시판을 준비하고 이를 닦고 온 유아가 아침에 등원하면서 이를 닦고 온 여부를 표시하게 함으로써 아침에 이를 닦는 습관을 기르는 데 도움을 줄 수 있다('5부 13장 건강교육의 실제' 참조).

불소함유 치약은 치약을 먹지 않을 만큼 성장할 때까지는, 즉 약 3세경까지는 사용하지 않도록 한다. 3세가 넘으면 불소가 함유된 치약을 소량 사용하며 치약을 뱉어 내도록 한다.

또한 유아들에게 이를 닦고 나서 다음 번 이 닦기가 이루어지기 전까지 이를 청결하게 유지하는 대안을 가르칠 수 있다. 음식을 먹은 후 물로 입을 헹구어 내거나 사과 · 당근 · 셀러리와 같이 치아에 자연적으로 청결작용을 하는 날 음식을 먹는 방법 등이 포함된다.

잇솔질은 치아와 잇몸을 건강하게 유지하기 위한 가장 손쉽고 효과적인 방법으로 제시되고 있다. 올바른 잇솔질에는 여러 가지 방법이 추천되고 있으나 정상적인 구강 상태에서는 비교적 배우기 쉽고 효과가 있는 회전법이 권장되고 있다. 칫솔 털의 옆면을 잇몸 쪽으로 향하게 하여 잇몸에서 치아가 난 방향, 즉 씹는 면이 위치한 방향으로 서서히 회전시키며 닦는 것으로 한 부위에 10회 정도는 닦도록 제시되고 있다. 또한 이를 닦는 일정한 순서를 각자 정하여 잇솔질을 할 때마다 순서에 따라 시행하도록 하는 것이 좋은 방법으로 권장되고 있다(대한소아치과학회, http://www.kapd.org; 충치예방연구회, http://www.dentia.org). 적절한 이 닦기 절차는 다음과 같다.

① 이와 잇몸이 접하는 곳에서 칫솔의 털을 45도 각도로 향하게 한다.
② 이와 잇몸이 접하는 곳에 칫솔 털을 놓고 짧게, 회전식으로 이의 안과 밖을 닦는다. 즉, 윗니는 위에서 아래로, 아랫니는 아래에서 위로 손목을 돌려 칫솔의 탄력을 이용하여 털어 내듯 닦는다. 잇몸, 씹는 면, 혀도 닦는다. 다음과 같이 각자 일정한 순서를 정하여 닦는다.

- 윗니 오른쪽 어금니 뺨쪽 면
- 윗니 앞쪽 입술 면
- 윗니 왼쪽 어금니 뺨쪽 면

- 윗니 왼쪽 어금니 안쪽
- 윗니 앞면 입 천장 면
- 윗니 오른쪽 어금니 안쪽
- (아랫니도 같은 순서로)
- 씹는 면과 잇몸, 혀

앞니의 안쪽 면은 칫솔을 세워서 안쪽에서 바깥쪽을 향해 큰 원을 그리듯이 훑어 주며 닦고 어금니의 씹는 면은 앞뒤로 왕복운동을 하면서 각 부위마다 10번씩 닦아 준다(대한소아치과학회, http://www.kapd.org; 충치예방연구회, http://www.dentia.org).

또는 유아의 이는 크기가 작으므로 아랫니 · 윗니를 맞물리게 하고 바깥쪽 면을 먼저 닦은 뒤 이의 안쪽 면을 닦을 수 있다. 이때 바깥쪽 면의 이는 칫솔을 둥글게 돌려 가며 닦도록 한다.

칫솔은 사용 후 세치제와 음식물 찌꺼기가 남아 있지 않게 깨끗이 닦은 후 바람이 잘 통하는 곳에 칫솔 머리가 위로 향하게 하여 보관한다. 다른 칫솔의 털과 접촉되지 않게 보관하며 항상 제자리에 정리하도록 한다. 2개의 칫솔을 번갈아 사용하는 것도 좋은 방법이며 낡은 칫솔은(약 2~3개월마다) 즉시 교체한다. 감기 등의 질병을 앓고 난 후에는 새 칫솔로 바꾸어 세균으로 인한 재감염을 막는다(대한소아치과학회, 충치예방연구회).

## 3. 규칙적인 치과 검진

치아건강에 있어서 매일 좋은 영양을 섭취하고 이를 닦음으로써 치아 위생에 주의를 기울이는 것은 무엇보다 중요하다. 덧붙여 정규적인 치과 검진을 통한 치아관리는 치아건강에 기여한다. 일상적인 점검을 통하여 의사는 유아의 이 닦는 기술과 식생활, 이 갈기, 손 빨기 등 치아건강에 영향을 미칠 수 있는 개인적인 습관을 점검한다.

유아의 첫 번째 치과 방문은 치료를 요하는 상태가 아닐 때 즐거운 경험으로 이루어져야 한다. 이가 아플 때 처음 방문하게 되면 치과와 치과의사에 대한 부정적 인식과 두려움을 갖게 된다. 치과에 대한 첫 방문은 2~3세 사이, 즉 유치 20개가 다 나왔을 무렵에 이루어질 수 있다. 이 시기는 별로 치료가 필요하지 않은 시기로 유아와 의사는 편안하고 느긋한 분위기에서 관계를 맺기 시작할 수 있다. 이러한 긍정적인 경험은 치아 관리에 대한 긍정적인 태도를 길러 주고 두려움 없이 앞으로의 치과 진료를 기대하도록 도울 수 있다. 6개월에서 12개월의 간격으로 정기적으로 치과 검진을 받도록 한다. 검진에서는 정기적인 치석제거와 불소 도포를 통하여 충치를 예방한다.

## 4. 치아건강을 위한 교육

유아교육기관에서는 일상적인 하루일과와 계획된 학습 경험을 통하여 유아의 치아건강을 유지, 증진시킬 수 있도록 교육한다. 여기에는 토론, 이야기 나누기, 실험, 실제로 이를 닦는 것, 노래, 관련 도서와 동화 감상, 역할 놀이, 이 닦기 표시판의 활용 등 다양한 활동이 포함될 수 있다. 유아교육기관에서 적용할 수 있는 활동의 예는 다음과 같다('5부 13장 건강교육의 실제' 참조).

① 유아교육기관에서 이 닦기 활동을 시작하면서 치아 관리에 대한 토론을 시작할 수 있다. "우리에게 왜 이가 있을까?" "이가 하는 일은 무엇일까?" "깨끗한 이를 가지려면 어떻게 해야 할까?" 등에 대하여 토론할 수 있다. 유아교육기관에서 식사 후, 간식 후에 실제로 이를 닦게 하는 것은 치아를 청결하게 관리하고, 생활습관 형성을 도우며, 건강에 대한 개념을 소개하는 좋은 기회가 된다. 즉, 칫솔을 잡는 법, 이를 닦는 방법을 소개하며, "이를 닦으면 입 안이 시원해지는 느낌이 들 거야. 그리고 잇몸도 건강해질 거야."와 같은 대화를 통하여 자연스럽게 다양한 어휘를 소개할 수 있다.

② 이를 닦는 올바른 방법에 대하여 이야기 나누기, 노래 등의 활동을 통하여 지도한다.

③ 유아교육기관에서 실제로 이 닦기가 이루어질 경우 개인 칫솔을 사용하며

깨끗이 보관해야 한다. 각 칫솔마다 이름을 붙이고 개인 용기나 선반 등의 깨끗한 장소에 보관해야 한다. 털이 작고 부드럽고 둥근 칫솔을 사용하게 하며 약 2~3개월마다 한 번씩 바꾸어 준다. 유아들이 올바른 방법으로 이를 닦는지 살펴보고 필요한 경우 개별적으로 적절한 도움을 주거나 전체적으로 재교육 및 평가가 이루어질 수 있도록 한다.

④ 이를 뺀 경험은 효과적인 학습 경험으로 활용될 수 있다. 즉, "왜 이가 빠졌을까?" "다음에는 어떤 일이 일어날까?" 와 같은 내용으로 이야기 나누기를 진행한다.

⑤ 치아건강과 관련된 전문가의 유치원 방문을 계획하여 교육의 기회로 활용한다. 치과의사나 치위생사는 정확한 칫솔 사용법의 시범을 보여 줄 수 있고, 건강한 치아 관리의 중요성에 대하여 실감나게 유아들과 대화할 수 있다. 유아가 첫 번째 치과 진료를 받기 전에 의사가 유아교육기관을 방문하여 유아들과 만나는 것은 유아들의 치과에 대한 두려움을 감소시킨다. 전문가를 유아교육기관에 방문하게 하는 것이 가능하지 않으면 자연스러운 대화, 치과 거울의 사용, 역할 놀이, 필름, 책 등을 통하여 유아가 편안한 치과 방문을 준비하도록 도울 수 있다. 전문가의 방문 후, 교사는 의자, 플래시, 가운, 막대기, 거울 등의 소품을 준비해 주어 극화 놀이가 활성화되도록 돕는다.

⑥ 치아건강과 영양과의 밀접한 관련성, 즉 치아에 좋은 음식과 나쁜 음식에 대

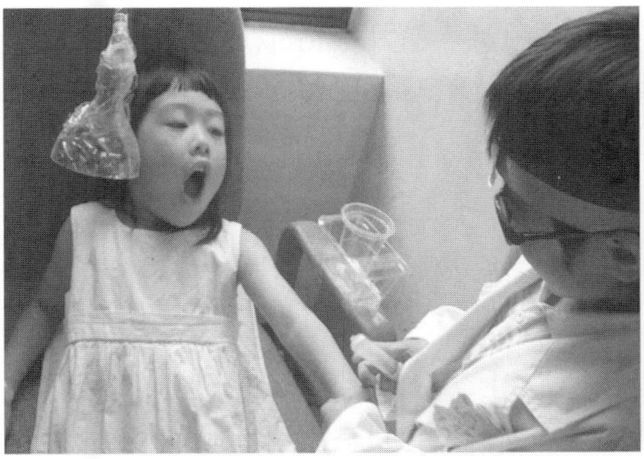

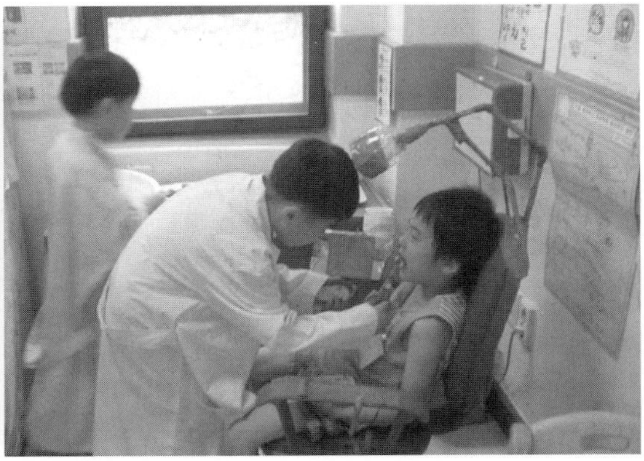

치과를 구성하여 역할놀이를 하고 있는 유아들

한 이해와 이를 식별할 수 있는 능력을 향상시켜 일상생활에서 반영할 수 있도록 돕는다. 이는 일상생활과 토론, 실험, 개념형성을 돕는 교구의 조작 등의 활동을 통하여 경험하게 한다. 먼저 교육기관에서 제공하는 식사나 간식에서 영양상 균형을 이루게 한다. 신선한 과일, 야채, 우유, 무가당 주스를 비롯하여 멸치, 콩, 두부와 같이 치아건강에 좋은 식품을 조리 방법과 제공 방법을 변화시켜 의도적으로 첨가한다.

또한 이에 좋은 음식, 나쁜 음식에 대하여 이야기 나누기, 그룹 게임, 조작놀이 교구, 이가 썩는 과정에 대한 실험 등의 활동을 통하여 영양의 중요성을 경험할 수 있도록 한다.

# 4절 휴식과 낮잠

## 1. 휴식과 낮잠의 필요성

수면과 휴식은 하루 일과에서 가장 중요한 부분의 하나다. 휴식과 낮잠은 유아의 신체적 · 심리적 활동 후에 유아의 몸을 회복시켜 준다. 또한 피로가 누적되는 것을 방지하고 몸과 마음을 이완시키는 기회를 제공한다.

수면에 대한 요구와 현상은 일생 동안 변화한다. 유아들은 급속하게 성장하므로 잠이 많이 필요하다. 18개월 된 유아는 하루에 거의 16시간의 잠이 필요하다. 2세 된 유아는 12시간, 3~4세 유아는 11.5시간, 5세 된 유아는 11시간 정도의 수면을 필요로 한다. 낮잠은 휴식의 기회를 제공하는 것과 더불어 이러한 평균 수면에 대한 요구를 충족시키도록 돕는다.

불충분한 휴식과 잠은 피로를 유발하는 주된 원인이며 이는 유아의 성장과 사회적 관계를 방해한다.

교육기관에서 유아들의 피로는 활동량이 많은 것에서도 기인한다. 또한 주변 환경이 유아들을 자극하여 쉽게 지치게 한다. 즉, 다른 유아들과의 계속적인 접촉, 다양한 활동, 집단 환경에서의 사람의 수, 그리고 집단 내의 여러 사람들의 행동과 목소리는 유아들을 지치게 하는 요인이 된다. 이외에 스트레스, 부적절한 영양, 더운 날씨, 휴식을 요하는 신체상태 등의 이유로 피로해진다.

피로는 유아들마다 다양한 형태로 표현된다. 까다롭게 굴기, 주의산만, 울음, 상황에 과잉반응하기, 다른 유아와 성인을 방해하는 행동, 무관심, 멍함, 비활동성 혹은 과잉활동성 등으로 나타난다. 그러므로 피로를 피하고 새로운 활력으로 다음 활동을 실행하기 위하여 수면, 휴식, 활동에 있어서 개별화된 프로그램이 필요하다.

## 2. 휴식과 낮잠시간의 계획

### 1) 유아의 연령에 따른 계획

3세까지는 유아교육기관 내에서도 부분적인 수면이 반드시 필요하다. 3세쯤 되면 어린이는 낮잠시간에 잘 잠들지 못하지만 낮잠시간을 전혀 주지 않으면 저녁 무렵에 피곤하여 칭얼거리는 등의 행동을 보이게 된다. 그러나 3~5세 유아는 대개 필요한 수면을 밤에 모두 취한다. 이러한 유아의 경우, 유아교육기관에서의 휴식이나 낮잠은 1일 수면시간의 충족보다는 왕성한 활동으로 인한 피로를 풀고 정서적인 안정을 기하기 위한 것이다.

영아와 유아의 수면에는 성인의 특별한 주의가 요구된다. 특히 유아가 장시간 유아교육기관에 있을 때는 더욱 그러하다. 가정에서든 기관에서든 잠자는 일과는 애정 어린 보살핌으로 돌보아져야 한다. 수면에 대하여 성인은 다른 일상생활 활동과 마찬가지로 유아의 개별적인 요구를 알고 이에 맞추어 잠과 휴식의 단계를 설정할 수 있어야 한다. 성인은 개별화된 계획으로 영아의 요구에 부합할 수 있다.

영아들은 먹기, 자기, 기저귀 갈기, 놀기, 먹기, 자기, 놀기 등의 반복적이면서도 안정성이 있는 일과에 편안함을 느낀다.

교사는 먹은 것, 낮잠 및 대변시간을 기록한 짧은 보고서를 작성하여 부모에게 제시하며, 이는 부모가 그날의 남은 시간 동안 유아를 돌보는 데 도움이 될 수 있다.

영아를 기관에 보내는 부모들은 자신들이 아기와 함께 놀아 줄 수 있는 저녁 늦게까지 아기를 깨어 있게 하는 생활패턴을 유지하기도 한다. 이러한 패턴은 영아가 그렇게 활동적이지 않을 때는 별 문제가 없을 수 있다. 그러나 걸음마기인 경우에는 적절하지 않다. 왜냐하면 걸음마기 유아는 또래와 활동적으로 놀기 시작하는 단계로 전날 너무 늦게 잠자리에 들어 지치게 되면 낮 동안 일상생활에서 쉽게 좌절할 수 있기 때문이다. 교사는 이러한 문제를 발견할 수 있어야 하며 만족한 해결을 도출할 수 있도록 부모와 이야기할 필요가 있다('잠자는 시간을 행복하게 하기 위한 10가지 지침' 참조).

일반적으로 약 5세까지도 낮잠은 필요하지만 집에서 밤에 잘 잤고 하루 일과를 편안하게 보내고 휴식을 충분하게 했다면, 오후 낮잠을 자지 않으려고 할 수 있

### 잠자는 시간을 행복하게 하기 위한 10가지 지침

1. 규칙적인 시간에 잠자리에 들게 한다.
2. 수면시간을 결정함에 있어서 교육기관에서 가진 활동의 종류와 낮잠의 양을 고려한다.
3. 잠자리에 들 때가 되었음을 유아가 알 수 있도록 돕는 정규적이고 규칙적인 일련의 사건들을 설정한다. 예를 들어, 조용한 게임, 목욕, 책 읽어 주기, 노래하기, 화장실 다녀오기, 물 마시기, 이부자리에 들어가기, "잘 자."라고 말하기와 같은 잠잘 시간이 다가오고 있음을 느끼게 하는 일련의 활동들을 일과의 한 부분으로 순서대로 진행하는 것은 유아가 안정감 있게 잠잘 시간을 받아들이도록 도울 수 있다.
4. 잠자리에 들기 직전의 기간에는 최소한의 자극이 주어지는 것으로 활동들을 계획한다.
5. 빛과 어둠의 정도, 조명은 유아가 선택하게 한다. 즉, 불을 켜 놓은 채 잠이 들기를 원한다면 그것을 받아들인다.
6. 유아가 느긋해질 수 있도록 돕고 안정감을 느끼게 하는 유아들만의 습관을 받아들인다(예: 엄지손가락 빨기, 머리 꼬기, 담요를 끌어안기 등)
7. 유아가 잠이 들기까지 30분이나 그 이상이 걸릴 수도 있다는 점을 받아들인다.
8. 유아에게 이불을 덮어 준 뒤 방을 나오는 것보다는 유아가 긴장을 풀고 느긋해질 때까지 곁에 앉아서 자장가를 불러 준다.
9. 유아에게 잠자리에 들 때 밤에 오줌을 싸서 이부자리를 적시는 일이 없도록 하라는 훈계를 하지 않는다.
10. 유아가 잠잘 시간이 되거나 자고 있는 동안에는 가능하면 주변의 소음을 줄인다.

▷출처: Hildebrand (1985), pp. 152-153.

다. 이러한 경우, '잠' 대신에 '휴식'을 취하도록 함으로써 잠이 스트레스가 되지 않도록 한다.

### 2) 프로그램의 유형에 따른 계획

모든 유아들이 같은 방식, 같은 양의 휴식을 필요로 하는 것은 아니다. 그러나 모든 유아들은 휴식할 시간을 가져야 한다. 그러므로 유아교육기관의 프로그램은 자신이 선택한 방식으로 다른 사람을 방해하지 않을 정도의 시간 동안 휴식할 수 있는 융통성 있는 프로그램이어야 한다. 어떤 유아들은 어둡고 조용한 방에서 오랜 시간 동안의 낮잠을 필요로 할 수도 있다. 어떤 유아들은 간이침대에서 휴식을 하거나 책을 읽거나 조용히 놀잇감을 가지고 노는 것으로도 충분한 휴식을 취할 수 있다. 어떤 방법을 선택하든지 유아들은 휴식을 취할 수 있는 기회를 일정 시간 동안 가져야 하며 특히 종일제 프로그램이라면 필수적이다.

신체의 피로를 줄이고 휴식하게 하는 일차적이며 간접적인 방법은 일과의 활동을 균형 있게 계획하는 것이다. 즉, 활동적인 활동과 조용한 활동 간의 균형이 이루어져야 한다. 그리고 집중적이고 정밀한 활동 다음에는 보다 느긋한 활동이 따르게 함으로써 자연스럽게 심신의 피로를 줄여 주고 원기를 회복시켜 주도록 한다(일과 구성의 예 참조).

3~4시간 정도로 운영되는 반일제 프로그램에서는 조용한 활동과 동적인 활동의 균형을 이루는 것으로 휴식을 충족할 수 있으므로 대부분의 경우 따로 휴식시간을 가질 필요가 없다. 간식, 노래, 조용히 이야기 나누기, 동화, 동시감상 등의 활동은 유아들이 흥미 있는 활동을 하는 가운데서도 자연스럽게 휴식을 취하는 기능을 한다. 또한 자유선택활동 시간 중에는 모래놀이, 편안히 책을 보는 것, 듣기, 그림 그리기, 퍼즐 맞추기와 같은 활동들이 유아들에게 간접적으로 휴식을 제공할 수 있는 조용한 성격의 활동들이므로 유아가 피곤해 보인다면 교사는 이러한 활동들로 안내할 수 있다. 활동적인 실외 놀이를 하고 난 다음이라면 그늘에서 쉬거나 마당을 서서히 걸어 산책하거나 모래밭에서 조용히 놀거나 활동실의 언어영역의 소파나 다른 편안한 장소에 몸을 기대고 있는 것으로도 휴식의 기능을 다할 수 있다.

반일제 프로그램에서 하루 일과 중에 '휴식시간'을 배정하여 실시하는 형식적인 휴식은 이상에서와 같은 활동 간의 균형과 개인적 요구를 배려하는 가운데 이루어지는 자연스러운 휴식으로는 부족하다고 판단되는 경우 필요에 따라 선택한다. 즉, 유아들의 연령이 어리거나 더운 날씨로 인해 유아에게 휴식이 필요한 경우, 에너지를 많이 소모하는 활동을 한 후, 긴 휴가 후 등에는 간접적인 휴식을 병행한다. 이러한 경우, 일반적으로 활동적인 실내·외 활동 후에 15분 정도 휴식시간을 가질 수 있다. 이때 휴식용 깔개만으로도 만족스럽게 운영할 수 있다(표 10-1 참조).

**표 10-1 반일제 일과 구성의 예(만 3~4세)**

| 시간 | 활동 |
|---|---|
| A: ~ 9:00 | 등원 |
| 9:00~10:40 | 실내 자유선택활동<br>소그룹 활동을 병행(이야기 나누기, 노래, 율동, 게임) 등 학급당 인원수에 따라 2~3집단으로 분반 진행<br>개별간식(9시 40분경부터 자유선택활동 종료 10분 전까지) 병행 |
| 10:40~10:50 | 정리정돈 및 화장실 다녀오기 |
| 10:50~11:05 | 집단 활동(이야기 나누기 등) |
| 11:05~11:35 | 실외 자유선택활동 |
| 11:35~11:50 | 집단 활동(동화감상, 하루 일과 평가 등) |
| 11:50~ | 귀가 안내 및 지도 |
| B: ~ 9:00 | 등원 |
| 9:00~10:20 | 실내 자유선택활동<br>소그룹 활동을 병행(이야기 나누기, 노래, 율동, 게임) 등 학급당 인원수에 따라 2~3 집단으로 분반 진행<br>개별간식(9시 30분경부터 자유선택활동 종료 10분 전까지) 병행 |
| 10:20~10:30 | 정리정돈 및 화장실 다녀오기 |
| 10:30~10:45 | 집단 활동(노래, 이야기 나누기, 물놀이 계획·준비 등) |
| 10:45~11:25 | 실외 자유선택활동(물놀이 및 옷 갈아입기) |
| 11:25~11:40 | 휴식 |
| 11:40~11:50 | 동화감상 |
| 11:50~ | 귀가 안내 및 지도 |

표 10-2 시간 연장제 일과 구성의 예(걸음마기)

| 시간 | 활동 |
|---|---|
| 7:00~8:30 | 등원<br>기저귀를 갈거나 화장실 다녀오기, 개인적으로 놀이하기 |
| 8:30~9:00 | 아침 간식, 노래, 이야기, 손 유희 등 |
| 9:00~10:00 | 교사가 준비한 조작 놀잇감으로 놀이/기저귀 갈기나 화장실 다녀오기 |
| 10:00~11:00 | 오전 낮잠이 필요한 유아는 오전 낮잠을 자고, 다른 유아들은 실외 놀이<br>(잠에서 깨면 실외 놀이에 동참) |
| 11:00~11:45 | 점심 및 기저귀 갈기나 화장실 다녀오기 |
| 11:45~1:00 | 낮잠 |
| 1:00~2:00 | 유아들이 깨는 대로 기저귀 갈기나 화장실 다녀오기 및 조용한 놀이<br>(조작 놀잇감으로 놀기) |
| 2:00~2:30 | 간식, 노래, 이야기, 손 유희, 율동 |
| 2:30~ | 귀가 전까지 개인적인 놀이 |

• 출처: Decker & Decker (2005), p. 265.

시간 연장제나 종일제 프로그램에서는 정규적으로 휴식이나 낮잠 또는 기타 어떤 형태로든 긴장을 풀고 쉴 수 있는 시간을 일과 중에 포함하여야 한다(표 10-2, 표 10-3, 표 10-4, 표 10-5 참조). 모든 유아들이 잠을 잘 필요는 없으나 약 한 시간 동안 조용하고 심신을 이완시킬 수 있는 시간을 가져야 한다. 물론 휴식 및 낮잠 시간의 운영 길이는 대상 연령, 일과의 길이 등을 포함하는 프로그램의 특징에 따라 달라진다. 7~8시간 이상 운영되는 프로그램에서는 좀 더 여유 있는 하루 일과 구성과 함께 휴식 및 낮잠시간도 충분하고 여유 있게 운영하는 것이 유아들의 심신의 안정을 도모하는 방법이 된다.

프로그램의 특성에 따른 하루 일과 구성과 그에 따른 휴식 및 낮잠시간의 배치의 예를 살펴보면 다음과 같다.

표 10-3 시간 연장제 일과구성의 예(만 4~5세)

| 시간 | 활동 |
|---|---|
| ~ 9:00 | 등원 |
| 9:05~ 9:20 | 인사 나누기 및 일과 계획 |
| 9:20~10:30 | 실내 자유선택활동 및 자유간식 |
| 10:30~10:40 | 정리정돈 및 화장실 다녀오기 |
| 10:40~11:00 | 대 · 소집단 활동 |
| 11:00~11:30 | 실외 자유선택활동 |
| 11:30~11:50 | 대 · 소집단 활동 |
| 11:50~12:05 | 화장실 다녀오기 및 점심 준비 |
| 12:05~12:45 | 점심식사 및 조용한 놀이 |
| 12:45~ 1:10 | 휴식(및 낮잠) 화장실 다녀오기 |
| 1:10~ 2:00 | 실내 · 외 자유선택활동 및 정리정돈 |
| 2:00~ 2:20 | 대 · 소집단 활동 |
| 2:20~ 2:30 | 평가 및 귀가지도 |

표 10-4 종일제의 일과 구성(만 5세)

| 시간 | 활동 |
|---|---|
| ~9:00 | 유아 등원 및 맞이하기 |
| 9:00~9:20 | 인사 나누기, 일과계획 |
| 9:20~10:45 | 실내 자유선택활동 및 자유간식 |
| 10:45~10:55 | 정리정돈 및 화장실 다녀오기 |
| 10:55~11:15 | 집단활동(이야기 나누기, 게임, 음악 활동 등) |
| 11:15~11:50 | 실외자유선택활동 |
| 11:50~12:05 | 화장실 다녀오기 및 손씻기, 점심준비 |
| 12:05~1:00 | 점심식사 및 이 닦기, 조용한 놀이 |
| 1:00~1:20 | 대 · 소집단 활동(동화감상, 이야기나누기, 음악감상 등 조용한 활동) |
| 1:20~2:30 | 휴식 및 낮잠(유아의 특성과 선택 존중) |
| 2:30~2:45 | 화장실 다녀오기, 낮잠에 사용한 도구 정리 및 옷차림 등 정돈 |
| 2:45~3:10 | 대 · 소집단 활동(신체 활동, 게임, 동극 등) |
| 3:10~3:30 | 오후간식(집단간식) |
| 3:30~4:30 | 실내 · 외 자유선택활동 |
| 4:30~4:40 | 정리정돈 및 화장실 다녀오기 |
| 4:40~4:50 | 일과 평가 및 다음 날의 계획 |
| 4:50~5:00 | 귀가 준비 및 귀가 |
| 5:00~ | 귀가 시간까지 자유선택활동(개별, 소집단) |

* 8시간 이상의 프로그램에서 2시간 내외의 휴식 및 낮잠 시간을 갖는 것이 권장되나 만 5세 일과인 점과 우리나라의 일과 구성 경향을 반영하여 약 1시간으로 휴식 및 낮잠 시간을 구성하였음.

표 10-5 종일제 혼합연령 학급의 일과 구성(만 4, 5세 혼합)

| 시간 | 활동 |
|---|---|
| 8:30~10:30 | 등원, 실내 자유선택 활동, 간식 |
| 10:00~10:15 | 5세 소집단 활동(소집단 활동실) |
| 10:15~10:30 | 4세 소집단 활동(소집단 활동실) |
| 10:30~10:40 | 정리, 정돈 및 화장실 다녀오기 |
| 10:40~10:50 | 놀이 평가 |
| 10:50~12:00 | 실외 자유선택활동 |
| 10:50~11:05 | 4세 소집단활동(활동실) |
| 11:40~12:00 | 5세 소집단활동(활동실) |
| 12:00~12:10 | 점심식사 준비 |
| 12:10~1:30 | 점심식사하기 |
| 1:30~1:45 | 이야기 나누기(대) : 유치원 물놀이 안내 |
| 1:45~2:45 | 물놀이 및 실외 자유선택활동 |
| 2:45~4:00 | 휴식 및 낮잠 자기 |
| 3:20~4:40 | 실내 자유활동 및 간식(휴식 및 낮잠을 마친 유아가 개별적으로 활동을 시작) |
| 4:40~4:50 | 정리 정돈 및 화장실 다녀오기 |
| 4:50~5:00 | 동화감상(대) |
| 5:00~ | 귀가지도 |

• 출처: 이화여자대학교 사범대학 부속 이화유치원 편(2002). 이화유치원 교육과정. 교문사, p. 164.

## 3. 휴식과 낮잠시간의 운영

교사의 책임은 쉴 수 있는 적절한 분위기를 만들고 유아들이 필요로 할 때면 언제든지 안정되게 휴식을 취할 수 있도록 돕는 것이다. 비록 휴식이 모든 유아에게 필요한 것일지라도 많은 유아들은 필요성을 잘 느끼지 못하며 흥미진진한 놀이를 계속하고 싶어 휴식을 거부하기도 한다(Maxim, 1985). 다음의 지침은 휴식시간이 보다 원할하게 운영되도록 도울 수 있는 방법이다(Hildebrand, 1985; Maxim, 1985; Seefeldt, 1980).

① 휴식과 낮잠을 위한 장소와 준비물을 마련한다

종일제 학급에서는 따로 쉬거나 낮잠을 자는 방을 마련하고 그곳에 침구를 갖추어 놓는 것이 바람직하다. 반일제 프로그램의 경우에는 기존의 시설 중에서 빈방을 활용하거나 교실의 환경을 일시적으로 변경, 쉬는 장소로 활용할 수 있다. 즉, 가구를 옆으로 밀고 바닥을 청결히 한 다음 요를 까는 등의 방법으로 환경을 변화하여 활용한다.

자는 곳은 불이 났을 경우나 기타 비상시에 유아들이 쉽게 빠져나올 수 있는 곳에 위치하여야 한다. 출구는 요람이나 다른 가구로 막혀 있어서는 안 되며 소화기가 준비되어 있어야 하고 교사진은 작동법을 알고 있어야 한다.

침구가 각각 적당한 간격(90cm)을 두고 배치되어 있으면 유아들이 쉬는 데 방해를 덜 받으며, 교사가 각각의 유아를 돌보아야 하는 경우나 응급 시에 유아들 사이를 빠르게 움직일 수 있다.

각 침구에는 유아의 이름을 붙이거나 유아들마다의 독특한 표시나 문양을 하면 유아들이 안정감을 느끼고 자신만의 '개인적인 공간' 이라는 느낌을 가질 수 있다.

방의 기온은 적절히 유지되어야 하고 외풍은 없어야 한다.

② 물리적, 정서적 준비를 한다

휴식 및 낮잠을 위한 준비를 하고 자극이 최소화되도록 준비한다. 즉, 물리적인 측면에서는 유아를 잠자는 방으로 이동시키거나 교실 내에 간이침대나 깔개를 준비한다. 교사는 깔개나 침구의 배열을 계획하여야 한다. 놀잇감 앞에 가리개를 두는 것은 자극을 줄이는 방법이 될 수 있으며, 친한 유아가 가까운 자리에 위치할 경우 서로 이야기를 하고자 하여 상대방과 다른 사람들에게 방해가 될 수 있으므로 서로 떨어져 있도록 한다.

조명을 낮추고 커튼을 치며, 조용한 음악을 틀어 놓는다. 유아들도 점심식사 후 화장실에서부터 사회적 상호작용을 최소화하고 발끝으로 조용히 걸어 들어오고 목소리를 낮추도록 함으로써 자극을 점차적으로 줄여 가면서 정서적으로 안정되고 행복한 분위기를 조성한다(Maxim, 1985). 이와 같은 조용함과 교사의 낮은 목소리, 서두르지 않는 태도는 유아가 휴식하는 기분을 갖게 하는 데 도움이 된다.

또한 아침 동안의 일과가 흥미로운 활동들로 구성되어 있었고 신선한 공기를 마시며 활기차게 대근육 활동을 할 수 있는 마당놀이가 제공되었다면 유아들은 휴식시간을 더 기꺼이 맞이하게 된다.

③ 개인적인 방법으로 휴식하도록 돕는다

유아마다 잠이 드는 데 걸리는 시간과 방법이 다르다. 어떤 유아는 이부자리에 들어가면 곧장 잠에 들지만 또 어떤 유아들은 잠들기까지 길게는 30~40분이 소요된다. 유아들에게 휴식을 취하게 하거나 잠에서 깨게 하는 과정에서 긴장감을 조성하거나 잔소리를 하거나 어떤 다른 압력이 있어서는 안 된다. 교사는 자유와 합리적인 제한을 결합하는 방법을 찾아야 한다. 즉, 각 개인의 정서를 존중하고 요구와 특성을 이해하여 다른 사람에게 방해가 되지 않는 선에서 자신이 원하는 휴식형태를 선택하도록 허용함으로써 편안하고 안정감을 느끼도록 돕는다.

유아의 이름을 불러 주고, 조용하고 따뜻한 목소리로 이야기를 해 주거나 노래를 불러 주는 것, 쓰다듬어 주는 것 등은 일반적으로 어린이가 안정을 취할 수 있도록 도와주는 방법이다.

낮잠을 자는 시간은 유아들에게 집과 어머니가 더 그리워지는 시간일 수 있다. 이것은 그 유아가 유아교육기관에서 행복하지 않았기 때문이 아니다. 내내 행복하게 지냈다고 해도 그러한 감정이 유발된다. 이러한 유아에게는 집에서 가져온 장난감이나 담요, 봉제 완구 등이 도움이 될 수 있다.

침착하지 못하고 들떠 있어서 쉽게 잠들지 못하는 유아에게는 편안한 마음을 갖고 안심할 수 있도록 돕는다. 특별히 교사와 유아 양자가 기억하는 즐거운 경험을 함께 속삭이거나 등을 친절하게 쓰다듬어 주는 것이 도움이 된다. 또한 앞서의 예처럼 좋아하는 이불이나 인형을 갖고 있게 하는 것도 한 방법이다.

이유 없는 두려움으로 잠들기를 두려워하는 유아도 교사가 도와야 할 대상이다. 무엇 때문에 걱정하는지 이야기해 보게 하고(예: 괴물, 벌레) 교사가 돌보고 있음을 확인시켜 준다. 무서워할 만한 것은 아무것도 없고 교사가 곁에 있을 것이라고 확신시켜 준다.

잠을 자는 동안 오줌을 누어 옷을 적시는 습관이 있어서 잠들기를 두려워하는 유아에게는 시간이 되면 화장실에 갈 수 있도록 깨워 줄 것이라고 안심을 시킨다.

어떤 유아들은 손가락을 빨거나 머리카락을 꼴 수도 있지만 낮잠시간은 이러한 습관을 교정하기 위하여 훈계하기에는 적절한 때가 아니다. 교사는 이러한 습관이 유아에게 안락감을 준다는 사실을 이해하고 그 순간 훈계하고자 하는 욕구는 참아야 한다.

또 어린이에 따라서 편안함을 느끼는 자세가 다를 수 있으므로 교사는 이를 수용하여 주도록 한다. 예를 들어, 어떤 어린이는 얼굴을 바닥으로 향하게 하고 잠잘 때 휴식을 더 잘 취할 수 있다.

교사는 이와 같은 어린이들의 개별적인 특징과 상황들을 존중하여야 하며 어린이들이 각자에게 안정을 주는 방법으로 휴식을 취할 수 있도록 인정해야 한다.

④ 융통성 있는 시간 운영을 한다

다른 사람을 방해하지 않는 한도 내에서 유아가 원하는 때에 원하는 만큼 잘 수 있도록 한다. 유아들은 자연적으로 필요한 휴식량이 충족되면 잠에서 깬다. 그러나 부모들에 따라서는 오후 낮잠이 길어지면 유아가 저녁에 일찍 잠자리에 들지 못하게 된다는 염려 때문에 반대하기도 한다. 그러나 이러한 일반적인 우려에 대하여 낮에 충분한 휴식을 취하게 되면 밤에 더 느긋해지고 잠을 잘 잘 수 있으므로 낮잠이 밤잠에 방해가 되지 않는다는 반론도 있다.

낮잠은 일반적으로 1시간 정도가 적당하지만 이는 유아의 연령, 프로그램의 길이, 그날의 활동의 성격, 유아의 상태에 따라 달라질 수 있다.

⑤ 낮잠 전후에는 화장실에 가는 시간, 얼굴 및 머리와 옷차림을 정돈하기 위한 시간을 제공하며 낮잠 후에는 간식을 제공한다

⑥ 유아들을 휴식과 낮잠준비 및 정리과정에 직접 참여하게 한다

휴식시간을 통하여 유아들은 위생적인 침구관리 방법과 자신의 일상생활을 스스로 관리하는 태도와 기술을 형성할 수 있다. 물론 영아와 걸음마기 유아의 경우에는 미리 성인이 휴식을 취할 장소를 준비해 놓는다. 그러나 어느 정도의 자조능력이 생기는 만 3세 정도부터는 성인이 도움을 주더라도 스스로 할 수 있는 일은 할 수 있게 기회를 제공한다. 예를 들어, 유아의 낮잠용 간이침대를 가져와 배

치하거나, 자신의 요를 장에서 꺼내 오거나 깔고 개는 것을 교사의 도움을 받아서라도 스스로 하게 한다. 특히 이불이나 요를 개는 과정은 연령에 따라 교사의 도움이 많이 요구되는 부분이며 위생적인 침구관리에 대한 내용을 강조할 수 있는 부분이다.

⑦ 교사는 휴식시간에 모델의 역할을 한다

교사는 휴식시간을 지도, 감독하는 운영자이면서 동시에 모델이 되어야 한다. 교사 자신도 간이침대에 기대거나 의자에 앉아서라도 휴식하는 자세를 취한다. 분주하게 오가며 방을 정돈하거나 훈계를 하는 것은 휴식을 방해하는 행동이다.

장에서 침구를 꺼내는 유아

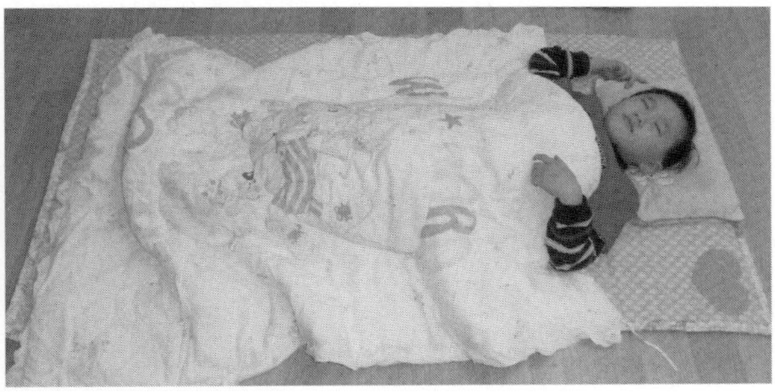

유아가 가정에서 준비해 온 휴식 및 낮잠용 침구
(머리가 닿는 부분이 표시가 나도록 만듦)

## 5절 의생활

### 1. 의생활 지도의 의의

의복은 땀을 흡수하고 체온을 조절하고, 강한 일광, 해충, 외상, 먼지 등으로부터 신체를 보호하며, 미적 감각을 표현하고, 사회문화적 예의를 지키게 하는 기능을 한다.

의생활 교육의 목적은 유아 스스로 의복을 다룰 수 있게 함으로써 건강을 유지하고 자율성을 기르는 데 있다. 의복에는 신발, 옷, 속옷, 외투, 양말, 장갑 등이 포함된다. 또한 옷을 입고 벗는 일과는 이 닦기와 씻기에서처럼 성장에 대한 어휘와 개념을 소개하기에 적절한 시간이 된다. 우선 교사는 옷 입기 능력의 발달과 유아에게 적절한 의복에 대해 알고 있어야 한다.

옷 입기 능력은 소근육 발달 그리고 눈과 손의 협응력 발달을 필요로 하는데, 이는 연령에 따라 다음과 같이 발달한다.

- 1~2세: 모자, 신발, 양말, 장갑을 잡아당겨 벗는다. 단추와 지퍼를 만지작거린다. 지퍼를 연다.
- 2~3세: 겉옷을 벗는다. 도움을 받아 겉옷을 입는다. 구두를 벗기도 하고 팬티를 입을 수도 있다. 3세경에는 스스로 옷을 벗고 입으려고 시도하나 도움이 필요하다.
- 3세: 큰 단추는 열고 채운다.
- 4세: 단추 채우는 것을 제외하면 옷 입기에 약간의 도움만 필요하다.
- 5세: 옷을 완전히 혼자 입는다.

유아의 의복을 선택할 때 고려할 점은 다음과 같다.

- 유아들은 신진대사가 왕성하고 땀을 많이 흘리므로 어른보다 약간 얇게 입혀야 한다. 신생아, 특히 미숙아는 체온조절이 안 되므로 보온에 유의하여 더 많이 입혀야 하나, 활동이 활발한 영아 후기, 유아, 학령기에는 두껍게 입히지 않는다. 특히, 여름철 영유아에게 겹옷을 입히면 신체의 열 발산이 저지되어 소화불량, 설사를 유발할 수 있다.
- 신체 활동을 원활히 할 수 있게 돕는 디자인과 옷감으로 된 의복이어야 한다.
- 의복의 크기는 여유가 있어야 한다. 유아는 발육속도가 매우 빠르므로 의복에서 오는 압박감을 제거해야 한다.
- 입고 벗기에 편해야 한다.
- 피부를 자극하지 않는 섬유로 세탁이 쉽고 잘 견디는 재질이어야 한다.

특히, 내의는 흡수성이 좋은 면류로 흡열성이 강한 흰색이 좋다.
- 색상이 부드럽고 아름다운 것이 좋다.

## 2. 의생활 지도의 내용과 방법

의생활교육은 가정에서 담당하는 몫이 크다. 그러나 영아와 걸음마기의 유아가 유아교육기관에 다니는 경우, 영아와 걸음마기 유아의 옷 입기는 가정뿐만 아니라 교사가 담당하는 역할 또한 크다. 유아교육기관에서는 일반적으로 실외 놀이를 나가거나 놀이 후 실내로 다시 들어올 때, 미술작업이나 요리 등의 활동에 필요한 옷을 입을 때, 대소변에서의 실수나 기타 다른 이유로 옷이 더럽혀져서 갈아입을 때, 배변을 할 때 옷을 혼자 벗고 입지 못할 때, 낮잠시간 전후에, 기후의 변화가 있을 때, 활동실 내에서의 실내화 착용과 관련한 상황 등에서 자연스럽게 의생활에 대한 지도가 이루어지게 된다. 옷을 입고 벗는 것과 자신의 옷을 관리하는 것, 신발을 신고 벗는 것, 상황에 적절한 옷차림을 하는 것 등이 주된 교육내용에 포함된다.

기본적인 지도 방법은 다음과 같다.

① 교사가 유아의 기술 수준과 문제를 파악한다

② 여러 단계로 나누어 한 단계씩 지도한다

예를 들어, "양말을 말아라." "이제 발가락을 양말 안에 넣자." "양말을 잡아당겨 올리자." "발뒤꿈치 위로 올리자."와 같은 순서로 진행한다.

③ 지원자가 되어 선택적으로 돕는다

유아가 스스로 해낼 수 있는 방법을 알려 주며, 스스로 할 수 있는 것은 해 주지 않는 것이 어린이를 위하는 길이다. 그러나 유아가 실패하고 좌절할 수 있으므로 교사는 단계에 따라 주의 깊은 관찰과 준비가 필요하다. 실패가 일어날 수 있는 상황이라고 관찰되면 교사는 약간의 도움을 제공하거나 조언, 시범을 보인다.

④ 발견학습과 연습의 기회를 많이 제공한다

단추, 허리띠 채우기, 끈 매기 등은 많은 연습이 필요한 과제다. 예를 들어, 자유선택활동 시간을 통하여 역할 놀이영역에서 인형 옷을 입히는 기회를 갖는 것, 끈 매기, 놀잇감 · 갈고리 · 후크 걸기와 끼우기 등의 조작 놀이교구로 활동을 하는 것 등은 연습의 기회가 될 수 있다.

### 1) 옷 입고 벗기

교사는 옷을 입고 벗는 일과가 유아와 교사를 피곤하지 않게 하도록 조직화해야 한다. 다음과 같은 방법이 도움이 된다.

- 유아에게는 각자의 옷이 보관되어 있는 개인적 공간이 있어야 한다. 기저귀 가는 곳은 다른 옷을 입는 장소와는 멀리 떨어져 있어야 한다.
- 고무줄 바지, 지퍼나 찍찍이, 대형 스냅단추와 같이 입고 벗기에 편리한 옷을 입고 오도록 부모에게 협조를 구한다.
- 여벌의 옷이 개인장에 보관되어 있어야 한다. 미술 활동이나 실외 활동으로 인해, 배변의 실수로 인해 옷을 갈아입어야 할 상황이 자주 발생하기 때문이다.
- 영아들은 머리에서부터 옷을 뒤집어쓰는 것을 싫어한다. 그러므로 이러한 옷을 입도록 도움을 줄 때는 기술과 속도가 필요하다.
- 유아들은 실외 놀이를 좋아하는데 이는 신체적 · 정신적 건강을 위해서도 꼭 필요한 활동이다. 추울 때에는 유아가 겉옷을 입자마자 실외로 나가도록 함으로써 옷 입기에 대한 동기를 더욱 높일 수 있다. 또한 실내로 들어오자마자 겉옷을 벗게 하는 것도 수반되어야 한다. 그러나 유아는 보통 실외 놀이에 대한 열망이 강하여 참을성이 없어진다. 이는 흔히 겉옷을 입는 것을 귀찮아하는 행동표현으로 나타나 교사를 괴롭히는 문제가 되는데, 이러한 경우 옷을 빨리 손쉽게 입을 수 있도록 다음과 같이 과정을 단순화하는 것이 유용하다.
  - 마당에서 들어오는 현관 가까이에 개인장을 둔다.
  - 개인장에는 유아의 이름과 더불어 유아의 사진이나 유아가 개인적인 공간

으로 인식할 수 있게 하는 상징물(예: 학급별, 개인별 그림표시)을 붙인다.

- 겉옷, 특히 겨울용 파카나 엉덩이를 덮는 정도 이상의 긴 외투의 경우, 입기 전에 화장실에 다녀오도록 한다. 겉옷을 입은 다음 화장실에 가게 되면 어린이들은 곧 불편함을 느끼게 되고 이는 추후 실외 놀이를 하러 갈 때 겉옷을 입지 않으려는 행동으로 나타날 수 있기 때문이다.

• 적절한 조언과 미소를 담은 격려는 유아의 독자적인 능력을 향상시킨다.

• 옷을 입는 시간은 일대일로 상호작용하기에 좋은 시간이다. 영아와 걸음마기 유아는 쉽게 산만해지는데, 옷을 입고 벗는 동안 교사와 이야기를 나눈다면 덜 산만해질 뿐 아니라 의복의 이름과 과업을 배울 수 있는 좋은 기회로 활용될 수 있다.

• 3~5세 유아의 경우, 교사 혼자 동시에 여러 명을 도와주어야 하는 상황이라면 교사는 낮은 의자에 앉아, 유아들에게 자기 옷을 가지고 교사 주위에 둘러앉게 한 뒤, 옷 입는 방법을 안내할 수 있다. 이는 교사의 허리를 보호할 수 있는 방법이 될 수 있으며 또한 교사가 여러 명을 동시에 한눈에 살피며 눈높이에서 도와줄 수 있는 방법이 될 수 있다.

앞자락이 터진 겉옷을 입는 방법에 대하여:

- 옷의 목 쪽을 유아의 발 앞에 놓게 하고(옷을 거꾸로 놓고), 몸을 구부린 후 팔을 소매에 넣고, 머리 위로 외투를 들어 올리는, 즉 '만세' 자세를 취하도록 지도하는 것이 가장 쉬운 방법 중 한 가지다. 이는 만 3세나 4세 초반 정도의 유아에게 쉽게 접근할 수 있는 예로, 유아들은 마치 요술이 일어나는 것처럼 신기함을 느끼며 즐겁게 자신의 일을 해결할 수 있다.
- 좀 더 성숙한 유아들에게 시행할 수 있는 다른 방법으로는 한 팔씩 소매를 끼게 하는 것이다. 어른이 개별적으로 도와줄 수 있는 상황이라면 옷을 유아의 등 뒤에서 들어 주고 유아가 고개를 뒤로 돌려 살피면서 자신의 팔을 옷의 소매에 한 쪽씩 바로 넣게 지도하지만, 교사가 개별적으로 도움을 주지 못하는 상황에서는 어린이가 책상을 이용하도록 할 수 있다. 즉, 옷의 등판을 책상 바닥에 닿게 하는 상태로 똑바로 펼쳐 놓고, 뒤로 돌아서서, 책상 위에 놓인 옷에 한 팔씩 팔을 끼도록 한다. 책상 위에 놓을 수 없는 상황이라면 바닥에 같은 방법으로 펼쳐 놓고 어린이가 앉아서 같은 방법으

로 입을 수 있다.

- 옷 입기의 마무리로 단추나 지퍼를 잘 잠그는 것까지 조언하며 필요한 경우 실제로 도움을 준다.
- 옷 입기 활동의 최종 단계는 옷차림과 머리 모양을 정돈하는 것이다. 교사는 활동 중간 중간에 유아의 외관을 점검해 주어야 한다. 즉, 머리나 리본이 풀어진 것, 속옷이 나온 것 등을 살펴, 점검하고 유아가 혼자 정돈할 수 없는 수준의 일이라면 교사가 돕는다.
- 옷을 벗는 것과 정리하는 방법을 알려 준다.
  한쪽 어깨 밀어내리기 → 소매 끝을 잡아당기기 → 옷을 펼쳐 놓은 채 옷걸이에 걸기 → 못에 걸기

## 2) 상황에 따른 적절한 옷차림

유아교육기관 내에서 시행하는 다양한 활동유형과 일상생활에서의 여러 상황

에 따른 적절한 옷차림에 대한 지도는 유아가 자신의 건강을 유지하며, 편안함을 느낄 수 있고, 외관을 단정하게 하는 데 도움이 된다.

즉, 유아교육기관에서는 유아교육기관에 입고 오기에 적절한 옷차림과 활동의 종류와 기후에 따른 적절한 옷차림의 필요성과 방법을 안내하고 생활 속에서 스스로 적용하며 올바르게 습관화될 수 있도록 한다. 실내 활동을 할 때는 겉옷을 벗는 것, 실외 놀이와 귀가 시 겉옷 입는 것, 햇볕이 강할 때 모자를 쓰는 것, 비 올 때 비옷과 장화를 신는 것, 편안한 신발을 신는 것, 요리 활동과 미술 활동을 할 때 앞치마를 입는 것, 낮잠을 잘 때 옷을 갈아입는 것 등이 그 예다. 또한 교사는 유아의 새 옷이나 화려한 옷보다는 깨끗하고 단정하며 적절한 옷차림에 관심을 표명하여 강화해야 한다.

뿐만 아니라, 진행되고 있는 교육 활동의 주제나 상황에 따라서 사회문화적으로 인정되고 권장되는 옷차림에 대하여 이야기를 나눈다. 예를 들어, 초대를 받았을 때, 결혼식이나 장례식과 같은 의식에 참여할 때, 명절과 같은 사회문화적인 관습을 고려해야 하는 상황에서의 적절한 옷차림에 대하여 이야기 나눈다.

### 3) 신발을 신고 벗기

신발을 신는 목적은 상처를 입지 않도록 발을 보호하기 위한 것과 발을 따뜻하고 깨끗하게 하기 위한 것, 미관상의 이유 등이다. 유아들은 몸이 계속 자라고 발도 자라므로 신발이 불편하지 않아야 하고 자주 바꾸어 주어야 한다. 유아들의 신발을 선택할 때 고려할 점은 다음과 같다.

- 혼자 다룰 수 있고 활동하기 편안한 신발을 선택한다. 발이나 발목에 꼭 끼는 신발은 발이 신발 모양대로 자라거나 발이 크는 것을 억제할 수 있다.
- 아직 걷지 못하는 시기의 유아에게는 발을 따뜻하게 보온하고, 보기 좋은 신발이면 된다.
- 영아의 신발은 휘어질 수 있을 정도로 부드러운 것이 좋다.
- 신발의 크기는 유아의 발보다 1cm 정도 크고 앞쪽이 넓어서 발가락이 신발에 꼭 끼이지 않으며 발목을 감싸는 높이인 것이 좋다.

- 발등을 덮는 부분은 부드럽고 공기가 잘 통하도록 작은 구멍이 있는 것이 좋다.
- 신발 바닥은 잘 넘어지지 않는 재질로 되어 있으며, 오돌토돌 하여야 한다.

유아교육기관에서 이루어지는 신발을 신고 벗는 것에 대한 교육내용은 스스로 신고 벗을 수 있으며 활동하기에 편안한 신발을 신도록 하는 것, 실내로 들어올 때 신발을 벗어 자신의 장에 가지런히 놓는 것, 실내에서는 실내화를 신는 것, 마당에 나갈 때는 다시 실외화로 갈아 신으며 스스로 신을 바로 신는 것 등이다. 특히, 실내에서 실내화를 착용하는 것은 유아교육기관 내에서 장소이동이 많은 점에 비추어 미끄러짐과 위험물로부터 발을 보호하고, 발의 피로를 줄이며, 걸음걸이를 안정되게 한다. 따라서 발의 건강과 안전을 유지하기 위해 실내화를 착용해야 한다는 것을 유아가 인지하고 생활화하도록 한다.

이외에도 신발을 신고 벗는 것에 관련된 교육에는 예절적인 측면과 안전에 관련된 내용, 자신의 안전과 신발의 수명을 고려하여 신을 꺾어 신지 않는 것, 현관에서 신을 벗은 다음 똑바로 돌려놓는 것 등 생활습관에 대한 내용도 포함된다.

# 11장 유아교육기관에서의 질병관리

유아의 건강을 유지하고 전염성 질환의 발생과 전파를 예방하는 것은 부모와 유아교육기관의 공동 책임이다. 부모는 중요한 전염성 질병에 대한 예방을 실시하고 가정생활에서 자녀의 건강을 증진시킬 수 있어야 한다. 유아교육기관은 질병을 예방, 통제하고 다루기 위한 정책을 수립하여야 한다. 교사는 유아들에게 흔히 발생하는 전염성 질환과 일반 질환의 조기 징후에 대한 지식과 이를 예방, 관리하기 위한 기초적 지식과 기술을 지니고 있어야 한다.

## 1절 유아기 질병의 원인

유아기 어린이는 전염성 질환과 감염에 취약하다. 특히 집단생활을 처음 경험하게 되면 질병을 계속해서 앓는 경우가 흔하다. 유아를 질병에 취약하게 만드는 몇 가지 요인을 살펴보면 다음과 같다(Aronson, 1991).

① 면역체계의 문제

유아는 일상생활에서 접하는 많은 감염성 질병에 대한 면역력을 충분히 지니고 있지 못하다. 태내에서 모체의 항체는 태반을 통하여 태아에게 전달되고, 이로 인해 생애 첫해 동안 여러 질병으로부터 보호받는다. 생후 석 달까지 영아는 대부분 엄마의 면역성에 의존한다. 점차 유아들은 병원균이 몸에 들어올 때마다 면역력을 형성한다. 그러나 너무 많은 병원균에 노출되거나 방어기전이 상처, 감염으로 인해 제 기능을 못할 때 병이 날 수 있다.

② 전염성 병원균에의 노출

이전에 집단생활의 경험이 없는 유아들은 전염성 병원균에 노출될 기회가 더 적었기 때문에 방어를 위한 항체 생성의 기회도 더 적었다. 이로 인해 유아교육기관에서 집단생활을 하게 되면 질병을 야기하는 병원균에 보다 취약할 수밖에 없다. 종종 질병을 퍼뜨린 사람이 누구인지 알 수 없거나 병을 느끼지도 못한다. 병원균은 직접적인 접촉이나 기침 또는 재채기에 의하거나 변이나 피로부터 나온 병원균에 의하여 전파된다.

③ 신체적 특징

유아기 어린이의 신체는 성인보다 작다. 따라서 신체 부위들 간의 간격이 짧아서 어떤 부위에는 해를 끼치지 않는 인자가 어떤 부위에는 질병을 일으킬 수 있다. 예를 들어, 중이는 코와 목의 박테리아에 의해 쉽게 감염되는데, 이는 중이와 코와 목을 연결하는 유스타키오관이 아주 작고 짧기 때문이다.

④ 유아의 행동 특성으로 인한 위생상의 문제

유아들이 질병에 쉽게 노출되는 주된 이유 중 하나는 유아에게서 흔히 나타나는 행동 특성과 위험성에 대한 인식 부족 때문이다. 즉, 청결하지 않은 물건이나 씻지 않은 손가락 빨기와 같은 행동 특성, 흙과 모래 등 위생적이지 않은 곳에서 놀기를 좋아하는 습성, 동물의 배설물과 기생충의 알이나 벌레가 기생하는 곳에서 즐겨 노는 것, 콧물이나 대소변 등을 위생적으로 다루지 못하고, 다른 사람의 몸에서 나오는 분비물이나 오염된 물건을 다루는 데 있어서도 그 위험성에 대한 인식이 부족한 특성은 질병에 걸리기 쉬운 요인으로 작용한다.

⑤ 유아교육기관의 인적, 환경적 요인

유아교육기관과 같은 집단생활 환경이 질병의 전파를 조장한다. 유아교육기관에서는 일정한 공간에서 많은 어린이들의 신체 접촉이 이루어지기 때문이다. 또한 유아교육기관에서 성인과 유아는 화장실 가기, 기저귀 갈기, 음식과 간식 준비, 놀이 상황 등 많은 부분에서 신체적인 상호작용을 한다. 이러한 신체적 접촉 역시 전염성 질병의 원인이 되는 병원균을 옮기는 기회가 된다. 교사는 친밀하고 적절한 보살핌을 행하면서도 감염의 위험을 줄이려는 노력을 해야 한다.

적절하게 고안된 시설, 설비는 유아와 성인의 질병을 줄일 수 있다. 그러나 유아의 특성을 충분히 고려하지 않은 환경이거나 부실한 관리는 건강에 위협적인 요인으로 작용한다.

유아교육기관 교사들의 열악한 근무 여건이나 대우는 교사들에게 스트레스로 작용하여 이직률을 높게 하거나 현장에 남아 있는 경우에도 과중한 업무와 스트레스로 자신의 건강이나 유아의 건강을 위한 배려를 충분하게 할 수 없도록 한다. 즉, 교사 대 유아의 비율이 높은 것, 일의 정도에 비하여 낮은 보수 여건 등은 정신적 스트레스로 작용할 뿐 아니라 질 높은 돌봄을 어렵게 한다.

## 2절 유아교육기관에서의 질병 예방

질병을 예방하기 위해서는 이를 위한 실천적 행동이 따라야 한다. 유아교육기관에서 질병을 예방하기 위해서는 첫째, 건강을 위한 행동습관을 형성하는 것이 중요하다. 손을 씻는 것은 유아교육기관에서 병균의 확산을 막는 가장 중요한 절차다. 손을 씻으면 손 표면의 병균 수를 감소시켜 환경 중에 확산되는 병균의 수가 적어지며, 손으로 입, 코, 눈, 음식을 만짐으로써 신체에 침투하게 되는 병균이 더 적어지게 된다. 그러므로 교사와 유아는 손을 씻을 때 적절한 방법에 따라 씻어야 한다. 그 외 기침을 할 때 손을 대지 않고 다른 사람들로부터 고개를 돌리고 하는 것, 손이나 코를 닦은 종이를 버릴 때 발판을 눌러 뚜껑을 여닫게 되어 있는 쓰레기통을 사용하거나 쓰레기통을 만지지 않고 버리는 것, 겨울에도 환기를 위하여 창문을 열어 놓는 것 등은 건강을 돕는 행동습관이다.

둘째, 위생적인 환경관리 또한 건강한 유아교육기관의 조성을 위하여 실천되어야 할 행동이다. 유아교육기관을 청결하게 유지하고 적절하게 위생적으로 유지하는 것은 감염의 발생과 확산을 감소시키는 데 효과적이다. 또한 교구 · 교재와 시설을 청결하게 하는 것, 습도와 온도관리는 적절한 환경관리의 방법이다.

셋째, 필요한 예방접종이 이루어져야 한다. 유아와 교사가 적기에 예방접종을 받는 것은 질병을 막는 우선적인 방법이다. 예방접종을 통해 항체가 형성되면 면역이 강화되어 특별한 종류의 병원균에 대한 저항력을 향상시킬 수 있다. 유아교육기관에서는 유아의 예방접종을 부모가 관리할 수 있도록 정보를 제공하고 도움을 준다.

우리나라 질병관리본부에서는 우리나라 표준 예방접종 일정표를 국가 필수 예방접종과 기타 예방접종으로 구분하여 제시하고 있다. 구체적인 예방접종 일정은 다음의 〈표 11-1〉과 같다.

**표 11-1** 우리나라 표준 예방접종일정표

<table>
<tr><th></th><th>대상전염병</th><th>0개월</th><th>1개월</th><th>2개월</th><th>4개월</th><th>6개월</th><th>12개월</th><th>15개월</th><th>18개월</th><th>24개월</th><th>36개월</th><th>만4세</th><th>만6세</th></tr>
<tr><td rowspan="7">국가필수예방접종</td><td>결핵</td><td>1회</td><td></td><td></td><td></td><td></td><td></td><td></td><td></td><td></td><td></td><td></td><td></td></tr>
<tr><td>B형 간염</td><td>1차</td><td>2차</td><td></td><td></td><td>3차</td><td></td><td></td><td></td><td></td><td></td><td></td><td></td></tr>
<tr><td>디프테리아/파상풍/백일해</td><td></td><td></td><td>1차</td><td>2차</td><td>3차</td><td></td><td colspan="2">추4차</td><td></td><td></td><td colspan="2">추5차</td></tr>
<tr><td>폴리오</td><td></td><td></td><td>1차</td><td>2차</td><td>3차</td><td></td><td></td><td></td><td></td><td></td><td colspan="2">추4차</td></tr>
<tr><td>홍역/유행성이하선염/풍진</td><td></td><td></td><td></td><td></td><td></td><td colspan="2">1차</td><td></td><td></td><td></td><td colspan="2">2차</td></tr>
<tr><td>수두</td><td></td><td></td><td></td><td></td><td></td><td colspan="2">1회</td><td></td><td></td><td></td><td></td><td></td></tr>
<tr><td>일본뇌염</td><td></td><td></td><td></td><td></td><td></td><td colspan="4">1~2차</td><td>3차(2차 접종 후 12개월 후)</td><td></td><td>추4차</td></tr>
</table>

<table>
<tr><th></th><th colspan="2">대상전염병</th><th>0개월</th><th>1개월</th><th>2개월</th><th>4개월</th><th>6개월</th><th>12개월</th><th>15개월</th><th>18개월</th><th>24개월</th><th>36개월</th><th>만4세</th><th>만6세</th></tr>
<tr><td rowspan="4">국가필수예방접종</td><td colspan="2">인플루엔자</td><td></td><td></td><td></td><td></td><td colspan="8">우선접종권장 대상자</td></tr>
<tr><td rowspan="2">장티푸스</td><td>(경구용)</td><td></td><td></td><td></td><td></td><td></td><td></td><td></td><td></td><td></td><td></td><td></td><td>고위험군 접종</td></tr>
<tr><td>(주사용)</td><td></td><td></td><td></td><td></td><td></td><td></td><td></td><td></td><td colspan="4">고위험군에 한하여 접종</td></tr>
<tr><td colspan="2">신증후군 출혈열</td><td colspan="12">고위험군에 한하여 접종</td></tr>
<tr><td rowspan="5">기타 예방접종</td><td colspan="2">결핵</td><td>1회</td><td></td><td></td><td></td><td></td><td></td><td></td><td></td><td></td><td></td><td></td><td></td></tr>
<tr><td colspan="2">일본뇌염</td><td></td><td></td><td></td><td></td><td></td><td colspan="4">1차</td><td>2차(2차 접종 후 12개월 후)</td><td></td><td>추3차</td></tr>
<tr><td colspan="2">B형 헤모필루스/인플루엔자/뇌수막염</td><td></td><td></td><td>1차</td><td>2차</td><td>3차</td><td>추4차</td><td></td><td></td><td></td><td></td><td></td><td></td></tr>
<tr><td colspan="2">A형간염</td><td></td><td></td><td></td><td></td><td></td><td colspan="5">1~2차</td><td></td><td></td></tr>
<tr><td colspan="2">폐구균</td><td></td><td></td><td>1차</td><td>2차</td><td>3차</td><td colspan="2">추4차</td><td></td><td></td><td></td><td></td><td></td></tr>
</table>

결핵: 생후 4주 이내 접종.

B형간염: 0-1-6개월에 접종.

DTaP: 디프테리아, 파상풍, 백일해의 혼합백신으로 총 5회 접종하며, 만 11~12세에 백일해를 제외한 td로 1회 접종(기타 고위험군 성인에게 우선순위에 따라 td 접종권장).

폴리오(사백신): 3차 접종은 생후 6개월에 시행하나 18개월 이내에 접종 가능.

MMR(생백신): 홍역, 유행성이하선염, 풍진의 혼합백신으로 총 2회 접종(생후 12~15개월, 만 4~6세).

수두(생백신): 생후 12~15개월에 접종.

일본뇌염(사백신): 기초접종은 3회(생후 12~24개월에 해당하는 모든 건강한 소아에게 1~2주 간격으로 2회 접종한 다음 2차 접종 12개월 후 3차 접종), 만 6세와 만 12세에 각 1회 추가접종.

일본뇌염(생백신): 기초접종은 2회(생후 12~24개월에 해당하는 모든 건강한 소아에게 1회 접종하고 1차 접종 12개월 후 2차 접종), 만 6세에 추가접종.

HIP(뇌수막염): 생후 2개월부터 5세 미만의 소아를 대상으로 접종하며 연령에 따라 1~4회 접종. 면역기능이 저하된 고위험군은 5세 이후에도 접종하며 2개월 간격으로 1~2회 접종.

A형간염: 12개월 이상 소아 및 성인을 대상으로 하며, 2회 접종(1차 접종 후 6~12개월 후 2차 접종).

폐구균(7가 단백결합 백신): 생후 2개월~5세 미만으로 폐구균 감염의 위험이 높은 모든 소아를 대상으로 하며 2, 4, 6개월에 기초접종을 하며 12~15개월에 추가접종.

폐구균(23가 다당질 백신): 2세 이상 폐구균 감염의 고위험군을 대상으로 하며 건강상태를 고려하여 담당의와의 충분한 상담이 필요.

인플루엔자: 9세 미만에서는 4주 이상 간격으로 2회 접종, 그 다음해부터는 매해 1회 접종.

• 출처: 질병관리본부(http://www.cdc.go.kr/kcdchome/jsp/home/health/vac), 질병관리본부 예방접종도우미(http://niptmp.cdc.go.kr).

넷째, 적절한 영양, 휴식, 운동이 수반되어야 한다. 좋은 영양은 건강을 유지하고 성장 · 발달하는 데 필수적이다. 또한 휴식과 운동은 스트레스를 조절할 수 있는 신체의 능력을 강화한다. 휴식을 취하는 동안 몸과 손상된 조직이 회복된다. 피로와 불안한 상황 그 자체가 전염성 질환을 유발하지는 않지만 이들은 신체의 감염에 대한 자연적인 방어능력을 감소시킨다.

이와 같은 실천들은 유아교육기관에서 질병을 예방하고 건강한 분위기를 조성하는 데 기여할 것이다.

## 3절 질병에 걸린 유아의 발견과 대처

### 1. 질병에 걸린 유아의 발견

교사진과 부모는 유아에게서 질병의 신호와 증상을 인식할 수 있어야 한다. 이를 위해 유아들에게 발생하기 쉬운 질환에 대한 지식이 필요하다(표 11-2 참조).

질병은 신체기능이나 행동의 변화를 통해 감지되므로 성인은 유아의 변화에 민감해야 한다. 교사는 매일 아침 유아를 맞이할 때 유아의 건강상태를 빠르고 민감하게 점검하는 것으로부터 유아의 건강관리를 시작해야 한다. 또한 부모와의 직접적인 대화나 통신문을 통해 유아의 지난 밤과 그날 아침의 건강상태에 대한 정보를 듣도록 한다.

다음과 같은 특성이 질병의 징후를 알아내는 데 중요한 지표가 된다(Aronson, 2002; Kendrick, Kaufmann, & Messenger, 1991).

- 전반적인 기분: 얼굴이 핼쑥하거나 홍조를 띠는 것 등, 기분이 보통 때와 달라 보임(불안정함, 슬퍼 보임 등).
- 활동 수준 및 행동: 동작이 느림, 멍함, 무관심, 피곤해 보임, 기타 보통 때와 다른 행동을 보임.

- 외양과 자세: 단정, 깨끗함, 정상적임, 절룩거림, 비정상적인 징후 등
- 피부의 상태: 얼굴, 목, 손, 발 등의 색이나 상태가 여느 때와 달라 보임. 즉, 붉거나 창백한 피부색, 땀이 남, 가려워함, 발진, 찰과상이나 타박상 등의 상처가 있음.
- 눈: 붉다, 눈 아래가 어둡다.
- 코, 눈, 귀에서 분비물이 나오는지의 여부
- 기침을 하거나 숨을 가쁘게 쉬는지의 여부
- 오한, 열
- 목이 아픔.
- 두통, 현기증
- 피로
- 식욕 상실
- 유아가 불편이나 아픔을 호소함.

이외에 일과 중에도 유아의 행동, 수면습관 등의 변화를 민감하게 살펴야 한다. 의사소통을 할 수 있는 유아의 경우는 직접 자신의 상태를 이야기하기도 하므로 유아의 이야기를 통해서도 감지할 수 있다. 특히 특정한 병이 도는 시기에는 더욱 유의해서 살펴야 한다.

아침에 상태를 관찰하여 특별한 관찰과 보호가 요구되는 경우, 일과 중에도 면밀히 관찰하여 위급 시는 필요한 조치를 취하고, 관찰된 유아의 상태를 기록하여 귀가 시에 부모에게 전한다.

## 2. 질병을 확인한 다음의 조치

유아가 아플 때 취해야 할 일반적인 단계는 다음과 같다.

① 안정을 취하게 한다.

② 유아를 관찰하고 증상을 기록한다. 유아의 증세가 가벼우면 휴식을 취하도록 하고 상황을 지켜본다. 교사 또는 양호 담당자는 증상을 관찰, 기록한다. 기록은 다음 사항들을 포함해 가능한 한 구체적으로 한다(그림 11-1 참조).

- 증상
- 증상 시작 일시, 지속시간
- 증상의 정도
- 증상의 발현 빈도
- 행동의 변화
- 체온
- 기타 사항

**질병 증상 보고서**

어린이의 이름: ____________________

날짜: ____________________

1. 증상:
2. 증상의 시작시간:
3. 증상의 지속시간:
4. 증상의 정도:
5. 증상의 빈도:
6. 어린이의 행동 변화:
7. 체온:
8. 지난 12시간 이내에 먹은 음료와 음식의 종류와 양:
9. 지난 12시간 이내의 소변, 대변, 구토 상황:
10. 관련 증세들:
    (콧물, 목아픔, 기침, 구토, 설사, 발진, 목이 뻣뻣함, 배설하기 어려움, 통증, 가려움 등).
11. 새로운 음식물, 비누, 벌레, 동물, 약물 등에 대한 노출 여부:
12. 어린이가 접촉했던 사람 중 아픈 사람이 있는지의 여부와 접촉했던 사람과 증상:
13. 복합질환(천식, 당뇨, 알레르기, 정서적 충격)의 여부:
14. 증상 발견 이후의 대처 내용:

기록자: ____________________

[그림 11-1] 아픈 유아의 증상 기록 서식

• 출처: Kendrick, Kaufmann, & Messenger (1991), p. 298.

③ 부모에게 알리고 심하면 비상시 연락처에 연락한다. 교사는 유아교육기관에서 세운 절차에 따라 보고한다. 부모, 기관장, 부모가 명기한 의사가 보고 대상자다. 보고 내용은 가능한 한 구체적이어야 한다. 비상시 부모와 연락이 닿지 않을 경우에 대비하여 유아의 가족은 비상시 접촉 가능한 사람을 적어도 두 명 정도 확보하고 그 연락처를 기관에 알려 놓아야 한다.

④ 교육기관에서 유아를 돌볼 수 있을지의 여부를 결정한다.

다른 유아들을 교육하면서 아픈 어린이를 돌볼 수 있는 일과 운영이 가능한지의 여부와 유아의 문제가 격리를 요구하는지 아닌지에 따라 결정을 내린다. 유아를 집단에서 분리하여 혼자 두는 것은 대개의 경우, 적절한 조치가 못 된다. 왜냐하면 첫째, 유아는 격리를 벌의 형태로 생각하는 경향이 있기 때문이다. 둘째, 양호실과 양호 담당 직원이 없는 기관의 경우 격리 장소는 원장실이나 사무실같이 주로 기관의 중심에 위치한 경우가 많다. 이러한 곳은 외부인들이 자주 드나드는 곳이기 때문에 유아가 편안하게 간호를 받기 어려울 수 있다. 이러한 장소에 유아를 격리하는 것은 유아의 질병을 다른 유아와 성인에게 노출시키는 결과가 될 수 있다.

⑤ 필요 시 부모와 의사의 요구와 지시에 따라 약물을 제공한다.

## 4절 질병에 걸린 유아의 격리 문제

질병에 걸린 유아를 교육기관에서 데리고 있어야 하는지, 배제시켜야 하는지, 배제시킨다면 어떤 상황에서 배제시켜야 하는지는 논쟁의 대상이 될 수 있다. 전염성 질환의 초기 징후들이 유사하기 때문에 교사들이 유아를 기관에 있도록 할지 가정으로 보내 전문적 치료를 받게 해야 할지 구분하는 것이 어렵다.

유아교육기관이 아픈 유아를 돌볼 수 있는 준비가 되어 있지 않다면, 일단 유아들을 기관에 나오지 않도록 하는 것이 아픈 유아나 다른 유아들에게 안전하다.

기관에서는 아픈 유아에 대한 문서화된 정책이나 지침이 있어야 한다. 유아가

**부모에게 연락하고 전문의의 진단과 치료가 필요한 유아의 상태**

- 4개월 이하의 영아가 겨드랑이에서 잰 체온이 37.8℃ 이상이거나 직장 온도가 38.3℃ 이상일 때
- 4개월 이상인 유아가 체온이 40.6℃ 이상일 때
- 4개월 이하의 영아가 식사 후 1회 이상 심하게 토할 때
- 많이 아픈 것 같거나 빠르게 나빠지고 있는 것으로 보일 때
- 목의 통증을 호소하면서 머리를 흔들거나 만질 때
- 목이 뻣뻣하거나 심하게 두통을 호소할 때
- 처음으로 발작이나 졸도를 할 때
- 평소와 너무 다른 행동을 할 때
- 동공의 상태가 이상할 때
- 외상 없이 피를 흘리거나 진홍색 발진이나 상처가 있을 때
- 두드러기, 발진이 빠르게 나타나거나 이유 없이 멍이 나타날 때
- 숨을 너무 빠르게 쉬거나 호흡 곤란으로 인해 놀거나 이야기하거나 울지도 못하고 음료를 마실 수도 없을 때
- 위통이 심하여 몸을 구부리고 있거나 소리 치며 울 때
- 변이 검거나 피가 섞여 나올 때
- 8시간 이상 소변을 보지 않으면서 입과 혀가 건조해 보일 때
- 딱딱한 것에 머리를 부딪친 후에 계속해서 코에서 맑은 분비물이 나올 때(두개골 기저부 골절로 인한 뇌척수액 비루증을 의심할 수 있음)

▷출처: Kendrick, Kaufmann, & Messenger (1991), p. 299.

새로 입학하거나 신학기가 시작될 때 부모들에게 이러한 기준을 알려 주어야 한다.

## 1. 격리에 대한 의사결정 시 고려할 사항

유아교육기관에서 아픈 유아를 계속해서 보살필 것인지의 여부를 결정하는 데에는 유아의 상황, 부모의 상황, 필요한 보살핌을 제공할 수 있는 교사진의 능력과 여건 등의 여러 측면을 고려해야 한다(Aronson, 1991).

### 1) 유아의 상황

조금만 특별한 관심을 기울이면 평상의 일과를 수행할 수 있을 정도로 질병의 상태가 가벼운 유아는 유아교육기관의 규칙적인 일과 속에서 보살핌을 받을 수 있고 또 그렇게 하는 것이 바람직하다. 심하게 아프지만 않으면 대부분의 유아들은 자신들의 주변에서 정상적인 활동이 진행되는 가운데 책을 보며 누워 있거나 조용히 쉬고 있는 것에서 행복을 느낀다. 경우에 따라서 조용한 곳에서 빛을 차단하여 어둡게 해 주고 쉬게 할 필요가 있다. 물론 집단 내 다른 유아들의 건강과 안전 또한 고려되어야 한다.

아픈 정도가 심하거나 다른 유아들에게 질병을 퍼뜨릴 염려가 있는 유아는 집단에서 분리하고 전문가로부터 도움을 받아야 한다.

### 2) 교사의 상황

전염성이든 아니든 아픈 어린이는 건강한 유아보다 더 많은 관심을 요한다. 유아에게는 자신을 잘 아는 성인, 즉 간호사나 담임교사 또는 다른 교사로부터 돌봄을 받는 것이 가장 바람직하지만 교사가 학급당 한 명인 경우 아픈 유아에게 특별한 배려를 하기가 어려울 수 있다. 또 교사가 두 명일지라도 학급 유아의 연령, 교사의 경력에 따라 정상적 학급 활동을 진행하면서 아픈 유아를 돌보기에는 한계가 있을 수 있다.

### 3) 부모의 상황

아픈 유아를 유아교육기관 내에서 돌볼지의 여부를 결정하는 데 있어 부모의 상황 또한 고려되어야 한다. 부모가 모두 직장에 다니는 경우 아픈 자녀를 가정에서 돌보기가 어렵다. 물론 유아가 많이 아프다면 병원에 입원시키거나 가정에서 돌보아야 하겠지만, 증세가 가벼운 경우라면 기관에서 돌보는 것이 바람직할 수 있다. 부모가 다른 대안을 갖고 있지 못한 상태에서 유아를 유아교육기관으로부터 격리하게 되면 오히려 유아의 상황을 더 악화시킬 수도 있기 때문이다. 유아교육기관에서는 이러한 딜레마를 조정하고 부모를 돕기 위하여 부모가 유아를 돌볼 수 있는지, 가정에 유아를 돌볼 사람이 있는지, 부모가 직장의 일정을 조정하거나 집에 일을 가져오는 것이 가능한지를 고려해 보아야 한다.

## 2. 격리 기준

질병에 걸린 유아가 있으면 다른 유아나 성인에게 병을 옮길 것을 염려하여 격리하거나 집에 돌려보내는 것이 바람직하다고 생각하는 경향이 있다. 그러나 연구들은 건강에 위협적이지 않은 질병이 무엇인지에 대한 정보를 제공하고 있으며 가벼운 질병에 걸린 유아들을 집에 있게 한다고 해서 다른 유아들에게 병을 전파하는 것을 예방하는 것은 아님을 밝혀 주고 있다. 어떤 질병은 증상이 나타나기 전에 이미 바이러스를 퍼뜨리며 심지어 완전히 나아 보이는 다음에도 전염성이 있다.

물론 심각한 질병에 걸린 유아들은 집단 속에 포함시키지 않아야 한다. 그러나 가벼운 질병에 걸린 유아나 치료를 받은 유아는 학급에서의 활동에 참여할 수 있다.

기관에서 유아에게 일시적으로 등원하지 않도록 조처해야 하는 상황은 다음과 같다(Aronson, 2002; Kendrick et al., 1991).

① 유아가 활동에 편안하게 참여하지 못할 때
② 교사진이 병이 난 유아와 다른 유아들을 모두 잘 돌보아 줄 수 없을 때
③ 경구 체온이 38.3℃ 이상, 직장 체온이 38.5℃ 이상, 겨드랑이 체온이 37.8℃ 이상일 때
④ 유아가 심각한 질병의 신호나 증상을 나타낼 때
- 열이 있으면서 목이 뻣뻣함, 무기력, 과민, 계속적으로 움, 호흡곤란, 계속되는 기침 등
- 설사가 멈추지 않을 때: 8시간 이내에 설사를 세 번 했거나 그 이상 했을 때
- 지난 24시간 이내에 구토가 2회 이상일 때 또는 탈수 증상을 보일 때

- 입이 아프고 침, 분비물을 흘릴 때
- 열이나 행동의 변화와 함께 발진이 있을 때
- 눈이 빨갛고 하얗거나 노란 분비물이 있을 때 치료가 시작된 후 24시간까지
- 옴, 머릿니 또는 다른 곤충 감염이 있을 때 치료가 시작된 후 24시간까지

⑤ 전염성 질병일 때: 결핵, 농가진(고름 딱지증), 연구균(사슬알균)에 의한 인후염, 백선, 수두, 대상포진, 백일해, A형 간염, 홍역, 풍진 등

- 각각의 질병에 따라 의사가 더 이상 전염을 일으키지 않는다고 진단할 때까지는 등원하지 않도록 하여야 한다. 홍역, 풍진, 수두 등 발진이 나타나는 전염성 질병의 경우, 발진이 없어질 때까지는 전염의 가능성이 있으므로 격리하여야 한다. 또한 수두와 같이 수포로 발전되는 경우 모든 외상이 마르고 딱지가 앉을 때까지 등원하지 않도록 해야 한다.

# 5절 질병과 간호

## 1. 유아에게 흔한 질병과 간호

질병은 호흡기, 소화기, 피부 그리고 기타 다른 경로를 통하여 병원균에 감염됨으로써 발생한다. 심각하지는 않지만 유아들에게 흔히 일어나는 질병과 그에 대한 간호 지침은 다음과 같다.

### 1) 호흡기 질환

호흡기 질환은 유아에게 가장 흔한 감염성 질병으로 감기, 귀·목의 감염, 후두염, 기관지염, 폐렴, 뇌막염 등이 포함된다. 호흡기 질환은 감염된 분비물, 오염된 손과 균이 묻어 있는 물건을 직접 접촉함으로써 확산된다.

흔히 일어나는 호흡기 질환을 완전히 예방하는 것은 불가능하다. 그러나 부모

와 교사는 호흡기 전염병에 대한 예방접종을 실시하고 질병의 확산을 막기 위한 조처를 취하여야 한다. 호흡기 전염 질환에 대한 저항력을 기르기 위한 방법은 다음과 같다(Aronson et al., 1993).

- 영양상 균형 잡힌 식사와 비타민 C가 풍부한 과일과 주스의 섭취
- 적당한 휴식
- 규칙적인 운동
- 재채기와 기침은 손을 대고 하지 말고 바닥을 향하여 하기
- 식사 전, 외출 후, 코를 푼 후, 기타 더러운 것을 만지고 난 후에는 손을 씻기
- 외출 후 양치하기
- 감염에 대한 저항 역할을 하는 호흡기 막의 수분 유지를 위하여 40~60%의 습도를 유지하고 적당한 환기를 하기

호흡기 질환 중 가장 흔한 병인 감기는 여러 가지 바이러스에 의하여 코와 목이 감염된 상태다. 증상으로는 콧물, 목의 통증, 기침과 재채기, 눈물, 열, 피로감 등이 나타난다. 감염된 환자의 호흡기 분비물에 의하여 전염되며 잠복기는 2~3일이다.

별다른 약이나 치료법이 있는 것은 아니며 휴식과 영양 높은 유동식을 제공한다. 2차 감염으로 중이염, 기관지염, 폐렴이 발생할 수 있다. 특히 영유아가 감기를 앓는 중 열이 심한 경우, 중이염이 발생하는 경우가 많으므로 고열이나 기침이 계속되는 경우 항생제 치료를 받는다.

활동에 참여할 수 있는 정도이면 격리할 필요는 없다. 단, 본인이 원하지 않거나 열이 높거나 심하게 아프거나 숨쉬기 어렵거나 감기의 일반 증상과 더불어 구토, 설사, 위통을 동반하거나 발진이 나타날 때는 격리가 필요하다.

감기에 걸린 유아는 다음과 같이 돌보아 준다.

- 체온을 재고 열이 없으면 따뜻하고 편안하게 해 준다.
- 37.5℃ 이상으로 열이 오르고 4~5시간 이내에 열이 내리지 않으면 미지근한 물로 얼굴과 몸을 닦아 주고 얇은 옷을 입혀 체온을 내린다.

- 상체를 높게 해 주어 호흡을 편안하게 해 준다.
- 충분한 수분을 제공한다.
- 코는 풀지 않게 하고 그대로 흘리게 한다. 부드러운 수건이나 휴지로 닦아 준다.
- 가습기, 젖은 수건 등을 사용하여 실내 습도를 올린다.
- 코를 많이 흘리는 경우, 바셀린, 글리세린 등을 코와 입 주변에 발라 살이 허는 것을 보호한다.
- 잠들기 전에 더운 음료를 먹게 한다.

감기의 예방을 위하여 평상시에 저항력을 키워 주는 생활습관을 기르도록 한다. 심리적으로 긴장하고 불행한 경우, 감기에 걸리는 경우가 많으므로 마음을 편하게 갖고 행복한 일상이 되게 한다. 저항력을 키우기 위하여 겨울에도 실외 활동을 하도록 하며, 잠은 서늘한 방에서 자도록 하고, 옷을 너무 두껍게 입지 않도록 한다. 또한 실내 공기는 너무 덥거나 건조하지 않도록 한다. 20℃ 정도가 최적의 온도이며 습도는 60%를 유지한다. 또 풍부한 영양의 섭취, 특히 단백질과 비타민 A, D, C를 적절하게 섭취하도록 한다.

### 2) 소화기 질환

설사, 구토, 이질 등과 같은 소화기 질환을 일으키는 병원균은 배설물과 입을 통하여 퍼진다. 유아교육기관에 대한 연구에 따르면 배설물에서부터 유출된 병원균이 손, 간이침대, 책상, 놀잇감, 부엌 등에서 다수 발견되고 있는 것으로 나타났다(Aronson, 1991). 특히 교사의 손과 모든 물건의 표면은 가장 심하게, 그리고 자주 오염된다.

#### (1) 설사

설사 자체는 병이 아니며 병의 증상이다. 대부분의 설사는 24~48시간 정도 지속되며 심각한 건강상의 위협을 주지는 않는다. 그러나 심한 설사는 문제가 될 수 있다(Lawton, 1988). 설사는 장이 민감한 상태로 더 많이 수축하여 음식물을 소화시키지 못하고 그대로 배설하게 되므로 수분 부족이나 탈수증이 생기기 쉽다. 유아들에게 흔히 나타나는 증상으로 그 원인은 음식 섭취과정에서의 문제, 기생충, 감기, 중이염, 맹장염, 항생제 사용의 부작용, 장내의 세균 감염 등으로 다양하다.

설사는 유아교육기관에서 양육되는 유아, 특히 2세 이하 유아에게 더욱 흔하게 발생한다. 따라서 걸음마기 이하의 어린이를 맡고 있는 기관에서는 기저귀를 갈 때 그리고 배변학습을 할 때 위생에 특별한 주의를 기울여야 한다(Aronson, 1991; Lawton, 1988).

유아의 설사는 탈수를 초래할 수 있으므로 위험하며 구토, 열, 땀을 동반한 설사는 더욱 위험하다. 평상시보다 변이 약간 무를 정도일 뿐 행동의 차이가 없고 정서적으로 안정되어 있을 때는 일반적으로 섬유질이 많은 음식을 섭취한 것이 원인인 경우가 대부분이므로 걱정할 상태는 아니다.

유아가 설사를 하면 다음의 조치를 취하도록 한다.

① 설사 상태를 살핀다. 색, 농도, 피나 점액이 섞여 있는지, 소화되지 않은 음식이 남아 있는지 확인한다.
② 설사와 소변의 횟수를 점검한다. 1세 미만의 경우, 6시간 이내에 설사가 멈추지 않으면 즉시 병원에 가야 한다. 유아교육기관에서는 설사의 횟수가 2회 이상이 되면 부모에게 연락한다.
③ 열이 있는지 재보고 열을 내린다. 또한 졸려 보이거나 아파하거나 창백하거나 상기되어 있거나 맥박이 빠른지 등을 점검한다.
④ 수분을 섭취하게 하여 탈수를 예방한다. 물이나 보리차, 희석한 과일 주스를 제공하되 우유나 기타 음식은 제공하면 안 된다. 특히 0~2세 영아의 경우, 자주 설사를 하며 설사가 멈추지 않을 때 탈수 증상을 보이기 쉽다. 교사는 탈수 증상을 보이는지를 유심히 관찰하여야 한다. 입 안의 건조, 무기력, 평소보다 움푹 들어간 눈, 눈의 건조, 소변의 양 감소, 맥이 빠르고 약함, 탄력 없는 피부 등의 증세는 탈수를 예견할 수 있는 단서가 된다(Marotz, Cross, & Rush, 2001).
⑤ 설사를 하는 유아는 2~3일 동안 기관 내의 다른 방에서 격리, 휴식하게 하거나 가정에서 지내도록 하며 의사의 허락을 받은 후 학급에 합류시킨다.

⑥ 유아교육기관의 위생 상태를 점검한다.

설사의 감염을 예방하는 지침은 다음과 같다(Aronson, et al., 1993).

- 오염된 속내의나 기저귀에 접촉한 모든 표면을 가정용 소독제로 씻는다.
- 유아와 성인 모두 화장실을 다녀온 후나 기저귀와 관련된 모든 활동 후, 음식을 다루기 전후, 식사 전후에 손을 씻는다. 손 씻기는 설사에 감염될 위험을 줄이는 가장 중요한 방법이다.
- 기관 내의 청결을 유지한다.
- 설사를 하는 유아와 성인은 증세가 사라질 때까지 격리한다.
- 2명 이상의 유아에게서 설사가 발생하면 48시간 이내에 전문의와 상담한다.

### (2) 구토

구토 또한 설사와 마찬가지로 하나의 증상이지 병은 아니다. 따라서 구토의 원인을 알아 대처하는 것이 중요하다. 구토의 원인으로는 뇌 질환, 호흡기 질환, 비뇨기 질환, 알레르기, 흥분 · 우울 · 긴장 등의 정신적인 이유를 들 수 있다.

어린 아기들은 젖을 먹은 뒤 덩어리가 진 것을 다시 토해 내는 경우가 있는데, 이는 구토와 다르다. 구토는 탈수증의 직접적 원인이 되므로 유의해야 한다. 구토에 대해서는 다음과 같이 조치한다.

① 금식을 하고 안정을 취하게 한다. 자리에 눕히고 옷을 느슨하게 하여 편안한 자세로 휴식을 취하게 한다. 토사물을 담을 그릇을 준비한다.
② 토사물이 기도나 폐로 흡입되지 않도록 입 안을 청결하게 한다.
③ 2~3시간 동안 음식물을 먹지 않도록 하고 계속 관찰한다. 수분도 많이 섭취하면 토하거나 설사를 하여 오히려 탈수를 더 악화시킬 수 있으므로 10~15분 간격으로 찬물을 조금씩 자주 먹인다.
④ 체온을 잰다.
⑤ 찬물에 적신 수건으로 얼굴을 자주 닦아 주며 입 안과 이를 닦아 준다.
⑥ 상태가 좋아지면 미음이나 스프 같은 유동식부터 먹게 한다.

⑦ 계속 구토하거나 열, 설사를 동반하거나 귀의 통증을 호소할 때는 즉시 의사의 진료를 받도록 한다.
⑧ 구토를 멎게 하는 약은 구토의 원인을 차단하는 것이 아니므로 함부로 사용하지 않도록 한다.

### 3) 피부와 점막의 감염에 의한 질환

농가진(고름 딱지증), 사마귀, 백선, 결막염 등은 피부와 점막이 감염되어 생기는 대표적 질환이다. 이러한 질병은 일차적으로는 사람과 사람 간의 직접적인 접촉에서 감염되며 유아교육기관에서 흔히 발견할 수 있는 질병이다(Aronson, 1991).

#### (1) 농가진(고름 딱지증)

화농성구균, 즉 포도구균(포도알균)과 연구균(사슬알균)이 피부에 침투하여 생긴다. 주로 여름철에 위생관리의 소홀로 피부가 불결해지거나 곤충에 물리거나 몸이 가려워 긁을 때 균에 감염되기 쉽다. 피부가 빨갛게 되고 맑은 물집이 잡히며 그 물집에 고름이 생긴 후 터져서 마른 딱지로 변하면서 다른 피부 부위로 번지거나 다른 사람에게까지 전염시킬 수 있다. 피부를 깨끗하게 하고 항생제를 바르거나 먹어서 치료한다. 치료를 시작하고 24시간이 지나면 격리를 해제한다.

물집이 터지기 시작하면 절대로 만지지 않아야 하며, 딱지가 앉았을 때는 더운 물로 가볍게 씻고 소독된 거즈로 누르듯 하여 물기를 제거한다. 손가락을 빨거나 손톱을 물어뜯기, 코를 만지는 행위 등은 세균을 다른 부위로 옮기게 하므로 하지 않도록 지도하며 손톱은 짧게 깎아 준다. 수건은 다른 유아들과 따로 쓴다.

#### (2) 결막염

결막염은 눈동자와 눈꺼풀을 덮고 있는 결막에 염증이 생긴 상태다. 원인은 바이러스나 박테리아에 의한 감염, 이물질이나 화학 약품의 자극에 의한 염증 또는 알레르기에 의해 나타난다.

보통 눈이 충혈되고 눈물이 나며 아프거나 심하게 가렵기도 한다. 또 밝은 광선에서는 견디기 힘들어하며 분비물이 있어 자고 나면 눈썹끼리 달라붙어 있기도 하다.

결막염에 걸리면 반드시 의사에게 진료를 받아야 한다. 눈에서 자라는 병원균은 눈 주변을 만진 손에 의해 쉽게 전염된다. 그러므로 교사는 평소 유아들에게 깨끗이 손을 씻고 눈을 손으로 비비지 않도록 교육한다. 또한 결막염에 걸린 경우, 유아에게 눈병이 손에 의해서 전염된다는 사실을 알리고 손으로 눈을 만지지 않기, 수건을 따로 쓰기 등의 전염을 줄일 수 있는 방법을 이야기한다. 부모와 유아에게 의사의 지시에 따라 유아교육기관의 등원을 보류하도록 안내한다.

### 4) 열

열은 질병에 걸렸을지도 모르는 유아를 알아내는 가장 잘 알려진 징조다. 열은 전염병이나 심각한 질병의 징조가 될 수 있다. 열이 있는 유아 중 일부는 유아교육기관에 포함시킬지의 여부를 전문가에게 점검받기까지는 등원시키지 않아야 한다.

체온이 정상 체온(36~37.5℃)보다 높을 때 열이 있다고 한다(이상원, 1998). 일반적으로 경구 체온으로 37.5℃ 이상이면 열이 있다고 한다. 열이 있는 유아는 다음과 같이 간호한다.

① 창문을 열어 실내 공기를 환기시켜서 신선하게 하고, 기분이 좋을 정도로 실내 온도를 낮춘다.

② 유아를 편안히 눕히고 기저귀나 속옷만 남기고 옷과 이불을 제거한다. 체온이 38.6℃ 이상 올라가면 옷을 입지 않아도 불편을 느끼지 않는다.

③ 음료를 제공한다. 물, 탄산음료, 포도 주스, 사과 주스, 묽은 스프와 같은 유동식을 조금씩 자주 먹여 소변을 자주 보게 하여 해열과 탈수 방지를 한다. 우유와 오렌지 주스는 먹이지 않는다.
열이 날 때 유동식을 증가시켜야 하는 이유는 유아가 열이 날 때 평소보다 증가된 체온으로 인해 신체 내의 수분을 잃게 되기 때문이다. 수분의 적절성 여부는 소변의 색과 배설의 빈도를 점검하여 판단할 수 있다. 짙은 노란색 소변을 자주 보면 수분이 더 많이 필요한 상태임을 나타내는 것이다.

④ 30분 이상 40℃ 이상의 고열이 계속되면 옷을 벗기는 것만으로는 부족하므

로 미온의 찜질을 한다. 즉, 미지근한 물수건으로 이마에서부터 시작하여 온몸을 닦아 주거나 미지근한 물로 30분 정도 목욕을 시킨다. 미지근한 기운이 피부에 닿으면서 혈관을 팽창시켜 열을 뺏으므로 해열 작용을 한다. 그러나 찬물은 혈관을 수축시켜 오히려 열을 보유하게 하므로 적절하지 않다. 찜질은 체온이 37.5℃ 정도로 떨어지면 중단하고 열이 다시 오르면 다시 찜질한다.

⑤ 의사의 지시와 부모의 위임에 따라서 좌약을 사용하거나 유아용 해열제를 주어 해열할 수도 있다. 해열제는 정량을 사용해야 하며 2일 이상의 복용은 의사의 지시에 따라야 한다.

체온을 잴 때는 먼저 신체의 어느 부분에서 체온을 잴 것인지를 결정한다. 항문에서 잰 체온은 입에서 잰 것보다 0.6℃ 정도, 또 입에서 잰 체온은 겨드랑이에서 잰 것보다 0.6℃ 정도 더 높다.

- 6개월 이하의 영아는 겨드랑이에서 잰 체온으로 검사한다. 만약 겨드랑이에

**열성 경련**

열성 경련은 열이 있으면서 경기(경련)를 하는 것을 말한다. 아이들은 뇌가 성숙되지 않아서 열이 있으면 경련을 일으키기 쉽다. 대개 3개월에서 5세 사이, 특히 15~24개월 사이의 아이에게서 주로 발생한다. 열이 있는 유아의 약 4%가 열성 경련을 일으킬 수 있다. 이러한 경련은 거의 해롭지 않다. 열성 경련은 대개 15분 이하로 짧게 이루어지며 저절로 멈춘다.
만약에 유아가 열성 경련과 열이 오르는 병력을 가지고 있다면 교사는 다음과 같은 방법을 사용하여 열을 빨리 내릴 수 있어야 한다.

- 옷을 벗긴다.
- 차고 얇은 헝겊을 얼굴과 목에 대어 열을 내린다. 또는 유아를 욕조에서 체온보다 차가운 물로 몸을 닦아 준다.
- 만약 유아가 깨어 있고 약을 삼킬 수 있으며 유아의 담당 의사와 부모의 허락이 있다면 해열제를 먹인다.
- 유아가 처음 발작을 했다면 가능한 한 빨리 소아과 의사에게 보여야 한다.

서 잰 체온이 37.2℃ 이상일 경우 직장 체온으로 점검한다. 6개월~2세까지의 유아에게는 직장 체온을 잰다.

- 2세 이상의 유아는 가능하면 입에서 체온을 재고 그렇지 못한 경우는 직장에서 잰다.
- 디지털 체온계는 읽기가 쉽고 온도가 약 45초 이내에 빨리 나타나는 장점이 있어 2세 정도의 어린 유아들의 경구 체온을 재는 데 편리하다. 또한 디지털 체온계는 청결하게 하고, 매번 깨끗한 덮개를 사용하면 겨드랑이와 항문에도 사용할 수 있다. 디지털 체온계의 경우 체온 측정이 완료되었음을 알리는 소리가 나면 체온계를 꺼내 수치를 읽는다.

나이에 따라 체온을 재기 전에 체온을 재는 이유와 방법을 간단히 설명하면 유아들이 더 안정적으로 임할 수 있다. 체온을 잰 후 손을 깨끗이 씻어야 한다.

## 2. 전염성 질병

유아들이 앓기 쉬운 전염성 질병의 종류와 특징을 요약하면 〈표 11-2〉*와 같다.

**표 11-2** 유아에게 흔히 발생하는 전염성 질병

| 병명 | 수두 | 디프테리아 |
|---|---|---|
| 전염원 및 전염 방법 | • 바이러스<br>• 사람 간의 직접 · 간접 접촉<br>• 공기 중의 작은 물방울 | • 박테리아<br>• 환자의 입 또는 피부 분비물과의 직접 또는 간접 접촉 |
| 잠복기 | • 10~21일 | • 2~6일 |

(계속)

* 〈표 11-2〉의 내용은 주로 Early Childhood Committee of the Pennsylvania Chapter of the American Academy of Pediatrics (1993). *Preparing for illness-A joint responsibility for parents and caregivers.* Washington, DC: NAEYC, pp. 10-39를 기초로 하였으며, 그 밖에 안효섭(2004), 이상원(1988), Aronson et al.(1993), Kendrick et al.(1988), Lawton(1988), Marotz(1993)를 참고하였다.
〈표 11-2〉의 각 질병의 잠복기와 전염 기간은 안효섭(2004)을 기준으로 함.

| 병명 | 수두 | 디프테리아 |
|---|---|---|
| 증상 | • 미열, 불쾌감<br>• 수두 바이러스는 수두와 대상포진이라는 두 가지 임상 증후군을 유발한다.<br>• 피부발진이 몸통과 배에서부터 시작하여 팔, 다리, 얼굴 등으로 퍼짐. 곧 물집으로 진행되고 딱지가 형성된다. | • 목이 쑤시고 아픔<br>• 열<br>• 맥박이 빠름<br>• 편도선이 비대하고 목구멍(편도선, 인두 또는 그 주위 조직)에 회백색의 막이 형성됨 |
| 전염 기간 | • 발진이 나타나기 24~48시간 전부터 발진이 시작되고 3~7일까지, 즉 딱지가 생기고 마르기 전까지 | • 발병 후 약 2주 또는 분비물에서 디프테리아균이 배양되지 않을 때까지 |
| 치료 및 간호 | • 로션을 바르거나 따뜻한 물에 중조를 타서 목욕시킴으로써 가려워서 긁는 것을 예방한다.<br>• 격리 | • 항독소<br>• 항생제<br>• 기타 보조요법(적어도 2주간 안정/심근염이 있는 경우, 4주간의 안정, 매주 2회 심전도 검사, 냉습한 산소제공, 기도유지) |
| 합병증 | • 심하게 긁으면 흉터가 생길 수 있다. | • 완전히 치료되지 않으면 폐렴으로 진행됨<br>• 심근염이 올 수 있음<br>• 독소가 신경체계에 영향을 미칠 수 있음 |
| 예방 | • 예방주사가 있으나 모든 건강한 어린이가 맞아야 하는가는 의문시됨 | • 예방접종<br>• 우리나라의 경우, 예방접종의 효과로 1987년 이후 새로운 환자 보고 없음(안효섭, 2004) |

(계속)

| 병명 | A형 간염 | 유행성 독감 |
|---|---|---|
| 전염원 및 전염 방법 | • A형 간염 바이러스 또는 IH 바이러스<br>• 감염된 배설물, 보균자, 감염된 음식이나 물에 직접적 · 간접적 접촉 | • 바이러스<br>• 호흡기로부터 나온 분비액에 직접 · 간접 접촉<br>• 사람 간의 직접 · 간접 접촉 |
| 잠복기 | • 평균 25～30일 | • 1～3일 |
| 증상 | • 갑작스러운 발열, 권태, 식욕부진, 메스꺼움, 황달 증세(피부와 눈의 흰자위가 노랗고 소변이 짙은 갈색), 심한 가려움증, 설사 | • 열, 피로, 기침, 머리 · 목 · 배 · 팔 · 다리 등의 통증<br>• 호흡기 점막의 염증 |
| 전염 기간 | • 잠복기 말부터 급성기(대개 황달 2주 전부터 1주 후까지) | • 열이 있는 동안, 콧물 · 가래가 안 나올 때까지 |
| 치료 및 간호 | • 격리, 휴식<br>• 황달 기운이나 통증이 나타나는 동안인 약 3주간 휴식<br>• 안정과 고단백 · 비타민 B의 투여가 관습적으로 권장되고 있음<br>• 영양가 있는 음식을 자주 제공<br>• 탈수 예방 | • 체온이 정상이 되고 나서 약 2일 정도까지는 안정을 취함<br>• 진통제<br>• 충분한 수분 섭취 및 고유동식 중심의 식사<br>• 격리 |
| 합병증 | • 5～15%가 재발<br>• 0.2%가 급성 간 악화로 사망 | • 폐렴 |
| 예방 | • 격리<br>• 감마 글로불린 주사 | • 독감 예방주사(1년 동안 70～80% 정도 효과 있음) |

(계속)

| 병명 | 볼거리(유행성 이하선염) | 백일해 |
|---|---|---|
| 전염원 및 전염 방법 | • 바이러스<br>• 감염된 사람의 기침, 가래 또는 환자와의 직접 접촉 | • 박테리아<br>• 감염된 사람의 코와 목의 분비물에 직접적·간접적 접촉으로 전염 |
| 잠복기 | • 약 2~3주 | • 3~12일(평균 7일) |
| 증상 | • 30~40%는 무증상 감염을 보임<br>• 겨울, 봄에 가장 유행<br>• 이하선(귀밑샘)이 부어오름, 두통, 미열 또는 고열, 음식을 먹거나 말을 할 때 아픔, 귀가 아픔 | • 초기에는 보통 감기처럼 콧물, 기침, 미열, 눈물, 결막염 증상<br>• 차츰 기침이 심해지고 빈번하게 구토<br>• 격렬한 기침, 발작이 생김 |
| 전염 기간 | • 이하선(귀밑샘/침샘)이 붓기 1~2일 전부터 종창이 사라진 후 3일까지 | • 기침을 시작한 후 3주 또는 항생제 치료 후 5일 간 |
| 치료 및 간호 | • 안정을 취한다.<br>• 진통제, 자극성이 적고 부드러운 식사, 수분을 조금씩 자주 섭취<br>• 부어오른 부위를 온·냉 찜질<br>• 호흡기 격리 | • 감마 글로불린<br>• 2차 감염을 막기 위한 항생제 치료<br>• 고도의 유동식 섭취<br>• 기침약 복용<br>• 호흡곤란의 정도 관찰<br>• 충분한 영양 및 수분 섭취 |
| 합병증 | • 수막뇌염, 고환염, 췌장염, 다른 선(腺, 샘)의 염증 | • 기관지염, 폐렴 |
| 예방 | • 볼거리 백신 또는 감마 글로불린 주사 | • 생후 1년 동안 백일해 백신 접종 |

(계속)

| 병명 | 풍진 | 홍역 |
| --- | --- | --- |
| 전염원 및 전염 방법 | • 바이러스<br>• 환자의 코와 입을 통해 나온 분비물에 있던 바이러스나 환자와의 직접 접촉<br>• 때때로 임신부가 풍진을 앓을 때 태아에게 태반을 통하여 전염 | • 바이러스<br>• 환자의 코와 입을 통한 분비물에 직접 접촉하거나 드물게는 공기 중의 홍역 바이러스에 의해 전염 |
| 잠복기 | • 14~21일 | • 10~12일 |
| 증상 | • 가벼운 감기 같은 증상(미열, 콧물)<br>• 발병 3~4일경 얼굴과 목에 발진이 나타남. 처음에는 얼굴에 나타나고 2~3시간 내에 머리, 팔, 몸통 등 온몸에 급속히 퍼짐. 연분홍색의 홍반성 구진 | • 보통 초기에는 감기와 구별하기 어려울 정도로 증상이 비슷(열, 눈물, 콧물, 재치기 등)<br>• 발진 1~2일 전에 입 안에 흰색 반점(Koplik 반점)이 생김. 이는 약 12~18시간 내에 소멸<br>• 발병 3~4일경부터 발진이 얼굴 부위부터 시작하여 온몸으로 퍼짐 |
| 전염 기간 | • 발진이 나타나기 7일 전부터 8일 후까지 | • 발진이 나타나기 4일 전부터 발진이 나타난 후 4일까지 |
| 치료 및 간호 | • 특별한 치료는 없음<br>• 증상에 따른 치료<br>• 격리 | • 열, 두통, 기침, 콧물에 대한 약물 치료<br>• 2차 감염을 예방하기 위해 항생제 사용<br>• 열에 의한 탈수에 대한 대처<br>• 휴식<br>• 격리 |
| 합병증 | • 합병증 드뭄<br>• 임산부가 풍진에 걸리면 태아에게 심각한 영향 | • 중이염, 폐렴, 뇌염 |
| 예방 | • 생후 1년 후와 사춘기 전에 풍진 예방접종 | • 생후 12~15개월 사이에 홍역 예방접종(홍역 예방접종 전에는 반드시 투베르쿨린 반응 검사 실시)<br>• 위생습관, 특히 손 씻기가 중요 |

(계속)

| 병명 | 파상풍 | 장티푸스 |
|---|---|---|
| 전염원 및 전염 방법 | • 박테리아<br>• 흙에 있는 균이 화상, 자상 등의 상처를 통해 들어옴<br>• 신생아의 탯줄을 자를 때 청결하지 않았거나 탯줄이 떨어지지 않은 배꼽을 청결하게 하지 않았을 때<br>• 산후 자궁의 감염 | • 박테리아<br>• 감염된 사람과 보균자의 변이나 침, 가래, 피 등의 분비물에 직접 · 간접 접촉 |
| 잠복기 | • 2일~14일 | • 7~14일(3~30일) |
| 증상 | • 과민, 두통, 오염, 전신성 통증<br>• 더 진행되면 입 근처 근육의 경련 · 근육수축<br>• 무력감<br>• 신경과민, 홍분<br>• 목이 뻣뻣해짐, 음식을 삼키지 못함<br>• 온몸에 경련을 일으키며 고통스러워함<br>• 호흡곤란 • 혼수상태<br>• 사망 | • 어린이들의 경우 초기에는 감기와 같은 호흡기 질환의 전형적인 증상을 보임<br>• 고열, 설사, 통증, 두통, 식욕부진, 체중감소<br>• 초기에는 설사가 있을 수 있으나 병이 진행되면서 변비가 더 두드러짐<br>• 장의 염증으로 창자와 복강 내 출혈이 있을 수 있고, 또 복막염이 될 수 있음 |
| 전염 기간 | • 상처에서 흘러나오는 것을 제외하곤 사실상 전염되지 않음 | • 장티푸스 박테리아가 대소변에 나타나는 동안<br>• 보균자는 증세가 없음 |
| 치료 및 간호 | • 파상풍 면역 글로불린이나 파상풍 항독소 혈청주사<br>• 환부의 항생제 치료<br>• 수분 균형과 영양<br>• 안정을 취하게 함 | • 항생물질에 의한 치료<br>• 탈수 방지<br>• 진통 치료<br>• 적당한 유동식과 영양<br>• 안정<br>• 필요 시 수혈 |
| 합병증 | • 속히 치료한다면 합병증은 없음<br>• 치료하지 않으면 사망 | • 궤양 장출혈, 폐렴, 골수염, 심근염, 신경계 합병증, 화농성 관절염과 골수염 |
| 예방 | • 생후 1년 이내에 파상풍 예방접종을 받아야 함(DTaP 내에 포함), 그 이후에는 5년에 1회<br>• 항독소 | • 장티푸스 백신의 예방접종<br>• 상수도 관리<br>• 음식 관리자의 위생 |

# 6절 유아교육기관에서의 투약

## 1. 투약의 조건

유아에게 투약을 할 것인지의 여부를 결정하는 것은 교육기관에서의 건강 정책의 한 부분이다. 유아교육기관에 다니는 동안 거의 모든 유아들이 적어도 한두 번의 약물치료를 필요로 할 것이다. 부모들은 만성적 질병 때문이건 가벼운 질병 때문이건 유아에게 약을 주도록 교사에게 요구할 수 있다.

만약 기관에서 약을 주는 책임을 받아들인다면 약품관리에 대하여 다음과 같은 적절한 규정을 설정하여 운영하여야 한다.

① 의사의 지시하에서만 약물을 제시하여야 한다.

② 부모의 서면 동의 없이는 어떠한 약물도 유아에게 제공되어서는 안 된다(그림 11-2 참조).

③ 처방된 약의 경우, 다음과 같은 정보들을 포함하고 있어야 한다.

- 약을 먹게 될 유아의 이름
- 유아의 의사 이름
- 약 이름
- 약물의 제조일자 및 유통기한
- 1회 투여량
- 투약 횟수
- 투약 방법

④ 처방전이 없는 약물의 경우, 약품 용기에는 아래의 내용이 포함되어 있어야 한다.

- 투약하게 될 유아의 이름 표시
- 사용상 안전을 위한 지침
- 약품 사용의 유효기간
- 약품의 구성 성분

- 제조 회사의 이름과 주소

⑤ 약을 주기 전에는 항상 라벨이나 지시사항을 주의 깊게 읽는다.

⑥ 약에 의해 일어날 수 있는 부작용에 대하여 알아 두고, 만약 어떠한 부작용이 나타난다면 즉시 부모에게 알린다. 이러한 경우, 부모나 담당의사의 허락 없이는 더 이상 약을 주지 않는다.

⑦ 저장 방법에 관한 표기내용을 항상 숙독하여야 한다. 어떤 약은 냉장보관이 필요하다. 약을 보관할 때 따뜻하고 습기차며 밝은 곳은 피한다.

- 성인이 감독할 수 없는 상황에서는 약을 놓아둔 채 자리를 떠나서는 안 된다. 전화를 받거나 방을 나갈 때는 약을 치우고 가거나 약을 가지고 나간다.
- 약을 사탕이나 유아가 좋아하는 어떤 다른 것으로 언급하지 않아야 한다. 이와 같이 언급하면 성인이 감독하지 않을 때 어린이가 약을 먹으려고 할 수 있기 때문이다.

⑧ 투약과 관련해서 투약한 날짜와 시간, 투약한 교사진의 이름과 유아의 이름에 대해 문서화된 기록(투약일지)을 남겨야 한다. 약물을 투여한 정확한 날짜와 시간을 쓰는 것을 잊지 않도록 유아에게 약을 주는 곳에 투약 일지를 붙여 놓는다.

투약 의뢰서

약의 이름: ______________________
처방된 날짜: ____________________
유아의 증상 및 병명: ______________________________________
마지막 투약한 날짜: _______________
유아명: ___________________

※ 부모용
- 본인은 귀 기관의 ____________께서 (교사나 기관장명에게) 본인의 자녀 ________에게 년 월 일 시에 약을 ______________으로(신체 부분이나 사용 방법) 제공할 것을 부탁합니다.
- 이 약으로 인해 나타나는 가능한 부작용은__________________________ 입니다.
- 이 약을 처방한 의사와 약사의 성명과 전화번호는____________________ 입니다.

부모의 서명 ______________________ 날짜 년 월 일

※ 교사용:
아래에 있는 모든 질문에 대한 답이 '예' 이면 약물을 주세요.
1. 위의 위임 항목 중 기재가 누락된 항목은 없습니까? □ 예 □ 아니요
2. 약이 제 용기에 들어 있습니까? □ 예 □ 아니요
3. 약의 용기에 처방 내용이 기재되어 있습니까? □ 예 □ 아니요
4. 약이 담긴 용기에 유아의 이름이 쓰여 있습니까? □ 예 □ 아니요
5. 이 약은 유효 기간 내의 것입니까? □ 예 □ 아니요

교사 서명 : __________________________

[그림 11-2] 투약을 위한 부모의 위임장
• 출처: Kendrick, Kaufmann & Messenger (1991), p. 307.

## 2. 투약 방법

약을 주기 전에는 반드시 손을 씻는다. 또한 약을 줄 때는 친절하고 침착한 태도를 유지한다. 투약은 여러 형태로 이루어지는데, 입으로 먹거나 코에 뿌리거나 귀에 떨어뜨리거나 항문(직장) 속에 넣거나 피부에 문질러 바르는 등의 방법이 있다. 다음에 제시하는 지침을 따른다.

① 입으로 투약하는 경우

유아가 먹어야 할 정확한 양을 측정해야 한다. 물약은 흔들어 사용하라는 표기가 있으면 따르기 전에 흔들어 주어야 한다. 물약의 사용은 점적기나 다른 도구를 사용한다. 물약을 천천히 투약하고 유아가 다 삼키는지 지켜본다.

알약은 크기가 크면 작은 조각으로 잘라서 준다.

② 귀에 떨어뜨리는 경우

귀에 넣는 것은 훨씬 쉬운 투약 방법으로 머리 뒤쪽으로 귀를 조심스럽게 잡아당겨서 넣으면 된다.

③ 눈에 떨어뜨리는 경우

조심스럽게 아래 눈꺼풀을 잡아당겨서 떨어뜨린다.

④ 코에 넣는 경우

유아를 눕히고 넣는다. 그러나 코에 뿌리는 약이라면 유아를 서 있게 한 채로 투약하거나 앉아 있게 하고서 투약할 수 있다.

# 12 장 응급처치

응급상황은 유아교육기관에서 유아의 건강과 안전을 위해 가능한 모든 조치를 취할 때조차도 발생한다. 유아교육기관에서는 유아에게 닥치는 위험을 최소화하기 위하여 응급상황에 대처하기 위한 절차를 마련해야 하며 응급상황에 관한 문서화된 정책이 있어야 한다.

각 응급상황에 대한 교직원의 역할과 책임, 그리고 일련의 대처 사항은 분명하게 진술되어야 하며 교사진은 이를 숙지하고 있어야 한다. 모든 사람이 안전한지를 확인할 책임은 누구에게 있는지, 응급처치를 할 사람은 누구인지, 관련기관에 신고할 사람은 누구인지, 유아들이 당황해한다면 어떻게 할 것인지, 부모에게 연락할 사람은 누구인지 등에 대하여 명백하게 규정해야 한다. 응급상황에 대한 정책을 부모들에게도 알려야 하며, 응급상황에 대비한 실제 훈련은 교직원과 유아 모두의 참여하에 이루어져야 한다.

## 1절 응급상황에 대한 준비

응급상황을 다루는 중요 절차는 다음의 내용을 포함한다(Decker & Decker, 2005; Kendrick, Kaufmann, & Messenger, 1991).

① 화재나 폭발 같은 사고 발생 시에 대피하는 데 필요한 행동과 폭풍 · 홍수 경계경보 등이 진행 중일 때 취할 조치를 사전에 계획한다.

- 비상 탈출 경로와 절차는 비상구 근처나 눈에 잘 띄는 곳에 붙여 놓아야 한다.
- 건물 내의 어디에서나 탈출할 수 있는 비상 대피로가 계획되어 있어야 한다.
- 응급처치 도구, 응급상황에 대한 정보가 기록된 서류, 학급 유아의 명단은 각 비상구 옆의 선반 또는 쉽게 가져갈 수 있는 곳에 있어야 하며, 비상 상황과 관련된 중요한 정보들은 돌발사태나 야외학습을 갈 때 교직원 중 한 사람이 책임지고 갖고 있어야 한다.
- 전화기 옆에 경찰서, 소방서, 기타 긴급 상황에서 도움이 되는 기관의 연락처를 붙여 놓는다. 번호에 익숙해져서 비상시 사용할 수 있도록 한다.
- 대피 후 만나는 장소를 지정해 놓아야 하며 지정된 장소에서 유아가 다 빠져나왔는지 확인하고 안전을 점검하는 절차를 계획해야 한다.
- 세워진 계획에 따라 예고 없이 한 달에 한 번, 그리고 필요하면 더 자주 연습을 한다.
- 대피 훈련 일지를 기록한다.
- 매일 교직원과 유아의 출결 상황을 기록해 놓는다. 대비가 완료되었는지 그 기록으로 확인할 수 있다.
- 비상사태 시의 계획을 세우는 데 있어 소방서, 경찰서 등 관련기관의 도움을 받을 수 있으며 실제로 훈련을 하면서 이들 기관의 도움으로 대처의 적절성을 재검토하고 평가하는 것이 효과적이다.

② 응급처치 도구(표 12-1)와 응급상황을 다루는 데 도움이 되는 지침을 갖추고 있어야 한다. 교사진은 응급처치에 대한 훈련을 받아야 한다. 또한 교사진은 즉각적인 의료적 도움을 요구하는 사고나 질병을 인식할 수 있어야 한다.

③ 부모와 연락이 닿지 않을 경우와 연락을 취할 수 없는 긴급 상황에 대비하여 응급처치를 위임하는 동의서 양식을 부모로부터 받아 놓아야 한다. 일반적으로 동의서 양식에는 이름, 주소, 부모 그리고 부모와 연락이 닿지 않을 경우 유아를 책임질 다른 성인의 전화번호, 치료를 의뢰할 병원과 의사의 이름과 전화번호가 포함된다. 이러한 서류는 매 6개월마다 갱신되어야 하며 견학을 갈 때 가져가야 한다. 우리나라 보건복지가족부에서 매년 발행하는 보

**표 12-1** 유아교육기관에서 갖추어야 할 구급약품 및 구급용품의 종류

| 구분 | | 종류 | 효용 |
|---|---|---|---|
| 구급약품 | 외용약 | • 소독약(과산화수소수, 포비돈액) | • 상처 소독 |
| | | • 항히스타민 연고, 물파스 | • 벌레 물린 데 사용 |
| | | • 항생제가 들어 있는 외상용 피부연고 | • 외상용 |
| | | • 방충제 | • 벌레 무는 것을 예방 |
| | | • 근육 마사지용 연고 | |
| | 내복약 | • 해독제 | • 독극물을 마셨을 때 |
| | | • 식염 | • 구토, 설사, 화상, 출혈, 열, 피로로 인한 탈수 방지나 경련이 일어났을 때(1l의 물에 식염을 찻숟가락으로 1/2술 넣고 휘저어 조금씩 먹인다.) |
| | | • 탄산수소나트륨 | • 탈수가 있을 때, 수액 대용으로(1l의 끓인 물에 식염 1/2술, 탄산수소나트륨 1/4술을 넣고 잘 섞은 다음 조금씩 먹인다.) |
| | | • 구토제<br>• 소화제 | • 의사의 지시에 따라 사용: 강산, 강알칼리, 석유 제품의 독극물을 먹었을 때는 사용하면 안 됨 |
| 구급용품 | 붕대류 | • 여러 크기의 1회용 반창고, 멸균 거즈(5×5cm, 10×10cm), 면붕 대(7.5cm 너비), 탄력 붕대(7.5cm, 15cm 너비), 삼각건, 반창고, 지혈대, 안대 및 안전용 패드, 손가락 부목을 대기 위한 설압자, 부목 2개 | |
| | 기타 | • 얼음, 물과 증류수, 얼음 주머니와 얼음 주머니 대용 비닐 봉지, 뜨거운 찜질용 주머니, 생리 식염수 | |
| | | • 체온계(항문용, 구강용), 안전핀, 침, 바늘, 가위(대 · 소), 핀셋, 족집게, 눈 세척용 용기, 면봉, 흡입기 | |
| | | • 성냥(라이터), 손전등, 여분의 건전지, 비누, 화장지, 종이컵, 숟가락, 수건(큰 것, 작은 것), 필기용구, 메모 용지, 응급처치를 위한 전화번호, 핸드폰 또는 공중전화용 카드나 동전, 응급처치 방법에 대한 자료, 사고 유발의 원인이 된 곤충 · 식물 등의 견본을 담기 위한 용기 | |

육사업안내에서는 이러한 응급처치 동의서 양식 등을 비롯한 문서양식들을 제공하고 있기도 하다.

④ 교사진이 유아의 응급상황이나 질병과 관련하여 행했던 조치를 기록하는 보고서 양식이 있어야 한다(그림 12-1 안전사고 보고서).

## 2절 응급상황 시 대처 단계

응급상황에서 중요한 것은 침착함을 유지하는 것과 분명하고 체계적인 절차를 실행하는 것이다. 만약 응급 절차가 미리 분명하게 규정되어 있고 순서대로 바르게 실행된다면 큰 도움이 될 수 있다.

응급처치는 의료 전문가의 도움을 받을 수 있을 때까지 즉각적으로 필요한 조치를 취하는 것을 말한다. 응급처치에서는 상황을 판단하고 상황이 더 나빠지지 않게 유지해야 한다.

미국 적십자에서는 교사들이 응급처치 상황에서 다음의 4단계를 따르도록 하고 있다(Aronson, 1991).

① 1단계: 사고를 당한 유아를 돕는다

응급처치 행동의 첫 단계인 '유아를 돕기' 위한 4가지 '응급행동원칙'은 다음과 같다.

ⅰ. 현장을 조사한다.
ⅱ. 생명을 위협하는 상황인지 일차적인 조사를 한다.
ⅲ. 상처가 중하다면 응급의료체계에 전화를 한다.
ⅳ. 이차적으로 상처를 정확하게 조사하고 응급처치를 한다.

첫 번째 응급행동원칙인 현장을 조사하는 것은 어떤 일이 일어났는지 신속하게 살펴보는 것이다. 유아가 어느 정도 다쳤는지, 왜, 어떻게 다쳤는지, 도와줄 다른 사람이나 도움을 필요로 하는 다른 유아가 있는지의 여부를 확인한다. 여러 유아가 다쳤다면 더 크게 다친 유아부터 돕는다. 생명을 구하기 위한 경우를 제외하고는 부상자를 움직여서는 안 된다. 주변의 유아들을 조용하게 하고 안심시킨다.

**구급차가 도착하기 전에 환자를 옮겨야 하는 상황**

부상자는 전문 의료진이 아니라면 움직이게 하지 않는 것이 원칙이지만, 다음의 상황이라면 생명을 구하기 위하여 구급차가 도착하기 전이라도 환자를 옮긴다.

① 주위가 위험한 현장: 화재, 건물 붕괴, 침수 등
② 주위에 위험 물질이 있는 경우: 유독가스, 발화성 물질 등

▷출처: 보건복지부 · 한국보건사회연구원(2000), p. 230.

두 번째 원칙은 생명을 위협하는지의 여부를 점검하는 것이다. 이는 전형적인 ABC(airway, breathing, circulation: 기도, 호흡, 혈액순환) 검사를 의미한다. 유아가 의식이 있는지, 의식이 없다면 숨을 쉬는지를 확인한다. 이를 위해 가슴이 움직이는지, 코나 입 밖으로 공기가 나오는지를 살핀다. 만약 정상적으로 숨을 쉬지 않는다면 기도를 확보하고, 순환과 심장박동을 위한 조치를 취한다. 또한 출혈이 심한지 점검한다. 유아가 의식이 있고, 언어 표현을 할 수 있는 연령이라면 질문을 하여 유아의 상태를 알아본다. 사고를 목격한 주위 사람들에게도 묻는다.

세 번째 응급행동원칙은 만약 상해가 심하다면, 다른 성인으로 하여금 응급의료체계에 연락을 취하게 해야 한다는 것이다. 연락 시 사고 경위, 다친 상태, 다친 유아가 있는 곳, 다치거나 증상이 나타난 시간, 응급처치 실시 내용 등을 알려 응급 의료진이 적절한 준비를 취할 수 있게 한다. 또한 다친 유아의 부모나 보호자에게 가능한 한 빨리 연락을 해야 한다. 응급처치 계획에는 교사진이 심하게 다쳤을 경우에 도움을 요구하는 방법까지 포함해야 한다.

응급 전화번호는 각 전화기 옆에 붙여 놓아야 하며, 전화는 성인이 유아를 돌보는 장소 가까이에 비치한다. 또한 야외학습을 갈 때, 기관에서는 항상 사전에 가는 곳의 전화번호를 알아 두어야 한다.

**응급상황에서 신고 시 반드시 제공하여야 할 정보들**

① 환자가 발생한 곳의 위치, 전화번호, 주소, 정보를 제공하는 사람의 이름
② 응급상황의 특성과 발생 경위(발생 시간 포함)
③ 환자의 상태와 특성
- 환자가 있는 정확한 위치
- 상해를 입은 사람의 수와 연령
- 상해를 입은 사람의 상태
- 주위의 위험요소 유무: 화재, 사고, 위험물질 등
④ 이미 취해진 조치

▷출처: 보건복지부 · 한국보건사회연구원(2000), p. 229; Aronson (2002), p. 39.

네 번째 응급행동원칙은 2차로 상처를 정확하게 조사하는 것이다. 2차 조사는 다친 유아와 이야기 나누고, 도움을 요할 모든 상황을 발견하기 위하여 자세히 조사하는 것을 의미한다. 각 신체 부위별로 상처를 점검하는 방법은 다음과 같다(Kendrick et al., 1991).

- 눈: 눈꺼풀을 당겨 열어서 동공을 살펴본다. 양쪽 동공의 크기가 같은지, 동공이 크거나 작지 않은지, 양쪽 눈이 같은 방향을 보고 있는지 등을 살펴본다.
- 귀: 피가 나거나 분비물이 나오는지 살핀다.
- 두피: 머리를 움직이지 않도록 조심하면서 손으로 만져서 부풀어 오른 곳이 있는지, 눌린 자국이 있는지, 피를 흘리는지, 기타 다른 이상이 있는지를 조사한다.
- 코와 입: 피가 나거나 치아를 다쳤는지 살펴본다.
- 목: 맥박과 숨을 쉬는지의 여부를 다시 점검한다. 피를 흘리는지, 부풀어 오른 곳이 있는지, 뻣뻣하게 경직되는지를 손으로 만져서 살펴본다.
- 가슴: 조심스럽게 손으로 만져 보아 부풀어 오른 곳이 있는지, 뼈의 상태나 몸짓이 정상인지의 여부를 조사한다.
- 등: 손을 유아의 등 밑에 넣고 부드럽게 위아래로 움직여서 피를 흘리는지, 아파하는 곳이 있는지를 살펴본다.

• 배: 피를 흘리는지, 아파하거나 근육이 단단한지를 살핀다.
• 팔: 유아에게 손, 팔, 어깨를 움직여 보도록 한다. 유아가 어떤 부위를 잘 움직이지 못한다면 그 부분이 움직여지지 않도록 조심하면서 조사한다. 어깨로부터 시작하여 조심스럽게 손으로 만져 살핀다. 피를 흘리는지, 부풀어 오른 곳이 있는지, 비정상적인 모양이나 움직임이 있는지를 점검한다. 손목의 맥을 점검해 보고 맥이 약하면 목에서 다시 맥을 점검한다. 손뼈를 만져 보고 피부의 체온을 점검한다.
• 엉덩이와 다리: 팔을 점검해 볼 때와 마찬가지로 유아에게 발, 무릎, 발목, 다리와 엉덩이를 스스로 움직여 보게 한다. 양쪽 무릎이 엉덩이로부터 같은 거리에 있는지, 발이 따뜻하거나 차가운지를 점검한다.

**일반인이 취할 응급처치**

① 기도유지: 호흡이 없거나 불규칙할 경우에만 시행
② 인공호흡: 호흡이 없는 경우에만 시행
③ 지혈: 외부 출혈이 심한 경우에만 압박 지혈법을 이용
④ 기타: 응급의료체계(전화 119)의 전화 상담원이 제시하는 처치법

▷출처: 보건복지부 · 한국보건사회연구원(2000), p. 230.

② 2단계: 부모에게 알린다

응급처치 행동에서 두 번째 단계는 다친 유아의 부모나 보호자에게 가능한 한 빨리 연락하는 것이다. 의료적 조치가 필요하다고 여겨지지 않을 때도 부모는 그 이상의 진단이나 치료가 필요한지의 여부에 관하여 결정을 할 수 있도록 사실을 알아야 할 권리가 있다.

대부분의 부모들은 어떤 일이 일어났는지에 관하여 그 유아와 함께 있었던 교사에게 듣고 싶어 한다. 만약 담임교사가 다친 유아를 돌보느라 다른 성인이 부모에게 연락을 취했다면 담임교사는 긴급한 상황에 대처하고 난 후 부모와 전화로, 또는 직접 만나 사고에 대해 이야기 나눈다. 심각한 상해라면 교사나 유아와 친숙한 다른 성인이 병원까지 다친 유아와 함께 가야 하며 그곳에서 부모를 만나기로

계획할 수 있다.

③ 3단계: 다른 유아들을 돌본다

사고가 발생하면 상해를 입지 않은 유아들도 응급상황에서 야기된 긴장으로 인하여 당황하기 쉽다. 그러므로 교사는 응급처치 대상자의 상처가 비교적 가벼우면 다친 유아를 돌보면서 다른 유아들이 당황하지 않도록 상황을 설명하여 조용하게 하며, 응급처치에 방해가 되지 않도록 당부한다. 그러나 심각한 경우에는 교사 혼자 다친 유아를 돌보면서 다른 유아들을 돌보는 것이 어려우므로 다른 사람의 도움이 필요하다.

④ 4단계: 상해 보고서를 기록한다

마지막 단계는 24시간 이내에 상해 보고와 일지를 기록하는 것이다(그림 12-1 참조). 상해 보고는 나중에 생각해 내기 어려워질지 모르는 사건의 세부사항을 기록하기 위한 형식이다. 이 정보는 유아교육기관의 장, 부모, 의사, 때로는 법률가와 보험회사 직원에게 정확하게 제공해야 한다. 복사한 보고서 한 부는 사고 당일 부모에게 주도록 하며, 한 부는 유아의 개인 파일에, 다른 한 부는 기관의 사고 일지에 첨부되어야 한다.

**안전사고 보고서**

유아명(학급명): ______________ 성(남/여) 생년월일: ____________________
사고일자: ____________________ 사고발생시간: ______________ (오전/오후)
목 격 자: ____________________ 부모에게 연락한 사람: ________________
연락받은 사람: ______________ 연락한 시간: ______________ (오전/오후)
응급의료체계나 다른 의료전문기관에 ☐ 연락하지 않음.
☐ 연락함 ____ 시 ____ 분 (오전/오후)

Ⅰ. 사고 장소

1. 실외(시설물/잔디/땅바닥/자전거길/계단) 2. 교실 3. 화장실
4. 복도( 층) 5. 주방 6. 유희실 7. 교사실 8. 시청각실
9. 실내계단 10. 현관 11. 모름 12. 기타(구체적으로)

Ⅱ. 사고와 관련된 설비, 기구

1. 종합놀이터 2. 정글짐 3. 미끄럼틀 4. 오르기 기구 5. 실외 수돗가
6. 모래 7. 자전거 8. 놀잇감(구체적으로) ____________________
9. 기타(구체적으로) ________________________________________

Ⅲ. 사고 원인

1. 자신
   ① 바닥으로 떨어짐: 떨어진 높이 약 ____ m,
      바닥의 형태(흙, 모래, 아스팔트나 보도블록: 기타 ____________________)
   ② 넘어짐 ③ 탈것을 움직이거나 타다가 다침
   ④ 먹거나 질식 ⑤ 기타(구체적으로) ____________________
2. 타인
   ① 다른 유아에게 물림 ② 다른 유아가 밀거나 발로 참, 때림
   ③ 기타(구체적으로) ________________________________________
3. 동물, 곤충
   ① 곤충에게 물리거나 쏘임 ② 동물에게 물림
   ③ 기타(구체적으로) ________________________________________

* 사고 상황 서술: ________________________________________
____________________________________________________________
____________________________________________________________
____________________________________________________________

Ⅳ. 다친 부위

1. 눈 2. 귀 3. 코 4. 입
5. 이 6. 얼굴의 다른 부위 7. 머리의 다른 부분 8. 목
9. 팔, 손목, 손 10. 다리, 발목, 발 11. 몸통
12. 기타(구체적으로)________________________________________

Ⅴ. 상해 형태

1. 찰과상 2. 타박상 3. 베임(깊이______, 길이______)
4. 자상(찔려서 난 상처) 5. 염좌(삠) 6. 골절 7. 탈구
8. 압박, 눌린 상해 9. 화상
10. 기타(구체적으로) ________________________________________

* 출혈 상태:________________________________________
* 의식 여부: 의식 있음__________________, 의식 없음________________

Ⅵ. 처치

1. 유아교육기관
   1) 응급처치를 한 사람: ____________

2) 응급처치 내용: ______________________________

2. 병원처치
☐ 의사의 처치가 필요하지 않음
☐ 의사의 처치가 필요하였음
1) 병원명: ______________ 2) 처치 의사명: ______________
3) 처치 내용: ______________________________
______________________________

3. 입원 여부 및 기간
1) 입원 여부: ① 입원 치료 ② 통원 치료
2) 입원 기간: ( ) 필요 실제 입원 기간( )

4. 상해 어린이를 위한 추후 진단 및 치료 계획: ______________
______________________________

Ⅶ. 기타 사항
* 예방을 위해 필요한 조치: ______________________________

Ⅷ. 확인

년 월 일

1. 기록자( 담임): ________(인) 2. 목격자: ________(인)
3. 응급처치자: ________(인) 4. 기관장: ________(인)
5. 부모의 서명: ________(인)

[그림 12-1] 안전사고 보고서

• 출처: Aronson (2002), p. 44를 수정함.

## 3절 심폐소생술

유아가 의식을 잃고 숨 또한 쉬지 않는다면 심폐소생술을 실시하여야 한다. 심폐소생술은 A, B, C 순으로 하게 된다. 즉, 기도를 열리게 하고(airway), 인공호흡을 통해 다시 숨쉬게 하며(breathing), 심장마사지를 통해 피가 돌게 하는(circulation) 일련의 과정을 포함한다.*

## 1. 숨을 쉬는지의 여부 확인과 대처

어린이가 의식을 잃게 되면 숨을 쉬는지부터 확인한다. 우선 혀가 뒤로 말려 들어가 기도를 막았을 경우에는 기도부터 열리게 해야 한다. 그런 다음 숨을 쉬는지 확인한다.

### 1) 숨을 쉬는지 확인하는 방법

① 유아의 고개를 약간 뒤로 젖힌 다음 귀를 유아의 입과 귀 가까이에 대고 숨소리를 들어 본다. 동시에 가슴의 움직임도 관찰한다.
② 유아가 숨을 쉰다면 가슴의 움직임이 눈에 보일 뿐만 아니라 숨소리를 들을 수 있고 숨결도 느낄 수 있다. 아주 약하게라도 숨을 쉰다면 그냥 두어야 한다. 숨을 더 힘차게 쉬게 하려고 구강 대 구강 인공호흡으로 들어가서는 안 된다. 그 상태에서 회복체위로 자세를 옮기게 한 다음 계속해서 숨 쉬는 것을 지켜보아야 한다.
③ 만일 숨을 쉬지 않는다면 바로 기도를 확보해야 한다. 여전히 숨을 쉬지 않는다면 즉시 구강 대 구강 인공호흡을 실시해야 한다.

### 2) 의식도 없고 숨도 쉬지 않는 경우: 기도의 확보

유아가 의식도 없고 숨도 쉬지 않는 경우에는 기도를 확보해야 한다. 기도는 사람이 호흡을 할 때 외부의 공기가 폐(허파)로 들어오거나 나가는 통로를 가리킨다

* 심폐소생술의 내용은 주로 미리암 스토패드 저, 이일남 역(1994), 어린이 건강 365일. 상아, pp. 363-373을 참고하였으며, 그 외 보건복지부 · 한국보건사회연구원(2000); 안효섭, 2004; 홍창의, 1997; Marsden, Moffat, & Scott 저, 김형욱 역(1995) 등을 참고하였다.

(보건복지부 · 한국보건사회연구원, 2000). 의식을 잃게 되면, 특히 얼굴을 위로 하고 넘어지게 되면 혀가 뒤로 젖혀져 기관을 막게 되어 공기가 폐로 들어가지 못하게 된다. 얼굴이 앞으로 수그러져 기관 끝이 좁아지게 되는 경우나 가래 또는 토사물이 목구멍에 걸려 나오지 못하는 경우에도 기도는 막히게 된다. 기도가 유지되지 않으면 질식하거나 인공호흡을 해도 공기가 유입되지 않게 된다. 기도 유지가 필요한 경우는 의식이 없거나 호흡이 멎은 경우, 호흡은 해도 목이나 가슴 · 복벽이 부자연스럽게 움직이거나 코고는 소리가 들리는 경우, 인공호흡을 해도 저항이 있는 경우 등이다.

#### (1) 유아의 기도 확보

① 유아를 편편한 바닥에 눕힌다.

② 한 손은 이마 위에 갖다 대고 다른 한 손은 목 뒤에 댄다. 이마를 살며시 누르면서 목 뒤를 약간 올린다. 이 상태에서 목구멍이 보이면 바른 자세다.

③ 목을 받치고 있던 손을 떼어 그중 손가락 두 개로 턱을 위로 치켜 올려 턱이 앞쪽으로 나오게 한다. 이때 턱과 함께 혀도 앞으로 밀려나오면 기도가 열리게 된다(그림 12-2).

④ 숨을 쉬는지 살펴본다(그림 12-3).

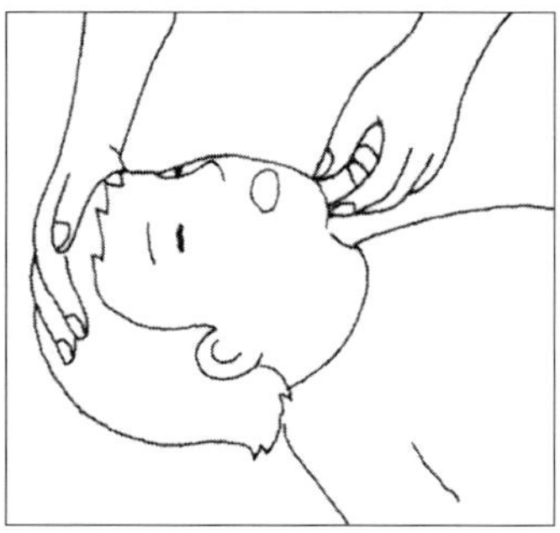

[그림 12-2]

[그림 12-3]

### (2) 영아의 기도 확보

영아는 목이 짧고 기도가 연약하여 고개를 너무 뒤로 젖히게 되면 오히려 기도가 막히게 된다.

① 영아를 편편한 바닥에 눕힌다.
② 한 손으로 이마를 짚은 다음, 살며시 아래쪽으로 눌러 고개가 약간만 뒤로 젖혀지게 한다.
③ 손가락 2개로 턱 끝을 받친 다음 숨을 쉬는지 살펴본다.

### (3) 기도를 막는 이물질이 있을 경우

고개를 뒤로 젖혔음에도 유아가 숨을 쉬지 않을 때는 무엇인가 기도를 막는 물질은 없는지 입 속을 살펴보도록 한다. 유아의 고개를 옆으로 돌린 다음, 재빨리 그러나 조심스럽게 검지손가락을 입속에 넣고 더듬어 본다. 그리고 이물질이 있다면 제거한다(그림 12-4).

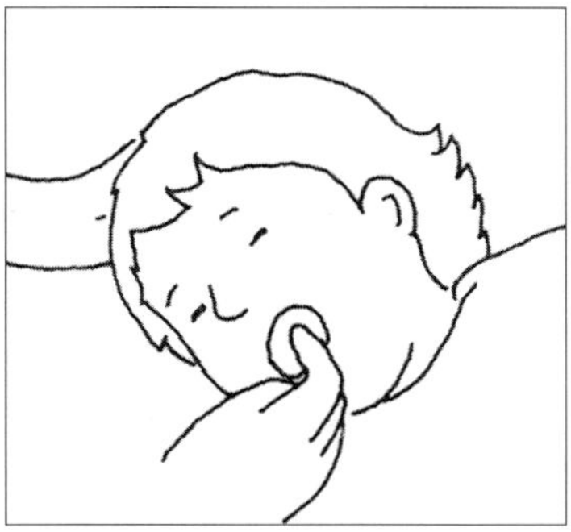

[그림 12-4]

이때 이물질을 오히려 목구멍으로 밀어 넣지 않도록 주의해야 한다. 입 속에 이물질이 있는 것이 확실하고, 실수하여 이물질을 오히려 밀어 넣지 않을 자신이 있을 때만 유아의 입 속에 손가락을 넣도록 한다. 입 속에 이물질이 보이면 손가락으로 잡으려 하지 말고 손가락 끝으로 훑어 내는 방법이 좋다. 이물질을 손가락으로 잡으려 하다가 오히려 안쪽으로 밀어 넣을 수 있기 때문이다. 손가락을 입 속의 측면에 깊숙이 넣은 다음 밖으로 훑어 내는 방법이 바람직하다(보건복지부 · 한국보건사회연구원, 2000).

1세 이하, 혹은 2세라도 체중이 10kg 이하인 경우에는 영아의 얼굴이 위로 향하도록 아이를 응급처치자의 팔 위에 올려놓고 손으로는 유아의 머리와 목이 고정되도록 잡는다. 다음에는 다른 팔을 이용해 유아의 얼굴이 아래로 향하도록 뒤집어서(돌려서) 턱을 잡은 손이 유아를 떠받치면서 다른 쪽 손바닥으로 유아의 어깨뼈 사이의 등을 5회 정도 연속하여 두드린다(보건복지부 · 한국보건사회연구원, 2000)(그림 12-5).

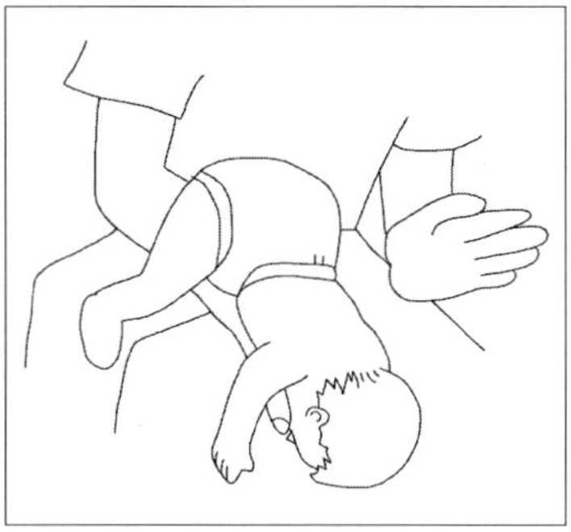

[그림 12-5]

**기도 폐쇄**

기도가 폐쇄되는 경우

① 소아나 고령자: 이물질(사탕, 고기, 땅콩 등)을 삼키다가 기도가 막히는 경우
② 외상/사고: 입 안이 손상되어 부러진 치아나 출혈 등에 의해 기도가 막히는 경우
③ 의식이 없을 때: 혀가 뒤로 말려서, 또는 구토물에 의해 막히는 경우

기도가 폐쇄될 때 나타나는 증상

기도가 완전히 막히면 말을 하지 못하면서 양쪽 손으로 목을 쥐고 얼굴과 입술이 파랗게 변한다. 또 기도가 일부 막히는 경우에는 환자가 기침을 하지만 말을 할 수 없으며, 매우 안절부절못하는 행동을 나타내지만 얼굴과 입술이 파랗게 변하지는 않는다.

기도를 막고 있는 이물질의 제거

환자의 호흡상태가 정상이고 의식이 있는 경우에는 이물질의 제거를 위해 계속 기침을 하도록 유도하며, 지속적으로 기침을 해도 이물질이 배출되지 않을 때는 즉시 응급의료체계(전화 119)로 연락을 취한다.

▷출처: 보건복지부 · 한국보건사회연구원(2000), pp. 231～232.

이물질이 나오면 몸을 옆으로 돌려 입 안을 깨끗이 해 준다. 기도가 확보되어 숨을 쉰다면 회복체위로, 여전히 숨을 쉬지 않는다면 구강 대 구강 인공호흡을 실시한다.

### 3) 의식은 없으나 숨을 쉬는 경우

의식은 없으나 숨을 쉴 때에는 유아를 회복체위로 눕힌 다음 구급차가 올 때까지 기다려야 한다. 회복체위는 혀가 말려 들어가지 않게 하고 토사물이나 가래를 입 밖으로 흘러나오게 하여 질식으로 인한 호흡곤란을 방지하는 자세다. 단, 골절상을 입었을 경우에는 유아를 움직이기 전 부러진 뼈를 고정시켜야 한다.

다음은 다친 유아가 등을 바닥에 대고 누운 상태로 있을 경우 회복체위로 눕히는 방법이다(그림 12-6). 그러나 만일 유아가 옆으로 누웠거나 엎드려 있는 상태라면 마지막 단계, 즉 얼굴이 위로 향하지 못하도록 고개를 옆으로 돌리고 한쪽 다리와 팔을 위쪽으로 향하게 하는 자세를 취하게 해 주면 된다.

① 유아의 고개를 응급처치자 쪽으로 향하게 하고 목 뒤를 약간 높게 하여 기도가 열리게 한다. 응급처치자 가까이에 있는 쪽의 팔을 유아의 옆구리에 붙이고 손가락을 가지런히 편 다음 손을 엉덩이 밑으로 넣는다.
② 나머지 한쪽 팔을 가슴 위에 얹고 같은 쪽의 다리를 반대편 다리의 발목 위에서 교차시키도록 한다.
③ 유아 옆에 무릎을 꿇고 앉은 다음, 유아의 가슴을 옆으로 돌려 응급처치자의 무릎과 같은 높이로 세운다. 먼저 엉덩이 부분의 옷을 잡고 다른 한쪽 손으로는 머리를 받친 다음, 응급처치자의 무릎에 유아의 가슴이 닿도록 유아를 응급처치자 쪽으로 잡아당긴다. 이 상태에서 숨을 편히 쉴 수 있도록 머리의 위치를 바로 잡아 준다.
④ 위에 있는 팔과 다리를 구부린 채로 바닥에 닿게 해 고개가 움직이지 못하게 한다. 다른 쪽 팔은 그대로 두어도 된다. 또한 가슴과 배를 바닥에 꼭 붙게 함으로써 등이 젖혀지는 일이 없게 해야 한다.

이상의 과정으로 회복체위로 뉘였다 할지라도 의식이 없는 상태에서는 그대로

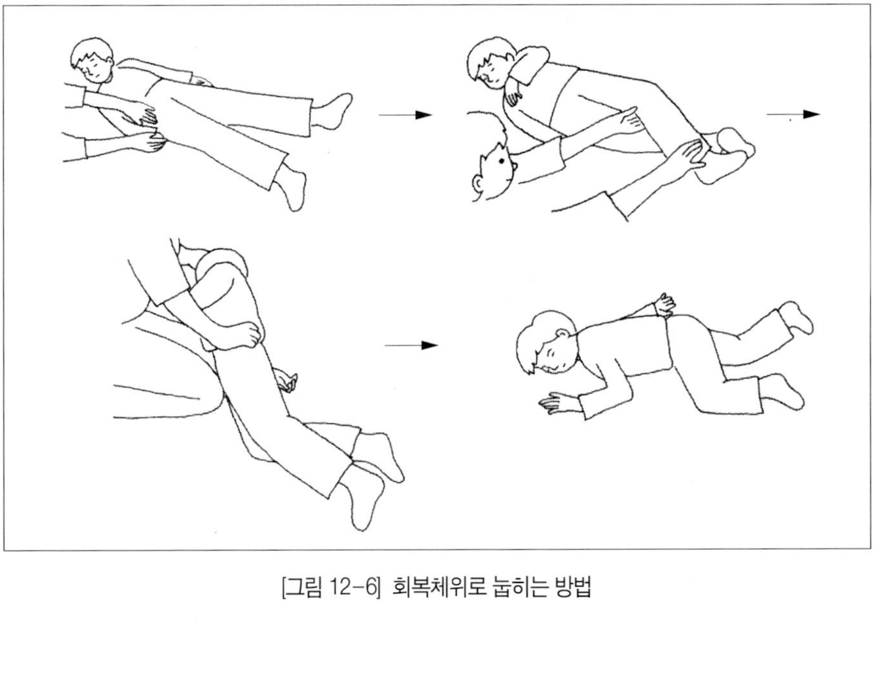

[그림 12-6] 회복체위로 눕히는 방법

두지 말아야 한다. 누군가에게 구급차를 부르도록 부탁하고 지금까지 돌보아 온 응급처치자는 계속해서 어린이 곁에 남아 있어야 한다.

## 2. 인공호흡

유아가 의식을 잃고 숨을 거의 못 쉬거나 숨을 쉬지 않는다고 판단될 때는 즉시 인공호흡을 실시해야 한다. 단, 전문적인 심폐소생술과정을 이수받지 않은 사람은 실시하면 안 된다.

### 1) 구강 대 구강 호흡의 방법

① 편편한 바닥에 유아를 눕힌다. 얼굴을 뒤로 젖혀 기도가 열리게 한다. 이물질이 있는 경우, 기도를 깨끗이 하여 기도를 확보한다.

② 한 손으로 유아의 턱을 받친다. 이때 손으로 목을 눌러 기관이 막히는 일이 없도록 주의해야 한다. 엄지손가락으로 유아의 입을 벌린다(그림 12-7). 나머지 한 손으로는 콧구멍이 닫히도록 코를 쥔다.

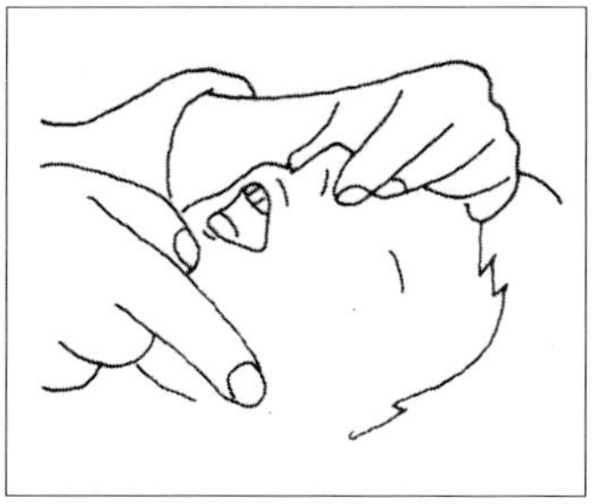

[그림 12-7]

③ 숨을 크게 들이마신 후 입을 크게 벌리고 아이의 입에 꼭 댄다. 그러나 구강 대 구강 인공호흡이 불가능할 때는 입을 막고 대신 코로 숨을 불어넣어도 된다. 유아의 얼굴이 작아 구강 대 구강 인공호흡이 어려우면 응급처치자의 입을 유아의 입과 코에 한꺼번에 대고 실시하도록 한다.

④ 천천히 그러나 힘차게 숨을 불어넣는다(그림 12-8). 입에서 나오는 얕은 숨이 아니라

[그림 12-8]

폐 속으로부터 나오는 깊은 숨이어야 한다. 유아의 가슴이 부풀어 오르면 인공호흡은 성공한 것이다.

- 첫 회는 기도 개통 상태를 확인하기 위해 살며시 불어넣고, 다음은 빠른 속도로 3회 이상 계속해서 숨을 불어넣은 다음 잠시 기다린다. 그 사이에 가슴이 부풀었는지 관찰하거나 입 가까이에 귀를 대어 공기를 토해 내는 것을 확인한다(그림 12-9). 동시에 심장이 뛰는지도 확인한다.
- 심장이 뛰고 있다면 유아 스스로 숨을 쉴 수 있을 때까지 1분에 15~20회 매 3초마다(어른은 매 5~6초마다) 계속해서 숨을 불어넣는다.

[그림 12-9]

⑤ 자발적인 호흡을 할 수 있게 되면 즉시 회복체위로 눕히고 구급차를 기다린다. 반면, 심장이 멎었을 때는 곧바로 심장마사지로 들어가야 한다. 숨이 멈추면 자연히 심장도 멈추므로 심장마사지를 인공호흡과 동시에 하면서 병원으로 데리고 간다.

만약 인공호흡에도 불구하고 가슴이 부풀지 않을 때는 코가 몸과 일직선이 되도록 머리가 바로 놓였는지, 공기가 새어 나가지 않도록 코를 꼭 쥐고 입을 빈틈없이 막았는지를 확인하고 다시 한 번 실시한다. 여전히 효과가 나타나지 않는다면 질식에 대한 응급처치를 시도해야 한다.

### 2) 영아를 위한 인공호흡법

근본적인 방법은 같지만 영아의 경우 모든 부위의 크기가 작다는 사실을 고려한 방법을 사용한다. 영아는 코와 입 사이가 짧기 때문에 성인의 입으로 코와 입을 한꺼번에 덮을 수 있다. 숨은 1분에 20회 정도 얕고 빠르게 불어넣는다. 절대 세게 불어넣어서는 안 된다.

첫째, 영아를 바닥에 눕힌다. 발바닥을 손으로 두드려 보아 의식이 없는지 확인하도록 한다. 만일 아무런 반응이 없다면 이마를 살며시 눌러 목 뒤가 약간 들리게 한 상태에서 손가락으로 턱을 위로 받친다(그림 12-10). 이때 머리가 너무 높게 젖혀지지 않도록 한다.

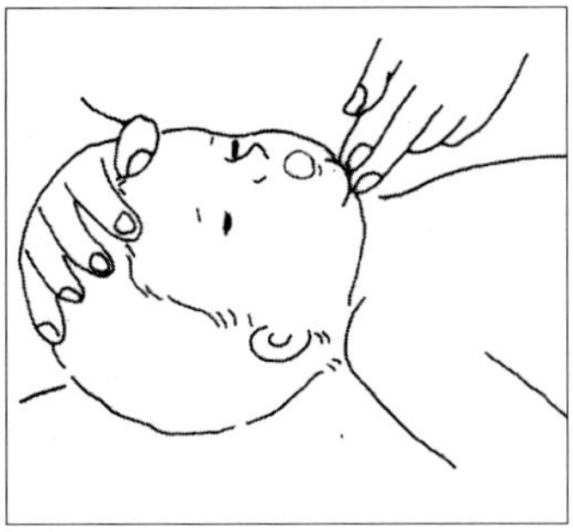

[그림 12-10]

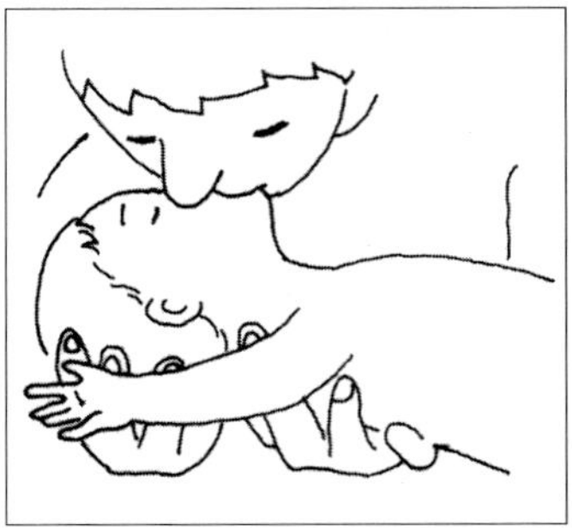

[그림 12-11]

둘째, 한 손은 등 밑에, 다른 한 손은 머리 밑에 넣어 각각 받치도록 한다. 인공호흡자의 입으로 아이의 입과 코를 한꺼번에 덮은 다음 가슴이 부풀어 오를 때까지 계속해서 숨을 불어넣는다(그림 12-11). 1번에 3회 이상 계속해서 숨을 불어넣고 동시에 심장의 박동을 확인한다.

## 3. 심장마사지

심장마사지는 보통 인공호흡과 병행하여 실시하게 되는데, 의식을 잃은 데다 숨도 멎은 경우, 인공호흡을 실시한 후에도 심장이 뛰지 않을 때 시도하게 된다. 심장이 뛰지 않으면 산소가 몸의 각 조직으로 운반되지 못한다. 그런 상태가 3분 이상 계속되면 뇌에 손상을 입혀 치명적 결과를 초래한다. 그러므로 흉부 압박을 하여 혈액순환을 유지하여야 한다. 흉부 압박은 심장을 대신하여 혈액을 심장에서 온몸으로 보내 줄 수 있다.

### 1) 심박동 여부의 확인

맥박이 없으면 심장이 정지된 것을 의미한다. 심장이 뛰고 있는지는 경동맥(턱 아래에 위치)의 박동 여부로 확인한다. 경동맥은 뇌에 혈액을 공급해 주는 역할을 한다.

턱 아래 경동맥이 지나는 부분의 목에 손가락 세 개를 살짝 댄다(그림 12-12). 약 5초 동안 그 상태로 있으면서 심박동을 느껴 본다. 만일 아무것도 느껴지지 않는다면 심장이 멎은 것이다.

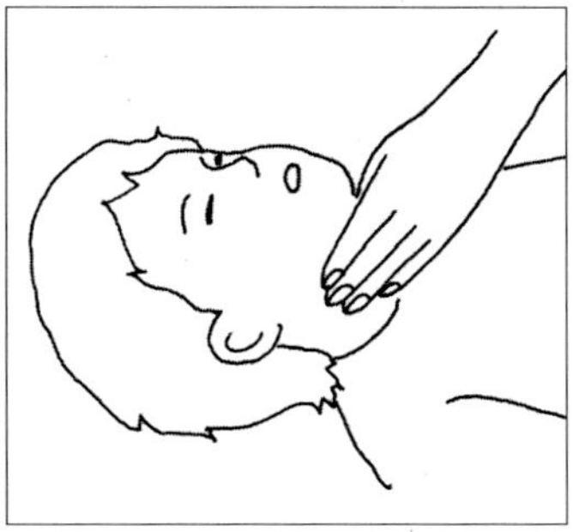

[그림 12-12]

### 2) 심장마사지

심장은 가슴의 왼쪽 중심 가까이에 있으며 흉골과 척추 사이에 있으므로 흉골을 압박할 경우, 심장을 수축하여 혈액을 각 장기로 보낼 수 있다.

심장마사지는 위험요인을 안고 있다. 가슴을 너무 세게 누를 경우 갈비뼈가 부러져 폐, 위, 간 등의 내장이 손상될 수 있기 때문이다. 인공호흡과 마찬가지로 전문적 훈련을 받은 사람이 해야 한다(그림 12-13).

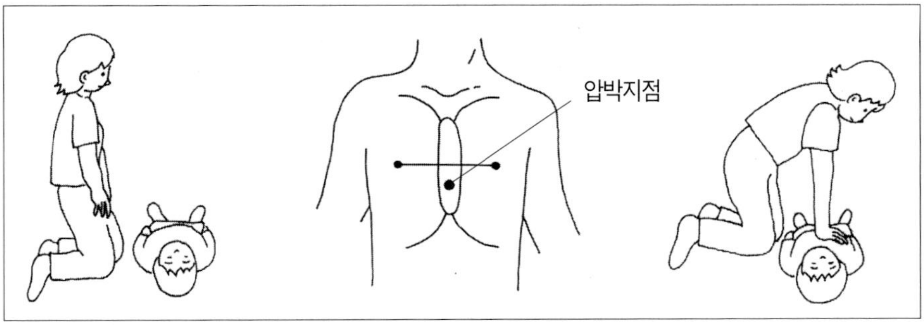


[그림 12-13]

① 어린이를 즉시 딱딱한 바닥에 반듯하게 눕히고 아이의 가슴 옆에 무릎을 꿇고 앉는다.

② 흉골 하단 부분에 손목을 갖다 댄다. 흉골은 가슴 중앙을 세로로 지르는 뼈로서 양쪽 쇄골 사이 움푹 들어간 곳이 흉골이 시작하는 지점이다. 정확한 압박 지점은 흉골(가슴의 정 중앙에 위치하는 뼈)의 하부 1/2지점이지만, 흉골의 위치를 정확히 찾기 어려운 경우가 많기 때문에 양쪽 젖꼭지를 이은 가상선의 가운데 아래쪽에 손바닥을 위치하면 된다(보건복지부 · 한국보건사회연

구원, 2000). 이때 손가락은 가슴에 닿지 않게 들어 올려야 하는데 이는 손가락으로 갈비뼈를 누르지 않기 위해서다. 응급처치자의 어깨에서 팔목까지를 곧게 편 상태에서 흉골이 2.5~3.5cm 정도 들어가도록 분당 100회 정도 압박을 가한다.

만 5세 이상인 경우, 힘을 더 주기 위해 오른손을 왼손 위에 얹어서 처치자의 체중을 이용해 더 힘차게 흉부 압력을 가할 수 있다.

③ 수를 세면서 심장마사지를 실시한다. 심장마사지를 5회 하고 나서 구강 대 구강 호흡을 1회하는 비율로 반복한다. 두 사람이 있으면 한 사람은 인공호흡, 다른 한 사람은 심장마사지를 하도록 한다.

④ 중간 중간에 심장이 뛰는지 경동맥을 만져 확인한다.

⑤ 심박동이 느껴지자마자 심장마사지는 그만두되, 구강 대 구강 호흡은 구급차가 오거나 유아가 자발적으로 호흡할 수 있을 때까지 계속한다.

### 3) 영아를 위한 심장마사지 방법

영아를 위한 심장마사지에서는 압박을 덜 가해야 한다는 점이 다르다.

① 영아를 딱딱한 바닥에 눕힌 다음 등 밑에 손을 넣어 팔 위를 잡음으로써 머리와 등을 동시에 받친다.

② 양쪽 젖꼭지 사이의 중간 지점에 1.5~2.5cm 정도 눌려지도록 압박을 가한다. 심장을 향하여 1분에 100회 정도 눌러 심장에서 피가 전신으로 가도록 심장마사지를 한다.

③ 손가락으로 잘 눌려지지 않는다고 등에 괴었던 손을 빼서 함께 눌러서는 안 된다. 그럴 때는 손목을 이용한다.

④ 심장마사지 5회에 구강 대 구강 인공호흡 1회를 실시한다. 1분 동안 실시한 후, 심박동을 확인하고 3분마다 같은 식으로 반복한다.

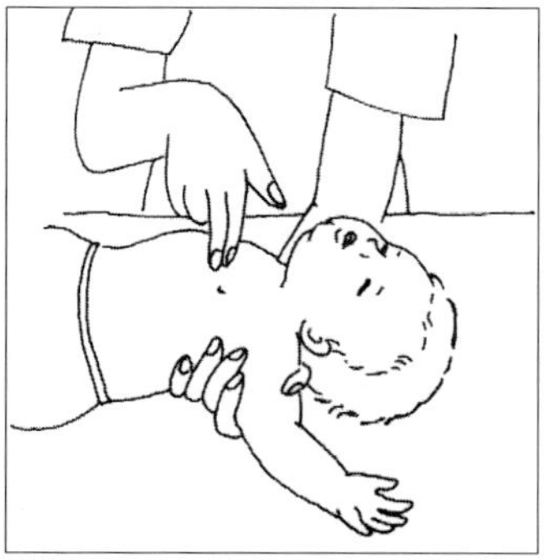

[그림 12-14]

# 4절 상황에 따른 응급처치 방법

심한 부상이나 급성 질병이 발생하였을 때 전문적인 도움을 받기 전까지 취할 수 있는 응급처치법을 상황별로 살펴보면 다음과 같다(인도주의 실천 의사협의회, 1996; 이상원, 1988; 이상원, 1998; 이은옥 등, 1990; 팬더북편집부, 1992; 홍창의, 1997; Arena & Settle, 이용일 역, 1989; Heimlich, 이일남 역, 1992; Kendrick et al., 1991; Marotz et al., 2001; Marsden et al., 김형묵 역, 1995; 미리암 스토패드, 이일남 역, 1994).

## 1. 갑자기 의식을 잃었을 때

어린이가 의식을 잃었을 때는 생명이 위험할 수도 있으므로 즉시 병원에 데리고 가야 한다. 의식을 잃은 어린이에게는 산소호흡과 인공호흡 등이 필요한 경우도 있지만 각종 검사 등이 필요한 경우도 있으므로 가급적 가까운 종합병원으로 데리고 가는 것이 좋다. 병원에 도착하기 전까지는 응급처치를 계속 한다.

의식을 잃은 사람에게는 물이나 음식물을 먹게 해서는 안 된다. 기도를 막거나 나중에 폐렴을 유발할 수 있기 때문이다. 병원에 가는 동안 어린이가 의식을 잃은 원인을 보다 정확하게 파악하기 위해 놀았던 곳의 주위나 의식을 잃은 장소를 두루 살펴 원인이 될 만한 근거가 있으면 이를 의사에게 알려 준다. 그러면 원인을 빨리 알 수 있고 또 치료하는 데도 큰 도움이 될 수 있다.

의식을 잃게 되는 주요 원인은 다음과 같다.

① 뇌 손상: 뇌진탕, 뇌출혈 등
② 전염병: 뇌염, 뇌막염, 패혈증 등
③ 약물중독: 독극물 중독이나 약의 과량 복용 등
④ 화학약품 중독이나 금속 중독: 수은이나 납 중독 등
⑤ 가스 중독이나 알코올 중독 등

⑥ 간질환, 당뇨병, 신장병, 저혈당증 같은 질병
⑦ 출혈, 심한 설사 또는 구토로 인한 탈수
⑧ 뇌종양
⑨ 기타

다음과 같이 응급처치한다.

① 우선 숨을 잘 쉴 수 있도록 해 주어야 한다. 숨을 쉬지 않거나 또는 숨을 잘 쉬지 않으면 구강 대 구강 인공호흡을 한다.
② 팔이나 다리 같은 신체 외부에서 출혈이 있으면 이를 지혈하고 동시에 병원으로 데리고 간다.

## 2. 출 혈

① 지혈을 한다.

- 상처 위에 거즈나 깨끗한 천을 대고 직접 압박법으로 지혈한다(그림 12-15). 거즈나 붕대가 준비되기 이전까지는 일시적으로 지혈점(상처로부터 심장에 가까운 동맥 부위)을 압박하는 방법으로 지혈할 수 있으나 지혈점을 찾는 데 익숙하지 않다면 시도하지 않는다.

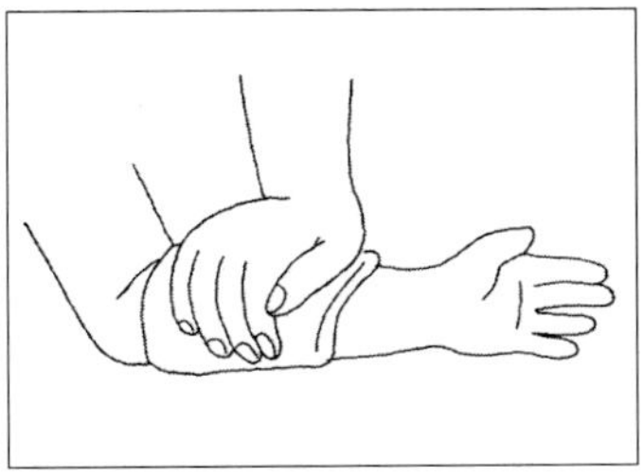

[그림 12-15]

- 다친 팔이나 다리를 심장보다 높게 한다(그림 12-16). 어린이가 서 있는 상태라면 즉시 바닥에 눕히며 다친 부위를 심장보다 높게 하고 지혈도 계속한다.

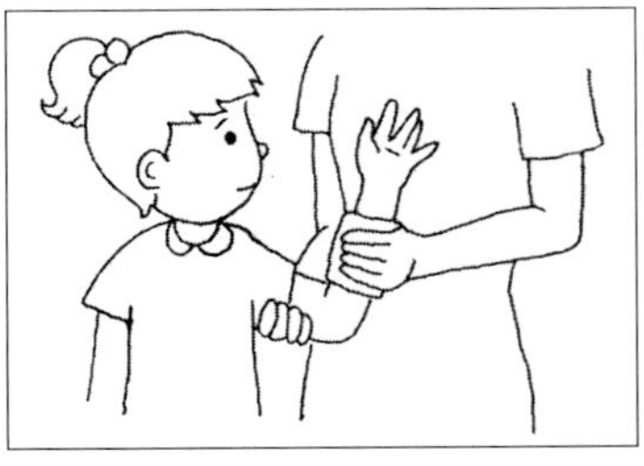

[그림 12-16]

- 일단 출혈이 멈추면 조이지 않을 정도로 상처 부위를 붕대로 맨다(그림 12-17). 붕

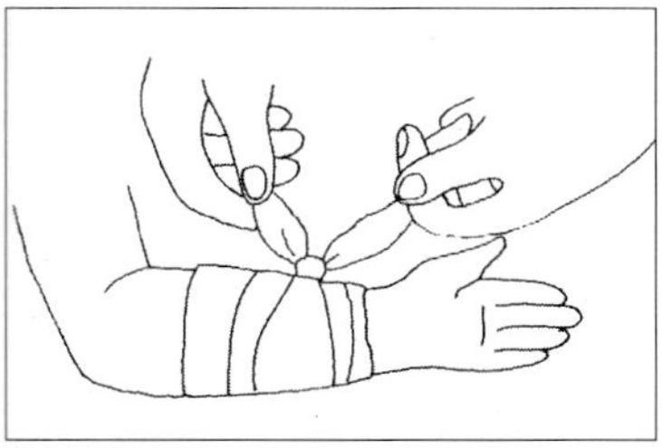

[그림 12-17]

대가 피로 젖었을 경우에는 젖은 붕대 위에 새 붕대를 계속 감아 눌러 준다. 이때 혈액순환이 되지 않을 정도로 꽉 묶지 않도록 조심한다. 겨드랑이 혹은 목과 같은 곳에서 출혈이 있을 때에는 붕대를 사용할 수 없으므로 손가락이나 손으로 지혈한다.

② 직접 압박이 효과가 없으면 심장에서 가까운 상처의 위쪽 부위에 붕대를 감아 출혈을 차단시켜 심한 출혈을 막을 수 있다.

③ 팔다리의 출혈이 멎지 않고 심각한 경우, 마지막 처치로 지혈대를 사용한다(그림 12-18).

- 상처가 있는 팔이나 다리의 지혈점과 상처 사이의 압박해야 할 동맥 위에 거즈나 손수건을 접어 댄 뒤 5cm의 폭으로 접은 삼각건이나 붕대를 단단하게 이중으로 돌려서 반맺음을 한다.
- 길이 20~30cm의 단단한 막대를 매듭 위에 놓고 묶는다.
- 막대를 뒤틀어 돌려서 출혈이 멈출 때까지 지혈대를 조인다.
- 지혈을 하고 막대의 끝자락을 붕대의 남은 부분으로 고정시킨다.
- 지혈대를 한 정확한 시간을 기록해 둔다.
- 지혈대를 감으면 2시간 이내에 의사의 치료를 받아야 하며, 1시간이 경과한 시점에서는 쇼크에 주의하면서 일단 지혈대를 풀어서 혈액을 순환시키고 거즈로 압박 지혈한다. 압박 지혈로 지혈이 되면 그대로 붕대를 감아 두며, 지혈이 안 되는 경우에는 5분 후 다시 지혈대를 감는다.

④ 쇼크에 대비한다. 외상 등으로 출혈이 심할 때는 순환하고 있는 혈액량이 감소하여 저산소 상태가 되어 출혈성 쇼크에 빠질 수 있다. 피부가 창백하고 식은땀을 흘리고 호흡이 가쁜 쇼크 상태는 위험하다. 쇼크를 방지하기 위하여 뼈가 부

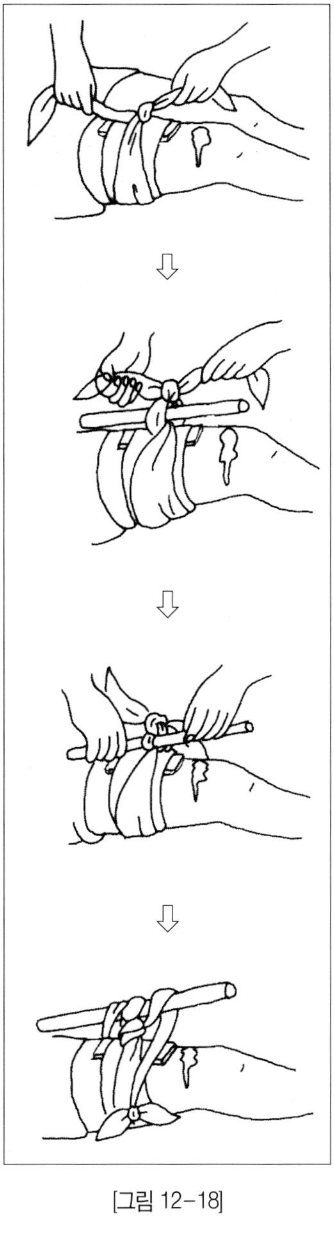

[그림 12-18]

러지지 않은 한 출혈 부위를 높이고, 머리와 상체를 낮게 눕힌 채로 응급실로 데려간다.

## 3. 독극물 중독

무엇이든 입으로 가져가는 유아기 어린이의 특성으로 인해 독극물 중독 사고가 생길 수 있다. 어린이들은 의약품이나, 청소용 표백약, 가루비누, 그릇 닦는 세제, 니스, 왁스, 석유, 휘발유, 페인트, 좀약, 쥐약, 농약, 살충제, 비료, 화장품 등을 먹고 마실 수도 있다. 이러한 것들은 어린이의 손이 닿지 않는 곳에 잘 보관하여야 한다.

독극물을 먹었다고 의심이 되거나, 먹은 것이 확실할 때는 먹은 독극물의 양에 관계없이 다음과 같이 대처해야 한다.

① 어린이가 의식이 있고 대답을 할 수 있는 나이라면 무엇을 먹었는지 물어본다.
② 독극물을 먹은 어린이를 병원으로 데리고 가기 전에 병원에 전화하여 병원에 가기 전에 처치해야 할 것이 있는지 알아보고, 의사의 지시에 따라 현장에서 할 수 있는 응급처치를 한다.
③ 어린이가 먹거나 마신 독극물질에 명기된 설명서를 참고하여 응급처치를 행한다.
④ 어린이를 병원으로 데리고 갈 때, 먹었거나 마셨다고 의심되는 물질과 구토물을 검사하기 위해 함께 가지고 가야 한다.
⑤ 만약 어린이가 의식을 잃었거나 경기를 한다면 강제로 토하게 하거나 희석시키려고 해서는 안 된다. 이러한 경우에는 다음과 같이 한다.
- 호흡 상태를 관찰하고 의식을 점검한다.
- 필요하면 인공호흡을 실시하고 몸을 따뜻하게 보호해 준다.
- 인공호흡 시, 어린이에게 약물이 묻어 있으면 응급처치자에게도 해가 되므로 얼굴 주위의 독물을 깨끗이 씻어 낸 다음 실시한다.

- 음료나 물을 주어서는 안 된다.
- 구토물에 의한 질식을 예방하기 위해 유아를 한쪽 옆으로 눕힌다.

⑥ 만일 어린이가 무엇을 먹었는지 모르는 상태에서 의식이 있다면 구토를 유도하지 말고 우유나 물을 먹여 희석시킨 후 병원에 데려간다.

⑦ 독극물을 먹은 후 얼마 동안 아무 증상이 없을 수 있으나 시간이 지나가면 독극물이 위장에서 혈액으로 흡수되면서 중독 증상이 더 나타날 수 있으므로 될 수 있는 대로 빨리 우유나 물을 먹게 하여 희석시키거나 아이들이 먹은 독극물을 토하게 하여 제거한다. 이를 위한 방법은 다음과 같다.

- 2~3컵 정도의 우유나 물을 먹여 독극물을 희석한다.
- 의사의 지시가 있을 경우, 구토제를 먹여 구토를 유도한다. 구토제도 없고 또 병원에 데리고 가는 데 시간이 상당히 걸릴 경우에는 전화로 의사와 상의한 후, 지시에 따라 물이나 우유를 먹인 다음 손가락을 유아의 목구멍에 집어넣어 토하도록 시도해 본 후에 병원으로 데리고 간다. 그러나 약물에 중독된 사람에게 먼저 구토제를 먹인 후 병원에 데려가는 것은 안전하지 않으므로 금하여야 한다는 주장이 있다. 즉, 구토제를 먹이면 약물을 신속히 배출할 수 있다는 장점은 있으나 심하게 토하는 경우, 식도의 점막 파열로 위출혈의 발생 위험이 있고 치료제를 먹어도 약까지 토할 수 있으며, 일부 환자들은 자신이 토한 구토물에 기도가 막혀 사망할 수도 있다는 것이다(보건복지부 · 한국보건사회연구원, 2000). 따라서 구토제의 사용은 반드시 의사의 지시하에서만 이루어지도록 하여야 한다.
- 구토를 시작하면 유아의 머리를 아래로 숙이게 하여 질식하지 않도록 한다. 어린 아기라면 성인의 무릎 사이에 머리를 고정시켜 안정감 있게 토하도록 한다.
- 구토 후 자극성이 적은 음료를 마시게 하여 독성을 희석시킨다.
- 구토물은 검사를 위하여 잘 보관한다.

⑧ 토하게 하지 말아야 할 경우

- 어린이가 의식이 없을 때, 경련을 일으킬 때
- 무엇을 먹었는지 모르는 경우
- 마신 화학물질이 강한 산성 물질(화장실 용기 세척제, 녹 제거제, 황산 등), 강

한 알카리성 물질(양잿물, 가정용 표백제, 하수구 세척제, 세탁 소다 등), 또는 석유 제품(가솔린, 등유, 휘발유, 가구용 왁스, 나프탈렌, 벤젠, 페인트 용제, 솔벤트 등)일 때: 유아의 입술과 입, 혀 주위에 화상이나 붉은 반점이 있는 경우는 보통 강한 산성이나 알카리성 물질의 흡입으로 인한 화학적 화상으로 짐작할 수 있다(Marotz et al., 2001).

## 4. 눈에 이물질이 들어갔을 때

### 1) 이물질이 박혔을 경우

이물질이 눈동자나 눈꺼풀에 깊이 박혀 있을 때나 눈동자에 상처를 입었을 때에는 어떠한 응급처치든 함부로 하지 말아야 한다. 눈을 비비지 말게 하고 안대나 깨끗한 거즈로 눈위를 감싸고 빨리 응급실로 가는 것이 최선이다.

이물질이 깊이 박히지 않아 눈의 흰자위에 있을 경우에는 식별이 가능하므로 제거할 수 있다. 그러나 자신이 없으면 이물질이 깊이 박혔을 때와 같은 방법을 취하여 병원으로 가야 한다. 대부분의 작은 이물질은 눈물로 씻겨 나오지만 어린이, 특히 말을 잘 못하는 어린이는 눈을 비벼 자극하거나 눈을 뜨기 힘들어하므로 빨리 제거하여 주는 것이 좋다.

- 눈을 비비지 않게 한다.
- 처치자의 손을 비누로 깨끗이 씻는다.
- 처치 시 움직일 수 있는 어린아이라면 처치자의 무릎이나 바닥에 눕힌다.
- 눈 속의 이물질을 꺼내기 전에 어떻게 할 것인지를 어린이에게 미리 설명하여 준다.
- 눈을 크게 뜨게 하거나 처치자의 손으로 눈을 조심스럽게 벌려 보면서 눈을 자세히 살펴본다. 이때 조명이 어둡다면 전등불을 비추어 살핀다.
- 먼저 어린이에게 위를 쳐다보게 한 다음 아래 눈꺼풀을 뒤집어 이물질이 들어갔는지 살펴보고 조처한다. 이물질이 있으면 면봉 끝에 살짝 묻혀 꺼낸다.

또는 바늘을 제거한 주사기에 식염수를 넣어 이물이 있는 눈에다 뿜어 씻어 낼 수도 있다. 이때 어린이가 몸을 움직이지 못하도록 하여야 하며 다른 사람에게 어린이의 몸을 잡고 있게 하면 도움이 된다.

- 안구나 아래 눈꺼풀 속에 티가 없으면 위쪽 눈꺼풀을 뒤집어 본다. 위쪽 눈꺼풀을 살펴보기 위해서는 면봉을 눈꺼풀 중앙에 댄 다음 눈꺼풀을 뒤집는다(그림 12-19).

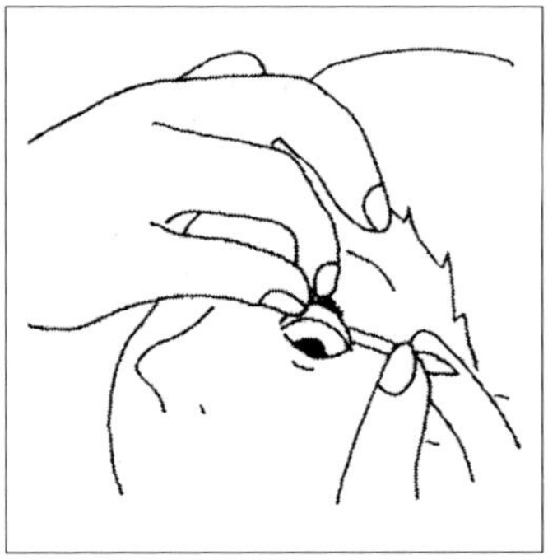

[그림 12-19]

- 아주 작은 먼지가 눈에 많이 들어갔을 때에는 눈을 껌뻑이게 하면서 깨끗한 물을 눈 속에 충분히 넣어 씻어 낸다.

### 2) 눈에 화학약품이 들어갔을 때

표백제, 세제, 소독제, 살충제 등과 같은 화학물질이 눈으로 들어갔으면 즉시 적절한 치료를 받아야 한다. 잘못 치료하거나 즉시 치료하지 않으면 실명할 수도 있다.

① 즉시 물로 약품을 씻어 내야 한다. 충분한 양의 물이나 생리식염수로 약품이 들어간 쪽의 눈을 안쪽부터 씻어 내야 한다. 다른 쪽 눈이나 얼굴로 약품을 씻어 낸 물이 흘러내리지 않도록 다친 눈을 바닥 쪽으로 향하게 하고 씻어 낸다. 우선 한쪽 손가락으로는 눈꺼풀을 잡고 눈이 감기지 않게 해야 한다. 이때 너무 높은 위치에서 물을 부으면 수압 때문에 오히려 눈에 상처를 입힐 수 있으므로 주의한다. 물은 주전자와 같이 입구가 작은 용기에 담아 사용한다.
② 씻어 내고 있는 동안 다른 사람은 구급차를 부른다.
③ 물로 다 씻은 다음 안대를 대거나 깨끗한 거즈를 대고 붕대로 감아 준다.
④ 거즈를 댄 채 응급실로 간다. 이때 눈에 들어간 약품의 병을 함께 병원에 가져가서 의사에게 보인다.

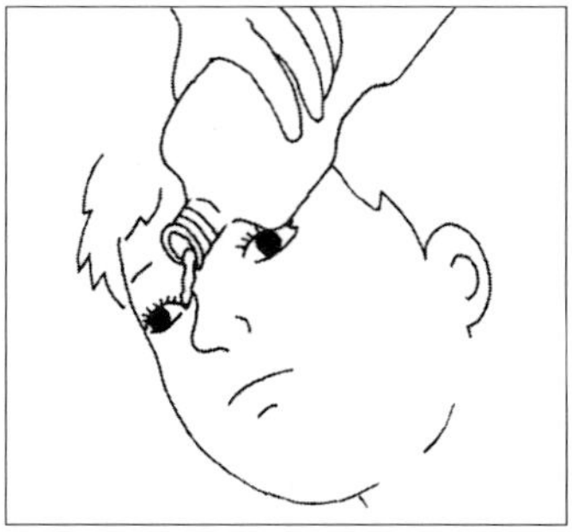

[그림 12-20]

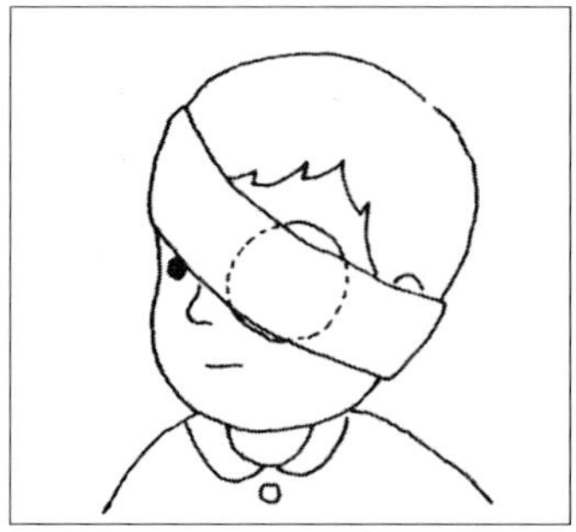

[그림 12-21]

## 5. 코에 이물질이 들어갔을 때

유아가 말뜻을 이해할 수 있는 나이일 때는 이물질이 들어가지 않은 쪽의 코에 손가락을 대고 코를 풀게 하면 이물질이 나올 수도 있다. 그러나 나이가 어린 경우라면 잘못해서 오히려 이물질이 기도로 넘어갈 수 있으므로 이 방법은 적절하지 않다.

유아를 편편한 바닥에 누인 다음 손전등으로 콧속을 비춰 본다. 만일 이물질이 코 입구에 걸려 있고 부드러운 것일 때는 핀셋으로 집어내면 된다. 그러나 깊숙이 들어가 있어서 제거하기가 어려울 때는 건드리지 말고 즉시 병원으로 데리고 간다. 아울러 숨쉬기 곤란해할 때도 즉시 병원을 찾도록 한다.

## 6. 코피가 날 때

유아들에게 있어 코피가 나는 가장 흔한 원인은 코를 후비거나, 급만성 비염이나 감기가 있을 때 코를 세게 풀어 나타나는 외상에 의한 것이 일반적이다. 그러므로 거의 대부분 코의 앞쪽 모세혈관의 파열로 코피가 난다.

코피가 나면 어린이의 고개를 앞으로 숙이게 하여 코피가 목구멍으로 흘러들어가지 않도록 하고 콧구멍 바로 위쪽 또는 콧등의 아래쪽에 있는 연골 부위를 몇 분 동안 압박하면 대개 지혈되거나 코피의 양이 줄어들게 된다. 이때 아이의 콧속에 솜을 넣어 압박할 수 있다.

압박과 동시에 찬 물수건이나 얼음주머니로 찜질을 하면 콧속의 혈관을 수축하게 하여 코피를 멈추는 데 도움이 된다.

그래도 코피가 계속 나오거나, 과거에도 코피를 자주 계속 흘렸다든지, 또는 코의 상처나 이물질에 의하여 코피가 나오면 병원으로 어린이를 데리고 가도록 한다.

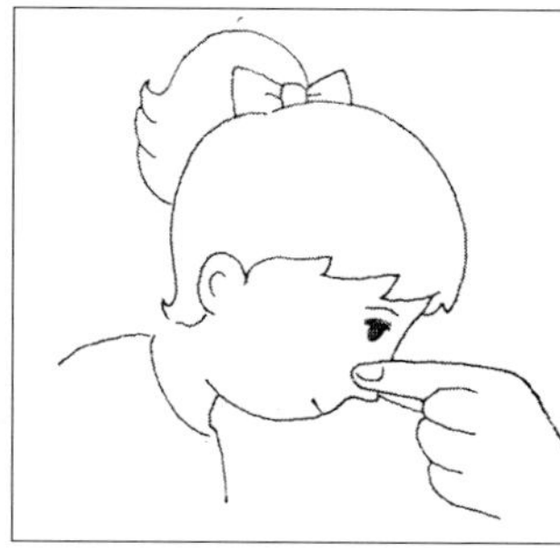

[그림 12-22] 코피가 나면 머리를 뒤로 젖히지 말고 앞으로 숙이고 손가락으로 코를 꼭 잡아 출혈을 막는다.

## 7. 화 상

화상은 덴 부분의 깊이에 따라 1, 2, 3도의 화상으로 구분하고 또 화상의 피부 표면적의 넓이에 따라 몇 %의 화상으로 구분한다.

### 1) 화상의 정도

#### (1) 1도 화상

햇볕에 피부를 노출시켰거나 뜨겁게 달구어진 물체에 가볍게 스친 것, 또는 뜨거운 물이나 증기에 약간 데인 정도다. 피부가 빨갛게 되며, 약간 부풀어 오르고, 화끈거리거나 손으로 만지면 쓰리고 아프다.

#### (2) 2도 화상

피부가 빨갛게 되고, 붓고 물집이 생긴다. 또 피하층까지 열기가 침투한 상태다. 예를 들면, 햇볕에 심하게 노출되었을 때, 가스 불이 닿았을 때, 또는 끓는 물에 데었을 때는 2도 화상일 가능성이 높다. 심한 통증을 느끼며 흉터를 남길 수도 있고 깨끗이 나을 수도 있다. 만일 염증이 생기면 3도 화상으로 되어 흉터를 남기게 된다. 치료 기간은 7~21일 정도다.

#### (3) 3도 화상

외피와 피하층은 물론이고 피하조직(피부 밑 조직)까지 화상을 입은 상태다. 물집은 형성되지 않으며 피부는 타서 말라 쪼그라진 상태로 창백한 흰색이 되거나 까맣게 된다. 신경이 파괴되어 화상 부위에 심한 통증이 느껴지지 않기도 하지만 대신 그 주변 부위의 통증은 매우 심하다.

### 2) 화상의 크기

화상의 상태가 심각한지의 여부는 화상의 정도뿐 아니라 화상의 범위에 따라 좌우된다. 예를 들어, 가슴과 같은 넓은 부위에 2도 화상을 입었다면, 손가락과 같은 좁은 부위에 3도 화상을 입은 것보다 훨씬 위험하다.

어른의 경우 신체의 15%가, 어린이의 경우 10% 내외의 화상을 입으면 쇼크를 일으킬 가능성이 높다. 쇼크를 일으킬 경우, 즉시 병원으로 데리고 가야 한다.

### 3) 화상의 부위

얼굴, 손, 외음부 등에 2~3도의 화상을 입은 경우, 화상의 크기가 작아도 즉시 병원에 가야 한다. 즉, 얼굴에 화상을 입은 경우에는 기도에 상처를 입거나 호흡기가 부풀어 올라 호흡 장애를 일으킬 수 있으므로 위험하다. 화상 부위가 눈 주위인 경우와 손이나 결합 부위(팔꿈치, 무릎, 어깨 등)에 2, 3도의 화상을 입었을 때에도 기능 및 운동능력에 손상이 올 수 있다. 외음부 또한 매우 민감한 부위로 손상을 입기 쉽다.

### 4) 화상에 대한 응급처치

화상을 입었을 때에는 먼저 화기(火器)를 제거한 다음 화상 부위를 식히고 감염의 위험성과 통증을 줄이며 쇼크를 방지해야 한다.

가벼운 화상, 즉 국소적인 1도 화상인 경우에 한해서만 집이나 유아교육기관에서 치료하도록 한다. 그 밖에 심한 화상을 비롯하여, 얼굴에 화상을 입었거나 전기 화상일 경우에는 즉시 의사에게 도움을 청해야 한다. 또한 가벼운 화상이라고 해도 일단 병원에서 치료를 받는 것이 바람직하며, 1주일 내에 완치되지 않거나 점점 피부가 빨개지고 부으며 고름이 나올 때는 세균에 감염된 증거이므로 의사에게 보이도록 한다.

### (1) 1도 화상인 경우

화상을 식히기 위하여 상처 부위를 10~15분 동안 찬물이나 얼음물에 담근다. 찬물은 상처 부위를 진정시켜 주며 회복을 빠르게 한다. 그러나 흐르는 수돗물을 세게 틀어 상처 부위에 대는 것은 피부에 손상을 입힐 수 있다. 또한 장시간 얼음을 직접 화상 부위에 대고 있는 것은 피부의 혈액순환에 지장을 줄 수 있다.

대부분의 1도 화상은 불결하지 않으나 데인 부위가 다소 지저분할 때는 먼저 맹물이나 비눗물로 조심스럽게 씻어 낸다. 씻을 때는 조심스럽게 해야 하며 절대 문질러서는 안 된다. 필요에 따라 환부에 상처가 생기지 않도록 마른 거즈를 붙여 주어도 된다. 이때 상처 부위를 완전히 덮도록 넓게 부치는 것이 좋다. 다른 합병증세가 없으면 1~2일이면 진정되고 약 1주일이면 완전히 회복된다.

### (2) 2도 화상인 경우

통증이 가라앉을 때까지 찬물을 끼얹어 주거나 또는 냉찜질을 한다. 그다음에는 표면을 건조하게 한다. 물집은 화상을 입은 부위를 소독된 깨끗한 상태로 보호하는 역할을 하므로 터뜨리면 안 되며 함부로 연고를 바르는 것도 좋지 않다. 화상의 크기가 10% 이상이거나 얼굴, 손, 발, 외음부에 화상을 입었거나 통증이 심하고 물집이 많아지며, 더 빨갛게 부풀어 오르는 등 상태가 안 좋을 때는 즉시 병원에 가서 치료를 받아야 한다.

### (3) 병원에 가야 할 정도의 2도 화상이거나 3도 화상을 입은 경우

가능한 한 신속하게 병원으로 옮기도록 한다. 구급차를 기다리는 동안 깨끗한 시트 위에 유아를 편안하게 눕힌다. 손이나 발 · 다리에 화상을 입었을 경우, 화상당한 부위를 심장보다 높은 위치로 놓는 것이 편하다. 얼굴에 화상을 입었을 때는 되도록 고개를 들고 있도록 해야 하며 계속해서 호흡곤란을 일으키는지의 여부를 관찰해야 한다. 만일 호흡곤란을 일으킨다면 인공호흡으로 기도를 트이게 해주어야 한다. 자리에 눕힌 다음 고개를 한쪽 옆으로 돌리게 하고 다리는 심장보다 높은 위치에 놓이게 해 준다. 이는 중요 기관에 필요한 만큼의 혈액이 공급되게 하여 쇼크가 일어나는 것을 예방하기 위함이다. 또한 세균의 감염이 우려되므로 요에는 깨끗한 시트를 까는 것이 바람직하다.

의사의 진료를 받기까지 시간이 걸릴 때는 입고 있는 옷을 벗기되, 이미 피부에 달라붙어 있는 옷은 억지로 벗기지 말고 가위로 옷을 자른다.

어떤 약도 의사의 처방 없이 발라서는 안 되며, 특히 연고, 파우더 그리고 기름기 있는 물질을 바르지 말아야 한다. 단지 깨끗한 면 헝겊으로 느슨하게 감아 준다.

만일 의식이 있고 음식을 삼킬 수 있다면, 물이나 음료수를 먹인다.

#### (4) 몸에 불이 붙었을 때

- 옷에 불이 붙으면 신속히 어린이를 방바닥이나 땅 위에 불이 붙은 쪽을 대고 뒹굴게 하고 젖은 담요 같은 것으로 어린이를 꼭 싸고 찬물을 끼얹어 불을 끈다.
- 가까이에 물이 없다면 불연성의 담요나 코트 등으로 어린이를 덮어 불을 끈다. 합성섬유는 불에 녹으며 오히려 불길을 세게 하므로 적합하지 않다.
- 전기제품에 의해 불이 붙었고 어린이가 그 가까이에 있다면 물을 이용하면 안 된다. 어른도 감전의 위험이 있기 때문이다.
- 옷에 붙은 불을 끈 다음에는 타다 남은 옷을 가위로 잘라 벗기고 화상 입은 피부 위에 얼음주머니를 올려놓은 후 병원으로 급히 데리고 가야 한다.

#### (5) 화학약품에 의한 화상

- 피부에 화학약품이 묻은 경우, 가능한 한 빨리 흐르는 물로 10~20분 동안 약품을 씻어 내야 한다. 샤워기나 호스를 사용하면 효과적이다. 이때 약품을 씻은 물이 다른 피부에 묻지 않도록 주의한다.
- 옷에 약품이 묻은 경우, 재빨리 옷을 벗기고 약품이 닿은 부위를 물로 씻는다. 옷을 입고 있으면 계속해서 화상이 번지기 때문이다. 그러나 이미 피부에 달라붙은 옷은 함부로 벗겨 내서는 안 된다.
- 약품의 용기에 응급처치법이 명시되어 있다면 그에 따라 적당한 조치를 취한 뒤, 마른 거즈를 붙이고 병원에 간다. 이때 상처에 붙이는 천은 털 보푸라기

가 일지 않는 매끄러운 것이어야 한다. 또한 치료에 도움이 되도록 유아의 화상에 원인이 된 약품의 용기도 병원에 가져간다.

### (6) 감전에 의한 화상

전기에서 발생하는 열에 의하여 화상을 입을 수도 있고, 전류에 감전되어 뇌·심장·혈관이 손상될 수도 있다. 어린이들은 끊어진 전깃줄을 맨손으로 만지거나 맨발로 밟아서 전기에 감전되는 경우도 있고, 전깃줄을 빨거나 물어 감전이 되면서 화상을 입을 수도 있다.

감전사고는 상처가 작더라도 화상이 깊이 퍼져 있을 수 있으므로 의사의 치료를 받아야 한다. 어린이가 감전이 되었을 때는 다음과 같이 응급처치한다.

- 먼저 감전의 원인을 제거한다. 즉, 감전의 원인이 된 기구의 플러그를 뽑는다. 기구의 전류를 끊을 수 없는 경우에는 즉시 어린이로부터 그 물체를 떼어 놓아야 한다(그림 12-23). 전류가 통하지 않는 나무막대, 플라스틱 등의 물체를 이용하여 어린이를 전류가 흐르는 물체로부터 떼어 놓는다. 이때 응급처치자는 손과 옷이 모두 건조한 상태여야 하고 몸에 금속성분이 부착되어 있지 않아야 한다.
- 화상을 입은 상처가 있는지 조사한다.
- 상처를 흐르는 물로 진정시킨 다음 거즈를 대고 붕대를 감아 주며 빨리 병원

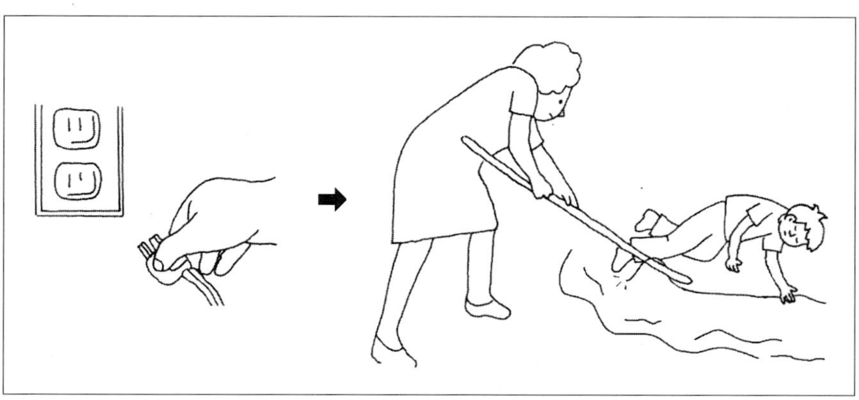

[그림 12-23] 감전사고 시의 대처

으로 간다.

- 구급차를 기다리거나 병원에 가는 동안 쇼크를 일으키면 그에 대한 처치를 한다.

## 8. 찰과상

넘어지거나 피부가 어디에 스치거나 긁혀서 생기는 상처로, 피부가 약간 벗겨진 상태를 찰과상이라 한다. 찰과상이 생기면 피부가 아프고, 붓고, 진물이 생기며, 피가 맺히고, 거무스름하거나 푸른색의 멍이 생긴다. 만약 상처가 깊지 않은 경우라면 다음의 절차를 따른다(그림 12-24).

- 치료하는 사람의 손을 비누로 깨끗이 씻는다.
- 상처를 세척한다. 상처 소독의 가장 중요한 과정으로 이물질(모래, 흙 등)을 씻어 내어 감염을 막을 수 있다. 대개는 깨끗한 물로 씻어 내는 것으로도 감염을 막는 것이 가능하다. 물에 담그는 것보다 흐르는 물로 씻어 내는 것이 효과

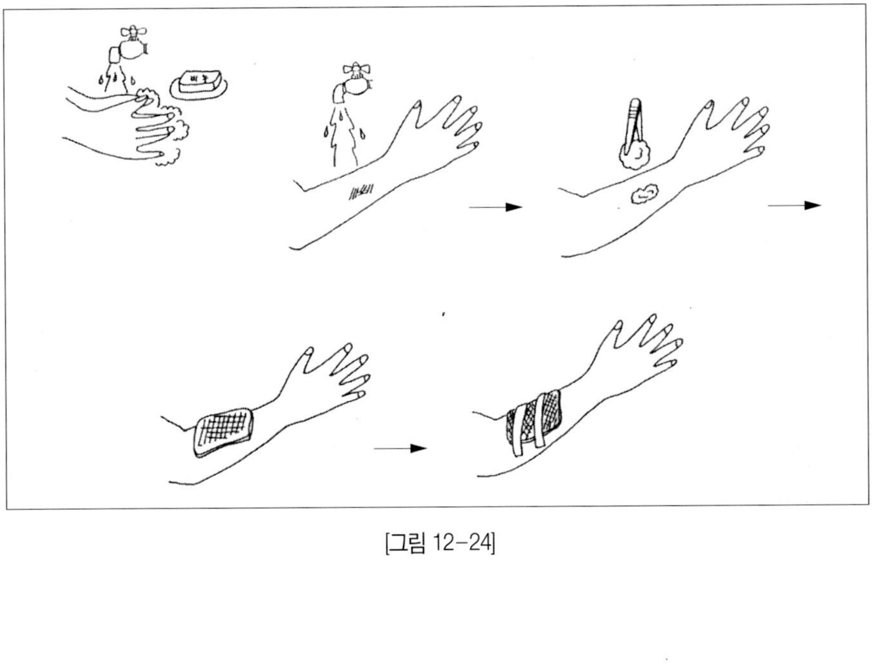

[그림 12-24]

적이며 비누칠을 해서 흐르는 물로 씻어 내는 방법을 사용해도 좋다.

- 과산화수소수나 소독된(끓였다가 식힌) 물, 포비돈액과 같은 소독액으로 소독한다.
- 찰과상에 의한 출혈은 피가 베어 나오는 정도이므로 세척한 후 깨끗한 거즈로 수분간 누르고 있으면 지혈이 된다.
- 상처 부위를 청결하게 소독한 후, 달라붙지 않는 청결한 거즈를 덮고 반창고로 고정하거나 붕대를 감고 고정한다. 붕대를 갈려고 할 때 만일 떨어지지 않고 상처에 붕대가 붙어 버렸다면, 과산화수소수를 적셔서 떼어 낸다.
- 상처의 정도에 따라서는 다음 날쯤 거즈를 바꾸어 주면서 항생제 연고를 발라 곪는 것을 예방하여 줄 수 있다.
- 찰과상을 입은 부위가 넓고 깊어서 물이나 소독약으로 이물질이 제거되지 않는다면 병원으로 간다. 또한 일시적인 처치 이후에 지속적인 발진, 통증, 부종, 농양 형성 등의 감염 증상이 있을 때에도 즉시 병원으로 간다.
- 피부 손실의 깊이에 따라 다르나 상처를 입은 지 5일 내지 일주일이 지나면 딱지가 생기는데, 눌러도 통증이 없고 농이 나오지 않으면 저절로 떨어질 때까지 기다린다. 피부 손상이 깊은 경우에는 딱지가 떨어진 후 상처 부위가 불그스레한 색을 띠게 되는데 이때 직사광선을 받으면 까맣게 색이 변하여 회복되지 않을 수가 있으므로 직사광선을 피해야 한다.

## 9. 열상(베임)

칼, 책상 모서리, 돌과 같은 날카롭거나 거친 도구에 의해 피부 혹은 피하지방층까지 상처가 난 경우를 열상이라 한다. 이때의 상처는 피부에 수직으로 생기는데 상처가 가벼운 경우에는 신경 손상이나 피부의 결손이 거의 없다.

- 찰과상과 마찬가지로 열상에는 상처에 이물질이 있는 경우가 많다. 상처의 정도가 심하지 않을 때는 찰과상에서와 마찬가지로 세척과 소독의 과정을 거친다.

- 열상은 찰과상보다는 출혈이 있지만 수 분간 누르면 대부분 지혈된다. 이때 상처 부위를 심장보다 높게 한다. 손가락 등의 지혈에 있어서는 붕대로 너무 꽁꽁 묶거나 하면 혈액순환에 방해가 될 수 있으므로 유의한다.
- 소독과 지혈이 끝나면, 나비 모양의 붕대 혹은 반창고를 붙여 벌어진 상처를 서로 붙게 하고 출혈을 방지한다(그림 12-25). 대개 6~7mm 이하 길이의 열상인 경우, 피부를 서로 아귀가 맞게 붙여 고정하면 일주일 정도 후에는 자연 봉합된다.
- 상처가 깊고 세척하기 어려울 때, 상처가 길거나 찢어진 아귀가 맞지 않을 때, 출혈이 멈추지 않을 때, 감각 이상 또는 운동장애가 있을 때는 상처 부위를 깨끗한 거즈나 붕대로 덮어 단단히 고정시킨 후 병원으로 가야 한다.

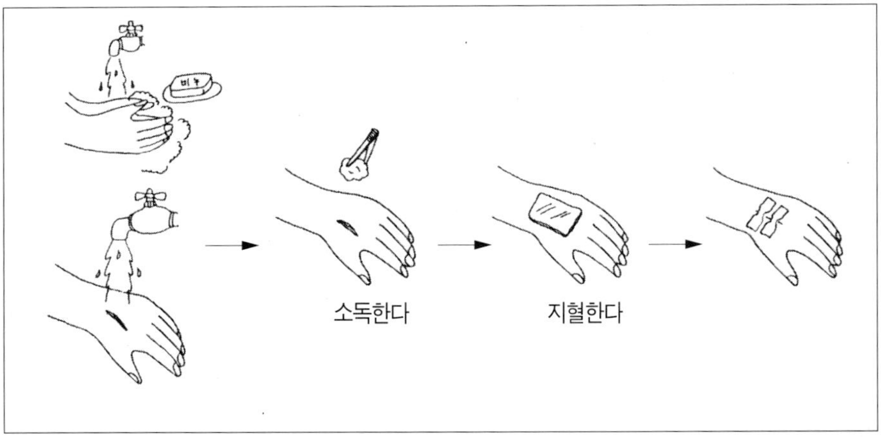


[그림 12-25]

## 10. 자상(찔린 상처)

가시, 칼, 면도날, 나무 조각, 깨진 유리조각 등과 같은 날카로운 물건에 '찔린 상처' 를 자상이라 한다. 자상은 겉보기보다 내부의 손상이 큰 특징이 있어 세균 감염으로 인한 패혈증이나 파상풍의 위험이 있으므로 신속하게 의사의 진단과 치료를 받는다.

- 가시와 같이 작은 조각에 찔린 경우에 처치자는 손을 깨끗이 씻고 소독한 집게로 가시나 조각을 뽑은 뒤 환부를 깨끗이 소독한 다음 오염된 조각으로 인한 후유증이 있을 수 있으므로 의사에게 데려간다.
- 큰 나무 조각 등으로 깊숙이 찔렸을 경우는 찔린 물체를 뽑아 내려 하지 말고 그대로 병원으로 데려간다. 박힌 물체를 빼는 도중에 오히려 신경이나 혈관 등을 손상시킬 수 있기 때문이다.

## 11. 타박상(멍)

타박상은 어린이들의 부상 중에서 가장 흔한 것으로 물건이나 사람에게 맞거나 부딪쳤을 때 모세혈관들이 터져서 나타나는 흔적이다. 타박상은 처음에는 붉은색을 띠나 시간이 흐르면 곧 검푸른색이나 자줏빛으로 변한다. 멍이 들어 변색된 부위는 차츰 갈색에서 노란색으로 변해 가고 나중에는 완전히 사라져 본래의 색으로 돌아온다. 또 환부는 약간 부풀어 오르고 만지면 아프고 말랑말랑하다.

약간 멍이 들었을 경우에는 그대로 두면 저절로 회복된다. 심한 타박상을 입었을 경우에는 부어오르는 것과 변색을 제한하고 통증을 감소시키도록 다음과 같이 응급처치를 해야 한다.

- 즉시 얼음주머니(건냉 찜질)나 차가운 압박 붕대(습냉 찜질)로 환부를 차게 해 주어야 한다. 어느 정도 환부가 가라앉은 후에는 뜨거운 찜질을 해 주어도 좋다. 팔이나 다리에 타박상을 입었을 경우에 환부를 약간 높여 주면 통증을 다소 가라앉힐 수 있다.
- 건냉 찜질: 얼음주머니를 사용하는 방법으로 용기의 반 이상 얼음을 넣은 다음, 뚜껑을 덮고 얼음이 든 그릇을 수건이나 천으로 싸서 환부에 올려놓는다. 얼음이 녹으면 곧 갈아주어야 하며 의사의 지시가 있을 때는 지시만큼, 의사의 지시가 없었던 상황에서는 환자가 통증을 느끼지 않을 때까지 행한다.
- 습냉 찜질: 압박 붕대나 몇 장의 두꺼운 거즈나 깨끗하고 부드러운 천을 사용하는데, 환부를 덮을 수 있을 만큼 커야 한다. 대야에 얼음 조각과 물을 넣어

준비한 붕대나 천을 담갔다가 꼭 짜서 환부에 덮어 준다. 약 3분 정도가 경과하여 물수건이 미지근해지면 새로 갈아 준다.
- 건냉, 습냉 찜질 모두 드라이아이스를 사용하는 것은 안 된다.
- 타박상이 심할 때는 항상 골절상의 가능성을 염두에 두고 즉시 병원으로 가야 한다.

## 12. 골 절

뼈가 부러지거나, 금이 가거나, 구부러지는 것을 골절이라 한다. 어린이의 뼈는 약하면서도 유연하여 어른의 굳은 뼈만큼 잘 부러지지 않는 대신 잘 구부러지는 경향이 있다. 골절이라고 의심되면, 어린이를 안정시키고 골절에 대한 응급처치 후에 의사의 치료를 받는 것이 안전하다. 골절을 입으면 통증이 심하며, 다친 부위와 주변이 붓고, 멍이 들며, 모양이 변한다. 또한 통증이 없는 경우라도 틀어진 부상 부위를 바로잡을 수가 없다. 골절에서의 일반적인 응급처치 기준은 다음과 같다.

- 뼈가 피부 밖으로 돌출된 경우에는 즉시 구급차를 불러 응급실로 간다. 구급차가 올 때까지 안정을 취한다.
- 틀어진 손, 발의 모양을 바로잡으려 하거나 강제로 뻗어 보게 해서는 안 된다.
- 뼈가 피부 밖으로 나왔거나 상처가 깊을 때는 소독이나 여타의 이유로도 함부로 상처를 건드려서는 안 되며 다만 살균한 거즈로 상처를 덮는다.
- 뼈가 피부 밖으로 나오지는 않았으나 골절이 있다고 의심되면 의심되는 부위를 중심으로 건강한 신체 부위까지 상하 2관절을 포함하여 부목을 대고 붕대를 감아 고정시킨 후 병원으로 간다. 부러진 다리는 부상당하지 않은 다리에, 부러진 팔은 가슴에 오게 하여 고정시킨다. 부목은 의사에게 보이기까지 골절 상태를 그대로 유지하고 뼈가 더 이상 움직이는 것을 막기 위한 것이다. 따라서 부러진 팔이나 다리를 똑바로 펴려고 무리해서는 안 된다. 골절된 부위에 부목을 댈 때 너무 꼭 졸라매면 혈액순환에 방해가 되므로 부목을 댄 부

위의 변화를 잘 관찰하면서 병원으로 간다. 이송하는 중에는 골절된 부위가 더 이상 움직이지 않도록 무거운 모래주머니, 베개 등을 이용하여 양쪽 목 옆, 머리 주변, 몸의 양쪽을 잘 받쳐서 어린이의 전신을 움직이지 못하도록 고정한다. 부목이 없을 경우 판자, 막대기, 방석, 두껍게 만 신문 · 잡지 · 골판지 등을 대용할 수 있다. 피부의 상처를 방지하기 위해 부목을 부드러운 헝겊으로 싼다.

- 유아가 목이나 등을 잘 움직이지 못하고 아파하거나 머리 · 목 · 등에 부상을 당했다고 의심되면 다친 유아의 몸을 움직여 다른 장소로 옮겨서는 안 된다. 머리부터 발끝까지 일직선이 되도록 똑바로 누워 있게 하고 더 이상 움직이지 못하게 한 후 구급차를 불러 응급처치 전문가에 의하여 처치가 이루어지도록 한다. 척추에 골절이 있나 알아보기 위하여 목이나 허리 등을 구부려 보거나 밀고 당겨 보는 일은 절대로 해선 안 된다. 상처를 악화시키는 것보다는 아무것도 하지 않는 편이 현명하다.
- 음식이나 음료수는 주지 않는다. 병원에 도착해서 수술을 받게 될 경우 마취를 시켜야 하기 때문이다.

부상 위치에 따라 부목을 대는 방법은 다음과 같다.

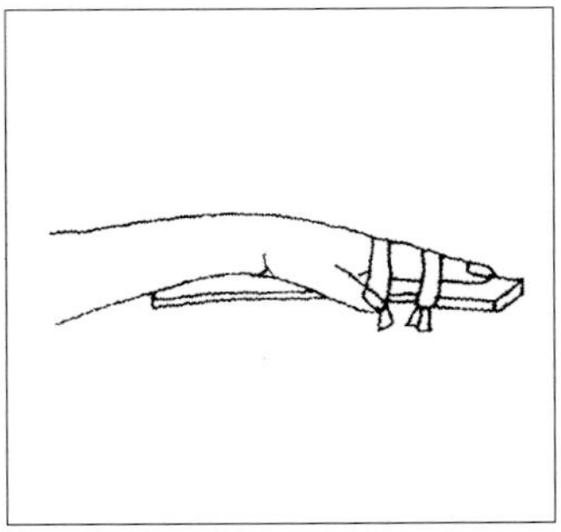

[그림 12-26] 손가락이나 손의 뼈가 골절된 것으로 의심되면 손가락, 손, 팔목까지 부목을 대며 이때 손톱은 보이게 하여 혈액순환을 돕는다.

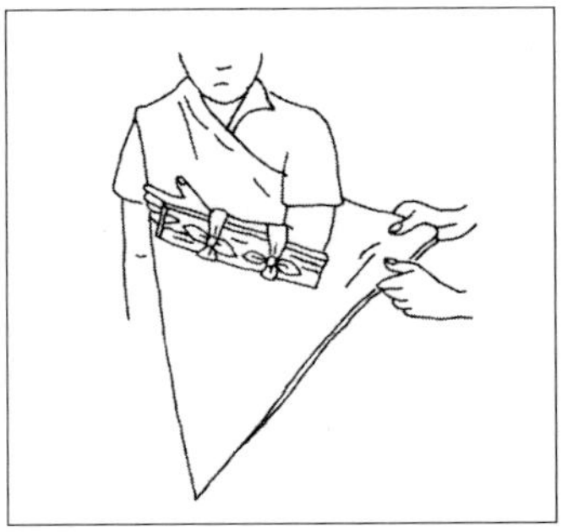

[그림 12-27] 손목의 뼈가 골절되었다고 의심되면 손, 손목과 팔꿈치를 포함시킨 부위에 부목을 댄다.

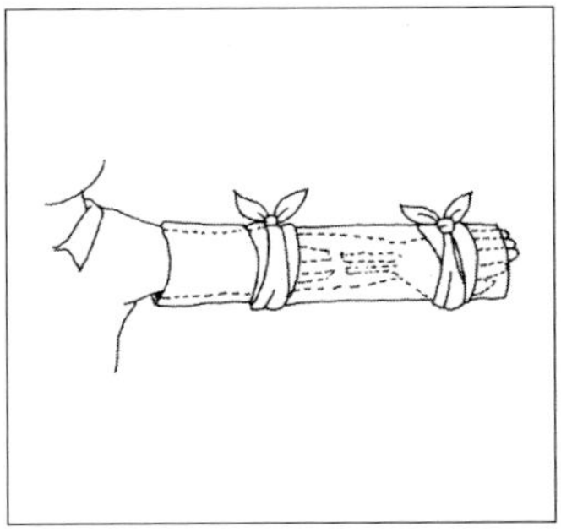

[그림 12-28] 손목에서 팔꿈치 부근의 뼈가 골절되었다고 의심되면, 손, 손목, 팔꿈치를 지나서 팔의 윗부분까지 부목을 댄다.

[그림 12-29] 상박 골절이 의심되어서 판자를 이용해 부목을 댄 경우 겨드랑이에 보호대를 넣는다.

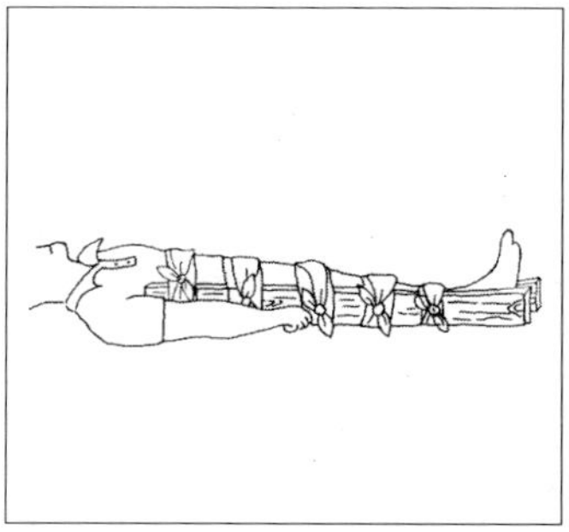

[그림 12-30] 대퇴골 골절이 의심되면 겨드랑이 밑에서 발목까지 부목을 댄다.

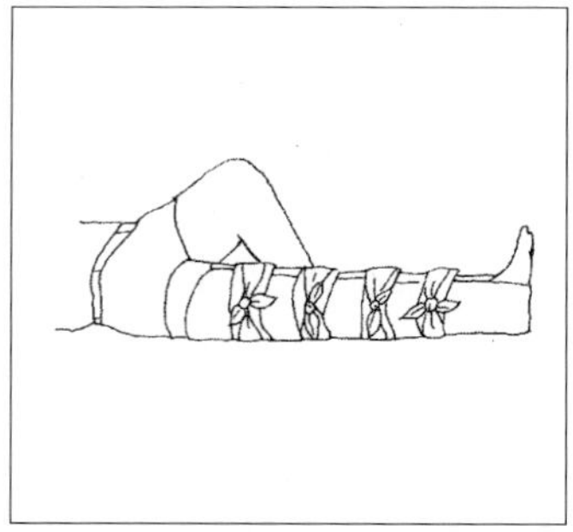

[그림 12-31] 무릎, 종아리 부근의 골절이 의심되면 넓적다리 중간에서 발끝까지 부목을 댄다.

## 13. 탈 구

탈구는 관절 속에 있는 뼈가 본래의 자리에서 빠져 나온 상태를 말한다. 탈구는 뼈가 골절된 것과 동등하게 생각해야 한다. 흔히 탈구가 일어나는 곳은 어깨, 손가락, 팔꿈치이지만 몸에 있는 어느 관절에서도 탈구가 일어날 수 있다.

유아들에게서는 탈구가 자주 일어난다. 이는 유아들의 관절이 탄력성이 있고 뼈가 아직 단단하지 않으며 작고 연골조직으로 구성되어 있기 때문이다. 유아들의 팔을 갑자기 잡아당길 때, 층계나 침대 등 높은 곳에서 유아를 내려 줄 때, 팔을 잡고 원을 그리며 돌 때, 유아가 격한 동작으로 운동을 하거나 장난을 칠 때 탈구의 위험이 있다. 선천적으로 관절을 지탱하는 조직이 약하여 탈구가 쉽게 생기는 유아도 있다. 탈구가 되면 다음의 증상을 나타낸다.

- 탈구된 관절과 그 부위가 몹시 아파서 움직일 때 통증을 느끼거나 움직이는 것이 불가능하다. 예를 들어, 팔꿈치가 빠지면 손가락은 움직일 수 있으나 그 손으로 물건을 잡지는 못하며, 팔을 만지면 심하게 운다.
- 탈구된 관절과 그 부위가 부어오르고, 피부가 변색된다.
- 부상당하지 않은 부위와 비교했을 때, 부상당한 관절이 현저히 변형된다.

탈구와 골절은 일반인이 겉으로 보아서는 정확히 판단하기 어려운 경우가 많다. 탈구로 짐작되면 다친 관절은 움직이지 말아야 한다. 골절되었을 때와 마찬가지로 탈구가 된 것으로 보이는 관절과 그 주위의 정상적인 부분까지 부목을 대고 붕대로 고정시킨 후 얼음찜질을 하면서 병원에 가야 한다.

탈구된 뼈를 제자리에 맞추는 것은 비교적 쉽다. 대개 '딸깍' 하는 소리와 함께 뼈가 제자리를 찾으면서 통증이 사라지고 정상적으로 움직일 수 있으나 반드시 의사에게 의뢰하여야 안전하다. 손상 입은 관절을 주무르거나 뼈를 넣으려고 시도하다가 오히려 탈구된 관절의 조직을 손상시켜 더욱 심각한 상황을 초래할 수 있다.

## 14. 염좌(삠)

관절이 정상 범위 이상으로 움직였을 때 인대나 근육 또는 혈관 등이 파열되거나 늘어나면서 관절을 둘러싸고 있는 부드러운 조직에 상처가 난 것을 염좌라 한다. 발목, 무릎, 손목, 팔꿈치, 손가락 등이 삐는 빈도가 높으며 염좌의 정도도 다양하다.

골절상과 염좌의 차이는 의사가 구분할 수 있는 것으로 삐었다고 보기엔 심하며 조금이라도 골절상이라고 의심이 가면 일단 응급처치만 하고 병원에 연락한다.

염좌의 증상은 다음과 같다.

- 부상당한 관절에 통증이 있고 움직이려고 하면 통증이 증가한다.
- 부상당한 관절 부위를 건드리면 민감하게 반응한다.
- 환부가 빠른 속도로 부어오르며 심한 경우, 부어오르는 범위가 넓어진다.
- 때로 모세혈관의 파열로 피부색이 검푸르게 변색되며 이러한 변색은 몇 시간 혹은 며칠 동안 증가하지는 않지만 그 색이 사라지려면 몇 주가 걸린다.

염좌에 대한 응급처치는 다음과 같다.

- 부상당한 관절이 아프기만 하고 모양이 변하지 않았다면 어린이를 눕게 하여 편안하게 해 주고 움직이지 못하게 한다.
- 환부를 높이 올려 준다. 예를 들어, 발목이 삔 경우 어린이를 눕게 하고 발목 밑에 베개나 옷 등을 넣어 다른 부위보다 30cm 가량 더 높게 한다.
- 냉찜질을 한다. 냉찜질은 손상된 모세혈관들을 수축시키는 데 도움이 되며 통증을 완화시킨다. 의사에게 갈 때까지, 그리고 부상의 정도가 심할수록 냉찜질을 오래해야 한다. 부상당한 후 몇 시간이나 며칠이 지나서 손상된 혈관이 회복되었을 때는 더운 찜질로 전환한다.
- 아픈 부위와 관절을 압박 붕대로 감싸며, 이때 상처가 부어 붕대가 꽉 조이는 일이 없는지 자주 살핀다. 심한 경우 부목을 대고 병원에 간다.
- 적어도 24시간 동안은 힘을 주거나 관절을 사용하지 말고 쉬게 한다.
- 부상당한 부위가 48시간 이내에 정상으로 회복되지 않고 통증이 계속되면 골절상이 염려되므로 의사의 진료를 받아야 한다.

## 15. 경 련

경련은 질병의 징조이지 병은 아니다. 어린이에게서 경련은 아무런 관계없는 상황에서도 일어날 수 있다.

경련은 몇 초 동안 지속되는 정도가 약한 것에서부터 몇 분 동안 이어지는 심한 경련에 이르기까지 다양하며 몸 전체에 일어나는 경우도 있고, 얼굴, 팔, 다리, 상체 등에 부분적으로 일어나는 경우도 있다.

경련에는 전염성 질병에 의한 체온의 갑작스러운 상승에 의한 열성 경련과 간질성 경련, 성장통에 의한 경련 등 그 유형이 다양한데 어떤 종류의 경련이든 그 원인이 판명될 때까지는 잠재적인 위험을 갖고 있는 것으로 보아야 하며, 경련이 끝난 다음에는 반드시 병원에 데려가 그 원인을 진단하여 치료해야 한다.

가장 흔한 경련의 유형은 열성 경련으로 생후 6개월부터 8세 사이의 어린이들에게 흔히 생기나, 6개월 이전과 8세 이후의 어린이들에게는 거의 생기지 않는다.

열성 경련이 생기면 갑자기 의식을 잃고, 눈을 부릅뜨며, 이를 악물고, 입에 거품을 품기도 한다. 호흡곤란을 일으키며 안색이 창백해지고, 입술이 푸르스름해지면서 팔과 다리에 강직 또는 이완성 경련이 생겨 팔다리를 흔들거나 오므렸다 폈다 한다.

경련에 대한 대처는 다음과 같이 이루어질 수 있다

- 만일 유아가 발작 초기에 쓰러지지 않고 있다면 바닥에 편안하게 눕혀 준다.
- 움직이는 기계나 화재 현장 근처와 같이 위험한 장소가 아닌 이상 유아를 옮기지 말고 그 자리에 그대로 둔다. 그렇지 않은 경우에는 안전한 곳으로 옮겨 눕힌다.
- 유아를 눕힌 상태에서 머리 밑에 베개나 둘둘 만 이불 등을 놓아 충격에서 머리를 보호한다.
- 엉덩이를 높게 해 준다.
- 열이 심하여 경련이 일어났을 경우에는 물수건으로 몸을 닦아 준다.
- 머리에 차가운 물수건을 댄다.
- 경련이 가라앉은 후에는 침대에 눕힌다. 운동이나 소음은 또 다른 발작을 유발할 수 있으므로 가능한 한 유아를 조용하고 안정된 장소에 있게 한다.
- 팔다리의 경련은 격렬하게 운동을 했거나 운동 경기에서 외상을 입었을 때도 근육통과 함께 발생하는데 소위 '쥐가 난다.' 고도 한다. 이때에는 휴식을 취하게 하고 환부의 위아래를 부드럽게 마사지해 주고 처음에는 냉찜질, 그다음에는 뜨거운 찜질을 해 준다.
- 성장통이나 특별한 이유가 없는 통증과 근육 경련에는 활동량을 줄이고 휴식시간을 증가시키며 마사지와 뜨거운 물로 목욕을 하는 것이 도움이 된다.

## 16. 질 식

질식은 음식물이나 장난감 등의 이물질이 기도로 들어갔을 때 발생하며 4세 이전 어린이의 75~80%가 이를 경험한다.

- 공기가 드나들 틈만 있어도 유아로 하여금 기침을 하게 하여 쉽게 이물질을 빼낼 수 있다.
- 유아의 기도에 이물질이 들어간 것 같으나 호흡곤란이 심하지 않으면 얼굴을 땅을 향해 엎드리게 한 상태에서 병원으로 간다.
- 목에 걸린 이물질이 육안으로 식별될 때는 손가락으로 훑어 빼낸다. 이때 다른 한 손으로 유아를 꼭 잡아 이물질을 삼키지 않도록 하며, 이물질을 빼내려다 더 깊숙이 넣게 되지 않을 자신이 있을 때만 행한다.
- 성인의 무릎 위에 엎드려 고개를 밑으로 떨구게 한 다음 유아의 허리를 단단히 잡고 견갑골(어깨 죽지 사이)을 여러 번 친다(그림 12-32). 아주 어린아이인

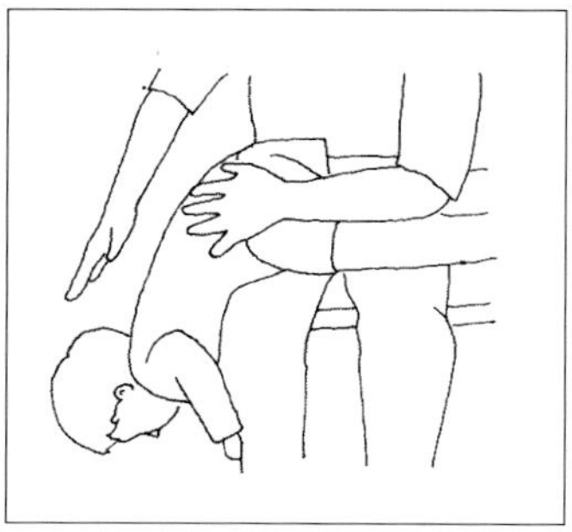

[그림 12-32]

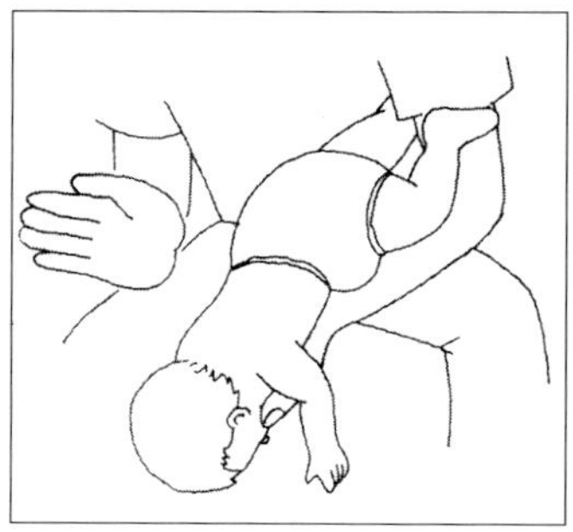

[그림 12-33]

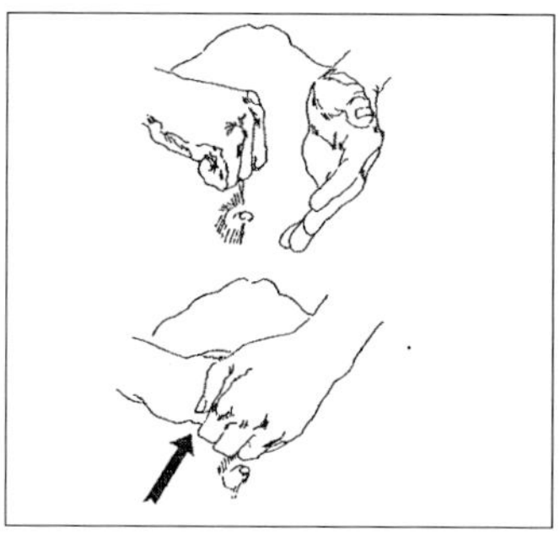

[그림 12-34] 하임리히법에서의 손의 위치

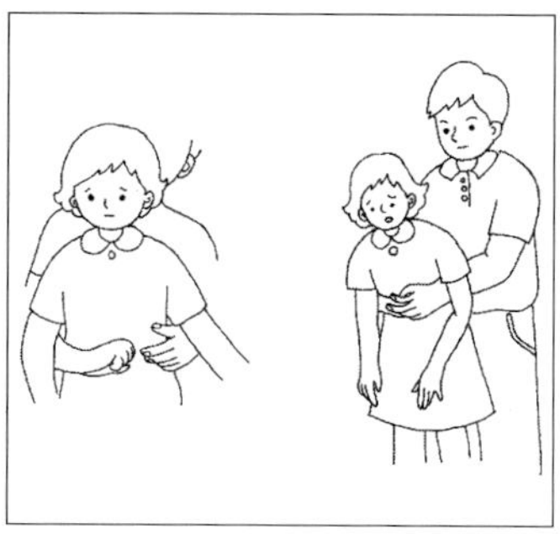

[그림 12-35]

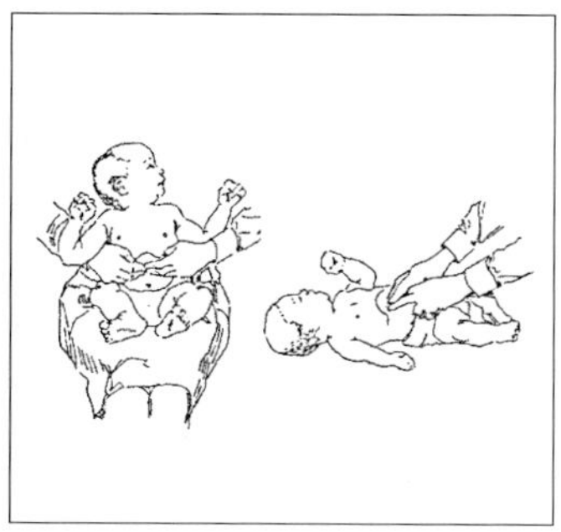

[그림 12-36] 영아의 경우는 양손의 집게와 중간 손가락을 사용하여 조심스럽게 한다.

• [그림 12-34, 36] 출처: Heimlich(1992). 누구나 할 수 있는 응급처치법(이일남 역). 태웅출판사, pp. 32, 36.

경우에는 성인의 팔에 엎어 놓고 손으로 고개를 잘 받친 다음 얼굴이 가슴보다 내려오게 한 뒤 등을 가볍게 쳐 준다(그림 12-33). 또는 다음의 하임리히(Heimlich)법을 사용한다.

- 질식을 일으킨 사람이 서 있을 때는 처치자가 뒤에서 허리를 감싼다. 한쪽 손은 주먹을, 다른 쪽 손은 그 주먹을 감싸는 모습으로 만들어(그림 12-34) 질식을 일으킨 사람의 배꼽 약간 위, 갈비뼈 아래쪽 되는 부위에 갖다 댄다. 그리고 빠르고 힘차게 배를 쓸어 올린다(그림 12-35). 유아를 안을 수 없다면 똑바로 눕히고 옆에 무릎을 꿇고 앉아 역시 유아의 배꼽 약간 위 갈비뼈 아래쪽 부위에 손을 대고 빠르고 힘차게 위로 쓸어 올린다.

• 질식을 일으킬 때는 즉시 구급차를 불러야 하며 구급차가 올 때를 기다리는 동안에도 이물질을 제거하려는 노력을 계속해야 한다. 또한 의식을 잃었으나 숨을 쉴 때는 회복체위로 눕히고, 호흡이 정지되었을 때는 인공호흡을 실시한다.
• 옷을 느슨히 풀어 주어 숨을 편안하게 쉴 수 있도록 한다.

## 17. 실 신

실신(기절)은 갑자기 그리고 잠깐 동안 의식을 잃고 자세를 가누지 못하다가 바로 정상적으로 회복되는 현상이다. 강렬한 정서적 자극이 있었을 때, 배가 고프고 피곤하며 음료수를 마시지 않은 상태일 때, 갑자기 놀라거나 통증이 심할 때, 덥고 혼잡한 곳에 있었을 때, 오랫동안 서 있거나 누워 있다가 갑자기 일어날 때와 같은 여러 상황이 원인이 될 수 있다.

일반적으로 실신을 하기 전에는 창백해지거나 진땀이 나거나 피부가 차가워지고 어지러움을 느끼거나 구역질을 하는 등의 전조 증상을 보인다. 전조 증상이 나타나는 시간은 수분에서 수초간이며 이때 바로 눕히면 의식의 소실을 막을 수 있으나 그렇지 못하면 바로 의식이 없어지면서 넘어지게 된다. 실신을 하면 얼굴이 창백해지고, 몸의 근육에 힘이 빠져 서 있을 수 없게 되면서 정신을 잃으며 쓰러지게 된다. 이는 뇌혈류가 부족하여 일어나는 것으로 간질 발작이나 뇌졸중, 뇌진탕에서 일어나는 의식장애와는 구별된다. 실신한 어린이는 호흡이 계속되고 맥박도 정상이면서 경련을 일으키지 않는 것이 일반적이다. 반면에 맥박이 약하거나 거의 짚이지 않는 경우도 있지만 비교적 빨리(1~2분 이내) 의식을 회복한다.

- 편편한 바닥에 편안한 자세로 눕힌다. 발과 다리를 높여 상체를 하체보다 낮춘다.
- 목 주변과 꽉 죄는 옷은 느슨하게 풀어 준다.
- 입 안을 깨끗이 해 준다.
- 몸을 따뜻하게 한다.
- 어떠한 음료수나 약을 먹이거나 손을 따는 행위를 하지 않는다.
- 신선한 공기를 흡입하게 한다. 필요 시에는 창문을 연다.
- 호흡이 정지되었을 때는 인공호흡을 한다.
- 오랫동안 실신 상태가 계속되면 병원으로 데려간다.
- 원인을 알 수 있도록 의식을 잃은 동안의 일을 자세하게 관찰하여 의사에게 알린다.

## 18. 쇼 크

쇼크는 갑자기 혈액순환의 장애로 조직 내로 세포 대사에 필요한 혈류와 산소, 영양분의 공급이 중단된 상태다. 뇌나 심장, 그 외의 중요 기관으로 혈액이 잘 공급되지 못한다. 심한 상처나 중증의 화상, 과다 출혈, 구토, 설사에 따른 탈수증, 골절상, 전염병, 심장병, 일사병, 중독, 흥분과 발작 등에 의하여 나타난다. 증상으로는 창백한 얼굴, 식은 땀, 차갑고 축축한 피부, 약하고 빠른 맥과 약하고 가쁜 호흡, 어지러움, 눈이 침침함, 침착하지 못한 행동, 갈증, 구역질과 구토 등이 나타난다.

쇼크 증상을 일으킬 때는 다음과 같이 조처한다.

- 구급차를 부른다.

- 바닥에 편안한 자세로 눕힌다. 다리 밑을 괴어 상체를 하체보다 낮게 함으로써 뇌의 혈액순환을 돕는다.
- 옷, 특히 목, 가슴, 허리 부분을 느슨하게 한다.
- 단, 머리에 상처를 입은 경우는 편편한 바닥에 그대로 눕혀야 한다.
- 너무 덥지는 않게 하되 체온이 떨어지는 것을 막기 위하여 담요를 덮어 따뜻하게 해 준다.
- 입 안에 침이나 토사물이 괴어 있으면 즉시 깨끗하게 해 준다.
- 의식이 있고, 복부에 손상을 당하지 않았으며, 구역질이나 구토를 하지 않은 경우로 음료를 삼킬 수 있다면 물이나 알코올 성분이 없는 물을 조금씩 준다.
- 의식을 잃었을 경우에는 회복체위로 엎드리게 하고 몇 분 간격으로 호흡 상태를 점검한다.

## 19. 탈 수

수분은 영양분을 각 기관에 보내고 신진대사를 원활히 하고 불순물을 몸 밖으로 내보내기 위하여 꼭 필요하다. 탈수증은 섭취한 수분의 양에 비하여 배출량이 많을 때 일어난다. 구토, 설사, 고열로 인하여 체내의 수분을 빼앗기고 보충해 주지 못했을 때, 격렬한 운동으로 땀을 많이 배출했거나 이뇨제 복용에 의하여 오줌을 자주 누었을 때도 탈수증이 나타난다. 탈수는 매우 위험하며 탈수증이 이미 진행된 상태에서는 뇌의 손상과 사망에 이를 수도 있으므로 즉시 응급실로 가야 한다. 탈수증의 증상으로는 다음을 들 수 있다.

- 입과 입술이 마르고 피부가 건조해진다.
- 혼수 상태에 빠진다.
- 저혈압과 근육 마비가 나타난다.
- 오줌이 짙은 노란색이며 8~12시간 동안 오줌을 누지 않는다.
- 18개월 미만의 영아는 숫구멍이 움푹하게 들어간다.

탈수증이라고 생각될 때에는 다음과 같이 대처한다.

- 즉시 물을 먹인다. 보리차나 경구용 전해질 용액(이온 음료)을 먹인다. 소량씩 자주 먹게 하며, 우유나 원액 주스를 먹여서는 안 된다. 얼음덩어리를 입에 넣어 주어 녹여 먹도록 하는 것도 한 방법이다.
- 수분이 배설될 때는 미네랄도 함께 빠져나가므로 소금물을 먹게 한다.
- 열이 높거나, 설사나 구토를 한 다음에는 체온을 재고 찬물에 적신 수건으로 온몸을 닦아 주며 수분을 섭취하게 한다.
- 아기의 경우, 모유는 먹여도 되지만 평소 우유를 먹고 있었다 해도 우유를 먹이지 말고 6시간 정도는 물만 먹게 한다.

## 20. 딸꾹질

딸꾹질은 자율신경의 반사작용이다. 그 원인은 소화불량, 너무 급히 먹었을 때, 너무 많이 먹었을 때, 탄산음료나 알코올 음료를 먹었을 경우에 나타난다. 딸꾹질을 예방하는 확실한 방법은 없으나 다음과 같은 방법들이 딸꾹질을 멈추게 하기 위하여 사용될 수 있다.

- 심하지 않을 경우 그대로 있으면 저절로 멈춘다.
- 숨을 쉬지 않고 참아 보게 한다(숨을 참으며 10까지 세기).
- 따뜻한 물을 마시게 한다.
- 빵 한 조각을 삼키거나 찻숟가락으로 설탕 한 숟가락을 먹고 혀의 윗면에 두면 신경의 말단이 강한 단맛으로 채워져 딸꾹질이 멈출 수 있다.
- 혀를 잡고 당겨 본다.
- 종이 봉투로 코와 입을 덮고 그 속에서 숨을 쉰다. 그러나 비닐 봉투는 사용해서는 안 된다.

## 21. 애완동물에 의한 상처

### 1) 개에 물렸을 때

가능한 한 병원에 가기 전 개의 상태를 살펴서 의사에게 알리고 전문가의 조사를 받아 광견병 여부를 확인할 수 있도록 한다. 기르는 개라면 주인에게 광견병 예방접종을 받았는지 물어본다.

- 물린 부분은 비누를 사용하여 흐르는 물로 약 5분 동안 씻은 후 소독하고 깨끗한 거즈를 대고 병원에 간다.
- 개가 광견병에 걸린 것 같으면 광견병 혈청 주사를 맞아야 한다.

### 2) 고양이에게 긁혔을 때

- 고양이에게 긁히면 화농을 일으킬 우려가 있으므로 비누를 사용하여 깨끗이 씻고 소독한다. 출혈이 있을 경우에는 지혈한다.
- 가벼운 상처라도 외과에서 치료를 받는 것이 좋으므로 곧 병원에 간다.

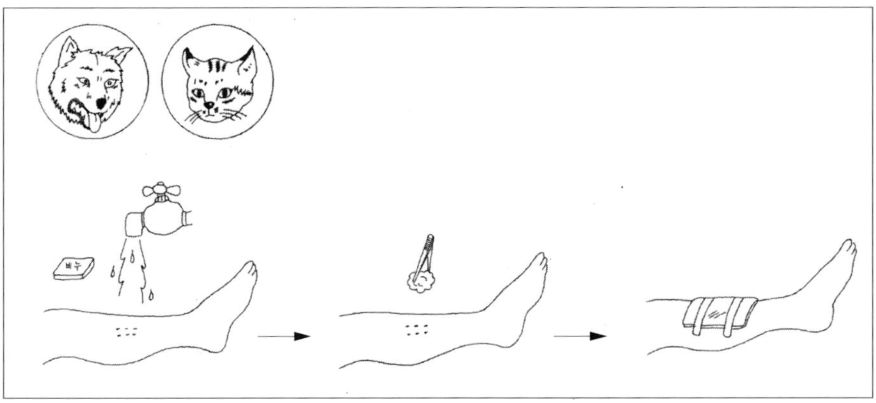

[그림 12-37]

그 외 다른 애완동물도 동물의 입이나 발톱은 세균이 가득하므로 가벼운 상처라도 응급처치를 한 후 소아과나 외과의 진찰을 받는다.

## 22. 벌에 쏘였을 때

벌에 쏘이면 쏘인 부위만 아프고 붓는 국소 반응이나 전신에 두드러기가 생기며 호흡곤란과 쇼크가 일어나는 벌 알레르기 반응이 나타날 수 있다.

### 1) 벌에 쏘여 국소 반응을 일으킬 때

- 집게로 벌침을 빼고 독액을 입으로 빨아 낸 후 암모니아수를 바른다.
- 통증을 해소하고 부기를 막기 위해 벌에 쏘인 부위에 얼음주머니를 올려놓아 냉찜질을 한다. 그래도 환부의 통증과 가려움이 계속되면 의사에게 문의하여 약물치료를 받는다.

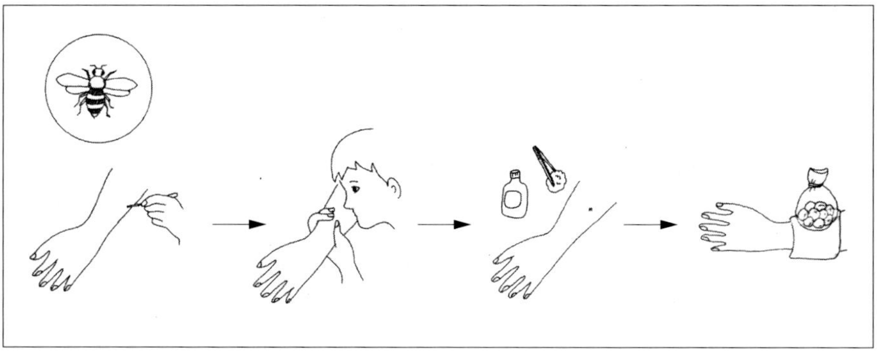

[그림 12-38]

### 2) 벌 알레르기가 있는 경우

벌 알레르기가 있는 경우나 유아가 벌에 쏘여 전신에 두드러기가 생기며 호흡곤란이 일어나면 즉시 가까운 병원으로 데려가야 한다.

이때 병원에 가기 전에 우선 벌에 쏘인 부위에서 심장 가까운 부위를 붕대로 졸라매어 벌의 독이 전신으로 퍼지는 것을 방지한다. 붕대가 없는 경우, 허리띠, 스카프, 넥타이 등을 사용한다.

# 제 5 부

# 건강교육의 실제

# 13장 건강교육의 실제

## 1절 통합적 활동 계획과 운영

### 1. '치아건강' 주제를 중심으로 한 통합적 활동 계획의 예*

#### 1) 환경 구성

**(1) 게시판 및 벽면 구성**

① 치아건강과 관련된 화보를 게시한다.

② 예: 치아 사진과 그림, 양치질 도구 그림, 치과 진료 사진, 치아건강에 좋은 음식 그림 등

③ 이 닦기 표시판

- 이의 중요성과 기능, 양치질의 필요성에 대해 유아와 알아본 후, 이 닦기 표시판을 벽면에 붙여 유아에게 제시한다.
- 유아는 등원 시 아침에 양치질을 했는지 시행 여부를 표시한다.

---

* 이 절 1항의 통합적 활동 계획 중 활동의 아이디어는 이화여자대학교 사범대학 부속 유치원(1992). 4세 어린이를 위한 유치원 교육과정 운영의 실제〈3권〉, 서울: 교문사 그리고 Cornacchia, H. J., Olsen, L. K., & Nickerson, C. J. (1988). *Health in elementary schools* (7th ed.). St. Louis, Missouri: Times Mirror/Mosby College Publishing을 참고하여 구성함.

이 닦기 표시판

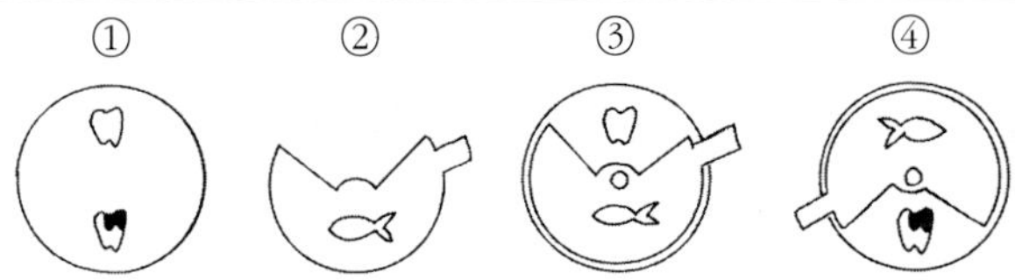

- 물고기 표시는 이름을 읽지 못하는 유아를 위해 표시를 붙여 자기 것을 구분하도록 한 것.
- ①과 ②를 합쳐서 핀으로 고정하면 ③이 된다.
- ③과 ④는 양치 여부를 표시한 것.

이 닦기 표시판의 표시

- 이 닦기 표시판을 그림과 제시 방법에 변화를 주면서 지속적으로 제시하므로 어린이가 양치를 습관화하도록 도울 수 있다.

### (2) 자유선택활동을 위한 흥미영역의 구성

① 언어영역

◇ 치아건강에 관련된 도서를 제시한다.

- 백명식(1993). 하루에 세 번 닦아요. 서울: 대교출판.
- 정영애, 강정선(1996). 즐겁게 이를 닦아요. 서울: 세종문고.
- 신순재, 이형진(2001). 아주 바쁜 입. 서울: 아이세움.

- 대한구강보건협회. 댕이와 덩이의 입 안을 보아요.
- 대한구강보건협회. 댕이의 이가 아파요.
- 대한구강보건협회. 덩이와 댕이는 이를 깨끗이 닦아요.
- 대한구강보건협회. 덩이는 잘 먹어요.
- 충치예방연구회. 치과에서 배우는 자일리톨 이야기.
- 충치예방연구회. 건강한 치아 우리 가족의 행복이죠.
- 충치예방연구회. 튼튼이의 치아 사랑.
- 충치예방연구회. 치치와 함께 충치 예방을 ①~③
- 충치예방연구회. 쥐돌이 치과에 가다.
- 편집부(1997). 이를 깨끗이. 서울: 세호.
- 가코 사토시(2002). 하하하 웃는 이, 튼튼한 이 하하하. 서울: 북뱅크.
- 나나오 준, 이마이 유미코(2002). 으앙! 이가 아파요. 서울: 시공 주니어.
- 롭 루이스(1997). 이고쳐 선생과 이빨 투성이 괴물. 서울: 시공 주니어.
- 안나 러셀만 저, 출판사 역(1997). 충치 도깨비 달달이와 콩콤이. 서울: 현암사.
- 오토모 사치코 저, 출판사 역(1997). 이 닦기는 재미있어요. 서울: 지경사.
- 잉글리트 위베, 마리아 비스만(2000). 흡혈귀 루디 치과는 정말 싫어. 서울: 시공 주니어.
- 윌리엄 스타이그 저, 조은숙 역(1995). 치과의사 드소토 선생님. 서울: 비룡소.
- 카도노 에이코, 다루미 시마고 저, 출판사 역(1993). 난 병이 난 게 아니야. 서울: 한림.
- 케이트 로언, 캐서린 맥윈(2001). 히히 내 이 좀 봐. 서울: 시공 주니어.

◇ 이 닦기를 격려하기 위한 동화를 선정하여 교사의 음성으로 녹음한 뒤 언어영역에 책과 함께 카세트를 내주어 유아가 원할 때 들을 수 있도록 한다.

◇ 교사와 활동한 동극 '내 앞니가 빠졌어요' 동화 자료(테이블 동화)를 제시한다.

◇ 이에 좋은 음식을 막대인형으로 만들어 치아에 주는 이로움에 대해 이야기해 보도록 한다.

◇ 유아가 그린 치아에 대한 그림이나 유아가 창작한 치아 관리에 대한 시를 함께 전시한다(그림 참조).

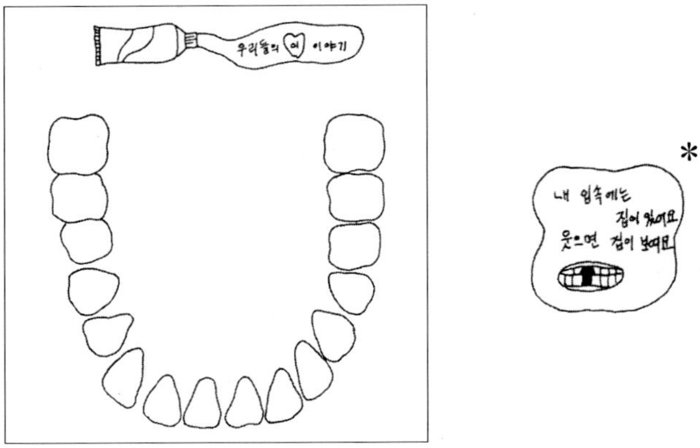


유아가 지은 동시 전시(각 치아 모양의 종이에는 ＊의 예에서 처럼 유아들이 지은 시와 그림이 있다.)

② 역할놀이영역

◇ 이 닦기에 필요한 도구를 준비하여 흉내 내어 보도록 한다(위생상, 실제로 닦지는 않도록 주의한다.).

◇ 이를 깨끗이 하는 방법과 치과 검진의 필요성, 치과의사의 역할에 대해 알아본 후, 역할놀이에 '치과 병원'을 꾸며 극화놀이를 한다.

◇ 필요한 소품: 의사 가운, 간호사 모자, 턱받이, 진료용 의자, 물컵, 흡인 기구, 솜, 차트 등

③ 조작놀이영역

치아건강과 관리에 대한 개념과 건강한 치아 관리를 위한 위생습관의 형성을 돕는 조작놀이교구를 배치한다. 조작놀이교구의 예는 다음과 같다.

◇ 양치하는 그림카드놀이

◇ 튼튼한 이와 썩은 이가 되는 과정을 나타내는 낱장의 그림카드를 순서대로 나열하여 사건의 원인과 결과를 이해하도록 돕는 순서 카드

◇ 같은 색의 치약과 칫솔 짝짓기

◇ 양치하는 순서 그림카드

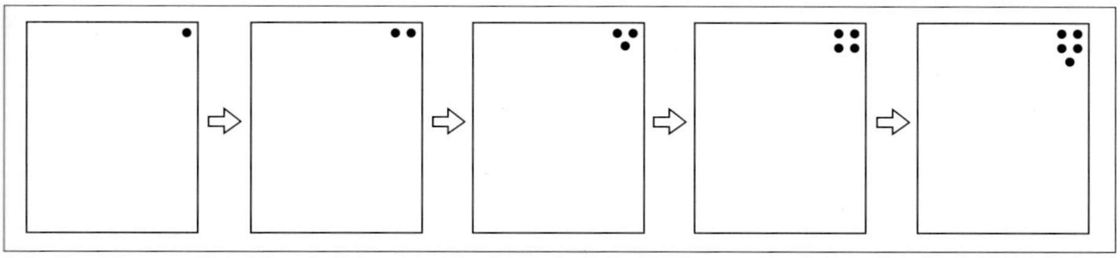

(그림판)

(그림카드)

양치하는 순서 그림카드

④ 조형영역

◇ 치아에 관한 화보나 양치에 필요한 물품 그림, 치아 관리에 대한 그림들을 모아 스크랩 만들기 등으로 사용하도록 한다.

◇ 폐품 모으는 곳에 치약통, 다 쓴 치실통, 칫솔 등을 함께 모아 작품 구성 시 활용하도록 한다.

◇ 다양한 재질의 이 모양 종이를 준비하여 비치한다.

⑤ 음률영역

노래와 관련된 자료와 노래 녹음 테이프를 제시한다.

⑥ 과학영역

◇ 치아건강에 대한 사진과 그림을 전시한다.

- 이가 썩는 과정 그림, 이의 종류와 기능 그림(앞니: 자르기, 송곳니: 찢기, 앞어금니: 눌러 부수기, 어금니: 갈기 등의 설명이 있는 그림)
- 이를 닦는 방법을 나타내는 그림

◇ 치과용 이 모형을 전시한다.

◇ 유치와 영구치, 건강한 이와 썩은 이를 비교할 수 있도록 치아를 준비하여 전시한다.
◇ 이를 건강하게 유지하도록 돕는 기구(치약, 칫솔, 치실, 컵)를 전시한다.
◇ 유아가 간단히 살펴볼 수 있는 치과용 의료기구를 전시하고 그것에 대해 알아본다.
◇ 유아가 치아에 좋은 음식과 나쁜 음식을 분류해 볼 수 있도록 융판 자료를 준비한다.

⑦ 기타

각 유아마다 칫솔걸이와 칫솔을 마련하여 사용하도록 한다. 칫솔과 걸이에 각 유아의 이름을 써 놓아 바뀌지 않도록 주의하며, 이름을 읽지 못하는 경우에는 각 유아마다 고유의 표시를 정하여 자신의 것을 구별할 수 있게 한다.

### 2) 치아건강을 주제로 한 대 · 소집단 활동의 예

치아건강에 대하여 이야기 나누기, 동화, 동극, 동시, 조형, 과학, 음악, 게임 등의 방법을 통해 할 수 있는 활동의 예는 다음과 같다.

#### (1) 이야기 나누기

① 이의 생김새와 기능, 중요성에 대한 이야기 나누기
- 이는 어떻게 생겼는지 무슨 일을 하는지 알아보고 만약 이가 없다면 어떻게 될지 예상해 본다.

② 올바른 치아 관리에 대한 이야기 나누기
- 바른 양치질에 대해 이야기하고 손가락을 이용하여 시범을 보인 후 유아와 시행한다.
- 커다란 칫솔과 치아를 이용하여 올바른 양치 방법을 알아본 후 칫솔 대신 설압자를 이용해 자신의 이를 닦아 본다.
- 양치질에 필요한 도구의 바른 사용 및 위생적인 관리에 대해 알아본다.

③ 이에 좋은 음식과 나쁜 음식에 대한 이야기 나누기

- 이에 좋은 음식과 나쁜 음식을 나누어 본다.
- 이를 깨끗이 해 주는 음식에 대해 알아본다(예: 사과, 셀러리, 당근, 오이 등).

④ 이에 좋은 행동에 대해 이야기 나누기(예: 연필과 같이 딱딱한 것을 씹기, 손가락 빨기의 위험성에 대해서도 알아본다.)

⑤ 충치나 사고가 아닌 정상적인 과정으로서 유치가 빠지는 것에 대해 이야기 나누기

### (2) 동화 · 동극 · 동시

① 동화 · 동극: 이의 중요성과 바른 관리 방법, 치과에 관계된 동화 들려주기 및 동화감상 후 동극으로 표현하기

- 치과에 간 엠마
- 하얀 이 예쁜 순이
- 임금님의 세 번째 약속
- 내 앞니가 빠졌어요(동극)

② 동시: 유아와 함께 양치질의 필요성에 대한 동시를 함께 지어 본다.

### (3) 조형

① 치과 극화 활동을 위한 자료 만들기(약, 간호사 모자 등)

② 양치하는 데 필요한 용품(치약, 칫솔) 모양 종이에 콜라주 구성하기

③ 칫솔을 이용하여 안개 그림 그리기

④ 잡지나 그림에서 양치와 치아건강에 관한 그림을 모아 스크랩북 만들기 등

### (4) 과학

① 이가 썩는 과정에 대한 실험

- 하룻동안 식초에 달걀을 넣어 식초가 달걀 표면의 석회석을 제거하는 과정을 관찰한다. 이를 통해 산이 칼슘을 포함한 이의 표면을 약하게 하는 것을 알아본다.
- 콜라와 물에 이를 넣어 그 변화를 관찰함으로써 이에 나쁜 음식이 이에 미치는 영향을 알아본다.

② 치아에 상처가 있는 것과 없는 것의 차이를 표면에 상처가 있는 사과와 상처가 없는 사과를 각각 한 개씩 준비하여 변화과정을 관찰함으로써 유추해 볼 수 있다. 이를 통해 치아 손상과정에서 발생하는 변화와 관련지어 생각해 보는 기회를 제공한다.

### (5) 음악

이 닦기에 관한 노래를 배우고 부르기(예: 싹싹 닦아라).

### (6) 게임

이 닦기의 중요성을 생각하는 계기를 제공하는 게임

**예** 치약과 칫솔 전달하기 게임

- 치약과 칫솔 각각 6개와 바구니 2개를 준비한다.
- 양편으로 나누어 앉고 마지막 어린이는 바구니를 갖는다.
- 처음에 앉은 유아는 교사의 신호와 함께 자기편의 치약과 칫솔을 한 개씩 차례대로 옆에 앉은 같은 편 친구에게 전달한다.
- 마지막에 앉은 유아는 자기편의 치약과 칫솔을 바구니에 담아 치약과 칫솔이 다 모이면 교사에게 바구니를 가져간다.
- 교사에게 먼저 바구니를 가져가는 편이 이긴다.
- 칫솔 색으로 구분하면 편을 나누기가 용이하다.
  예: 빨간 칫솔 편, 파란 칫솔 편

### (7) 기타

① 이 닦기 활동을 가정과 연계하여 시행하면 더 큰 효과를 거둘 수 있다.
- 매일 이 닦기 표를 가정으로 가져가 욕실에 걸어 두고 양치를 하고 기록한 뒤 가지고 와서 이야기 나누기
- 가정과의 일관성 있는 치아건강습관을 유지하기 위해 부모용 통신문을 제작해 배부한다.

② 치과의사나 치위생사인 부모나 가능한 지역사회의 인적 자원을 학급에 초대하여 치아 관리와 간단한 치과 의료용품에 대한 이야기를 듣는다.

## 2. 그림책 활동을 중심으로 한 통합적 접근 사례*

### 1) 통합적 접근을 위한 환경구성

**치과의사 드소토 선생님 (환경구성)**

**역할**

▷ 치과놀이에 필요한 진료도구 및 소품
- 의사 가운, 턱받이, 라이트 박스, 보험 카드, 이 모형, 팸플릿 등

**조형**

▷ 다양한 종류의 폐품/종이류
▷ 여러 종류의 펜, 물감, 연필, 크레파스, 색연필
▷ 이젤, 다양한 굵기의 붓 건조대
▷ 찰흙, 종이죽, 모양 틀
▷ 꾸미기 재료(빵끈, 리본끈, 모루, 솜공, 시트지 등)

**쌓기**

▷ 쌓기블록
- 종이벽돌, 유니트, 할로우, 나무 판자 등

▷ 끼우기 블록
- 꽃, 렉스, 띠, 레고

▷ 소품
- 각종 직업인형, 자동차 도로표시판 등

**벽면**

▷ 화보
- 건강과 관련된 사진, 그림
- 여름철 풍경
- 여름철 건강과 위생
- 여러 종류의 치아 사진
- 여러 동물의 이빨 사진

**컴퓨터**

▷ CD
- 재미있는 치과
- 키드픽스
- Stanley' s Sticker Stories

▷ 프린터, 마우스, 본체, 키보드, 복사용지

**음률**

▷ 리듬악기
▷ 건반악기
▷ 각종 타악기 등
▷ 카세트, CD(빗방울전주곡, 배운 노래)

**과학**

▷ 돋보기, 관찰기록용지
▷ 궁금이 상자, 필기도구
▷ 치아실험자료(콜라, 식초, 물에 담은 치아)
▷ 다양한 치아와 동물의 이빨(또는 사진)

**수 · 조작**

▷ 판게임
- 건강한 이를 만들자
- 이를 깨끗이
- 딩동댕카드 찾기

▷ 퍼즐
- 그림책 장면 퍼즐
- 겹퍼즐(식품)
- 바닷가 퍼즐

▷ 분류
- 이에 좋은 음식과 나쁜 음식

▷ 수세기
- 수박 먹기
- 물고기 낚시

**언어**

▷ 듣기
- '치과의사 드소토 선생님' 인형극 녹음 테이프
- 자연의 소리(비, 파도, 천둥, 갈매기)

▷ 말하기
- 이에 좋은 음식, 『치과의사 드소토 선생님』 등장인물 막대인형
- 유아들이 각색한 '내 앞니가 빠졌어요' 동화 자료(융판 동화)
- 동물, 사람 손인형/막대인형

▷ 읽기
- 치아건강과 관련된 그림책(13장 1절 1.의 (2) 중 '언어영역' 참조)

▷ 쓰기
- 부직포, 비늘, 자석 글자
- 글자판(여름/치아와 관련된 글자만들기)
- 그림 사전: 종이 묶음, 치아와 관련된 작은 그림과 사진(치아건강에 좋은 음식/ 나쁜 음식, 치아건강을 돕는 기구들 등)
- 새 단어 만들기: 기록 용지, 『치과의사 드소토 선생님』에 나오는 단어 그림, 카드 그림 사전: 종이 묶음(여름, 이에 좋은 음식)

---

• 자료 그림책: 윌리엄 스타이그, 조은숙 역(1995). 치과의사 드소토 선생님. 서울: 비룡소.

*이 절 2항의 내용은 호서대학교 부속 유치원에서 생활주제 '건강한 생활'의 운영 중 '치아건강'을 소주제로 실시한 문학을 통한 통합적 접근 사례임.

## 2) 자유선택활동

**치과의사 드소토 선생님 (자유선택활동)**

**음률**

▷ 싹싹 닦아라(악기연주)
▷ 치아건강 캠페인 노래 부르기
▷ 음악감상
  – 빗방울 전주곡

**수 · 조작**

▷ 그림책 장면 퍼즐
▷ 양치질 순서
▷ 이에 좋은 음식/나쁜 음식 분류
▷ 그래프
  – 빠진 이 그래프
    (막대그래프, 원그래프)
  – 내 칫솔 색깔 그래프

**역할**

▷ 치과놀이

**미술**

▷ 치약, 칫솔 콜라주
▷ 안개 그림
▷ 그림책 광고지/겉표지 만들기
▷ 치아건강 마크 만들기
▷ '치과놀이' 에 필요한 도구와 기계 만들기
▷ 그림책 이야기 각색본 인형극 만들기(등장인물, 배경)
▷ 치과 홍보물 만들기
▷ 치아건강 포스터 만들기
▷ 치아건강 캠페인 배지 만들기
▷ 치아건강 캠페인 초대장 만들기

**언어**

▷ 그림책 장면 이용하여 이야기 짓기
▷ 새 단어 만들기
▷ 그림책 등장인물에게 치아건강 안내문 쓰기
▷ 그림책 전 · 후 이야기 짓기
  (동극 대본 만들기)
▷ 작가/주인공에게 편지쓰기
▷ 그림책 광고지 만들기
▷ 그림책 등장인물에 대해 이야기하기
▷ 치약 병풍책 만들기(양치순서, 치아건강)
▷ 치아와 관련된 동화 · 동시 짓기
▷ 그림 사전(여름, 치아건강)

**과학 · 컴퓨터**

▷ 치아 관찰
▷ 치아건강을 도와주는 도구 관찰하기
▷ 치아건강 및 청결에 도움을 주는 음식 맛보기
▷ 치아 실험(콜라, 식초, 물)
▷ 치아에 대해 궁금한 점 조사
▷ 동물의 이빨과 비교
▷ 컴퓨터
  – CD: 재미있는 치과, 키드픽스, 아트프로, Stanley's Sticker Stories
  – 인터넷: 건강한 생활, 충치예방연구회
  – 출석판 만들기

### 3) 대 · 소 집단 활동

**치과의사 드소토 선생님 (대 · 소집단 활동)**

**이야기 나누기**

▷ 그림책 소개
▷ 치아의 종류와 역할
▷ 치아를 건강하게 할 수 있는 방법
▷ 사람의 치아와 동물의 이빨 비교
▷ 치아건강에 관련된 마크 알아보기
▷ 치아건강 포스터
▷ 치아건강 캠페인
  – 소개하고 싶은 내용
  – 역할분담
  – 초대하고 싶은 사람

**수 · 조작**

▷ 동시
  – 어제 뺀 이 어디 있니
  – 치카치카 오글오글
  – 치아건강 동시 짓기
▷ 동화 · 동극
  – 내 앞니가 빠졌어요
  – 그림책 이야기 각색하여 동극하기
  – 사탕치아 임금님
  – 말 못하는 대현이
▷ 비디오
  – 형규와 동미의 튼튼이 이야기
  – denti-i

**과 학**

▷ 치아실험(물, 콜라, 식초)
▷ 여러 종류의 치아 및 동물 이빨 관찰 · 탐색 · 비교하기

**현장학습**

▷ 치과

**게 임**

▷ 치약 · 칫솔 전달하기
▷ 건강한 이 만들기

**음 악**

▷ 노래 부르기
  – 싹싹 닦아라
  – 깨끗이 이를 닦아요
  – 앞니 빠진 중강새(전래동요)
▷ 노래 만들기
  – 캠페인 노래

**신체 활동**

▷ 신체 표현
  – 치약들의 춤
  – 새앙쥐가 나온다
  – 마임(이와 관련된 행동)
▷ 율동
  – 비눗방울
  – 저 실, 바늘을 따라

**요 리**

▷ 멸치 볶음
▷ 뱅어포 구이
▷ 야채 샐러드

### 활동의 예 1: 치아와 관련된 동시 짓기

◉ 활동 유형: 동시 짓기

◉ 대상: 만 5세

◉ 준비물: 화이트보드, 보드마카, 녹음기, 배경음악, 치아와 관련된 사진이나 그림(이를 빼는 모습, 이를 뺀 모습, 이를 닦는 모습, 이에 좋은 음식을 먹는 모습, 이의 종류 등)

◉ 활동 방법

◇ '싹싹 닦아라' 노래를 부르며 모여 앉는다.

◇ 치아에 관련된 경험, 치아의 소중함에 대하여 간단히 이야기 나눈다.

- 오늘 아침에 이를 닦고 왔니? 이를 닦은 후 기분은 어땠니?
- 이를 뺀 경험이 있니? 어디서 뺏니?
- 우리 이가 모두 없다면 어떻게 될까?
- 소중한 이를 오래도록 잘 지니려면 어떻게 해야 할까?

◇ 유아들이 앞서 이야기한 생각과 경험을 모아 동시로 지어 보자고 제안하고 교사는 유아들의 생각을 받아 적는다.

- 우리가 한 이야기를 동시로 지어 보면 어떨까?
- 너희들의 생각을 좀 더 짧고 아름다운 말로 이야기해 보자. 먼저 우리들의 이가 우리에게 해 주는 일을 시로 지어 보자.
- 유아들이 생각에 생각을 이어 가며 자신의 생각을 시적인 언어로 표현하도록 격려하면서 교사는 유아들의 이야기를 모두 받아 적는다.

◇ 어느 정도 시의 내용이 형성되면 교사가 적어 놓은 유아들의 생각을 읊어 준다.

- 필요에 따라 유아들의 시적 표현의 순서를 정리하여 들려줄 수도 있다.

◇ 유아들이 고치고 싶은 부분이 있는지 이야기 나눈다.

- 들어 보니까 어떠니? 마음에 드니?
- 어떻게 고치면 더욱 재미있을까?

◇ 제목을 정한다.

- 우리가 이야기한 내용을 모두 담을 수 있는 제목은 어떤 것이 있을까?

◇ 제목이 정해지면 유아들의 동시를 교사가 배경음악과 함께 읊어 준다.

◉ 기타

◇ 완성된 동시를 어떤 방법으로 게시할지 협의한다. 이 과정은 동시 짓기에 이어 바로 진행될 수도 있고 또는 다음 번 모임에서 이루어질 수도 있다.

- 우리가 지은 동시를 어떻게 하면 모두가 함께 볼 수 있을까?
- 어떻게 하면 글을 잘 모르는 친구들도 동시를 읽을 수 있을까?

◇ 이와 관련된 다른 경험(이의 모양/치과에 갔을 때의 경험)으로도 자유롭게 동시를 지을 수 있도록 격려한다.

◇ 유아들이 지은 동시에 곡을 붙여 음률 활동으로 확장한다.

◉ 유아들이 지은 동시

### 튼튼한 우리 치아가 웃어요

지은이: 호서대학교 부속 유치원 샘반 어린이들(만 5세)

우리들의 입 속에는 치아가 있어요.

얼굴을 예쁘게
말도 잘하게
음식도 씹을 수 있게
입 속의 치아가 하지요.

치아가 없으면
말도 못해
음식도 못 먹어
아마 우리 할머니처럼 죽만 먹어야 할 거예요.
물만 먹어야 할 거예요.

그래서 우리는 치아를 보호하기로 했지요.

사탕, 초콜릿, 콜라같이
설탕이 많은 음식은
먹기 싫어 싫어 안녕 안녕
생선, 멸치, 채소, 야채 좋아 좋아

아침 먹고, 점심 먹고
저녁 먹고, 잠자기 전에
'쓱싹코카 치카치카'
하루 네 번 치아를 닦아 닦아
아장아장 치아가 부러지지 않게 걸어다니면

우리 치아는 튼튼해질 거예요.
튼튼한 우리 치아가 웃을 거예요.

## 재미있는 입 속 세상

지은이: 호서대학교 부속 유치원 솔반 어린이들(만 5세)

입을 크게 벌려 보세요.
재미있는 도구 세상이 펼쳐져요.

앞니는 가위
싹뚝싹둑 위로 아래로 음식을 잘라요.
앞니는 칼
쓱쓱쓱쓱쓱 싹싹 음식을 잘라요.

송곳니는 손
찍찍 찌익 – 음식을 찢어요.
송곳니는 바늘 뾰족해서 찔리면 '아야,아야!'
아플 것 같아요.
어금니는 맷돌
돌돌돌돌돌 – 음식을 갈아요.
어금니는 믹서
윙윙윙위–잉 음식을 갈아 줘요.

앞니야, 어금니야, 송곳니야!
사랑해!

➡ 샘반, 솔반 어린이들은 위의 두 동시를 서로 감상한 뒤 두 동시의 내용을 합한 의미를 담아 새로운 동시 '이를 사랑해'를 만들고 이를 '열꼬마 인디언' 곡에 노랫말로 연결하여 부르는 활동으로도 확장하였다(유아들이 만든 노랫말 '이를 사랑해' 사진 참조).

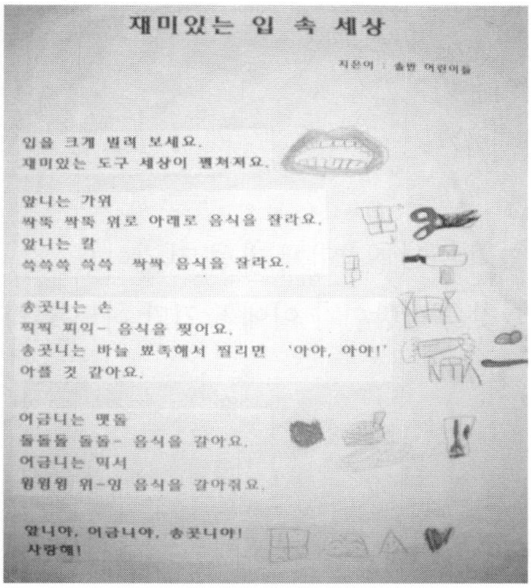


유아들이 지은 동시를 꾸며 게시한 것

유아들이 만든 노랫말 '이를 사랑해'

## 활동의 예 2: 치아건강 표시

◉ 활동 유형: 이야기 나누기/조형 활동

◉ 대상: 만 5세

◉ 준비물: 치아건강 표시 막대인형/사진('치치'와 '튼튼이'), 도화지, 그리기 도구(크레파스, 색연필, 네임펜, 유성매직 등)

◉ 활동 방법

◇ '이를 사랑해' 노래를 부르며 모여 앉는다.

◇ 막대인형(치치, 튼튼이)을 이용하여 이야기를 들려 준다.

안녕, 얘들아! 나는 치치, 나는 튼튼이라고 해.
우리가 좋아하는 건 건강한 이야. 너희들 이는 어떠니?
우리들은 전 세계를 여행하면서 이에 좋은 음식을 찾고 있어. 우리를 만난 적 있니?

◇ 치아건강과 관련된 표시물을 소개한다(치치와 튼튼이 사진을 제시한다.).

- 치치와 튼튼이를 본 적이 있니? 어디에서 봤니?
  - 슈퍼에서 껌을 샀는데 거기에 그려져 있었어요.

- 치과에 가니까 있었어요.

◇ '치치'와 '튼튼이'의 의미에 대해 알아본다.

- 치치와 튼튼이는 무슨 뜻을 담고 있을까?

  〈치치〉

  - 요술 도깨비 같아요. 이가 아프면 고쳐 주고 건강하게 해 줄 것 같아요.
  - 칫솔 방망이를 들고 있잖아요. 그 칫솔 방망이가 이에 닿기만 하면 이가 금방 건강해질 것 같아요.
  - 물총에서는 가글이 나와요.

  〈튼튼이〉

  - 충치 세균을 막아 주는 우산을 쓰고 있어서 이를 보호해 주는 그림 같아요.
  - '산똥'을 막아 줘서 충치가 안 생겨요.
  - (유치원을 방문한 보건소 선생님이 충치 발생과정을 설명하면서 세균이 음식물 찌꺼기로 산을 만들고 산이 이를 녹이는 것이라고 설명해 주었는데, 산이 만들어져 쌓이는 것을 유아들이 '산똥'으로 표현하였다.)
  - 이가 웃고 있는 것을 보니까, 이를 튼튼하게 해야 한다고 알려주는 그림 같아요.
  - 우산 같은 딱딱하고 뾰족한 물건에 부딪혀서 이가 부러지지 않도록 조심하라고 알려 주는 거예요.

- 왜 이런 '치치'와 '튼튼이' 같은 표시를 만들어 사용하고 있을까?
  - 어린이들에게 이가 썩으면 안 된다는 것을 알려 주려고요.
  - 이가 썩지 않는 간식을 먹으라고요. 자일리톨 껌에 있었어요.
  - 과자엔 없어요.

- '치치'와 '튼튼이'가 만들어진 배경에 대해 설명한다.
  - 그래, 너희들이 생각한 것처럼 치아건강에 관심이 많은 어른들이 모여서 치치와 튼튼이를 만들었대. 치치는 우리나라의 '충치예방연구회'라는 곳에서 만들었고, '튼튼이'는 스위스의 '국제치아건강식품연구회'에서 만들었어. 스위스에서 만든 이 '튼튼이' 표시는 충치를 일으키지 않는다고 확인된 음식에 붙일 수 있대. 튼튼이는 전 세계 사람들이 모두 함께

쓰는 표시야.

◇ 치아건강 및 관리의 중요성을 알릴 수 있는 방법을 협의한다.

- 동생들에게 치아건강 및 관리의 중요성을 쉽게 알릴 수 있는 방법은 없을까?
  - 우리도 마크를 만들어서 동생들에게 알려 줘요.
  - 치아건강 포스터를 만들어요. 포스터에 우리가 만든 표시도 넣어요.
  - 포스터나 마크는 항상 갖고 다니기 불편하니까 배지로도 만들어서 달고 다녀요.
- 우리가 치아건강 표시를 만든다면 어떻게 만들면 좋을까?
  - 충치 세균이 공격하면 잘 막으라고 치약 방패를 만들어 줘요.
  - 동생들이 이에 좋은 음식을 먹으라고 사과에 웃는 이를 그려 줘요.
  - 사과를 먹으면 이가 깨끗해지잖아요.
- 유아들과 치아건강 표시와 배지를 만들기로 합의한 후 다음 날 만들어 보기로 한다.

◇ 다음 날 계획된 시간에 원하는 유아들이 마크를 만든다.

◇ 유아들이 만든 치아건강 표시를 공유하고 활용 방법에 대해 협의한다(유아들이 만든 치아건강 표시를 제시한다.).

- 무슨 뜻이 담긴 표시니? 이름이 뭐니?
- 우리가 만든 이 표시를 어떻게 사용하면 좋을까?
  - 포스터에 그려서 같이 보면 좋아요.
  - 동생들이 무슨 뜻인지 모르니까 안내 편지를 써서 같이 보내요.

◉ 기타

치아건강 표시를 전시할 공간을 유아와 협의해서 붙인다.

'치치'와 '튼튼이' 사진과 유아들이 만든 마크들과 마크들 중 하나를 확대한 사진

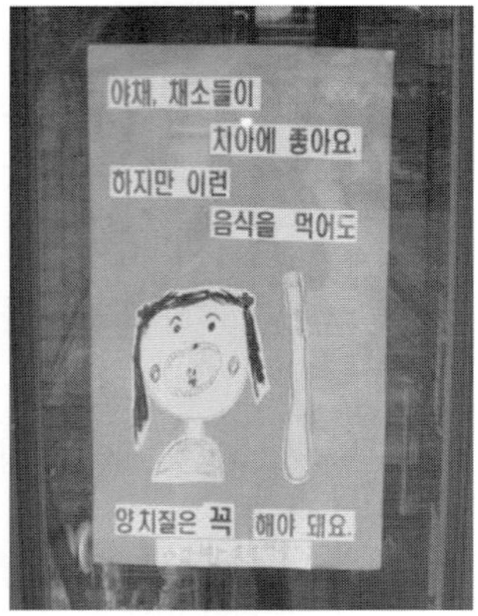


유아들이 만들어 유치원 내의 곳곳에 게시한 치아건강 포스터

### 활동의 예 3: 치아건강 배지 만들기

◉ 활동 유형: 이야기 나누기/ 조형 활동

◉ 대상: 만 5세

◉ 준비물: 실물 자료(사과, 당근, 오이), '튼튼이' 배지, 칠판, 옷핀, 컬러믹스, 종이죽, 물감, 붓, 팔레트, 여러 가지 꾸미기 재료, 다양한 모양 틀 등

◉ 활동 방법

◇ 이에 좋은 음식(사과, 당근, 오이) 자리 바꾸기로 주의를 집중한다.

◇ '튼튼이' 배지를 소개하고, 배지의 의미에 대해 이야기 나눈다.

- 튼튼이 배지에는 무슨 뜻이 담겨 있을까?('튼튼이' 배지를 제시한다.)
  - 맛있는 것만 먹으면 우리한테 나쁠 수도 있으니까, 골고루 음식을 먹으라는 거예요. 그래야 이에도 좋고 몸에도 좋으니까요.
  - 우산은 이를 보호해 주는 보호막이에요. 배지로 만들어서 이를 보호해야 한다고 알려 주려고요.

◇ 치아건강의 중요성을 알릴 수 있는 방법에 대해 의논한다.

- 이를 건강하게 하는 일이 중요하다는 것을 어떻게 알리면 좋을까?
  - 건강한 치아의 모습을 배지로 만들어요.

- 치아에 좋은 음식을 배지로 만들어서 달고 다녀요. 과자만 먹고 싶을 때 배지를 보고 다시 생각할 수 있게요.
- 하트 배지를 만들어요. 이를 사랑해 주라는 뜻이에요.

◇ 배지를 만드는 방법에 대해 토의한다('튼튼이' 배지를 제시하며 이야기 나누고, 유아들의 반응을 칠판에 기록한다.).

• 우리는 어떤 모양의 치아 튼튼이 배지를 만들면 좋을까?
  - 하트 모양, 치아 모양, 치아에 좋은 음식 모양들을 만들어요.
• 어떤 방법으로 만들면 좋을까?
  - 유아들의 다양한 생각을 수용하고 가장 적절한 방법을 의논하여 결정한다.
  - 모양 틀, 종이에다가 그린 치아 모양 본을 이용하며 만들기 등 유아의 의견을 모은다.

◇ 유아들과 협의된 방법으로 준비물(모양 틀, 모양 본, 종이죽, 컬러믹스 등)을 마련하며 유아들이 원하는 배지를 들도록 한다.

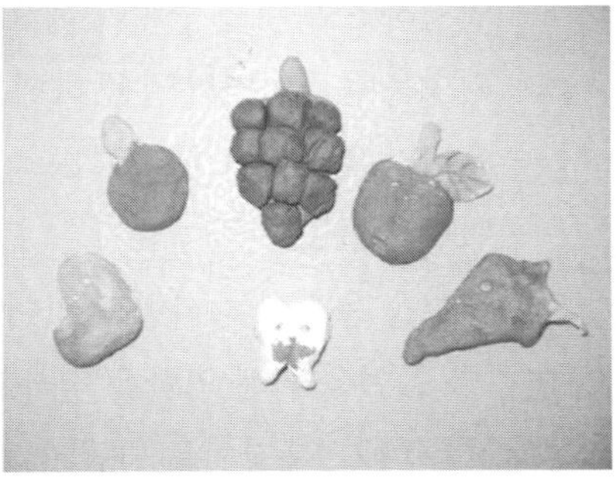

치아건강의 중요성을 알리기 위해 유아들이 만든 배지들

◉ 기타

◇ 완성된 배지의 활용 방법을 의논한다.
- 만들어진 배지는 동생들에게 취지를 설명하고 나누어 준다.

### 활동의 예 4: 인형극(『치과 의사 드소토 선생님』을 각색한 것) 준비과정

◉ 활동 유형: 조형

◉ 대상: 만 5세

◉ 준비물: 『치과 의사 드소토 선생님』을 각색한 이야기, 마닐라지, 전지, 물감, 여러 굵기의 붓, 크레파스, 아크릴 막대, 녹음기, 녹음 테이프 등

◉ 활동 방법

◇ 유아들이 각색한 『치과 의사 드소토 선생님』 이야기를 들려준다.

◇ 각색한 이야기로 무엇을 할지 의논한다.

- 각색한 이야기로 무엇을 했으면 좋겠니?
  - 유아들의 다양한 의견을 들어 보고, 어떤 방법으로 공연할지 다수결로 정한다.

◇ 인형극 공연을 위해 어떤 일들을 해야 하는지 이야기 나눈다.

- 인형극을 하기로 했는데 인형극을 본 경험이 있니?
- 인형극을 만들기 위해 우리가 어떤 것들을 해야 할까?
  - 인형하고 무대를 꾸며야 해요.
  - 인형을 움직이면서 말을 하면 너무 힘드니까 녹음을 했으면 좋겠어요.
  - 우리가 인형극을 한다고 포스터를 만들어요.
  - 인형극 표도 만들어요.
  - 인형을 움직이는 사람도 있어야 해요.

◇ 인형극 공연을 위해 역할을 정하고 필요한 자료들을 준비한다.

- 배경 꾸미기, 등장인물 만들기, 대사 녹음, 인형극 조작 등 유아들이 원하는 역할을 정한다.
- 배경 꾸미기: 유아들과 의논한 방법을 적용한다.
  - A4 용지에 밑그림 그린 것을 OHP용지에 복사한다.
  - 복사한 그림과 OHP기계를 이용하여 전지에 배경그림을 다시 크게 스케치한다.
  - 스케치한 그림을 교실에서 물감을 이용해 채색하여 완성한다.
- 등장인물을 막대인형으로 만들기

- 등장하는 인물에는 누가 있는지 이야기 나눈다.
- 각 인물의 특징에 대해 이야기 나눈다.
- 무엇을 이용해서 등장인물을 만들지 의논한다.
- 유아와 의논한 방법으로 등장인물을 만들어 아크릴 막대에 붙여 완성한다.

• 녹음하기
- 녹음에 참여하기 원하는 유아들이 배역을 정한다.
- 배역을 맡은 유아들은 녹음 전에 자신의 대사를 여러 번 읽는다.
  (대본을 집으로 가져가서 부모님의 도움을 받기도 한다. 대사가 간단하므로 대부분의 유아들이 대본 없이 금방 대사를 읽을 수 있다.)
- 조용한 방(시청각실)에서 녹음을 한다.
- 녹음 시 교사는 대사 순서를 신호해 주고, 카세트 조작과 배경음악 넣는 것을 돕는다.

• 연습하기
- 인형 조작을 맡은 유아들이 녹음 자료에 맞추어 인형극 연습을 한다.

◇ 인형극을 공연한다.

◇ 평가한다.
• 어떤 점이 재미있었니?
• 다음에 공연할 땐 어떤 점을 고치면 더 재미있을까?

◇ 평가에 따라 보완하여 다시 공연한다.

◉ 기타

① 동생반 유아들과 도움을 주시는 분들을 초대하여 인형극을 공연한다.

◇ 공연일과 공연 방법에 대해 의논한다.
• 언제 인형극을 하면 좋을까?
• 누구를 초대하기로 할까? 어떤 방법으로 알리고 초대할까?
• 어디서 공연할까?
• 초대 손님을 어떻게 맞이할까? 누가 안내를 할 것인가?

② 역할영역에서 인형극장 놀이로 확장한다.

③ 인형극을 위한 준비와 인형극 공연은 하루에 이루어지는 것이 아니라 유아들의 관심과 제작 속도에 맞추어 여러 날에 걸쳐 진행된다.

인형극 공연

인형극 공연에 참여한 후

# 2절 건강교육 활동의 실례

## 1. 영양과 관련된 활동

### 활동 1: 몸에 좋은 음식들

◉ 활동 유형: 조작놀이(그룹게임)

◉ 대상: 만 4, 5세

◉ 준비물: 게임판(밥상), 돌림판, 음식들

- 게임판: 게임용 밥상은 철판으로 제작한다.
- 음식:
  - 몸에 좋은 음식 · 나쁜 음식 그림카드(각각 10개 정도)를 만든다.
  - 각각의 그림카드 뒤에 바탕 종이를 대면(좋은 음식: 파랑, 나쁜 음식: 노랑) 유아들이 나쁜 음식과 좋은 음식을 구별하는 데 단서로 사용할 수 있다.
  - 음식을 코팅한 후 그림 뒤에 자석을 붙인다.
- 돌림판: 판은 '웃는 얼굴' '우는 얼굴' '꽝'으로 나눈다.

◉ 활동 방법

◇ 2명의 유아가 게임판을 나누어 가진다.

◇ 순서를 정한다.

◇ 돌림판을 돌린 후 나온 음식을 밥상에 붙인다.

예: 좋은 음식 → 좋은 음식 한 개 붙이기

예: 나쁜 음식 → 나쁜 음식 한 개 붙이기

예: 꽝 → 다음 기회에 한다.

◇ 게임하는 유아 중 먼저 5개의 음식을 모으면 게임이 끝난다.

◇ 음식 중 좋은 음식의 수를 세어 좋은 음식의 수가 많은 사람이 이긴다.

◉ 기타

• 게임판(밥상)에 놓인 접시의 수와 음식 그림의 수는 유아의 수준이나 게임의 익숙해지는 정도에 따라 조절이 가능하다.

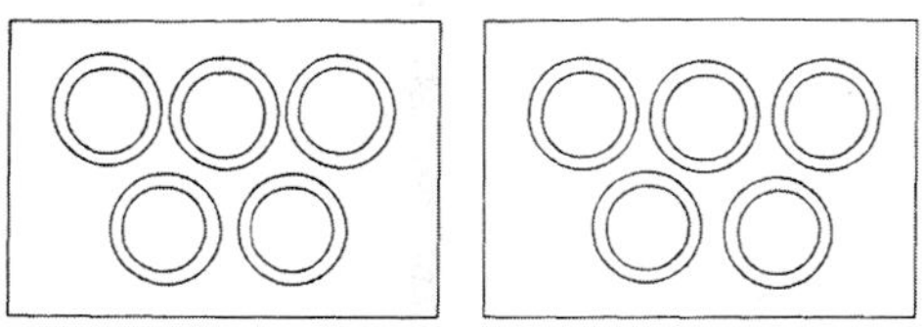

〈게임판: 게임용 밥상〉

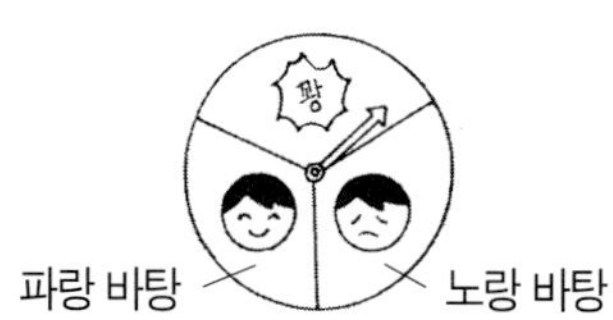


〈돌림판〉

음식

### 활동 2: 과일 얼음과자 만들기

◉ 활동 유형: 요리

◉ 대상: 만 5세

◉ 준비물: 요리 순서도, 바나나(1인당 1/2개), 딸기잼, 키위(1인당 1/2~1/4개), 빵칼, 큰 접시나 쟁반, 유아용 도마(간식 접시), 숟가락

◉ 준비

◇ 재료를 준비한다.

- 바나나: 껍질을 벗기지 않고 1/2로 어슷하게 썰어 놓은 바나나
- 키위: 껍질을 벗기지 않은 키위, 껍질을 벗겨 3~4 등분으로 나누어 놓은 키위
- 딸기잼: 잼이 담긴 병 및 소그룹별로 그릇에 담아 놓음.

◇ 요리 도구를 준비한다.

- 냉장고의 냉동실을 미리 점검하고 공간을 비워 놓는다.
- 유아용 작은 도마(또는 도마로 쓸 수 있는 간식 접시), 빵칼 등을 준비한다.

◇ 요리할 책상에 준비된 요리용 비닐 깔개를 깐다.

◉ 활동 방법 (1): 이야기 나누기(대집단활동)

◇ 자유선택활동 시간에 소집단으로 요리를 하게 됨을 이야기한다.

◇ 준비된 재료와 그림 자료를 보며 어떤 요리를 할 수 있을지 추측한다.

- 어떤 음식과 재료들이 준비되어 있니?
- 이 재료들로 어떤 요리를 할 수 있을까?
- 과일을 냉동고에 넣는다면 어떻게 될까? 어떤 맛이 날까?
- 이 요리에 이름을 붙인다면 어떤 이름이 적당할까?(얼음과자, 과일 얼음과자 등)

◇ 준비된 재료들과 요리 순서도를 보며 만드는 방법과 순서에 대해 이야기 나눈다.

- 이 요리를 어떻게 만들 수 있을까? 먼저 무엇을 하면 좋겠니?

① 바나나를 자른다.

- 바나나를 자르기 전에 할 일은 무엇일까?(유아들 중 한두 명이 나와 바나나의 껍질을 벗겨 본다.)

- 껍질의 색, 질감, 껍질 속의 바나나 색 등에 대해 이야기 나눈다.
- 껍질 벗긴 바나나는 어떻게 해야 할까?(자른다), 어떤 크기로 자르면 좋을까?

② 키위를 자른다.

- (껍질을 까지 않은 키위를 보여주며) 키위를 먹으려면 먼저 무엇을 해야 할까?
- 껍질을 벗기지 않은 키위 표면의 특징을 이야기하도록 한다.
- 교사가 껍질을 벗기거나 시간이 부족한 경우, 껍질을 벗겨 놓은 키위를 제시한다. 껍질을 벗긴 키위 표면의 느낌과 색 등에 대해 이야기 나눈다.
- 키위를 어떻게 하여야 할지 이야기 나눈다.(바나나 위에 올릴 수 있도록 자른다.)

③ 바나나 위에 딸기잼을 바른다.

- 왜 잼을 준비하였을까?(맛있으라고, 바나나와 키위가 서로 붙으라고)

④ 딸기잼을 바른 바나나 위에 키위를 얹는다.(다 만든 과일 샌드의 바나나 쪽으로 나무 막대를 끼워 빙과모양을 만들 수 있다.)

⑤ 냉동고에 넣어 얼린다.

요리 순서도

◉ 활동 방법 (2): 요리활동(소집단활동)

◇ 소그룹(7~8명)의 유아들이 요리용 앞치마를 입고 손을 깨끗이 씻는다.

◇ 순서도를 보며 만드는 방법 및 각 재료의 특성에 대해 이야기 나누면서 요리를 한다.

① 바나나를 자른다.

- 바나나를 자르기 전에 무엇을 해야 할까? (유아들과 함께 껍질을 벗긴다.)
  - 껍질을 벗기면서 나타나는 변화들을 이야기 나눈다.
- 어떤 모양으로 어떻게 자를 수 있을지 유아들과 의견을 나눈다.
  - 바나나를 반으로 자를 텐데 어떤 모양으로 자를까?
  - 바나나 위에 키위를 올리려면 어떤 크기, 어떤 모양이면 좋을까? 어떻게 자르면 더 먹음직스러울까? 두께는 어때야 할까?
  - 교사가 바나나 한 개를 2등분하여 유아 1인당 반 개씩 나누어 갖게 한다.(유아가 제시한 방법을 존중하여 일자로 또는 어슷하게 잘라준다.)
    - 유아는 자신의 몫인 반 개의 바나나를 다시 2~4등분으로 자른다.
    - 순서도에는 어슷하게 썰어져 있지만 유아 자신의 생각대로 썰도록 한다.
- 바나나를 자르면서 만져지는 느낌, 썰 때의 느낌 등을 이야기하도록 격려한다.

② 키위를 자른다.

- 키위를 자르기 전에 껍질을 벗기지 않은 키위의 표면을 다시 관찰하도록 한다.
- 미리 껍질을 벗겨 놓은 키위의 표면에 대해 이야기하도록 한다.
- 키위를 자르면 속은 어떨지 예측하게 한다.
- 둥근 키위는 유아가 자르면 미끄러져 위험하므로 안전하게 자를 수 있도록 절반 또는 1/3 단면으로 잘라준다.
- 유아가 키위를 자른다.
  - 키위를 자르기 전에 미리 잘라놓은 자신의 바나나 조각 수를 세어 보게 한다.
  - 바나나 위에 올리기 적절한 크기로 키위를 바나나 조각 수만큼 자른다.

- 키위를 십자(+)로 잘라서 한 조각의 모양이 부채 모양이 되도록 할 수도 있다.

③ 바나나 위에 딸기잼을 바른다.
  • 잼을 준비한 이유, 잼의 냄새와 색에 대해 이야기해 보도록 한다.

④ 딸기잼을 바른 바나나 위에 키위를 얹는다.

⑤ 유아들이 만든 것을 큰 접시나 쟁반에 모아 담아 냉동고나 냉동실에 넣어 얼린다.

◇ 요리를 끝낸 유아들은 자기가 썼던 기구를 정리하고, 책상 위도 닦는다.

◇ 얼린 바나나와 키위를 과자 등의 다른 음식과 함께 간식으로 먹는다.
  • 언 과일의 맛과 느낌에 대해 이야기 나눈다.

◉ 유의점 및 기타

◇ 어는 데 시간이 걸리므로 요리를 만든 후 간식과의 시간 차이를 고려하여 진행한다.

◇ 종일제 프로그램의 경우, 오전에 만들고 오후 간식으로 먹을 수 있다.

## 2. 개인위생과 건강습관을 위한 활동

### 활동 3: 배변

◉ 활동 유형: 이야기 나누기 및 실습

◉ 대상: 만 2세 정도

◉ 준비물: 곰돌이 인형, 화장실 모형, 동화(나도 화장실에 가요), 주스

◉ 활동 방법

◇ 영아 1~3명과 함께 모인다.

◇ 교사는 곰인형을 유아에게 소개한다.
  • 이 인형이 누구일까?
  • 곰돌이가 무엇을 하고 있나?
    - 주스를 마신다.

◇ 곰인형이 화장실에 다녀오는 과정을 이야기한다.

"주스를 마시니 화장실에 가고 싶네."

모형 화장실을 사용하여 이야기한다.

"화장실에는 변기가 있어."

"변기에 앉기 전에 옷을 내려야지."

"변기에 앉아서, 쉬를 해야겠어."

"쉬… 아이! 시원해."

"이제 다 했으니 옷을 입어야지."

"화장실에서 나가기 전에 손을 깨끗이 씻자."

◇ 유아가 직접 화장실에 다녀오는 것을 경험해 보기로 한다.

- 우리도 곰돌이처럼 주스를 마시고 동화를 들은 후 화장실에 가기로 한다.

◇ 유아가 직접 화장실로 가서 소변을 본다.

- 화장실에 간다.
- 문 앞에서 노크를 한다.
- 안으로 들어간다.
- 바지를 내린다.
- 남자는 남자용 소변기에 서고 여자는 변기에 앉는다.
- 소변을 본다.
- 물을 내린다(영아가 물 내려가는 소리를 두려워한다면 물 내리기를 강요하지 않는다).
- 손을 씻는다.

◉ 기타

◇ 모형 변기는 인형놀이 세트 등에 있는 것으로 활용할 수 있다.

<동화>

**나도 화장실에 가요***

1. 음식을 먹으면 '쉬' 오줌을 누고 '응가' 똥도 누어요.

2. '응가' 나 '쉬' 를 할 때면 화장실에 가요.

3. 화장실에는 변기가 있어요. 화장실의 변기는 둥그렇고 속에는 물이 있어요.
또 앉을 수 있는 자리와 덮개도 있어요.

4. 변기에 앉기 전에는 바지와 팬티를 아래로 내려야 해요.

* Mack, 이경우 역(1984), pp. 61~103에 제시된 동화 자료를 수정한 것임.

5. 여자는 변기에 앉아서 '쉬'를 하고 남자는 남자 소변기에 서서 '쉬'를 해요.

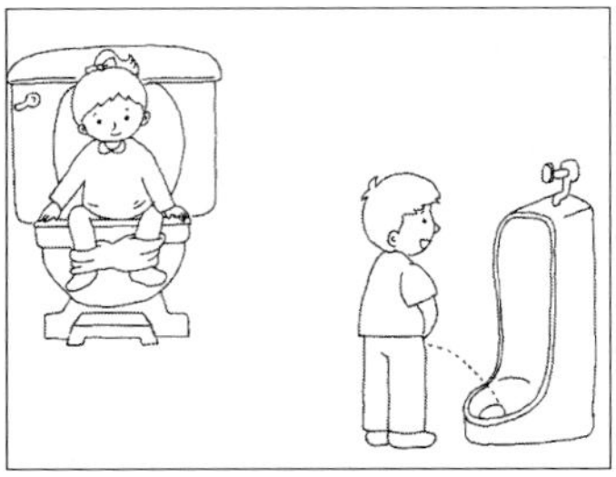

6. 남자와 여자가 '응가'를 한 후에는 휴지로 엉덩이를 닦아야 해요.

7. 이제 일어나 바지를 입어요. 그리고 변기의 손잡이를 눌러 물이 나오게 해요.

8. 우리는 '응가'나 '쉬'를 하고 나서 손을 씻어요.

9. 강아지도 '쉬'를 하고 엄마도 '쉬'를 하고 아빠도 '쉬'를 해요. 그럼, 우리도 '쉬'를 할까요?

## 활동 4: 손을 씻어요

◉ 활동 유형: 조작놀이(그룹게임)

◉ 대상: 만 5세

◉ 준비물: 게임판(1개), 주사위(1개), 말(2개)

- 게임판: 손을 씻어야 하는 상황 그림이 그려 있는 판
- 주사위: 각 면에 손 씻는 그림 3개와 안 씻는 그림 2개와 물음표(?) 1개가 그려져 있다.
- 말
  - 7개 마디가 있는 빨간색과 검정색 벌레를 만든다. 두 마리 벌레의 각 마디마다 앞면에 보슬이, 뒷면에 까칠이가 붙어 있어 마디를 떼고 붙이기 쉽게 제작한다.
  - 주사위를 던져서 손을 안 씻는 그림이 나오는 경우에 마디를 더 붙여야 하므로 여분의 마디를 각각 7개씩 더 만든다.

◉ 활동 방법

◇ 두 명의 유아가 검정 벌레와 빨간 벌레 말 중 자신의 말을 정한다.

◇ 정한 말을 '시작'에 놓는다.

◇ 순서를 정한다.

〈게임판〉

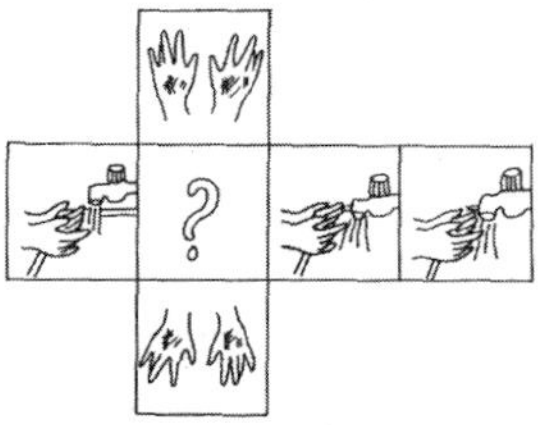


〈주사위〉

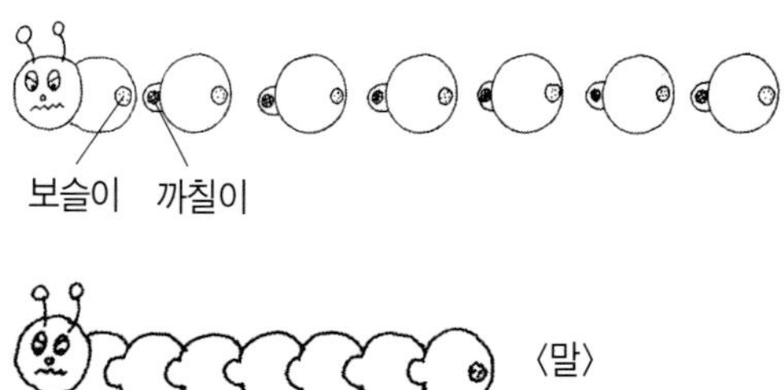


〈말〉

◈ 말을 한 칸씩 앞으로 전진하며 주사위를 던져 나온 표시에 따른다.

(예: 손 씻는 그림-벌레의 마디 하나를 떼어 낸다. 손을 씻지 않는 그림-벌레에 마디 하나를 덧붙인다. 물음표(?)가 나오면 한 번 더 주사위를 던진다.)

◈ 두 개의 말이 모두 끝에 오면 게임은 끝난다.

◈ 두 개의 말이 모두 끝에 온 후 벌레의 마디 수를 세어 마디가 적은 사람이 이긴다.

◉ 기타

◈ 규칙과 규칙판은 유아와 함께 만들어 볼 수도 있다.

### 활동 5: 이에 좋은 음식들

◉ 활동 유형: 이야기 나누기

◉ 대상: 만 3, 4세

◉ 준비물

- 융판 그림자료(이, 이에 좋은 음식, 이에 나쁜 음식)
  - 좋은 음식 그림(우유, 멸치, 계란, 야채 등: 뒤에 찍찍이를 붙인 것)
  - 나쁜 음식 그림(콜라, 케이크, 사탕, 아이스크림 등: 뒤에 찍찍이를 붙이지 않은 것)

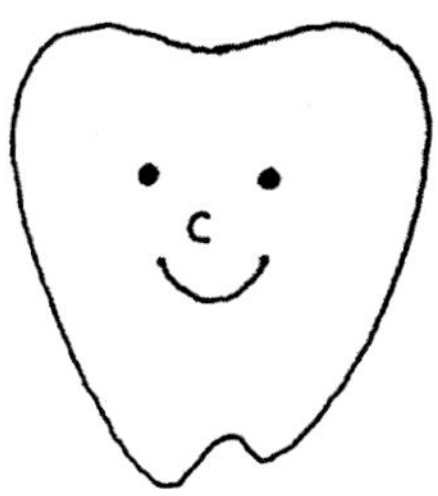

〈부직포로 만든 이〉

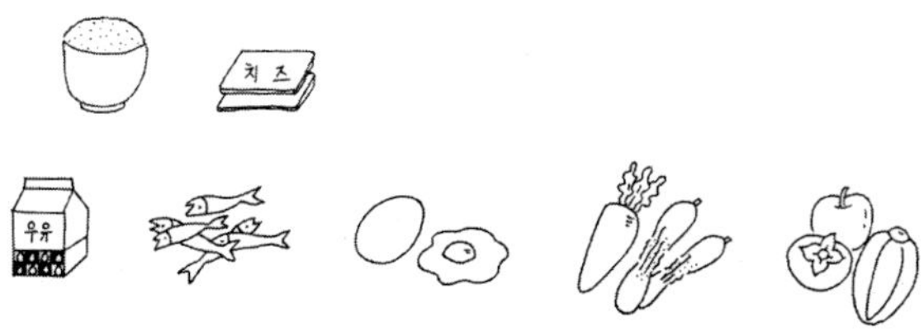


〈이에 좋은 음식 그림자료〉

〈이에 나쁜 음식 그림자료〉

• 실물 자료: 어린이 수만큼 준비
  – 예: 크래커, 이를 깨끗이 해 주는 음식(당근이나 오이: 5~6cm 길이로 썬 것)

◉ 활동 방법

◇ 소집단(10~13명)의 유아와 반원으로 모여 앉는다.

◇ 준비된 이에 대해 소개한다.

• 누구일까?
  – 이, 즉 부직포로 만든 치아모양을 의인화하여 웃고 있는 표정을 묘사한 자료를 제시하며 교사가 유아들에게 이야기한다.

• "나는 건강한 이야."

"나는 좋아하는 음식과 싫어하는 음식이 있어서 나에게 좋아하는 음식을 주면 얼른 먹지만, 내가 싫어하는 음식을 주면 쭉 미끄러진단다."

"어떤 음식을 내가 좋아하는지 알아볼까?"

◇ 준비된 음식물 그림을 보며 어떤 음식인지 알아본다.

◇ 원하는 유아가 앞으로 나와서 이에 준비된 음식 그림을 붙이며 이가 좋아하는 음식과 싫어하는 음식에 대하여 이야기 나눈다.

• 좋아하는 음식은 뒤에 찍찍이가 붙어 있으므로 붙고, 싫어하는 음식은 붙지 않는다.

◇ 이 모양에 붙어 있는 음식을 보며 어떤 음식이 이에 도움을 주는지 확인한다.

◇ 이에 나쁜 음식이 먹고 싶거나 먹었을 때는 어떻게 해야 할지 이야기 나눈다.

• 조금만 먹기
• 먹은 후 양치질하기

◇ 이에 좋은 음식 중에는 이를 깨끗하게 해 주는 것이 있음을 이야기하고 먹어 본다.

• 이를 깨끗이 하는 음식에 대해 알아본다.
  – "이를 깨끗이 해 주는 음식에는 무엇이 있을까?"
  – 오이, 사과, 당근 등
• 이를 깨끗이 해 주는 음식을 먹어 보기로 한다.
• 먼저 크래커를 각 유아마다 하나씩 먹는다.
  – 이가 어떻게 되었나?

- 어떤 느낌이 나나?(이가 불편하고 무엇이 끼었다.)
- 막대 모양으로 자른 당근이나 오이를 먹는다.
  - 먹은 후 이가 어떻게 되었나?

◉ 유의점

◇ 이에 좋은 음식과 나쁜 음식 그림자료와 부직포로 만든 이는 활동실에 두고 유아가 스스로 조작해 보도록 한다.

### 활동 6: 이가 썩어요.

◉ 활동 유형: 과학 활동(실험)

◉ 대상: 만 5세

◉ 준비물:
- 융판 그림자료(이의 구조 및 이가 썩는 과정)
- 실물 자료(달걀 2개, 식초, 물, 달걀이 잠길 정도의 높이에 테이프로 표시한 비커 2개)

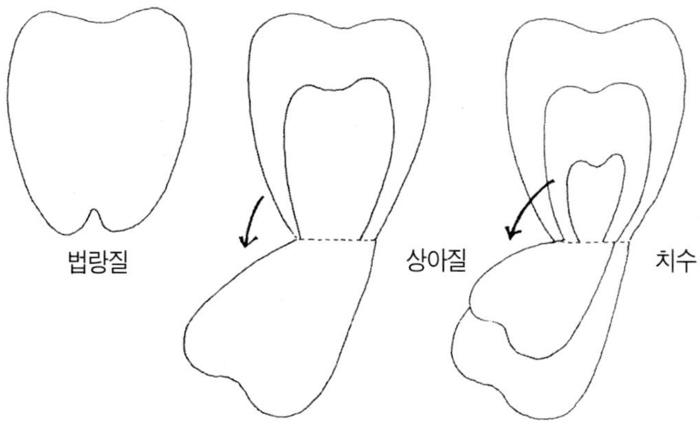


이의 구조

이가 썩는 과정

◉ 활동 방법

◇ 이의 생김새와 구성에 대해 이야기 나눈다.

- 이는 어떻게 생겼니?(옆 친구의 이를 살펴보고 자신의 이를 살짝 만져 보거나 치아 견본이 있으면 이를 만져 보며 이야기)
- 딱딱한 이의 속에는 무엇이 있을까?(그림자료를 제시하며 법랑질, 상아질, 치수의 특징을 유아들의 대답과 연결하여 간단히 이야기한다.)

◇ 이가 썩는 과정에 대해 알아본다.

- 이렇게 딱딱한 이가 왜 썩을까?(그림자료 이용)
  - 단맛의 음식이 이 사이에 끼면 이것을 좋아하는 균들이 와서 식초같이 새콤한 맛(산)으로 바꾼다. 이 신맛(산)이 이의 겉(법랑질)을 녹여서 썩는다는 내용을 유아들의 반응을 반영하며 이야기한다.

◇ 이와 같은 과정을 달걀 실험으로 해 본다.

- 준비물을 살펴보고 그 특징을 이야기 나눈다.
- 실험과정을 생각해 본다.
- 결과를 예측해 본다.
  - 물과 식초(산) 속에서 딱딱한 달걀 껍질이 어떻게 될까?

- 유아들이 직접 실험을 진행한다.
  - 투명한 비커 2개에 테이프로 표시된 곳까지 물과 식초를 붓는다.
  - 물과 식초가 담긴 비커에 달걀을 넣는다.
  - 식초와 물에 들어간 달걀의 변화를 살펴본다(식초에 담근 달걀은 담자마자 기포가 많이 생기기 시작한다.).
- 하루 뒤에 다시 관찰하기로 한다.

◇ 다음 날 비커 속에 달걀이 어떻게 달라졌는지 이야기를 나눈다(식초에 담근 달걀은 팽창하면서 딱딱하던 껍질이 말랑말랑해진다.).

- 무엇이 달라졌나?
  - 물에 담근 달걀과 식초에 담근 달걀의 모양, 색, 냄새는 어떤가?
- 왜 이렇게 되었을까?
- 우리의 이는 지금 어떤가? 살짝 만져 보자(딱딱하다, 싱싱한 달걀처럼 보기 좋다 등).
- 단 음식을 먹으면 우리의 이가 어떻게 될까?

◉ 유의점 및 기타

◇ 활동의 진행 중 유아들에게 자신의 이를 만져 보게 할 경우, 활동에 앞서 유아들에게 미리 손을 씻고 모이도록 한다.

◇ 관찰 시 유아가 만지면 식초액에 유아의 손이 자극을 받거나 달걀이 쉽게 부서질 수 있으므로 랩 등을 씌워 비커 위를 덮고 눈으로 관찰한다.

◇ 귀가 전에 관찰하여 변화를 알아본 후 다음날 다시 관찰해 본다.

◇ 달걀의 변화에 대해 이야기한 후 유아가 만져 볼 수 있게 한다.

### 활동 7: 내 앞니가 빠졌어요

◉ 활동 유형: 동화 → 동극

◉ 대상: 만 5세

◉ 준비물: 테이블 동화 자료

◉ 활동 방법

◇ 유아와 반원으로 모여 앉는다.

◇ 동화를 들려주기 전에 동화를 들은 후 동극을 할 것이라고 이야기하여 주의 깊게 듣도록 한다.

◇ 테이블 동화 자료를 이용하여 동화를 들려준다.

◇ 동화를 들은 후 등장인물 자료를 이용하여 동화 내용과 대사를 회상해 본다.

◇ 동극을 하려면 무엇이 필요한지 이야기 나눈다(무대와 동극하는 사람).

◇ 무대를 어떻게 구성할지 이야기를 나눈 후 원하는 유아에게 무대를 꾸미게 한다.

◇ 첫 번째 동극의 배역을 정한다.

◇ 배역을 맡은 유아는 앞에 나와서 자기 소개와 인사를 한다.
(예: "저는 지수를 맡은 ○○○입니다.")

◇ 자기 소개를 마친 뒤, 유아는 의논된 위치로 간다.

◇ 첫 번째 동극을 한다.

- "지금부터 ○○○반 어린이들의 '내 앞니가 빠졌어요.' 동극을 시작하겠습니다."라는 해설자의 시작의 말로 동극을 시작한다.

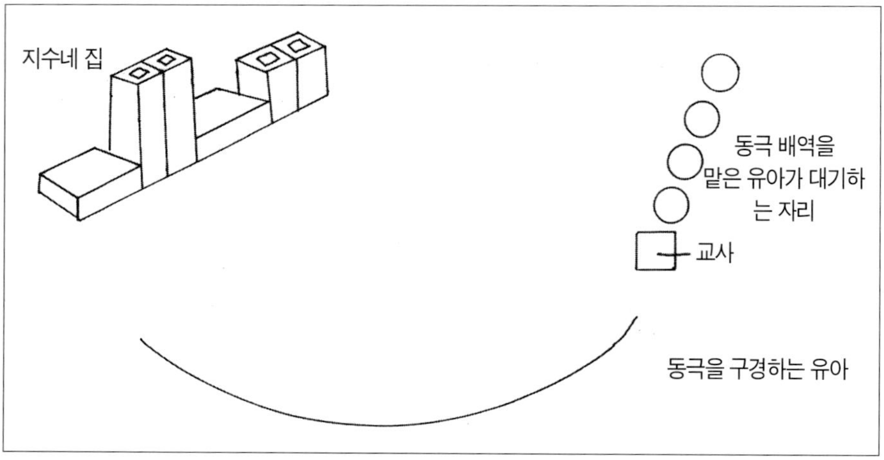


동극을 위한 무대 배치의 예

- 동극이 진행되는 동안 교사는 해설자 역할을 하며 동극을 진행하고, 유아가 대사를 기억하지 못할 때 도움을 준다.
- 동극이 끝난 후 유아들은 인사를 하고 자리로 돌아간다.

◇ 첫 번째 동극을 평가한다.

- 동극에서 재미있었던 점은 무엇인가?
- 두 번째 할 때는 어떻게 고치거나 바꾸면 더 재미있는 동극이 될까?

◇ 두 번째 동극의 배역을 정한다.

◇ 배역을 맡은 유아가 자기소개와 인사를 한 후 동극을 한다.

◇ 동극이 끝난 후 동극을 했던 유아는 인사를 하고 들어간다.

◇ 무대 장치를 치운다.

◉ 유의점

◇ 동화 자료는 언어영역에 내주어 유아들이 스스로 이야기하며 조작할 수 있게 한다.

◇ 필요하다면 머리띠 가면을 만들어 사용해 볼 수 있다.

<동화>

### 내 앞니가 빠졌어요

이경선 지음

지수는 오늘 치과에서 앞니를 뺐어요.
그동안 흔들흔들 하던 이를 오늘 뺀 거예요.
그래서 친구들에게 보여 주려고 밖으로 나갔습니다.

지수: 내 앞니를 볼래?
토끼: 앞니가 없구나! 밥 먹을 때 불편하겠다.
내 이 하나 줄까?
지수: 네 앞니는 나에게 너무 커.

지수는 토끼와 놀지 않고 그냥 갔습니다.
골목에서 지수는 오리를 만났습니다.

지수: 내 앞니를 볼래?
오리: 앞니가 없구나! 조금 이상해 보여.
입을 막고 다녀야겠다.

지수는 입을 막고 가다가 강아지를 만났습니다.

강아지: 왜 입을 막고 있니?
지 수: 내 앞니가 빠졌어.
강아지: 그래서 입을 막고 있구나! 그런데 너의 말소리도 이상한데?

지수는 속상해서 얼른 뛰어갔습니다. 그때 친구 민호를 만났습니다.

민호: 지수야, 오랜만이다. 어디 가니?
지수: 안녕, 민호야. 오늘 내 이가 빠졌어. 그래서 친구에게 보여 주려고 나왔어. 그런데 모두 내 앞니가 없어서 이상한가 봐.
민호: 이상하지 않아. 나도 이가 빠진 걸. 그런데 새로 났어.
지수: 어디? 보여 줘.

민호: 이 이가 새 이야.

민호는 새로 난 이를 지수에게 보여 주었습니다.

지수: 나도 새 이가 빨리 났으면 좋겠다.
민호: 치과의사 선생님께서 음식을 골고루 먹고, 우유와 멸치를 잘 먹으면 튼튼한 이가 난다고 하셨어.
지수: 나도 먹어야지.

지수는 이가 새로 난 친구를 만나서 기뻤습니다.
지수와 민호는 함께 재미있게 놀았습니다.

### 활동 8: 내게 옷을 입혀 주세요

◉ 활동 유형: 조작놀이

◉ 대상: 만 3, 4세

◉ 준비물: 조작놀이 교구

- 상황그림판(15cm×20cm, 8개), 상황에 맞는 옷 8종류
- 상황에 맞는 옷은 코팅 비닐을 이용하여 제작한다.

◉ 활동 방법

◈ 조작놀이영역에 있는 교구로 준비한다.

◈ 유아는 잠자는 상황 그림과 잠옷, 운동하는 그림과 운동복 등으로 상황에 적절한 짝을 맞추면서 의복의 기능과 역할을 알아본다.

◈ 옷의 종류와 상황은 다음과 같다.

- 눈 올 때: 방한복, 부츠, 모자, 장갑
- 비 올 때: 비옷, 장화, 우산
- 잠잘 때: 잠옷
- 설날: 한복
- 물놀이: 수영복, 수영 모자

상황 그림판의 예

상황에 맞는 옷의 예

- 더울 때: 짧은 옷, 샌들
- 서늘할 때: 긴팔 옷
- 운동할 때: 운동복, 운동화

◉ 유의점

◇ 옷은 다양하고 적절한 질의 헝겊으로 만들어 어린이가 옷을 맞추어 볼 때 촉감을 함께 비교해 보도록 준비한다.

## 활동 9: 신발 신기

◉ 활동 유형: 이야기 나누기 및 실습

◉ 대상: 만 2, 3세

◉ 준비물: 실내화

◉ 활동 방법

◇ 2~3명의 유아와 앉는다.

◇ 자신의 실내화를 벗어 좌우가 바뀌지 않도록 놓는다.

(왼발에 신는 신의 안쪽 바닥면에 모양, 오른발에 신는 신의 안쪽 바닥면에 모양을 붙인다. 좌우 신을 붙여 놓았을 때 동그라미 모양이 되면 신을 바르게 놓은 것이라고 알려 준다. 이런 방법은 유아가 모양을 단서로 좌우를 혼돈하지 않고 스스로 신을 수 있도록 한다.)

◇ 한 발씩 신을 바르게 신는다(발을 신 안에 완전히 집어넣는다.).

◇ 신을 신고 일어서서 친구들과 바르게 신었는지 서로 비교해 본다.

◉ 유의점 및 기타

◇자유선택활동 시간에 실외화 신기를 지도할 수 있다.

- 실외화 신기의 경우도 활동실에서 비닐을 깔고 2~3명의 유아와 시행한다.
- 실외화의 경우에는 신에 있는 모든 부속품, 즉 끈, 찍찍이, 지퍼 등을 잘 채우도록 하며 어린 유아의 경우 필요할 때 도움을 준다.
- 교사는 등·하원 시나 실외 놀이를 하러 나갈 때마다 유아의 신발 신기에 대해 면밀히 관찰한 후 필요한 경우 개별적인 지도를 한다.

## 3. 안전교육과 관련된 활동

### 활동 10: 나도 조심할래요

◉ 활동 유형: 동화(그림 동화)

◉ 대상: 만 5세

◉ 준비물: 그림 동화

## 나도 조심할래요

이경선 지음

1. 어제 아버지께서 윤아에게 작은 녹음기를 사 주셨습니다. 그리고 아버지께서는 윤아가 제일 좋아하는 동화를 읽어 녹음해 주셨습니다. 윤아는 너무 기뻤습니다.
"아빠! 고맙습니다."

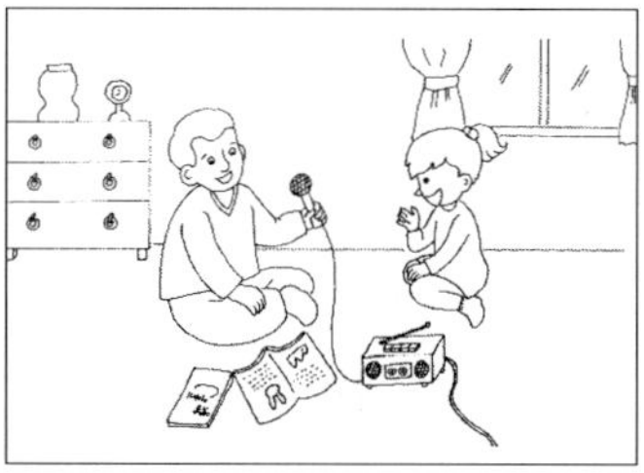

2. 다음 날, 윤아는 녹음기를 누르려다 멈칫하였습니다.
"어! 손이 더럽네! 새 녹음기인데…, 손을 씻고 들어 봐야지."

3. 윤아는 목욕탕으로 가서 손을 깨끗이 씻었습니다. 그런데 수건이 걸려 있지 않았습니다.
"엄마, 수건이 어디 있어요?"
"내가 새로 꺼내 놓지 않았구나! 곧 줄게."
하지만 동생 민아를 돌봐 주시던 엄마는 대답만 하시고 곧바로 오시지 못하셨습니다.

4. 윤아는 "엄마는 참." 하며 자기 방으로 갔습니다.
"빨리 듣고 싶은데…."
윤아는 녹음기를 눌렀지만 소리가 나오지 않았습니다.
"왜 소리가 안 나올까?"
"아! 코드가 뽑혔구나!"

5. 윤아는 젖은 손으로 플러그를 잡고 콘센트에 끼우려고 했습니다. 그때,
"윤아야! 안 돼!"
엄마가 놀라서 큰 소리로 말씀하셨습니다.

6. 윤아는 깜짝 놀라 엄마를 돌아 보았습니다.
"정말 다행이야."
엄마는 얼떨떨해하는 윤아를 꼭 안아 주셨습니다.

7. "엄마, 무슨 일이세요?"
윤아는 엄마를 바라보며 여쭈어 보았습니다.
"놀랐지? 윤아야, 네 손 좀 보렴."
윤아의 손에는 물이 묻어 있었습니다.

8. "이렇게 물이 묻은 손으로 콘센트를 만지면 위험해. 감전이 되거든."
"감전이 뭐예요?"
"감전은 눈에 안 보이는 힘센 전기가 몸에 흐르게 되는 것이란다. 그 큰 힘이 우리 몸에 흐르면 우리는 다치거나 죽게 되지. 전기는 우리에게 필요하지만 정말 위험한 것이란다."
윤아는 젖은 손으로 전기를 만지는 것이 위험한 일인지 처음 알았습니다.

9. "그런데, 또 조심할 것이 있어."
"어떤 것인데요?" 윤아가 물었습니다.
"끊어진 전깃줄 곁에서 놀 때와 콘센트에 젓가락이나 쇠붙이를 넣을 때도 감전이 될 수 있어. 또 다리미나 전기 프라이팬 곁에서 놀면 데일 수 있단다."
윤아는 오늘 많은 것을 알았습니다.

10. "자! 이제 윤아에게도 카세트가 생겼으니 플러그를 사용해 봐야지."
윤아는 엄마와 젖은 손을 말린 후 플러그를 잡고 콘센트에 꽉 끼워 보았습니다.
그리고 이제는 꼭 마른 손으로 플러그를 잡고 콘센트에 끼우고 빼기로 했습니다.

11. "이제 어떻게 사용하는지 알았어요."
"그럼, 민아를 위해서도 콘센트에 끼우는 '안전 캡' 을 사러 가자."

12. 엄마와 윤아는 콘센트에 '안전 캡' 을 끼웠습니다.
또 '조심' 표시도 붙였습니다.
왜냐하면 윤아가 콘센트를 만질 때 생각날테니까요.
이제는 전기를 사용할 때마다 조심할 거예요.

### 활동 11: 안전띠를 하세요

◉ 활동 유형: 이야기 나누기

◉ 대상: 만 4, 5세

◉ 준비물: 자동차의 모양과 특성이 잘 나타난 그림이나 사진자료, 유아용 안전의자 · 안전띠 사진자료, 안전띠(실물)

◉ 활동 방법

◇ 자동차의 각 부분과 기능 생김새에 대해 함께 이야기 나눈다.

- 자동차의 생김새는 어떤가?
- 자동차에는 무엇이 있나?(바퀴, 문, 의자, 핸들 창문, 안전띠, 와이퍼 등)

◇ 유아의 흥미에 따라 각 부분의 기능과 특징을 유아의 언급에 따라 간단히 이야기 나눈다.

◇ 안전띠에 대해 실물과 그림자료를 사용하여 이야기 나눈다.

- 안전띠가 무엇일까?
- 안전띠는 어떻게 생겼나?
- 안전띠는 누가 사용하나?
- 안전띠는 왜 필요할까?
- 안전띠는 차의 어디에 있나?
- 안전띠는 어떻게 사용하나?

◇ 자동차 안에서 우리 몸을 안전하게 지켜 줄 수 있는 것이 또 무엇이 있을지 알아본다(유아용 안전의자 등을 소개한다.).

◉ 유의점 및 기타

본 이야기 나누기 활동과 관련하여 다음과 같은 관련 활동을 진행한다.

◇ 본 이야기 나누기를 하는 시기에 이야기 나누기로 자동차에 대해 조사하고 조형 활동을 통해 실제로 만들어 본다. 이때 의자와 벨트를 이용하여 유아들이 탈 수 있는 자동차를 만든다.

- 안전띠는 허리에 매는 벨트나 배낭의 벨트 부분을 이용하여 실제로 끼우고 뺄 수 있는 것으로 준비한다.
- 가능하다면 안전띠를 구하여 안전띠를 사용하는 경험을 하도록 배려한다.

◇ 자유선택활동 시간에 유아가 만든 자동차를 역할놀이영역 옆에 놓고 승용차나 영업용 택시로 이용하여 놀이하며 자연스럽게 안전띠를 사용하도록 한다.

◇ 놀이 후에는 이야기 나누기 활동으로 안전띠 사용에 대한 평가를 한다.

- 역할놀이영역에 있는 자동차를 사용해 보았나?
- 어떤 점이 재미있었나?
- 안전띠를 사용해 보았나?
- 어떻게 사용했나?
- 왜 자동차를 탈 때 안전띠를 꼭 매야 할까?
- 학급에 있는 자동차를 탈 때에도 안전띠를 항상 매기로 한다.
- 우리가 실제로 자동차를 탈 때도 꼭 안전띠를 매기로 한다.

### 활동 12: 자동차 타기

◉ 활동 유형: 동시

◉ 대상: 만 4, 5세

◉ 준비물: 자동차에서 나는 여러 소리가 담긴 녹음 테이프, 녹음기, 판 자료

자동차에 탈 사람 그림자료

판 자료 : 낚싯줄에 자동차를 붙여 움직이게 한다

◉ 활동 방법

◇ 준비된 소리를 들으며 어떤 장소 또는 물건에서 나는 소리인지 맞혀 본다.

◇ 유아의 승차경험에 대하여 이야기 나눈다(급정거 시 앞으로 넘어질 뻔 한 일, 안전띠를 해 본 경험 등).

◇ 이런 안전띠를 하는 내용의 동시가 있다고 이야기한 후, 교사가 동시를 낭송해 준다.

**자동차 타기**

이경선 지음

처얼—컥
문을 열고요
처얼—컥
바르게 앉아요.

따알깍 딸깍
안전벨트는
따알깍 딸깍
내 몸을 지켜 주지요.

부르릉 부릉
차가 떠나요.
부르릉 부릉
즐거운 차 타기

◇ 유아들의 느낌을 들어 본다.

◇ 자료를 사용하여 동시를 다시 한 번 들려준다(동시 활동 그림자료를 ①, ②, ③의 순서로 제시, 조작하며 시를 낭송한다.).

◇ 유아들과 동시를 읊어 본다.

- 두 행씩 유아들이 따라 한다.
- 교사와 한 연씩 번갈아 가며 읊어 본다(예: 1연은 유아가, 2연은 교사가 낭송하고, 3연은 유아와 교사가 함께 낭송한다.).
- 다같이 읊어 본다.

◉ 기타

◇ 동시를 들은 후 차를 탈 때 다른 조심해야 할 점에 대해 생각해 보며 유아들

과 동시를 지어 본다.

• 유아의 생각을 자연스럽게 받아 적은 후 제목을 붙인다.

• 유아들이 지은 동시를 읊어 준다.

◇ 지어진 동시를 큰 종이에 유아와 옮겨 적어 독서영역에 붙여 놓고 함께 감상해 볼 수 있다.

① ② ③

그림자료 제시 순서

### 활동 13: 어떻게 할까요

◉ 활동 유형: 노래

◉ 대상: 만 4, 5세

◉ 준비물: 막대인형 2개, 상황 그림판 2개

◉ 활동 방법

◇ 유아들에게 길에서 동물을 만난 경험이 있는지 물어보고 그 경험을 들어 본다.

• "길에서 동물을 만난 적이 있었니?"

• "어떤 동물을 만났었니?"

• "동물을 만나면 어떻게 할까?" 등의 질문으로 유아의 경험과 생각을 이야기 나누며 유아의 반응이 초래할 위험에 대해서도 알아본다.

◇ 낯선 동물을 만났을 때 어떻게 해야 할지에 대한 노래가 있다고 이야기한 후 노래를 배우기로 한다.

• 막대인형이 나와서 대화를 하며 노랫말을 전달한다. 상황 그림판을 함께 사용한다.

– "동물을 만났을 때 어떻게 해야 할까?"

• 노래를 배운다.

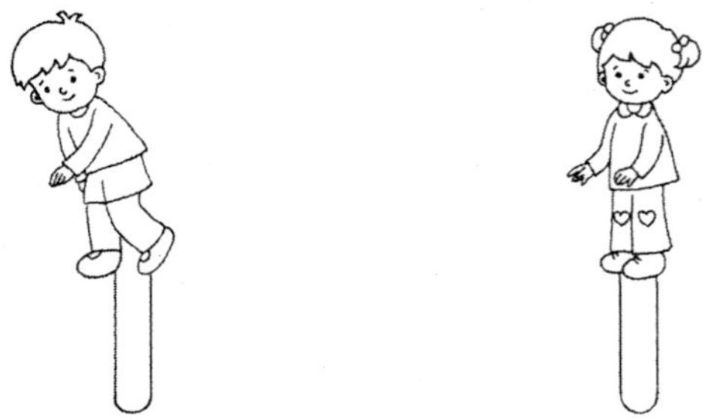

막대인형

막대인형을 그림판에 넣어 끼워서 사용한다.

상황 그림판

- 피아노 소리로 음을 듣는다.
- 한 소리(랄라, 음 음…)로 부른다.
- 교사가 노랫말을 붙여 부른다.
- 교사와 유아가 나누어서 부른다.
  예: 교사: 동물을 만났을 땐 어떻게 할까요?
  유아: 가까이 가지 말고 만지지 말고
  교사: 뛰지도 말고 뒷걸음쳐서
  유아: 살짝 어른께 걸어서 가요.
- 교사와 유아가 서로 바꾸어서 부른다.
- 함께 처음부터 부른다.

◉ 유의점 및 기타

◇ 2절도 같은 방법으로 배운다.

◇ 그 외에도 '낯선 사람을 만났을 때 어떻게 할까요?' 등의 다른 상황을 설정하여 노랫말을 바꾸어 노래를 부를 수 있다.

### 어떻게 할까요

이경선 요·곡

## 4. 건강의 기본 개념과 질병에 관련된 활동

### 활동 14: 함께 놀아요

◉ 활동 유형: 음률

◉ 대상: 만 5세

◉ 준비물

- 노래용: 그림자료(판자료), 피아노(혹은 반주가 담긴 테이프)

- 음률 활동용:
  - 융판 자료(움직임이 가능한 어린이 그림자료, 음률 활동판 그림)
  - 음률 활동판(비닐장판에 색 테이프로 그려 준비한다.)
  - 카세트와 녹음된 노래 테이프

◉ 활동 방법

◇ 노래를 배운다.

- 노래용 그림자료를 이용하여 노랫말을 알아본다.
- 녹음된 피아노 소리로 멜로디를 듣는다.
- 한 소리로 부른다(예: 랄라⋯⋯).
- 교사가 노랫말을 넣어 노래를 불러 준다.
- 노랫말을 교사와 유아가 나누어서 부른 후 서로 바꾸어서도 불러 본다.
- 처음부터 끝까지 다같이 부른다.

마당에서 씩씩하게

우리 함께 놀아요

즐거운 마음으로 건강해져요

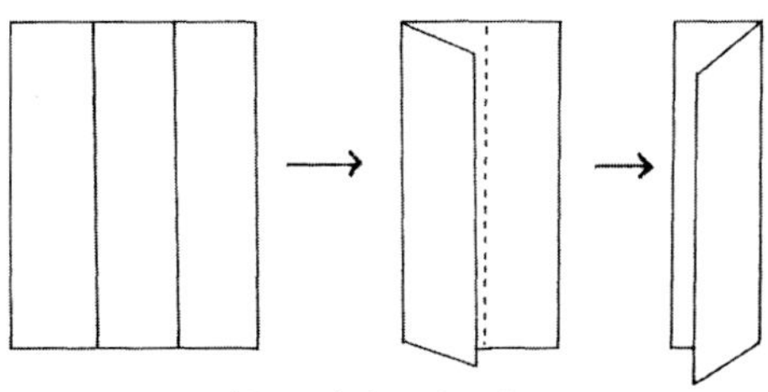

노래용 그림자료 사용법

〈노래지도자료〉

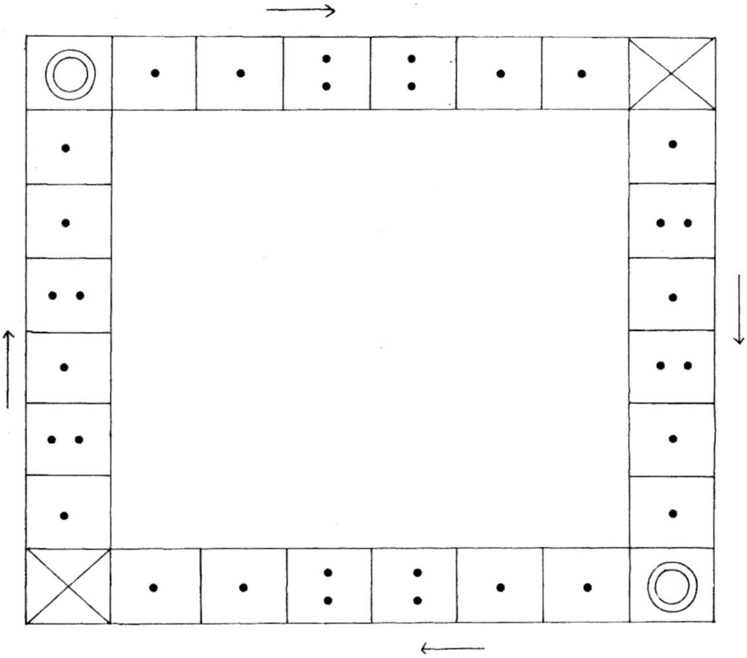

음률 활동판

움직임이 가능한 어린이 그림

〈음율 활동 자료〉

◇ 율동을 한다.

- 융판에 붙은 음률 활동판을 보며 유아와 율동 방법에 대해 이야기 나눈다.
- 교사가 노래하면서 융판에 인형을 움직여 보이며 율동 방법을 보여 준다.
- 인형과 함께 노래하며 앉은 자리에서 발로만 움직여 본다.

• 원하는 유아가 나와서 바닥에 준비된 음률 활동판 위에서 노래에 맞추어 움직인다.

◉ 유의점 및 기타

◇ 유희실이나 활동실의 음률영역에 준비해 주어 원하는 유아가 놀이를 계속해 볼 기회를 제공한다(준비물: 음률 활동판, 노래 테이프, 녹음기).

◇ 음률 활동판은 비닐판에 준비하여 사용하면 보관하기 쉽다.

◇ 이 활동을 전개할 경우, 노래와 음률 활동 부분을 나누어 배울 수 있다. 즉, 노래를 먼저 익힌 후 음률 활동을 한다.

◇ 율동 시 움직이는 방법을 처음 알려 줄 때는 박자를 느리게 하여 동작을 정확히 익히게 하고 움직임이 익숙해진 후 본 박자로 활동한다.

〈움직임〉

◇ 유아 I은 율동을 위한 비닐판의 왼쪽 상단에 표시된 ◎에 유아 II는 오른쪽 아래에 표시된 ◎에 선다.

• '마당에서 ~ 건강해져요.' 에서는 유아가 ◎에 서서 노래에 맞추어 몸을 흔든다.
• '폴짝' 에서는 한 발로 앙감질을 한다(바닥에 점이 한 개 있다.).
• '쿵' 에서는 두 발을 모아 선다(바닥에 점이 두 개 있다.).
• '휴' 에서는 팔을 벌리고 크게 숨쉬며 다음 진행을 위해 오른쪽으로 돈다(바닥에 ×그림이 있다.).
• '쑥' 에서는 앉았다 일어선다(바닥에 ◎그림이 있다.).

◇ 마지막 부분의 '쑥' 에 서면 I 의 아이가 II의 아이와 자리를 바꾸게 된다.

◇ 놀이를 지속하고 싶으면 계속 노래하며 앞으로 전진한다.

### 함께 놀아요

이경선 요 · 곡

## 활동 15: 건강한 내 몸

◉ 활동 유형: 이야기 나누기

◉ 대상: 만 5세

◉ 준비물: 철판 그림자료(건강한 사람과 건강하지 않은 사람을 나타낸 그림, 질병 예방에 대한 그림)

건강한 사람과 건강하지 않은 사람을 나타낸 그림

질병 예방 방법 그림

◉ 활동 방법

◇ 두 장의 그림자료(건강하게 웃는 사람과 병에 걸려 병상에 누워 있는 사람)를 비교하며 무엇이 다른지 생각해 본다.

- 어떤 그림인가?
- 두 그림은 어떻게 다른가?

◇ 건강한 것과 건강하지 않은 것과의 차이에 대해 이야기 나눈다.

- 건강한 것과 건강하지 않은 것은 어떤 뜻일까?
  - 건강이란 우리가 몸도 튼튼하고 마음도 편안하여 친구들과 사이좋게 지낼 수 있는 것이며 건강하지 않은 것은 그렇지 못하다는 것이다.

◇ 질병의 원인과 종류에 대해 알아본다.

- 어떤 때 우리는 아픈가?(병에 걸렸을 때, 다쳤을 때)
- 병은 왜 걸리나?
- 병에는 어떤 것이 있을까?
  - 유아들이 아는 병에 대해 이야기 나누며, 병에는 다른 사람에게 옮길 수 있는 것과 옮기지 않는 것이 있음을 알려 준다.

◇ 질병 예방에 대해 생각해 본다(어떻게 하면 병에 걸리지 않을까?).
- 평상시에 어떻게 해야 할까?
  - 손 씻기
  - 휴식을 취하고 충분한 수면을 취하기
  - 밖에서 건강하게 뛰놀기
  - 음식을 골고루 먹기
  - 주변을 청결히 하기
- 전염병에 걸리지 않으려면
  - 손 씻기
  - 예방주사 맞기
- 안전하게 지내려면(다치는 것을 방지하려면)
  - 놀이 규칙을 잘 지키기
  - 안전한 생활하기

◇ 병에 걸렸을 경우에 해야 할 일에 대해 이야기한다.
- 병에 걸렸을 때는 어떻게 해야 할까?
  - 병원에 도움을 청하기
  - 전염성 병에 걸린 경우와 병이 심할 때는 집에서 쉬며 다른 사람을 만나지 않기
  - 푹 쉬고 음식물을 잘 섭취하기

◉ 유의점

◇ 건강과 질병에 대한 것은 단 한 번의 집단 활동으로 학습되는 것이 아니므로 교수할 수 있는 상황마다 유아와 그 내용에 대해 함께 생각하며 상황에 맞는 교수 방법으로 시행한다.

◇ 이 활동은 질병을 경험한 유아의 경험을 듣거나 의사 선생님을 초청하여 질문해 보는 것으로 전개할 수도 있다.

◇ 이 활동은 전염성 질병이 유행하거나 예방접종하는 시기 또는 '나'를 주제로 하는 시간에 할 수 있다.

## 부록 I 0~2세 보육과정과 3~5세 연령별 누리과정의 건강 관련 내용

### I-1. 0~2세 보육과정의 기본생활 영역과 신체운동 영역의 연령별, 수준별 내용

#### 1) 기본생활 영역

##### 가. 0~1세

<table>
<tr><th>내용 범주</th><th>내 용</th><th>1수준</th><th>2수준</th><th>3수준</th><th>4수준</th></tr>
<tr><td rowspan="10">건강하게 생활하기</td><td rowspan="3">몸을 깨끗이 하기</td><td colspan="4">몸이 깨끗해졌을 때 기분이 좋음을 안다.</td></tr>
<tr><td colspan="4">도움을 받아 손을 씻는다.</td></tr>
<tr><td></td><td colspan="3">도움을 받아 이를 닦는다.</td></tr>
<tr><td rowspan="3">즐겁게 먹기</td><td>편안하게 안겨서 우유(모유)를 먹는다.</td><td>이유식에 적응한다.</td><td>고형식에 적응한다.</td><td>다양한 음식을 먹어본다.</td></tr>
<tr><td colspan="2"></td><td colspan="2">도구로 음식을 먹어 본다.</td></tr>
<tr><td colspan="4">즐겁게 먹는다.</td></tr>
<tr><td rowspan="4">건강한 일상생활 하기</td><td colspan="4">수면을 충분히 취한다.</td></tr>
<tr><td colspan="4">편안하게 쉰다.</td></tr>
<tr><td colspan="4">하루 일과에 편안하게 참여한다.</td></tr>
<tr><td colspan="2"></td><td colspan="2">배변 의사를 표현한다.</td></tr>
</table>

(계속)

<table>
<tr><th>내용 범주</th><th>내 용</th><th>1수준</th><th>2수준</th><th>3수준</th><th>4수준</th></tr>
<tr><td rowspan="4">안전하게 생활하기</td><td rowspan="3">안전하게 지내기</td><td colspan="3">안전한 상황에서 놀이한다.</td><td>놀잇감을 안전하게 사용한다.</td></tr>
<tr><td colspan="4">안전한 장소에서 놀이한다.</td></tr>
<tr><td colspan="4">차량 승하차 시 안전 장구를 착용한다.</td></tr>
<tr><td>위험한 상황에 반응하기</td><td></td><td>위험하다는 말에 반응을 보인다.</td><td colspan="2">위험하다고 알려주면 주의한다.</td></tr>
</table>

## 나. 2세

<table>
<tr><th>내용 범주</th><th>내 용</th><th>1수준</th><th>2수준</th></tr>
<tr><td rowspan="10">건강하게 생활하기</td><td rowspan="2">몸을 깨끗이 하기</td><td colspan="2">스스로 손과 몸 씻기를 시도한다.</td></tr>
<tr><td colspan="2">스스로 이 닦기를 시도한다.</td></tr>
<tr><td rowspan="3">바르게 먹기</td><td colspan="2">음식을 골고루 먹는다.</td></tr>
<tr><td colspan="2">도구를 사용하여 스스로 먹는다.</td></tr>
<tr><td colspan="2">정해진 자리에서 먹는다.</td></tr>
<tr><td rowspan="4">건강한 일상생활하기</td><td colspan="2">일과에 따라 규칙적으로 잠을 잔다.</td></tr>
<tr><td colspan="2">정해진 시간에 알맞게 휴식한다.</td></tr>
<tr><td colspan="2">하루 일과에 즐겁게 참여한다.</td></tr>
<tr><td>정해진 곳에서 배변한다.</td><td>화장실에서 배변한다.</td></tr>
<tr><td>질병에 대해 알기</td><td colspan="2">질병의 위험을 안다.</td></tr>
<tr><td rowspan="5">안전하게 생활하기</td><td rowspan="2">안전하게 놀이하기</td><td colspan="2">놀이기구나 놀잇감을 안전하게 사용한다.</td></tr>
<tr><td colspan="2">안전한 장소에서 놀이한다.</td></tr>
<tr><td>교통안전 알기</td><td>교통수단의 위험을 안다.</td><td>교통수단의 위험을 알고 조심한다.</td></tr>
<tr><td rowspan="2">위험한 상황알기</td><td>위험한 상황과 위험한 것을 안다.</td><td>위험한 상황과 위험한 것을 알고 조심한다.</td></tr>
<tr><td colspan="2">위험한 상황 시 어른의 지시에 따른다.</td></tr>
</table>

## 2) 신체운동 영역

### 가. 0~1세

<table>
<tr><th>내용 범주</th><th>내 용</th><th>1수준</th><th>2수준</th><th>3수준</th><th>4수준</th></tr>
<tr><td rowspan="4">감각과 신체 인식하기</td><td rowspan="2">감각적 자극에 반응하기</td><td colspan="4">시각, 청각, 촉각, 후각, 미각으로 자극을 느낀다.</td></tr>
<tr><td colspan="4">시각, 청각, 촉각, 후각, 미각으로 자극에 반응한다.</td></tr>
<tr><td>감각기관으로 탐색하기</td><td colspan="4">감각기관으로 주변 환경을 탐색한다.</td></tr>
<tr><td>신체 탐색하기</td><td>손과 발 등을 바라보며 탐색한다.</td><td colspan="3">주요 신체 부분의 움직임을 탐색한다.</td></tr>
<tr><td rowspan="5">신체조절과 기본운동 하기</td><td>신체 균형 잡기</td><td>몸의 균형을 잡기 위한 자세를 시도한다.</td><td>붙잡고 서 있기 등의 자세를 취한다.</td><td colspan="2">안정되게 서 있기 등의 자세를 시도한다.</td></tr>
<tr><td>대근육 조절하기</td><td>뒤집기 등 몸을 조절하여 위치를 바꾼다.</td><td colspan="3">누웠다 앉기 등 몸의 움직임을 조절한다.</td></tr>
<tr><td>소근육 조절하기</td><td>보이는 물체에 손을 뻗는다.</td><td colspan="3">눈과 손을 협응하여 소근육을 활용해 본다.</td></tr>
<tr><td rowspan="2">기본 운동하기</td><td>배밀이 등 이동운동을 시도한다.</td><td>기기, 걷기 등 이동운동을 시도한다.</td><td colspan="2">걷기 등 이동운동을 시도한다.</td></tr>
<tr><td colspan="2">팔 다리 뻗기, 흔들기 등 제자리 운동을 시도한다.</td><td colspan="2">서 있기, 앉기 등 제자리 운동을 시도한다.</td></tr>
<tr><td rowspan="3">신체활동에 참여하기</td><td>몸 움직임 즐기기</td><td colspan="2">몸을 활발히 움직인다.</td><td colspan="2">몸의 움직임을 다양하게 시도한다.</td></tr>
<tr><td>바깥에서 신체 움직이기</td><td colspan="2">규칙적으로 바깥환경을 경험한다.</td><td colspan="2">규칙적으로 바깥에서 신체활동을 한다.</td></tr>
<tr><td>기구를 이용하여 신체활동 시도하기</td><td></td><td colspan="3">간단한 기구를 이용하여 신체활동을 시도한다.</td></tr>
</table>

## 나. 2세

<table>
<tr><th>내용 범주</th><th>내 용</th><th>1수준</th><th>2수준</th></tr>
<tr><td rowspan="4">감각과 신체 인식하기</td><td>감각능력 기르기</td><td colspan="2">다양한 감각적 차이에 반응한다.</td></tr>
<tr><td>감각 기관 활용하기</td><td colspan="2">감각기관으로 주변 환경을 탐색한다.</td></tr>
<tr><td rowspan="2">신체를 인식하고 움직이기</td><td colspan="2">신체 각 부분의 명칭을 안다.</td></tr>
<tr><td colspan="2">신체 각 부분의 움직임을 탐색한다.</td></tr>
<tr><td rowspan="5">신체 조절과 기본 운동하기</td><td>신체 균형 잡기</td><td colspan="2">안정된 자세를 취하려고 시도한다.</td></tr>
<tr><td>대근육 조절하기</td><td colspan="2">팔, 다리, 목, 허리 등 움직임을 조절한다.</td></tr>
<tr><td>소근육 조절하기</td><td colspan="2">눈과 손을 협응하여 소근육을 조절해 본다.</td></tr>
<tr><td rowspan="2">기본운동하기</td><td colspan="2">걷기, 계단 오르기 등 이동운동을 한다.</td></tr>
<tr><td colspan="2">제자리에서 몸을 움직여 본다.</td></tr>
<tr><td rowspan="3">신체활동에 참여하기</td><td>신체활동에 참여하기</td><td colspan="2">신체활동에 자발적으로 참여해 본다.</td></tr>
<tr><td>바깥에서 신체활동하기</td><td colspan="2">규칙적으로 바깥에서 신체활동을 한다.</td></tr>
<tr><td>기구를 이용하여 신체활동하기</td><td colspan="2">간단한 기구를 이용하여 신체활동을 한다.</td></tr>
</table>

# Ⅰ-2. 3~5세 누리과정의 신체운동 · 건강 영역의 연령별 세부내용

<table>
<tr><th rowspan="2">내용 범주</th><th rowspan="2">내 용</th><th colspan="3">세부 내용</th></tr>
<tr><th>3세</th><th>4세</th><th>5세</th></tr>
<tr><td rowspan="4">신체 인식하기</td><td rowspan="2">감각능력 기르고 활용하기</td><td>감각적 차이를 경험한다.</td><td>감각적 차이를 구분한다.</td><td>감각으로 대상이나 사물의 특성과 차이를 구분한다.</td></tr>
<tr><td>감각기관을 인식하고, 활용해 본다.</td><td>여러 감각기관을 협응하여 활용한다.</td><td>여러 감각기관을 협응하여 활용한다.</td></tr>
<tr><td rowspan="2">신체를 인식하고 움직이기</td><td>신체 각 부분의 명칭을 알고, 움직임에 관심을 갖는다.</td><td>신체 각 부분의 특성을 이해하고 활용하여 움직인다.</td><td>신체 각 부분의 특성을 이해하고 활용하여 움직인다.</td></tr>
<tr><td>자신의 신체를 긍정적으로 인식하고 움직인다.</td><td>자신의 신체를 긍정적으로 인식하고 움직인다.</td><td>자신의 신체를 긍정적으로 인식하고 움직인다.</td></tr>
<tr><td rowspan="6">신체 조절과 기본운동 하기</td><td rowspan="5">신체조절하기</td><td>신체균형을 유지해 본다.</td><td>다양한 자세와 움직임에서 신체균형을 유지한다.</td><td>다양한 자세와 움직임에서 신체균형을 유지한다.</td></tr>
<tr><td>공간, 힘, 시간 등의 움직임 요소를 경험한다.</td><td>공간, 힘, 시간 등의 움직임 요소를 활용하여 움직인다.</td><td>공간, 힘, 시간 등의 움직임 요소를 활용하여 움직인다.</td></tr>
<tr><td>신체 각 부분의 움직임을 조절해 본다.</td><td>신체 각 부분을 협응하여 움직임을 조절한다.</td><td>신체 각 부분을 협응하여 움직임을 조절한다.</td></tr>
<tr><td>눈과 손을 협응하여 소근육을 조절해 본다.</td><td>눈과 손을 협응하여 소근육을 조절해 본다.</td><td>눈과 손을 협응하여 소근육을 조절해 본다.</td></tr>
<tr><td></td><td></td><td>도구를 활용하여 여러 가지 조작운동을 한다.</td></tr>
<tr><td>기본운동하기</td><td>걷기, 달리기 등 이동운동을 한다.</td><td>걷기, 달리기, 뛰기 등 다양한 이동운동을 한다.</td><td>걷기, 달리기, 뛰기 등 다양한 이동운동을 한다.</td></tr>
</table>

(계속)

| 내용 범주 | 내용 | 세부 내용 | | |
|---|---|---|---|---|
| | | 3세 | 4세 | 5세 |
| | | 제자리에서 몸을 움직여 본다. | 제자리에서 몸을 다양하게 움직인다. | 제자리에서 몸을 다양하게 움직인다. |
| 신체 활동에 참여하기 | 자발적으로 신체 활동에 참여하기 | 신체 활동에 자발적으로 참여한다. | 신체 활동에 자발적이고 지속적으로 참여한다. | 신체 활동에 자발적이고 지속적으로 참여한다. |
| | | 다른 사람과 함께하는 신체 활동에 참여한다. | 다른 사람과 함께하는 신체 활동에 참여한다. | 다른 사람과 함께하는 신체 활동에 참여한다. |
| | | | 자신과 다른 사람의 운동능력의 차이에 관심을 갖는다. | 자신과 다른 사람의 운동능력의 차이를 이해한다. |
| | 바깥에서 신체 활동하기 | 규칙적으로 바깥에서 신체 활동을 한다. | 규칙적으로 바깥에서 신체 활동을 한다. | 규칙적으로 바깥에서 신체 활동을 한다. |
| | 기구를 이용하여 신체 활동하기 | 여러 가지 기구를 이용하여 신체 활동을 한다. | 여러 가지 기구를 이용하여 신체 활동을 한다. | 여러 가지 기구를 이용하여 신체 활동을 한다. |
| 건강하게 생활하기 | 몸과 주변을 깨끗이 하기 | 손과 이를 깨끗이 하는 방법을 알고 실천한다. | 손과 이를 깨끗이 하는 방법을 알고 실천한다. | 스스로 몸을 깨끗이 하는 습관을 기른다. |
| | | 주변을 깨끗이 한다. | 주변을 깨끗이 하는 습관을 기른다. | 주변을 깨끗이 하는 습관을 기른다. |
| | 바른 식생활하기 | 음식을 골고루 먹는다. | 음식을 골고루 먹는다. | 적당량의 음식을 골고루 먹는다. |
| | | 몸에 좋은 음식에 관심을 갖는다. | 몸에 좋은 음식을 알아본다. | 몸에 좋은 음식을 선택할 수 있다. |
| | | 바른 태도로 식사한다. | 음식을 소중히 여기고 식사예절을 지킨다. | 음식을 소중히 여기고 식사예절을 지킨다. |
| | 건강한 일상생활하기 | 규칙적으로 잠을 자고, 적당한 휴식을 취한다. | 규칙적으로 잠을 자고, 적당한 휴식을 취한다. | 규칙적으로 잠을 자고, 적당한 휴식을 취한다. |
| | | 하루 일과에 즐겁게 참여한다. | 하루 일과에 즐겁게 참여한다. | 하루 일과에 즐겁게 참여한다. |

(계속)

<table>
<tr><th rowspan="2">내용 범주</th><th rowspan="2">내 용</th><th colspan="3">세부 내용</th></tr>
<tr><th>3세</th><th>4세</th><th>5세</th></tr>
<tr><td></td><td></td><td>스스로 화장실에서 배변한다.</td><td>바른 배변습관을 가진다.</td><td>규칙적인 배변습관을 가진다.</td></tr>
<tr><td></td><td rowspan="2">질병 예방하기</td><td>질병의 위험을 알고 주의한다.</td><td>질병을 예방하는 방법을 알고 실천한다.</td><td>질병을 예방하는 방법을 알고 실천한다.</td></tr>
<tr><td></td><td>날씨에 맞게 옷을 입는다.</td><td>날씨와 상황에 알맞게 옷을 입는다.</td><td>날씨와 상황에 알맞게 옷을 입는다.</td></tr>
<tr><td rowspan="8">안전하게 생활하기</td><td rowspan="2">안전하게 놀이하기</td><td>놀이기구나 놀잇감, 도구를 안전하게 사용한다.</td><td>놀이기구나 놀잇감, 도구를 안전하게 사용한다.</td><td>놀이기구나 놀잇감, 도구의 바른 사용법을 알고 안전하게 사용한다.</td></tr>
<tr><td>안전한 놀이장소를 안다.</td><td>안전한 장소를 알고 안전하게 놀이한다.</td><td>안전한 장소를 알고 안전하게 놀이한다.</td></tr>
<tr><td rowspan="2">교통안전 규칙 지키기</td><td>교통안전 규칙을 안다.</td><td>교통안전 규칙을 알고 지킨다.</td><td>교통안전 규칙을 알고 지킨다.</td></tr>
<tr><td>교통수단을 안전하게 이용한다.</td><td>교통수단을 안전하게 이용한다.</td><td>교통수단을 안전하게 이용한다.</td></tr>
<tr><td rowspan="2">비상 시 적절히 대처하기</td><td>학대, 성폭력, 실종, 유괴상황을 알고 도움을 요청한다.</td><td>학대, 성폭력, 실종, 유괴상황 시 도움을 요청하는 방법을 알고 행동한다.</td><td>학대, 성폭력, 실종, 유괴상황 시 도움을 요청하는 방법을 알고 행동한다.</td></tr>
<tr><td>재난 및 사고 등 비상 시 적절하게 대처하는 방법을 안다.</td><td>재난 및 사고 등 비상 시 적절하게 대처하는 방법을 알고 행동한다.</td><td>재난 및 사고 등 비상 시 적절하게 대처하는 방법을 알고 행동한다.</td></tr>
</table>

# 부록 II 영양 관련

## II-1. 한국인 영양섭취기준(한국영양학회, 2005)

### 1. 한국인 영양섭취기준: 에너지 필요량 및 다량 영양소

| 성 | 연령(세) | 신장(cm) | 체중(kg) | 에너지(Kcal) | 단백질(g) | | 식이섬유(g) | 수분(액체)*(ml) |
|---|---|---|---|---|---|---|---|---|
| | | | | 필요 추정량 | 평균 | 권장 | 충분 | 충분 |
| 남자 | 9~11 | 138 | 34.5 | 1,900 | 30 | 35 | 23 | 2,000(1,000) |
| | 12~14 | 159 | 49.6 | 2,400 | 40 | 50 | 29 | 2,400(1,100) |
| | 15~19 | 172 | 63.8 | 2,700 | 45 | 60 | 32 | 2,700(1,300) |
| | 20~29 | 173 | 65.8 | 2,600 | 45 | 55 | 31 | 2,700(1,300) |
| | 30~49 | 170 | 63.6 | 2,400 | 45 | 55 | 29 | 2,500(1,200) |
| | 50~64 | 166 | 60.6 | 2,200 | 40 | 50 | 26 | 2,300(1,100) |
| | 65~74 | 164 | 59.2 | 2,000 | 40 | 50 | 26 | 2,100(1,100) |
| | 75 이상 | 164 | 59.2 | 2,000 | 40 | 50 | 26 | 2,100(1,100) |
| 여자 | 9~11 | 138 | 32.6 | 1,700 | 25 | 35 | 20 | 1,800(900) |
| | 12~14 | 155 | 46.5 | 2,000 | 35 | 45 | 24 | 2,000(1,000) |
| | 15~19 | 160 | 53.0 | 2,000 | 35 | 45 | 24 | 2,100(1,100) |
| | 50~64 | 154 | 52.2 | 1,800 | 35 | 45 | 22 | 1,800(900) |
| | 65~74 | 151 | 50.2 | 1,600 | 35 | 45 | 22 | 1,700(900) |
| | 75 이상 | 151 | 50.2 | 1,600 | 35 | 45 | 22 | 1,700(900) |

*액체는 물과 음료(국민건강영양조사의 "음료 및 주류")를 포함

## 2. 한국인 영양섭취기준: 지용성 비타민

| 성 | 연령(세) | 비타민 A(μg RE) | | | 비타민 D(μg) | | 비타민 E(mg α-TE) | | 비타민 K(μg) |
|---|---|---|---|---|---|---|---|---|---|
| | | 평균 | 권장 | 상한* | 충분 | 상한 | 충분 | 상한** | 충분 |
| 남자 | 9~11 | 380 | 550 | 1,400 | 10 | 60 | 9 | 260 | 55 |
| | 12~14 | 500 | 700 | 2,100 | 10 | 60 | 10 | 380 | 70 |
| | 15~19 | 600 | 850 | 2,400 | 10 | 60 | 10 | 430 | 80 |
| | 20~29 | 540 | 750 | 3,000 | 5 | 60 | 10 | 540 | 75 |
| | 30~49 | 520 | 750 | 3,000 | 5 | 60 | 10 | 540 | 75 |
| | 50~64 | 500 | 700 | 3,000 | 10 | 60 | 10 | 540 | 75 |
| | 65~74 | 500 | 700 | 3,000 | 10 | 60 | 10 | 540 | 75 |
| | 75 이상 | 500 | 700 | 3,000 | 10 | 60 | 10 | 540 | 75 |
| 여자 | 9~11 | 350 | 500 | 1,400 | 10 | 60 | 9 | 260 | 55 |
| | 12~14 | 460 | 650 | 2,100 | 10 | 60 | 10 | 380 | 65 |
| | 15~19 | 500 | 700 | 2,400 | 10 | 60 | 10 | 430 | 65 |
| | 50~64 | 430 | 600 | 3,000 | 10 | 60 | 10 | 540 | 65 |
| | 65~74 | 430 | 600 | 3,000 | 10 | 60 | 10 | 540 | 65 |
| | 75 이상 | 430 | 600 | 3,000 | 10 | 60 | 10 | 540 | 65 |

*상한섭취량(μg) **RRR-α-tocopherol

## 3. 한국인 영양섭취기준: 수용성 비타민

| 성별 | 연령(세) | 비타민 C (mg) | | | 티아민 (mg) | | 리보플라빈 (mg) | | 니아신 (mg NE) | | | | 비타민 $B_6$ (mg) | | | 엽산 (μg DEF) | | | 비타민 $B_{12}$(μg) | | 판토텐산 (mg) | 비오틴 (μg) |
|---|---|---|---|---|---|---|---|---|---|---|---|---|---|---|---|---|---|---|---|---|---|---|
| | | 평균 | 권장 | 상한 | 평균 | 권장 | 평균 | 권장 | 평균 | 권장 | 상한 1* | 상한 2** | 평균 | 권장 | 상한 | 평균 | 권장 | 상한 | 평균 | 권장 | 충분 | 충분 |
| 남자 | 9~11 | 55 | 70 | 1,000 | 0.8 | 0.9 | 0.9 | 1.1 | 9 | 12 | 20 | 500 | 0.9 | 1.1 | 60 | 250 | 300 | 600 | 1.5 | 1.8 | 4 | 20 |
| | 12~14 | 75 | 100 | 1,400 | 1.0 | 1.2 | 1.3 | 1.5 | 12 | 15 | 25 | 700 | 1.3 | 1.5 | 80 | 300 | 360 | 800 | 1.8 | 2.2 | 5 | 25 |
| | 15~19 | 85 | 110 | 1,600 | 1.1 | 1.4 | 1.5 | 1.8 | 13 | 18 | 30 | 800 | 1.5 | 1.8 | 100 | 320 | 400 | 1000 | 2.0 | 2.4 | 6 | 25 |
| | 20~29 | 75 | 100 | 2,000 | 1.0 | 1.2 | 1.3 | 1.5 | 12 | 16 | 35 | 1,000 | 1.3 | 1.5 | 100 | 320 | 400 | 1000 | 2.0 | 2.4 | 5 | 30 |
| | 30~49 | 75 | 100 | 2,000 | 1.0 | 1.2 | 1.3 | 1.5 | 12 | 16 | 35 | 1,000 | 1.3 | 1.5 | 100 | 320 | 400 | 1000 | 2.0 | 2.4 | 5 | 30 |
| | 50~64 | 75 | 100 | 2,000 | 1.0 | 1.2 | 1.3 | 1.5 | 12 | 16 | 35 | 1,000 | 1.3 | 1.5 | 100 | 320 | 400 | 1000 | 2.0 | 2.4 | 5 | 30 |
| | 65~74 | 75 | 100 | 2,000 | 1.0 | 1.2 | 1.3 | 1.5 | 12 | 16 | 35 | 1,000 | 1.3 | 1.5 | 100 | 320 | 400 | 1000 | 2.0 | 2.4 | 5 | 30 |
| | 75 이상 | 75 | 100 | 2,000 | 1.0 | 1.2 | 1.3 | 1.5 | 12 | 16 | 35 | 1,000 | 1.3 | 1.5 | 100 | 320 | 400 | 1000 | 2.0 | 2.4 | 5 | 30 |

(계속)

| 성 | 연령(세) | 비타민 C (mg) | | | 티아민 (mg) | | 리보플라빈 (mg) | | 니아신 (mg NE) | | | | 비타민 $B_6$ (mg) | | | 엽산 (μg DEF) | | | 비타민 $B_{12}$ (μg) | | 판토텐산 (mg) | 비오틴 (μg) |
|---|---|---|---|---|---|---|---|---|---|---|---|---|---|---|---|---|---|---|---|---|---|---|
| | | 평균 | 권장 | 상한 | 평균 | 권장 | 평균 | 권장 | 평균 | 권장 | 상한1* | 상한2** | 평균 | 권장 | 상한 | 평균 | 권장 | 상한 | 평균 | 권장 | 충분 | 충분 |
| 여자 | 9~11 | 55 | 70 | 1,000 | 0.7 | 0.8 | 0.8 | 0.9 | 8 | 10 | 20 | 500 | 0.9 | 1.0 | 60 | 250 | 300 | 600 | 1.5 | 1.8 | 4 | 20 |
| | 12~14 | 70 | 90 | 1,400 | 0.8 | 1.0 | 1.0 | 1.2 | 10 | 13 | 25 | 700 | 1.2 | 1.4 | 80 | 300 | 360 | 800 | 1.8 | 2.2 | 5 | 25 |
| | 15~19 | 75 | 100 | 1,600 | 0.8 | 1.0 | 1.0 | 1.2 | 10 | 13 | 30 | 800 | 1.2 | 1.4 | 100 | 320 | 400 | 1000 | 2.0 | 2.4 | 6 | 25 |
| | 50~64 | 75 | 100 | 2,000 | 0.9 | 1.1 | 1.0 | 1.2 | 11 | 14 | 35 | 1,000 | 1.2 | 1.4 | 100 | 320 | 400 | 1000 | 2.0 | 2.4 | 5 | 30 |
| | 65~74 | 75 | 100 | 2,000 | 0.9 | 1.1 | 1.0 | 1.2 | 11 | 14 | 35 | 1,000 | 1.2 | 1.4 | 100 | 320 | 400 | 1000 | 2.0 | 2.4 | 5 | 30 |
| | 75 이상 | 75 | 100 | 2,000 | 0.9 | 1.1 | 1.0 | 1.2 | 11 | 14 | 35 | 1,000 | 1.2 | 1.4 | 100 | 320 | 400 | 1000 | 2.0 | 2.4 | 5 | 30 |

*니아신 중 니코틴산의 상한 섭취량

**니아신 중 니코틴아미드의 상한섭취량

## 4. 한국인 영양섭취기준: 다량무기질

| 성 | 연령(세) | 칼슘 (mg) | | | 인 (mg) | | | 나트륨 (g) | | 염소 (g) | 칼륨 (g) | 마그네슘 (mg) | | |
|---|---|---|---|---|---|---|---|---|---|---|---|---|---|---|
| | | 평균 | 권장 | 상한 | 평균 | 권장 | 상한 | 충분 | 목표량 | 충분 | 충분 | 평균 | 권장 | 상한* |
| 남자 | 9~11 | 550 | 800 | 2,500 | 810 | 1,000 | 3,500 | 1.5 | 2.0 | 2.3 | 4.7 | 170 | 200 | (170) |
| | 12~14 | 800 | 1,000 | 2,500 | 870 | 1,000 | 3,500 | 1.5 | 2.0 | 2.3 | 4.7 | 250 | 300 | (250) |
| | 15~19 | 800 | 1,000 | 2,500 | 790 | 1,000 | 3,500 | 1.5 | 2.0 | 2.3 | 4.7 | 340 | 400 | (350) |
| | 20~29 | 580 | 700 | 2,500 | 580 | 700 | 3,500 | 1.5 | 2.0 | 2.3 | 4.7 | 285 | 340 | (350) |
| | 30~49 | 580 | 700 | 2,500 | 580 | 700 | 3,500 | 1.5 | 2.0 | 2.3 | 4.7 | 295 | 350 | (350) |
| | 50~64 | 580 | 700 | 2,500 | 580 | 700 | 3,500 | 1.3 | 2.0 | 2.0 | 4.7 | 295 | 350 | (350) |
| | 65~74 | 580 | 700 | 2,500 | 580 | 700 | 3,500 | 1.2 | 2.0 | 1.8 | 4.7 | 295 | 350 | (350) |
| | 75 이상 | 580 | 700 | 2,500 | 580 | 700 | 3,000 | 1.1 | 2.0 | 1.6 | 4.7 | 295 | 350 | (350) |
| 여자 | 9~11 | 550 | 800 | 2,500 | 700 | 900 | 3,500 | 1.5 | 2.0 | 2.3 | 4.7 | 165 | 200 | (170) |
| | 12~14 | 750 | 999 | 2,500 | 690 | 900 | 3,500 | 1.5 | 2.0 | 2.3 | 4.7 | 230 | 280 | (250) |
| | 15~19 | 750 | 900 | 2,500 | 590 | 800 | 3,500 | 1.5 | 2.0 | 2.3 | 4.7 | 280 | 340 | (350) |
| | 50~64 | 580 | 800 | 2,500 | 580 | 700 | 3,500 | 1.3 | 2.0 | 2.0 | 4.7 | 235 | 280 | (350) |
| | 65~74 | 580 | 800 | 2,500 | 580 | 700 | 3,500 | 1.2 | 2.0 | 1.8 | 4.7 | 235 | 280 | (350) |
| | 75 이상 | 580 | 800 | 2,500 | 580 | 700 | 3,000 | 1.1 | 2.0 | 1.6 | 4.7 | 235 | 280 | (350) |

*식품 외 급원의 마그네슘만 해당

## 5. 한국인 영양섭취기준: 미량무기질

| 성 | 연령(세) | 철(mg) 평균 | 철(mg) 권장 | 철(mg) 상한 | 아연(mg) 평균 | 아연(mg) 권장 | 아연(mg) 상한 | 구리(㎍) 평균 | 구리(㎍) 권장 | 구리(㎍) 상한 | 불소(mg) 충분 | 불소(mg) 상한 | 망간(mg) 충분 | 망간(mg) 상한 | 요오드(㎍) 평균 | 요오드(㎍) 권장 | 요오드(㎍) 상한 | 셀레늄(㎍) 평균 | 셀레늄(㎍) 권장 | 셀레늄(㎍) 상한 | 몰리브덴(㎍) 상한 |
|---|---|---|---|---|---|---|---|---|---|---|---|---|---|---|---|---|---|---|---|---|---|
| 남자 | 9~11 | 9 | 12 | 40 | 6.2 | 7 | 18 | 440 | 570 | 5,000 | 2.0 | 10 | 3.0 | 5 | 85 | 120 | | 32 | 40 | 200 | 300 |
| | 12~14 | 9 | 12 | 40 | 6.5 | 8 | 26 | 580 | 750 | 7,000 | 2.5 | 10 | 3.3 | 7 | 90 | 130 | | 41 | 50 | 250 | 400 |
| | 15~19 | 12 | 16 | 45 | 8.4 | 10 | 34 | 670 | 870 | 10,000 | 3.0 | 10 | 3.5 | 9 | 95 | 140 | | 47 | 60 | 300 | 500 |
| | 20~29 | 8 | 10 | 45 | 8.1 | 10 | 35 | 600 | 800 | 10,000 | 3.5 | 10 | 3.5 | 11 | 95 | 150 | 3,000 | 42 | 50 | 400 | 600 |
| | 30~49 | 8 | 10 | 45 | 7.9 | 9 | 35 | 600 | 800 | 10,000 | 3.5 | 10 | 3.5 | 11 | 95 | 150 | 3,000 | 42 | 50 | 400 | 600 |
| | 50~64 | 8 | 10 | 45 | 7.5 | 9 | 35 | 600 | 800 | 10,000 | 3.0 | 10 | 3.5 | 11 | 95 | 150 | 3,000 | 42 | 50 | 400 | 600 |
| | 65~74 | 8 | 10 | 45 | 7.2 | 9 | 35 | 600 | 800 | 10,000 | 3.0 | 10 | 3.5 | 11 | 95 | 150 | 3,000 | 42 | 50 | 400 | 600 |
| | 75 이상 | 8 | 10 | 45 | 6.9 | 8 | 35 | 600 | 800 | 10,000 | 3.0 | 10 | 3.5 | 11 | 95 | 150 | 3,000 | 42 | 50 | 400 | 600 |
| 여자 | 9~11 | 9 | 12 | 40 | 5.9 | 7 | 18 | 440 | 570 | 5,000 | 2.0 | 10 | 2.5 | 5 | 85 | 120 | | 32 | 40 | 200 | 300 |
| | 12~14 | 9 | 12 | 40 | 6.1 | 7 | 26 | 580 | 750 | 7,000 | 2.0 | 10 | 2.8 | 7 | 90 | 130 | | 41 | 50 | 250 | 400 |
| | 15~19 | 12 | 16 | 45 | 7.2 | 9 | 34 | 670 | 870 | 10,000 | 2.5 | 10 | 3.0 | 9 | 95 | 140 | | 47 | 60 | 300 | 500 |
| | 50~64 | 7 | 9 | 45 | 6.3 | 8 | 35 | 600 | 800 | 10,000 | 2.5 | 10 | 3.0 | 11 | 95 | 150 | 3,000 | 42 | 50 | 400 | 600 |
| | 65~74 | 7 | 9 | 45 | 6.0 | 7 | 35 | 600 | 800 | 10,000 | 2.5 | 10 | 3.0 | 11 | 95 | 150 | 3,000 | 42 | 50 | 400 | 600 |
| | 75 이상 | 7 | 9 | 46 | 5.8 | 7 | 35 | 600 | 800 | 10,000 | 2.5 | 10 | 3.0 | 11 | 95 | 150 | 3,000 | 42 | 50 | 400 | 600 |

# II-2. 유사한 영양소 함량을 지닌 식품교환자료*

## 1) 유사한 양의 영양소를 함유한 밥 및 일품 음식

| 음식의 분류 | 종류 | 공급영양소량 | |
|---|---|---|---|
| | | 열량(칼로리) | 단백질(g) |
| 밥류 | 밤밥, 완두콩밥 | 220~230 | 4~5 |
| | 오곡밥, 팥밥, 콩밥 | 230~240 | 4~7 |
| | 흰밥, 보리밥 | 240~250 | 6~8 |
| 일품 밥류 | 꼬마김밥, 유부초밥, 김밥, 주먹밥 | 185~200 | 5~8 |
| | 비빔밥, 김치쇠고기볶음밥, 해쉬라이스, 콩나물밥 | 250~270 | 8~9 |
| | 잡탕밥, 닭고기덮밥, 고기달걀덮밥 | 270~290 | 7~12 |
| | 잡채밥, 자장밥, 주먹밥 | 280~330 | 7~13 |
| | 카레라이스, 오므라이스 | 330 | 10~13 |
| 일품 면류 | 수제비, 닭칼국수 | 160~180 | 7~9 |
| | 어묵국수, 만둣국, 국수장국 | 220~230 | 10~12 |
| | 비빔국수, 콩국수, 떡국, 자장면, 스파게티 | 270~300 | 9~16 |

## 2) 유사한 양의 영양소를 함유한 반찬류

| 음식의 분류 | 종류 | 공급영양소량 | |
|---|---|---|---|
| | | 열량(칼로리) | 단백질(g) |
| 동물성 단백질 공급 찬류 | 멸치볶음, 뱅어포구이, 마른 오징어볶음, 건새우볶음, 어묵감자조림, 새우케첩조림 | 35~40 | 3~4 |
| | 고등어조림, 메추리알조림, 물오징어볶음, 쇠고기(돼지고기) 장조림, 달걀찜 | 40~60 | 3~4 |
| | 쇠고기케첩조림, 참치완자전, 미트볼 | 50~60 | 3~4 |
| | 쇠고기완자전, 깻잎고기전, 달걀야채말이, 간전 | 50~65 | 2~5 |
| | 불고기, 소시지케첩조림 | 60~80 | 4~6 |
| | 쇠고기피망볶음, 두부쇠고기조림(찜), 북어찜, 가자미구이, 조기튀김, 미니쇠고기튀김 | 75~90 | 7~13 |
| | 갈비찜, 햄버그스테이크, 비프스테이크 | 90 | 3~7 |
| | 닭튀김, 돼지고기커틀릿, 생선크로켓, 탕수육 | 80~100 | 2~6 |

(계속)

| 음식의 분류 | 종류 | 공급영양소량 | |
|---|---|---|---|
| | | 열량(칼로리) | 단백질(g) |
| 비타민 및 무기질 공급 찬류 | 배추김치, 깍두기, 물김치, 오이김치, 백김치 | 4~6 | 0.1~0.5 |
| | 단무지무침, 오이지무침, 오이미역무침, 김구이, 오이초절임 | 4~6 | 0.1~1 |
| | 시금치나물, 콩나물무침, 무초절임, 호박나물 | 10~15 | 0.1~1 |
| | 김무침, 청포묵무침 | 10 | 0.5~1 |
| | 미역줄기볶음, 여러 가지 야채볶음, 감자야채볶음, 감자볶음 | 25~60 | 0.5~3 |
| | 고구마튀김, 야채튀김, 감자크로켓 | 40~60 | 0.1~2 |
| | 야채전, 빈대떡, 김치전, 감자전, 두부구이 | 45~60 | 1~2.5 |

• 출처: 교육인적자원부(2007b). 유치원급식관리운영지침서, pp. 49-52.

### 3) 유사한 양의 영양소를 함유한 국 및 찌개류

| 음식의 분류 | 종류 | 공급영양소량 | |
|---|---|---|---|
| | | 열량(칼로리) | 단백질(g) |
| 국 찌개류 | 달걀(조개)장국, 유부국. 오징어무국 | 10~20 | 1~6 |
| | 콩나물국, 오이미역냉국, 김칫국 | 15~25 | 2~3 |
| | 배추된장국, 쇠고기미역국, 감자국 | 25~40 | 3~4 |
| | 두부된장찌개, 쇠고기감자찌개, 순두부찌개 | 30~40 | 2~5 |
| | 북어국, 동태맑은국, 어묵국, 쇠고기당면국, 쇠고기무국 | 40~65 | 4~6 |
| | 갈비탕, 곰국, 닭백숙, 두부전골, 고기스튜, 완자탕 | 100~135 | 5~15 |
| 기타 찬 | 야채샐러드, 감자샐러드, 오이게맛살무침, 햄(참치)오이샐러드, 과일샐러드 | 30~50 | 0.3~2 |
| | 쇠고기볶음, 김치돼지고기볶음, 소시지야채볶음, 닭고기야채볶음 | 50~80 | 2~3 |
| | 수프류(크림수프, 야채수프) | 80~85 | 2 |

# II-3. 계절별 식단*

## 1) 봄

| 구분 | | 월 | 화 | 수 | 목 | 금 | 토 |
|---|---|---|---|---|---|---|---|
| 1주 | 오전간식 | 꿀호떡,<br>요구르트 | 시리얼, 저지방우유(시리얼) | 팬케이크,<br>요구르트 | 삶은계란 | 모닝빵, 주스 | 삶은계란,<br>쌀음료 |
| | 점심 | 현미밥<br>무국<br>고등어구이<br>달래오이무침<br>배추김치 | 기장밥<br>오징어국<br>돼지고기장조림<br>시금치나물<br>깍두기 | 백미밥<br>미소국<br>생선가스<br>과일샐러드<br>배추김치 | 차조밥<br>냉이된장국<br>어묵볶음<br>야채샐러드<br>열무김치 | 검정콩밥<br>쇠고기국<br>주꾸미볶음<br>감자조림<br>오이소박이 | 우동<br>닭강정<br>깍두기<br>인절미 |
| | 오후간식 | 바나나 | 떡볶이 | 방울토마토 | 우유 | 백설기 | |
| 2주 | 오전간식 | 비스켓, 코코아 | 롤빵,<br>오렌지주스 | 인절미,<br>요구르트 | 삶은감자,<br>호두우유 | 미숫가루 | 요구르트(호상) |
| | 점심 | 보리밥<br>쑥국<br>돼지불고기<br>양배추쌈<br>배추김치 | 수수밥<br>미역국<br>닭볶음<br>김가루무침<br>깍두기 | 비빔밥<br>달걀국<br>땅콩조림<br>배추김치 | 율무밥<br>김칫국<br>갈치구이<br>콩자반<br>무생채 | 잡곡밥<br>근대국<br>쇠갈비찜<br>마늘쫑볶음<br>배추김치 | 자장밥<br>콩나물국<br>달걀후라이<br>단무지 |
| | 오후간식 | 팬케이크 | 주먹밥 | 찐옥수수 | 귤 | 카스텔라, 코코아 | |
| 3주 | 오전간식 | 핫도그 | 모닝빵, 우유 | 꿀호떡,<br>요구르트 | 토스트, 주스 | 삶은계란,<br>요구르트 | 저지방우유 |
| | 점심 | 팥밥<br>어묵국<br>메추리알장조림<br>가지나물<br>배추김치 | 현미밥<br>시금치국<br>탕수육<br>오이무침<br>깍두기 | 볶음밥<br>배춧국<br>야채튀김<br>배추김치 | 완두콩밥<br>버섯된장국<br>미트볼조림<br>깻잎찜<br>열무김치 | 찹쌀밥<br>순두부찌개<br>감자채볶음<br>꽁치조림<br>배추김치 | 스파게티<br>크림수프<br>마늘빵<br>오이피클<br>야채샐러드 |
| | 오후간식 | 롤빵 | 팬케이크 | 귤, 비스켓 | 우유 | 바나나 | |
| 4주 | 오전간식 | 사과 | 두유 | 비스켓,<br>미숫가루 | 시리얼,<br>우유(시리얼) | 약과, 주스 | 두유 |
| | 점심 | 검정콩밥<br>만둣국<br>다시마튀김<br>잡채<br>배추김치 | 기장밥<br>육개장<br>뱅어포구이<br>감자채볶음<br>깍두기 | 자장밥<br>배춧국<br>달걀후라이<br>배추김치 | 흑미밥<br>북어국<br>오징어볶음<br>땅콩조림<br>오이소박이 | 수수밥<br>감자국<br>돼지불고기<br>연근조림<br>깍두기 | 김치볶음밥<br>콩나물국<br>과일샐러드<br>물만두<br>요구르트 |
| | 오후간식 | 카스텔라, 식혜 | 샌드위치 | 키위 | 요구르트(호상) | 삶은고구마 | |
| 5주 | 오전간식 | 우유(시리얼) | 크림수프 | 닭죽 | 미숫가루 | 토스트, 매실차 | 사과 |
| | 점심 | 완두콩밥<br>근대국<br>닭찜<br>오이무침<br>배추김치 | 백미밥<br>미역국<br>메추리알장조림<br>숙주나물<br>깍두기 | 보리밥<br>북어국<br>삼치구이<br>애호박볶음<br>배추김치 | 흑미밥<br>된장국<br>미트볼조림<br>깻잎나물<br>열무김치 | 현미밥<br>시금치국<br>고등어조림<br>도토리묵무침<br>배추김치 | 카레라이스<br>달걀국<br>잡채<br>단무지<br>요구르트 |
| | 오후간식 | 떡볶이 | 수제비 | 치킨가스 | 우동 | 고구마맛탕 | |

*식품의약품안전청 '영유아단체급식의 표준식단'(http://nutrition.kfda.go.kr/kidgroup)

## 2) 여름

| 구분 | | 월 | 화 | 수 | 목 | 금 | 토 |
|---|---|---|---|---|---|---|---|
| 1주 | 오전간식 | 크림수프 | 쿠키, 요구르트 | 백설기 | 시리얼,<br>저지방우유 | 미숫가루 | 닭죽 |
| | 점심 | 보리밥<br>두부된장찌개<br>돼지불고기<br>무생채<br>배추김치 | 차조밥<br>오징어국<br>닭야채조림<br>김구이<br>상추겉절이 | 볶음밥<br>배춧국<br>콩자반<br>오이소박이 | 수수밥<br>어묵국<br>닭볶음<br>파래무침<br>깍두기 | 기장밥<br>된장국<br>쇠갈비찜<br>콩나물무침<br>배추김치 | 수제비<br>쇠고기메추리알<br>장조림<br>오징어채무침<br>배추김치<br>요구르트(호상) |
| | 오후간식 | 모닝빵, 쌀음료 | 떡볶이 | 삶은계란 | 수박 | 절편, 호두우유 | |
| 2주 | 오전간식 | 샌드위치, 쌀음료 | 꿀호떡, 요구르트 | 시리얼,<br>우유(시리얼) | 토스트,<br>저지방우유 | 두유 | 토스트, 호두우유 |
| | 점심 | 잡곡밥<br>된장국<br>코다리조림<br>쫄면야채무침<br>배추김치 | 흑미밥<br>미역국<br>잡채<br>주꾸미숙회<br>깍두기 | 비빔밥<br>미소국<br>오징어볶음<br>달걀후라이 | 검정콩밥<br>근대국<br>떡볶이<br>삼치튀김<br>열무김치 | 율무밥<br>육개장<br>닭찜<br>가지나물<br>배추김치 | 오므라이스<br>미소국<br>마늘빵<br>오이피클<br>과일샐러드 |
| | 오후간식 | 비스켓, 키위 | 절편 | 오렌지 | 비스켓, 매실차 | 인절미 | |
| 3주 | 오전간식 | 야채죽 | 머핀 | 바나나 | 모닝빵,<br>저지방우유 | 검은콩우유 | 약과 |
| | 점심 | 현미밥<br>북어국<br>돼지갈비찜<br>양배추쌈<br>배추김치 | 팥밥<br>감자국<br>참치야채전<br>진미채조림<br>무생채 | 자장밥<br>달걀국<br>두부조림<br>단무지 | 잡곡밥<br>버섯된장국<br>닭강정<br>우엉조림<br>깍두기 | 완두콩밥<br>미역국<br>소시지야채볶음<br>콩자반<br>배추김치 | 카레라이스<br>야채샐러드<br>콩자반<br>배추김치 |
| | 오후간식 | 핫도그 | 수박 | 삶은계란 | 꿀호떡 | 백설기, 매실차 | |
| 4주 | 오전간식 | 우유 | 카스텔라,<br>오렌지주스 | 바나나 | 물만두 | 모닝빵, 우유 | 저지방우유 |
| | 점심 | 찹쌀밥<br>김칫국<br>쇠고기장조림<br>애호박볶음<br>열무김치 | 검정콩밥<br>무국<br>돼지고기강정<br>감자채볶음<br>배추김치 | 백미밥<br>시금치국<br>돈가스<br>숙주나물<br>배추김치 | 기장밥<br>미역국<br>탕수육<br>어묵볶음<br>깍두기 | 보리밥<br>아욱된장국<br>돈사태찜<br>청포묵무침<br>배추김치 | 김치볶음밥<br>두부탕수<br>과일샐러드<br>요구르트 |
| | 오후간식 | 비스켓, 토마토 | 키위 | 삶은감자 | 바나나 | 꿀호떡 | |
| 5주 | 오전간식 | 비스켓,<br>오렌지주스 | 토마토 | 단호박죽 | 오렌지 | 우유(시리얼) | 삶은계란, 보리차 |
| | 점심 | 검정콩밥<br>꽃게탕<br>달걀찜<br>연근조림<br>김치볶음 | 고구마밥<br>김칫국<br>쇠고기떡찜<br>마늘쫑볶음<br>깍두기 | 백미밥<br>갈비탕<br>멸치볶음<br>오징어채무침<br>깍두기 | 밤콩밥<br>어묵국<br>돼지불고기<br>상추겉절이<br>배추김치 | 기장밥<br>미소국<br>코다리조림<br>쫄면야채무침<br>백김치 | 김치볶음밥<br>감자국<br>과일샐러드<br>오이피클<br>요구르트 |
| | 오후간식 | 돈가스 | 머핀, 우유 | 칼국수 | 닭백숙 | 오징어튀김 | |

### 3) 가을

| 구분 | | 월 | 화 | 수 | 목 | 금 | 토 |
|---|---|---|---|---|---|---|---|
| 1주 | 오전간식 | 시리얼,<br>우유(시리얼) | 쇠고기죽 | 두유 | 샌드위치 | 바나나 | 요구르트(호상) |
| | 점심 | 기장밥<br>시금치국<br>돈사태찜<br>취나물무침<br>배추금치 | 현미밥<br>미역국<br>닭야채조림<br>오징어채무침<br>오이소박이 | 카레라이스<br>미소국<br>어묵조림<br>배추김치 | 고구마밥<br>순두부찌개<br>떡볶이<br>멸치볶음<br>열무김치 | 수수밥<br>갈비탕<br>오이무침<br>부추전<br>깍두기 | 볶음밥<br>배춧국<br>콩자반<br>야채샐러드<br>깍두기 |
| | 오후간식 | 포도, 쿠키 | 토스트, 주스 | 미숫가루 | 찐옥수수,<br>방울토마토 | 삶은계란 | |
| 2주 | 오전간식 | 두유 | 닭죽 | 시리얼, 저지방<br>우유(시리얼) | 삶은 감자 | 꿀호떡,<br>방울토마토 | 약과, 주스 |
| | 점심 | 검정콩밥<br>대구탕<br>북어찜<br>고구마튀김<br>깻잎찜 | 차조밥<br>쇠고기국<br>갈치구이<br>잡채<br>배추김치 | 비빔밥<br>콩나물국<br>소시지야채볶음<br>배추김치 | 보리밥<br>오징어국<br>돼지불고기<br>도라지오이생채<br>깍두기 | 팥밥<br>두부된장찌개<br>진미채조림<br>돼지고기편육<br>배추김치 | 백미밥<br>감잣국<br>치킨가스<br>시금치나물<br>배추김치 |
| | 오후간식 | 사과 | 팬케이크, 코코아 | 떡볶이 | 주먹밥 | 두유 | |
| 3주 | 오전간식 | 롤빵 | 브로콜리수프,<br>토마토 | 요구르트(호상) | 팬케이크 | 쿠키, 사과 | 송편, 식혜 |
| | 점심 | 완두콩밥<br>된장국<br>닭찜<br>도라지오이생채<br>열무김치 | 율무밥<br>꽃게탕<br>연두부찜<br>돼지불고기<br>배추김치 | 김치볶음밥<br>북어국<br>오징어튀김<br>오이소박이<br>야채샐러드 | 기장밥<br>어묵국<br>꽁치조림<br>콩나물무침<br>깍두기 | 잡곡밥<br>육개장<br>달걀말이<br>열무된장무침<br>배추김치 | 국수<br>닭강정<br>배추김치<br>부추전<br>요구르트 |
| | 오후간식 | 머핀 | 바나나 | 약식 | 저지방우유 | 시리얼,<br>저지방우유 | |
| 4주 | 오전간식 | 삶은계란, 귤 | 샌드위치 | 우유 | 약식 | 오렌지 | 두유 |
| | 점심 | 잡곡밥<br>콩나물국<br>탕수육<br>도라지나물<br>배추김치 | 밤콩밥<br>시금치국<br>닭찜<br>참치야채전<br>백김치 | 백미밥<br>달걀국<br>생선가스<br>마파두부<br>배추김치 | 흑미밥<br>북어국<br>쇠불고기<br>오징어채무침<br>깍두기 | 찹쌀밥<br>김칫국<br>메추리알장조림<br>건새우볶음<br>오이소박이 | 자장밥<br>달걀국<br>잡채<br>단무지 |
| | 오후간식 | 꿀호떡 | 찐옥수수 | 미숫가루 | 인절미, 매실차 | 쿠키, 요구르트 | |
| 5주 | 오전간식 | 요구르트 | 팬케이크, 두유 | 포도 | 검은콩우유 | 야채수프 | 바나나 |
| | 점심 | 잡곡밥<br>순두부찌개<br>낙지볶음<br>시금치나물<br>배추김치 | 수수밥<br>대구탕<br>느타리버섯볶음<br>땅콩조림<br>배추김치 | 완두콩밥<br>콩나물국<br>꽁치조림<br>미역줄기볶음<br>열무김치 | 찹쌀밥<br>아욱된장국<br>동태전<br>감자채볶음<br>깻잎김치 | 보리밥<br>쇠고기국<br>소시지야채볶음<br>가지나물<br>깍두기 | 콩나물밥<br>된장국<br>쇠불고기<br>파래무침<br>배추김치 |
| | 오후간식 | 백설기 | 잡채 | 두부탕수 | 국수 | 샌드위치, 수정과 | |

## 4) 겨울

| 구분 | | 월 | 화 | 수 | 목 | 금 | 토 |
|---|---|---|---|---|---|---|---|
| 1주 | 오전간식 | 삶은계란 | 두유 | 쇠고기죽 | 요구르트(호상) | 우유 | 삶은고구마 |
| | 점심 | 기장밥<br>콩나물국<br>돼지갈비찜<br>도라지나물<br>배추김치 | 흑미밥<br>아욱된장국<br>닭튀김<br>과일샐러드<br>열무김치 | 비빔밥<br>무국<br>진미채조림<br>달걀후라이<br>깍두기 | 현미밥<br>감잣국<br>달걀장조림<br>잡채<br>배추김치 | 백미밥<br>육개장<br>연두부찜<br>야채튀김<br>깍두기 | 오므라이스<br>콩나물국<br>돼지불고기<br>단무지 |
| | 오후간식 | 바나나 | 귤 | 키위 | 인절미, 수정과 | 샌드위치 | |
| 2주 | 오전간식 | 머핀 | 백설기 | 팬케이크, 매실차 | 우유 | 토스트 | 스크램블드에그 |
| | 점심 | 완두콩밥<br>어묵국<br>닭볶음<br>취나물무침<br>배추김치 | 보리밥<br>쇠고기국<br>삼치구이<br>청경채버섯무침<br>오이소박이 | 백미밥<br>배춧국<br>치킨가스<br>열무된장무침<br>배추김치 | 수수밥<br>된장국<br>쇠고기장조림<br>청포묵무침<br>오이소박이 | 찹쌀밥<br>대구탕<br>돈사태찜<br>청경채버섯무침<br>깍두기 | 비빔밥<br>열무된장국<br>연근튀김<br>깍두기<br>요구르트(호상) |
| | 오후간식 | 사과 | 두유 | 삶은감자 | 꿀호떡 | 인절미 | |
| 3주 | 오전간식 | 시리얼,<br>우유(시리얼) | 카스텔라 | 생선죽, 토마토 | 팬케이크 | 삶은계란, 코코아 | 고구마맛탕 |
| | 점심 | 팥밥<br>김칫국<br>돼지불고기<br>연근조림<br>상추겉절이 | 율무밥<br>육개장<br>잡채<br>감자조림<br>배추김치 | 김치볶음밥<br>미소국<br>탕수육<br>열무김치 | 잡곡밥<br>오징어국<br>고등어찜<br>달걀말이<br>깍두기 | 현미밥<br>콩나물국<br>오징어볶음<br>쫄면야채무침<br>오이소박이 | 칼국수<br>돼지고기강정<br>배추김치<br>핫도그 |
| | 오후간식 | 사과 | 두유 | 쿠키, 쌀음료 | 절편 | 주먹밥 | |
| 4주 | 오전간식 | 요구르트(호상) | 키위, 절편 | 쇠고기죽 | 모닝빵, 주스 | 저지방우유 | 찐옥수수 |
| | 점심 | 백미밥<br>어묵국<br>땅콩조림<br>연두부찜<br>배추김치 | 검정콩밥<br>근대국<br>꽁치조림<br>명란달걀찜<br>깍두기 | 카레라이스<br>된장국<br>만두튀김<br>배추김치 | 차조밥<br>쇠고기국<br>꽁치조림<br>청경채버섯무침<br>열무김치 | 기장밥<br>된장국<br>달걀말이<br>버섯볶음<br>김가루무침 | 볶음밥<br>미소국<br>달걀찜<br>깍두기<br>요구르트(호상) |
| | 오후간식 | 약과, 귤 | 두유 | 쿠키, 쌀음료 | 닭죽 | 삶은감자 | |
| 5주 | 오전간식 | 생선죽 | 머핀, 쌀음료 | 크림수프 | 스크램블드에그 | 절편, 식혜 | 쿠키, 우유 |
| | 점심 | 현미밥<br>만둣국<br>오징어볶음<br>도라지나물<br>배추김치 | 잡곡밥<br>두부된장찌개<br>고등어구이<br>콩나물무침<br>깍두기 | 팥밥<br>무국<br>쇠갈비찜<br>숙주나물<br>배추김치 | 차조밥<br>쑥국<br>쇠불고기<br>열무된장국<br>배추김치 | 백미밥<br>콩나물국<br>닭볶음<br>양배추쌈<br>깻잎김치 | 비빔밥<br>미소국<br>달걀후라이<br>백김치<br>방울토마토 |
| | 오후간식 | 스파게티 | 탕수육 | 찐감자 | 모닝빵, 쌀음료 | 치킨가스 | |

# II-4. 일일 위생안전 점검표

## 일일 위생안전 점검표

| 결재 | | | |
|---|---|---|---|
| | | | |

| 구분 | 점검 내용 | 점검 결과 | 조치사항 |
|---|---|---|---|
| 개인위생 | 조리원( 명)의 건강상태는 어떠한가?(감염성 질환 여부) | 이상 없음, 이상 발견 후 조치 | |
| | 복장(위생복, 위생모, 위생화, 앞치마)의 위생 상태는 어떠한가? | 청결, 미흡, 불량 | |
| | 손 위생 상태(손 상처, 손톱 상태, 장신구 착용여부)는 어떠한가? | 이상 없음, 이상 발견 후 조치 | |
| 식품의 취급 | 식재료는 바닥에서 60cm 이상에서 취급하는가? | 실시, 미실시 | |
| | 가열 조리하는 식품은 내부온도(74℃ 이상)를 측정하였는가? | 실시, 미실시, 해당 없음 | |
| | 생으로 먹는 과일 및 야채류는 소독을 실시하였는가? | 실시, 미실시, 해당 없음 | |
| | 검식 시 음식에서 이상한 냄새, 맛은 없었는가? | 이상 없음, 이상 발견 후 조치 | |
| | 보존식은 −18℃ 이하에 보관·관리하였는가?* | 실시, 미실시(보존식, 우유) | |
| | 변질, 부패 및 유통기한 경과 식품은 없는가? | 이상 없음, 이상 발견 후 조치 | |
| 시설·설비 위생 | 조리실의 정리정돈 상태는 어떠한가? | 청결, 미흡, 불량 | |
| | 식품 창고의 청결과 정리정돈 상태는 어떠한가? | 청결, 미흡, 불량 | |
| | 고장 또는 수리를 요하는 시설·설비가 있는가? | 이상 없음, 고장( ) | |
| | 냉장고는 정상 작동되는가?<br>청결 및 정리정돈 상태는 어떠한가? | 이상 없음, 이상 발견 후 조치<br>청결, 미흡, 불량 | |
| | 용도에 따라 구분하여 사용하였나?<br>(야채, 생선, 육류로 구분 − 칼, 도마, 식기류 등) | 구분 사용, 미사용( ) | |
| | 조리기구·기계는 사용 전·후 세척, 소독을 실시하였나? | 실시, 미실시 | |
| | 행주, 도마, 칼은 소독하고 사용하였는가? | 실시, 미실시( ) | |
| | 쥐, 파리 등 해충류가 있는가? | 없음, 있음(종류: ) | |
| | 쓰레기의 처리 상태는 어떠한가?(잔반량: kg) | 청결, 미흡, 불량 수거 상태( ) | |
| 안전관리 | 가스, 수도꼭지 잠금을 확인하였나? | 확인, 미확인 | |
| | 문단속, 전열기 코드를 뽑았나? | 확인, 미확인 | |
| | 급식실 바닥은 미끄럽지 않게 관리되는가? | 관리, 미관리( ) | |
| 기타 | | | |

* 지침에는 5℃ 이하로 되어 있었으나 2009년 식품위생법 시행규칙 개정에 따라 −18℃ 이하 냉동보관으로 바뀜.

• 감염성 질환: 설사, 고열, 구토, 피부발적/습진, 인후염, 결핵, 눈·귀·코에 진물, 알레르기 질환, 피부감염(화상, 화농성 질환 또는 상처)

• 출처: 교육인적자원부(2007). 유치원 급식관리 운영지침서, p. 72.

# II-5. 조리실 청소 점검표

## 일(주)별 조리실 청소 점검표(예)

| 항목 | | 담당 | 월 | 화 | 수 | 목 | 금 | 토 | 지적사항 | 조치사항 |
|---|---|---|---|---|---|---|---|---|---|---|
| 일별 | 밥솥 | | | | | | | | | |
| | 국솥 | | | | | | | | | |
| | 조림솥 · 튀김솥 | | | | | | | | | |
| | 식판 | | | | | | | | | |
| | 작업대 | | | | | | | | | |
| | 세정대 | | | | | | | | | |
| | 도마 · 칼 | | | | | | | | | |
| | 밥통 · 반찬통 · 국통 | | | | | | | | | |
| | 조리기구 | | | | | | | | | |
| | 냉장 · 냉동고 | | | | | | | | | |
| | 가스레인지 · 오븐 | | | | | | | | | |
| | 식품보관실 | | | | | | | | | |
| | 배식기기류 | | | | | | | | | |
| | 벽 및 바닥 | | | | | | | | | |
| | 배수구 및 음식찌꺼기 거름망 | | | | | | | | | |
| | 쓰레기통 | | | | | | | | | |
| 주별 | 배기후드 | | | | | | | | | |
| | 유리창 · 방충망 | | | | | | | | | |
| | 전기소독고 | | | | | | | | | |
| | 조명 · 환기시설 | | | | | | | | | |
| 청소 시 유의사항 | | -전열기구의 코드를 뽑거나 차단기를 내려 감전 사고에 유의한다.<br>-음식물이 오염되지 않도록 보관 후 청소를 실시한다. | | | | | | | | |
| 확인자: | | 확인일자: 20 . . .( 요일) | | | | | | | | |

• 출처: 교육인적자원부(2007). 유치원급식관리운영지침서, p. 71.

# II-6. 보육시설 급식관리 체크리스트

## 보육시설 급식관리 체크리스트

| | 연번 | 점검사항 | 점검 |
|---|---|---|---|
| 위생관리 | 1 | 작업 전 건강상태를 확인한다(감기, 설사, 손 상처자 등 조리금지). | |
| | 2 | 위생복, 위생화, 앞치마, 위생모를 착용한다. | |
| | 3 | 배식 시 배식 전용기구, 마스크, 위생장갑을 사용하고 있다. | |
| | 4 | 유통기간 확인 및 선입선출을 준수하고 있다. | |
| | 5 | 식재료 보관실은 항상 청결을 유지하고 있다. | |
| | 6 | 가열 식품의 중심온도(74℃ 이상)를 측정 · 확인하고 있다. | |
| | 7 | 조리 후 관리 및 오염방지를 위한 조치를 취하고 있다. | |
| | 8 | 보존식 보존 및 관리기준을 준수하고 있다(배식 직전 소독된 전용 용기에 100g 이상 채취하여 144시간 냉동 보관).** | |
| | 9 | 어류 · 육류 · 채소류를 취급하는 칼 · 도마는 각각 구분하여 사용하고 있다. | |
| | 10 | 식기류 및 조리기구의 세척, 소독을 철저히 하고 있다. | |
| | 11 | 쓰레기 및 잔반은 즉시 처리하고 있다. | |
| | 12 | 세제, 소독제, 살충제에 라벨을 부착하고 분리보관하여 오염 또는 혼입을 방지하고 있다. | |
| | 13 | 방충, 구서 등을 위한 정기적인 방역 소독필증을 보관하고 있다. | |
| 식재료 | 1 | 식재료의 입고날짜를 기록한 라벨을 부착하고 있다. | |
| | 2 | 식재료 검수일지를 작성하고 보관하고 있다.** | |
| | 3 | 식재료의 재고관리(기록유지)를 실시하고 있다.** | |
| 작업관리 | 1 | 조리 후 2시간 이내 배식하고 있다. | |
| | 2 | 영양사가 작성한 식단을 사용하고 있다. | |
| | 3 | 표준 레시피를 작성하고 있다.** | |
| | 4 | 영양사나 교사는 검식 후 검식일지 작성 및 배식 점검을 하고 있다. | |
| 시설설비관리 | 1 | 조리장을 오염작업 구역과 비오염작업 구역으로 구분하고 있다. | |
| | 2 | 조리장 바닥과 배수로에는 물고임 및 냄새역류 방지 시설이 설치되어 있다. | |
| | 3 | 후드, 환풍기가 설치되어 있고 청결하게 관리하고 있다. | |
| | 4 | 방충, 방서를 위한 적정 설비가 구비되어 있고 정기적으로 관리하고 있다. | |
| 급식경영 | 1 | 조리실 내에 단체급식 신고필증, 영양사 면허증, 조리사 자격증이 게시되어 있다.** | |
| | 2 | 보육시설에서 직접 조리하고 있다. | |
| | 3 | 급식운영계획서가 비치되어 있다.** | |
| | 4 | 급식일지를 작성하고 보관하고 있다. | |
| | 5 | 위생점검일지를 작성하고 보관하고 있다. | |
| | 6 | 운영위원회를 통해 자체점검을 실시하고 있다. | |
| | 7 | 급식내용을 공개(실물전시, 홈페이지게시 등)하고 있다. | |

• '**' 가 표시된 점검사항은 집단급식소 미신고 대상시설에서 반드시 준수할 사항은 아님

• 출처: 보건복지가족부(2010). 2010 보육사업안내 서식, pp. 8~9(II-4).

# 부록 III 안전 관련

## III-1. 가정 내 안전사고 예방수칙*

| 항 목 | 예 | 아니요 | 보완 일자 | 보완내용/비고 |
|---|---|---|---|---|
| 1. 방과 거실 | | | | |
| • 벽에 무거운 물건을 걸지 않는다. | | | | |
| • 쉽게 움직일 수 있는 물건은 테이블 위에 놓지 말아야 한다. 물건이 아이들의 머리 위에 떨어질 수 있기 때문이다. | | | | |
| • 아이들 방에는 가벼운 가구를 두지 않는다. 아이들이 가구를 끌고 다녀 다칠 수 있기 때문이다. | | | | |
| • 이층침대는 되도록 사용하지 않는 것이 좋으며 침대의 높이는 아이들이 혼자서 오르내릴 수 있을 정도가 적당하다. 또한 보조난간을 설치하고 모서리가 둥근 것을 선택한다. | | | | |
| • 창문의 모양에 따라 안전 고리를 설치하고 2층의 창문에는 반드시 안전망이나 난간을 설치한다. | | | | |
| • 창틀 위에 어린이 용품을 올려놓지 않는다. 아이들이 이것을 꺼내기 위해 기어올라가 사고가 날 수 있다. | | | | |
| • TV 뒷부분을 만질 수 없도록 설치하고 라디오, 레코드 등은 어린이의 손이 닿지 않는 곳에 둔다. | | | | |
| • 침대, 소파, 가구 등에 올라가지 않도록 한다. | | | | |
| • 장롱 안에 들어가지 않도록 가르친다. | | | | |
| 2. 욕실, 화장실 | | | | |
| • 세면대 혹은 변기의 윗부분에 유리컵이나 화장품 등을 얹어 놓지 않도록 한다. | | | | |
| • 세면대에 매달리거나 변기 뚜껑을 밟고 위에 올라가지 않도록 한다. | | | | |

* 세이프키즈 코리아 · 가정내 안전: 1. 장소별 안전사고 예방수칙 2. 주방용품별 안전사고 예방수칙(www.safekids.or.kr/safeworld_8_3_1.asp; safeworld_8_3_2.asp)

(계속)

| 항 목 | 예 | 아니요 | 보완일자 | 보완내용/비고 |
|---|---|---|---|---|
| • 욕실 앞 깔개는 뒷면에 미끄럼 방지 처리가 된 것을 선택한다.<br>• 욕실의 벽이나 욕조 바로 옆에 손잡이 봉을 부착하여 미끄러질 때 잡을 수 있도록 한다.<br>• 바닥에 고무매트나 안전 발판 같은 미끄럼 방지 도구를 깔아 둔다.<br>• 아이가 욕실 바닥에 물건을 늘어놓고 장난을 하지 않도록 주의시킨다.<br>• 세면대가 아이의 키에 맞지 않는 경우에는 받침대를 줄 수도 있으나, 받침대가 미끄러질 위험이 있으므로 세숫대야에 물을 받아 바닥에서 사용하도록 한다.<br>• 아이가 비누조각이나 샴푸 등에 미끄러지기 쉬우므로 사용 후에 반드시 비누는 비누곽에 넣고 샴푸는 즉시 마개를 닫아 둔다.<br>• 비누, 치약, 샴푸는 쓰고 난 뒤에 제자리에 두고 세제는 아이의 손이 닿지 않는 곳에 보관한다. 아이가 먹을 수 있다.<br>• 화장실 세탁세제나 변기를 청소하는 솔 등은 변기 위에 놓지 말고 벽장 속에 넣어 잠가 둔다.<br>• 아이들이 어른들의 전기 면도기나 헤어 드라이기 등을 욕실에서 젖은 손으로 만지고 장난치지 못하게 잘 감시해야 한다.<br>• 모든 전기제품은 욕실 밖에 두는 것이 가정 안전한 예방책이나 욕실 안에서 사용해야 하는 경우에는 욕조나 변기, 세면기 등에 떨어지지 않도록 잘 보관한다. 반드시 물기가 마른 상태에서 사용하며 사용하지 않을 때에는 전원 플러그를 뽑아 놓아야 한다.<br>• 아이가 목욕할 때는 항상 물의 온도를 확인하고 수도꼭지에 머리를 부딪치지 않도록 주의하며 뜨거운 수도꼭지를 아이가 만지지 못하도록 주의한다.<br>• 만 3세 미만의 아이는 욕조에서 익사할 우려가 있으므로 혼자 욕실에 두지 않도록 한다.<br>• 세탁기 안에 들어가지 않도록 가르친다.<br>• 욕실이나 화장실에서는 뛰거나 장난치지 않도록 가르친다. | | | | |
| 3. 주방<br>• 뜨거운 국이나 물이 담겨 있는 냄비를 만지지 않도록 한다.<br>• 뜨거운 물을 사용할 때는 항상 주의한다.<br>• 냉장고 문이 잘 닫혀 있는지 항상 확인한다. | | | | |

(계속)

| 항 목 | 예 | 아니요 | 보완 일자 | 보완내용/비고 |
|---|---|---|---|---|
| • 부엌 바닥은 미끄러지지 않도록 가능한 한 왁스 칠은 하지 말고, 물기가 있을 때는 즉시 닦는다.<br>• 싱크대 문을 열고 닫을 때 아이들의 손가락이 문에 끼지 않도록 모든 찬장과 서랍은 줄을 이용하여 묶어 두는 등의 잠금장치를 하거나, 손쉽게 열 수 없도록 버튼용 개폐 방지 손잡이를 부착한다.<br>• 칼이나 포크, 가위, 채칼, 열려 있는 깡통 등 날카로운 물건은 아이들의 손이 닿지 않는 곳에 보관하고 위험한 물건임을 알려 주어 만지지 않도록 한다.<br>• 아이가 가스레인지를 만지지 않도록 하며 항상 중간 밸브를 잠그고 가스 누설 자동 차단 장치를 반드시 설치한다.<br>• 튀김 요리를 할 때는 아이들의 접근을 막도록 하며 기름을 식힐 때는 장소를 잘 선정하여 화상사고를 미연에 방지하도록 한다. 특히 튀김용 냄비 등을 바닥에 아무렇게나 두지 않는다.<br>• 취사 중에는 아이가 부엌에 오지 못하게 하고 전기밥솥의 증기로 인한 화상사고가 발생하지 않도록 주의하여야 한다.<br>• 아이들이 쓰레기통을 뒤질 수 있으므로 깡통 뚜껑은 안으로 집어넣어 양옆을 찌그러뜨리고 예리한 물건을 버릴 때는 매우 조심한다(뚜껑 있는 쓰레기통 사용).<br>• 엄마가 일하는 곳과 멀리 떨어진 곳에 아이의 놀이 장소를 마련하되 아이도 엄마를 마주 볼 수 있고 엄마도 일하면서 아이를 살펴볼 수 있는 장소를 선택한다.<br>• 냉장고 안에 들어가지 않도록 가르친다. | | | | |
| 4. 창문, 베란다<br>• 창문, 베란다에는 창문 보호대나 난간을 반드시 설치한다. 방충망만으로는 안전하지 못하다.<br>• 어린이가 창문 밖으로 상체를 내밀거나 베란다 난간에 기대서지 않도록 한다.<br>• 문이나 창문에는 잠금장치를 하여 어린이가 혼자서 창문을 열 수 없도록 한다.<br>• 창문 가까이에 가구나 영유아의 시선을 끄는 물건을 두지 않는다.<br>• 베란다에서는 가급적 어린이 혼자 놀지 않도록 한다.<br>• 베란다에는 아이가 딛고 올라설 수 있는 의자, 상자 등을 치우도록 한다. | | | | |

(계속)

| 항 목 | 예 | 아니요 | 보완일자 | 보완내용/비고 |
|---|---|---|---|---|
| 5. 계단<br>• 표면이 미끄러운 건축자재를 사용하거나 미끄러운 왁스 칠을 하지 않는다.<br>• 계단에는 충분한 높이의 튼튼한 난간을 양쪽에 설치한다.<br>• 난간은 계단이 끝나는 지점까지 설치하고 수시로 점검한다.<br>• 계단은 항상 밝게 조명되어야 하며 불필요한 물체나 물기가 없어야 한다.<br>• 계단 옆의 벽에 어린이의 시선을 끌 수 있는 그림이나 사진을 걸지 않는다.<br>• 어린이가 계단을 올라갈 때 보호자는 반드시 아래쪽을 걸어 간다.<br>• 계단에 날카로운 부위 등 위험이 없는지 수시로 점검한다. | | | | |
| 6. 전기 콘센트<br>• 어린이의 손이 닿을 수 있는 콘센트에는 안전장치나 덮개를 한다.<br>• 껍질이 벗겨진 전선이나 전원은 바로 교체한다.<br>• 어린이가 전원에 열쇠나 핀 등의 쇠붙이를 꽂지 않도록 한다.<br>• 전기용품을 사용하다가 물에 빠뜨렸을 때에는 플러그를 먼저 뽑고 나무집게 등의 절연체를 이용하여 건져 낸다.<br>• 플러그를 꽂거나 뺄 때에는 전깃줄을 잡지 말고 반드시 플러그를 잡는다.<br>• 전깃줄은 벽이나 천장에 부착하는 것이 좋으며 어린이가 전기 코드나 전깃줄을 건드리며 놀지 않도록 한다. | | | | |
| 7. 주방용품별 안전사고 예방수칙<br>1) 질식사고<br>• 아이스박스, 냉장고, 세탁기 등은 주방에서 흔히 사용하는 비품이고 전혀 위험요소가 없는 것 같지만 아이들에게는 위험할 수 있다. 숨바꼭질을 하면서 이러한 비품 속에 숨었다가 질식하는 치명적인 사고가 발생할 수 있기 때문이다. 아이가 이러한 비품 속에 들어갔다가 문이 닫히게 되면 공기가 차단되어 아이의 비명소리도 들리지 않는다. 아이가 조용하고 보이지 않는 경우에 가장 먼저 찾아볼 곳이 이러한 주요 주방 비품들이다. 주방의 비품 속에 숨지 않도록 아이들에게 주의시켜야 한다. | | | | |

(계속)

| 항 목 | 예 | 아니요 | 보완일자 | 보완내용/비고 |
|---|---|---|---|---|
| • 영아가 있는 가정에서는 과일이나 과자와 같은 먹는 것 모양의 자석을 냉장고에 붙여 놓지 않아야 한다. 즉, 소형 자석을 냉장고에 메모 부착용으로 사용하지 않아야 한다. 아이가 입속에 넣어서 질식할 위험이 있다.<br>2) 화상사고<br>(1) 가스레인지<br>• 뜨거운 음식이나 물을 아이에게 떨어뜨려서 화상을 입히거나 아이가 뜨거운 음식을 자신에게 잡아당겨서 화상을 입는 경우가 있다. 가스레인지에서 음식을 요리하는 동안에는 요리 도구의 손잡이를 안쪽으로 향하도록 해야 한다. 이때 손잡이가 다른 버너에 닿지 않도록 주의하고 손잡이가 돌거나 흔들리지 않는지 확인한다.<br>• 뜨거운 음식이나 음료는 항상 아이의 손에 닿지 않게 보관한다.<br>• 아이를 안을 때는 뜨거운 것을 내려놓는다.<br>• 가스레인지의 불꽃이 정상인지 규칙적으로 점검한다.<br>〈 가스레인지에 의한 화재 예방 〉<br>① 아이의 간식은 가스레인지와 떨어진 곳에 보관한다.<br>② 아이의 손에 닿지 않는 곳에 소화기를 비치한다. 적당한 나이가 되면 소화기의 바른 사용법을 가르친다. 너무 큰불일 때는 불을 끄려고 하지 말고 밖으로 피해야 한다는 것을 아이에게 가르친다.<br>③ 가스레인지 주위에 커튼, 수건, 종이수건과 같이 탈 수 있는 물건은 두지 않는다.<br>④ 가스레인지에서 요리할 때는 소매가 헐렁하거나 긴 옷은 입지 않는다.<br>⑤ 가스레인지 근처에서 수프레이 제품을 사용하지 않는다.<br>⑥ 가스레인지에 음식을 데울 때는 냄비 바닥에 받침이 붙어 있는지를 확인한다. 들러붙은 냄비받침이 타서 화재를 일으킬 수 있다.<br>⑦ 정기적으로 가스 밸브를 점검한다.<br>(2) 전자레인지<br>• 아이가 글을 읽을 줄 알아서 전자레인지를 이용한 요리 방법과 시간에 대해서 완전히 이해할 때까지는 전자레인지를 사용하지 못하도록 한다. 아이가 가스레인지를 사용하지 못할 나이이면 전자레인지도 사용하지 못하도록 해야 한다. | | | | |

(계속)

| 항 목 | 예 | 아니요 | 보완일자 | 보완내용/비고 |
|---|---|---|---|---|
| • 전자레인지를 사용할 수 있는 나이가 되면 아이와 함께 사용설명서를 다시 읽는다. 사용 수칙을 꼭 지키도록 하면서 아이가 올바르게 사용하는지를 지켜보아야 한다.<br>• 전자레인지에 데워 보지 않은 음식을 데울 때는 먼저 어른에게 물어보도록 한다.<br>• 전자레인지에 사용할 수 있는 용기에 대해서 주의시킨다.<br>• 아이가 전자레인지에서 용기를 꺼낼 때는 뜨거우므로 집게를 사용하도록 한다.<br>• 전자레인지에 빈 용기를 넣고 작동시키지 않도록 해야 한다. 이를 예방하기 위해 물이 든 유리컵을 전자레인지에 넣어 두는 방법이 있다.<br>〈 전자레인지에서 요리한 음식 〉<br>① 전자레인지에서 요리한 음식이 전자레인지 자체보다 더 위험할 수 있다. 전자레인지 안에서 음식이 가열된다는 사실을 아이에게 가르쳐야 한다. 차가운 음식도 전자레인지에 넣고 작동시키면 입이나 식도에 화상을 입을 수 있다.<br>② 어린 아기용 음식(이유식 등)을 전자레인지에 데우지 않는다. 뜨거운 덩어리에 아기의 입이 델 수 있다.<br>③ 소시지나 핫도그와 같이 밀착 포장된 것들은 전자레인지에 넣기 전에 구멍을 뚫어 준다. 그렇지 않으면 터질 수 있다.<br>④ 전자레인지에 달걀을 넣을 때는 껍질을 벗기고 노른자위를 찔러 주어야 한다고 아이에게 주의시킨다. 달걀을 꺼내다가 뜨거운 달걀이 아이에게 떨어질 수 있다.<br>⑤ 뜨거운 김에 델 수 있음으로 음식을 전자레인지에서 꺼낸 후에는 랩에 구멍을 뚫고 김이 빠진 뒤에 주의해서 랩을 벗겨 내도록 한다.<br>(3) 소형 가전 제품<br>• 커피메이커, 전기밥솥, 토스터기, 분쇄기 등을 한 개의 콘센트에 동시에 사용하지 않도록 해야 한다.<br>• 모든 플러그와 코드의 상태를 점검해서 낡았거나 해진 것들은 수리하거나 사용하지 않아야 한다. | | | | |

# III-2. 유아교육기관 안전점검표

## 1) 유아교육기관 안전점검표*

### (1) 실 내

| 항 목 | 예 | 아니요 | 보완일자 | 보완내용/비고 |
|---|---|---|---|---|
| 1. 실내 전반 | | | | |
| • 입구에는 미끄러지지 않도록 깔개가 깔려 있거나 미끄럽지 않는 바닥으로 되어 있다. | | | | |
| • 실내 바닥은 부드러우면서도 미끄럽지 않다. | | | | |
| • 온수 파이프나 라디에이터가 있는 경우, 보호망이 덮여 있거나 유아의 손이 닿지 않도록 되어 있다. | | | | |
| • 세면대의 온수 온도는 섭씨 49도 이하다. | | | | |
| • 전기선은 유아의 손이 닿지 않도록 설치되어 있다. | | | | |
| • 전기선은 문, 통행로에서 떨어져 있다. | | | | |
| • 전기선이 깔개나 카펫 밑으로 지나가지 않는다. | | | | |
| • 전기 콘센트는 안전덮개가 씌워져 있다. | | | | |
| • 비상등이 작동한다. | | | | |
| • 약품, 세제, 살충제 등은 원래의 용기에 담겨져 있으며 유아들이 볼 수 없고 닿을 수 없는 곳에 잠겨져 보관되어 있다. | | | | |
| • 살충제는 유아가 닿을 수 없는 표면에만 사용된다. | | | | |
| • 성냥과 라이터는 유아가 볼 수 없고 닿을 수 없는 곳에 놓여져 있다. | | | | |
| • 성인의 핸드백은 유아의 손이 닿지 않는 곳에 있다. | | | | |
| • 창문은 15cm 정도만 열리게 되어 있다. | | | | |
| • 가구들은 안전하게 놓여져 있다. | | | | |
| • 가구들의 모서리는 날카롭지 않게 처리되어 있다. | | | | |
| • 쓰레기통은 항상 뚜껑이 덮여 있으며 난방기구나 기타 열기구로부터 떨어져 있다. | | | | |
| • 벽과 천장의 페인트는 벗겨져 있지 않으며 시멘트가 노출되어 있지 않다. | | | | |
| • 독성을 띤 식물이 없다. | | | | |
| • 난방과 환기 시스템의 작동이 잘 이루어지고 있다. | | | | |

(계속)

* 본 점검표는 Aronson(2002), Decker & Decker (1997), Marotz et al.(2005), 그리고 Sciarra와 Dorsey (1998)에서 제시된 자료를 참고하여 작성한 것임.

| 항 목 | 예 | 아니요 | 보완 일자 | 보완내용/비고 |
|---|---|---|---|---|
| • 습도는 적절하다. | | | | |
| • 건물은 라돈과 기타 오염물질이 있는지의 여부를 검사받았다. | | | | |
| • 거북이, 햄스터, 기타 질병을 유발하는 동물이 없다. | | | | |
| • 애완동물이 있는 경우, 질병이 없고 적절한 예방접종을 받았으며, 깨끗하게 관리된다. | | | | |
| • 실내에는 설치류나 해충이 없다. | | | | |
| • 유아들이 사용하는 모든 영역은 눈에 잘 띈다. | | | | |
| • 화재 감식기가 적절한 곳에 설치되어 있으며 제대로 작동한다. | | | | |
| • 출입구는 분명하게 표시가 되어 있으며 장애물이 없다. | | | | |
| 2. 시설과 놀잇감 | | | | |
| • 책상과 의자는 튼튼하며 틈과 날카로운 모서리가 없다. | | | | |
| • 사물함, 피아노, 책꽂이 같은 큰 가구는 바닥이나 벽에 잘 고정되어 있다. | | | | |
| • 놀잇감과 놀이 시설물은 자주 점검받는다. | | | | |
| • 놀잇감은 어린 유아들이 삼킬 수 없는 크기이며 질식을 유발하는 작은 조각으로 나뉘지 않는다. | | | | |
| • 발사용 놀잇감이 없다. | | | | |
| • 비닐봉투나 풍선을 유아들에게 제공하지 않는다. | | | | |
| • 핫도그, 팝콘, 땅콩 그리고 포도와 같이 질식을 유발할 수 있는 작은 음식은 영아와 걸음마기 유아에게 제공되지 않는다. | | | | |
| • 칠을 한 놀잇감에는 납이 없는 칠이 사용되었다. | | | | |
| • 활동실의 놀잇감은 개방적인 장에 제시된다. | | | | |
| • 놀잇감은 사용하는 유아들의 연령과 능력에 적절하다. | | | | |
| • 미술재료는 무독성이다. | | | | |
| • 카펫, 커튼, 베개, 담요, 천으로 된 놀잇감들은 방염성 재료로 되어 있으며 정기적으로 세탁한다. | | | | |
| • 영아의 머리와 목 주변에는 어떤 놀잇감도 매달아 놓지 않는다. | | | | |
| • 영아용 보행기는 사용하지 않는다. | | | | |
| • 영아나 걸음마기 유아들이 젖병을 물고 걸어다니지 않는다. | | | | |
| 3. 계단과 출입구 | | | | |
| • 계단에는 어떤 물건도 놓여 있지 않다. | | | | |
| • 계단은 밝다. | | | | |
| • 계단 바닥은 미끄러지지 않는 재질로 되어 있다. | | | | |

(계속)

| 항 목 | 예 | 아니요 | 보완일자 | 보완내용/비고 |
|---|---|---|---|---|
| • 계단의 양쪽에는 유아가 오르내릴 때 잡을 수 있는 난간이 있다. | | | | |
| • 계단의 난간의 높이는 유아의 키에 맞추어 있으며 흔들거리지 않는다. | | | | |
| • 영아와 걸음마기 유아가 있는 경우 계단의 위아래 양 끝에 문을 달아 접근하지 않도록 한다. | | | | |
| • 비상문은 쉽게 열게 되어 있다. | | | | |
| • 유아들이 부딪칠 수 있는 모든 영역에는 안전유리가 사용된다. | | | | |
| • 모든 출입구는 외부인의 출입을 감시하기에 용이하게 되어 있다. | | | | |
| • 성인이 감독할 수 없는 문은 그 문이 비상 탈출구로 사용되지 않는 한 잠겨져 있다. | | | | |
| 4. 부엌 | | | | |
| • 성인은 음식을 다루기 전에 반드시 손을 씻는다. | | | | |
| • 냉장고에는 온도계가 있으며 온도는 언제나 섭씨 4도 이하로 유지된다. | | | | |
| • 상하기 쉬운 음식은 모두 뚜껑 달린 용기에 넣어 섭씨 4도 이하 또는 냉동 상태에서 보관한다. | | | | |
| • 뜨겁게 먹는 음식은 섭씨 60도 이상으로 데워 먹인다. | | | | |
| • 내복약을 냉장고에 보관할 경우, 냉장고 안에서 음식에 쏟아지는 것을 방지하기 위해 뚜껑 달린 용기에 넣어 보관한다. | | | | |
| • 쓰레기통은 음식을 준비하고 저장하는 곳에서 멀리 떨어져 있다. | | | | |
| • 쓰레기통은 뚜껑으로 덮여져 있다. | | | | |
| • 세제와 기타 독성물질은 원래의 용기에 담겨져 유아의 손이 닿지 않는 곳에 보관한다. | | | | |
| • 도마는 깨끗하고 금이 가 있거나 이가 빠져 있지 않다. | | | | |
| • 식기는 금이 가 있거나 이가 빠져 있지 않다. | | | | |
| • 성인의 감독 없이 유아들이 부엌에 접근하지 않는다. | | | | |
| • 영유아를 안고서 요리하지 않는다. | | | | |
| • 뜨거운 음식은 유아가 닿을 수 없는 곳에 둔다. | | | | |
| • 전기선은 사람들이 걸려 넘어지지 않도록 놓여 있다. | | | | |
| • 칼, 유리컵과 같이 위험한 식기류는 유아들의 손이 닿지 않는 곳에 안전하게 보관한다. | | | | |

(계속)

| 항 목 | 예 | 아니요 | 보완일자 | 보완내용/비고 |
|---|---|---|---|---|
| • 조리대 근처에는 유아들이 갈 수 없게 되어 있다.<br>• 조리용 기구의 손잡이는 언제나 조리대의 뒤쪽을 향하고 있다.<br>• 조리대 근처 벽에 ABC형 소화기가 구비되어 있다.<br>• 부엌에는 성인의 감독 없이 유아들이 접근하지 못하게 되어 있다. | | | | |
| 5. 화장실<br>• 전기 콘센트에는 안전덮개가 씌워져 있다.<br>• 세제와 소독제는 유아의 손이 미치지 않는 곳에 그리고 잠금장치가 된 가구 안에 보관한다.<br>• 휴지는 유아가 변기에서 일어나지 않고도 손이 닿을 수 있는 곳에 비치되어 있다.<br>• 이동용 변기를 사용할 경우 음식을 준비하는 곳이나 먹는 곳에서 사용하지 않는다.<br>• 이동용 변기를 사용하지 않을 때에는 유아의 손이 닿지 않는 곳에 둔다.<br>• 이동용 변기를 사용할 경우 아동용 변기가 사용 후 소독하기 용이한 재질로 만든 것이며 변기를 닦고 소독하는 세면대는 가능하면 그 용도로만 사용한다.<br>• 성인과 유아 모두 화장실 사용 후와 기저귀를 간 후에 손을 씻는다.<br>• 기저귀를 갈거나 더러워진 옷을 갈아입힐 때는 음식을 준비하거나 놀이 장소로부터 떨어진 곳에서 갈아입힌다.<br>• 기저귀, 휴지, 상처를 닦은 종이나 천들을 버리는 쓰레기통은 손을 사용하지 않고 발로 페달을 조작하여 여닫게 되어 있는 것을 사용한다.<br>• 쓰레기통 안에 비닐봉투를 넣고 사용하며 매일 비우고 청결을 유지한다.<br>• 손을 씻을 때는 액체비누와 종이수건이 사용된다.<br>• 온수의 온도는 섭씨 43도를 넘지 않는다.<br>• 바닥은 부드럽되 미끄럽지 않다. | | | | |
| 6. 활동실<br>• 활동실의 크기는 유아당 적어도 3.3m$^2$(약 1평)다.<br>• 실내온도는 20~29℃다.<br>• 활동실은 환기가 잘 된다.<br>• 활동실은 밝다. | | | | |

(계속)

| 항 목 | 예 | 아니요 | 보완 일자 | 보완내용/비고 |
|---|---|---|---|---|
| • 유아가 사용하는 모든 활동실에는 출입구가 2개 있다. | | | | |
| 7. 위급 상황에 대한 준비 | | | | |
| • 소화기는 사용하기 편리한 곳에 있으며 적어도 1년에 1회 점검된다. | | | | |
| • 모든 교직원은 소화기를 정확히 사용할 수 있다. | | | | |
| • 모든 교직원은 위급 시 자신의 역할과 책임을 이해하고 있다. | | | | |
| • 교직원 중 적어도 한 명은 구급처치와 심폐소생술을 시행할 수 있다. | | | | |
| • 구급처치함을 적어도 한 달에 한 번 점검하며 교직원들이 쉽게 사용할 수 있는 곳에 둔다. | | | | |
| • 한 달에 1회 재난대피훈련이 이루어진다. | | | | |
| • 유아들에게 자신과 다른 유아가 다치면 즉시 성인에게 이야기하도록 가르친다. | | | | |
| • 견학 시 언제나 구급처치함을 가지고 간다. | | | | |
| • 연기 감지기와 기타 경보장치가 제대로 작동하는지 규칙적으로 점검한다. | | | | |
| • 실내의 모든 방과 복도에는 대피안내도가 잘 보이는 장소에 게시되어 있다. | | | | |
| • 위급 시 대처절차와 필요한 전화번호부가 전화 가까이 잘 보이는 곳에 있다. | | | | |
| • 문은 나가는 방향으로 열린다. | | | | |

(2) 실 외

| 항 목 | 예 | 아니요 | 보완 일자 | 보완내용/비고 |
|---|---|---|---|---|
| 1. 실외 전반 | | | | |
| • 놀이터는 유아들이 쉽게 접근할 수 있다. | | | | |
| • 놀이터에는 울타리가 있어 주변의 위험요소로부터 유아를 보호한다. | | | | |
| • 앉아 쉴 만한 곳이 있다. | | | | |
| • 실외 놀이터와 접한 길 모든 방향에 놀이터가 가까이 있음을 차량 운전자에게 알리는 표지판이 있다. | | | | |
| • 쓰레기통이 있으며 놀이영역에서 떨어져 있다 | | | | |
| • 독성식물이 없다. | | | | |

(계속)

| 항 목 | 예 | 아니요 | 보완일자 | 보완내용/비고 |
|---|---|---|---|---|
| • 뿌리가 드러난 나무가 없다. | | | | |
| • 음료수대와 씻을 수 있는 시설이 가까이 있다. | | | | |
| • 그늘이 있다. | | | | |
| • 전체 놀이영역이 한눈에 들어와 감독이 용이하다. | | | | |
| 2. 시설물 | | | | |
| • 나사, 볼트 등이 안전마개로 잘 덮여 있다. | | | | |
| • 나사와 볼트가 단단히 조여 있고 연장이 없으면 풀 수 없다. | | | | |
| • 금속으로 만든 시설물인 경우 녹슬거나 페인트가 벗겨져 있지 않다. | | | | |
| • 나무로 만든 시설물인 경우 표면이 부드럽고 쪼개진 틈이 없다. | | | | |
| • 시설물의 가장자리는 날카롭지 않다. | | | | |
| • 줄, 체인 등이 풀려 있거나 닳아 있지 않다. | | | | |
| • 손가락이 끼일 수 있는 구멍이 없다. | | | | |
| • 시설물이 땅바닥과 접촉되는 곳에 부식이 없다. | | | | |
| • 시설물의 모든 부분이 제대로 있다. | | | | |
| • 시설물의 손잡이 직경은 유아가 손으로 굳게 잡을 수 있는 굵기여야 한다. | | | | |
| • 시설물은 유아의 연령과 발달 수준에 맞는다. | | | | |
| • 자전거는 바퀴가 넓으며 유아들의 손발이 미끄러지는 것을 예방하기 위하여 페달과 손잡이가 미끄러지지 않는 표면으로 되어 있다. | | | | |
| • 시설물의 어떤 부분도 유아의 머리가 끼일 위험이 있는 크기의 구멍이나 열린 곳이 없다. | | | | |
| 3. 바닥 | | | | |
| • 미끄럼, 그네, 시소, 오름대 등 바닥에서 올라가 있는 놀이 시설물의 바닥에는 30cm 이상의 두께로 충격흡수 장치(예: 모래, 톱밥, 기타 상품화된 충격흡수 물질)가 구조물 주변의 땅 밑 2.4m에 이르기까지에 있다. | | | | |
| • 매주 바닥을 점검하고 긁어 내어 단단해지는 것을 막는다. | | | | |
| • 바닥을 매일 점검하여 위험한 물건을 제거한다(예: 날카로운 물건, 짐승의 배설물, 쓰레기) | | | | |
| • 적절한 깊이와 범위를 유지하기 위해 유실된 자료들(모래, 흙 등)을 보충해 준다. | | | | |

(계속)

| 항 목 | 예 | 아니요 | 보완 일자 | 보완내용/비고 |
|---|---|---|---|---|
| • 배수가 잘 되어 시설물 안이나 표면에 물이 없다. | | | | |
| 4. 간격 | | | | |
| • 그네는 양쪽 방향에서 충분한 공간이 확보되어 있다(그네의 안장 앞뒤로 그네 높이의 2배). | | | | |
| • 그네 사이의 간격은 최소한 45cm 정도 떨어져 있어야 하며 기둥에서부터 70cm 정도 떨어져 있어야 한다. 타이어 그네의 경우, 간격이 더 넓어야 한다. | | | | |
| • 모든 시설물들 사이에는 240cm 정도의 간격이 있다. | | | | |
| • 시설물 사이의 경계가 유아들이 보기에 뚜렷하다(예를 들어, 페인트로 선을 그려 놓거나 낮은 관목을 심기). | | | | |
| • 자전거 타기, 달리기 등 활동적인 놀이를 위한 영역은 모래놀이와 같이 조용한 활동을 위한 영역과 분리되어 있다. | | | | |
| 5. 미끄럼틀 | | | | |
| • 미끄럼틀의 높이는 1.8m를 넘지 않는다. | | | | |
| • 미끄럼틀 계단의 각도는 50~75° 이며 양쪽에 난간이 있고 발판은 수평이다. | | | | |
| • 미끄럼틀 계단이 미끄럽지 않다. | | | | |
| • 계단의 간격은 일정하며 그 간격의 크기는 23cm보다 작다. | | | | |
| • 미끄럼틀의 꼭대기는 유아가 안정되게 미끄럼을 타는 자세를 잡도록 울타리가 있다. | | | | |
| • 미끄럼틀 꼭대기에는 추락을 충분히 방지할 수 있는 보호울타리가 있다. | | | | |
| • 미끄럼틀의 양 벽은 높이가 최소한 약 6.5cm이고 곡선 미끄럼틀인 경우 약 12cm다. | | | | |
| • 미끄럼틀의 각도는 40° 이하다. | | | | |
| • 미끄럼틀의 밑바닥은 속도를 줄일 수 있도록 바닥과 평행을 이루어 평평하다. | | | | |
| • 미끄럼틀의 밑바닥 앉는 면의 길이는 40cm 정도다. | | | | |
| • 미끄럼틀의 밑바닥은 땅에서부터 20~30cm 정도이며, 38cm 이상 올라와 있지 않다. | | | | |
| • 유아가 튜브나 통을 통해 미끄러져 내려오지 않는다. | | | | |
| • 미끄럼틀판은 나무나 섬유유리로 되어 있지 않다. | | | | |
| • 미끄럼틀 표면이 직사광선을 받지 않는 위치에 있거나 그늘에 위치한다. | | | | |

(계속)

| 항 목 | 예 | 아니요 | 보완 일자 | 보완내용/비고 |
|---|---|---|---|---|
| 6. 오름대<br>• 높이는 걸음마기 유아용은 60~90cm를 넘지 않으며 4~5세 유아용은 120cm 정도다.<br>• 오름대의 발판 간격들은 일정하며 간격은 23~28cm 정도다.<br>• 꼭대기에 올라갔을 때 쉽고 안전하게 나올 수 있다.<br>• 오름대의 막대와 난간의 굵기는 직경 3.7~4cm다.<br>• 바닥에서 75cm 이상 높이의 유아용 기구 주변에는 80cm 이상 높이의 울타리를 두른다.<br>• 울타리 난간 사이의 간격은 9cm를 넘지 않는다. | | | | |
| 7. 그네<br>• 그네 주변은 타이어나 관목으로 된 울타리가 둘러싸고 있다.<br>• 걸음마기 유아와 장애아를 위해 등받이가 있고 안전바가 있는 그네가 제공된다.<br>• 모든 그네의 안장은 가죽, 고무, 기타 가볍고 튼튼한 재료로 되어 있다.<br>• 그네줄의 고리는 's' 형태의 개방된 모양이 아니다.<br>• 그네줄과 앉는 부분이 맞닿는 부분은 손이나 발이 끼지 않도록 되어 있다.<br>• 그네는 가벼운 재질로 되어 있다.<br>• 그네줄의 고리는 직경 8mm 이하다.<br>• 사용하지 않을 때 앉는 부분들은 모두 수평이다.<br>• 한 틀에 그네 두 개를 초과하여 달지 않았다.<br>• 유아들이 타는 그네의 앉는 면의 높이는 45cm를 넘지 않는다.<br>• 타이어 그네의 경우 지지 구조물과 타이어 가장자리 사이에 적어도 60cm의 안전지대가 있다.<br>• 타이어 그네에는 12~15cm마다 물이 빠져나갈 수 있도록 구멍이 뚫려 있다.<br>• 타이어 그네는 강철이 감긴 라디알 타이어로 만들어져 있지 않다. | | | | |
| 8. 시소<br>• 시소가 움직일 때도 손잡이가 흔들리지 않고 고정되어 있다.<br>• 시소의 앉는 면 밑바닥에 고무 타이어를 묻어 충격으로부터 보호한다. | | | | |

(계속)

| 항 목 | 예 | 아니요 | 보완일자 | 보완내용/비고 |
|---|---|---|---|---|
| 9. 모래놀이영역<br>• 모래 놀이터는 그늘진 위치에 있다.<br>• 모래는 매주 점검하고 갈퀴로 갈아서 쓰레기를 제거하고 공기와 햇볕을 고루 쐬도록 한다.<br>• 밤에는 모래밭에 덮개를 씌워 이슬과 동물이 배설하는 것을 막는다.<br>• 배수시설이 적절히 되어 있다. | | | | |

## 2) 보육시설 안전점검표(월별 체크리스트)

(점검상태: 양호○, 보통△, 불량□)

| 구분 | 점검항목 | 점검결과 | 조치시항 |
|---|---|---|---|
| | | 월 | |
| 안전관리 | – 안전관리의 책임 및 위기관리 체계가 적합한가? | | |
| | – 일별 안전점검 체크리스트에 의해 관리되고 있는가? | | |
| 실외 환경 | – 보육시설 주변에 감전 위험은 없는가? | | |
| | – 위험한 적치물, 축대 붕괴, 맨홀 등에 대한 위험은 없는가? | | |
| 실내 환경 | – 모든 설비는 움직이거나 떨어지지 않도록 바닥과 벽면에 단단히 고정되어 있는가? | | |
| | – 창문, 방충망의 상태는 안전한가? | | |
| | – 보육시설 내 비품 및 보육용품에 풀린 나사나 못은 없는가? | | |
| 현관 · 통로 · 계단 · 비상구 | – 출입문, 현관문 등의 안전장치는 정상 작동하는가? | | |
| | – 계단, 통로 부분에 미끄럼 방지처리가 되어 있는가? | | |
| | – 계단의 안전 상태는 양호한가? | | |
| 화장실 · 세면대 | – 화장실 내 전기 콘센트 등 전기용품은 안전한가? | | |
| | – 세면대의 고정 상태는 안전한가? | | |
| 조리실 · 식당 | – 환기가 잘 되고 있는가? | | |
| | – 조리용 칼이나 기타 위험한 주방기구는 지정된 안전한 장소에 보관하고 있는가? | | |
| | – 영유아의 출입이 잘 통제되고 있는가? | | |
| | – 급식종사자의 위생 상태는 양호한가? | | |
| | – 배수가 잘 되고 배수구에는 덮개가 설치되어 있는가? | | |

(계속)

| 구분 | 점검항목 | 점검결과 | 조치사항 |
|---|---|---|---|
| | | 월 | |
| 실외 놀이 기구 및 공간 | – 모든 놀이기구가 바닥에 안전하게 고정되어 있는가? | | |
| | – 놀이 시설물의 상태(틈새나 간격)가 영유아의 몸에 끼이지 않는 너비인가? | | |
| | – 기초대, 지지대 등 매설부분이 노출되지 않았는가? | | |
| | – 모든 놀이기구 아래와 주위(안전지대)의 충격흡수재 성능은 양호한가? | | |
| | – 보수가 필요한 놀잇감 및 놀이기구가 방치되어 있는가? | | |
| | – 놀이기구의 높이가 영유아에게 적합한가? | | |
| | – 품질경영 및 공산품 안전관리법에 의한 안전검사를 필한 제품인가? | | |
| 전기 · 가스 · 위험물 안전관리 | – 전선, 콘센트, 플러그 등 손상된 부분은 없는가? | | |
| | – 한 개의 콘센트에 용량을 초과해 사용하고 있지 않은가? | | |
| | – 전기기구는 규격 전선을 사용하고 있는가? | | |
| | – 각종 전기기구의 접속 상태가 노후, 파손된 곳은 없는가? | | |
| | – 분배전반 및 각종 전기기구의 노후 및 파손된 것은 없는가? | | |
| | – 가스경보기의 설치상태가 양호한가? | | |
| 소방시설 관리 | – 대피를 위한 대피도가 잘 관리되어 있는가? | | |
| | – 소화기, 스프링클러 등 소화장비의 작동 및 관리상태는 양호한가? | | |
| | – 자동화재 탐지설비의 설치상태가 양호한가? | | |
| | – 옥내소화전의 관리 및 작동이 양호한가? | | |
| 비상대피 시설관리 | – 비상계단 및 미끄럼대 등이 화재 등 유사시 사용이 가능한가? | | |
| | – 피난유도등 유도표지 등이 잘 갖추어져 있고 정상 작동하는가? | | |
| | – 건물 내 대피경로에 장애가 되는 요소는 없는가? | | |
| 차량안전 관리 | – 차량은 점검기준에 의해 정기적으로 안전점검을 실시하고 있는가? | | |

• 출처: 보건복지가족부(2010). 2010 보육사업 안내 서식 〈II-5〉, pp. 11–12.

# 부록 IV 건강 관련

## IV-1. 입학 시 유아의 보호자로부터 받아야 하는 정보의 목록

* 꼭 받아야 할 것

1. 어린이의 출생에서부터 현재까지의 발달에 대한 정보(부모의 기록):
   - 출산 방법 / 장소 / 출생 시의 몸무게 / 임신기간 / 병력 / 발육력: 운동능력, 언어능력, 인지능력, 사회성, 기질, 성품 등 / 유전적 질병 / 가족 간에 퍼진 질병
2. 소아과 의사의 건강진단기록
   - 건강을 위해 특별히 주의할 사항의 기록-음식, 약, 활동들에서 주의할 점 또는 예방책
   - 유아가 받은 예방접종에 대한 내용
   - 유아가 받은 건강 평가 기록: 키, 몸무게, 시청력, 걸음걸이, 치아, 심장, 생식기, 관절, 빈혈, 소변검사 등에 있어서 정상 · 비정상의 여부, 권고사항, 계속적으로 진단 치료할 내용
3. 응급처치에 대한 위임 서명

* 선택적으로 받을 수 있는 것

4. 유아의 양도에 관한 기록: 기관에서는 부모나 보호자의 서면상 허가 없이는 일차적 양육자 외에 다른 성인에게 유아를 맡겨서는 안 된다.
5. 견학, 사진 찍는 것에 대한 동의서
6. 유아에 관한 배경 정보: 습관, 좋아하는 음식, 관심사, 좋아하는 놀잇감, 다른 교육기관의 경험, 가족관계 등

# Ⅳ-2. 어린이 개인조사서

## 1) 어린이 개인조사서 1(2, 3세 이하 유아용)

### 개인조사서

1. 어린이의 이름 ____________________
2. 성: 남, 여 생년월일 ____________
3. 아버지의 이름 ____________, 직업 ____________
   근무처의 전화번호 ____________________
4. 어머니의 이름 ____________, 직업 ____________
   근무처의 전화번호 ____________________
5. 집 주 소 ____________________
   전화번호 ____________________
6. 자녀를 본 기관에 보내는 목적(유아와 부모의 입장을 모두 적어 주십시오.)
   ____________________
   ____________________

〈가정에서의 관계〉

7. 가족사항(함께 거주하고 있는 사람을 중심으로)

| 이 름 | 관 계 | 연 령 | 이 름 | 관 계 | 연 령 |
|---|---|---|---|---|---|
| | | | | | |
| | | | | | |

8. 가정에서 어린이와 다른 가족과의 관계를 서술해 주십시오.
   1) 주로 누가 돌보아 줍니까?

   2) 형제, 자매와의 관계:

   3) 가정에서 하는 훈육(또는 교육) 방법
      ① 칭찬과 격려를 많이 해 주고 잘못한 일이 있으면 말로 타이르는 편이다.
      ② 칭찬과 격려를 많이 하나 잘못하면 야단을 치거나 매를 든다.

9. 어린이가 특별히 즐기는 활동과 놀이는 무엇입니까?
10. 부모님께서 어린이와 함께 특별히 즐겨 하는 활동은 무엇입니까?

〈어린이의 특성〉

11. 어린이의 개성과 기질은 어떻습니까?
    ① 까다로운 편이다. ② 다루기 편안한 성격이다.
12. 어린이가 안정감을 갖는 방법은 무엇입니까?
    (어린이를 달랠 수 있는 상황, 사람, 물건 등)
13. 어린이가 분노나 좌절의 감정을 어떻게 표현합니까?
    ① 마구 소리 치거나 운다. ② 칭얼댄다.
    ③ 밖으로 거의 드러내지 않는다. ④ 기타: ____________
14. 어린이가 특별히 무서워하는 것이 있습니까?(상황, 사람, 물건 등)
    있다면 구체적으로 적어 주십시오.
15. 1) 어린이가 부모와 잘 떨어집니까? ① 예 ② 아니요
    2) '아니요' 라면 어린이가 어떤 행동이나 반응을 나타냅니까?
16. 어린이가 이전에 집단생활을 경험한 적이 있습니까? 있다면 어떤 기관이었습니까?
17. 언어발달의 수준은 어떠합니까?
    1) 문장을 구성하여 말한다. ① 예 ② 아니요
    2) 경어를 사용한다. ① 예 ② 아니요
    3) 다른 사람이 말하는 것을 주의 깊게 듣는다. ① 예 ② 아니요
    4) 책 보기를 즐긴다. ① 예 ② 아니요
18. 음식
    1) 유아의 식사시간 및 간식시간:
    2) 유아가 좋아하는 음식:
    3) 유아가 안 먹는 음식:
    4) 알레르기를 일으키는 음식:
19. 수면
    1) 잠을 자는 시간과 길이가 규칙적입니까? ① 예 ② 아니요
    2) 하루 수면시간: 총 ____________시간
    3) 낮잠: 일 회 시간
    4) 유아가 쉽게 잠이 듭니까?
    5) 특별한 버릇이나 문제:

20. 배변
   1) 소변을 가립니까?
      ① 완전히 가린다. ② 가끔 실수한다. ③ 전혀 가리지 못한다.
   2) 대변을 가립니까?
      ① 완전히 가린다. ② 가끔 실수한다. ③ 전혀 가리지 못한다.
   3) 유아가 대소변을 옷이나 실내에 보았을 때 어떻게 대응하십니까?
      ① 야단을 친다. ② 유아를 안심시키고 닦아 준다.
      ③ 기타: ______________________________
   4) 유아가 대소변을 어디에서 봅니까?
      ① 화장실 ② 유아용 변기 사용
   5) 가정에서 배뇨, 배변과 관련되어 유아가 사용하는 어휘는 무엇입니까?

   6) 기타 유아의 배변과 관련하여 본 기관에서 알아야 할 점을 적어 주십시오.

21. 기타 본 기관에서 유아를 이해하는 데 필요한 정보를 기록해 주시기 바랍니다.

______________________________

______________________________

작 성 자: ______________

작 성 일: ______________

○○ 유치원/어린이집 원장 귀하

* Weiser, M. G. (1982). *Group Care and Education of infant and toddlers*. The C. V. Mosby Campany에 제시된 자료를 수정 · 보완함.

## 2) 어린이 개인조사서 2

ㅇㅇ유치원/어린이집

<table>
<tr><td rowspan="2">이 름</td><td>(한글)</td><td rowspan="2">남, 여</td><td rowspan="2">년 월 일생</td><td rowspan="4">사 진</td></tr>
<tr><td>(한문)</td></tr>
<tr><td>현 주 소</td><td colspan="3"></td></tr>
<tr><td>작성년월일</td><td colspan="3"></td></tr>
</table>

읽어 두기: 관련 있는 각 항목에 ㅇ표를 하시고 ( ) 속에 해당 사항을 기입해 주십시오.
예) 1. 주양육자: (어머니), 아버지, 할머니
2. 첫 이가 난 때: (5개월)

1. 어린이의 발육과정

| 출생 시 | 정상분만, 조기분만( 개월) 순산, 난산 |
|---|---|
| 수유 방법 | 모유, 모유와 인공영양, 인공영양, 기타( ) |
| 이유 시기 및 방법 | 년 개월 자연스럽게, 강제로 |
| 주요 양육자 | 아버지, 어머니, 할머니, 돌보아 주는 아주머니, 기타( ) |
| 첫 이가 난 때 | 개월 특이한 증상: |
| 앉기 시작 | ( 개월 만에) |
| 걷기 시작 | 년 개월 만에 |
| 질병 | 앓은 질병: 신생아 황달, 성홍열, 백일해, 편도선, 폐렴, 디프테리아, 소아마비, 수두, 기타( )<br>앓은 질병이 발육에 영향이 있다, 없다 |

## 2. 어린이의 발달 및 행동 특성

| 구분 | 내용 |
|---|---|
| 식생활 | 좋아하는 음식( ), 싫어하는 음식( ) |
| | 식사 습관: 식사를 혼자 할 수 있다, 성인이 가끔 도와주어야 한다, 꼭 도와주어야 한다 |
| | 알레르기를 일으키는 음식: |
| 수면 | 혼자 잔다, 부모와 함께 잔다, 그 외 식구 ( )와 함께 잔다 |
| | 잠을 잘 잔다, 잠꼬대를 한다, 자다가 잘 놀라거나 깬다 |
| | 낮잠을 잔다( 시간), 자지 않는다 |
| | 그 외의 수면 습관: |
| 의생활 | 옷을 혼자 입을 수 있다, 성인이 부분적으로 도와준다, 전적으로 도와준다 |
| | 주는 대로 입는다, 자기 마음에 드는 옷만 입으려 한다 |
| | 한 가지만 쭉 입는다, 매일 갈아입으려 한다 |
| | 기타: |
| 용변 | • 용변: 일정한 시간에 규칙적으로 대변을 본다.<br>(아침식사 전, 아침식사 후, 오전, 오후, 밤), 불규칙적이다( )<br>• 용변 후 뒷처리: 스스로 한다, 성인이 도와준다 |
| 건강 | 건강하다, 보통이다, 허약한 체질이다 |
| 친구관계 | 친구와 함께 놀기를 좋아한다, 혼자 놀기를 좋아한다 |
| | 친구 수: ( )명 정도, 적다, 거의 없다 |
| | 놀이 친구와의 연령차: 많은 편이다, 비슷하다 |
| | 놀이장소: 주로 자기집, 친구집, 실외, 모두 해당됨 |
| | 제일 친한 친구 이름: ( ), ( ), ( ) |
| 정서 | 해당사항에 모두 표해 주십시오:<br>명랑, 쾌활하다, 소극적이다, 적극적이다, 침착하고 차분하다,<br>덜렁댄다, 잘 울거나 짜증을 낸다, 겁이 많다, 보통이다, 없다 |
| | 제일 무서워 하는 것: |
| | 흥분을 하는 경우: 손님이 왔을 때, 친척집을 방문했을 때, 기타( ) |
| | 화가 나면 말을 하지 않는다, 물건을 던진다, 울어 버린다, 뛰어나간다, 기타( ) |
| | 낯선 사람에 대한 태도: 부끄러워한다, 잘 어울린다, 관심 없다, 무서워한다 |
| | 말수가 많은 편이다, 보통이다, 적은 편이다 |
| | 그 외의 특징: |
| 기타 | 자기 물건을 잘 간수할 수 있다, 없다 |
| | 놀이 후 정리정돈을 잘한다, 못한다, 하지 않는다 |
| | 음악 듣기를 좋아한다, 좋아하지 않는다 |
| | 가위질을 할 수 있다, 없다 |
| | 그림 그리기를 좋아한다, 좋아하지 않는다 |
| | 만들기를 좋아한다, 좋아하지 않는다 |
| | TV나 비디오를 많이 본다, 적당히 본다, 잘 보지 않는다 |
| | 좋아하는 놀이나 놀잇감: |
| | 학원 및 개인 교습 경험(해당사항에 모두 표해 주십시오: 속셈, 미술, 피아노, 태권도, 수영,<br>주산, 웅변, 바둑, 영어, 기타: ) |
| | 현재 배우고 있는 것(학습지 포함: ) |

## 3. 어린이 환경

| 영역 | 항목 | 구분 | 내용 | 구분 | 내용 |
|---|---|---|---|---|---|
| 일반적 환경 | 주택환경 | 가옥 | 단독주택(대지 평), (건평 평)<br>아파트( 평), 기타( ) | | |
| | | 지대 | 아파트 단지, 주택지, 공장지대, 상업지역, 유흥가, 시장 내 | | |
| | 구독신문 | | | 구독잡지 | |
| | 부모취미 | 부 | | 모 | |
| | 부모특기 | 부 | | 모 | |
| | 가정오락 | | TV 시청 및 비디오 시청, 교육용 컴퓨터, 게임, 바둑, 탁구, 음악감상,<br>노래 부르기, 기타( ) | | |
| | 어린이방 | | 있다, 없다 / 혼자 사용한다, 형제와 함께 사용한다 | | |
| | 놀잇감 | | 봉제완구, 인형, 로봇류, 자동차류, 블록(레고, 코코 등), 그림책, 컴퓨터,<br>퍼즐, 공, 자전거, 기타( ) | | |
| 교육에 대한 부모의 관심 및 태도 | 간식 | | 시간을 정해서 준다, 달라는 대로 준다<br>양을 정해서 준다, 마음대로 먹게 한다 | | |
| | 청결 | | 언제나 혼자서 씻게 한다, 가금 혼자서 씻게 한다, 성인이 씻어 준다 | | |
| | | | 용변(놀이) 후 손을 꼭 씻게 한다, 가끔 씻게 한다, 상관하지 않는다 | | |
| | | | 이 닦기: 음식을 먹고 난 후에는 매번 닦게 한다, 아침과 저녁에만 이를 닦게 한다,<br>아침에만 이를 닦게 한다, 저녁에만 이를 닦게 한다 | | |
| | 언어 | | 어린이와 대화를 많이 한다, 가끔 대화한다,<br>거의 대화하지 않는다(귀찮아서, 시간이 없어서) | | |
| | | | 그림책을 주로 혼자 보게 한다, 어쩌다 읽어 준다, 1주에 2~3일 읽어 준다,<br>1주에 4~5일 읽어 준다, 매일 읽어 준다 | | |
| | | | 윗사람에게 경어를 꼭 쓰게 한다, 대상에 따라 다르다, 상관하지 않는다 | | |
| | 사회 | | 집안에 친구를 데려와 놀게 한다, 친구집에 놀러 가게 한다, 혼자 놀게 한다<br>밖에 나가 노는 것을 금하는 편이다, 장려하는 편이다 | | |
| | | | 손님에게 인사를 꼭 시킨다, 인사를 강요하지 않는다 | | |
| | | | 잘 데리고 다니는 편이다, 특별한 일 외에는 데리고 다니지 않는다 | | |
| | 양육태도 | 부 | 민주적, 권위적, 개방적, 보수적, 자유방임, 무관심 | | |
| | | 모 | 민주적, 권위적, 개방적, 보수적, 자유방임, 무관심 | | |
| | 자녀에 대한 기대 | | 자녀가 앞으로 어떻게 성장하기를 바라십니까? 구체적으로 기록해 주십시오. | | |

### 4. 가족사항

(비고란에는 어린이와 생활을 제일 많이 하는 분의 순서대로 번호를 기입해 주십시오.)

| 이 름 | 관 계 | 연 령 | 학 력 | 직 임 | 종 교 | 비 고 |
|---|---|---|---|---|---|---|
| | | | | | | |
| | | | | | | |
| | | | | | | |
| | | | | | | |
| | | | | | | |
| | | | | | | |
| | | | | | | |
| | | | | | | |
| | | | | | | |
| | | | | | | |

### 5. 비상시 연락처

| 성 명 | 관 계 | 전화번호 | 직 장 명 | 비 고 |
|---|---|---|---|---|
| | | | | |
| | | | | |
| | | | | |
| | | | | |
| | | | | |

### 6. 등하원 시 보호자

| 성 명 | 관 계 | 전화번호 | 직 장 명 | 비 고 |
|---|---|---|---|---|
| | | | | |
| | | | | |
| | | | | |
| | | | | |
| | | | | |

# 참 고 문 헌


경찰청(2009). 유괴, 성폭력예방교육자료(www.mest.go.kr. 2009. 12. 15.).

교육인적자원부(2001). 성희롱 · 성폭력 예방교육 프로그램(유치원 3~6세). 교육인적자원부.

교육인적자원부(2003). 유아를 위한 안전교육자료. 교육인적자원부.

교육인적자원부(2004). 유치원 급식 · 간식식단 및 요리활동 자료. 교육인적자원부.

교육인적자원부(2006a). 부모용 소책자. 성교육 및 성폭력 예방 지침서. 교육인적자원부

교육인적자원부(2006b). 유치원 시설안전관리매뉴얼. 교육인적자원부.

교육인적자원부(2007). 유치원 급식운영관리지침서. 교육인적자원부.

교통안전공단(1996). 교통안전교육-유치원교사용. 교통안전공단.

권지영, 박혜련, 황은미(2001). 유아의 우유군 섭취가 식이의 다양성과 영양소 섭취의 적정도에 미치는 영향. 한국영양학회지, 34(11), 30-38.

국가환경정보센터 환경자료실(www.konetic.or.kr. 2009. 5. 20)

김광일, 고복자(1987). 아동구타의 발생률 조사. 정신건강연구, 제6집, 66-81. 한양대 정신건강연구소.

김계숙 외(1999). 아동간호학. 서울: 신광출판사.

김보들맘, 신혜영(2000). 어린이집 교사의 직무 스트레스에 관한 탐색적 연구. 유아교육연구, 20(3), 253-276.

노혜련(1997). 아동복지서비스. (김현용, 윤현숙, 노혜련, 김연숙, 최균, 이배근 공저) 현대 사회와 아동: 아동복지의 시각에서(pp. 183-392). 서울: 소화.

대한가족보건복지협회(www.ppft.or.kr).

대한소아치과학회(www.kapd.org).

대한영양사회(www.profasso.co.kr).

대한영양사협회(www.dietitian.or.kr)

도로교통법(2004. 1. 29. 법률 제07171호).

도로교통안전관리공단. 교통통계정보(www.rtsa.or.kr/08_information4/infor2.jsp)/

도로교통안전협회(1996). 유아의 교통안전 지도서-유치원교사용.

문수재, 안홍석, 이영미(1997). 어린이 영양과 건강. 서울: 수학사.

보건복지부 (2007). 2006년도 국민구강건강실태조사. 보건복지부.

보건복지부(2007). 2006년도 국민구강건강실태조사.

보건복지가족부(2010). 2010년 보육사업안내. 보건복지가족부.

보건복지가족부 · 중앙아동보호전문기관(2009). 2008년 전국아동학대현황보고서. 보건복지가족부.

보건복지가족부 · 질병관리본부(2009). 국민건강 영양조사 제4기 2차년도(2008) (www. knhanes.cdc. go.kr).

보건복지부 · 한국보건사회연구원(2000). 우리 가족 행복지킴이: 건강소백과.

보건복지부 · 한국보건사회연구원(2003). 어린이 안전수칙을 위한 부모님 가이드. 한국보건사회연구원/보건복지부.

서울시 미세먼지예경보센터(dust.seoul.go.kr/dust/dust_02.html)

서지영, 서영숙(2002). 유치원교사 이직의도에 관한 연구, 유아교육연구, 22(4), 229-250.

세이프키즈코리아 · 가정내 안전(www.safekids.or.kr/safeworld_8_3_1.asp;/safeworld_8_3_2.asp)

스토패드, M.(1994). 어린이 건강 365일(이일남 엮음). 서울: 상아.

식품의약품안전청 '영유아단체급식의 표준식단' (http://nutrition.kfda.go.kr/kidgroup)

신지음(1990). 유치원 교사의 직무 만족도에 관한 연구: 서울시를 중심으로. 중앙대학교 교육대학원 석사학위논문.

신현주(1993). 유아 교사의 직무만족에 관한 연구-Maslow의 욕구 단계를 중심으로. 이화여자대학교 대학원 석사학위논문.

안동현, 홍강의(1987). 한국에서의 아동구타현황. 정신건강연구, 제6집, 53-65. 한양대학교 정신건강연구소.

안효섭 편(2004). 홍창의 소아과학(제8판). 서울: 대한교과서.

소비자안전본부 위해정보팀(2009). 어린이 안전사고 유형별 실태 조사: 위해정보 심층 분석을 중심으로. 한국소비자원.

양일선(1994). 식품구매학. 서울: 수학사.

이경민(2002). 유치원 교사의 생애에 대한 기초 연구. 유아교육연구, 22(3), 95-114.

이기숙, 장영희, 정미라, 배소연, 박희숙(1997). 영유아를 위한 안전교육. 서울: 양서원.

이기숙(2000). 유아교육과정(개정2판). 서울: 교문사.

이명선, 이선희(1997). 응급처치 원칙과 실제. 유아안전교육(pp. 133-145). 1997년도 교원 워크숍 교재. 한국어린육영회 연수원.

이상원(1988). 소아 가정의학백과. 서울: 서문당.

이상원(1998). 부모도 반의사가 되어야 한다. 서울: 도서출판 청문각.

이은옥, 전명희, 박영숙, 유정희(1990). 응급처치의 원리와 실제. 서울: 수문사.

이종복, 이배근(1997). 아동학대의 원인과 대책. 서울: 홍익제.

이진아(2004). 환경오염의 영향이 크다. 어린이 · 청소년 포럼(편), 청소년 어떻게 사랑할 것인가(pp. 114-126). 서울: 청림출판.

이화여자대학교 사범대학 부속유치원(1992a). 3세 어린이를 위한 유치원 교육과정 운영의 실제. 서울: 교문사.

이화여자대학교 사범대학 부속유치원(1992b). 4세 어린이를 위한 유치원 교육과정 운영의 실제. 서울: 교문사.

이화여자대학교 사범대학 부속유치원(1992c). 5세 어린이를 위한 유치원 교육과정 운영의 실제. 서울: 교문사.

이화여자대학교 사범대학 부속유치원 편(2002). 이화유치원 교육과정. 서울: 교문사

인도주의 실천 의사협의회(1996). 꼭 알아야할 건강상식 105. 서울: 한울.

장석민, 김영복, 이정표, 이용순(1995). 국민학교 어린이 사고의 사례분석. 한국교육개발원.

장영일(1989). 어린이 치아관리. 서울: 어문각.

정연강, 조정순(2003). 유아 영양과 건강(개정판). 서울: 양서원.

조양자 외(1986). 아동건강교육. 서울: 형설출판사.

정순일, 이해각(1999). 유모차의 우발적 접힘 사고 원인 및 대책. 한국소비자보호원(www.cpb.or.kr).

중앙아동학대예방센터(2002). 신고의무자가 알아야 할 아동학대예방사업.

중앙학대예방센터(2004). 2003년 전국아동학대현황보고서.

질병관리본부(http://www.cdc.go.kr/kcdchome/jsp/home/health/vac)

질병관리본부 대한소아과학회, 소아 · 청소년신체발육표준치제정위원회(2007a). 소아 · 청소년 표준성장도표. 질병관리본부.

질병관리본부 대한소아과학회, 소아 · 청소년신체발육표준치제정위원회(2007b). 소아 · 청소년 표준성장도표해설. 질병관리본부.

질병관리본부, 예방접종 도우미(http://niptmp.cdc.go.kr).

최석영(1994). 식품오염. 울산대학교출판부.

충치예방연구회(www.dentia.org).

통계청(2007). 2007년도 사망요인 통계지표(www.nso.go.kr/cgi-bin).

통계청(2008). 2008년 5월 6일자 보도자료.

팬더북편집부 엮음(1992). 눈으로 보는 응급처치법. 서울: 팬더북.

한국교육개발원(1995). 어린이 안전교육지침서. 한국산업안전공단.

한국보건산업진흥원(2004). 어린이를 위한 식생활 실천 지침. 보건복지부.

한국보건산업진흥원(2004). 영유아를 위한 식생활 실천 지침. 보건복지부.

한국보건산업진흥원(2004). 임신 · 수유부를 위한 식생활 실천 지침. 보건복지부.

한국산업안전공단(1996). 유아교사용 안전교육 지도서.

한국성폭력상담소(2004).2003년도상담현황파악(http://www.sisters.or.kr/bbs/data/stati/2003년상담통계).

한국소비자보호원(2003a). 유모차. 소비자시대, 10월호. 한국소비자보호원, 18-24.

한국소비자보호원(2003b). 가정내 어린이 안전사고 현황과 예방대책. 제8회 소비자의 날 기념세미나 자료.

한국소비자보호원 생활안전팀(2003). 승용차 내 어린이 탑승자 안전 실태 조사. 한국소비자 보호원(www.cpb.or.kr).

한국소비자보호원 생활안전팀(2005). 어린이 화상사고 실태 및 개선방안. 한국소비자보호원(www.kca.go.kr).

한국소비자원 소비자안전본부 생활안전팀(2009). 학교 등 교육시설 안전사고 조사(요약). 한국소비자원(www.kca.go.kr)

한국안전생활교육회(1996). 화재발생의 원인과 초기진화. 안전과 건강, 겨울호, 15-19.

한국영양학회(2000). 한국인 영양권장량 : 제7차 개정. 사단법인 한국영양학회.

한국영양학회(2005). 한국인 영양섭취기준. 사단법인 한국영양학회.

한정석.황옥남(1988). 아동의 건강과 질병관리. 서울: 신광출판사.

홍강의(1992). 한국 아동학대의 현황과 과제-문제점의 도출과 대책을 위한 제언. 제1회 어린 이와 청소년의 생존 · 보호 · 발달을 위한 전국대회보고서(pp. 165-179). 전국대회조직위원회 · 국제연합아동기금 한국대표부.

홍창의(1997a). 소아과학. 서울: 대한교과서주식회사.

홍창의(1997b). 임상소아과진료. 서울: 대한교과서주식회사.

환경부(2003). 오존오염(예보)경보제(www.me.go.kr. 2003. 8. 1.).

환경부 · 국립환경과학원(2009). 대기환경연보 2008.

Allen, L. H., & Wood, R. J. (1994). Calcium and phosphorus. In M. E., Shils, J., A. Olson, & M. Shike (Eds.), *Modern nutrition in health and disease* (8th ed., pp. 144-163). Lea & Febiger, Philadelphia.

Arena, J. M., & Settle, M. B. (1987). 위험 속에서 노는 아이들 그 예방과 응급처치법(이용일 역, 1989). 서울: 이레서원.

Aronson, Susan S. (1991). *Health & safety in child care*. New York, NY: Harper Collins Publishers.

Aronson, S. et al. (1993). *Preparing for illness: A joint responsibility for parents and caregivers*. Washington, DC: NAEYC.

Aronson, Susan S. (2002). *Healthy Young Children*. Washington, DC: NAEYC.

Bassette, M. (1995). *Infant and child care skills*. Delmar Publishing Company.

Charlesworth, R. (2004). *Understanding Child Development* (6th ed.). Clifton Park, NY: Delmar Learning.

Chang, A., Lugg, M., & Nebedum, A. (1989). Injuries among preschool children enrolled in day-care centers. *Pediatrics, 83*(2), 272-277.

Check, W. A. (1989) 아동학대연구: 학대받는 아동을 어떻게 도울 것인가?(이용교 역). 서울: 다울.

Cornacchia, H. J., Nickerson, C. J., & Olsen L. K. (1988). *Health in elementary schools* (7th ed.). St. Louis, Missouri: Times Mirror/Mosby College Publishing.

Cosgrove, M. S. (1991). Cooking in the classroom: The doorway of mutrition. *Young Children, 46*(3), 43-46.

Decker, Celia A., & Decker, John R. (2005). *Planning and administering early childhood programs* (8th ed.). Upper Saddle River, NJ: Prentice-Hall, Inc.

Down, W., Costin, L., & McFadden, E. (1996). *Child welfare and family services: Policies and practices* (5th ed.). Longman Publishers.

Early Childhood Committee of the Pennsylvania Chapter of the American Academy of Pediatrics (1993). *Preparing for illness—A joint responsibility for parents and caregivers—*. Washington, DC: NAEYC.

Edelman, Carole Lium, & Mandle, Carol Lynn (1990). *Health promotion* (3rd ed.). Mosby.

Egeland, B., & Stroufe, L. A. (1981). Attachment and early maltreatment. *Child Development, 52*, 44-52.

Frost, Joe L., Wortham, Sue, & Reifel, Stuart (2001). *Play and child development.* Upper Saddle River, NJ: Prentice-Hall Inc.

Gabbard, C. P. (2000). *Lifelong motor development.* Boston: Allyn & Bacon

Goodman, G. S., Emery, R. E., & Haugaard, J. J. (1998). Developmental psychology and law: Divorce, child maltreatment, foster, and adoption. In W. Damon (Ed.), *Handbook of child psychology* (pp. 774-874). New York: John Wiley & Sons.

Gordon, A. M., & Browne, K. W. (2004). *Beginnings & beyond : Foundations in early childhood education* (6th ed.). Clifton Park: Delmar Learning.

Hall, D. M. B., Hill, P., & Elliman, D. (1990). *The child surveillance handbook.* Oxford: Radcliffe Medical Press.

Halland, M. (2004). That food makes me sick: Managing food allergies and intolerances in early childhood settings. *Young Children, 59*(2), 42-46.

Heimlich, H. J. (1992). 누구나 할 수 있는 응급처치법(이일남 역). 서울: 태웅출판사.

Hendrick (1984). *The whole child.* Times Mirror/Mosby College Publishing Company.

Hildebrand, Verna (1985). *Guiding young children* (3rd ed.). New York: Macmillan Publishing Company.

Howes (1983). Caregiver behavior in center and family day care. *Journal of Applied Developmental Psychology, 4*, 99-107.

Howes, C., Phillips, D., & Whitebook, M. (1992). Thresholds of quality : Implications for the social development of children in center-based child care. *Child Development, 63*, 449-460.

Hildebrand, V. (1986). *Introduction to early childhood education* (4th ed.). New York: Macmillan.

Jensen, M. A., & Chevalier, Z. W. (1990). *Issues and advocacy in early education.* Boston: Allyn & Bacon.

Kadushin, A., & Martin, J. (1988). *Child welfare services* (4th ed.). Macmillan Publishing Company.

Kendrick, A., S, Kaufmann, R., & Messenger, K. P. (1991). *Healthy Young Children: A manual for programs.* Washington D.C.: NAEYC.

Klein, H. A. (1998-1999). Teaching your toddler to drive : It's never too early. *Childhood Education, 75*(2), 110-111.

Kolbe, L. J. (2005). *A framework for school health programs in the 21st century, 75*(6), 226-228.

Lawton, Josep T. (1988). *Introduction to child care & early childhood education*. Glenview, Illinois: Scott, Foresman and Company.

Leeper, S. H., Witherspoon, R. L., & Day, B. (1984). *Good schools for young children* (5th ed.). New York: Macmilan Publishing Company.

Mack, A. (1978). 배변학습(이경우 역, 1984). 서울: 보육사.

MacLean, W. C., & Graham, G. (1982). *Pediatric nutrition in clinical practice*. Menlo Park, CA: Addison-Wesley.

Marsden, A., Moffat, C., & Scott, R. (1992). 응급처치 매뉴얼(김형묵 역, 1992). 서울: 교문사.

Marotz, Lynn R., Cross, Marie Z., & Rush, Jeanettia M. (2005). *Health, safety, & nutrition for the young child* (6th ed.). Thomson Delmar Learning.

Maxim, G. W. (1985). *The very young: Guiding children from infancy through the years*. Belmont: California. Wadsworth Publishing Company.

Miller, Dean F., Telljohann, Susan K., & Symons, Cynthia W. (1996). *Health education* (2nd ed.). Madison: WI. Brown & Benchmark Publishers.

National Association for the Education of Young Children (1991). *Accreditation criteria and procedures of the National Academy of Early Childhood Programs*. Washington, DC: Author.

National Association for the Education of Young Children (1993). *Preparing for illness : A joint responsibility for parents and caregivers*. Washington, DC : Author.

Noyes, D. (1987). Indoor pollutants: Environmental Hazards to young children. *Young Children, 42*(6), 57-65.

Oates, R. K., Peacock, A., & Forrest, D. (1985). Long-term effects of nonorganic failure to thrive. *Pediatrics, 75*, 36-40.

Papalia, D. E., Olds, S. W., & Feldman, R, D. (1989). 인간발달: 아동발달 I (박성연 역, 1991). 서울: 교육과학사.

Plummer, C. (1986). Preventing sexual abuse. *Day Care and Early Education*, Winter, 6-13.

Pollack, M. D. (1994). *School health instruction: The elementary and middle school years* (3rd ed.). St. Louis, MO: Mosby.

Robertson, C. (2002). *Safety, nutrition, and health in child care*. Thomson Delmar Learning.

Reinish, E. H., & Meinear, R. E. (1979) 취학전 아동 건강(곽노의, 곽덕영 역, 1984). 서울: 백록출판사.

Satter, E. (1987). *How to get your child to eat : But not too much*. Palo Alto, CA : Bull Publishing Co.

Sciarra, Dorothy June, & Dorsey, Anne G. (1998). *Developing and administering a child care center* (4th ed.). Albany, NY: Delmar Publishers.

Schickendanz, Judith A, Schickedanz, David I., & Forsyth, Peggy D. (1982). *Toward understanding children.* Boston, Toronto: Little, Brown and Company.

Seefeldt, C. (1980). *A curriculum for preschoolers* (2nd ed.). Columbus: A Bell & Howell Company.

Seefeldt, C., & Barbour, N. (1986). *Early childhood education: An introduction.* Columbus, Ohio : Charles E. Merrill Publishing Company.

Swadener, S. (1995). Nutrition education for preschool children. *Journal of Nutrition Education, 27*(6), 291-97.

Tower, C. (1993). *Understanding child abuse and neglect.* Boston : Allyn and Bacon.

Tyson, R. (1995). *Kid safe.* New York : Random House Inc.

USDA(United States Department of Agriculture) *Center for nutrition and promotion.* Tips for using the food guide pyramid for young children (www.USDA.gov).

Weiser, M. G. (1982). *Group care and education of infant and toddlers.* The C. V. Mosby Company.

Wolfe, D. A. (1985). Child-abusive parents : An empirical review and analysis. *Psychological Bulletin, 97*(3), 462-482.

〈법령자료〉

고등학교 이하 각급학교 설립・운영규정[대통령령 제21809호 2009. 1.5.]

교육과학기술부(2012). 교육과학기술부 고시 제2012-16호. 3-5세 연령별 누리과정.

다중이용시설등의실내공기질관리법 시행규칙[환경부령 제189호, 일부개정 2005.12.30.]

대기환경보전법[시행 2010.4.14.] [법률 제9931호, 2010.1.13. 타법개정]

대기환경보전법 시행령[시행 2009.7.7.] [대통령령 제21626호, 2009.7.7. 타법개정]

대기환경보전법 시행규칙[시행 2010.1.6.] [환경부령 제358호, 2010.1.6. 일부개정]

도로교통법[시행 2009.10.2.] [법률 제9580호, 2009.4.1. 일부개정]

도로교통법 시행령[시행 2010.2.24.] [대통령령 제21844호, 2009.11.23. 일부개정]

도로교통법 시행규칙[시행 2010.2.24.] [행정안전부령 제116호, 2009.11.27. 일부개정]

보건복지부(2013). 보건복지부 고시 제2013-8호. 제3차 어린이집 표준보육과정.

소방시설설치유지 및 안전관리에 관한 법률[시행 2008.12.26.] [법률 제9199호, 2008.12.26. 일부개정]

소방시설공사업법 시행령[시행 2009.7.27.] [대통령령 제21642호, 2009.7.27. 일부개정]

식품위생법[시행 2009.8.7.] [법률 제9692호, 2009.5.21. 일부개정]

식품위생법 시행령[시행 2009.11.28.] [대통령령 제21847호, 2009.11.26. 타법개정]

식품위생법 시행규칙[시행 2009.8.12.] [보건복지가족부령 제132호, 2009.8.12. 전부개정]

어린이놀이시설 안전관리법 [시행 2009.1.20.] [법률 제9156호, 2008.12.19. 일부개정]

어린이놀이시설안전관리법시행령[시행 2009.1.20.] [대통령령 제21269호, 2009.1.19. 일부개정]

어린이놀이시설안전관리법시행규칙[시행 2009.1.21] [행정안전부령 제58호, 2009.1.21. 일부개정].

영유아보육법[시행 2010.1.1.] [법률 제9792호, 2009.10.9. 타법개정]

영유아보육법 시행령[시행 2010.1.1.] [대통령령 제21956호, 2009.12.31. 일부개정]

영유아보육법 시행규칙[시행 2010.1.1.] [보건복지가족부령 제154호, 2009.12.31. 일부개정]

유아교육법[시행 2008.2.29.] [법률 제8852호, 2008.2.29. 타법개정]

유아교육법 시행령[시행 2009. 3. 1.] [대통령령 제21327호, 2009. 2.25. 일부개정]

유아교육법 시행규칙[시행 2009.3.1.] [교육과학기술부령 제30호, 2009.2.27. 일부개정]

학교급식법[시행 2009.12.10.] [법률 제9759호, 2009.6.9. 타법개정]

학교급식법 시행령[시행 2009.8.7.] [대통령령 제21676호, 2009.8.6. 타법개정

학교급식법 시행규칙[시행 2009. 2.25.] [교육과학기술부령 제29호, 2009. 2.25. 일부개정]

학교보건법[시행 2010.12.30.] [법률 제9847호, 2009.12.29. 타법개정]

학교보건법 시행규칙[시행 2008. 8. 4.] [교육과학기술부령 제12호, 2008. 8. 4. 일부개정]

환경정책기본법(법률 제9037호, 2008.3.28.)

환경정책법 시행령(대통령령 제21904호, 2009.12.24. 타법개정)

# 찾 아 보 기

## 저자 소개


### 조경자

이화여자대학교 사범대학 교육학과 유아교육 전공 졸업(문학사)
이화여자대학교 대학원 교육학과 유아교육 전공 졸업(문학석사)
이화여자대학교 대학원 유아교육학과 졸업(문학박사)
현) 호서대학교 유아교육과 교수
호서대학교 부속유치원장

### 이현숙

이화여자대학교 사범대학 교육학과 유아교육 전공 졸업(문학사)
이화여자대학교 대학원 교육학과 유아교육 전공 졸업(문학석사)
이화여자대학교 대학원 유아교육학과 졸업(문학박사)
이화여자대학교 사범대학 부속 이화유치원 교사 역임
현) 경복대학 유아교육과 교수



〈3판〉
**유아건강교육**

1998년 8월 15일 1판 1쇄 발행
2003년 9월 10일 1판 8쇄 발행
2004년 9월 10일 2판 1쇄 발행
2009년 10월 15일 2판 10쇄 발행
2010년 2월 27일 3판 1쇄 발행
2021년 3월 25일 3판 11쇄 발행

지은이 • 조경자 · 이현숙 공저
펴낸이 • 김 진 환
펴낸곳 • (주) 학지사
04031 서울특별시 마포구 양화로 15길 20 마인드월드빌딩 5층
대표전화 • 02) 330-5114 팩스 • 02) 324-2345
등록번호 • 제313-2006-000265호
홈페이지 • http://www.hakjisa.co.kr
페이스북 • https://www.facebook.com/hakjisabook

ISBN 978-89-6330-349-9 93370

**정가 19,000원**